KB041791

제6판

# 지적재산권법

*Intellectual Property Law*

조영선

박영사

# 제6판 머리말

제6판에는 2023년 1월까지의 법 개정사항을 업데이트하고 제5판 이후의 주요 판례들과 연구성과를 반영하였다.

이 책에 인공지능(AI) 이슈를 포함시킨 것이 불과 2년 전인데, 이 머리말을 쓰는 지금 '생성형 인공지능(GPT AI)'의 창작물 문제로 이미 전 세계가 떠들썩하다.

변화의 속도를 따라잡기 위해서는 잘 갖추어진 기초체력과 정확한 시야가 필요하다.

이 책이 지적재산권법의 올바른 이해와 새로운 동향의 파악에 도움이 되기를 희망한다.

2023년 봄의 초입에서
저자 조 영 선

# 제5판 머리말

제5판에는 4차 산업혁명 관련 지적재산권법적 쟁점 등 그동안 수행한 각 분야의 연구 성과를 교과서의 성격에 맞추어 요약 소개하였다. 2021년 1월까지의 주요 판례들과 법 개정 사항을 업데이트하였으며, 특허법, 디자인보호법, 상표법, 부정경쟁방지법 등의 손해배상 규정 개정 내용을 해설하였다.

코로나가 가져다 준 어려움이 새로운 식견과 패러다임의 출발점이 되어 감을 보면서.

2021년 봄의 초입에서

저자 조　영　선

# 제4판 머리말

제4판에는,

2019. 1. 8. 공포되어 2019. 7. 9.부터 시행되는 개정 특허법·부정경쟁 방지법의 내용과, 제3판 이후 선고된 주요 판례들을 반영하였다. 디지털 저작물의 일시적 복제 문제처럼 몇몇 중요한 쟁점들에 대한 설명도 보강하였다. 체계서로서의 성격 상, 세부적 논의를 모두 담기 어려운 아쉬움이 있다. 그런 주제들에 대해서는 각주에 소개하는 문헌을 통해 깊이 있는 이해를 도모하면 좋을 것이다.

늘 그렇듯,

졸저(拙著)를 읽어주시는 이들과, 제 때에 책을 낼 수 있게 애써주시는 박영사 식구들에게 감사를 전한다.

2019년 2월

조 영 선

# 제3판 머리말

지적재산권법 제3판을 上梓한다.

제2판 이후 상표법의 전부개정을 포함하여 법령에 많은 변화가 있었다. 제3판에서는 특허법·디자인보호법·저작권법·상표법·부정경쟁방지 및 영업비밀보호법에 대한 설명을 모두 2017년 5월 현재 시행 중인 법령에 맞추어 손보았고, 주요 판례·학설과 심사기준 역시 최근의 것으로 업데이트 하였으며, 필자의 연구 성과 가운데 관련 있는 내용들을 추가로 소개하였다.

4차 산업혁명의 파도 앞에서, 장차 지적재산권법의 프레임 또한 창조적 파괴를 피할 수 없을 것이다. 연구와 강의로 그 일선을 자처하는 입장에서 보면, 이는 두려운 일이면서 흥미로운 도전이기도 하다.

拙著에 과분한 애정을 보여주는 독자들과, 제때에 새 책이 나오도록 늘 배려와 수고를 아끼지 않는 박영사 식구들에게 다시 감사를 표한다.

2017년 여름의 한가운데서
저자 조 영 선

# 제2판 머리말

지적재산권법 제 2 판(개정판)을 上梓한다.

제 2 판에는 초판에서 '선택과 집중'의 원칙에 따라 생략하였던 사항들을 다수 보완해 넣음으로써 체계서로서의 골격을 더욱 단단히 하였다. 초판 이후 나온 주요 판례·학설과 개정된 심사기준 등을 업데이트 하였고, 발견된 오탈자도 바로잡았다. 아울러, 판형을 더 짜임새 있게 하고 표지 디자인도 바꾸는 등 면모 또한 일신하였다.

독자들이 이 책을 통해 지적재산권의 법리를 쉽게 이해하고 활용하며, 더 깊은 공부로 나아가는 계기를 제공한다는 원칙은 개정작업에서도 여전히 유지되었다.

초판에 애정을 가져 준 독자들과 개정판이 나오기까지 애써 준 박영사 식구들에게 두루 감사드린다.

저자 조 영 선

# 머리말

　　그동안 로스쿨에서 지적재산권법을 강의해 오면서, 이 방대한 분야에 대한 학생들의 관심을 유도·유지하고 내용을 효과적으로 전수하기 위해서는 지적재산권법 전반을 균형 있게 다루되 너무 두껍지 않은 체계서가 필요하다는 것을 절감하였다. 이 책은 나름대로 그러한 필요에 응한 노력의 결과물이다.

　　이 책은 특허법·디자인보호법·저작권법·상표법·부정경쟁방지 및 영업비밀보호법을 다루고 있다. 특허법에는 비교적 생소한 개념이나 법리들이 많기 때문에 분량을 제한하면서도 되도록 그 내용을 풀어 설명할 필요가 있었다. 반면, 저작권법·상표법 등은 일목요연한 서술을 통해 법리 전반을 체계적·효과적으로 전달하는데 힘을 기울였다. 이를 위해 곳곳에서 도표의 활용도 마다하지 않았는바, 복잡한 조문들이 뒤얽혀 있는 저작인접권의 내용을 하나의 표로 정리하여 제시한 것 등이 그 예이다.

　　내용상으로는, 체계서라는 책의 성격상 가급적 통설과 판례의 입장을 따랐으며 학설의 대립이나 사견(私見)의 소개는 필요한 정도를 넘지 않도록 노력하였다. 쟁점마다 대표적 판례라고 여겨지는 것들을 선별하여 싣고, 최근까지의 법 개정 내용을 충실히 반영하기 위해 애썼다. 따라서 이 책의 본문에 실린 판례들은 본문의 일부로서 읽혀야 하며, 단지 '참고용'으로 취급되는 것은 적절치 않다.

특허법·저작권법·상표법과 그 나머지 분야를 고루 다루되, 비중을 고려하여 서술 분량의 균형을 맞추었다. 상표·디자인분야의 심사·심판절차에 대한 내용은 지나치게 실무적이거나, 근본 법리가 특허와 유사하므로 이를 특허절차법과 심판부분에서의 설명으로 갈음하였다.

이 책의 일차적 용도는 지적재산권법에 대한 강의교재이다. 아울러 저자로서는 독자들이 이를 통해 지적재산권의 법리를 쉽게 이해하고 활용하며, 한걸음 더 깊은 공부로 나아가는 계기로 삼았으면 하는 희망도 가져본다. 앞으로 부단히 책을 다듬고 발전시켜야 할 임무가 저자에게 있음 또한 잘 알고 있다.

책이 나오기까지 애써 주신 박영사 관계자들 모두에게 깊이 감사드린다.

저자 조 영 선

# 차 례

## 특 허 법

# 디자인보호법

# 저 작 권 법

# 상 표 법

# 부정경쟁방지 및 영업비밀보호법

# 특 허 법

지/적/재/산/권/법

# 특 허 법

## Ⅰ. 특허 및 그에 기초한 법률관계

### 1. 특허의 의의와 부여요건

발명에 관하여 특허를 받고자 하는 발명자 또는 그로부터 적법하게 특허를 받을 수 있는 권리를 승계한 자는 특허청에 특허출원을 하게 된다.

특허출원이 있으면 심사관은 그 출원에 대하여 특허를 부여할 것인지를 결정하여야 한다. 이를 위하여, 발명이 완전하게 성립하였는지(미완성 발명이 아닌지), 특허출원명세서, 즉 출원인이 특허를 통하여 독점적 권리를 누리고자 하는 범위를 적법하게 기재하였으며 그러한 특허청구범위가 실제로 발명의 설명에 의하여 뒷받침되고 있는지 등을 먼저 심사한다. 또한, 발명에 특허를 부여하기 위해서는 출원된 발명이 출원시를 기준으로 이미 세상에 알려져 있는 것이어서는 아니되므로 출원발명과 동일하거나 실질적으로 동일한 내용의 기술이 세상에 공개되어 있지는 않은지(신규성 유무)를 검토해야 한다. 신규성이 있는 발명이라 하더라도 특허제도의 근본 목적이 발명자로 하여금 기술발달에 공헌한 데 대한 대가를 주는 한편 그와 같은 동기부여를 통해 개척 또는 개량의 발명이 계속되도록 함으로써 사회적 부(富)를 늘려가는 데 있으므로, 비록 선행기술과 똑같지는 않다고 하더라도 그 개량의 내용이 별 의미가 없을 정도로 미미하다면 거기에 별도로 특허권을 부여할 이유가 없다. 따라서 '해당 기술분야에서 평균적 지식을 가진 기술자'라면 누구라도 쉽게 이를 수 있는 정도의 발명에는 특허가 주어지지 않게 된다(진보성의 부재). 마지막으로,

신규성·진보성이 있는 발명이라고 하더라도 공서양속 또는 국가·사회적 정책 등으로 인하여 특정한 발명에 특허를 부여하지 않는 수가 있다. 이상의 요건을 모두 충족하는 발명에 대하여는 국가는 특허를 부여하여야 한다.

## 2. 출원부터 등록까지

특허심사의 과정은 심사관과 출원인의 상호협력과 의사교환을 통하여 이루어지는 다분히 상호 보완적인 절차라고 할 수 있다. 즉, 심사관은 심사를 통하여 발명에 특허를 거절할 만한 사유가 발견되면 출원인에게 그 사유를 통지하여 출원인으로 하여금 의견을 제출하거나 출원서의 내용을 손보거나 삭제하여 (보정이라고 한다) 거절을 회피할 수 있는 기회를 부여하고, 경우에 따라서는 특허출원을 분할하도록 유도함으로써 실체가 있는 발명을 이룬 출원인이 출원과정에서의 부적절한 대응으로 인하여 특허를 받지 못하는 일이 없도록 하고 있다. 위와 같은 심사과정을 거쳐 특허부여의 요건을 모두 만족한다고 인정되는 경우에는 특허부여결정을, 반대의 경우에는 특허거절결정을 하게 된다.

특허거절결정을 받은 출원인은 특허심판원에 불복심판을 청구할 수 있고, 특허심판원의 심결에도 불복하는 경우에는 특허법원에 심결의 취소를 구하는 소송을 제기하게 된다. 특허부여결정이 이루어지면 특허료를 납부하고 특허등록을 하게 되며 특허등록과 함께 특허권이 발생한다. 등록된 특허의 내용은 특허원부에 기재되며 특허권은 특허등록을 조건으로 출원이 있은 날로부터 20년간 존속한다.

## 3. 등록 이후의 다양한 법률관계

위와 같이 특허권이 발생한 후에도 특허권은 그 배타적·독점적 속성으로 인하여 이해관계가 있는 제3자로부터 도전을 받기 쉽다. 예컨대, 甲이 어떤 물건을 만드는 방법에 관하여 특허권을 가지고 있는 경우 乙이 그와 같은 방법으로 같은 물건을 만들어 판매하고 있다면 甲은 자신의 특허권이 침해받았다는 이유로 민사상의 가처분 등을 통하여 乙의 행위를 중지시키거나, 乙의 특허침해에 관하여 손해배상청구 또는 금지청구를 하거나, 乙을 특허권침해죄로 고소하는 등의 조치를 취하게 될 것이다. 이때 乙이 취할 수 있는 방법 또한 여러 가지를 생각할 수 있는데, 甲의 특허권을 인정하는 것을 전제로 甲과의 협의에 의하여 사용권을 설정 받거나, 甲과 乙이 모두 동종 영업에 종사하는 특수한 사정에 있고 甲 또한 영업상 乙이 가지고 있는 별도의 특허에 대한 실시가 필요한 경우 교차실시계약을 체결하여 서로 상대방이 자신의 특허를 사용하는 것을 묵인할 수도 있다. 그러나 한편으로 乙은 甲의 특허에 정면으로 도전하여 당초부터 甲의 특허가 잘못 부여된 것임을 주장하며 그 등록무효의 심판을 청구할 수도 있다. 이에 대하여 甲은 적극적으로 자신의 특허가 유효하다고 다투는 것이 상례일 것이나 실제로 乙의 주장과 같이 그 특허가 무효의 사유를 안고 있을 수도 있다. 그 경우 甲은 특허의 무효를 피하기 위하여 특허의 정정심판을 청구하여 무효의 사유를 안고 있는 특허의 청구범위를 감축하거나 잘못을 바로잡을 수 있다.

또한, 등록된 특허의 효력범위를 판정하는 절차로서 권리범위확인심판이라는 제도가 있는데, 이는 예컨대 권리자 甲이, 乙의 실시형태가 자신의 특허권의 권리범위에 속한다는 확인을 구하는 적극적 권리범위확인심판, 실시자 乙 스스로 자신의 실시형태가 甲의 특허권의 권리범위에 속하지 아니한다는 확인을 구하는 소극적 권리범위확인심판으로 나뉜다. 권리범위확인심판은 어떠한 실시형태가 특허침해를 구성하는지 여부가 분쟁의 핵심이 된 경우, 전문기관인 특허청으로 하여금 특허권의 내용 및 권리의 외연을 확정하게 하는 제도이다.

## Ⅱ. 발  명

### 1. 발명의 개념

### 가. 특허법상 발명의 개념

특허법상 발명은 '자연법칙을 이용한 기술적 사상의 창작으로서 고도한 것'으로 정의되어 있다(특허법 제2조 제1호). 이처럼 발명은 '자연법칙을 이용한 기술적 사상의 창작으로 고도한 것'이지만 그와 같은 개념표지는 그 실체를 적극적으로 규정하기보다는 특정한 유형들을 발명의 범주에서 배제하는 소극적 기준으로 사용되는 것이 일반적이다. 자연법칙을 이용한 기술적 사상의 창작에 해당하지 않는 것으로 거론되는 대표적인 유형들로서 ① 열역학법칙, 에너지보존법칙, 만유인력의 법칙 등과 같이 '기술적 사상의 창작'이 아니라 자연계에 주어져 있는 법칙 그 자체인 것, ② 예컨대 영구기관과 같이 자연법칙에 위배됨이 분명한 것,1) ③ 경제법칙과 같이 인간행동양식의 분석을 통해 정립된 사회과학의 법칙이나 순수한 수학적 공식, 교수방법, 게임의 규칙 등 인간의 순수한 정신활동의 산물이거나 인위적인 약속에 불과한 것,2) ④ 자연계에 이미 존재하는 물건이나 법칙을 단순히 찾아낸 데 불과한 '발견', ⑤ 개인의 숙련에 의하여 달성될 수 있는 것이어서 객관적 지식으로 제3자에게 전달되기 어려운 것, ⑥ 심미적 활동의 소산인 미적 창조물 등이 있다.

⇨ 대법원 1998. 9. 4. 선고 98후744 판결

양수조로부터 급수조로 낙하하는 물을 이용하여 수력발전기를 돌려 에너지를 얻고, 급수조에 낙하된 물은 다시 제네바 기어장치, 노즐회전관 및 복수의 공기실을 이용한 연속적인 수격작용(水擊作用)에 의하여 폐수되는 물이 없이 전량을 양수조로 끌어올려서 재순환시킴으로써 계속적인 에너지 추출이 가능하도록 하는 것을 요지로 하는 출원발명은, 일정한 위치에너지로 유지되는 수조의 물을 수격작용에 의하여 그 수조의 물의 자유표면보다 일정 높이 위에 위치한 수조로 끌어올리는 공지된 양수펌프에서와 같이 수조로부터 낙하되는 물의 상당 부분을 폐수하고 남는 일부분의 물만을 높은 위치의 수조로 양수하는 것이 아니라 외부의 에너지 공급 없이 급수조에서 낙하하는 물 전부를 폐수되는 물이 없이 보다 높은 위치의 양수조로 끌어올린다는 것이 되어 에너지보존법칙에 위배되므로, 출원발명은 자연법칙에 어긋나는 발명으로서 특허법 제29조 제1항 본문에서 규정한 발명의 요건을 충족하지 못한다.

---

1) 대법원 1998. 9. 4. 선고 98후744 판결; 특허법원 2005. 11. 25. 선고 2005허537 판결. 한편, 자연법칙에 위배되는 것은 실시가 불가능한 발명이라는 이유로 이를 '산업상 이용가능성' 요건이 결여된 것으로 보기도 한다(특허법원 2002. 5. 23. 선고 2001허7158 판결); 특허법원 2021. 6. 17. 선고 2020허4549 판결("외부의 충전이 없이 24시간 자체에서 전력을 생산하면서 주행하는 전기자동차의 구성방법" – 에너지보존법칙 위반).

2) 대법원 2003. 5. 16. 선고 2001후3149 판결; 특허법원 2002. 1. 17. 선고 2001허3453 판결(확정, 외국어 발음표기문자의 형성방법이 인위적인 약속에 지나지 않는다는 이유로 자연법칙을 이용한 것이 아니라고 한 것) 등이 있다.

↔ 대법원 2003. 5. 16. 선고 2001후3149 판결

> 명칭을 '생활쓰레기 재활용 종합관리방법'으로 하는 출원발명은 관할 관청, 배
> 출자, 수거자 간의 약속 등에 의하여 이루어지는 인위적 결정이거나 이에 따른
> 위 관할 관청 등의 정신적 판단 또는 인위적 결정에 불과하므로 자연법칙을 이
> 용한 것이라고 할 수 없으며, 그 각 단계가 컴퓨터의 온라인(on-line)상에서 처리
> 되는 것이 아니라 오프라인(off-line)상에서 처리되는 것이고, 소프트웨어와 하드
> 웨어가 연계되는 시스템이 구체적으로 실현되고 있는 것도 아니어서 이른바 비
> 즈니스모델 발명의 범주에 속하지도 아니하므로 이를 특허법 제29조 제1항 본
> 문의 산업상 이용할 수 있는 발명이라고 할 수 없다.

## 나. 발명 개념의 변화

### (1) 발명 개념의 확장

그러나 발명의 개념을 '자연법칙을 이용한', '기술적 사상의 창작'이라는 요건에 억지로 끼워 맞추는 것은 현실에 부합하지 않는 면이 있다. 예컨대, 화학분야에서의 선택발명이나 이미 알려진 물질에 대한 용도발명, 유전자공학 분야에서의 염기서열의 확정 등은 그 속성상 '발견'에 해당할 뿐 엄밀한 의미에서 '기술적 사상의 창작'이 아님에도 오래전부터 특허의 대상이 되어 오고 있다.3) 한편, 컴퓨터 프로그램은 많은 나라에서 이를 어문저작물로 보는 외에 특허의 대상이 되는 발명으로도 보는 반면, 유럽 특허협약(EPC)은 자연법칙의 이용에 해당하지 않는다는 이유로 적어도 규정상으로는 이를 발명의 범주에서 제외하고 있는바,4) 이는 법체계에 따라 발명의 개념이 매우 상대적이라는 점을 잘 보여준다. BM(Business Method) 특허 역시 추상적 아이디어로서의 영업방법을 컴퓨터 프로그램을 이용하여 구현하는 것인바, 이는 사실상 '자연법칙의 이용'과는 관계없는 '추상적 영업 아이디어'에 발명성을 인정하는 것이나 다름없다.

---

3) 유전자 관련 발명에 관하여, 실험실에서 정제된 유전자는 그 자체로 자연상태에는 존재하지 않는 '생물학적 활성물질' 또는 '화학물질'이어서 '물질특허'의 대상인 발명이라고 보기도 한다.

4) 그럼에도 유럽특허청의 실무는 EPC상의 불특허 대상인 '프로그램 그 자체'의 범위를 일련의 과정을 거치면서 점차 축소하여 특허대상을 컴퓨터 프로그램까지 확대하는 방향으로 운용하고 있다.

이처럼 특허의 대상이 되는 발명의 개념은 더 이상 '자연법칙을 이용한 기술적 사상의 창작'이라는 고전적 틀에 매여 있지 아니할 뿐더러 이를 엄격히 고수할 실익도 적다고 생각된다. 따라서 특허법상 '자연법칙의 이용'이라는 요건은 단지 '자연법칙 그 자체가 아니다'라는 정도로만 이해되면 족하며, 이미 존재하는 그리고 앞으로 출현하게 될 다양한 형태의 '산업상 유용한 기술'을 특허의 대상으로 포섭하기 위해서는 위와 같은 개념의 유연성은 어느 정도 불가피하다고 해야 한다.

### (2) 보수적 태도로의 회귀 움직임과 그에 대한 반동

근래 미국에서는, 특허의 대상을 급격히 확대하여 온 데 대한 반작용이 나타난 바 있다. 우선 미국 연방대법원은 2010년 BM 발명에 관한 Bilski 판결[5])에서 "방법발명이 성립하기 위해서는 그 방법이 기계장치와 연동되거나 대상에 물리적 변형을 수반하는지가(Machine or Transformation Test) 매우 중요한 기준이 된다"고 하여 BM의 발명 성립여지를 크게 축소하고 보수적 판단기준으로 회귀하는 태도를 보였다. 또 연방대법원의 2012. 3. 20. Mayo v. Prometheus 판결[6])에서는, "생체에 특정한 양의 약물을 투여했을 때 특정한 대사반응이 일어나는 메커니즘은 이미 주어진 '자연법칙' 내지 '자연현상' 자체에 가까운 것이고 이를 발견한 것은 자연법칙을 응용하는 것(application)이 아니다"라고 판시하였다.[7]) 나아가 연방대법원은 2013. 6. 13. 유전자 발명에 관한 AMP v.

---

5) Bilski v. Kappos, 130 S. Ct. 3218(2010). 이에 대한 상세는 뒤에서 다시 언급한다.

6) Mayo Collaborative Services v. Prometheus Laboratories, Inc., 132 S.Ct. 1289(2012).

7) 한편, 우리나라의 경우 대법원은 2015. 5. 21. 선고 2014후768 전원합의체 판결에서, "동일한 의약이라도 투여용법과 투여용량의 변경에 따라 약효의 향상이나 부작용의 감소 또는 복약 편의성의 증진 등과 같이 질병의 치료나 예방 등에 예상하지 못한 효과를 발휘할 수 있는데, 이와 같은 특정한 투여용법과 투여용량을 개발하는 데에도 의약의 대상 질병 또는 약효 자체의 개발 못지않게 상당한 비용 등이 소요된다. 따라서 이러한 투자의 결과로 완성되어 공공의 이익에 이바지할 수 있는 기술에 대하여 특허로서의 보호를 원천적으로 부정하는 것은 발명을 보호·장려하고 그 이용을 도모함으로써 기술의 발전을 촉진하여 산업발전에 이바지한다는 특허법의 목적에 부합하지 아니한다. 의약이라는 물건의 발명에서 대상 질병 또는 약효와 함께 투여용법과 투여용량을 부가하는 경우에 이러한 투여용법과 투여용량은 의약이라는 물건이 효능을 온전하게 발휘하도록 하는 속성을 표현함으로써 의약이라는 물건에 새로운 의미를 부여하는 구성요소가 될 수 있다고 보아야 하고, 이와 같은 투여용법과 투여용량이라는 새로운 의약용도가 부가되어 신규성과 진보성 등의 특허요건을 갖춘 의약에 대해서는 새롭게 특허권이 부여될 수 있다"고 하여 Mayo v. Prometheus

Myriad 사건[8])에서 "생물의 특정 DNA는 자연에 존재하는 현상에 가까운 것이어서, 인위적으로 분리되었다고 하더라도 그 자체만으로는 발명으로 인정받기 어렵다"는 입장을 밝혔다.[9]) 그러나 최근 미국에서는 이런 연방대법원의 퇴행적인 태도를 비판하면서 법 개정을 통해 발명의 성립성 문제를 현실에 맞게 규율해야 한다는 주장들도 유력해지고 있다.[10])

## 2. 발명의 종류

### 가. 특허법상 종류: 물건과 방법

특허법은 발명을 물건의 발명과 방법의 발명으로 구분하고 있으며(특허법 제2조 제3호), 실무상으로는 '카테고리(Category)'라는 용어를 사용한다. 발명의 카테고리는 특허 청구항을 작성할 때 중요한 의미를 가지는데, 뒤에서 보는 어떠한 종류의 발명이라도 넓게는 물건 또는 방법의 발명으로 구분할 수 있으며 청구항 또한 물건 또는 방법의 형태로 기재하여야 한다. 발명의 대상으로서의 '물건'이라 함은 기계, 기구, 장치, 재료, 화합물, 의약, 음식물,

---

판결의 미국 연방대법원과는 다른 시각을 보여주고 있다.

8) Association for Molecular Pathology v. Myriad Genetics, 569 U.S. 12-398(2013).

9) 미국 연방대법원이 최근 보이고 있는 이러한 변화는 미국이 수십 년 동안 친 특허정책(Pro-Patent Policy)을 추구하고 사법부 또한 판결을 통해 이를 뒷받침 해 온 결과, 지나치게 많은 특허가 부여되고 그러한 '특허과잉'으로 인해 막대한 사회적 비용이 지출되고 있는 현실을 인식하기 시작한 것과 관계있다고 생각된다. 그러나 생각건대, 앞서 본 Mayo v. Prometheus 판결처럼 치료제를 특정한 조건에 맞추어 투여함으로써 바람직한 효과를 얻어내는 일련의 과정을 두고, "치료제의 투입에 따라 일어나는 각각의 대사반응은 어차피 필연적으로 결정된 자연법칙의 발현에 불과하다"고 평가절하 하는 태도는 모든 발명이 어떤 의미에서는 주어진 자연법칙의 발현과정이라는 점을 감안하면 특허법의 본질을 도외시 한 것으로 볼 여지가 있다. 아울러, 앞서 본 것처럼 BM 발명이나 분리된 유전자의 발명 성립성을 사실상 부인해 버리는 태도는 그 이론적 당위는 차치하고라도 그것이 발명임을 전제로 형성되어 온 권리관계의 기반을 하루아침에 뒤엎어 법적 안정성을 해치는 일로서, 신중해야 할 것이다.

10) 예컨대, 미국의 지적재산권법 실무자 단체들은 발명의 개념에서 제외되는 대상을 '인간의 행위와는 무관하게 이미 자연상태에 존재하는 것', 또는 '오로지 인간의 마음속에서만 수행되는 것'으로 축소하여 그 이외는 발명으로 보는 한편, 신규성, 진보성, 명세서 기재요건 등과 관계되는 요소들을 발명 성립성 단계에서는 일절 고려하지 않도록 특허법을 개정할 것을 제안하고 있다. "Joint AIPLA-IPO Proposal on Patent Eligibility"(2018) ⟨https://www.aipla.org/policy-advocacy/legislative/joint-aipla-ipo-proposal-on-patent-eligibility⟩.

조성물, 미생물, 식물, 동물, 시스템 등을 말하고 '방법'이라 함은 일정한 목적을 달성하기 위하여 연결되는 단계적 수단을 의미하는데 구체적으로는 측정방법, 수리방법, 통신방법, 물건의 사용방법, 기계의 운전방법, 물건의 제조방법, 동·식물의 생산방법 등이 있다.

방법발명은 예컨대 (1)-(2)-(3)-(4)와 같은 단계의 나열로 이루어지기 때문에 특허를 부여받더라도 물건의 발명보다 그 권리가 약하다. 왜냐하면, 예컨대 A라는 물질을 얻기 위해서 (1)-(2)-(3)-(4)의 과정을 거친다는 것을 특허청구범위로 한다면 제3자가 그 중 (1)-(2)-(4)의 과정만을 거쳐 물질 A를 얻거나, 단계의 순서를 뒤바꾸어 (3)-(4)-(1)-(2)를 거쳐 물질 A를 얻는다면 특허권자로서는 그와 같은 행위를 특허권침해라고 주장할 수 없는 반면, 물질 A 자체를 특허청구범위로 하는 특허권자는 제3자가 어떠한 행위유형을 통하여 물질 A를 얻더라도 모두 특허침해를 주장할 수 있기 때문이다. 따라서 보통 방법특허보다는 물건의 특허가 훨씬 더 큰 힘을 가진다.

## 나. 강학상 문제가 되는 발명의 종류

아래에서 보는 발명의 유형들은 어디까지나 각 발명이 가지고 있는 특징으로 인하여 그와 같이 이름 지어진 것일 뿐, 속성에 따라 '물건' 또는 '방법' 중 어느 하나에 속하게 됨은 앞서 본 바와 같다.

### (1) 용도발명(New Use Invention)

용도발명이란, 주로 화학물질을 중심으로 그 물질이 가지는 특징이나 용도를 새로 발견하는 것을 말한다. 용도발명의 개념은 명확히 통일되어 있는 것은 아니다. 이미 알려진 물질의 알려지지 않은 유용한 속성이나 용도를 새로 발견하는 것이 용도발명의 전형이지만, 새로 발명된 물질에 대하여도 용도발명은 성립할 수 있다. 용도발명이 화학분야에서 많이 문제되는 것은, 화학물질은 그 다면성으로 인하여 물질 자체는 이미 알려졌더라도 미처 발견되지 않았던 물질 고유의 특징이나 용도 등이 나중에 새롭게 발견될 가능성이 얼마든지 있기 때문이다. 반면, 기계, 기구나 장치 등의 물건에 관하여는 새로운 용도를 나중에 발견하는 예를 상상하기 어렵다. 한편, 실무상 용도발명의 대부분은 기존 제약의 새로운 용도발견을 대상으로 하는 것들인데, 그 경우 특허청구항은 용도를 특정한 '물건발명'의 형태로 구성하도록 되어 있다.[11) 다만 이처럼 물건의 형태로 구성된 용도발명의 권리범위는 당연히 기존의 물질 전체에 미치는 것은 아니고 그 물질을 당해 용도로 사용하는 부분에 한하여 인정된다.

### (2) 선택발명

선택발명이란, 선행발명에 구성요건이 상위개념으로 기재되어 있고 그 상위개념에 포함되는 하위개념만을 구성요건 중의 전부 또는 일부로 하는 후행발명을 말하며, 화학이나 유전자 분야에서 많이 문제된다. 선택발명은 이론상 상위개념인 선행발명의 범주에는 속하지만, 선행발명에 구체적으로 나타나 있지 않은 하위개념 가운데 고유의 기술적 효과가 있는 것에 발명으로서의 독립적 가치를 인정하여 후속연구를 장려하는 것이다. 이는 상위개념 화합물이 생성되었더라도 그 하위개념 화합물들이 무수히 존재할 수 있으며 상위개념 화합물의 발명자도 이를 모두 알기 어렵기 때문이다.

### (3) 컴퓨터 프로그램 관련 발명

컴퓨터 관련 기술의 비약적 발전과 더불어 컴퓨터 프로그램 자체에 특허를 인정할 수 있는지 여부가 문제되어 왔는데, 그 논의의 핵심은 과연 컴퓨터 프로그램이 '발명'의 개념을 만족하는 '자연법칙을 이용한 기술사상'인지의 여부에 있다. 왜냐하면, 컴퓨터 프로그램이란 컴퓨터로 하여금 어떠한 작업을 어떠한 방법으로 수행하라고 지시하는 명령어들의 집합에 지나지 않을 뿐이고 그 자체로 어떠한 자연법칙을 이용하는 것이 아니기 때문이다.[12)

그러나 예컨대 미국은 1981년 연방대법원이 Diamond v. Diehr 사건[13)에서 "컴퓨터 프로그램도 구체적인 공정에 사용되는 것이거나 대상의 물리적 변화와 직접 관계된다면 특허받을 수 있다"고 판시하여 컴퓨터 프로그램의 특허가능성을 인정하였고, 그 이후 CAFC[14)는 위와 같은 물리적 조건이 반드시

---

11) 이에 대한 상세는 발명의 진보성에 대한 해당 부분 참조.
12) 한편, 컴퓨터 프로그램은 어문저작물로서의 성질을 가지고 있기 때문에 저작권으로 보호될 수 있고, 각국의 입법태도 또한 대부분 그와 같다.
13) Diamond v. Diehr, 450 U.S. 175(1981).
14) U.S. Court of Appeals for the Federal Circuit의 약자로, 미국에서 특허소송의 항소심 전속 관할을 행사하는 법원이다.

필요한 것이 아니며, "유용하고 구체적이며 유형(有形)의 결과를 낳는 한 컴퓨터 프로그램은 그 자체로서 특허의 대상이 된다"고 하는 등,15) 실무는 오래 전부터 컴퓨터 프로그램에 대하여 폭넓게 특허를 인정해 왔다.16) 그러나 최근의 발명의 성립성 인정에 관한 보수적 움직임에 따라 연방대법원은 2014년 Alice 사건의 판결에서 "본질상 추상적 아이디어에 불과한 컴퓨터프로그램이 발명으로 변환되기 위해서는 '발명적 요소(inventive concept)'의 추가가 필수적이며, 단지 범용컴퓨터를 이용해 프로그램을 구동하는 정도로는 이 요건을 만족하지 못한다"고 함으로써17) 컴퓨터프로그램 자체에 널리 발명의 성립성을 인정하던 종래의 개방적인 태도를 수정하였다. 그러나 컴퓨터프로그램의 발명 성립성에 대한 이와 같은 경직된 판단기준은 인공지능·핀테크·블록체인 등 소프트웨어를 기반으로 하는 첨단 기술의 특허화라는 현실과 괴리를 낳을 수 밖에 없다. 그 결과 미국의 실무는 Alice 판결의 경직성을 우회하기 위한 다양한 움직임을 보이고 있다.18)

유럽 특허협약(European Patent Convention) §52(2)(c)는 '컴퓨터 프로그램'을 특허대상에서 명시적으로 제외하고는 있지만, 실무와 판례를 통하여 그 특허성이 인정되는 범위를 확대해 왔고, 컴퓨터 프로그램이 프로그램과 컴퓨터 사이에서 통상 일어나는 물리적 상호작용을 넘는 '기술적 특성(Technical character)'을 가진다면 특허성이 있다고 한다.

---

15) 대표적으로, BM 특허를 최초로 인정한 State Street Bank & Trust Co. v. Signature Financial Group, 149 F. 3d 1368(Fed. Cir. 1998)과, AT & T Corp. v. Excel Communications, Inc., 172 F. 3d 1352(Fed. Cir. 1999) 등.

16) Roger E. Schechter 외 1인 공저, Intellectual Property the law of Copyrights, Patents and Trademarks, Thomson West(2003), 306면.

17) Alice Corp. v. CLS Bank International, 134 S. Ct. 2347(2014). 이는 사실상 Bilski 판결에서 언급된 '기계장치와의 연동 내지 물리적 변형의 요구(Machine or Transformation)' 기준을 의미하는 것으로 생각된다.

18) 예컨대, CAFC는 2016년 The Enfish v. Microsoft 사건 판결에서 '소프트웨어나 데이터 구조라도 그것이 구체적으로 컴퓨터의 기능을 증진시키는 역할을 수행한다면 더 이상 추상적 아이디어가 아니므로 발명이 될 수 있다'고 하는 한편, 원고의 데이터베이스 구조는 컴퓨터가 메모리를 저장하고 데이터를 가져오는 과정에서 소요되는 용량을 줄이고, 검색시간을 절약하고, 구동의 유연성을 강화해 주는 등 여러 가지 기술적 효과(technical benefits)를 초래하므로 발명이라고 판시하였으며, 이런 맥락의 후속 판결들이 그 뒤로도 다수 이어지고 있다. 2019년 미국 특허청(USPTO)이 개정·공표한 발명의 성립성 관련 심사 가이드라인 역시 유사한 맥락을 취하고 있다.

우리나라의 심사기준은 소프트웨어에 의한 정보처리가 하드웨어를 이용해 구체적으로 실현되고 있는 경우, 해당 소프트웨어와 협동해 동작하는 정보처리장치(기계), 그 동작방법 및 해당 소프트웨어를 기록한 컴퓨터로 읽을 수 있는 매체는 자연법칙을 이용한 기술적 사상의 창작이라고 하면서, '소프트웨어에 의한 정보처리가 하드웨어를 이용해 구체적으로 실현되고 있는 경우'란 '소프트웨어가 컴퓨터에 읽혀지는 것에 의해 소프트웨어와 하드웨어가 협동한 구체적 수단으로 사용목적에 따른 정보의 연산 또는 가공을 실현함으로써 사용목적에 부응한 특유의 정보 처리 장치(기계) 또는 그 동작 방법이 구축되는 것'이라고 설명하고 있다.[19]

### (4) 생명공학 관련 발명

생명공학과 관련된 발명은 직접 또는 간접으로 자기복제할 수 있는 생물학적 물질(Biological Material), 즉 자기복제력을 갖는 생물, 유전정보 및 그 복제에 관련된 발명을 말하며,[20] 주로 동물 발명, 식물 발명, 미생물 발명 및 유전자 관련 발명의 형태로 이루어진다.

### ㈎ 동물·미생물 발명

과거, 동물에 대한 발명은 대부분 유전자 조작을 통하여 이루어지기 때문에 생명윤리에 반한다거나 돌연변이가 일어나거나 반복가능성이 떨어지는 경우가 많다는 이유 등으로 인하여 발명으로 인정하지 않는 일이 많았다. 그러나 1980년 미국 연방대법원이 Diamond v. Chakrabarty 사건[21]에서 유전자 재조합기술로 제조된 '석유 폐기물을 먹는 미생물'에 관하여 "이는 자연의 산물이 아니라 발명자가 생산한 물건이며, 원유의 구성요소를 파괴할 수 있는 기능을 하는 것으로서 유전적으로 작동하는 박테리아는 누출된 원유의 찌꺼기를 정화하는 유용성이 있는 것이므로 특허의 대상이 된다"고 판시한 이래 각국에서 미생물이나 동물에 대한 발명에 특허를 부여하는 움직임이 본격화되기에 이르렀으며 미국 특허청이 1988년 암유전자를 쥐의 수정란에 주입한 후에

---

19) 특허청, 특허, 실용신안 심사기준(2019년 추록), 제 9 부 제10장 2.1. : 예컨대 '기계장치인 자동차 엔진과 연동되어 회전수를 제어하는 컴퓨터프로그램'이 대표적일 것이다.

20) 특허청, 생명공학분야 특허심사기준, 2005년판의 머리말.

21) Diamond v. Chakrabarty, 447 U.S. 303(1980).

어머니 쥐를 통해 육성한 유전자 재조합을 한 실험용 쥐(흔히 Harvard Mouse라고 부른다)와 그 자손 쥐에 관하여 특허를 부여함으로써 위와 같은 움직임에 가속도를 붙였다. 우리나라의 경우, 종래 특정 미생물의 분리배양방법, 변이처리방법, 유전자 조작방법과 같이 미생물을 생산하는 방법, 미생물을 의약이나 식품에 이용하는 방법 등을 발명으로 인정하여 오고 있다. 특허법시행령 제2조 내지 제4조는 미생물에 관계되는 발명에 특허출원을 할 때는 미생물을 기탁하도록 하는 한편, 특허청구범위에 그와 관련된 사항을 기재하고 시험 또는 연구를 위하여 그와 같이 기탁된 미생물을 분양받을 수 있도록 규정하고 있다.

### (나) 식물 발명

식물 발명이라 함은 식물의 유전적 소질에 개선을 가한 변종식물의 창작을 말한다. 선진국들은 이를 매우 유망한 분야로 인식하여 기술개발과 시장확보에 매진하고 있으며, 유전공학 기술의 발달과 더불어 다양한 식물 신품종들이 속속 등장하고 있다. 구 특허법은 무성생식의 경우만을 특허법에 의하여 보호하고 유성생식에 의하여 육성된 신품종은 특허법이 아닌 종자산업법을 통하여 따로 보호하고 있었으나 2006년 특허법 이후 일반적인 특허요건을 충족하는 경우 유·무성 번식식물 여부에 관계없이 식물 발명을 특허로 보호하고 있다. 한편, 식물품종보호에 관한 대표적 국제규범으로는 1961년 탄생한 '식물신품종보호에 관한 국제협약(UPOV 협약)'이 있다. 위 협약은 1991년 개정으로 '체약국은 식물 신품종에 대하여 특허법과 특별법에 의한 이중의 보호가 가능하다'고 선언하였으며, TRIPs 27.3(b)은 '회원국은 특허나 특별법 또는 두 제도의 조합을 통하여 식물품종을 보호해야 한다'고 하고 있다. 우리나라는 종자산업법을 제정하여 1997. 12. 31.부터 시행해 오다가, 2013년 6월부터는 식물신품종보호법을 통해 식물 신품종에 대한 출원·심사·등록 및 육성자 보호 등을 규율하고 있다. 신규성·구별성, 균일성, 안정성을 갖추고 품종명칭을 구비한 품종의 육성자나 그 권리의 승계인에게는 출원·심사·등록을 거쳐 품종보호권을 부여하며, 품종보호권의 존속기간은 설정 등록된 날부터 20년이다(법 제55조).[22] 품종보호 출원은 농림축산식품부장관 또는 해양수산부장관에게 하지만(법 제30조) 권리 획득을 위한 절차 및 권리에 관한 실체사항은 상당

---

22) 다만, 과수와 임목의 경우에는 25년이다.

부분 특허법의 그것과 흡사하다.

### (다) 유전자 관련 발명

실험실에서 정제된 유전자[23]는 그 자체로 자연상태에는 존재하지 않는 '생물학적 활성물질' 또는 '화학물질'이어서 물질특허의 대상인 발명으로 취급하는 것이 보통이다.[24] 유전자 관련 발명은 유전자, DNA 단편, SNP, 안티센스, 벡터, 재조합 벡터, 형질전환체, 융합세포, 단백질, 재조합 단백질, 모노클로날 항체 등의 발명을 말한다. 사람의 유전자와 관련해서는, 유용성과 그 기능이 규명된 인터페론, 인터루킨 등을 코딩(Coding)하는 인체유전자 염기서열에 대하여 종래부터 특허가 부여되어 오고 있으며, 인간게놈계획(Human Genome Project)에 의해 약 32억 쌍에 달하는 유전자 염기서열이 밝혀짐에 따라 이를 이용한 각종 의약품 개발과 유전자 치료 등 기술이 개발되어 특허출원이 이어지고 있는 실정이다. 기술선진국들은 유전자 관련 기술이 국부(國富)에 미치는 막대한 잠재력에 주목하여 이 분야의 기술발전을 유도하는데 저마다 큰 힘을 쏟고 있다.

---

23) 유전자는 유전을 일으키는 단위로서, 컴퓨터의 소프트웨어에 해당한다. DNA는 유전자를 구성하는 물질로서 하드웨어에 비유할 수 있다. 유전자는 DNA의 복제과정을 통해 다음 세대로 전해지는데, '이중나선'의 형태를 띠고 있는 DNA에서 이중나선이 풀렸다가 각각의 사슬이 다시 이중나선으로 합성되는 과정을 거쳐 복제가 이루어진다. 정보(소프트웨어)인 유전자는 DNA가 RNA로 복사되는 '전사(transcription)'와 RNA가 단백질로 바뀌는 '번역(translation)'을 통해 '발현'됨으로써 기능을 발휘하게 되며, 유전자의 내용은 DNA의 배열에 의해 표현된다. DNA에는 아데닌(A), 구아닌(G), 타이민(T), 사이토신(C)의 4가지 염기가 있으며 이것들이 DNA 사슬에 배열되어 있는 순서(염기서열)에 따른 특정한 단백질이 만들어지게 되는 것이다. 이러한 염기서열이 mRNA를 거쳐 특정한 단백질로 발현되도록 하는 암호를 '코돈'이라고 하며 그러한 암호화 작업인 '코딩'을 통해 만들어진 특정 단백질들이 생체 내에서 저마다의 역할을 수행하며 생명을 지속시킨다.

한편, 널리 사용되고 있는 용어인 "게놈(genome: 유전자(gene)과 염색체(chronosome)의 합성어)"은 DNA의 집합체로서, 생물유전의 기본단위이다. 예컨대 인간의 세포 1개에는 46개(23쌍)의 염색체가 있고, 거기에는 30억 개 가량의 염기쌍이 있으며(그 중 단백질 생산에 관여하는 '유전정보'를 가진 염기쌍은 2% 정도라고 한다), 그 안에 약 30,000~40,000개의 유전자가 존재하는 것으로 밝혀졌다. 생물은 그 세포 내의 염색체들이 하나의 단위체로서 종합적인 유전정보를 가지는바, 이를 게놈(genome)이라고 부른다. 한 개체에 있는 세포 저마다는 동일한 수의 염색체와 유전정보를 가지고 있으므로 하나의 세포만으로도 전체 게놈정보를 알 수 있다.

24) 유럽 역시 DNA 염기서열 자체를 특허 받을 수 있는 대상으로 인정해 오고 있다(European Biotech Directive 98/44/EC Art. 5).

이처럼, 인공적으로 분리된 DNA에 발명의 성립성을 인정해 온 전통적 태도와 달리, 2013. 6. 미국 연방대법원이 AMP v. Myriad 사건에서 "생물의 DNA는 자연에 존재하는 현상에 가까운 것이어서 그 자체로는 발명으로 인정받기 어렵다"고 하여 발명의 성립성을 부정한 이후, 미국 연방특허청(USPTO)은 2014년 이를 반영한 심사기준을 마련하였고, 유전자 관련 발명에 Myriad 기준을 적용하여 발명의 성립성을 부정한 판결들이 나오고 있다. 25) 이처럼 유전자 관련 발명의 성립에 '자연법칙의 응용'이라는 고전적 기준을 엄격히 적용한 Myriad 판결은 진단기술을 포함한 유전자 관련 기술분야에 적지 않은 타격과 인센티브 위축을 가져온 것으로 평가되고 있다. 26)

### (5) BM 발명 및 전자상거래 관련 발명

1998년 미국의 CAFC는 State Street Bank 사건27)에서 컴퓨터를 이용한 영업방법(Business Method)에 관하여 그것이 "유용하고 구체적이며 유형적인 결과를 낳는다"는 이유로 특허성을 인정하는 획기적 판결을 하였다. 28) 그런데 종래의 발명에 관한 일반적 정의에 따르면 '영업방법'은 자연법칙을 이용한

---

25) 예컨대, Ariosa Diagnostics, Inc. v. Sequenom, Inc., 788 F.3d 1371 (Fed. Cir. 2015): 이 사건에서 원고는 임신중인 여성의 혈청에서 채취된 특정 DNA를 통해 태아의 성별이나 특정 유전질환 여부 등을 알수 있다는 점을 발견하고 이에 대하여 특허를 받았으나, 법원은 해당 DNA가 그런 속성을 가지고 있다는 것은 자연법칙의 일부에 해당할 뿐 자연법칙을 응용한 것이 아니어서 발명의 대상이 될 수 없으며 혈청에서 해당 DNA를 분리하는 기술 자체는 이미 널리 알려진 것에 불과하다고 하여 특허를 무효로 하였다.

26) 예컨대, Jeffrey A. Lefstin 외 2, "Final Report of the Berkeley Center for Law & Technology Section 101 Workshop: Addressing Patent Eligibility Challenges", *Berkeley Technology L.J.* Vol. 33(2018), pp. 582~584, 592~599.

27) State Street Bank & Trust Co. v. Signature Financial Group, 149 F.3d 1368(Fed. Cir. 1998).

28) 이 특허발명은 뮤추얼 펀드의 투자구조를 정하기 위한 방법으로서, 복수의 뮤추얼 펀드들이 자신들의 자산을 파트너십으로 조직된 하나의 포트폴리오(허브)에 공동출자하여 이 허브의 운용과 관련된 재무통계를 매일 단위로 계산, 처리하는 데이터 처리시스템에 관한 것이었는데, 이 발명에 의하면 자금을 관리함에 있어 규모의 경제를 통하여 관리비용을 절감하고 파트너십에 따른 세법상의 우대를 누릴 수 있는 장점이 있었다. CAFC는 이 발명의 청구항에 기재된 수학적 알고리즘이 '유용하고 구체적이며 유형적인 결과(Useful, Concrete and Tangible Result)'를 낳는다면 특허성을 인정하여야 한다고 하는 한편, 그것이 가격, 이윤, 백분율, 비용 또는 손실과 같은 숫자형식으로 표현되어 있다고 하더라도 마찬가지라고 판시하였다.

것이 아니라 사람이 머릿속에서 창출해 낸 경제적, 상업적 전략이나 아이디어에 불과하고 따라서 특허의 대상이 될 수 없는 것이었다. 이처럼 심지어 영업방법에까지 특허를 부여하는 개방적인 사고방식에 대하여 유럽 등 일부에서 부정적 반응도 있어 왔으나 위 판결 이후 전 세계적으로 BM 발명이 선풍을 일으켜 수많은 출원과 등록이 이루어진 것이 사실이다. 그러나 그 뒤 BM 특허의 남발로 인한 부작용이 매우 심각해짐에 따라 BM 발명의 특허성 여부를 원점에서 재검토해야 한다는 견해가 강하게 대두되었고, 급기야 BM 특허의 개념을 최초로 만들어 낸 CAFC 스스로 2008년 In re Bilski 판결[29]을 통해 종전의 입장을 뒤집고 BM의 발명성립성을 사실상 부인하기에 이르렀다. 미국 연방대법원은 2010년 Bilski 사건의 상고심 판결[30]에서, 전형적 BM 발명인 원고 Bilski의 '선물거래(先物去來)에서 영업위험을 피하는 방법'은 마치 수학적 알고리듬처럼 '추상적 아이디어'에 불과하여 특허대상이 되지 않는다고 하면서 비록 '기계장치와의 연동이나 물리적 변형(Machine or Transformation)'만이 방법의 발명성립성 판단에 유일한 기준이라고는 할 수는 없지만 이는 매우 유용하고도 중요한 기준임에 틀림없다고 하여 발명의 성립성 기준에 관하여 보수적 태도로 후퇴하는 모습을 보였다.

이처럼 2010년대에 들어 미국을 중심으로 BM의 발명 성립성이 대부분 부정되는 등 변화의 바람이 불고 있는 와중에, 현실에서는 'Fin-Tech'로 일컬어지는 '네트워크상의 전자적 금융거래' 관련 기술이 세계적으로 각광을 받게 되었다. 그런데 상당수의 'Fin-Tech'가 바로 BM 발명이거나 그와 밀접한 관련을 가지는 것이기 때문에 BM 발명의 위상과 역할은 또다시 재조명이 불가피하게 되었다. 향후 우리나라를 포함한 세계 각국의 특허관련 사법실무가 이 문제에 대하여 새로운 패러다임을 고민할 필요가 있을 것이다.

### (6) 블록체인 핀테크 관련 발명[31]

핀테크(Fin-Tech)란 널리 금융기법에 관련된 IT 기술을 의미하며, 블록체인은 암호화된 분산원장을 네트워크에서 P2P 기반으로 생성·유지·확장해 가

---

29) In re Bilski, 545 F. 3d 943(Fed. Cir. 2008).
30) Bilski v. Kappos, 130 S. Ct. 3218(2010).
31) 이에 대한 상세는, 조영선, "블록체인 핀테크 발명의 특허법적 문제 – 특허요건을 중심으로 –", 산업재산권 제61권(2019), 1면 이하 참조.

면서 컴퓨팅 자원을 모아 거대한 연산능력을 확보하고, 이를 기반으로 중앙서버 없이 정보처리를 수행·검증하는 소프트웨어 플랫폼이다. 블록체인 기술은 물류, 의료, 투표, 에너지 관리, 기타 공공서비스 등으로 다양하게 활용영역이 확대되어 가고 있지만, 블록체인 기술이 적용되고 출원·등록되는 압도적인 분야는 금융기법(핀테크)이나 암호화폐 분야이다.

블록체인 핀테크는 종래의 일반적 네트워크에서 구현되던 영업방법(금융기법)이 블록체인 네트워크 기술로 구현되는 영업방법(금융기법)으로 바뀐 것이다. 블록체인 핀테크에서는 안전성, 효율성 등 기술적 효과 대부분이 블록체인에 기인함을 부정할 수 없는데, 블록체인의 개념과 핵심기술은 이른바 오픈소스(open-source)로 탄생부터 공중에게 공개된 것이다. 이처럼 해당 기술의 중요한 하나의 축이 공지인 이상, 전체 블록체인 핀테크 발명의 진보성을 좌우하는 것은 결국 영업방법 아이디어의 탁월성과 그 아이디어가 블록체인으로 구현되는 데서 비롯되는 시너지의 유무와 정도라고 할 수 있다.

### (7) 인공지능 관련 발명[32]

인공지능이 관련된 발명은, ① 인공지능 소프트웨어 자체의 발명, ② 인간의 발명에 인공지능이 활용되는 것, ③ 인공지능 스스로 이룩한 발명으로 구별될 수 있다. ③은 아직 흔한 일은 아니지만 기술적으로는 이 단계로 접근해 가는 중이며, 초보적인 형태이긴 하나 자율적으로 발명을 수행하는 인공지능이 이미 나오고 있는 실정이다.[33]

인공지능이 관련된 발명 가운데, 지능형 사물 인터넷처럼 특정한 기술적 효과를 목표로 창작·운용되고, 소프트웨어가 특정한 목적을 가진 하드웨어와 결합되어 구동하는 것들(대체로 유형 ②: 예컨대, 인공지능이 탑재된 자율주행 자동차·드론, 사용환경을 스스로 판단하여 가장 적합한 서비스를 제공하는 생활가전, 대화형 비서, 공통 사물 인터넷 플랫폼을 기반으로 하는 스마트 홈이나 스마트 시티 등)은 인공지능이라는 소프트웨어가 사물이라는 하드웨어와 결합하여 스스로 사용환경의

---

32) 이 주제에 대한 상세한 논의는, 조영선, "인공지능과 특허의 법률문제", 고려법학 제90호 (2018), 197면 이하 참조.

33) 실제로 이미 음악, 미술, 건축, 디자인 등 저작권 분야에서는 인공지능이 수행하는 창작이 드물지 않은 상황이 되어 있다. 최근에는 인공지능 스스로 간단한 형태의 발명도 수행하기 시작하였다.

데이터를 분석, 인지, 학습하여 사용자의 편의성을 개선하는 형태로 자율 동
작하거나 상황에 적절한 서비스를 제공하는 컴퓨터 프로그램이기 때문에 '하
드웨어 자원이 소프트웨어와 연동되어 있을 것'이라는 기존의 발명 성립성 기
준을 잘 만족한다.

반면, 인공지능 발명 가운데는 하드웨어와의 연동성이 낮은 것들도 많으
며 인공지능의 고도화와 함께 그 비중은 더 높아질 것이 예상된다. 인공지능
소프트웨어 자체의 발명(유형 ①)이 대표적인 예이고, 인공지능을 핀테크 관련
기술에 활용하거나 의료분야에서 빅 데이터의 비교분석을 통해 환자의 질병을
진단하는 데 활용하는 경우 등이 그러하다. 이런 유형의 인공지능 소프트웨어
들은 '자연법칙 이용'이라는 발명 성립성 기준을 엄격히 적용하면 발명으로
인정받기 어렵게 된다. 그러나 이런 상황은 인공지능 기술의 발전을 위해 바
람직하지 않으므로, 한층 유연한 기준을 적용하여 이 분야의 연구개발을 촉진
하고 기술의 공개를 유도할 필요가 있다.

인공지능 기술이 고도화되어 감에 따라 발명의 과정에서 인공지능이 차지
하는 비중이 점차 높아지거나 심지어 인공지능이 주도적으로 발명을 완성하는
경우(유형 ③), 그 결과물에 대한 권리 귀속 주체는 누가 되어야 할 것인가 문
제된다.[34] 이를 둘러싸고는, 인공지능에게 발명을 지시한 인간이어야 한다거
나, 인공지능 프로그램을 개발하거나 운영하는 주체여야 한다거나, 심지어 일
정한 요건과 제한 아래 인공지능 스스로에게 법적 지위를 인정해야 한다는 주
장까지 제기되고 있는 실정이다.[35] 이는 법적·정책적·윤리적 요소가 복합된
거대 담론이어서 향후 현실의 변화를 반영한 사회적 합의를 통해 해결되어야
할 것이나, 인공지능에 의한 기술발전의 도모와 기술의 독점으로 인해 빚어질
수 있는 부의 양극화 내지 인간 소외의 문제를 함께 염두에 두고 신중히 논의

---

34) 이는 비단 발명뿐 아니라 인공지능에 의한 창작이 보편화 되어 가고 있는 저작권 분야 등에서
   는 이미 현실의 문제이기도 하다. 예컨대 현재의 인공지능 기술에 의하면, GPT(Generative
   Pretrained Transformer) 기능을 탑재한 AI가 인간의 수준을 넘는 어문 창작을 하거나, 디
   자인, 작곡 등 다양한 분야에서 이미 탁월한 창작을 해내고 있다. 그렇다면 이런 결과물의
   창작자는 누구이며 관련 권리가 누구에게 귀속되어야 하는가 라는 의문이 당장 대두된다.
35) 물론 이는 인공지능에 의한 권리침해가 발생하는 경우 그 책임능력을 중심으로 한 것이고,
   인공지능의 활용에 수반하여 보험 등 위험담보수단이 필요하다는 논의의 연장선에 있지
   만, 어찌 되었든 인공지능에 독자적인 법적 지위를 인정하고자 한다는 면에서 새로운 시
   도인 것은 분명하다.

되어야 함은 분명하다.


## Ⅲ. 특허명세서


특허란, 산업상 유용한 발명을 한 자가 자신이 이룬 발명의 내용을 공개
하는 대가로 일정한 기간 동안 독점적 권리를 부여받는 공적 계약의 일종이
다. 특허명세서라 함은 특허를 받으려고 하는 자가 자신이 어떠한 발명을 하
였으며 그 발명에 기하여 어떠한 내용의 특허권을 부여받기를 원하는지를 밝
힌 문서이고 특허의 내용은 곧 명세서의 내용이라고 할 수 있다. 특허를 받고
자 하는 자는 특허출원서를 특허청장에게 제출하여야 하며 그 특허출원서에는
발명의 설명, 청구범위(이상을 합하여 '명세서'라고 한다)와 필요한 도면 및 요약
서를 첨부하여야 한다(특허법 제42조 제 2 항). 36) 명세서 가운데 가장 중요한 것
은 특허청구범위 및 발명의 설명이다.


### 1. 특허청구범위

### 가. 특허청구범위의 성질

#### (1) 구성요소 완비의 원칙과 발명의 보호범위의 설정

특허발명의 보호범위는 청구범위에 적혀 있는 사항에 의하여 정해진다(특
허법 제97조). 37) 특허청구범위에 적혀 있는 구성요소들은 그 모두가 유기적 일
체로서의 발명을 이루는 필수구성요소이고 그 중 어느 하나라도 빠져 있다면
이는 특허발명과는 다른 발명으로 본다(구성요소 완비의 원칙). 특허청구범위를
설정하는 것은 마치 구체적인 형체가 없는 관념적 재산인 발명에 대하여 문언
을 동원하여 가시적(可視的)인 울타리를 치는 것에 비유할 수 있으며 제 3 자가

---

36) 다만, 특허청구범위에 관하여는 출원 후 일정 기간 제출을 유예할 수 있다(특허법 제42조
   의 2 제 1, 2 항).
37) 엄밀히 말하면 '특허청구범위'와 '청구항'은 구별되어야 한다. 특허청구범위는 '발명의
   설명'에 대비되는 개념으로서 특허 '청구항' 전체를 아우르는 포괄적 개념이고, 청구항은
   특허청구범위를 이루는 개개의 조항을 의미하기 때문이다.

그러한 울타리를 넘어 들어가는 경우 특허의 침해가 성립한다. 특허청구범위는 원칙적으로 발명을 설명하는 기능을 하지 않는데, 발명의 내용을 구체적으로 설명하는 것은 본디 '발명의 설명'이나 '도면'의 몫이지 특허청구범위의 몫은 아니기 때문이다. 특허청구범위에 기재된 내용이 지극히 구체적이어서 그것만으로도 발명의 내용을 이해할 수 있는 경우도 있으나 그렇다고 하더라도 발명의 내용을 설명하는 것이 특허청구범위의 본래의 기능은 아니다. 이와 같이 특허청구범위는 그와 같은 발명의 내용을 기초로 어떠한 한도와 형태의 독점적 권리를 주장(보장)할 것인가를 좌우하는 문언인 것이다.

### (2) 이율배반성

일차원적으로 생각한다면, 출원인으로서는 특허청구범위를 넓게 설정할수록 권리의 범위(독점영역)가 넓어지기 때문에 강력한 특허권을 가지게 된다. 그러나 특허는 출원과정에서의 심사는 물론 특허로 등록된 후에도 언제든지 선행기술과의 대비를 통하여 그 유효성이 도전받을 수 있는데 그와 같은 경우 선행기술과 대비의 대상이 되는 것 또한 특허청구범위이다. 따라서 특허청구범위가 폭넓게 구성되어 있을수록 선행기술에 의하여 공격을 받을 여지 또한 넓은 것이어서 당해 특허가 등록거절되거나 무효로 될 가능성이 아울러 높아진다. 어떠한 발명의 특허청구범위가 'A+B'라면 그 발명의 특허권자는 'A+B+C'로 구성된 발명이든 'A+B+D'로 구성된 발명이든 모두 자신의 특허발명에 대한 침해형태라고 주장할 수 있다. 왜냐하면, 이는 모두 'A+B'를 전제로 하여 그 내용을 세부적으로 한정하거나 'A+B'를 이용한 것들이기 때문이다. 그러나 애초에 특허청구범위를 더욱 한정하여 'A+B+C'로 하였다면, 위 특허권자는 'A+B+D'를 상대로 침해를 주장할 수 없다. 왜냐하면, 'A+B+D'에는 C라는 필수 구성요소가 빠져 있어 'A+B+C'와 같거나 'A+B+C'를 이용하는 형태라고 할 수 없기 때문이다.[38] 이와 같이 특허청구범위에 발명을 이루는 구성요소가 적을수록 큰 발명이기 때문에 폭넓은 권리를 취득하게 된다.

---

38) 발명은 모든 구성요소가 필수적, 유기적으로 결합된 하나의 실체라는 점, 따라서 원칙상 발명을 이루는 구성요소 중 하나라도 빠지거나 달라진다면 이미 같은 발명이라고 할 수 없다는 점을 유의하여야 한다. 다만, 그와 같은 원칙에 관한 예외인 '균등론'이 존재하는 바, 이에 관하여는 뒤에서 따로 다루기로 한다.

반면에, 어떠한 발명의 특허청구범위가 'A+B'인 경우, 그 발명은 그보다 앞서 공지된 하위개념인 'A+B+C' 또는 'A+B+D' 모두에 의하여 신규성이 없다고 공격을 받을 수 있다. 하지만 특허청구범위가 애초에 'A+B+C'인 발명은 'A+B' 및 'A+B+D'에 의하여 신규성이 없다는 공격을 받을 여지는 없고[39] 경우에 따라 진보성이 없다는 공격을 받을 가능성만 남을 뿐이다. 이처럼 특허청구범위에 발명을 이루는 구성요소가 많을수록 작은 발명이기 때문에 선행발명으로부터의 공격에서 상대적으로 안전할 수 있다.

### (3) 해석의 대상

특허청구범위는 언어로 표현되는 것인 만큼 필연적으로 해석의 여지를 가지게 된다. 특허의 침해가 문제로 된다는 것은 제3자의 행위가 특허청구범위의 울타리를 넘어 들어온 것인가를 따지는 것이기 때문에 권리자로서는 가급적 울타리의 외연을 멀리까지 넓히는 해석을 시도하는 반면, 제3자는 침해의 책임을 면하기 위하여 그 반대의 노력을 하게 되기 때문이다. 결국 특허청구범위의 해석은 종국적으로는 법관에 의하여 행하여지는 법률판단의 문제이다.

## 나. 특허 청구항의 종류

### (1) 법률상 종류: 독립항, 종속항

특허청구범위를 이루는 청구항에는 독립항과 종속항이 있다. 독립항이라 함은 발명의 구성요소를 자족적으로 기재하고 있어 타 청구항을 인용하지 않는 청구항을 말하고, 종속항이라 함은 특정한 독립항에 종속되어 그 독립항에 나타난 구성요소를 모두 그대로 원용하면서 이를 기술적으로 한정하거나 부가하여 구체화하는 청구항이다(특허법시행령 제5조).

이해의 편의를 위하여 「① 청구항 1. 지우개가 달린 연필(독립항) ② 청구항 2. 제1항에 있어서, 상기 지우개에 ○○향기를 내는 □□성분이 포함된 것(종속항)」을 상정해 볼 수 있다. 어떠한 발명에 관하여 특허를 청구하는 경우, 그 발명의 전체 내용을 아우를 수 있는 상위개념을 폭넓게 독립항으로 표

---

39) 물론, 이 경우 뒤에서 설명하는 발명의 '실질적 동일성' 개념이 문제될 수 있으나 설명의 편의상 이를 논외로 한다. 또한 뒤에서 설명하는 바와 같이 구성요소 C가 구성요소 D의 균등물이라면 예외적으로 균등침해가 성립할 여지가 있으나, 설명의 편의상 이 역시 논외로 한다.

현하고 그에 기초한 특징적 하위개념들을 종속항으로 표현하는 것이 보통이다. 특허의 유·무효의 판단은 각 청구항 별로 이루어지기 때문에 예컨대 앞의 예에서 '지우개가 달린 연필'이 이미 공지의 기술로 존재하고 있음이 밝혀져 청구항 1. 이 무효로 되더라도 이를 한정한 '그 지우개에 ○○향기를 내는 □□성분이 포함된 것'이라는 기술까지 공지되어 있지 않는 한 청구항 2. 는 무효가 아니다. 한편, 독립항인 청구항 1. 에 신규성·진보성이 있어 유효한 발명인 이상 이를 전제로 하여 그 내용을 한정하거나 세부화한 종속항인 청구항 2. 는 논리적으로 당연히 신규성·진보성이 있다.[40] 한편, 독립항과 종속항의 구별은 기재형태에 구속될 것이 아니라 각 청구항의 실질적인 내용에 기초하여 이루어져야 한다.[41]

⇨ 대법원 1998. 4. 10. 선고 96후1040 판결

> 콘크리트 건조물 벽면의 보강장치에 관한 등록고안의 청구범위 제 1 항과 제 2 항은 그 목적이나 작용효과가 명백히 서로 다르고, 그 제 2 항에서는 "제 1 항에 있어서"라는 표현을 사용하고 있기는 하나(종속항의 형태를 취하고 있기는 하나),[42] 부착시트와는 별개의 장치인 자동약액주입기에 관한 청구범위 제 3 항과 제 4 항에서도 "제 1 항에 있어서"라는 표현을 사용하고 있는 점, 제 2 항의 "제 1 항에 있어서"라는 표현은 제 1 항에서 말하는 절곡된 부착시트를 한정하는 것이 아니라 제 1 항의 전제 부분인 "… 건조물 벽면의 보강장치에 있어서"까지를 의미하는 것으로 해석한다면 전체적인 의미가 명확해진다는 점을 고려하여 정의와 형평에 따라 합리적으로 해석한다면 등록고안의 청구범위 제 2 항은 제 1 항과는 다른 독립된 권리를 의미하는 독립항이다.

---

40) 대법원 2007. 11. 29. 선고 2006후2097 판결; 대법원 1995. 9. 5. 선고 94후1657 판결.

41) 특허를 청구하는 출원인은 자신이 이룩한 발명에 관하여 충분하면서도 안전하게 권리를 취득하고 행사하기 위하여 독립항과 종속항을 적절히 '구사'할 필요가 있다. 예컨대 A가 '냉방기', '공기정화기'를 각각 처음 발명하여 위 구성을 결합하였다고 하자. 이 경우 A가 '냉방기 + 공기정화기'로 된 독립항을 청구항으로 하여 특허를 청구하는 대신 '청구항 1. (독립항) 냉방기; 청구항 2. (독립항) 공기정화기; 청구항 3. (종속항) 제 1 항에 있어 공기정화기가 결합된 것'이라는 형태로 청구항을 구사한다면 A는 '냉방기'에 대하여도 '공기정화기'에 대하여도 모두 독점권을 가지는 한편, 만약 선행기술로 '냉방기'나 '공기정화기'가 이미 존재하는 것이 밝혀져 독립항 1. 또는 2. 가 특허거절되거나 등록 후 무효로 되더라도 양자를 결합한 종속항 3. 은 독자적인 발명으로 살아남을 가능성을 보유하게 된다.

42) 괄호부분은 저자의 註로서 판결 원문에는 없음.

◇ 대법원 1995. 9. 5. 선고 94후1657 판결

> 본원 특허청구범위 제2항은 일반적인 반도체장치 제조에 있어서의 도핑영역을 형성하는 방법에 관한 공지기술을 기재한 것이 아니라, 독립항인 위 특허청구범위 제1항에서의 요부인 "장벽층에의 이온주입 및 열처리공정"이 포함된 반도체장치의 제조방법에 있어서 그 선행단계인 도핑영역을 형성하는 여러 가지 방법 가운데 단지 이온주입방법과 확산영역의 방법에 대하여만 그 실시태양을 지정함으로써 위 독립항을 기술적으로 한정하고 구체화한 사항을 기재한 것이라고 보이고, 위 특허청구범위 제3항 이하의 경우에도 마찬가지라 할 것이므로 이들은 모두 종속항에 해당한다고 보아야 할 것이다. 따라서 위 특허청구범위 제2항 이하는 선행되는 위 특허청구범위 제1항(독립항)의 전체 특징을 포함한 종속항들로서 위 독립항에 진보성이 인정되는 이상 그 종속항인 위 특허청구범위 제2항 이하에도 당연히 진보성이 인정된다.

### (2) 실무상 인정되는 특수한 청구항 유형

### (개) 기능적 청구항

#### 1) 의    의

기능적 청구항이란 청구항 가운데 일부 요소를 구체적 구성으로 기재하지 않고 일정한 기능이나 성질, 작용, 특성 등으로 추상화하여 표현한 청구항을 말한다. 예컨대, A부분과 B부분의 결합수단으로서 '못'을 특정하는 대신 'A부분과 B부분을 체결하는 기능을 하는 수단'으로 기재하는 것이 이에 해당하고, 'C부분과 D부분 사이에 완충기가 개재된 것'이라고 할 때 위 '완충기'도 기능적 표현이다. 실무상, 기능적 청구항은 컴퓨터 프로그램이나 전기 관련 기술에서처럼 발명의 요소를 '구성'이나 '구조'의 형태로는 표현하기 어렵고 '기능'으로 표현하는 편이 더 적절한 때 많이 사용된다.

#### 2) 기능적 청구항의 유효성

기능적 청구항의 유효성 여부는 당초 미국에서 판례를 통해 문제되었다가[43] 그 뒤 1952년 특허법 개정을 통하여 명문으로 유효성이 인정되었으며, 세계적으로도 기능적 청구항은 일정한 요건과 한도 아래 유효성이 인정되는 것이 보통이다. 한편, 특허 청구범위에는 발명이 명확하고 간결하게 기재되어

---

43) 미국 연방대법원은 1946. Halliburton Oil Well Cementing Co. v. Walker 사건에서 기능적 청구항은 허용되지 않는다고 하여 처음에는 기능적 청구항의 적법성을 부정하였었다.

야 하므로(특허법 제42조 제 4 항 제 2 호) 그 구성요소를 막연히 '어떠한 기능을 하는 것'이라는 형태로 불명료하게 표현함은 바람직하지 않고 '(어떠한 기능을 하는) 구체적인 무엇'으로 특정함이 원칙이다. 그러나 기술분야 또는 발명의 내용에 따라 기능적 표현으로 구성의 기재를 대신하는 것이 불가피하거나 더 효율적인 수가 있으며 이때에는 기능적 표현을 이용하여 청구항을 구성함이 허용된다. 특허법 제42조 제 6 항도 "청구범위에는 보호받으려는 사항을 명확히 할 수 있도록 발명을 특정하는 데 필요하다고 인정되는 구조·방법·기능·물질 또는 이들의 결합관계 등을 적어야 한다"고 하여 특허청구범위에 기능적 표현이 사용될 수 있음을 인정하고 있다.

3) 관련되는 판례의 태도

가) 기능적 청구항의 적법성

과거 대법원 판례는[44] 청구범위 기재의 명확성 요건을 들어 원칙적으로 기능적 청구항을 인정되지 않되, 기능적 청구항의 구체적 내용이 명세서에 뒷받침되거나 적어도 명세서의 기재불비에 해당하지 않을 정도로 그 내용이 명세서 전체의 기재에 비추어 통상의 기술자에게 자명한 경우에 한해 예외적으로 이를 인정하였다. 그러나 2007년 특허법에 따라 '특허청구범위에는 발명의 구성에 없어서는 아니 될 사항만을 기재하여야 한다'는 요건이 삭제되고 특허법 제42조 제 6 항이 신설된 이후의 판례[45]는 "특허청구범위가 기능, 효과, 성질 등에 의한 물건의 특정을 포함하는 경우, 그 발명이 속하는 기술분야에서 통상의 지식을 가진 자가 발명의 설명이나 도면 등의 기재와 출원 당시의 기술상식을 고려하여 특허청구범위에 기재된 사항으로부터 특허를 받고자 하는 발명을 명확하게 파악할 수 있다면 그 특허청구범위의 기재는 적법하다"고 하여 한결 완화된 태도를 보이고 있다.

나) 특허요건 판단 시의 해석기준

이에 관한 판례의 태도는 통일적이기보다 사안별로 발명의 특징이나 구체적 타당성에 좌우되는 면이 강하다. 즉, 기능적 표현이 포함된 특허청구범위를 명세서 본문과 도면의 기재를 참고하여 해석한 유형이 있는가 하면,[46] 특

---

허청구범위에 기능적 표현이 있음에도 불구하고 발명의 설명의 기재나 실시례에 기하여 그 의미내용을 한정함이 없이 그대로 선행발명과 대비한 유형도 있다.[47] 아울러 판례[48]는 "ⅰ) 특허청구범위에 기재된 사항에 의하여 발명의 내용을 확정함이 특허청구범위 해석의 기본원칙인 이상, 특허청구범위에 기능, 효과, 성질 등의 기능적 표현이 들어 있다면 그러한 기능, 효과, 성질 등을 가지는 모든 발명이 당해 특허청구범위에 포함된다. ⅱ) 다만, 특허청구범위에 기재된 용어가 가지는 특별한 의미가 명세서의 발명의 설명이나 도면에 정의 또는 설명이 되어 있는 등 특수한 사정이 존재하면, 이를 반영하여 합리적으로 발명의 내용을 확정하여야 한다"고 하여 기능적 청구항 해석 시 발명의 설명에 의한 한정을 예외로 다루는 듯한 태도를 보이기도 한다.

◈ 대법원 2001. 6. 29. 선고 98후2252 판결

이 사건 등록고안의 요지는 연결부의 구성이라고 할 것인데, 청구범위의 기재에 의하더라도 연결부의 구성은 '구동장치를 공유하기 위한 연결부'로 한정되어 있으나 '연결부'의 기재는 여전히 기능적 표현이므로, 고안의 상세한 설명과 도면의 기재를 참고하여 실질적으로 그 의미 내용을 확정하여 보면(피고는 이 사건 등록고안의 청구범위에는 '연결부'라고만 기재되어 있으므로 그 문언대로 해석되어야 하고, 도면이나 상세한 설명의 기재를 참고하여 해석할 수 없다는 취지로 주장하나, 이 사건 등록고안의 청구범위에 '구동장치를 공유하기 위한 연결부'라는 의미로 기재하고 있어 막연히 연결부라고 기재한 것과는 다르고, 또 '연결부'나 '연결수단'과 같은 기능적 표현의 경우에는 명세서 본문과 도면의 기재를 참고하여 해석할 수 있는 것이어서 피고의 주장은 받아들이지 아니한다), 그 상세한 설명 및 도면에 명백히 기재되어 있는 바와 같이 연결쇠(14)(18)와 연결클립(15)으로 되는 플랜지타입이나 스크류타입, 볼트조임 타입 등의 제작과 조작이 쉬운 연결요소로 구성된 사실을 알 수 있다.

◈ 대법원 2005. 4. 28. 선고 2004후1533 판결

이 사건 등록고안의 '결속구' 구성은 등록청구범위에서 어떠한 한정을 한 바 없어 이 사건 등록고안의 명세서 상의 도면에 나타난 구성에 한정되는 것이 아니므로 간행물 2 게재 고안의 '크립, 와셔 및 너트' 구성과 실질적으로 동일하며, 이 사건 등록고안의 '철판망을 철선에 부착하는' 구성은 용접 등의 방법으로 철

---

47) 대법원 2005. 4. 28. 선고 2004후1533 판결; 대법원 2007. 9. 6. 선고 2005후1486 판결.
48) 대법원 2009. 7. 23. 선고 2007후4977 판결.

판망과 철선을 팽팽하게 일체화시키는 것으로서 간행물 2 게재 고안의 '금망을 주철근에 장설(張設)하는' 구성에 대응되는바, 비록 간행물 2 게재 고안의 금망은 철판망이 아닌 철선망이지만 역시 용접 등으로 팽팽하게 부착하는 것이 가능하여 그 '장설'에는 이 사건 등록고안의 '부착'이 포함되는 것이므로, 이 사건 등록고안은 위 간행물 1, 2 게재 고안으로부터 이 기술분야에서 통상의 지식을 가진 자가 극히 용이하게 고안할 수 있다.

### 4) 기능적 청구항의 권리범위

특허청구범위 해석 시 기능적 표현은 그 추상성으로 인해 특허발명의 권리범위를 불분명하게 하거나 지나치게 확대할 위험이 있기 때문에 이를 합리적인 범위 내에서 한정 해석할 필요가 있다. 출원인으로서는 특허청구범위에는 발명의 설명보다 추상적인 용어를 구사하여 좀 더 넓은 권리를 얻으려는 속성이 있고, '기능적 청구항' 역시 그 대표적 예이기 때문이다.

생각건대, 기능적 청구항은 명세서의 실시례나 발명의 설명에 나타난 구성, 그리고 통상의 기술자가 그로부터 쉽게 생각해 낼 수 있는 균등의 구성까지로 권리범위를 한정함이 합당할 것이다. [49) 아울러, 청구항의 기능적 표현이 발명의 설명에 의해 뒷받침되지 못할 정도로 지나치게 추상적이거나 불명확하다면 이미 그 자체로 등록거절이나 무효사유가 되는 점 역시 권리범위 획정(劃定) 시 반영되어야 한다.

판례는 기능적 청구항의 권리범위를 판단함에 있어서는 명세서 전체의 기재와 도면을 참작하여 이를 적절히 한정하는 경향을 보인다. 실용신안 등록청구범위를 문언 그대로 해석하는 것이 명세서의 다른 기재에 비추어 명백히 불합리한 경우, 등록실용신안의 권리범위를 제한 해석하는 것이 가능하다고 하면서 기능적 표현인 '폐축산 투입수단'이라는 용어를 고안의 발명의 설명과 도면 등을 참작하여 제한 해석함으로써 권리범위를 축소한 것,[50) 특허발명의 권리범위를 판단함에 있어서는 특허청구범위에 기재된 용어의 의미가 명료하

---

49) 미국 특허법 제112조 역시 "기능적 청구항은 발명의 상세한 설명에 나타난 구조, 재료, 역할 또는 그와 균등의 관계에 있는 것만을 의미하는 것으로 본다"고 하여 특허청구범위 해석 시 기능적 표현의 의미를 상세한 설명에 기재된 구체적 기재와 그 균등물로 한정하고 있다.

50) 대법원 2009. 4. 23. 선고 2009후92 판결.

더라도, 그 용어로부터 기술적 구성의 구체적인 내용을 알 수 없는 경우에는 발명의 설명과 도면의 기재를 참작하여 그 용어가 표현하고 있는 기술적 구성을 확정하여 특허발명의 권리범위를 정하여야 한다고 한 것51)이 대표적 예이며 그 밖에도 유사한 취지의 판례들이 여럿 있다.52)

#### (나) 제조방법이 기재된 물건 청구항(Product by Process Claim)

##### 1) 의    의

'제조방법이 기재된 물건 청구항'이라 함은 물건의 청구항에 있어 하나 이상의 구성이 그것을 제조하는 방법이나 수단을 동원하여 표현된 것을 의미한다. 예컨대 화학이나 생명공학분야에서 특정한 방법을 통하여 신규성·진보성이 있는 효과를 가지는 새로운 물건(물질)을 얻게 되었음은 분명하나 정작 그 물질의 구조적 특성은 발명자로서도 규명하지 못하는 경우가 있다. 이 경우 출원인은 부득이 '… 방법으로 얻어진 물건'의 형태로 청구범위를 작성할 수밖에 없다. 이와 같이 '방법으로 기재된 물건 청구항'은 발명자가 발명의 '구성'을 충분히 또는 적절히 표현할 수 없다는 이유만으로 특허를 받지 못하는 것은 잘못이라는 고려에서 예외적으로 비롯된 것이나, 실무에서는 구성만으로도 청구항을 표현할 수 있는 발명에서도 물건을 특정하기 위한 방편으로 '방법' 표현을 청구항에 포함시키는 경우가 적지 않게 발견된다.

##### 2) '제조방법이 기재된 물건 청구항'을 둘러싼 법률적 문제들

###### 가) 특허청구범위 기재요건의 충족 여부

특허 청구항에는 발명이 명확하고 간결하게 기재되어야 한다(특허법 제42조 제4항 제2호). 청구항은 권리의 내용을 확정하는 문언이기 때문에 가급적 명확하고 간결하게 기재되어야 차후 분쟁의 여지를 줄일 수 있으며 발명에 관한 특허청구범위에 방법을 기재하는 것은 발명의 권리범위가 명확해지지 않는 결과를 초래할 우려가 있다. 따라서 '제조방법이 기재된 물건 청구항'을 무제한적으로 인정하는 것은 바람직한 일이 아니며, 이는 필요 최소한에 그쳐야 한다.53)

---

51) 대법원 2007. 6. 14. 선고 2007후883 판결.
52) 대법원 2002. 6. 28. 선고 2000후2583 판결; 대법원 2008. 2. 28. 선고 2005다77350,77367 판결; 대법원 2008. 7. 10. 선고 2008후57 판결 등.
53) 심사기준도 방법에 의해서만 물건을 특정할 수밖에 없는 등의 특별한 사정이 있다거나 그 제조방법이 물건의 구조나 성질에 어떠한 영향도 미치지 않는 경우에 한하여 물건을 제조

### 나) 신규성·진보성 판단

발명이 선행기술에 비하여 신규성 또는 진보성이 있는지 여부를 판단함에 있어서 선행기술과의 대비의 대상이 되는 것은 언제나 특허청구범위이다. 따라서 '제조방법이 기재된 물건 청구항'으로 기재된 발명의 신규성·진보성을 판단함에 있어서 그 발명의 실체를 어떠한 것으로 보느냐에 따라 결론은 크게 달라질 수 있다. 일반적으로 특정한 발명의 신규성·진보성을 판단하는 단계에서는 특허청구범위를 좁게 볼수록 출원인이나 권리자 입장에서는 유리하다. 특허청구범위가 폭넓게 구성되어 있을수록 선행기술에 의하여 공격을 받을 여지 또한 넓은 것이어서 당해 특허가 등록거절되거나 무효로 될 가능성이 아울러 높아지기 때문이다. '제조방법이 기재된 물건 청구항'에 있어서 물건을 규정하는 '방법'에 주목한다면, 비록 선행기술에 동일한 물건이 존재한다고 하더라고 그 물건을 얻는 동일한 '방법'이 공지되어 있지 않는 이상 당해 '제조방법이 기재된 물건 청구항'은 신규성이 있고 경우에 따라 진보성도 인정받을 수 있을 것이다. 그러나, '제조방법이 기재된 물건 청구항'의 본질을 '물건'이라고 본다면, 비록 당해 '제조방법이 기재된 물건 청구항'과 다른 방법에 의한 것이라도 이미 그와 같은 '물건'이 공지되어 있는 이상, 당해 '제조방법이 기재된 물건 청구항'은 신규성을 인정받을 수 없다.

대법원은 전원합의체 판결[54]을 통해, ⅰ) 제조방법이 기재된 물건 청구항은 어디까지나 '물건의 발명'이고 특허청구범위에 기재된 제조방법은 최종 생산물인 물건의 구조나 성질 등을 특정하는 하나의 수단으로서 그 의미를 가질 뿐이다. ⅱ) 따라서 제조방법이 기재된 물건발명의 특허요건을 판단함에 있어서 그 기술적 구성을 제조방법 자체로 한정하여 파악할 것이 아니라 제조방법의 기재를 포함하여 특허청구범위의 모든 기재에 의하여 특정되는 구조나 성질 등을 가지는 물건으로 파악하여 출원 전에 공지된 선행기술과 비교하여 신규성·진보성 등이 있는지 여부를 살펴야 한다. ⅲ) 이러한 법리는 생명공학 분야나 고분자, 혼합물, 금속 등의 화학 분야처럼 물건을 구조나 성질 등으로 직접적으로 특정하는 것이 불가능하거나 곤란하여 제조방법에 의해서만 물건

---

방법의 형태로 특정하는 것을 허용한다(특허청, 특허·실용신안 심사기준, 제2부 제4장 4. (8)).

54) 대법원 2015. 1. 22. 선고 2011후927 판결.

을 특정할 수밖에 없는 경우에도 다르지 않다고 판시하였다. 이로써 신규성·진보성 판단 시 이를 오로지 물건으로 파악하는 태도를 한층 분명히 하고 있다.

### 다) 권리범위

'제조방법이 기재된 물건 청구항'을 둘러싼 또 하나의 중요한 쟁점은 제 3자의 실시형태가 '제조방법이 기재된 물건 청구항'에 대한 침해를 구성하는지 여부에 대한 판단, 즉 '제조방법이 기재된 물건 청구항'의 권리범위를 어떻게 해석할 것인지를 둘러싼 문제이다. '제조방법이 기재된 물건 청구항'의 권리범위를 청구항에 기재된 대로 특정한 '방법'을 통하여 얻은 물건으로 한정할 경우, 권리범위가 좁아지게 되어 제 3자가 다른 방법으로 동일한 물건을 제조, 사용한다면 원칙적으로 침해를 구성하지 않는다. 반면에, 그 권리범위를 '물건' 전체에 대하여 미치는 것으로 본다면 제 3자가 다른 방법을 통하더라도 동일한 물건을 제조, 사용하는 이상 침해를 구성한다.

생각건대, '제조방법이 기재된 물건 청구항'의 신규성·진보성 등을 판단함에 있어 그 실질을 '방법'으로 한정하지 않고 '물건'에 대한 발명으로 봄으로써 그와 동일한 물건이 선행기술로서 존재하는 한 신규성·진보성이 부인된다는 전제에 서는 이상, 그와 같이 폭넓은 위험을 감수하고 특허로 등록된 발명에 대하여는 권리행사의 국면에 있어서도 이를 '물건의 발명'으로 보아 동일한 폭의 권리를 부여함이 일관성 있다. 유독 권리행사의 단계에서만 이를 청구항에 기재된 '방법'으로 제한받는 청구항으로 본다면 제 3자로 하여금 청구항에 기재된 방법만 회피하면 동일한 물건을 제조, 사용하더라도 침해책임을 면할 수 있게 해 주는 것이 되어 권리자에게 가혹하다. 특히 '제조방법이 기재된 물건 청구항'의 연혁에서도 알 수 있듯 화학이나 생명공학분야의 발명은 실질적으로 물건(물질)의 발명이지만 제조방법에 의하여 이를 특정하는 것 이외에는 달리 청구항에 그 실체를 표현하는 것이 불가능하거나 부적절한 수가 많으며, 그러한 경우에는 '물건'으로서의 실체를 가지는 위 발명에 응당 그에 상응하는 권리범위를 부여해야 하기 때문이다. 판례55) 또한, 제조방법이 기재된 물건발명의 특허성 판단 시 방법의 기재에 의하여 제한되지 않는 '물건발명'으로 파악하는 청구범위의 해석방법은 특단의 사정이 없는 한 특허침

---

55) 대법원 2015. 2. 12. 선고 2013후1726 판결.

해소송이나 권리범위확인심판 등에서도 마찬가지로 적용됨을 분명히 하였다.

한편, 방법으로 기재된 물건 청구항은 일률적으로 그 권리범위의 해석기준을 설정하는 것보다는 발명의 종류와 성질에 따라 이를 개별적으로 다루는 것이 적절하다. 보통 기계·장치 등의 발명에 있어서는 굳이 방법으로 기재된 물건 청구항 형태를 취할 것 없이 구성만으로 청구항을 작성하는데 어려움이 없는 경우가 대부분이다. 그럼에도 출원인이 방법으로 기재된 물건 청구항 형태를 빌렸다면, 이는 선행기술로 존재하는 물건에 의해 출원발명이 등록거절되는 것을 피하기 위해, '특정한 방법으로 물건을 제조하면 고유한 기술적 효과를 누릴 수 있음'을 부각시킬 의도였던 경우가 많을 것이다. 그렇다면 이는 침해의 판단이나 권리범위의 획정에 반영되어야 하고, 이때 청구항에 기재된 방법 이외의 방법으로 물건을 제조, 사용하는 행위는 침해를 구성하지 않는다고 함이 상당하다. 56) 앞서 든 판례57) 역시 제조방법이 기재된 물건 청구항의 권리범위는 물건을 기준으로 정해진다고 하는 한편, '다만 그러한 해석을 통해 드러나는 특허발명의 권리범위가 명세서 전체의 기재에 의해 파악되는 발명의 실체에 비추어 지나치게 넓은 등 명백히 불합리한 사정이 있는 경우에는 그 권리범위를 특허청구범위에 기재된 제조방법의 범위 내로 한정할 수 있다'고 하여 이러한 사고방식을 보여준다.

### ㈐ 젭슨(Jepson)타입 청구항

선행기술을 바탕으로 개량발명에 이른 자가 전제부에 선행기술에 해당하는 부분을 거시하고, 그에 이어서 자신의 발명이 가지는 특징을 나타내는 형태로 구성한 청구항을 실무상 '젭슨(Jepson)타입 청구항'이라고 부른다. 58) 위 청구항은 기계나 장치의 발명 등에 관한 청구항에 흔히 사용되는바, "검은색이 포함된 두 개의 렌즈와 안경테로 이루어진 선글라스에 있어서(전제부), 상

---

56) 이와는 별도로, 출원과정에서 출원인이 그와 같은 사유로 인하여 청구항을 수정한 흔적이 명확히 나타난다면 균등론의 요건 가운데 하나인 출원경과금반언의 원칙에 따라 발명의 권리범위가 '방법'의 한도로 제한될 여지가 있음은 물론이다.

57) 대법원 2015. 2. 12. 선고 2013후1726 판결.

58) 유럽의 경우, EPC Rule 43(1)(a)에 따르면 청구항은 '당해 발명과 가장 가까운 공지기술의 구성'과 '위 공지기술과 구별되는 당해 발명만의 특징부'의 형태로 구성하도록 되어 있다. 이를 청구항의 '2단계 구성(Two-Part Form)'이라고 하는데, 젭슨타입 청구항은 유럽의 '위 2단계 구성'과 유사하다고 할 수 있다.

기 두 개의 렌즈에 자외선차단제를 도포한 선글라스(특징부)"와 같은 것이 그 대표적 예이다.

이 경우 전제부에 기재된 '검은색이 포함된 두 개의 렌즈와 안경테로 이루어진 선글라스'는 당해 발명의 특징을 이루는 요소가 되지 않고 '두 개의 렌즈에 자외선 차단제를 도포한 것'에 위 발명의 기술적 특징이 있다. 그러나 만약 젭슨타입의 청구항에서 전제부에 포함시킨 구성이 공지기술에 불과하더라도 발명의 모든 구성요소들은 유기적으로 일체를 이루기 때문에, 제 3 자의 실시형태가 침해를 구성하는지 여부가 문제될 때나 당해 발명의 신규성·진보성을 판단할 때는 전제부를 포함한 청구항의 모든 구성요소를 대비의 대상으로 삼아야 하고 특징부만을 추출하여 대비의 대상으로 삼아서는 아니 된다.[59]

### ㈜ 마쿠쉬(Markush) 청구항

마쿠쉬 청구항은 화학발명에서 사용되기도 하는 유형으로서, 특정한 화학구조 중 일부 구성요소를 특정하는 대신 동일한 효과를 가져올 수 있는 '복수 개의 구성요소 그룹 중 한 가지'라는 형태로 청구항을 기재하는 것을 말한다. 예컨대 'C2H5-R로 이루어진 화합물 중 상기 R이 W, X, Y, Z로 이루어진 그룹 중에서 선택되는 것'과 같이 기재하는 것이 그것이다.[60] 우리나라 특허청도 마쿠쉬 청구항이 유효함을 전제로 그에 관한 심사기준을 마련해 두고 있다.[61]

## 다. 특허청구범위의 기재방법

### (1) 특허청구범위 기재의 필수요건

특허법 제42조 제 4 항은 특허청구범위의 작성 시 준수하여야 할 요건을 정하고 있으며, 위 요건을 충족하지 못할 경우 특허등록의 거절사유(특허법 제 62조 제 4 호)나 등록된 특허의 무효사유(특허법 제133조 제 1 항 제 1 호)가 된다.

---

59) 대법원 2001. 8. 21. 선고 99후2372 판결; 대법원 2001. 9. 7. 선고 99후1584 판결; 대법원 2001. 12. 24. 선고 99다31513 판결; 대법원 2003. 10. 24. 선고 2002후1102 판결 등 참조.
60) Janice. M. Mueller, *Patent Law(3rd. Edit.)*, Wolters Kluwer(2009), 95면.
61) 특허청, 특허·실용신안 심사기준, 제 2 부 제 5 장 7.1.

#### ㈎ 발명의 설명에 의하여 뒷받침될 것(특허법 제42조 제4항 제1호)[62]

특허는 발명의 내용을 공중에게 공개한 대가로 주어지는 것이기 때문에 권리의 내용이 되는 특허청구범위 또한 그 구체적 내용이 발명의 설명에 의하여 뒷받침되어야 함은 당연하다. 발명의 설명에 기재하지 않은 사항을 특허청구범위에 기재하는 것은 결국 공개되지 아니한 기술에 독점권을 요구하는 것에 다름 아니기 때문이다. 나아가 특허청구범위의 기재가 발명의 설명에 기재한 발명의 범위보다 지나치게 넓은 경우에도 발명이 발명의 설명에 의하여 뒷받침되었다고 볼 수 없다.

특허청구범위가 발명의 설명의 기재 내용에 비하여 지나치게 포괄적인 것인지 여부는 당해 기술분야의 통상의 기술자의 시각에서 판단되어야 하며,[63] 특허청구범위에 기재된 발명과 대응되는 사항이 발명의 설명에 기재되어 있는지와, 발명의 설명에 개시된 내용을 특허청구범위에 기재된 발명의 범위까지 확장 또는 일반화할 수 있는지에 달려 있다.[64] 만약 통상의 기술자가 발명의 설명에 구체적으로 개시된 기술 내용 외에는 그 상위개념이나 나머지 기술 내용을 유추하는 것이 곤란하다면 특허청구범위 역시 발명의 설명에 의하여 구체적으로 뒷받침된 것에 한하여 유효하다고 해야 할 것이다.

◇ 대법원 2004. 12. 9. 선고 2003후496 판결

> 이 사건 특허발명의 특허청구범위 제1, 2, 4, 5항에는 모두 떡소로서 '크림'을 이용하거나 '크림'을 주입한다고만 기재되어 있을 뿐이며 이를 특별히 한정하는 기재는 없고, 이 사건 특허발명의 기술분야와 같은 떡류를 포함한 과자류에서 '크림'이라고 함은 우유에서 분리한 지방분 또는 이것을 원료로 하여 다른 재료를 배합한 식품을 의미함을 알 수 있으며, …(중략)… 그런데 이 사건 특허발명의 상세한 설명에서 '크림'에 관하여 기재한 내용에 의하면, 여기에서는 수분함량이 적어도 떡(생지)보다 낮아서 떡(생지)으로 수분 이행을 초래하지 아니하는 크림만을 떡소로 하는 떡의 구성 및 효과를 설명하고 있다고 보인다. 결국 이

---

62) 이에 대한 상세한 논의는, 조영선, "상세한 설명에 의한 특허청구항의 뒷받침," 고려법학 제66호(2012), 273면 이하 참조.

63) 대법원 1999. 12. 10. 선고 97후2675 판결; 대법원 2001. 11. 13. 선고 99후2396 판결; 대법원 2003. 8. 22. 선고 2002후2051 판결; 대법원 2006. 5. 11. 선고 2004후1120 판결; 대법원 2006. 10. 13. 선고 2004후776 판결.

64) 대법원 2016. 5. 26. 선고 2014후2061 판결.

사건 특허발명의 특허청구범위 제1, 2, 4, 5항의 기재는 발명의 상세한 설명에 기재된 발명의 공헌도에 비추어 지나치게 넓은 경우로서 발명의 상세한 설명에 의하여 뒷받침되지 아니한다.

유의할 것은 특허청구범위가 발명의 설명에 개시된 구체적 기술 내용보다 넓다는 것만으로 섣불리 발명의 설명에 의하여 뒷받침되지 않는 것으로 취급해서는 안 된다는 점이다. 양자의 일치를 지나치게 강조하면 청구범위가 발명의 설명에 기재된 구체적 실시예를 중심으로 한정되게 되고, 그 결과 그러한 실시예에 약간의 변형만을 가하여 권리범위를 우회하는 제3자의 행태를 막을 수 없으며, 이는 발명의 인센티브를 떨어뜨려 특허제도의 근간을 훼손할 수 있기 때문이다. 출원인의 입장에서는, 청구항을 포괄적으로 구성할수록 넓은 권리범위를 가지게 되는 한편, 신규성·진보성 판단 시 선행기술과의 대비대상이 되는 것 역시 청구항이기 때문에 폭넓은 청구항을 구성할수록 그만큼 큰 위험에 노출되게 된다. 이러한 청구항의 이율배반성은 출원인에게 유용한 자기통제 수단으로 기능하기 때문에 기본적으로는 청구항이 발명의 설명에 비하여 지나치게 넓은지에 법이 굳이 간여하지 않더라도 이 문제는 이러한 '보이지 않는 손'에 의하여 어느 정도 합리적으로 해결되기 마련이다. 그러나 한편, 당해 분야에서 신규성 또는 진보성을 탄핵할 만한 선행기술이 적은 개척발명일수록 출원인은 발명의 설명의 한정된 기술개시에 근거하여 매우 추상적이고 폭넓은 청구항을 획득함으로써 강력한 권리범위를 구축하려 들기 쉽다. 그러나 이는 후속·개량발명자의 연구개발에 대한 인센티브를 빼앗아 기술의 지속적 발달을 저해하기 때문에 일정한 조건과 한도에서 법이 개입하여 출원인이 지나치게 넓은 권리를 획득하지 못하도록 통제할 필요가 있다. 특허법 제42조 제4항 제1호는 이처럼 양면성을 가진 규범현실을 대상으로 정책적 기능을 수행하는 규정이라 할 수 있다.

⑷ **발명이 명확하고 간결하게 기재될 것**

특허청구범위는 권리의 내용을 확정하는 문언이기 때문에 가급적 명확하고 간결하게 기재되어야 차후 분쟁의 여지를 줄일 수 있게 된다. 그렇기 때문에 앞서 기능적 청구항에 관한 대법원 판례[65]에서 살펴본 바와 같이, 특허청

구범위에는 발명의 구성을 불명료하게 표현하는 용어는 원칙적으로 허용되지
아니한다.

## (2) 특허청구범위 작성방법의 다양화

2007년 특허법은 제42조 제6항에 '특허청구범위를 기재할 때에는 보호
받고자 하는 사항을 명확히 할 수 있도록 발명을 특정하는데 필요하다고 인정
되는 구조·방법·기능·물질 또는 이들의 결합관계 등을 기재하여야 한다'는
규정을 신설하여 지금에 이르고 있다. 이로써 출원인은 특허청구범위를 작성
함에 있어 구성에 얽매이지 않고 발명의 종류와 특성에 따라 적절한 문언을
구사하여 권리범위를 설정할 수 있게 되었다. 이는 특허청구범위의 기재수단
을 발명의 '구성'에 엄격히 한정해 온 종래의 태도가 적절치 않다는 반성적
고려가 입법에 반영된 것이다.

◈ 대법원 2007. 9. 6. 선고 2005후1486 판결

> 특허청구범위가 기능, 효과, 성질 등에 의한 물건의 특정을 포함하는 경우, 그
> 발명이 속하는 기술분야에서 통상의 지식을 가진 자가 발명의 상세한 설명이나
> 도면 등의 기재와 출원 당시의 기술상식을 고려하여 특허청구범위에 기재된 사
> 항으로부터 특허를 받고자 하는 발명을 명확하게 파악할 수 있다면 그 특허청구
> 범위의 기재는 적법하다.

## (3) 특허청구범위 제출 유예

특허출원일은 명세서 및 필요한 도면을 첨부한 특허출원서가 특허청장에
게 도달한 날로 한다. 이 경우 명세서에 청구범위는 적지 아니할 수 있으나,
발명의 설명은 적어야 한다(특허법 제42조의2 제1항). 이로써, 일단 발명의 실
체가 완성되었다면 특허청구범위가 없는 상태에서도 출원일을 선점할 수 있
다. 그 경우 늦어도 출원일부터[66] 1년 2개월이 지나기 전에 명세서에 청구범
위를 적는 보정을 해야 하며(제42조의2 제2항) 그 전이라도 스스로 심사청구를
하려면 청구범위를 적는 보정을 해야 한다(특허법 제59조 제2항 제1호). 제3자

---

65) 대법원 1998. 10. 2. 선고 97후1337 판결.

66) 단, 우선권주장 출원이 있는 경우에는 그 기초가 된 출원일이나 선출원일 등이 여기에 해
    당한다(상세는 특허법 제64조 제1항 각 호).

에 의한 심사청구가 있는 경우에는 그 통지를 받은 날부터 3개월 내에 보정을 완료해야 한다.67) 위 각 기한 내에 청구범위를 보정하지 않으면 기한 만료 다음날에 해당 특허출원은 취하간주 된다(특허법 제42조의 2 제 3 항).

## 2. 발명의 설명

### 가. 발명의 설명의 이율배반성

특허는 발명의 내용을 공중에게 공개하는 대가로 부여받는 독점권이다. 그러한 제도의 취지를 충분히 살리려면 발명의 설명에는 출원인이 알고 있는 발명의 모든 내용이 최대한 자세하고 친절하게 개시(開示)되어야 할 것이다. 그러나 발명의 실체가 자세하게 개시될수록 경쟁자가 발명을 완벽하게 이해하여 시장에 진입하거나 우회 또는 개량발명을 수행하기 쉬워지는 것도 사실이다. 대부분의 출원인은 그러한 결과를 달가워하지 않으며, 특허는 부여받으면서도 발명의 내용은 가급적 모호하게 표현하려는 유혹을 겪기 쉽다. 이러한 이율배반은 특허제도에 내재된 불가피한 속성이라고 할 수밖에 없고, 그 때문에 법이 관여하여 특허부여를 위해 필수적으로 요구되는 발명의 개시정도와 방법에 관하여 기준을 제시하고 집행하지 않으면 안 된다. 그것이 특허법 제42조 제 3 항의 존재이유이다.

### 나. 발명의 설명의 기재요건

#### (1) 요구되는 개시의 정도와 방법

특허법 제42조 제 3 항 제 1 호는 "그 발명이 속하는 기술분야에서 통상의 지식을 가진 자가 발명을 쉽게 실시할 수 있도록 산업통상자원부령으로 정하는 기재방법에 따라 명확하고 상세하게 기재하여야 한다"고 하며,68) 특허법시행규칙 제21조 제 3 항은 발명의 설명에 ① 발명의 명칭, ② 기술분야, ③ 발

---

67) 출원인이 그 청구사실을 통지받은 날부터 3개월이 되는 날과 출원일부터 1년 2개월이 되는 날 가운데 더 빠른 날이 보정의 마감일이다(제42조의 2 제 2 항).

68) 실무상, 특허법 제42조 제 3 항의 발명의 설명 기재 요건 가운데 '통상의 지식을 가진 자가 발명을 쉽게 실시할 수 있도록'을 '실시가능 요건', '명확하고 상세하게 기재'를 '기재방법 요건'이라고 부르기도 한다.

명의 배경이 되는 기술, ④ 해결하려는 과제, ⑤ 과제의 해결 수단, ⑥ 발명의 효과 ⑦ 도면의 간단한 설명, ⑧ 발명을 실시하기 위한 구체적 내용, ⑨ 그 밖에 그 발명이 속하는 기술분야에서 통상의 지식을 가진 자가 그 발명의 내용을 쉽게 이해하기 위하여 필요한 사항을 기재하도록 하고 있다.

실무상 특허법 제42조 제3항 제1호의 발명의 설명 기재방법을 위반한 경우를 법 제42조 제4항의 청구범위 기재방법을 위반한 경우와 함께 '명세서 기재불비'라고 부른다. 그리고 발명의 설명 기재방법을 위반한 경우를 특정하여 '발명의 설명 기재불비'라고 부르기도 한다.

⇨ 대법원 2016. 5. 26. 선고 2014후2061 판결

발명의 설명은 특허출원된 발명의 내용을 제3자가 명세서만으로 쉽게 알 수 있도록 공개하여 특허의 대상이 되는 기술의 내용과 범위를 명확하게 하기 위한 것이다. 구체적으로는, '물건의 발명'의 경우 발명의 '실시'란 물건을 생산, 사용하는 등의 행위를 말하므로, 물건의 발명에서 통상의 기술자가 특허출원 당시의 기술수준으로 보아 과도한 실험이나 특수한 지식을 부가하지 않고서도 발명의 상세한 설명에 기재된 사항에 의하여 물건 자체를 생산하고 사용할 수 있고, 구체적인 실험 등으로 증명이 되어 있지 않더라도 특허출원 당시의 기술수준으로 보아 통상의 기술자가 발명의 효과의 발생을 충분히 예측할 수 있다면, 위 조항에서 정한 기재요건을 충족한다.

### (2) 배경기술 기재의무

출원인은 발명의 배경이 되는 기술을 발명의 설명에 기재할 의무를 부담한다(특허법 제42조 제3항 제2호). 배경기술이라 함은 발명의 기술상 의의를 이해하는 데에 도움이 되고 선행기술 조사 및 심사에 유용하다고 생각되는 종래의 기술을 말한다.[69]

배경기술의 기재가 부적법한 것으로 인정되는 경우에 심사관은 거절이유를 통지하고,[70] 출원인이 그에 상응하는 보정을 수행하지 아니하면 당해 출원은 등록거절에 이른다(특허법 제62조 제4호, 제42조 제3항).[71] 그러나 출원인이

---

69) 특허청, 특허·실용신안 심사기준, 제2부 제3장, 4.1.
70) 특허청, 특허·실용신안 심사기준, 제2부 제3장, 4.4.와 4.5.
71) 다만, 배경기술 기재의무의 불이행은 특허등록을 무효로 하는 사유는 아니다(특허법 제

알고 있는 배경기술을 개시하지 않거나 충실히 개시하지 않더라도 그 고의성을 확인할 객관적 기준이 분명치 않아 제재를 가하기란 쉽지 않으며, 이를 자발적으로 유도할 인센티브도 충분치 않은 것이 현실이다.

### 다. 미완성 발명과 발명의 설명 기재불비

#### (1) 의　　의

미완성 발명은 발명이 특허보호의 대상이 될 만한 정도에 이르지 못하였다고 평가되는 경우로서, ① 단순한 과제 또는 착상의 제기에 그치고 그 실현방법을 모르는 것, ② 발명의 목적을 달성하기 위한 수단의 일부 또는 전부가 결여되어 발명의 목적달성이 실제로 불가능한 것, ③ 과제의 해결수단이 막연하여 구체화할 수 없는 것 또는 그 수단만 가지고는 목적을 달성할 수 없는 것, ④ 발명의 구성이 구체적으로 제시되어 있더라도 그 구성이 해결수단으로 인정되기 위해서는 실험결과 등의 구체적인 뒷받침을 필요로 함에도 불구하고 (주로 화학발명) 그 뒷받침이 없는 것을 말하며, ⑤ 미생물 관련 발명에서 통상의 기술자가 그 미생물을 용이하게 입수할 수 없음에도 발명자가 그 미생물을 지정기관에 기탁하지 않은 경우와[72] ⑥ 발명의 성질상 위험방지, 안전확보의 수단이 불가결함에도(예컨대, 원자력 이용발명) 그것이 미해결인 상태인 경우 또한 학설상 미완성 발명으로 취급되기도 한다.[73] 판례는[74] '발명이 속하는 분야에서 통상의 기술자가 반복 실시할 수 있고, 발명이 목적하는 기술적 효과의 달성 가능성을 예상할 수 있을 정도로 구체적, 객관적으로 구성되어 있으면 발명은 완성되었다 볼 것이라'고 한다.

#### (2) 취　　급

'발명의 설명 기재불비'는 발명이 그 자체로는 성립하였음을 전제로 다만 발명의 설명에 그 발명의 내용에 대한 공개가 제대로 이루어지지 않은 것을 의미하는 반면, '미완성 발명'은 발명이 아예 성립에 이르지 못한 것을 의미

---

133조 제1항 제1호 참조).

72) 대법원 1997. 3. 25. 선고 96후658 판결.

73) 단, 이 경우는 산업상 이용가능성이 없다고 하는 설, 공중위생을 해할 우려가 있는 발명이라고 해석해야 한다는 설, 발명효과의 기재에 흠이 있다는 설 등이 대립되고 있다.

74) 대법원 2019. 1. 17. 선고 2017후523 판결.

하므로 양자는 개념상 차이가 있다. 미완성 발명인 경우에는 특허법 제29조 제 1 항에 의하여 등록이 거절되나 발명의 설명 기재불비는 특허법 제42조 제 3 항에 의하여 등록이 거절되므로 그 적용법조가 서로 다를 뿐 아니라, 기재 불비의 경우에는 뒤에서 보는 바와 같이 출원의 '보정'을 통하여 하자를 치유 하는 길이 열려 있는 반면 미완성 발명에는 보정을 생각할 수 없다. 왜냐하 면, 전자는 이미 완성된 발명에 관하여 특허출원 절차에 문제가 있는 것에 지 나지 않으나 후자는 실제로 발명을 이루지 못한 자가 우선 특허출원을 하여 유리한 절차상의 지위를 선점해 둔 뒤 나중에 발명을 완성함으로써 특허에 관 한 선출원의 지위를 잠탈하는 결과를 낳을 수 있기 때문이다. 그 밖에, 선원 의 지위, 분할출원의 소급효, 우선권주장 등과 관련하여서도 미완성 발명과 기재불비는 차이를 가져온다.

그러나 실제에 있어서 발명의 설명 기재가 불충분한 경우, 그것이 단순한 기재불비인지 발명 자체가 미완성이기 때문인지 여부를 판가름하는 것은 쉬운 일이 아니다. 심사실무는, 명백한 경우가 아닌 한 대체로 발명의 미완성을 이 유로 등록을 거절하기보다는 명세서의 기재불비를 거절이유로 삼아 출원인에 게 보정의 기회를 부여하는 것을 선호하는 것으로 보인다.[75]

(3) 판례의 태도

판례는, 의약의 용도발명에 있어 "그 출원 전에 명세서 기재의 약리효과 를 나타내는 약리기전이 명확히 밝혀진 경우와 같은 특별한 사정이 있지 않은 이상, 특정 물질에 그와 같은 약리효과가 있다는 것을 약리데이터 등이 나타 난 시험예로 기재하거나 또는 이에 대신할 수 있을 정도로 구체적으로 기재하 여야만 비로소 발명이 완성되었다고 볼 수 있는 동시에 명세서의 기재요건을 충족하였다고 볼 수 있다"고 하거나,[76] BM 발명에 관하여 "영업방법의 각 단 계들이 소프트웨어와 하드웨어의 결합을 이용한 구체적 수단을 내용으로 하고 있지 않을 뿐 아니라 사용목적에 따른 각 단계별 정보의 연산 또는 가공이 어 떻게 실현되는지에 대하여 특허청구범위에 명확히 기재되어 있지도 않아, 컴 퓨터상에서 소프트웨어에 대한 정보처리가 하드웨어를 이용하여 구체적으로

75) 특허청, 특허·실용신안 심사기준, 제 3 부 제 1 장 4.1.10.
76) 대법원 2007. 3. 30. 선고 2005후1417 판결 등.

실현되고 있지 않으므로 전체적으로 볼 때 구 특허법 제29조 제 1 항 본문의 '산업상 이용할 수 있는 발명'이라고 할 수 없다"고 하는 등77) 미완성 발명과 기재불비를 명확히 구별하지 않는 듯한 태도를 보이고 있다.

한편, 미완성 발명을 진보성 판단의 대비자료로 삼을 수 있을 것인가에 관하여는 이를 부정하여야 한다는 견해도 있으나,78) 판례는 거절결정이 확정된 미완성 발명도 진보성 판단의 대비자료가 될 수 있다고 함은 물론,79) 선행기술이 미완성 발명이거나 자료의 부족으로 표현이 불충분하더라도 통상의 기술자가 경험칙을 동원하여 기술 내용을 용이하게 파악할 수 있다면 이를 발명의 신규성·진보성 판단의 자료로 삼을 수 있다고 한다.80) 다만, 확대된 선출원 지위에 관하여 판례는 미완성 발명의 경우에는 그러한 지위를 가질 수 없다고 한다.81)

❖ 대법원 1997. 8. 26. 선고 96후1514 판결

> 출원고안의 신규성 또는 진보성 판단에 제공되는 대비발명이나 고안은 반드시 그 기술적 구성 전체가 명확하게 표현된 것뿐만 아니라, 미완성 발명(고안) 또는 자료의 부족으로 표현이 불충분한 것이라 하더라도 그 기술분야에서 통상의 지식을 가진 자가 경험칙에 의하여 극히 용이하게 기술 내용의 파악이 가능하다면 그 대상이 될 수 있는 것이고, 기록에 의하면 위 갑 제 4 호증에는 수장함의 외부형상만이 나타나 있고 내부구성을 알 수 없는 것이기는 하나, 그 기술분야에서 통상의 지식을 가진 자가 경험칙에 의하여 극히 용이하게 그 기술 내용의 파악이 가능하다고 보이므로 이 사건 등록고안의 신규성과 진보성 판단의 대비대상으로 삼을 수 있다.

## 라. 발명의 설명의 대상이 되는 자

발명의 설명의 대상이 되는 자는 그 발명이 속하는 기술분야에서 통상의 지식을 가진 자이다. 통설과 우리나라의 특허심사지침은82) 발명의 설명의 기

---

77) 대법원 2008. 12. 11. 선고 2007후494 판결.
78) 송영식, 지적소유권법 제 2 판(상), 육법사(2013), 228면.
79) 대법원 1996. 10. 29. 선고 95후1302 판결.
80) 대법원 2006. 3. 24. 선고 2004후2307 판결; 대법원 2013. 2. 14. 선고 2012후146 판결.
81) 대법원 1992. 5. 8. 선고 91후1656 판결.
82) 특허청, 특허·실용신안 심사기준, 제 2 부 제 3 장 2.1.

재와 관련된 통상의 기술자를 '그 출원이 속하는 기술분야에서 보통 정도의
기술적 이해력을 가진 평균적 기술자'로 설명하고 있고, 판례83) 또한 발명이
속하는 기술분야에서 통상의 지식을 가진 자가 용이하게 실시할 수 있을 정도
라 함은 그 출원에 관한 발명이 속하는 기술분야에서 보통 정도의 기술적 이
해력을 가진 자, 즉 통상의 기술자가 당해 발명을 발명의 설명 기재에 의하여
출원 시의 기술수준으로 보아 특수한 지식을 부가하지 않고서도 정확하게 이
해할 수 있고 동시에 재현할 수 있는 정도를 뜻하는 것이라 한다.

⇨ 대법원 2004. 10. 14. 선고 2002후2839 판결

> 구 특허법(2001. 2. 3. 법률 제6411호로 개정되기 전의 것) 제42조 제3항과 제4항
> 의 규정은 특허 출원된 발명의 내용을 제3자가 명세서만에 의하여 쉽게 알 수
> 있도록 공개하여 특허권으로 보호받고자 하는 기술적 내용과 범위를 명확하게
> 하기 위한 것이므로, 위 제3항의 '발명의 상세한 설명'은 특허출원된 발명이
> 속하는 기술분야에서 보통 정도의 기술적 이해력을 가진 자(이하 '평균적 기술자'
> 라 한다)가 당해 발명을 명세서 기재에 의하여 출원시의 기술수준으로 보아 특수
> 한 지식을 부가하지 않고서도 정확하게 이해할 수 있고 동시에 재현할 수 있는
> 정도로 기재되어야 할 것이며, 위 제4항 제1호에서 규정하는 바와 같이 특허
> 청구범위가 발명의 상세한 설명에 의하여 뒷받침된다고 하기 위해서는 평균적
> 기술자의 입장에서 볼 때 그 특허청구범위와 발명의 상세한 설명의 내용이 일치
> 하여 그 명세서만으로 특허청구범위에 속한 기술구성이나 그 결합 및 작용효과
> 를 일목요연하게 이해할 수 있어야 할 것이다.

## 마. 발명의 설명의 기재와 관련된 문제들

### (1) 제조의 방법과 용도

발명의 설명에는 통상의 기술자가 그 발명의 목적물을 어떻게 만들 수 있
는가 뿐 아니라 어떻게 사용할 수 있는지도 개시하여야 한다. 따라서 예컨대
화학발명에 있어 특정의 화합물을 발명한 경우, 발명의 설명에는 그 화합물을
어떻게 생성하는지는 물론 그 화합물이 어떠한 용도를 가지는지 까지 개시하

---

83) 대법원 1999. 7. 23. 선고 97후2477 판결; 대법원 2001. 11. 13. 선고 99후2396 판결; 대
법원 2003. 8. 22. 선고 2002후2051 판결; 대법원 2004. 10. 14. 선고 2002후2839 판결;
대법원 2005. 11. 25. 선고 2004후3362 판결 등.

여야 한다. 우리 특허법은 발명이 산업상 이용가능성이 있을 것을 요구하고 있기 때문에 특정한 발명이 어떠한 용도에 사용될 수 있는지를 분명히 하지 않는다면 산업상 이용가능성이 부인될 것이기 때문이다. 화학발명의 일종인 의약에 대하여는 이러한 유용성의 중요성이 한층 커서, 의약발명은 청구항 자체를 물질과 그 용도를 아울러 기재한 용도발명의 형태로 작성하는 것이 원칙으로 되어 있다.[84]

### (2) 유추가능성과 요구되는 기재의 정도

통상의 기술자가 그 발명을 실시하는 과정에 어느 정도 시행착오를 필요로 한다고 해서 곧바로 그 발명의 설명이 법이 정하는 요건을 충족하지 못하였다고 할 수는 없다. 그러나 통상의 기술자가 발명의 설명에 근거하여 발명을 실시함에 있어 과도한 시행착오를 거쳐야 한다면 그 발명의 설명은 발명을 통상의 기술자가 용이하게 실시할 수 있는 정도로 설명하고 있다고 볼 수 없다. 한편, 발명이 속하는 기술분야마다 통상의 기술자의 기술수준은 동일하지 않기 때문에 발명의 설명을 어느 정도의 수준으로 기재하여야 법적 요건을 만족하는 것인지 판가름하는 일은 결코 쉬운 것이 아니다.

발명의 설명 기재 정도를 판단함에 있어 가장 중요하게 고려되어야 할 것으로 당해 기술분야가 가지는 유추가능성(Predictability)을 들 수 있다. 이는 발명의 설명에서 어떠한 기술내용을 공개하였을 때 그 기술분야의 특성상 통상의 기술자가 나머지 필요한 기술내용을 스스로 유추하는 것이 얼마나 용이한지를 의미한다. 예컨대, 간단한 기계분야에서 특허청구범위에 'A와 B 및 상기 A, B를 결합하기 위한 수단'이라는 기재를 하고 발명의 설명에서 위 결합수단으로 못을 들고 있다면, 통상의 기술자라면 '결합수단'이라는 발명의 설명 기재에 근거하여 못에 갈음하는 '리벳'이나 '접착제'를 손쉽게 유추해 낼 수 있을 것이다. 이 경우 그 기술분야에서의 유추가능성은 크다 할 것이고 발명의 설명에서 요구되는 기술 내용의 개시는 비교적 구체적이지 않아도 좋다. 또한, 컴퓨터 프로그래밍 분야에서는 A라는 문제를 해결하기 위해서 B라는 알고리듬을 사용하는 것이 해결책인 경우 발명자가 B 알고리듬을 구성하는 특정한 함수나 명령만을 개시하기만 하면 통상의 기술자는 그 이상의 상세한 기

---

84) 특허청, 특허·실용신안 심사기준(2017), 제9부 제2장 1.2.

술개시 없이도 나머지의 기술상 문제를 해당 분야에서 상용되는 기술적 논리 부여를 통하여 손쉽게 추론할 수 있는 경우가 많은데, 이 경우 역시 유추가능성이 큰 예에 속한다. 그러나 반면, 생명공학이나 화학분야에서는 분자나 화학구조에서의 미세한 차이만으로도 발명의 효과에 예측하기 어려운 판이한 차이를 가져올 수 있으므로 통상의 기술자가 발명의 설명에 구체적으로 기재하지 않은 사항에 관하여는 나머지 기술구성을 유추할 가능성이 극히 제약되어 있다. 따라서 발명의 설명은 구체적이고도 자세히 기재되어야 하고 앞서 본 바와 같은 포괄개념이나 추상적 표현은 가급적 배제되어야 한다. 이러한 경우는 유추가능성이 작은 예에 속한다. 결국, 발명이 속하는 기술분야의 특성상 유추가능성이 작은 분야일수록 발명의 설명 기재요건은 더욱 엄격해지고 유추가능성이 큰 분야일수록 발명의 설명의 기재요건은 너그러워진다고 할 수 있다.

◇ 대법원 2012. 11. 29. 선고 2012후2586 판결

이 사건 특허발명의 특허청구범위 제1항 및 제2항에는 탄소성형체의 원료인 숯, 휘발분, 회분 등의 함량만 기재되어 있을 뿐이고 그 방법에 의하여 제조된 탄소성형체의 성분이나 그 함량에 관하여는 그 특허청구범위에 기재하여 놓은 바 없으므로, 이들 발명은 특정한 성분이나 함량을 갖는 탄소성형체를 발명의 대상으로 삼은 것은 아니다. 또한 출원시의 기술수준으로 보아 통상의 기술자라면 위와 같은 원료의 성분 및 함량과 명세서상의 그 처리공정에 대한 기재로부터 제조된 탄소성형체의 성분 및 그 개략적인 함량을 쉽게 유추하여 파악할 수 있고, 나아가 이 사건 제1항 및 제2항 발명의 실시를 위하여 탄소성형체 성분의 정확한 함량이 필요한 것도 아니라 할 것이다. 그렇다면 비록 발명의 상세한 설명 중 이 사건 제1항 및 제2항 발명의 제조방법에 의하여 제조된 탄소성형체 성분의 구체적인 함량에 관한 기재에 (앞서 본 바와 같은) 오류가 있다고 하더라도 이는 이 사건 제1항 및 제2항 발명의 실시를 위하여 필요한 사항 이외의 부분에 관한 것이어서 통상의 기술자라면 그 오류에도 불구하고 위와 같은 명세서 전체의 기재 및 기술상식에 기초하여 별다른 어려움 없이 이들 발명을 정확하게 이해하고 재현할 수 있다고 봄이 상당하다. 결국 이 사건 특허발명의 명세서에는 위에서 살펴본 각 사항과 관련하여 구 특허법 제42조 제3항을 위반한 기재불비가 없다.

### (3) 발명의 설명과 발명의 효과[85]

발명의 설명 기재요건과 관련하여 효과는 특별한 의미를 가지는바, 발명의 설명에 기재되는 발명의 효과는 설명문언으로서 통상의 기술자로 하여금 발명의 반복재현, 우회, 개량, 도전 등 합리적 행동선택을 가능케 하는 근거 역할을 한다. 따라서 출원발명의 설명에는 적어도 통상의 기술자에게 발명 고유의 기술적 의의를 인식시킬 수 있는 정도로 효과가 기재되어 있어야 하고, 필요하다면 이를 뒷받침할 수 있는 최소한의 데이터가 등록 전에 제출되어야 한다. 이러한 점은 화학·제약·유전공학 등의 분야에서 특히 그러한데, 이에 대한 보다 자세한 설명은 '선택발명의 진보성' 부분에서 하기로 한다.

⇨ 대법원 2006. 2. 23. 선고 2004후2444 판결

> 약리효과의 기재가 요구되는 의약의 용도발명에서는 그 출원 전에 명세서 기재의 약리효과를 나타내는 약리기전이 명확히 밝혀진 경우와 같은 특별한 사정이 있지 않은 이상, 특정 물질에 그와 같은 약리효과가 있다는 것을 약리데이터 등이 나타난 시험예로 기재하거나 이에 대신할 수 있을 정도로 구체적으로 기재하여야만 비로소 발명이 완성되었다고 볼 수 있는 동시에 명세서의 기재요건을 충족하였다고 볼 수 있다.

### (4) 발명의 설명 요건 충족 여부를 판단하는 기준시점

발명을 설명에 의하여 뒷받침하는 기준이 되는 시점은 출원 시인 것이 원칙이다. 이는, 일단 출원된 발명은 발명의 설명에 의하여 뒷받침되어야 하고 그 이후 새로운 기술 내용을 발명의 설명에 추가하는 것이 원칙적으로 허용되지 않는다는 의미이기도 하다. 최초 출원 시에 발명의 설명에 기재한 내용 중 불명확한 것이나 오기 등을 바로잡는 것은 가능하지만 당초 출원에는 없었던 기술 내용을 사후에 보충하는 것은 이른바 '신규사항의 추가'에 해당하고 이는 실질적으로 출원 이후에 발명을 계속하는 것과 다름없으므로 인정되어서는 안 된다. 이는 출원의 보정에 관한 근본적인 문제이므로 뒤에서 자세히 설명하기로 한다.

---

85) 이에 대한 상세는, 조영선, "명세서 기재요건으로서의 발명의 효과," 인권과 정의 제427호 (2012), 95면 이하 참조.

# Ⅳ. 특허법 제29조의 특허요건

모든 발명이 특허를 받을 수 있는 것은 아니다. 발명이 특허등록되기 위해서는 법에서 정한 일정한 요건을 만족하여야 하는바, 우리 특허법 제29조는 특허요건에 관하여 규정하고 있다. 아래에서 이들 특허요건에 관하여 차례로 살펴보기로 한다.

## 1. 산업상 이용가능성

### 가. 의    의

특허법은 발명을 보호·장려하고 그 이용을 도모함으로써 기술의 발전을 촉진하여 산업발전에 이바지함을 목적으로 하므로(특허법 제1조), 발명이 특허를 받기 위해서는 당연히 산업상 이용할 수 있는 것이어야 한다. 특허법 제29조 제1항 본문의 '산업'은 가장 넓은 의미의 산업으로 해석하여야 하며 '기술을 통해 실용적인 결과를 얻는 인간의 모든 활동영역'이라는 의미로 이해되어야 한다. 발명은 산업상 이용가능성이 있는 것이 대부분이고 현재에는 산업상 이용가능성이 희박하다고 하더라도 향후 기술의 발달에 따라 이용가능성이 생길 수 있는 발명 또한 얼마든지 있는 것이라는 점에 비추어 보면 산업상 이용가능성은 이를 소극적 요건으로 이해하여 산업상 이용가능성이 없어 특허 받을 수 없는 발명의 리스트를 작성해 나가는 것이 올바른 접근방법이라 할 것이다.

### 나. 산업상 이용가능성이 없는 발명의 예

#### (1) 실시 불가능한 발명

예컨대, 영구기관과 같이 확립된 과학의 일반법칙에 의하면 실시가 불가능함이 명백한 것은 원칙상 발명이 아닐 것이나, 실무나 판례는 이를 '산업상 이용가능성이 없는 발명'이라고 파악하기도 한다.

#### (2) 현실적으로 실시할 수 없는 것이 명백한 발명

이론적으로는 그 발명을 실시할 수 있을지 몰라도 현실적으로는 실시가 불가능한 것이 명백한 발명은 산업상 이용가능성이 없는 것으로 취급된다. 심사기준은 '오존층의 감소에 따른 자외선의 증가를 방지하기 위하여 지구표면 전체를 자외선 흡수 플라스틱 필름으로 둘러싸는 방법'을 그 예로 들고 있다.[86]

### (3) 안전성, 위험 방지수단이 확보되지 아니한 발명

예컨대, 원자력에 의한 에너지 발생장치와 같이 당연히 발명의 실시에 위험이 수반되는 경우, 위험방지나 안전확보의 수단이 구체적으로 명시되지 않은 이상 그 발명은 산업상 이용가능성이 없다고 보아야 한다.

### (4) 의료행위

우리나라의 학설과 판례는 의료행위에 관한 발명을 산업상 이용가능성이 없는 대표적인 예로 다루고 있는바, 이에 관하여 별도의 항에서 상세히 살피기로 한다.

## 다. 의료행위의 특허성

### (1) 의료행위의 개념

의료행위의 개념에 관하여 특허법상 명문의 규정은 없으나, 의료행위란 널리 '인간의 질병을 진단, 처치, 경감, 치료, 예방하는 방법'으로 이해되고 있으며, 특허법 제96조 제2항은 '의약'을 '사람의 질병의 진단, 경감, 치료, 처치 또는 예방을 위하여 사용되는 물건'으로 칭하고 있어 위와 같은 개념정의를 뒷받침하고 있다. 의료기술과 관련된 발명은 ① 의료기기에 대한 발명, ② 의약품에 대한 발명, ③ 의료방법에 대한 발명으로 구분된다. 대체로 의료기기 및 의약품 발명은 특허로서 보호하되, 의료방법 발명에 대하여는 특허를 인정하지 않는 것이 세계적인 추세이다.

### (2) 의료행위의 특허성 부인

통설은 '인간의 질병을 진단, 처치, 경감, 치료, 예방하는 방법'으로 이루어진 의료행위는 특허법 제29조 제1항에서 정한 특허요건으로서의 '산업상 이용가능성'이 없는 것이어서 특허의 대상이 되지 않는다고 하며, 특허청 심

---

86) 특허청, 특허·실용신안 심사기준, 제3부 제1장 5.3.

사지침도 '인간을 수술하거나 치료하거나 또는 진단하는 방법'의 발명에 대하
여는 특허성을 부인하고 있다.87) 판례88) 역시 마찬가지이다.

⟡ 대법원 1991. 3. 12. 선고 90후250 판결

> 사람의 질병을 진단, 치료, 경감하고 예방하거나 건강을 증진시키는 의약이나
> 의약의 조제방법 및 의약을 사용한 의료행위에 관한 발명은 산업에 이용할 수
> 있는 발명이라 할 수 없으므로89) 특허를 받을 수 없는 것이나, 다만 동물용 의
> 약이나 치료방법 등의 발명은 산업상 이용할 수 있는 발명으로서 특허의 대상이
> 될 수 있는바, 출원발명이 동물의 질병만이 아니라 사람의 질병에도 사용할 수
> 있는 의약이나 의료행위에 관한 발명에 해당하는 경우에도 그 특허청구범위의
> 기재에서 동물에만 한정하여 특허청구함을 명시하고 있다면 이는 산업상 이용할
> 수 있는 발명으로서 특허의 대상이 된다.90)

⟡ 대법원 2006. 8. 25. 선고 2005후1936 판결

> 이 사건 출원발명은 온구기를 사용하여 사람의 등 부위의 경혈과 배 부위의 경
> 혈을 자극하는 방법에 관한 것으로, 온구기의 시구순서와 시구 시의 몸의 자세
> 등으로 구성되어 있는바, 이는 사람의 질병을 치료, 경감하고 예방하거나 건강
> 을 증진시키는 의료행위에 관한 것이고, 인체를 필수구성요소로 하고 있는 것으
> 로서 산업에 이용할 수 있는 발명이라 할 수 없어 특허의 대상이 될 수 없다.

### (3) 의료방법에 특허성을 부인하는 근거

의료행위에 특허를 부여하지 않는 주된 근거는 인간의 존엄과 가치라고
하는 인도적 가치이다. 예컨대 특정한 치료방법에 특허를 인정하여 독점, 배
타적 지위를 인정하게 되면 환자를 치료하는 의사는 자신이 환자를 치료하는
행위로 인하여 타인의 특허를 침해하는 것이 아닌가 하는 불안으로부터 자유
로울 수 없어 환자가 적절한 시기에 적절한 방법으로 치료를 받지 못할 수 있

---

87) 특허청, 특허·실용신안 심사기준(2017), 제3부 제1장 5.1.
88) 대법원 1991. 3. 12. 선고 90후250 판결; 대법원 2006. 8. 25. 선고 2005후1936 판결.
89) 당해 발명의 출원 당시에는 특허법상 물질특허가 인정되지 않았으므로 의약 및 그 조제방
   법도 특허의 대상이 아니라고 판시하고 있다.
90) 이는 의료행위의 특허성을 정면으로 언급한 최초의 판례로서, 유럽특허조약이 '동물의 질
   병에 관한 의료방법' 역시 특허의 대상에서 제외시키고 있는 점과 대비된다.

을 뿐 아니라, 실시할 수 있다고 하더라도 고액의 실시료를 특허권자에게 지불할 필요가 생겨 이를 환자가 부담할 수 없다면 그와 같은 수술이나 치료방법을 실시할 수 없게 되는 불합리가 발생한다. 의료인의 입장에서도 장차 특허가 가능한 의료기술이라면 이를 공지시키면 안 되기 때문에 연구결과를 자발적이고 신속하게 공표하기 꺼려하게 된다. 결국 이로 인하여 의술의 적절한 활용이나 의학의 발전을 가로막게 되는 바, 이는 인간의 생명과 존엄이라는 인도적 가치[91]에 반한다는 것이다.

### (4) 원칙의 구체적 적용
#### (가) 순수한 의료방법의 경우

인간의 질병을 진단, 처치, 경감, 치료, 예방하는 방법, 즉 주로 의사들을 통하여 행하여지는 의료기술 그 자체는 앞서 본 바와 같은 이유로 특허성이 부인되고, 의사는 자유로이 그와 같은 의료방법을 활용하여 진단, 치료 등을 행할 수 있다. 특허법 제96조 제2항은, '2 이상의 의약을 혼합함으로써 제조되는 의약의 발명 또는 2 이상의 의약을 혼합하는 방법에 관한 발명에 관한 특허권의 효력은 약사법에 의한 조제행위와 그 조제에 의한 의약에는 미치지 아니한다'고 규정하고 있다. 약사의 조제행위는 의사의 처방전에 따르게 되어 있는바, 의사가 그때마다 의약의 혼합방법이 특허권에 저촉되는가를 판단하는 것은 곤란하고, 그것은 국민의 건강증진이라는 인도적 목적에도 반하므로 이에 관한 예외 규정을 둔 것이다. 이는 비록 의약 및 의약의 혼합방법에 한정된 조문이나, 의료행위에 관하여 특허성을 인정하지 않는 특허법의 태도를 간접적으로 보여주고 있다.

#### (나) 의료기기, 의약품의 경우

반면에, 각종의 의료기기나 의약품과 같은 물건은 특허성이 부인되지 아니한다. 의료기기나 의약품은 의학자나 의사 등에 의해 학술적 동기 아래 연구·진전되는 의료방법과는 달리 이윤추구를 주목적으로 하는 기업에 의해 생산·판매되는 경우가 대부분이기 때문에 특허라는 경제적 인센티브를 확보해주어야만 지속적인 연구·개발이 수행될 것이고, 그를 통해 의료수준의 향상을

---

91) 이는 발명을 보호·장려하고 그 이용을 도모함으로써 기술의 발전을 촉진하여 산업발전에 이바지함이라고 하는 특허법의 목적(제1조)보다 우월한 헌법적 가치이다.

기대할 수 있기 때문이다. 또한, 현실적으로는 위와 같은 의료기기나 의약품에 관하여 특허성을 인정하더라도 일단 의료기기가 판매된 이상 권리의 소진(消盡)[92]이 일어나 특허권자는 더 이상 그 기기 등에 관하여 특허권을 주장할 수 없으며 의료현장의 의사 등은 특허침해의 걱정 없이 자유롭게 위와 같은 의료기기 등을 이용하여 환자를 치료할 수 있기 때문이기도 하다.

(대) 기      타

1) 비특허대상인 진단행위 개념의 축소

최근 생명공학기술의 급속한 발전과 유비쿼터스 헬스케어 개념의 대두로 생명공학, 전자, 원자력 기술이 다양하게 의료분야에 활용되어 진단마커, 바이오센서 등 의료진단 관련 기술개발이 활발히 이루어지고 있다. 위와 같은 진단시스템에는 의사의 직접적인 진찰 내지 임상적 결정이 개재되는 경우도 있지만, 의사에 의한 임상적 판단이 개재되지 않으면서 최종 진단을 위한 자료의 수집을 주목적으로 인체에 대한 간접적인 영향(혹은 직접적이라도 일시적인 영향)만을 주는 것도 많다. 그래서 이를 일괄적으로 특허의 대상에서 제외하는 것은 문제라는 비판이 있어 왔으며, 각국이 일정한 요건 하에 질병의 진단기술에 특허를 부여하는 방법을 모색하는 것이 국제적인 추세가 되었다. 우리나라 또한 인체에 대한 진단방법이나 각종 데이터를 수집하는 방법 중에서 '임상적 판단'이나 '인체에 직접적이면서, 일시적이 아닌 영향을 주는 단계'가 포함되지 않는 것[93]에 대하여는 산업상 이용가능성을 인정하고 있다.[94]

2) 의료기기의 사용방법에 대한 특허부여

신규한 의료기기의 발명에 병행하는 의료기기의 작동방법 또는 의료기기를 이용한 측정방법 발명은 인체에 직접적이면서 비일시적 영향을 주는 경

---

92) 특허품이 적법하게 생산, 판매된 경우에 그 양수인 등이 그 특허제품을 사용하거나 재판매하는 것은 특허침해를 구성하지 아니한다는 원칙으로서, 특허권자가 특허제품을 타인에게 양도함으로써 그 특허권은 정당하게 사용되어 소진되었다는 논리(First Sale Doctrine)이다. 특허제품뿐 아니라 상표권, 저작권의 적용을 받는 제품에 관해서도 일반적으로 적용되나, 저작권의 적용을 받는 물건의 경우 권리소진의 적용을 받는 범위는 상대적으로 제한적이다.

93) 예컨대 특정한 바이오 마커를 이용하여 특정 암을 진단하는 방법 등이 그 대표적인 경우이다.

94) 특허청, 특허·실용신안 심사기준, 제 3 부 제 1 장 5. 1. (2).

우 또는 실질적 의료행위가 포함되지 않는다면 산업상 이용가능성이 있는 것으로 취급된다. 95)

3) 유전공학 관련 기술에 대한 특허부여

유전자 기술을 의료에 도입한 부문은 국제적인 시장가치가 막대하여 국부(國富) 창출에 크게 기여하므로 각국은 정책적으로 이를 특허대상에 포함시켜 연구·개발을 촉진하고 있다. 우리나라에서도 ① 사람으로부터 자연적으로 배출된 것(예: 소변, 변, 태반, 모발, 손톱) 또는 채취된 것(예: 혈액, 피부, 세포, 종양, 조직)을 처리하는 방법은 의료행위와는 분리 가능한 별개의 단계로 이루어지는 한 산업상 이용 가능하다고 취급하고, 96) ② 사람으로부터 분리된 시료를 분석하는 등으로 각종 데이터를 수집하는 방법의 발명은 비록 그 방법이 질병의 진단과 관련된 것이더라도 임상적 판단을 포함하지 않는 한 산업상 이용할 수 있는 발명으로 취급한다. 97) 아울러, 혈액제재, 유전자 변환제재, 백신 등 인간으로부터 채취한 것을 원재료로 하는 의약품이나, 인간으로부터 채취한 것을 원료로 인공뼈, 배양 피부시트 등 인체 부위의 대체물 또는 그 중간단계 생성물을 제조하는 방법은, 치료를 위해 환자에게 되돌리는 것을 전제로 하더라도 인간을 수술, 치료 또는 진단하는 방법으로 보지 않는다. 98)

미국 특허법 제287조 (c)는 의사 등이 의료행위를 통하여 의료기술에 대한 특허를 침해하는 경우에는 금지청구나 손해배상청구를 하지 못하도록 하면서도, 명문으로 '실시행위가 타인의 유전공학특허(Biotechnology Patent)를 침해하는 경우에는 그렇지 않다'고 못 박고 있다.

(5) 4차산업 혁명환경에 따른 변화의 필요

4차 산업혁명 환경에서 의료분야는 비특허 대상인 의료방법과 특허 대상

---

95) 특허청, 특허·실용신안 심사기준, 제3부 제1장 5.1.(2)(그러나 이는 의료기기 자체에 갖춰지는 기능을 방법으로 표현한 것이어서 인간의 수술·치료·진단방법이 아니라고 보는 것이 보다 합리적 근거일 것이다).
96) 특허청, 특허·실용신안 심사기준(2017), 제3부 제1장 5.1.(2): 현행 특허·실용신안 심사기준으로 통합되기 이전의 산업부문별 심사가이드·생명공학분야(2011), 제1장 3.4.(4).
97) 현행 특허·실용신안 심사기준으로 통합되기 이전의 산업부문별 심사가이드·생명공학분야(2011), 제1장 3.4.(2).
98) 다만, 혈액 투석 방법처럼, 채취한 것을 직접 동일인에 되돌리는 것을 전제로 처리하는 방법은 예외.

인 의료관련 기술 간 경계가 급격히 모호해지는 등 기존 패러다임을 유지하기
가 점점 어려워지고 있다. 특히, 의료장비의 사용방법과 의료방법,99) 바이오
의료분야,100) AI 등 의료용 소프트웨어,101) 원격진료102) 분야에서 이런 문제
가 두드러진다. 인간의 생명과 건강은 마땅히 존중되어야 할 최상의 가치이지
만, 이를 달성하기 위해 지금처럼 모든 의료방법의 특허 대상성을 일률적으로
부인하는 태도는 이제 여러 부작용을 초래할 수 있다. 따라서 앞으로는 의료
기술을 종전처럼 의사 등 의료인의 의학적 역량을 핵심으로 하는 '좁은 의미

---

99) 예컨대, 의료분야에서 로봇의 활용방법 역시 날로 다양해지고 있고, 특정한 수술을 위한
로봇이 개발되면 그 로봇의 작동방법 자체가 하나의 수술 기법이 되는 일이 흔하다. 그럼
에도 로봇(장비)은 특허의 대상이 되지만 그것을 활용하는 방법은 특허받을 수 없다면,
우선 그런 수술방법의 개발에 대한 유인이 줄어들 것이며 이는 곧 수술용 장비의 개발 동
력을 약화시킬 것이다. 따라서 고도화된 의료용 로봇을 개발하는 경우, 로봇 자체는 물론
그 특수한 활용방법까지 함께 특허를 받을 수 있도록 함으로써 산업계와 의료계의 협업을
장려할 필요가 있다.

100) 예컨대 인체 이식을 전제로 한 이종(異種)장기(Bioviscera)의 육성방법의 경우, 방법 자체
는 체외(in vivo)에서 구현되기 때문에 특허의 대상이 될 수 있다. 그러나 이처럼 육성된
이종장기를 인간에게 효과적으로 이식하는 방법은 현재의 기준에 의하면 특허받기 어렵
다. 인간의 신체를 대상으로 하는 수술방법에 해당하기 때문이다. 그러나 특허와 관련하
여 이처럼 양자를 분리하여 취급하는 것은 문제이다. 이종장기의 육성은 종국적으로 인체
에의 이식을 목적으로 하기 때문에 그 효과적인 이식방법과 함께 연구되는 경우가 많고
실제로 그것이 합당하다. 같은 문제는 이런 문제점은 3D 프린팅을 이용한 유사장기
(organoid)의 제작·이식이라든지 줄기세포를 활용한 질병치료 방법에 대해서도 발생할 수
있다.

101) AI가 각종 의학 문헌과 질병에 관한 빅 데이터를 이용하여 진단 및 치료방법을 제시하기
시작하였고, 의료분야별로 고유한 소프트웨어가 의사의 치료행위에 활용되는 경우도 많
다. VR을 이용하여 환자의 수술부위를 3D 가상화면으로 띄워 정교하게 수술하는 방법이
라든지, 정신과에서 불안, 공포, 외상후 스트레스장애(PTSD), 자폐 등 장애유발 환경을
체계적으로 간접체험하게 함으로써 증상을 완화시키는 '노출치료(Exposure Therapy)' 방
법, 통증 관리를 위해 VR 비디오게임을 활용하는 주의분산치료 등이 그 예이다. 그런데
소프트웨어가 발명의 카테고리 상 '방법'에 속한다고 보면 의료분야에서 사용되는 이런
AI나 소프트웨어는 인간의 질병을 진단·수술·치료하는 방법의 한 가지에 해당하게 되어
당장 그 특허성에 의문이 따르게 된다.

102) 사물 인터넷 및 네트워크의 발달과 더불어 다양한 형태의 원격진료가 시도되고 있다. 이
런 환경에서 ⅰ) 환자의 신체 상태를 모니터링 하는 사물인터넷 장치와, ⅱ) 이를 체계적
으로 전달하는 네트워크 시스템과, ⅲ) 그를 통해 확인된 정보를 바탕으로 진단 내지 처
치를 수행하는 의사의 행위는 유기적 일체로 작동하기 마련이다. 이를 작위적으로 분리하
여 ⅰ), ⅱ)는 특허대상에 포함시키고 ⅲ)은 비특허 대상이라고 하는 것은 비현실적이며,
자칫 원격진료 시스템의 개발 자체의 인센티브를 저하시킬 우려가 있다.

의 의료기술'과 과학기술이 의료에 응용되는 국면인 '넓은 의미의 의료기술'로 분류하여 그 특허 가능성과 보호범위, 강제실시를 포함한 법적 규제 등을 달리 취급할 필요가 점차 높아지고 있다. 103)

## 2. 신 규 성

### 가. 서    론

#### (1) 의의와 법률의 규정

특허법 제29조 제1항 제1, 2호는 산업상 이용할 수 있는 발명 중 특허출원 전에 국내 또는 국외에서 공지되었거나 공연히 실시된 발명, 특허출원 전에 국내 또는 국외에서 반포된 간행물에 게재되었거나 전기통신회선을 통하여 공중이 이용할 수 있었던 발명은 특허를 받을 수 없다고 규정하여, 신규성을 특허요건의 하나로 명시하고 있다.

#### (2) 신규성 개념의 상대성

일단 어떠한 발명이 공개되어 있는 이상, 그러한 사실을 알지 못하고 우연히 똑같은 발명을 하였다 하더라도 이를 특허로써 보호하지 않는다는 것은 특허법 고유의 법적 결단이다. 예컨대, 저작권법의 경우 우연의 일치로써 이미 존재하는 저작물과 동일한 저작물이 창작되었다고 하더라도 후발 창작자가 앞서의 창작물을 베낀 것이 아니라 그 스스로의 창작적 노력을 기울여 창작한 것임이 확인되는 이상 여전히 저작권으로 보호받는바, 특허법의 태도는 이와 좋은 대조를 이룬다. 반면, 이치상으로는 공중에게 알려져 있든 아니든 발명의 완성 시를 기준으로 전 세계적으로 전무한 것(절대적 신규성)만을 신규의 발명이라 해야 할 것이나 신규성의 개념은 그와 같이 절대적인 것은 아니고 입법례에 따라 그 개념과 적용의 범위를 달리한다. 우리 특허법은 절대적 신규성의 개념 대신 ⅰ) 특허출원 전에 국내 또는 국외에서 공연히 알려지거나 공연히 실시된 것, ⅱ) 특허출원 전에 국내 또는 국외에서 반포된 간행물에 기재되거나 전기통신회선을 통하여 공중이 이용 가능하도록 공개된 것이 아니라

---

103) 이 점에 대한 상세한 논의는, 조영선, "4차 산업혁명과 의료기술의 특허법적 문제", 법조 제68권 제2호(2019. 4), 281면 이하 참조.

면 신규성이 있다고 하여 상대적 신규성 개념을 채택하고 있다.

## 나. 신규성의 판단

발명의 신규성은 당해 발명과 선행기술 사이에서 다음과 같은 요소를 대비하여 판단된다.

### (1) 선행기술의 존재

#### (가) 시적 기준

발명의 신규 여부는 특허출원의 시각(時刻)을 기준으로 한다.104) 따라서, 동일한 발명에 관하여 같은 날 공개와 특허출원이 이루어진 경우 특허출원이 공개의 시각(時刻)보다 앞선다면 그 발명에 관하여는 신규성을 인정받을 수 있다.105)

#### (나) 장소적 기준

특허법은 국제주의를 취하고 있으며, 선행기술이 출원 당시 국내 또는 국외에서 공지·공용된 경우 모두 출원발명의 신규성이 부인된다.

### (2) 선행기술의 공지

#### (가) 공지(公知), 공연 실시(公然 實施)

##### 1) 의    의

'공지된 발명'이라 함은 아무런 비밀유지의무의 부과 없이 공사실무자들에게 발명의 도면과 샘플을 제공하는 경우106)와 같이 발명의 내용이 불특정 다수인이 인식할 수 있는 상태에 놓인 것을 말하고,107) '공연히 실시된 발명'이라 함은 예컨대 발명자가 기계가 설치된 공장을 방문하는 사람들에게 기계를 시운전하면서 제품의 생산방법을 설명하는 경우와 같이 발명의 내용이 불특정 다수인이 알 수 있는 상태에서 실시된 것을 말하는바,108) 이를 흔히 '공

---

104) 이는 시, 분, 초까지 고려한 자연시(自然時)를 말하며 외국에서 공지된 경우 한국의 시간으로 환산한 시각을 말한다(특허청, 특허·실용신안 심사기준(2017), 제3부 제2장 3.1).
105) 뒤에서 보는 선·후원(특허법 제36조), 이용저촉관계(특허법 제98조) 등을 판단하는 기준이 일(日)이라는 것과 구별하여야 한다.
106) 대법원 2002. 6. 25. 선고 2000후1306 판결.
107) 대법원 1992. 10. 27. 선고 92후377 판결; 대법원 1996. 6. 14. 선고 95후19 판결 등.
108) 특허법원 2000. 9. 21. 선고 99허6596 판결(확정).

용(公用)'이라고도 한다. 불특정 다수인이 인식할 수 있는 상태에서 실시되었다고 하여 반드시 그 기술의 내용까지 정확히 인식할 수 있는 것은 아니므로, 공용에 의하여 신규성이 부인되기 위해서는 다시 '당해 기술분야에서 통상의 지식을 가진 자가 그 기술사상을 보충, 또는 부가하여 발전시킴 없이 그 실시된 바에 의하여 직접 쉽게 반복하여 실시할 수 있을 정도로 공개될 것'이 요구된다. [109] 그러나 공지와 공용의 개념구별을 뚜렷이 하는 것은 쉬운 일이 아닐 뿐더러 실익도 거의 없다. 판례 또한 '공지 또는 공용'이라고 묶어서 표현하거나 양자를 엄격히 구별하지 않는 경우가 대부분이다.

⇨ 대법원 2002. 6. 25. 선고 2000후1306 판결

> ○○ 주식회사가 서울 중구 무교동 63의 무교 3지구 재개발 신축공사에 필요한 플로어 매설용 콘센트 박스 설치공사의 하수급인으로 선정되기 위하여 콘센트 박스의 도면(인용발명 3)과 샘플을 ××주식회사에 제공하면서 기술설명을 한 결과 하수급인으로 선정되어 1995. 9. 5. 위 공사의 하도급계약을 체결하였고, 위 계약일 이후 명칭을 "플로어 매설용 콘센트 박스"로 하는 이 사건 특허발명의 출원일 전에 인용발명 3의 콘센트 박스를 납품시공하였는데, 위 하도급계약의 전후에 걸쳐 인용발명 3의 도면과 샘플이 소외 ××주식회사의 실무자들에게 제공되는 과정에서 도면과 샘플이 비밀로 유지되지 아니하여 공사실무자들이나 관계인들이 자유롭게 열람할 수 있는 상태에 있었고 ○○ 주식회사나 ×× 주식회사 및 관련 직원들은 인용발명 3의 구성에 대한 비밀유지의무를 부담하고 있지도 않았으며, 비밀로 유지하는 조치를 취한 바도 없었으므로 비록 소수의 사람만이 그 내용을 알았다 하더라도 인용발명 3이 이 사건 특허발명의 출원 전에 공지되었거나 공연히 실시된 발명이라고 보는 데 아무런 지장이 없다.

⇨ 대법원 1983. 2. 8. 선고 81후64 판결

> 주한미군부대 내 또는 주한미군클럽 내의 출입은 그 소속미군들이나 그 클럽종업원들을 제외한 일반인에게는 엄격히 통제되어 자유로이 출입할 수 없음은 경험칙상 명백한 바이므로, 이와 같이 일반인이 자유롭게 출입할 수 없는 특정 지역 내에 놓여 있는 간행물(미국 존슨패어박스 회사 발행의 "주화계산기의 안내서 및 그 부품의 가격표")을 일반인이 누구나가 마음대로 열람한다거나 그 비치된 주화계산기의 내부구조를 알아본다는 것은 극히 어려운 일이라 여겨지므로 위 간행물이

---

109) 대법원 1996. 1. 23. 선고 94후1688 판결.

나 주화계산기가 놓여있는 장소가 일반인이 자유로이 출입할 수 있는 공개된 장소인지의 여부를 구체적으로 더 심리하여 보지 않고서는 위 주화계산기가 불특정 다수인이 알 수 있는 상태에 놓여 있었다고 단정하기에 미흡하다.

### 2) 비밀준수의무의 존재 여부

발명의 공지 여부는 불특정 다수인이 그 내용을 알 수 있는 가능성의 존재 여부에 따라 결정되는 것이므로 비록 발명의 내용이 다수의 사람들에게 알려졌다고 하더라도 그 사람들이 상관습이나 계약상 그 발명의 내용에 관하여 비밀유지의무를 지고 있는 경우라면 그 발명이 공지되었다고 볼 수 없다.[110] 예컨대, A가 B에게 특정한 기계를 제작, 납품함에 있어 B로 하여금 그 기계의 구조와 작동방법을 제3자에게 알리지 않기로 약정하였다면, 그와 같은 약정이 없는 경우와는 달라서 그 기계의 납품만으로 위 발명이 공지되었다고 볼 수는 없다. 다만, 위 경우, B가 그와 같은 약정을 어기고 그 기계의 구조나 작동방법으로 제3자에게 공개하였다면 그 공개시점에 비로소 위 발명은 공지로 된다.[111]

◇ 대법원 2005. 2. 18. 선고 2003후2218 판결

A는 1993. 12. 무렵 C와의 사이에 조립식 접속관 기술전수계약을 체결하면서 C는 기술이전과 관련된 모든 기술 및 노하우를 A의 사전 서면동의 없이 제3자에게 유출하지 아니하기로 약정한 것으로 보인다. D는 C로부터 위 조립식 접속함을 제작·납품할 것을 하청받았는데 당시 금형제작기술을 보유하고 있지 않았으므로 E에게 위 조립식 접속함에 대한 금형제작의뢰를 하였고, D를 포함한 위 C, E는 일의 진행결과를 팩스 등을 통해서 서로 주고받았다. D와 E는 이 사건 조립식 접속함 제작과 관련된 C의 하청업체들로서 C의 필요한 지시에 따라야 할 위치에 있었을 뿐만 아니라, C가 시작품 제작에 관여하게 된 경위 등에 관하여 잘 알고 있었거나 알 수 있었던 상태에 있었다고 추정함이 상당하므로 적어도 C가 A에 대하여 비밀유지의무를 지고 있음을 잘 알고 있었다고 보이고, D나 E 또한 C나 D에 대하여 상관습상 이러한 비밀유지의무를 부담한다 할 것이므로, 위 기술개발 자료는 비밀유지의무를 지고 있는 특정인에게만 배포된 것으로

---

110) 대법원 2005. 2. 18. 선고 2003후2218 판결; 대법원 2022. 1. 13. 선고 2021후10732 판결 등.
111) 대법원 2002. 9. 27. 선고 2001후3040 판결.

> 서 결국 명칭을 '통신케이블 접속용 접속관 외함'으로 하는 D의 이 사건 특허발
> 명(특허번호 제148093호)이 출원되기 전에 공지된 것이라 할 수 없다.

### (내) 반포된 간행물의 기재

간행물이란 공개를 목적으로 인쇄 기타의 기계적, 화학적 또는 전자기적
방법으로 복제된 문서, 도화, 사진 등을 말한다.[112] 인쇄기술의 발달과 각종
매체의 출현으로 인하여 간행물의 형식적 제한이 점차 사라져 가는 추세임을
고려하면 복사본이나 마이크로필름, 컴퓨터 디스크, CD-ROM, 자기필름 등
현재 개발되어 있거나 향후 개발될 매체들이 모두 간행물에 포함된다고 보아
야 한다. 간행물의 예로는 국내외에서 발간된 특허공보가 가장 대표적이고 그
밖에 서적, 논문, 제품의 카탈로그 등도 실무에서 매우 흔히 인용되는 간행물
들이다.

'반포(頒布)'라 함은 간행물이 불특정 다수의 일반 공중이 그 기재 내용을
인식할 수 있는 상태에 놓여 있는 것을 말한다.[113] 불특정 다수인의 인식가능
성이 있기만 하면 족하므로, 반포된 간행물의 숫자 등은 고려대상이 되지 않
는다. 특허출원된 발명은 일정한 경우 공개공보에 게재되므로(특허법 제64조)
그와 같은 공개공보가 발행된 때에 반포된 것으로 볼 것이다. 판례[114]는, 카
탈로그는 제작되었으면 반포되는 것이 사회 통념이고 제작한 카탈로그를 배부
하지 않은 채 사장(死藏)하는 것은 경험칙에 반하는 것이어서 비록 카탈로그의
배부범위, 비치장소 등에 관하여 구체적인 증거가 없다고 하더라도 그 카탈로
그가 반포된 것을 부인할 수는 없다고 한다.

### (다) 인터넷 등 전기통신회선을 이용한 공개

특허법 제29조 제1항 제2호는, 출원 전에 전기통신회선을 통하여 공중
이 이용가능하게 된 발명에 신규성이 없다고 규정하고 있다. 인터넷의 발달로
다양한 정보와 지식이 국경 없이 공개, 교류되고 있는 실정을 반영한 입법이
다. 2011. 12. 특허법까지는 대통령령이 정하는 일정한 유형의 전기통신회선

---

112) 대법원 1992. 10. 27. 선고 92후377 판결.
113) 대법원 1996. 6. 14. 선고 95후19 판결.
114) 대법원 2000. 12. 8. 선고 98후270 판결.

으로 한정되어 있었으나, 2013. 3. 특허법부터 모든 전기통신회선이 여기에
해당하게 되었다.

### (3) 발명의 동일성
#### (가) 발명의 동일성의 의의

특허출원된 발명에 신규성이 없다고 하기 위해서는 그 발명과 출원 전 공
지된 발명이 동일한 것이어야 한다. 여기서의 동일성은 실질적 동일성을 의미
하므로 특허청구범위에 기재된 기술적 사상과 문언적, 형식적으로 동일한 것
에 한정되지 않고, 발명의 기본이 되는 사상에 실질적으로 영향을 미치지 않
는 비본질적인 사항에만 차이가 있는 정도에 불과하다면 동일성이 있는 것으
로 본다.

#### (나) 동일성 판단의 기본 원칙
##### 1) 단일한 발명 간의 대비일 것

발명의 신규성 판단을 위한 대비의 대상이 되는 공지기술은 그 자체로
'단일한' 것이어야 한다. 즉, A+B로 이루어진 발명(K)의 신규성을 판단하기
위해서는 역시 A+B로 이루어진 공지기술을 찾아내야 하는 것이지, X라는 공
지기술로부터는 A라는 구성요소를, Y라는 공지기술로부터는 B라는 구성요소
를 각각 찾아낸 뒤 둘을 결합함으로써 발명 K의 신규성을 부인할 수는 없다.
그와 같은 작업은 뒤에서 보는 '진보성 판단'의 몫이다.

##### 2) 기술분야의 불문

기술 K의 신규성을 부인하는 근거가 되는 공지기술 X는 K와 그 기술의
분야를 달리하더라도 문제가 없다. 예컨대, 어떤 발명가가 전동기(電動機) 부
품으로 사용할 수 있는 '볼 베어링'을 발명하였다고 주장하면서 이를 특허출
원 하였다고 할 때, 그에 앞서 그와 똑같은 구성의 볼 베어링이 필기구에 이
미 사용되고 있었다면 전동기 부품으로서의 볼 베어링은 신규성을 인정받을
수 없다. 이는 뒤에서 보는 바와 같이 발명의 진보성 판단에 있어서는 기술분
야의 관련성을 고려요소로 삼는 것과 대조를 이룬다. [115]

---

115) 이와 관련하여, '양 발명의 기술분야가 전혀 상이한 경우라면 구성이 동일하더라도 신규
성이 부정되지 않을 수 있다'는 주장이 있다(정상조·박성수 공편, 특허법주해 I, 박영사
(2010), 312~313면(박성수 집필부분)). 그러나 이는 특허법 제29조 제1항의 법문에 반

(대) **동일성 판단의 구체적 방법**

**1) 구성 대비의 원칙**

발명의 동일성을 판단함에 있어서는 발명의 목적·구성·효과의 3요소를 비교하여 그 결과를 종합적으로 검토하되 그 중 구성의 동일 여부를 중심으로 하여 판단하는 것이 가장 합리적이다. 어떠한 발명을 이루는 기술적 구성요소가 동일하다면 그 발명의 효과 또한 동일할 수밖에 없으며 발명의 목적이라는 것은 발명의 효과를 발명자의 입장에서 주관적으로 재기술(再記述)한 것에 불과하다고도 볼 수 있기 때문이다.

**2) 실질적 동일성의 원칙**

기술적 구성에 차이가 있더라도 그 차이가 과제해결을 위하여 주지·관용의 기술을 부가, 삭제, 변경한 것에서 비롯될 뿐 발명의 전체적인 효과를 달리할 정도에 이르지 않는다면 양 발명은 동일한 것으로 보아야 한다.116) 나아가 발명을 비교하였을 때 그 구성의 일부가 단순한 재료의 변환 또는 균등수단의 치환, 전환, 단순한 수치의 한정 또는 변경, 구성요소의 형상·수 또는 배열의 단순 한정이나 변경, 용도의 차이에 불과한 경우에는 양 발명은 동일한 발명으로 본다. 또한, 특허청구범위의 기재와 공지기술 사이에 사용된 용어가 일치하지 않더라도 그 분야에서 통상적 지식을 가진 기술자가 이를 동일한 것으로 이해할 수 있다면 양 발명이 동일한 것으로 볼 수 있다.

---

할 뿐더러, 진보성 판단에서 문제되는 '공지기술의 전용(轉用)' 개념을 신규성과 혼동하여 신규성 인정의 외연을 근거 없이 확장하는 것으로서 부당하다. 공지기술의 구성요소를 전용(轉用)한 것이 현저한 효과를 초래한다면 진보성이 인정될 여지가 있지만, 이는 어디까지나 공지기술을 다른 발명의 '구성요소'로 적용하는 경우를 의미하고, 공지된 기술 전부를 그대로 다른 산업분야에서 '단일한 실체의 발명'으로 특허출원하는 것과는 구별되어야 한다. 또한, 예컨대 '방법발명'에서 '공지의 기술을 알려진 것과 다른 용도에 사용하는 방법'으로 출원이 이루어질 수 있지만, 이 또한 공지기술이 출원발명인 방법발명의 '구성요소'로 되는 것이지 공지기술 자체가 출원의 대상이 되는 것이 아님에 주의를 요한다. 요컨대, 기술이 이미 공지되어 있음에도 그와 동일한 발명에 특허를 출원하였다면 기술분야의 원근 등을 불문하고 이는 신규성 없는 발명에 지나지 않는다 할 것이다.

116) 대법원 2001. 6. 1. 선고 98후1013 판결; 대법원 2003. 2. 26. 선고 2001후1624 판결; 대법원 2011. 3. 24. 선고 2010후3202 판결; 대법원 2013. 2. 28. 선고 2012후726 판결 등. 위 각 판결들은 확대된 선출원 판단 시 발명의 동일성 판단기준에 관한 것들이나, 신규성 판단을 위한 동일성 판단기준 역시 그와 같다고 봄이 상당하다. 확대된 선출원 제도는 일정한 요건 아래 비공개인 선행기술을 근거로 출원발명의 '신규성'을 부정하는 것과 동일한 실질을 가지기 때문이다.

### 3) 상위개념(Genus) 발명과 하위개념(Species) 발명

공지기술이 하위개념의 발명이고 특허청구된 발명이 상위개념의 발명인 경우 그에 대하여 신규성을 인정할 수 없다. 예컨대, '바퀴와 안장과 짐받이로 구성된 자전거'가 공지된 기술이라면 그보다 상위개념에 속하는 '바퀴와 안장으로 구성된 자전거'는 신규성 있는 발명이 될 수 없다. 반면, 공지기술이 상위개념의 발명이고 특허청구된 발명이 하위개념인 경우(앞의 예에서 '바퀴와 안장으로 구성된 자전거'라는 공지기술이 있는 상태에서 거기에 '짐받이'라고 하는 구성을 추가하여 '바퀴와 안장과 짐받이로 구성된 자전거')는 신규성을 인정받을 가능성이 높다. 117) 선택발명은 그 대표적인 예에 속한다. 판례118)는 선택발명의 신규성에 관하여 선행 또는 공지의 발명에 구성요건이 상위개념으로 기재되어 있고 위 상위개념에 포함되는 하위개념만을 구성요건 중의 전부 또는 일부로 하는 이른바 선택발명의 경우에는, '선행발명이 선택발명을 구성하는 하위개념을 구체적으로 개시하고 있거나, 그 발명이 속하는 기술분야에서 통상의 지식을 가진 자가 선행문헌의 기재 내용과 출원 시의 기술상식에 기초하여 선행문헌으로부터 직접적으로 선택발명의 존재를 인식할 수 있는 경우가 아닌 이상' 그 자체로 신규성이 있다고 한다. 반면, 예컨대 선행문헌에 "A+탄성체+B"가 개시된 상태에서 "A+용수철+B"로 이루어진 발명은 신규성이 없고, 선행문헌에 "A+염산 또는 초산"이 공지되어 있는 상태에서 "A+염산"으로 이루어진 발명도 당연히 신규성이 없다. 이 경우는 모두 상위개념인 공지기술이 하위개념인 당해 발명을 포함한다는 점이 자명하기 때문이다.

### 4) 발명의 카테고리(물건의 발명, 방법의 발명)를 달리하는 경우

비록 비교되는 양 발명이 다른 카테고리로 표현되어 있다고 하더라도 발명의 동일성 판단은 반드시 발명의 카테고리라든가 그 밖의 외적 표현방법에 구애되는 것이 아니라 실질적인 기술내용에 의해서 파악되는 것이므로 동일한 기술적 사상을 카테고리를 달리하여 표현한 것에 불과한 경우에는 비교되는 양 발명은 동일한 발명으로 보아야 한다. 판례119)도 같은 취지이다.

---

117) '바퀴와 안장으로 구성된 자전거'는 공지되어 있지만, 거기에 짐받이까지 일체로 결합된 발명은 공지된 바 없으며 일반적으로 '바퀴와 안장으로 구성된 자전거'가 곧바로 거기에 짐받이까지 일체로 결합된 자전거를 인식하게 하지도 않기 때문이다.

118) 대법원 2009. 10. 15. 선고 2008후736,743 판결.

119) 대법원 1990. 2. 27. 선고 89후148 판결; 대법원 2004. 10. 14. 선고 2003후2164 판결; 대

⇨ 대법원 2004. 10. 14. 선고 2003후2164 판결

이 사건 특허발명은 '주름이 형성된 고신축성 의류의 제조방법'에 관한 것이고, 피고가 이 사건 심판절차에서 특정한 원고 실시발명은 그 '명칭'이 '주름이 형성된 신축성 의류'에 대한 것이기는 하지만, 원고 실시발명의 설명서에는 '신축성 의류의 외형도, 주름부분 확대도, 제조공정 흐름도, 제조 공정 참고도'가 도시(圖示)되어 있고, '물품의 목적 및 구성'에 관하여, 합성섬유 원단에 주름을 형성하여 풍부한 신축성을 제공하면서 미려한 외관을 갖도록 할 목적으로 다음과 같은 제조공정, 즉 합성섬유 원단으로 원하는 디자인을 하는 디자인공정, 디자인 한 다음 규칙 또는 불규칙 등배수 등으로 주름간격과 패턴을 설계하는 패턴공정, 원단을 일정한 형태로 자르는 재단공정, 재단된 원단을 재봉하여 의류를 만들고 다림질하는 봉제 및 다림질공정, 원하는 입체감 등을 선택적으로 넣는 주름모양 디자인 및 주름형성공정, 원단문양과 주름이 수축되도록 열처리하는 열처리·수축공정, 세탁 및 마무리공정으로 이루어진다고 기재하여 그 생산방법을 구체적으로 특정하고 있으므로, '방법의 발명'인 특허발명과 대비하여 그 권리범위에 속하는지 여부를 판단할 수 있다.

## 다. 공지 등이 되지 않은 발명으로 보는 경우

### (1) 의의와 법률의 규정

어떠한 발명이 특허출원 절차에 들어가지 않은 채 일반에게 공개되면 이는 공중의 재산(Public domain)에 내 놓은 것으로 보아 누구든지 자유롭게 이를 이용할 수 있도록 하는 것이 원칙이며 그에 대한 일반의 신뢰 또한 보호되어야 마땅하다. 따라서 위와 같이 이미 공중의 재산이 된 발명에 대하여 그 뒤에 특허출원이 이루어지더라도 특허등록은 거절되어야 한다. 그러나 그러한 원칙을 예외 없이 고수하는 것은 발명자 등에게 지나치게 가혹한 면이 있으므로 특허법은 제30조 제1항 각호 중 어느 하나의 사유로 인하여 발명이 공개된 경우에는 일정한 요건 하에 예외적으로 공지되지 않은 것으로 보아주고 있다.

주의할 것은, 공지 예외의 혜택을 받을 수 있는 것은 발명자 또는 그로부터 특허를 받을 수 있는 권리를 정당하게 양수한 자가 특허를 출원한 경우에 한한다는 점이다.

---

법원 2007. 1. 12. 선고 2005후3017 판결.

## (2) 공지 예외의 사유

### ⑦ **자기공지**(自己公知: 특허법 제30조 제1항 제1호)

특허를 받을 수 있는 권리를 가진 자에 의하여 그 발명이 출원 전에 공지 상태가 된 경우(다만 공지사유가 국내, 외에서의 출원공개나 등록공고인 경우는 제외한다)에는 그 출원발명은 공지되지 않은 것으로 본다. 연구활동의 활성화 등을 위해 자발적으로 발명의 내용을 공개하여 토론이나 검증의 대상으로 삼아야 할 경우가 있는데다가, 발명자가 자신의 발명을 시험하거나 박람회에 출품하거나 기타의 사유로 출원 전에 먼저 공개한 경우에 이미 공지된 발명이라고 하여 무작정 특허등록을 거절하는 것은 가혹하기 때문이다. 특허법은 특허를 받을 수 있는 권리를 가진 자에 의하여 발명이 출원 전에 특허법 제29조 제1항 각호의 사유로 공지된 경우 일체를 공지 예외사유로 삼고 있다.

### ⑭ **의사에 반한 공개**(특허법 제30조 제1항 제2호)

예컨대 협박, 사기, 산업스파이 행위 등 다른 사람의 범죄행위로 인해 이루어진 공개, 다른 사람이 비밀유지 약정을 어기고 한 공개, 권리자의 피용자 또는 대리인의 고의·과실로 이루어진 공개처럼 권리자의 의사와 무관하게 공개가 이루어진 때에는 이 규정에 의한 공지의 예외를 인정한다. 한편, 권리자가 부주의 또는 착오에 의해 스스로 공개하였다면 의사에 반한 공개가 아니라고 보는 것이 우리나라의 통설이다.[120] 따라서 예컨대 발명자가 변리사에게 자신의 발명에 대한 특허출원을 의뢰해 놓은 뒤 얼마 지나 실제로 출원이 이루어졌는지 여부를 확인해 보지 않은 채 만연히 이미 출원이 이루어졌으리라 생각하여 스스로 발명을 공개한 경우에는 의사에 반한 공개로 보기 어렵다.[121] 요컨대 의사에 반한 공지의 성립 여부는 권리자 본인이 스스로 공표할 의사 혹은 적어도 공표를 용인할 의사가 있었는지 여부에 따라 결정하면 합당할 것이다.[122]

---

120) 송영식·이상정·황종환, 지적소유권법(상)(제8판), 육법사(2003), 234면; 특허법, 사법연수원(2005), 86면.
121) 특허법, 사법연수원(2005), 86면.
122) 中山信弘, 特許法, 弘文堂(2010), 124면.

(3) 시기상·절차상의 제한

자기공지 및 의사에 반한 공지 사유가 있는 경우 특허를 받을 수 있는 권리를 가진 자는 각 사유가 발생한 날로부터 12개월 이내에 특허출원을 해야만 공지 예외의 혜택을 누릴 수 있다(특허법 제30조 제1항). 나아가, 특허법 제30조 제1항 제1호(자기공지)에 의한 신규성 간주의 적용을 받고자 하는 자는 특허출원서에 그와 같은 취지를 기재하여 출원하고 이를 증명할 수 있는 서류를 특허출원일로부터 30일 이내에 특허청장에게 제출하여야 한다(특허법 제30조 제2항). 의사에 반한 공지의 경우에는 특허출원 시 발명이 이미 공지된 사실을 출원인이 모르고 있는 수도 많으므로 이를 스스로 알고 있는 자기공지에서와 달리 추가적인 절차상 조치를 요구하지 않는 것이다. 123)

종래 판례124)는, 공지의 예외를 주장하려는 출원인이 그러한 취지를 기재하지 않은 채 일단 특허출원을 하였다면 공지 예외의 적용을 받을 수 있는 방법은 없고, 법정기간이 끝나기 전에 그러한 취지를 부가하는 내용의 보정을 시도하더라도 이를 받아들일 수 없다고 하는 등 공지예외 주장이 가능한 시기를 엄격히 보아 왔다. 125) 그러나 현행 특허법 제30조 제3항에 따르면 출원인은, 출원 시 자기공지 예외의 주장을 누락하였더라도 ⅰ) 보정이 가능한 기간(특허법 제47조 제1항) 내에, 혹은 ⅱ) 특허등록결정을 송달받은 날로부터 3개월 이내에는126) 소정의 수수료를 내고 공지예외 주장을 할 수 있게 되었다. 다만 이러한 추완 가능성과 별개로 출원 자체는 공지일로부터 12개월 내에 이루어져야 함은 물론이다.

---

123) 다만, 출원 이후 이미 자신의 발명이 제3자에 의하여 공지되었다는 사실을 심사관을 통해서 혹은 제3자의 정보제공을 통하여 알게 된 이후에는 그와 같은 공지가 자신의 의사에 반한 것이었다는 점을 소명할 '증명의 필요'가 출원인에게 넘어가게 될 것이다.

124) 대법원 2011. 6. 9. 선고 2010후2353 판결.

125) 사안에 따르면, 출원인은 2006. 5. 26. 발명의 내용을 학술대회에서 논문발표하고 2006. 6. 21. 출원하였으나, 그 출원서에 자기공지 예외 주장의 문구를 누락하였다. 출원인이 이를 발견하고 이튿날인 2006. 6. 22. 자기공지 예외를 주장하는 내용을 추가하여 출원서를 보정하였지만, 대법원은 그러한 보정을 인정할 근거가 없으므로 이를 배척함이 옳다고 판시하였다.

126) 단, 위 3개월 이내에 특허등록을 한다면 그 등록 전에.

(4) 효　　과

위와 같은 실체상·절차상 요건을 만족하면, 발명자 또는 그로부터 특허를 받을 수 있는 권리를 정당하게 양수한 자가 특허를 출원하는 경우 공지된 내용에 의하여 신규성 등이 부인되지 않는다. 한편, 출원 전에 동일한 발명이 제3자에 의하여 독립적으로 공지되었다면 공지 예외의 적용 여지는 없다. 예컨대 甲이 A 발명에 관하여 2020. 5. 1. 박람회에 출품을 하고 12개월 이내인 2020. 10. 1. 공지 예외 주장을 하면서 특허출원을 하였으나, 乙이 이와 독립적으로 그와 동일한 발명을 2020. 8. 1. 공지시켰다면 甲의 A 출원발명의 신규성은 부인되는 것이다. 이때 甲은 乙이 공지시킨 발명이 A와 별개의 것이 아니라 바로 甲 자신이 박람회에 출품한 발명을 보고 이를 전재(轉載)하거나 재현한 것임을 증명해야만 한다. [127]

한편, 공지 예외 규정은 제29조 제1항은 물론 제2항에도 적용되므로(특허법 제30조 제1항), 자기공지나 의사에 반한 공지 후 12개월 내에 이루어진 출원에 대하여는 신규성은 물론 진보성 판단 시에도 공지의 예외를 인정한다. 구체적으로, 발명자가 공개된 발명을 개량하여 특허출원함으로써 공개된 발명과 동일성이 상실된 때가 이에 해당한다. 그 개량의 정도가 탁월하여 아예 별개의 발명으로 진보성이 인정되는 경우라면 출원인 보호에 아무런 문제가 없을 것이므로 공지 예외를 논의할 필요가 없을 것이고, 개량의 수준이 진보성을 인정할 정도에는 이르지 않으나 그렇다고 하여 당초의 발명과 동일하다고도 볼 수 없는 경우, 공지된 발명에 기하여 출원발명의 진보성이 부인되는 것을 면할 수 있게 된다.

만약, 특허를 받을 수 있는 권리를 가진 자가 특허출원 전에 당해 발명을 여러 번에 걸쳐 공개하였다면, 각각의 공개행위별로 특허법 제30조의 적용이 있다. [128]

(5) 유의할 점

예컨대 甲이 2020. 1. 1. 자신의 발명을 박람회에 출품하여 공개한 후 공지 예외사유(특허법 제30조 제1항 제1호)를 주장하여 위 발명에 대한 특허를 출원하기 전, 우연히 같은 내용의 발명을 한 乙[129]이 2020. 4. 1. 같은 발명에

---

127) 특허청, 특허·실용신안 심사기준, 제3부 제2장 5.5.3(2).
128) 특허청, 특허·실용신안 심사기준, 제3부 제2장 5.5.3(1).
129) 만약, 乙이 스스로 위 발명을 한 것이 아니라 甲의 발명을 모방하거나 가로챈 것이라면

대하여 특허를 출원하고 甲이 그 뒤인 2020. 5. 1. 비로소 자신의 발명에 대하여 특허를 출원하였다면 그 법률관계는 어떻게 될 것인가? 공지 예외 규정은 어디까지나 발명의 공개 후 일정한 기간 내에 출원을 하는 것을 조건으로 이를 공지되지 않은 것으로 보아 특허등록을 해 준다는 의미에 지나지 않고, 그 발명을 처음 공개한 날짜로 특허출원일자를 소급해 주는 것이 아니다. 따라서 위 사례에서 甲은 乙보다 출원일이 늦으므로 동일한 발명에 관하여 2 이상의 출원이 있는 경우 먼저 출원한 자에게 우선권을 부여하는 선출원주의(특허법 제36조)에 따라 특허등록을 받을 수 없다. 한편, 乙 또한 그가 출원한 발명과 동일한 발명이 2020. 1. 1. 이미 공지된 바 있으므로 乙의 발명은 신규성이 없어 특허등록될 수 없다. 결국 甲과 乙 모두 자신들의 발명에 관하여 특허등록을 받을 수 없게 되는 것이다. 甲의 입장에서 보면, 비록 자신이 공지 예외의 혜택을 받을 수 있는 지위에 있다고 하더라도 가급적 빠른 시일 내에 특허출원을 하는 편이 안전한 것이다. [130)]

## 3. 확대된 선원

### 가. 법률의 규정

특허법 제29조 제3항은, "특허출원한 발명이 다음 각 호의 요건(1. 그 특허출원일 전에 출원된 특허출원일 것 2. 그 특허출원 후 제64조에 따라 출원공개 되거나 제87조 제3항에 따라 등록공고 된 특허출원일 것)을 모두 갖춘 다른 특허출원의 출원서에 최초로 첨부된 명세서 또는 도면에 기재된 발명과 동일한 경우에 그 발명은 제1항에도 불구하고 특허를 받을 수 없다. 다만, 그 특허출원의 발명자와 다른 특허출원의 발명자가 같거나 그 특허출원을 출원한 때의 출원인과 다른 특허출원의 출원인이 같은 경우에는 그러하지 아니하다"고 규정하고 있다.

---

모인출원에 해당하여 그에게 특허가 부여될 여지가 없다(특허법 제33조, 제34조).

130) 다만, 乙의 출원은 신규성이 없어 등록거절사유가 명백하고, 乙에 대한 등록거절이 확정되면 그 출원은 선출원의 지위를 소급하여 잃게 되는바(특허법 제36조 제4항), 甲으로서는 특허출원에 대한 정보제공(특허법 제63조의2)을 통하여 심사관에게 乙 출원에 등록거절사유가 있음을 납득시킴으로써 乙의 출원을 먼저 등록거절 시킨 뒤 자신의 출원을 등록하는 방법을 생각해 볼 수 있다.

## 나. 성질 및 선출원주의와의 비교

특허청구범위가 동일한 발명에 대하여 다른 날에 2 이상의 특허출원이 있는 때에는 오로지 먼저 특허출원한 자만이 그 발명에 대하여 특허를 받을 수 있다(특허법 제36조 제1항, 선출원주의). 선출원의 발명이 존재하는 한 그 선출원 발명이 공개되었는지 여부에 관계없이 후출원 발명은 거절되는 것이고 선출원 발명자와 후출원 발명자가 동일한 경우라도 같은 발명에 관하여 이중특허를 부여하는 것은 옳지 아니하므로 후출원 발명은 특허등록이 거절된다.

선출원주의가 적용되는 것은 특허청구범위의 동일을 전제로 하기 때문에 앞서 출원한 발명의 설명이나 도면에는 들어 있으나 특허청구범위에는 들어 있지 아니한 발명을 뒤에 제3자가 특허청구범위로 삼아 출원한 경우 이를 어떻게 취급할 것인가가 문제로 된다. 그러한 경우 후출원의 특허등록을 거절하는 근거가 되는 것이 확대된 선원의 개념이다.

## 다. 확대된 선원개념의 필요성

예컨대, 甲이 2020. 1. 1. 발명의 설명에 A와 B를, 특허청구범위에는 A만을 기재한 발명에 관하여 특허출원을 하였고 2020. 10. 1. 乙이 B를 특허청구범위로 하는 특허출원을 하였다고 가정하자(이 경우 특허청구범위가 서로 다르기 때문에 乙의 특허출원이 선출원주의에 의하여 거절될 여지는 없다). 그런데, 만약 甲의 출원에 관하여 특허심사가 신속하게 행하여져 2020. 7. 1. 특허등록이 이루어졌다면 乙의 특허출원이 있은 2020. 10. 1. 당시 乙의 발명(특허청구범위 B)은 이미 공개된 甲의 특허등록공보 중 발명의 설명(A와 B)에 들어 있는 것에 지나지 않아 신규성이 없으므로 乙에게 특허가 부여될 여지가 없다. 그러나 만약 특허청의 심사가 지연되어 2020. 10. 1. 현재 甲의 발명에 관하여 특허가 부여되지 아니하였고 그 출원의 내용이 공개된 바 없다면 乙의 발명은 신규성이 있으며 경우에 따라서는 乙이 그 특허청구범위에 관하여 먼저 특허를 취득하는 수도 있을 수 있다. 이는 오로지 특허청의 심사의 신속 여부라고 하는 우연한 사정에 따라 乙이 특허를 취득할 수도 못할 수도 있는 결과를 낳는 것이어서 합당하지 않다.

또한, 앞의 예와 같이 甲이 기술구성 A, B로 이루어진 발명을 하고 이를 발명의 설명에는 모두 기재하였으나 그 중 B의 기술에 관하여는 이를 특허청구범위에 포함시키지 아니한 채(B를 별도의 특허청구범위로 구성할 필요를 느끼지 않거나 차후 필요하게 되면 특허청구범위의 보정이나 분할출원 등을 통하여 이를 특허청구범위로 추가할 의도로, 혹은 실수로) A만을 특허청구범위로 구성하였다고 하자. 그 뒤 乙이 B를 특허청구범위로 한 특허출원을 하고 특허를 부여받는다면 乙로서는 객관적으로 자신이 기술진보에 기여한 바가 전혀 없음에도 권리를 부여받는 결과가 되고 이는 기술진보에 공헌한 대가로 독점권을 부여하는 특허법의 기본 원리에 부합하지 않는다. 또한, 甲의 입장에서 본다면, 甲으로서는 그와 같은 사태를 예방하기 위해서 자신이 이루어 발명의 설명에 기재한 모든 발명의 내용을 특허청구범위로 구성하여야 하는[131] 수고와 경제적 손실을 감수하여야 하는바, 특허청구범위뿐만 아니라 출원서에 최초로 첨부된 명세서 또는 도면에 기재된 발명과 동일한 발명에 대하여 선출원과 유사한 지위를 보장한다면 甲으로서는 위와 같은 방어출원을 위한 출혈을 감수하지 않아도 되고 특허청의 입장에서도 방어출원으로 야기되는 가중된 심사의 고충을 덜 수 있는 장점이 있다.

### 라. 확대된 선원의 범위

(1) 출원서에 최초로 첨부된 명세서 또는 도면에 기재된 발명

'명세서'이므로 특허청구범위에 한정하지 않고, 발명의 설명까지 포함함은 물론이다. 출원서에 '최초로' 첨부된 명세서에 한하므로 최초로 첨부된 명세서를 차후에 보정한 내용은 여기에 포함되지 아니한다. 반대로, 최초 출원의 명세서에 기재되어 있던 내용이 공개된 후 나중에 보정에 의하여 삭제되더라도 여전히 확대된 선원의 지위를 가진다. [132]

(2) 당해 출원을 한 날 전에 출원되어 당해 출원을 한 후에 공개되거나 등록공고된 타 특허출원

예컨대, 甲이 2020. 1. 1. 발명의 설명에 A와 B를, 특허청구범위에는 A만을 기재한 발명에 관하여 특허출원을 하고, 2020. 6. 1. 乙이 B를 특허청구

---

131) 이를 '방어출원'이라고 부른다.
132) 특허청, 특허·실용신안 심사기준, 제3부 제4장 3. (3).

범위로 하는 특허출원을 하였으며, 甲의 2020. 1. 1.자 출원발명에 2020. 10. 1. 공개가 이루어진 경우가[133] 그 대표적인 예인바, 여기서 乙의 2020. 6. 1. 자 출원을 기준으로 하여 2020. 1. 1.자 甲의 출원이 바로 '당해 출원(乙의 출원)을 한 날 전에 출원되어 당해 출원을 한 후에 공개되거나 등록공고된 타 특허출원(甲의 출원)'에 해당한다.

### (3) 동일한 발명

확대된 선원은 출원발명의 특허청구범위가 타출원의 최초로 첨부된 명세서 또는 도면에 기재된 발명과 실질적으로 동일한 경우에 적용이 있다.

한편, 판례[134]는, "확대된 선출원에서의 발명의 동일성은 진보성과는 구별되는 것으로서 두 발명의 기술적 구성이 동일한가 여부에 의하되 발명의 효과도 참작하여 판단할 것인데, 기술적 구성에 차이가 있더라도 그 차이가 과제 해결을 위한 구체적 수단에서 주지·관용기술의 부가·삭제·변경 등에 지나지 아니하여 새로운 효과가 발생하지 않는 정도의 미세한 차이에 불과하다면 두 발명은 서로 실질적으로 동일하다고 할 것이나, 두 발명의 기술적 구성의 차이가 위와 같은 정도를 벗어난다면 설사 그 차이가 해당 발명이 속하는 기술분야에서 통상의 지식을 가진 사람이 쉽게 도출할 수 있는 범위 내라고 하더라도 두 발명을 동일하다고 할 수 없다"고 하여 확대된 선원의 적용 시 요구되는 발명의 동일성 기준은 진보성 판단기준과 다름을 밝히고 있다. 이는 판례가 선출원 위반 판단 시 이중특허를 방지하기 위해 발명의 동일성 판단기준을 사실상 진보성 판단기준과 유사하게 운영하고 있는 것[135]과 구별되며, 선출원과 확대된 선출원 사이에 서로 다른 기준이 적용됨을 분명히 한 것으로 평가된다.

## 마. 확대된 선원의 적용배제

### (1) 발명자나 출원인이 동일한 경우(특허법 제29조 제3항 단서)

확대된 선원제도의 주된 취지가 기술의 진보에 실질적으로 기여한 바가 없는 제3자가 특허를 부여받는 것을 막기 위한 것이라는 점에 비추어 보면,

---

133) 甲의 자진공개청구가 있는 경우일 것이다.
134) 대법원 2011. 4. 28. 선고 2010후2179 판결; 대법원 2021. 9. 16. 선고 2017후2369, 2376 판결.
135) 대법원 2009. 9. 24. 선고 2007후2827 판결 등.

그 발명을 이룬 자에게 확대된 선원의 법리를 관철하는 것은 부당하고, 실제로 발명자는 자신의 선발명의 명세서에 기재된 내용을 개량하여 후속 발명을 행하는 경우도 많기 때문에 위와 같은 예외를 둘 필요가 있다. 다만, 이 경우에도 후출원은 선출원이 공개 또는 공고가 이루어지기 이전에 행해져야 함에 유의할 필요가 있다. 왜냐하면, 자기의 선출원 발명이라고 하더라도 이미 공개된 이후에는 후출원 발명의 신규성을 부인할 수 있는 자료(법 제29조 제1항 제2호)가 되어버리기 때문이다.

## (2) 분할출원 및 변경출원의 경우

발명의 분할출원이 있는 경우, 원출원 시에 출원한 것으로 보지만(특허법 제52조 제2항) 확대된 선원의 지위를 적용함에 있어서는 출원일의 소급이 인정되지 않는다(특허법 제52조 제2항 단서 제1호). 분할출원의 내용은 원출원의 명세서 기재를 넘지 않는 것이 원칙이기 때문에 원출원이 공개를 통하여 확대된 선출원의 지위를 획득하면 굳이 분할출원 명세서에 확대된 선출원의 지위를 추가로 부여할 이유가 없다. 오히려, 분할출원의 과정에서 원칙에 반하여 최초 명세서에 기재되지 않은 사항이 분할출원의 명세서에 추가되는 일이 발생하고136) 그것이 원출원일과 분할출원일 사이에 출원된 제3자의 별개 출원의 특허청구범위에 기재된 내용과 동일하다면, 제3자는 소급적으로 확대된 선원의 지위를 획득한 분할출원의 명세서로 인하여 불의의 타격을 입게 된다. 특허법은 이러한 불합리를 미연에 막기 위하여 아예 분할출원된 명세서에 관하여는 확대된 선원 판단의 기준시점을 원출원시로 소급하지 않고 분할출원 시를 기준으로 하는 것이다(특허법 제52조 제2항 제1호).

또한, 실용신안출원이 특허출원으로 변경된 경우 그 변경출원은 실용신안 등록출원을 한 때에 특허출원한 것으로 보게 되는바, 특허법은 변경출원의 경우에 확대된 선출원의 지위를 인정함에 있어서도 마찬가지로 출원일의 소급을 인정하지 아니한다(특허법 제53조 제2항 제1호). 그 이유는 분할출원에서와 대체로 같다.

---

136) 심사관이 분할출원에 대한 적법 여부 심사 시, 분할 전후의 명세서를 완벽하게 대조하여 분할출원 명세서에 원출원을 넘는 기재가 포함되어 있는지 여부를 평가·판단하는 것은 쉬운 일이 아니다.

## 4. 진 보 성

### 가. 진보성의 의의

특허는 본질적으로 진보적 기술에 인센티브를 주어 혁신을 장려함으로써 산업의 발달을 도모하는 제도이기 때문에 비록 발명이 공지의 선행기술에 비하여 신규한 것이어도 거기에 독점적 권리를 주어 보호할 만한 진보적 의미 (Inventive Step)가 없다면 특허를 부여할 이유가 없다. 실무상 진보성은 등록거절, 정정, 등록무효, 권리범위확인 등 발명을 둘러싼 거의 모든 유형의 쟁송에서 가장 중요한 쟁점이 되고 있다.

특허법 제29조 제2항이 특허요건으로서 진보성을 규정하고 있으나·진보성 자체는 신규성과 마찬가지로 사실이 아닌 '법적 판단'의 문제로서 증명이나 자백의 대상이 아니고[137] 오로지 이를 판단하는 근거가 되는 사실로서 선행기술의 존부·내용과 그 공지 여부 등만이 증명이나 자백의 대상이 될 뿐이다.[138] 진보성을 인정하는 메커니즘은 심사관이 진보성을 '부인할' 근거가 되는 선행기술을 찾아내면 이를 근거로 진보성을 부인하고 이를 찾아내지 못한다면 결과적으로 진보성이 인정되는 형태를 띤다. 요컨대 진보성이 인정되지 않는 점은 출원단계나 등록거절에 대한 불복심판에서는 심사관이, 등록 후에는 등록특허의 진보성을 부인하는 당사자가 이를 주장·증명하여야 하는 것이다.

### 나. 진보성 판단의 구체적 방법

각국의 진보성 판단방법은 비록 구체적 표현은 달리하나 ⅰ) 대비의 대상이 되는 적절한 선행기술(들)을 특정하는 단계, ⅱ) 당해 기술분야에서의 통상의 기술자를 상정하는 단계, ⅲ) 통상의 기술자가 선행기술(들)로부터 당해 발명에 이르는 것이 용이한지 여부를 판단하는 논리부여의 단계를 가지고 있다는 점에서 공통된다. 아래에서 이를 우리 특허법 제29조 제2항의 구성요건에 대응시켜 살펴본다.

---

137) 특허법원 2000. 3. 31. 선고 99허6640 판결(확정); 특허법원 1999. 2. 5. 선고 98허7622 판결(확정) 등.
138) 대법원 2006. 8. 24. 선고 2004후905 판결 참조.

## (1) 시적(時的) 기준

특허법 제29조 제 2 항에는 '특허출원 전에'라고 규정되어 있고 이것은 신규성 판단에서와 마찬가지로 그 기준이 시각(時刻)으로 파악된다.

## (2) 발명이 속하는 기술분야에 공지된 선행기술

### ㈎ 선행기술과 당해 발명이 속하는 기술분야

특허법상 진보성은 기술분야를 불문하는 신규성과는 달리 '그 발명이 속하는 기술분야에서 통상의 지식을 가진 자'를 전제로 하고 있는 까닭에 대비의 대상이 되는 선행기술 역시 그 발명이 속하는 기술분야에서 통상의 지식을 가진 자가 접할 수 있는 것이어야 하고 이는 결국 양 발명이 속하는 기술분야가 동일하거나 인접한 것을 의미한다. 발명이 속하는 기술분야는 명세서에 기재된 발명의 명칭에 구애됨이 없이 발명의 목적·구성·효과에 따라 객관적으로 판단되어야 한다.[139] 범용성이 있는 발명일수록 그것이 속하는 기술분야는 넓고, 전문분야일수록 그것이 속하는 기술분야는 좁다 할 것이며 근래 세계적으로 진보성 판단의 근거가 되는 선행기술의 범위는 점차 넓어져 가고 있는 추세이다. 우리나라 판례[140] 또한 "특허법 제29조 제 2 항 소정의 '그 발명이 속하는 기술분야'란 원칙적으로 당해 특허발명이 이용되는 산업분야를 말하므로 당해 특허발명이 이용되는 산업분야가 비교대상발명의 그것과 다른 경우에는 비교대상발명을 당해 특허발명의 진보성을 부정하는 선행기술로 사용하기 어렵다 하더라도, 문제로 된 비교대상발명의 기술적 구성이 특정 산업분야에만 적용될 수 있는 구성이 아니고 당해 특허발명의 산업분야에서 통상의 기술자가 특허발명의 당면한 기술적 문제를 해결하기 위하여 별다른 어려움 없이 이용할 수 있는 구성이라면 이를 당해 특허발명의 진보성을 부정하는 선행기술로 삼을 수 있다"[141]고 판시하여 같은 입장을 보이고 있다.

---

139) 대법원 1992. 5. 12. 선고 91후1298 판결.
140) 대법원 2008. 7. 10. 선고 2006후2059 판결.
141) 비교대상발명이 속하는 베어링 관련 기술은 '롤러'와 같은 회전체를 지지하는 구성이 있는 기계장치를 이용하는 기술분야에서 일반적으로 사용하는 기술인 점에 비추어 볼 때, 위 구성은 얀(yarn)공급장치와 같은 이 사건 특허발명이 속하는 섬유기계분야에서도 통상의 기술자가 비교대상발명으로부터 용이하게 도출할 수 있다고 한 사례이다.

### (나) 미완성 발명이 선행기술인 경우

선행기술이 미완성의 발명인 경우에도 진보성 판단의 근거로 삼을 수 있다. 판례142) 역시 "미완성의 발명이라고 하여도 진보성 판단의 대비자료가 될수 없는 것은 아니므로, 미완성의 발명에 대한 거절사정이 확정되었다고 하더라도 이와 대비하여 본원발명의 진보성을 부인할 수도 있다"고 하여 같은 취지이다. 또한 "출원발명의 진보성 판단에 제공되는 선행기술은 기술구성 전체가 명확하게 표현된 것뿐만 아니라, 자료의 부족으로 표현이 불충분하거나 일부 내용에 흠결이 있다고 하더라도 그 기술분야에서 통상의 지식을 가진 자가 기술상식이나 경험칙에 의하여 쉽게 기술내용을 파악할 수 있는 범위 내에서는 대비대상이 될 수 있다"고도 한다. 143)

> ◈ 대법원 2008. 11. 27. 선고 2006후1957 판결
>
> 발명의 신규성 또는 진보성 판단에 제공되는 대비발명은 그 기술적 구성 전체가 명확하게 표현된 것뿐만 아니라, 미완성 발명 또는 자료의 부족으로 표현이 불충분하거나 일부 내용에 오류가 있다고 하더라도 그 기술분야에서 통상의 지식을 가진 자가 발명의 출원 당시 기술상식을 참작하여 기술내용을 용이하게 파악할 수 있다면 선행기술이 될 수 있다. 원심 판시의 비교대상발명 2는 자료의 부족으로 표현이 불충분하거나 일부 내용에 오류가 있음을 부정할 수 없지만, 그 발명이 속하는 기술분야에서 통상의 지식을 가진 자라면 이 사건 특허발명의 우선권주장일 당시의 기술상식을 참작하여, 비교대상발명 2에 기재된 내용으로부터 'B형 간염 표면 항원(HBsAg) 및 디프테리아(D), 파상풍(T), 백일해(P) 항원을 모두 인산알루미늄(AP)에 흡수시켜 제조한 혼합백신이 B형 간염 표면 항원의 단독 백신과 비교하여 역가에서 큰 차이가 없다'는 기술 내용을 용이하게 파악할 수 있으므로, 비교대상발명 2는 명칭을 "B형 간염 표면 항원 및 다른 항원을 포함하는 조합 백신"으로 하는 이 사건 특허발명(등록번호 제287083호)의 신규성과 진보성 판단에 제공되는 선행기술이 될 수 있다.

---

142) 대법원 1996. 10. 29. 선고 95후1302 판결.
143) 대법원 2013. 2. 14. 선고 2012후146 판결; 대법원 2008. 11. 27. 선고 2006후1957 판결; 대법원 2006. 3. 24. 선고 2004후2307 판결.

### (3) 통상의 지식을 가진 사람

통상의 지식을 가진 자(통상의 기술자)를 실무는 "출원 전의 해당 기술분야의 기술상식을 보유하고 있고, 출원발명의 과제와 관련되는 출원 전의 기술수준에 있는 모든 것을 입수하여 자신의 지식으로 할 수 있는 자로서, 실험, 분석, 제조 등을 포함하는 연구 또는 개발을 위하여 통상의 수단을 이용할 수 있으며, 공지의 재료 중에서 적합한 재료를 선택하거나 수치범위를 최적화(最適化)하거나 균등물(均等物)로 치환하는 등 통상의 창작능력을 발휘할 수 있는 특허법상의 상상의 인물이다"라고 파악하고 있다.144)

발명의 진보성 판단은 국내의 기술수준을 고려하여 국내에 있는 당해 기술분야의 전문가의 입장으로 판단해야 한다는 상고이유를 배척하면서, 이를 국내 기술수준만으로 판단할 것은 아니라고 한다.145)

### (4) 용이하게 발명할 수 있을 것

#### (가) 원칙: 사후적 고찰(Hind-Sight)의 배제

발명의 진보성을 판단함에 있어서는 출원 시를 기준으로(당해 발명이 아직 존재하지 아니함을 전제로) 과연 통상의 기술자가 선행기술로부터 당해 발명에 이르는 것이 용이한지 여부를 판단해야지, 이미 당해 발명의 내용을 다 알고 있는 사후적 시각에 입각하여 위 용이성 여부를 판단하면 아니 된다. 특허법이 '출원 시'를 진보성 판단의 기준시점으로 명시하고 있음은 물론이거니와, 당해 발명에 관한 지식을 얻은 후에 선행기술을 바라보면 양 발명이 서로 흡사한 것으로 보여 그 차이점을 간과하기 쉽고 그 결과 통상의 기술자가 당해 발명에 용이하게 도달할 수 있는 것으로 보기 쉽기 때문이다. 또한, 이미 완성된 발명을 여러 구성부분으로 나누고 각각의 구성을 포함하고 있는 선행기술들을 찾아낸 뒤 이를 사후적으로 꿰어 맞추어 완성된 발명에 이르는 논리구성을 하게 되면, 이미 완성된 발명을 그와 같은 사후작업에 '로드 맵'으로 사용하는 것이 된다. 그로 인해 발명이 이룩한 여러 기술요소의 '결합'이라는 기술적 가치가 부당하게 저평가 될 우려가 있다.

판례146) 또한 "어떤 발명의 진보성이 부정되는지 여부를 판단하기 위해서

---

144) 특허청, 특허·실용신안 심사기준, 제3부 제3장 3.2.
145) 대법원 2004. 11. 12. 선고 2003후1512 판결.
146) 대법원 2007. 8. 24. 선고 2006후138 판결; 대법원 2010. 7. 22. 선고 2008후3551 판결;

는 통상의 기술자를 기준으로 하여 그 발명의 출원 당시의 선행 공지발명으로부터 그 발명을 용이하게 할 수 있는지를 보아야 할 것이고, 진보성이 부정되는지 여부의 판단대상이 된 발명의 명세서에 개시되어 있는 기술을 알고 있음을 전제로 하여 사후적으로 통상의 기술자가 그 발명을 용이하게 할 수 있는지를 판단하여서는 아니된다"고 하여 사후적 판단금지 원칙을 명시하고 있다.

➡ 대법원 2016. 11. 25. 선고 2014후2184 판결

① 이 사건 제10항 및 제17항 발명은 피부에 냉기 또는 온기를 인가하여 통증이나 불편한 느낌을 완화할 수 있는 디스펜서를 제공하는 것을 기술적 과제로 하고 있는데, 원심 판시 비교대상발명 2는 화장품이나 약품의 분자운동을 활발하게 하여 화장품이나 약품이 피부에 효과적으로 흡수될 수 있도록 하는 이온 펄스기를 제공하는 것을 기술적 과제로 하고 있으므로, 양 발명에서 해결하고자 하는 기술적 과제는 다르다. ② 이 사건 제10항 및 제17항 발명의 열 저장 팁은 열을 저장 및 전달할 수 있는 특성을 가진 금속 또는 세라믹 재질로 이루어져 있어 피부에 냉기 또는 온기를 인가하여 통증이나 불편한 느낌을 완화할 수 있게 하는 것인데, 이에 대응하는 비교대상발명 2의 헤드는 화장품이나 약품에 전류를 인가하여 화장품이나 약품이 피부에 효과적으로 흡수될 수 있게 하는 것이므로, 이들 구성은 기능이나 작용효과에서도 차이가 있다. ③ 비교대상발명 2로부터 이 사건 제10항 및 제17항 발명의 열 저장 팁을 도출하기 위해서는 비교대상발명 2에서 전류를 공급하기 위한 배터리 등과 같은 구성들을 생략하여야 하는데, 비교대상발명 2는 배터리로부터 인가된 전류가 헤드를 통해 커버로 통전되도록 하여 화장품이나 약품이 피부에 효과적으로 흡수될 수 있게 하는 것을 기술적 특징으로 하는 것이므로, 통상의 기술자가 비교대상발명 2에서 전류를 공급하기 위한 배터리 등과 같은 구성들을 생략하는 것을 쉽게 생각해내기 어렵다. 그렇다면 이 사건 특허발명의 명세서에 개시된 발명의 내용을 이미 알고 있음을 전제로 하여 사후적으로 판단하지 아니하는 한, 통상의 기술자가 비교대상발명 2로부터 이 사건 제10항 및 제17항 발명의 열 저장 팁을 쉽게 도출할 수 없다고 할 것인데, 그러한 사후적 판단은 허용되지 아니하므로 결국 이 사건 제10항 및 제17항 발명의 진보성이 부정된다고 할 수 없다.

---

대법원 2016. 11. 25. 선고 2014후2184 판결; 대법원 2022. 1. 13. 선고 2019후12094 판결 등.

**(내) 선행기술과 출원발명의 요소비교를 통한 용이성 판단**

현실적으로는 선행기술과 당해 발명의 목적·구성·효과를 대비하여 간접적인 방법으로 발명의 용이성을 추단하는 일이 압도적으로 많다. 양 발명의 구성의 차이가 크다면 통상의 기술자로서는 선행발명에 기하여 당해 발명에 이르는 것이 용이하지 않으리라는 추단이 가능하고 당해 발명의 효과가 선행기술에 비하여 현저히 우수한 이상, 당해 발명에 이르는 것이 용이하였다면 통상의 기술자가 이를 행하지 않았을 리가 없다는 역 추정에 의하여 당해 발명이 용이하지 않다는 논리부여를 행하는 것이다.

1) 비교의 대상

**가) 출원발명의 특허청구범위와 선행기술**

선행기술과 비교의 대상이 되는 것은 출원발명의 특허청구범위이다. 따라서 출원발명의 설명에는 하위개념인 구체적 기술구성이 나타나 있다고 하더라도 특허청구범위를 그보다 폭넓은 상위개념으로 설정하고 있다면 그 상위개념과 선행기술을 대비하여 통상의 기술자가 그 상위개념으로서의 발명에 이르는 것이 용이한지 여부를 살펴야 하며 '발명의 설명 참작'이라는 명분 하에 섣불리 발명적 기여를 넘는 폭넓은 특허청구범위에 관하여 진보성을 인정해서는 안 된다. 판례147) 또한, 발명의 신규성·진보성 판단에 있어 비교대상발명과 대비의 대상이 되는 것은 발명의 청구범위의 기재이며 청구범위의 기재가 명확히 이해될 수 있고 누가 보더라도 그 기재가 오기임이 발명의 설명 기재에 비추어 보아 명확하다고 할 수 없는 경우에는 등록의 유·무효 판단을 위한 등록발명의 기술 내용을 확정함에 있어서 청구범위의 기재를 기초로 하여야 할 뿐, 발명의 설명 기재에 의하여 이를 보완 해석할 수는 없다고 한다.

**나) 목적·구성·효과**

2007년 이후 특허법은 다양한 발명을 유연하고 효율적으로 기술(記述)하도록 하기 위해 발명의 설명을 발명의 '목적·구성·효과'라고 하는 틀에 얽매이지 않고 기재하도록 하였다. 그러나 한편, 특정한 발명을 선행기술과 대비할 때 목적·구성·효과 등 발명을 특징짓는 추상적 요소들 가운데 공통점을 추출하여 비교하는 것이 가장 효과적인 방법임에는 변함이 없고, 그 중에서도

---

147) 대법원 2004. 12. 9. 선고 2003후496 판결 등.

특히 발명의 구성과 효과를 중심으로 대비하는 것이 가장 효과적이다. 구체적으로는 양 기술의 구성 대 구성이 '먼저' 대비의 대상이 되는 것은 자연스러운 일이지만 판례와 실무는 구성의 대비만으로 진보성을 판단하는 법은 거의 없고,[148] 구성의 차이 외에 반드시 그로 인한 효과의 이동(異同)과 그 현저성을 종합적으로 살펴 진보성을 판단하고 있다. 진보성을 특허요건으로 한 목적이 종래기술보다 우수한 효과를 가지는 기술에 독점권을 부여하려는 것임을 상기하면 이는 당연한 일이다. 위에서 본 바와 같이 선행기술과 대비의 대상이 되는 것은 출원발명의 특허청구범위이고, 특허청구범위에 발명의 효과가 기재되는 일은 드물지만 실무와 판례는 특허청구범위에 기재된 구성으로부터 초래되는 발명의 효과를 아울러 파악하여[149] 구성과 함께 선행기술과의 대비대상으로 삼고 있는 것이다.

2) 비교의 내용: 구성의 차이 및 효과의 현저성

대비의 대상이 되는 발명들의 구성과 효과를 동시에 고려할 경우, 다음과 같은 논리조합이 가능하다.

| 유 형 | 구성의 차이 | 효과의 우수성 | 진보성 |
|:---:|:---:|:---:|:---:|
| ① | 大 | 大 | ○ |
| ② | 大 | 小 | △ |
| ③ | 小 | 大 | ○ |
| ④ | 小 | 小 | × |

가) ① 유형: 구성의 차이가 크고 효과도 현저히 우수한 경우

당해 발명이 선행기술에 비하여 구성을 크게 달리하고 그로 인한 효과 또한 현저히 우수하다면 그러한 발명은 통상의 기술자가 용이하게 발명하기 어려운 것으로 인정될 가능성이 매우 높다.

---

148) 구성과 구성이 실질적으로 동일하다면 그 자체로 '신규성'이 없는 것으로 판단될 것이다.
149) 발명의 효과는 명세서에 기재된 것에 기초함이 원칙이나, 명세서에 명시적으로 기재되어 있지 않다고 하더라도 통상의 기술자라면 그와 같은 기술구성으로부터 어떠한 효과를 예견할 수 있음이 인정된다면 이를 당해 발명의 효과로서 고려하고 있다(대법원 2002. 8. 23. 선고 2000후3234 판결 참조).

### 나) ② 유형: 효과의 차이는 크지 않으나 구성은 현저히 다른 경우

구성과 효과는 발명의 분야와 성질에 따라 그 고려의 중심기준이 달라지는바 실무상, 예컨대 기계·전기·전자 등의 분야에서는 주로 구성에, 화학·유전자 등의 분야에서는 효과에 각 무게를 두어 발명의 진보성을 판단하는 것이 보통이다. 당해 발명이 선행기술에 비하여 구성을 크게 달리하나 그로 인한 효과의 차이가 그다지 크지 않은 경우의 용이성 판단은 구체적 사안에 따라 다르다. 현실적으로 이러한 경우는 효과상 장·단점이 혼재하는 경우에 많이 일어나는바, 당해 발명과 선행기술을 대비한 결과 출원발명이 모든 점에 있어 우월한 효과를 가져야만 진보성이 인정되는 것은 아니며 효과의 장·단점이 혼재하는 경우 그 전체적 현저성을 종합적으로 고려하여야 함은 물론이다. 발명의 진보성 판단에 있어 구성을 중시하는 입장에 선다면 비록 발명에 장·단점이 혼재하여 효과의 현저성이 떨어진다고 하더라도 그와 같은 발명은 '기술의 다양화'에 공헌하고 있으므로 진보성을 인정하게 될 것이다. 적어도 논리적으로는 발명의 구성이 다르면 효과도 다른 것이 원칙이고 발명의 효과라는 것이 모든 경우에 명확하게 계량되는 것도 아니라는 점을 고려하면 위와 같은 입장은 수긍할 수 있다. 그러나 한편 실무상으로는 발명의 효과에 장·단점이 있고 그 비중이 엇비슷한 경우, "당해 기술분야에서 통상의 지식을 가진 자가 구체적 상황과 필요에 따라 그 장단점을 고려하여 임의로 선택할 수 있는 구성에 지나지 않는다"고 하여 진보성을 부인하는 경우도 많다.

### 다) ③ 유형: 구성의 차이는 크지 않으나 효과는 현저히 우수한 경우

특허된 기술의 구성이 선행기술과 차이가 있을 뿐 아니라 그 작용효과에 있어서 선행기술에 비하여 현저하게 향상 진보된 것인 때에는 기술의 진보발전을 도모하는 특허제도의 목적에 비추어 특허발명의 진보성을 인정해야 한다.150) 수많은 판례가 같은 판시를 반복하고 있고151) 복수의 공지의 선행기

---

150) 대법원 2002. 8. 23. 선고 2000후3234 판결.

151) 대법원 2016. 11. 25. 선고 2014후2184 판결; 대법원 2015. 7. 23. 선고 2013후2620 판결; 대법원 2013. 7. 25. 선고 2011후1814 판결; 대법원 2011. 10. 13. 선고 2009후4322 판결; 대법원 2007. 8. 24. 선고 2006후138 판결; 대법원 2003. 1. 10. 선고 2001후2269 판결; 대법원 2002. 8. 23. 선고 2000후3234 판결; 대법원 2002. 10. 22. 선고 2001후3255 판결; 대법원 2001. 9. 7. 선고 99후734 판결; 대법원 2001. 7. 13. 선고 99후1522 판결; 대법원 1998. 12. 22. 선고 97후990 판결; 대법원 1998. 12. 11. 선고 97후846 판결; 대법원

술을 단순 결합한 것에 불과하여 구성의 차이가 크지 않더라도 그로 인하여 현저한 시너지효과가 생기는 경우 발명의 진보성을 인정하는 일반 원칙도 마찬가지 사고에 입각한 것이다.

**라) ④ 유형: 구성의 차이도 크지 않고 효과도 현저히 우수하지 않은 경우**

당해 발명이 선행기술에 비하여 구성의 차이도 뚜렷하지 않은데다가 예측을 뛰어넘는 효과도 초래하지 않는다면 통상의 기술자가 발명에 이르는 것이 용이하다고 보는 것이 보통이다. 위 유형으로 분류할 수 있는 것 중에 실무상 주로 문제되는 것들을 아래에서 살펴본다.

ⅰ) 공지기술의 구성요소의 치환과 전용(轉用): 치환은 공지의 기술적 구성 중 특정 요소를 다른 요소로 대체하는 것을 의미하고, 전용(轉用)은 어떤 분야에 알려져 있는 방법, 장치, 화합물 등을 본질적인 변경을 가하지 않고 다른 분야에서 발명의 구성요소로 적용하는 경우를 말한다. 치환의 경우, 그로 인한 작용·효과의 차이가 현저하게 크면 진보성이 있다고 판단될 수 있지만[152] 그 치환에 의한 효과가 단순히 치환된 재료가 본래 가지는 성질의 차이에 불과한 경우에는 통상의 기술자에게 용이한 것으로 평가된다. 전용의 경우에는 어떤 한 분야에서 다른 분야로 적용하는 것을 생각해 내는 것이 얼마나 어려운가, 그 과정에서 기술적 구성에 어떠한 내용의 변경이 이루어졌는가를 살펴야 하며, 양 기술분야에 친근성이 있고 그 전용에 의하여 얻은 효과에 현저함이 없다면 통상의 기술자에게 용이한 것으로 평가된다.

ⅱ) 주지·관용기술의 부가에 지나지 않는 경우: 주지기술이란, 그 기술에 관하여 상당히 다수의 문헌이 존재하거나 예시할 필요가 없을 정도로 그 기술분야에서 일반적으로 알려진 기술을 말하며, 관용기술(慣用技術)은 주지기술 중 자주 사용되고 있는 기술을 말한다. 선행기술을 그대로 이용하거나 복수의 선행기술들을 결합하면서 위와 같은 주지·관용기술을 단순히 부가한 것에 지나지 않는 경우 통상의 기술자에게 용이한 것으로 평가된다.[153] 주지기술은

---

1997. 11. 28. 선고 97후341 판결; 대법원 1997. 5. 30. 선고 96후221 판결; 대법원 1996. 11. 26. 선고 95후1517 판결; 대법원 1996. 9. 20. 선고 96후30 판결; 대법원 1986. 6. 10. 선고 83후2 판결 등.

152) 대법원 2002. 10. 22. 선고 2001후3255 판결; 대법원 1986. 6. 10. 선고 83후2 판결.

153) 대법원 2005. 1. 28. 선고 2003후175 판결; 대법원 2004. 12. 10. 선고 2003후2829 판결 등.

거절이유 중에 별도로 인용되어 있지 않더라도 심결 및 이후의 소송에 있어 판단의 자료가 될 수 있다. 진보성의 판단은 선행기술과의 대비에 의하여 행하여지는 것이므로 그 배경에는 많은 주지기술이 존재하고 있고, 어떤 의미에서는 주지기술의 총체가 평균적 기술수준을 형성하는 것이라 할 수도 있다.

iii) 공지기술의 단순결합에 지나지 않는 경우: 두 가지 이상의 요소를 결합하여 발명을 완성한 경우, 실무상 그 발명이 원래의 요소들의 효과를 단순히 더한 것에 지나지 않는 때에는 이를 '단순결합'으로, 그로 인하여 단순결합을 뛰어넘는 특수한 효과를 초래하는 경우를 '결합'으로 구분하여 부르기도 하며, 후자에 한하여 진보성을 인정한다. 154) 위와 같이 복수의 기술요소를 조합한 발명의 진보성을 그로 인한 상승효과가 있는지 여부와 그 정도에 근거하여 판단하는 것은 세계적으로 보편 타당한 기준으로 받아들여지고 있다.

iv) 통상의 창작능력의 발휘에 불과한 경우: 일정한 목적달성을 위하여 행하는, 가장 적합한 재료의 선택, 수치범위의 최적화(最適化) 또는 호적화(好適化), 균등물에 의한 치환, 기술의 구체적 적용에 따른 설계변경 일부 구성요소의 생략, 단순한 용도의 변경·한정 등이 이에 해당한다. 155)

### ㈐ 진보성 판단 시 명세서에 기재가 없는 효과의 고려 여부

발명의 진보성 판단에 있어서 명세서에 기재되지 아니한 효과는 이를 고려하지 않는 것이 원칙이라는 견해가 있고, 판례 중에 같은 입장을 밝힌 것도 있다. 156) 그러나 당해 기술분야에서 통상의 지식을 가진 자가 발명의 구성에 근거하여 객관적으로 인식할 수 있는 효과는 비록 명세서에 명시되지 않았다고 하더라도 이를 인정하는 것이 상당하다는 판례157)도 있으며, 심사실무 역시 그런 기준으로 운영되고 있다. 158) 다만 화학·제약 등의 분야처럼 발명의 효과에 대한 인식과 개시가 핵심적 의미를 갖는 경우에는 진보성 판단 시 명

---

154) 대법원 2003. 1. 10. 선고 2001후2269 판결; 대법원 1998. 12. 22. 선고 97후990 판결; 대법원 1998. 12. 11. 선고 97후846 판결; 대법원 1997. 11. 28. 선고 97후341 판결; 대법원 1997. 5. 30. 선고 96후221 판결; 대법원 1996. 11. 26. 선고 95후1517 판결; 대법원 1996. 9. 20. 선고 96후30 판결 등.
155) 특허청, 특허·실용신안 심사기준 제 3 부 제 3 장 6.2.
156) 대법원 1997. 5. 30. 선고 96후221 판결.
157) 대법원 2002. 8. 23. 선고 2000후3234 판결.
158) 특허청, 특허·실용신안 심사기준 제 3 부 제 3 장 6.3.

세서에 기재되지 않은 효과를 고려할 수 없는 경우가 많으며, 그러한 입장을 밝힌 판례들이 있다. [159] 아울러 발명의 효과를 적절히 기재하지 않으면 명세서 기재불비에 해당하는 수가 있다.

⇨ 대법원 2002. 8. 23. 선고 2000후3234 판결

이 사건 특허발명은 절개부(5)에 있어서 노치부(5a)가 형성된 데 비하여 인용고 안 1, 2는 노치부가 형성되지 않고, 그로 인하여 절곡의 방법이 다른 차이만 있고 나머지 구성은 모두 동일하지만, 이 사건 특허발명은 노치부가 있음으로 인하여 코너부(7)는 제외된 채 가로 세로 플랜지(2)(4)만이 절곡선(3a)을 따라 깨끗하게 절곡되기 때문에 금속패널을 프레스로 절곡 벤딩시킬 때 플랜지의 가로방향과 세로방향에 있어서 모서리를 향하여 강제로 밀리어 생길 수 있는 주름(웨이브)이 흡수 소멸되는 효과를 가져와 금속패널의 표면에 피복된 피복층의 손상 없이 평탄도가 유지되고, 가로 세로 플랜지와 코너부가 분리되어 절곡되기 때문에 코너부만을 따로 용이하게 절곡 벤딩하며, 부드러운 만곡면을 이루게 하는 효과가 있는 데 비하여, 인용고안들의 경우는 가로 세로 플랜지가 절단홈과 절곡선 사이의 모서리 부분까지 연장되어 있고, 플랜지 부분과 코너부를 동시에 절곡 벤딩하여야 하므로 이 사건 특허발명만큼 완벽하게 코너부에서 일어나는 웨이브 현상을 흡수 소멸시켜 준다고 보기 어렵고, 금속패널의 절곡작업의 용이성에도 차이가 있으며, 이 사건 특허발명의 명세서에 위와 같은 노치부의 작용효과가 구체적으로 기재되어 있지는 않지만 이와 같은 효과는 명세서의 전체 기재로부터 쉽게 알 수 있다고 한 다음 이 사건 특허발명은 당업자가 용이하게 생각해 내기 어려운 노치부라는 신규한 구성을 통하여 보다 향상된 작용효과를 가져온 것이어서 인용고안 1 및 2에 비하여 진보성이 인정된다는 취지로 판단한 원심은 정당하다.

⇨ 대법원 2011. 7. 14. 선고 2010후2872 판결

의약화합물 분야에서 선행발명에 공지된 화합물과 결정형태만을 달리하는 특정 결정형의 화합물을 특허청구범위로 하는 이른바 결정형 발명은, 특별한 사정이 없는 한 선행발명에 공지된 화합물이 갖는 효과와 질적으로 다른 효과를 갖고 있거나 질적인 차이가 없더라도 양적으로 현저한 차이가 있는 경우에 한하여 그 진보성이 부정되지 않고, 이때 결정형 발명의 상세한 설명에는 선행발명과의 비

---

159) 대법원 2009. 10. 15. 선고 2008후736, 743 판결; 대법원 2010. 3. 25. 선고 2008후3469, 3476 판결; 대법원 2011. 9. 8. 선고 2010후3554 판결 등.

교실험자료까지는 아니라고 하더라도 위와 같은 효과가 있음이 명확히 기재되어 있어야만 진보성 판단에 고려될 수 있으며, 만일 그 효과가 의심스러울 때에는 출원일 이후에 출원인 또는 특허권자가 신뢰할 수 있는 비교실험자료를 제출하는 등의 방법에 의하여 그 효과를 구체적으로 주장·입증하여야 한다.

㈐ 선행기술에 제안·동기가 내재되어 있는 경우와 용이성 판단

선행기술을 결합 또는 변형하는 데 필요한 가르침, 제안이나 동기가 선행기술에 명시되어 있거나 암시되어 있고 당해 기술분야에서 통상의 지식을 가진 자의 기술수준에 비추어 성공에 대한 합리적 가능성이 있는 경우라면 발명용이성이 인정된다.160) 판례상 '단순한 설계의 변경' 혹은 '단순한 재료와 형태의 변경'으로 평가되는 것들이 대부분 여기에 속한다.161)

◈ 대법원 2015. 7. 23. 선고 2013후2620 판결

여러 선행기술문헌을 인용하여 발명의 진보성이 부정된다고 하기 위해서는 그 인용되는 기술을 조합 또는 결합하면 해당 발명에 이를 수 있다는 암시, 동기 등이 선행기술문헌에 제시되어 있거나 그렇지 않더라도 해당 발명의 출원 당시의 기술수준, 기술상식, 해당 기술분야의 기본적 과제, 발전경향, 해당 업계의 요구 등에 비추어 보아 통상의 기술자가 용이하게 그와 같은 결합에 이를 수 있다고 인정할 수 있는 경우이어야 한다.

㈑ 비교대상이 되는 선행기술의 수(數)와 발명용이성 판단

진보성을 부인하기 위해 인용해야 하는 선행기술의 개수가 많을수록, 다시 말해 통상의 기술자가 여러 개의 선행기술을 조합해야만 비로소 당해 발명에 이를 수 있다면, 그 자체로 이미 통상의 기술자가 당해 발명에 이르는 것이 용이하지 않음이 경험칙상 추단될 수 있다. 다만 그러한 추단을 가능하게 하는 선행기술의 숫자는 기술분야의 특성 등 여러 개별 요건에 따라 달라질 수 있음은 물론이다. 한편, 여러 선행 기술문헌을 인용하여 특허발명의 진보

---

160) 대법원 2007. 9. 6. 선고 2005후3284 판결.
161) 대법원 2002. 11. 8. 선고 2001후1747 판결; 대법원 2002. 9. 24. 선고 2000후2088 판결; 대법원 1998. 9. 8. 선고 98후812 판결; 대법원 1997. 3. 11. 선고 96후1033 판결; 대법원 1982. 10. 26. 선고 80후76 판결 등.

성을 판단할 때는 그 인용되는 기술을 조합 또는 결합하면 당해 특허발명에
이를 수 있다는 암시, 동기 등이 선행 기술문헌에 제시되어 있거나 그렇지 않
더라도 당해 특허발명의 출원 당시의 기술수준, 기술상식, 해당 기술분야의
기본적 과제, 발전경향, 해당 업계의 요구 등에 비추어 보아 통상의 기술자가
용이하게 그와 같은 결합에 이를 수 있다고 인정할 수 있어야 비로소 진보성
이 부정된다.162)

### ㈐ 2차적 고려사항과 발명용이성 판단

#### 1) 진보성 판단의 간접적·객관적 지표들163)

이는 발명의 진보성 판단 시 선행기술과 당해 발명의 구성 및 효과의 차
이를 규명하고 통상의 기술자가 공지의 선행기술로부터 당해 발명에 이르는
것이 용이하였을 것인지를 판단하는 것에 더하여, 당해 발명을 둘러싸고 벌어
진 객관적 간접사실들로부터 발명의 진보성 여부를 추론해내는 방법을 말한
다. 일찍이 미국에서 발명의 진보성 판단방법을 제시한 Graham 판결164)은 진
보성 판단 시 ⅰ) 당해 발명이 상업적 성공을 거두었거나, ⅱ) 오랜 기간 당
해 발명이 필요하였음에도 그 기술적 해결책이 제시되지 않고 있었거나, ⅲ)
타인이 당해 발명에 관하여 실패를 거듭한 사실이 있거나, ⅳ) 기타 당해 발
명의 비자명성을 추단케 할만한 객관적 사실이 있다면 이를 고려해야 한다고
판시하였다. 그 뒤 위 "기타" 요소는 이후 일련의 판례들을 통해 다양하게 발
전되어 왔는데, ⅰ) 제3자가 당해 특허에 실시권을 부여받은 사정, ⅱ) 당해
발명에 관하여 그 분야의 기술자들 사이에 회의적 시각이 일반적이었다거나,
거꾸로 당해 발명이 완성된 후 그 분야의 기술자들이 이를 높이 평가하는 태
도를 보인 점, ⅲ) 제3자에 의한 당해 발명의 모방 혹은 침해, ⅳ) 거의 비
슷한 시기에 동일·유사한 발명이 타인에 의하여 이루어진 점 등이 그것이다.
위 ⅰ) 내지 ⅲ)은 당해 발명의 진보성 인정에 유리한 간접사실로, ⅳ)는 불
리한 간접사실로 각 사용된다. 실제로 유럽에서도 대체로 비슷한 요소들이 진

---

162) 대법원 2018. 12. 13. 선고 2016후1529 판결.

163) 이와 관련된 여러 문제와 최근의 세계적 동향을 상세히 다루고 있는 문헌으로는, 조영선,
    "객관적 지표(Objective Indicia)에 기한 발명의 진보성 판단론," 안암법학 통권 33호
    (2010. 9.호), 395면 이하 참조.

164) Graham v. John Deere Co. 383 U.S. 1(1966).

보성 판단의 간접적 기준으로 활용되고 있다. 165)

2) 상업적 성공

발명을 구현한 물건이나 방법이 시장에서 상업적인 성공을 초래하였다는 점은 발명의 진보성을 추단케 하는 요소들 가운데 가장 보편적으로 활용되어 온 지표이지만, ⅰ) 상업적 성공이 마케팅, 광고, 시장제한성 등 다른 요소가 아니라 발명의 기술적 장점에 기인한 것이어야 하고, ⅱ) 당해 발명에 성공하면 시장에서 상당한 수익을 창출하리라는 점이 다른 사람들에게도 사전에 예견 가능했어야 하는 등 발명의 진보성 추단근거로 되기 위해서 추가로 만족되어야 하는 조건들이 있다.

3) 그 밖의 2차적 고려사항166)

그 밖에도, 미국의 판례를 중심으로 다음과 같은 간접사실들이 발명의 진보성 판단근거로 거론되고 있다.

가) 오랜 기간의 필요와 실패

당해 발명 또는 그와 같은 문제의 해법이 오랫동안 당해 분야에서 요구되었음에도 실제로 제공되지 않아 왔다면 이는 그와 같은 해법이 통상의 기술자에게 자명하지 아니하였고, 당해 발명에 이르는 것이 용이하지 않았음을 추단하게 하는 유력한 간접사실이 될 수 있다.

나) 실시허락과 경업자의 묵인

만약 당해 발명에 진보성이 인정되지 않는다면 경업자들로서는 경제적 출혈을 감수하고 발명자로부터 실시허락을 받기보다는 당해 발명의 특허성을 다투었을 가능성이 크므로 위와 같은 사실도 당해 발명의 진보성을 추단하게 하는 근거가 된다. 다만, 실시허락에 따른 실시료가 극히 적은 액수여서, 경업자의 입장에서 소송비용을 들여 특허성을 다투는 것보다 차라리 실시료를 지급하고 시행하는 것이 낫다고 판단되는 경우라면 예외가 될 것이다.

---

165) EPO Guidelines(2015) G. Ⅶ. 10. 3. ; Lionel Bently, Intellectual property(3rd. Edit), OXFORD university press(2008), 503~506면; Richard Hacon & Jochen Pagenberg, Concise European Patent Law, Kluwer Law International(2007), 56면.

166) Donald S. Chisum 외 4인, Principles of Patent Law(3rd edition), Thomson West(2004), 625~635면; Daralyn J. Durie, & Mark A. Lemley, A realistic approach to the obvious-ness of inventions, William and Mary L. Rev. Vol. 50(2008), 990면 이하 참조.

다) 침해자들의 모방과 칭찬의 언동

진보성이 인정되지 않는다면, 경업자들은 스스로 이를 개발했거나 선행기술을 변형하여 직접 기술을 개발, 사용하였을 것이므로 경업자들이 당해 발명을 모방한 것이 객관적으로 명백하다든지, 직·간접적으로 당해 발명의 우수성을 칭찬하는 언동이 있었다면 이는 진보성 인정의 근거로 될 수 있다.

라) 부정적 교시(敎示)

이는 선행기술 또는 통상의 기술자들이 '당해 기술이 택한 방법으로는 기술적 과제를 해결할 수 없으리라'는 부정적 교시를 남기는 것을 말한다. 그럼에도 이를 뒤집고 오히려 그 방법으로 기술적 과제를 해결해 내었다면 진보성을 인정받기 쉽다. 전문가의 회의적 태도 역시 이 범주에 포함시킬 수 있다.

마) 거의 동시에 이루어진 동일·유사 발명

당해 발명과 거의 동시에 독립적으로 제3자가 동일하거나 유사한 발명을 완성하였다는 사실은 당해 발명이 그렇게 어려운 일이 아니라는 점을 잘 뒷받침하며, 당해 발명의 완성은 진보성 있는 노력의 결과라기보다 시장수요나 외적 환경의 성숙 때문이라는 추론이 가능하기 때문이다.

4) 우리 판례의 태도

우리나라 판례는 진보성 판단의 2차적 고려사항으로서 '상업적 성공'만을 거의 유일한 요소로 다루어 오고 있는 실정이다.[167] 이에 관한 판례의 태도는, ⅰ) 기술적 사항에 기초하여 진보성이 없다고 판단한 뒤 '상업적 성공만으로는 이러한 판단을 뒤집을 수 없다'고 한 유형,[168] ⅱ) 상업적 성공을 기술적 사항에 기초한 진보성 판단의 뒷받침으로 열거한 유형[169]으로 분류할 수 있다. 그러나 지금까지의 판례는 상업적 성공 등 객관적 지표를 발명의 진보성 판단 시 보조적 자료로만 활용할 뿐 이를 독립적 판단준거로 취급하고 있

---

167) 다만, 대법원 2008. 5. 29. 선고 2006후3052 판결은 "이 사건 특허발명의 제품이 상업적으로 성공을 하였거나 이 사건 특허발명의 출원 전에 오랫동안 실시했던 사람이 없었다 하더라도 이러한 사정만으로는 이 사건 특허발명의 진보성을 인정할 수는 없다"고 하여 '상업적 성공' 이외의 지표에 관하여 언급하고 있다.

168) 대법원 2010. 1. 28. 선고 2007후3752 판결; 대법원 2008. 5. 29. 선고 2006후3052 판결; 대법원 2007. 9. 6. 선고 2005후3284 판결; 대법원 2005. 11. 10. 선고 2004후3546 판결; 대법원 2004. 11. 12. 선고 2003후1512 판결; 대법원 2003. 10. 10. 선고 2002후2846 판결.

169) 대법원 1996. 10. 11. 선고 96후559 판결; 대법원 1995. 11. 28. 선고 94후1817 판결.

지는 않는 것으로 평가된다.

⇨ 대법원 1996. 10. 11. 선고 96후559 판결

이 사건 특허발명(특허청 1991. 2. 1. 등록 제39536호, "우황청심액의 제조방법," 이하 본건 발명이라고 한다)은 산약, 감초, 인삼 등 우황청심원의 재료들인 생약재로 구성되어 있고, 이들 약재 중 우황, 사향 및 용뇌는 미세분말화하고, 이들을 제외한 나머지 생약재들은 물 또는 알코올로 침출하거나 미세분말화하는 전처리공정 및 이들 전처리한 생약재를 혼합하고 물을 가하여 균질화시키는 후처리공정(독립항)과 이들에 방향제, 감미제 등의 보조제를 첨가하는 방법(종속항)으로 구성되어 있는바, 본건 발명은 종래의 우황청심환제를 액제로 조제함으로써 구급환자나 유아, 소아가 간편하게 복용할 수 있고, 또한 약효가 신속하게 나타나도록 하려고 함에 그 목적이 있고, 위 기술적 구성요소들 각각은 그 출원 전에 공지되어 있는 것들이기는 하나 위 각 구성요소들을 결합하여 우황청심액제를 제조하는 구성 자체는 공지된 것이라고 볼 자료가 없으며, 복용의 간편함과 효과의 신속성 등의 작용효과는 우황청심환제 자체가 가지는 작용효과와는 다른 것이라 할 것이고, 더욱이 액제로 된 본건 발명이 환제에 대하여 상업적으로 성공을 거두고 있는 것으로 인정된다. 그렇다면 본건 발명은 공지된 선행기술로부터 예측되는 효과 이상의 현저하게 향상·진보된 새로운 작용효과가 있는 것으로 인정되어 그 발명이 속하는 기술의 분야에서 통상의 지식을 가진 자가 용이하게 발명할 수 없는 것으로서 진보성이 인정된다고 할 것이다.

⇨ 대법원 2008. 5. 29. 선고 2006후3052 판결

특허발명의 제품이 상업적으로 성공을 하였거나 특허발명의 출원 전에 오랫동안 실시했던 사람이 없었던 점 등의 사정은 진보성을 인정하는 하나의 자료로 참고할 수 있지만, 이러한 사정만으로 진보성이 인정된다고 할 수는 없고, 특허발명의 진보성에 대한 판단은 우선적으로 명세서에 기재된 내용, 즉 발명의 목적, 구성 및 효과를 토대로 선행기술에 기하여 당해 기술분야에서 통상의 지식을 가진 자가 이를 용이하게 발명할 수 있는지 여부에 따라 판단되어야 하는 것이므로 이러한 사정이 있다는 이유만으로 발명의 진보성을 인정할 수 없다.

5) 2차적 고려사항의 중요성에 대한 재조명[170]

발명의 진보성 판단에서 가장 중요한 일은 판단자의 자의(恣意)를 억제하고 객관성을 담보하는 일이다. 그러나 출원 시를 기준으로 하는 통상의 기술자를 상정하고, 위 통상의 기술자가 출원 전에 공지된 선행기술로부터 당해 발명에 이르는 것이 용이한지 여부를 따져 진보성을 판단하는 방법론에는 본질적인 한계가 있다.

즉, ⅰ) 당해 발명의 진보성이 문제되는 사후 시점에서 과거인 출원 당시 당해 기술분야의 통상의 기술자 수준이 어떠했는지를 정확히 알아내는 것은 극히 곤란하고, ⅱ) 하물며 그러한 통상의 기술자의 입장에서 당해 발명에 이르는 것이 용이했는지까지 파악한다는 것은 더욱 어려운 일이며, ⅲ) 이러한 논리부여의 작업과정에서 판단자(심사관, 심판관, 법관)가 이미 당해 발명의 내용, 즉 선행기술이 안고 있는 기술적 과제와 그 해결책을 모두 알고 있음에도 짐짓 그러한 내용을 모르는 양 판단작용에 나아간다는 것은 인식론적으로 허구에 가깝다.[171] 결국 이는 종래의 진보성 판단 메커니즘을 따르는 한 사후적 고찰을 피하는 것이 극히 곤란함을 강하게 시사한다.

근래에는 그 해결책으로서 종래 '2차적 고려사항'으로 평가되어 왔던 '객관적 지표'들의 위상을 재조명하려는 동향이 나타나고 있다. 즉, 출원 당시 통상의 기술자를 가정하고 그의 시각에서 발명이 용이하였는지를 추측하는 사후적·소급적 태도 대신, 혹은 이에 더하여, 당해 발명을 둘러싸고 실제로 현실에서 이미 벌어졌거나 앞으로 벌어질 것으로 예상되는 각종의 객관적 사실들을 판단지표로서 확정하고 그러한 지표들의 내용과 함의(含意)를 종합하여 당해 발명의 진보성을 추론해내는 방법이 그것이다. 이와 아울러 발명의 '효과' 역시 진보성 판단의 근거가 되는 중요한 객관적 지표로 위상을 부여받을 필요가 있다.[172] 왜냐하면, ⅰ) '기술적으로 우수한 효과를 달성한 발명'에

170) 이에 관하여 상세는 조영선, 앞의 글(객관적 지표에 기한 발명의 진보성 판단론), 408면 이하 참조.
171) 이는 마치 수학문제의 풀이과정과 정답을 모두 알아버린 사람과 이를 모르는 사람이 문제에 대하여 느끼는 난이도의 차이와 비슷하다. 또한 그처럼 정답과 풀이과정을 알고 있는 사람이 '마치 이를 모르는 양 하며' 문제를 푼다고 해서 실제로 이를 모르는 사람이 문제를 푸는 것과 결코 같을 수는 없을 것이다.
172) 상세는 조영선, 앞의 논문(객관적 지표에 의한 발명의 진보성 판단론), 413~420면 참조.

보상을 부여함으로써 산업의 발달을 도모하는 것이 특허제도의 궁극적 목적이고, ⅱ) '발명의 효과'는 '구성의 곤란성'처럼 막연하고 주관적인 판단기준이 아니라 객관적으로 확인 가능한 '사실'로서의 성격이 강하며,[173] ⅲ) 대부분 출원명세서와 선행기술의 문헌 대비로 수행되는 심사단계에서는 심사관이 출원발명의 효과 유무나 정도를 규명하는 데 한계가 있는 반면, 등록무효나 침해소송 단계에서는 당사자의 증명이나 탄핵 작업을 통해 발명의 효과를 변증법적으로 규명할 수 있기 때문에 효과는 심사 이외의 단계에서 우수한 진보성 평가지표가 될 수 있고, ⅳ) 당해 발명을 둘러싸고 현실에서 이미 벌어진 사실들을 기초로 진보성을 추론해 내는 새로운 방법론 하에서도 발명이 초래한 효과는 핵심적 척도이기 때문이다.

## 다. 진보성과 발명의 설명

### (1) 논리적 관점

진보성과 발명의 설명의 기재 정도는 마치 '통상의 기술자의 기술수준'이라는 무게중심을 가운데 두고 상하로 오르내리는 저울에 비유할 수 있다. 즉, 특정한 기술분야에서 요구되는 발명의 설명 기재수준을 정함에 있어 통상의 기술자 수준을 낮추어 보게 되면[174]은 그만큼 낮은 예측가능성을 가진 통상의 기술자들도 과도한 시행착오 없이 발명을 시행할 수 있을 정도로 기술 내용을 개시하여야 하므로 발명의 설명은 가급적 추상적 상위개념을 배제하고 기술 내용의 구체적인 부분까지 세부적으로 기재되어야 하며, 이는 결국 권리범위가 그만큼 좁아지는 결과를 낳는다. 한편으로, 이처럼 통상의 기술자 수준을 낮게 보아 발명자의 권리를 좁게 설정하는 마당이라면 필연적으로 진보성은 너그럽게 인정하여 비교적 사소한 수준의 기술진보에라도 권리를 부여하는 것이 상당하며 그렇게 함으로써 작은 기술에 관하여 '용이하게' 그러나 '작은 권리'만을 부여하는 일이 가능해진다.

---

173) 실제로, 발명의 '용이성'을 판단하는 준거로서 구성의 '곤란성'을 사용한다는 것은 추상적 개념을 통해 추상적 개념을 인정하는 것이어서 '질문에 질문으로 답하는' 순환논리에 다름 아니다.

174) 주의할 것은, 이하에서 통상의 기술자 수준이 '낮다'거나 '높다'는 것은 그 기술분야에 속하는 개별 기술자들의 학력이나 기술적 능력이 낮거나 높다는 의미라기보다, 당해 기술분야의 속성으로서의 '예측가능성(Predictability)'이 낮거나 높다는 의미에 가깝다는 점이다.

반대로, 통상의 기술자의 기술수준이 높은 분야에서는 그러한 통상의 기술자에게 조차 용이하지 않은 발명만이 진보성을 인정받을 수 있으므로 진보성 관문을 통과하기가 어려운 반면, 일단 진보성을 인정받는 마당인 이상, 발명의 설명에서의 기술개시는 상위개념을 동원하여 다소 추상적이고 폭넓게 하더라도 좋다. 왜냐하면 그 기술분야의 통상의 기술자들은 상당한 예측가능성을 가지고 있기 때문에 굳이 세세한 부분까지 기술 내용의 개시를 하지 않더라도 큰 시행착오 없이 발명을 시행하는 데 어려움이 없을 것이기 때문이다. 이는 결국, 권리범위가 그만큼 넓어지는 결과를 낳으며, 이를 통해 큰 기술에 관하여 '어렵게', 그러나 '폭넓은 권리'를 부여한다는 일이 가능해진다.

### (2) 정책적 관점

이와 같이 진보성 판단기준과 명세서 기재요건을 통상의 기술자 수준을 연결고리로 하여 유기적으로 이해하는 것은 정책적 관점에서도 중요한 의미를 가진다. 진보성을 인정받기 까다로운 기술은 일단 특허획득에 성공한다면 큰 독점적 이익을 보장받겠지만 특허획득에 실패할 가능성이 커 독점이익을 확보하거나 투하자본을 회수할 확률이 낮기 때문에 기업의 입장에서 연구개발에 대한 투자를 주저하기가 쉽다.[175] 따라서 국가로서는 성공의 불확실성이 높은, 그러나 계속적인 연구개발이 이루어져야 하는 기술분야에 특별한 유인을 부여하기 위하여 진보성 문턱을 낮추는 대신 발명의 설명을 통한 정보의 개시를 자세히 하도록 하여 권리범위를 좁게 설정함으로써 기업이나 투자자에게 '보상의 규모는 작더라도 투하자본의 회수가 확실한' 수익모델을 제공할 필요가 있는 것이다. 그 대표적인 예로 거론되는 기술분야가 화학·제약·유전공학 분야이다.

---

175) 예컨대 A라는 사업에 성공확률이 100%이고 그로 인하여 얻는 수익규모가 100만 달러인 한편, B라는 사업에 성공과 실패의 확률이 각 50%이고, 성공의 경우 얻는 수익규모는 210만 달러, 실패의 경우 감수해야 할 손해의 규모가 5만 달러인 경우, 산술적으로는 B 사업의 수익규모가 1,025,000달러{=(2,100,000×1/2)-(50,000×1/2)}로서 더 크지만, 실제로는 100%의 성공확률을 가지는 A산업에 투자하는 경우가 많다고 한다. 아울러 이러한 위험혐오의 성향은 투자의 규모가 커질수록 함께 증대하는 경향이 있다고도 한다 (Karen I. Boyd, Nonobviousness and the biotechnology industry: A proposal for a Doctrine of economic nonobviousness, 12 Berkeley Technology Law Journal(1997), 316~317면).

## 라. 특수한 유형의 발명과 진보성

### (1) 용도발명

#### (가) 일 반 론

용도발명이란 물건이 갖는 어떤 특정한 용도를 새로이 찾아내고 거기에 현저한 기술적 의미가 인정될 때 특허를 부여하는 것이다. 이는 대부분 '기술적 사상의 창작'이라기보다는 '발견'에 가까운 것이나 특허를 부여하여 보호하는 것이 각국의 오랜 실무이다. 용도라는 발명의 카테고리가 독립적으로 존재하지 않으므로 특허청구범위는 물건, 방법, 제조방법의 형태로 표현된다. 용도발명에 있어서는 명세서에 용도를 뒷받침하기 위한 기재가 없다면 당해 기술분야에서 통상의 지식을 가진 자가 용도발명이 실제로 사용 가능한 것인지 여부를 이해할 수 없기 때문에 일반적으로는 그 용도를 뒷받침하는 실시예의 기재가 필요하다.

#### (나) 의약의 용도발명

실무상, 용도발명으로 대표적인 것은 의약품의 약리효과에 관한 발명인데, 의약발명은 특정 물질이 가지는 속성의 발견에 기초하여 해당 물질의 의약으로서의 용도를 규명하는 것으로서, '물건발명'의 형태로 특허가 부여된다.

##### 1) 명세서 기재요건

판례는 2001. 11. 30. 선고 2000후2958 판결 이후 일관하여 "의약의 용도발명에 있어서는 특정 물질이 가지고 있는 의약의 용도가 발명의 구성요건에 해당하므로, 발명의 특허청구범위에는 특정 물질의 의약용도를 대상질병 또는 약효로 명확히 기재하여야 하고, 의약의 용도발명에 있어서는 그 출원 전에 명세서 기재의 약리효과를 나타내는 약리기전이 명확히 밝혀진 경우와 같은 특별한 사정이 있지 않은 이상 특정 물질에 그와 같은 약리효과가 있다는 것을 약리데이터 등이 나타난 시험예로 기재하거나 또는 이에 대신할 수 있을 정도로 구체적으로 기재하여야만 비로소 발명이 완성되었다고 볼 수 있는 동시에 명세서의 기재요건을 충족하였다고 볼 수 있다"고 한다.176)

---

176) 대법원 2007. 7. 26. 선고 2006후2523 판결; 대법원 2007. 3. 30. 선고 2005후1417 판결; 대법원 2006. 2. 23. 선고 2004후2444 판결; 대법원 2004. 12. 23. 선고 2003후1550 판결; 대법원 2003. 10. 10. 선고 2002후2846 판결; 대법원 2001. 11. 30. 선고 2001후65 판

2) 신규성, 진보성

물질(A)을 새로 발명하여 그 의약적 용도(B)를 규명한 경우는 물론, 선행 발명(A)과 다른 물질(X)을 기초로 같은 용도(B)를 규명하였다면 신규성이 인정 될 것이고, 선행발명(A)과 같은 물질을 기초로 하더라도 전혀 다른 의약적 용도(C)를 발견하면 역시 신규성이 인정될 것이다. 177)

의약의 용도발명에 있어서 약리효과가 출원 당시의 기술수준으로 보아 알려진 유효 활성물질의 화학구조나 조성물의 조성성분상으로부터 용이하게 유추할 수 없는 정도이거나 선행기술에 기재된 약리기전으로부터 통상의 기술자가 용이하게 추론할 수 없는 정도의 현저한 효과가 있는 경우에는 진보성이 있다. 178) 만약 선행발명과 물질 및 용도가 모두 같다면 이처럼 현저한 효과가 있을 때 진보성이 인정될 여지가 있고, 이때 신규성도 함께 인정된다고 본다.

3) 투여용법 · 투여용량

판례179)는 "의약의 투여용법과 투여용량은 의약물질이 가지는 특정의 약리효과라는 미지의 속성의 발견에 기초하여 새로운 쓰임새를 제공한다는 점에서 대상 질병 또는 약효에 관한 의약용도와 본질이 같다"고 전제하고, "의약이라는 물건의 발명에서 대상 질병 또는 약효와 함께 투여용법과 투여용량을 부가하는 경우에 이러한 투여용법과 투여용량은 의료행위 그 자체가 아니라 의약이라는 물건이 효능을 온전하게 발휘하도록 하는 속성을 표현함으로써 의약이라는 물건에 새로운 의미를 부여하는 구성요소가 될 수 있다"고 함으로써, 이를 의료행위의 범주에서 배제하고 특허 대상이 되는 물건발명의 한 '구성'으로 파악하고 있다.

(2) 선택발명

선택발명이란, 선행발명에 구성요건이 상위개념으로 기재되어 있는 상태에서, 위 상위개념에 포함되는 하위개념을 구성요건의 전부 또는 일부로 하는

---

결 등.

177) 특허청, 특허·실용신안 심사기준(2017) 제9부 제2장 2.2. 및 위 심사기준으로 통합편성 되기 이전의 특허청, 산업부문별 심사실무가이드, 의약·화장품 분야 심사실무 가이드, 제3장 3.1.

178) 위 의약·화장품 분야 심사실무 가이드, 제3장 4.1.

179) 대법원 2015. 5. 21. 선고 2014후768 전원합의체 판결.

발명을 말하며, 대부분 화학발명의 경우에 문제로 된다. 선택발명은 기초발명의 활용과 개선을 촉진하여 산업의 발달과 공익의 증진을 도모할 목적으로 상위개념인 선행발명이 특별히 인식하지 못한 우수한 효과를 가진 하위개념 발명에 한하여 예외적으로 특허를 부여하는 것이다.

### (개) 선택발명의 명세서 기재요건

선택발명에서는 선행발명이 미처 인식하지 못한 각별하고 현저한 효과를 명확히 인식하고 있는지 여부가 명세서에 명확히 드러나야만 그 기재요건을 만족한 것으로 본다. 판례180)도 "선택발명의 설명에는 선행발명에 비하여 질적으로 다른 효과를 갖고 있거나, 질적인 차이가 없더라도 양적으로 현저한 차이가 있음을 명확히 기재하여야 하며, 위와 같은 효과가 명확히 기재되어 있다고 하기 위해서는 발명의 설명에 질적인 차이를 확인할 수 있는 구체적인 내용이나, 양적으로 현저한 차이가 있음을 확인할 수 있는 정량적 기재가 있어야 한다"고 한다. 아울러 판례 가운데는 "이 사건 특허발명의 설명에는 이 사건 특허발명이 테스토스테론-5$\alpha$-환원효소 억제효과를 가진 선행발명인 비교대상발명에 비하여 '매우 우수하다'는 점만을 대비하여 기재하고 있을 뿐임을 알 수 있는바, 이와 같은 기재만으로는 통상의 기술자가 이 사건 발명이 비교대상발명에 비하여 질적으로 다른 또는 양적으로 현저한 효과를 가진다는 사실을 이해할 수 있을 정도로 명확하고 충분하게 기재하였다고 할 수 없다"고 하여 선택발명에서 요구되는 명세서의 기재 정도에 관하여 보다 구체적인 판단기준을 제시한 예가 있다. 181)

### (내) 선택발명의 신규성·진보성

선택발명은, ⅰ) 선행발명이 선택발명을 구성하는 하위개념을 구체적으로 개시하지 않고 있으면서, ⅱ) 선택발명에 포함되는 하위개념들 모두가 선행발

---

180) 대법원 2009. 10. 15. 선고 2008후736,743 판결; 대법원 2012. 8. 23. 선고 2010후3424 판결 등.

181) 대법원 2007. 9. 6. 선고 2005후3338 판결. 다만 위 판결은, 출원인이 출원 당시 선택발명임을 인지하고 있었음이 드러날 경우에는 선택발명으로서의 '엄격한' 명세서 기재요건을 요구하되, 선택발명임을 인지하였다고 보기 어려운 경우에는 일반적인 발명의 기술적 사상에 의해 출원된 것이므로 선택발명으로서의 명세서 기재요건을 요구하지 않고 신규성 및 진보성 판단의 문제로 나아가야 한다는 입장을 전제로 하고 있다.

명이 갖는 효과와 질적으로 다른 효과를 갖고 있거나 질적인 차이가 없더라도 양적으로 현저한 차이가 있을 것이 필요한데, ⅰ)을 신규성 요건, ⅱ)를 진보성 요건으로 보는 견해와, ⅰ) ⅱ)를 모두 충족하여야 신규성 및 진보성의 요건을 동시에 충족한다는 입장이 있다. 판례[182]는 선택발명의 신규성에 관하여, "선행발명이 선택발명을 구성하는 하위개념을 구체적으로 개시하고 있거나 그 발명이 속하는 기술분야에서 통상의 지식을 가진 자가 선행문헌의 기재 내용과 출원 시의 기술상식에 기초하여 선행문헌으로부터 직접적으로 선택발명의 존재를 인식할 수 있는 경우가 아닌 이상, 그 자체로 신규성이 있다"고 하여 첫 번째 입장임을 분명히 하였다.

선택발명은 선택발명에 포함되는 하위개념들 모두가 선행발명이 갖는 효과와 질적으로 다른 효과를 갖고 있거나, 질적인 차이가 없더라도 양적으로 현저한 차이가 있어야 진보성이 인정된다. [183] 다만, 판례는[184] 선택발명의 진보성 판단이 오로지 효과에만 근거해서 이루어지는 것은 아니라고 하면서, 예컨대 선행기술의 상위개념에 이론상 포함되는 화합물의 개수가 매우 많다면, 통상의 기술자가 그 가운데 특정 부분을 선택하여 해당 발명에 이르는 것 자체가 '구성의 곤란성'을 의미할 수도 있으므로 이 점 또한 종합적으로 고려해야 한다고 한다. 그러나 이때도 발명의 효과는 그 과정에서 선택의 동기를 추단하게 하는 중요한 표지가 될 수 있다고 하였다. 선택발명이 갖추어야 하는 현저한 효과에 의심이 있는 경우에는 구체적인 비교실험데이터 등 그 효과를 뒷받침하는 자료를 출원 후에 제출하여 진보성을 증명하는 것이 허용된다. [185] 또한, 판례[186]는 선택발명의 경우, 공지된 화합물이 갖는 효과와 질적으로 다르거나 양적으로 현저한 효과의 차이가 있다는 점이 발명의 설명에 명확히 기재되어 있어야만 비로소 이를 기초로 진보성 판단을 할 수 있다고 함으로써 발명의 설명 기재요건과 진보성 판단의 문제를 연결 짓고 있다. 통상의 기술

---

182) 대법원 2009. 10. 15. 선고 2008후736, 743 판결.
183) 대법원 2003. 4. 25. 선고 2001후2740 판결; 대법원 2007. 9. 6. 선고 2005후3338 판결; 대법원 2010. 3. 25. 선고 2008후3469, 3476 판결.
184) 대법원 2021. 4. 8. 선고 2019후10609 판결.
185) 대법원 2003. 4. 25. 선고 2001후2740 판결.
186) 대법원 2011. 7. 14. 선고 2010후2872 판결; 대법원 2011. 9. 8. 선고 2010후3554 판결; 대법원 2014. 5. 16. 선고 2012후3664 판결.

자가 선택발명 등 화학발명의 특성상 발명의 설명에 기재되지 않은 효과를 추론하기는 어렵다는 것이 그 이유이다. 187)

### (3) 수치한정발명
#### ㈎ 수치한정발명의 신규성·진보성

발명의 구성요건 중 예컨대 온도나 배합비율과 같이 일정한 범위를 가지는 구성요소의 수치를 한정한 발명을 수치한정발명이라고 하는바, 실무상 수치한정발명의 신규성·진보성 판단은 일반적인 발명과 비교하여 특수성을 가진다.

출원발명과 선행발명이 모두 동일한 구성요소를 채택하면서 그 한정 수치만을 달리하는 경우, 출원발명의 수치범위가 선행발명의 수치범위를 모두 포함하면188) 출원발명은 신규성이 없다. 반면, 출원발명의 수치범위가 선행발명의 수치범위에 포함된다면189) 출원발명의 수치한정이 임계적 의의를 가지는 때, 즉 한정치를 전·후하여 발명의 작용효과에 현저하거나 이질적인 차이가 발생하는 때에 한하여 신규성이 인정되며, 심사실무는 이때 발명의 진보성까지 함께 인정하는 것으로 보인다. 190)

판례의 태도도 대체로 이러한 것으로 이해된다. 즉, 판례는 수치한정발명의 신규성, 진보성과 관련하여, '특허된 발명이 공지된 발명의 구성요건을 이루는 요소들의 수치를 특정함으로써 수량적으로 표현한 것인 경우, 그것이 그 기술분야에서 통상의 지식을 가진 자가 적절히 선택하여 실시할 수 있는 정도의 단순한 한정에 불과하고 그러한 한정된 수치범위 내외에서 이질적(異質的)이거나 현저한 작용효과의 차이가 생기지 않거나 특별히 기술적 의의를 지니지 않는 것이라면 진보성이 없다'고 한다. 191) 아울러 '특허된 발명이 여러 개의 선행기술에 나타난 기술 내용을 수치한정하여 구성한 것이 아니라 하나의

187) 박정희, "선택발명의 신규성을 부정하기 위한 요건 등,"「대법원판례해설」통권 제82호, 법원행정처(2010), 514~517면; 대법원 2011. 7. 14. 선고 2010후2872 판결.
188) 선행발명이 하위개념, 출원발명이 상위개념인 경우에 해당한다.
189) 선행발명이 상위개념, 출원발명이 하위개념인 경우에 해당한다.
190) 특허청, 특허·실용신안 심사기준, 제3부 제2장 4.3.1; 제3부 제3장 6.4.2.
191) 대법원 2007. 11. 16. 선고 2007후1299 판결; 대법원 2005. 1. 28. 선고 2003후1000 판결; 대법원 2001. 7. 13. 선고 99후1522 판결; 대법원 1993. 2. 12. 선고 92다40563 판결; 대법원 1989. 10. 24. 선고 87후105 판결 등.

선행기술에 나타난 구성만을 수치한정한 경우에 그 수치한정에 아무런 임계적 의의가 없어 실질적으로 선행기술과 동일한 발명에 불과하다면 진보성에 앞서 신규성이 없다'거나,[192] "한정된 수치범위가 공지발명에 구체적으로 개시되어 있거나, 그렇지 않더라도 수치한정이 통상의 기술자가 적절히 선택할 수 있는 주지·관용기술에 불과하고 이에 따른 새로운 효과도 발생하지 않는다면 신규성이 부정된다"고 한다.[193]

### (나) 수치한정발명의 명세서 기재요건

명세서 기재요건과 관련하여 판례[194]는 "수치한정발명에 대하여 특허를 출원하는 자는 수치한정을 통하여 얻고자 하는 현저한 작용효과를 명세서에 명확하게 기재하여야 하며, 그 출원발명이 공지된 발명과 과제가 공통되고 수치한정의 유무에서만 차이가 있는 경우에는 그 출원발명의 명세서에 한정된 수치를 채용함에 따른 현저한 효과 등이 기재되어 있지 않다면 그와 같이 한정한 수치범위 내외에서 현저한 효과의 차이가 생긴다고 보기 어렵다"고 하였다. 이처럼 수치한정의 기술적 의의가 명확히 기재되어야 비로소 명세서 기재요건을 충족하는 점을 감안하면[195] 결과적으로 명세서에 기재된 임계적 효과는 발명 전체의 진보성을 인정받을 수 있을 정도여야 한다.

아울러, 그러한 수치한정발명이 가지는 고유의 효과는 실험데이터 등에 의하여 명백히 인식할 수 있는 정도로 기재되어야 하고, 단지 '현저한 효과나 이질적인 효과가 있다'는 정도의 기재만으로는 명세서 기재요건을 충족하였다고 보기 어렵다. 이는 앞서 본 선택발명의 명세서 기재요건과 마찬가지이다.

⇨ 대법원 2005. 4. 15. 선고 2004후448 판결

원심은 그 각 채용증거에 의하여 인정되는 사실과 이 기술분야에서 널리 알려진 기술 등을 종합하여, 이 사건 특허발명(특허번호 제303049호)의 구성성분이나 성형방법은 모두 그 출원 전에 공개된 원심 판시의 인용발명(이하 '선행발명'이라 한다) 1, 3에 그대로 나와 있거나 실질적으로 동일성 있는 물질들로 구성된 것이

192) 대법원 2000. 11. 10. 선고 2000후1283 판결 참조.
193) 대법원 2013. 5. 24. 선고 2011후2015 판결.
194) 대법원 1994. 5. 13. 선고 93후657 판결; 대법원 2005. 4. 15. 선고 2004후448 판결 등.
195) 대법원 2007. 11. 16. 선고 2007후1299 판결 참조.

고, 이 사건 특허발명이 수치로 한정하여 특정하고 있는 그 성분의 조성비율이
나 성형원료의 조성비, 압력범위, 온도범위, 냉각온도, 냉각시간 및 건조시간들
은 선행발명 1, 3에서 특정한 범위와 일부 차이가 있으나, 이 사건 특허발명의
상세한 설명에서 그 임계적(臨界的) 의의에 대한 기재를 찾을 수 없어 이 기술분
야에서 통상의 지식을 가진 자가 적의 선택하여 실시할 수 있는 단순한 수치한
정에 불과할 뿐 특별히 기술적 의의를 갖는다고 할 수 없고, 이 사건 특허발명
의 목적 및 효과도 선행발명 1, 3으로부터 예측 가능한 정도로서 현저하다고 볼
수 없으므로, 이 사건 특허발명은 그 출원 전에 공지된 선행발명 1, 3과 주지기
술에 의하여 이 기술분야에서 통상의 지식을 가진 자가 용이하게 발명할 수 있
는 것으로서 진보성이 없다는 취지로 판단하였다. 위 법리에 비추어 기록을 살
펴보면, 이 사건 특허발명의 명세서에는 "종전의 염화비닐수지 등의 성형재료의
비적합한 배합으로 성형된 고무신의 계절별 온도차에 의한 강도변화로 제 사용
을 다하지 못한 문제점을 개선하기 위하여 필수구성요소를 소정량 혼합하여 고
무신을 성형한다"는 정도의 기재만이 있는바, 이 정도의 기재만으로는 이 사건
특허발명의 수치한정과 작용효과 사이에 어느 정도 인과관계가 있음을 추정할
수 있을 뿐 그 수치한정한 범위 전체에서 구성의 곤란성 및 효과의 각별한 현저
성이 있다고 보기 어렵다고 할 것이므로, 원심이 이 사건 특허발명은 그 수치한
정에 임계적 의의가 없어 그 진보성이 인정되지 아니한다고 한 판단은 정당하다.

### (4) 컴퓨터 프로그램 발명의 진보성[196]

컴퓨터 프로그램 발명에 관한 심사실무에 의하면 ⅰ) 선행기술의 시스템
을 단순히 다른 분야에 전용(轉用)하는 데 그치는 경우, ⅱ) 선행기술에 주지·
관용수단을 부가하는 데 불과한 경우, ⅲ) 컴퓨터 프로그램 자체가 해당 기술
분야의 통상의 기술자의 일반적인 창작능력 범주 내에 있는 경우, ⅳ) 이미
인간이 하고 있는 업무를 그대로 컴퓨터 프로그램을 동원해 시스템화한 데 불
과한 경우, ⅴ) 현실에서 일어날 수 있는 변화를 단순한 수학적 계산을 통하
여 컴퓨터에서 그대로 재현하는 경우 등에는 진보성이 없다고 한다. 결국 컴
퓨터 프로그램 발명의 진보성 판단에서 사실상 가장 문제되는 것은 '현저한
효과'라 할 것이고 거기에 앞서 본 '예측가능성', 즉 통상의 기술자가 선행기
술로 개시된 특정의 알고리듬으로부터 당해 발명의 알고리듬을 유추해 내는
것이 얼마나 곤란한지 여부가 함께 고려되어야 한다.

---

196) 상세는 특허청, 특허·실용신안 심사기준(2019년 추록), 제 9 부 제10장 2.2.

### (5) BM(Business Method) 발명의 진보성

'영업방법'과 '컴퓨터 프로그램'의 결합이라는 BM의 특성과 관련하여, ⅰ) 진보성 있는 영업방법을 진보성 있는 프로그램으로 구현하는 경우에는 당연히 진보성이 인정되고, ⅱ) 진보성 없는 영업방법을 진보성 없는 프로그램으로 구현하는 경우에는 당연히 진보성이 부인된다. 한편, ⅲ) 진보성 있는 영업방법을 진보성 없는 프로그램으로 구현하거나, ⅳ) 진보성 없는 영업방법을 진보성 있는 프로그램으로 구현하는 경우에는 BM 발명 전체의 진보성을 판단하는 것은 쉽지 않다. BM 발명의 본질은 어디까지나 컴퓨터 프로그램 발명이라는 점을 고려하면 프로그램 자체에 대하여 진보성이 인정되는 ⅳ)의 경우에 한하여 진보성을 인정할 것이지만, ⅲ)의 경우에도 영업방법의 진보성이 특히 뛰어난 경우에는 이를 구현하는 프로그램의 진보성이 다소 떨어지더라도 전체로서의 발명의 진보성을 인정하는 것이 합리적일 것이다. 판례[197] 또한 "영업방법 발명의 특성에 비추어 영업방법 발명의 진보성 여부 판단은 영업방법의 요소와 이를 구현하는 기술적 요소 모두를 종합적으로 고려하여야 한다"고 언급하여 위 입장을 수용하는 태도를 보인다.

# Ⅴ. 특허를 받을 수 있는 권리

## 1. 특허를 받을 수 있는 권리

### 가. 권리의 주체

#### (1) 발 명 자

#### ㈎ 발명자주의

발명을 한 자는 특허를 받을 수 있는 권리를 가지며(특허법 제33조 제1항: 발명자주의) 2인 이상이 공동으로 발명한 때에는 특허를 받을 수 있는 권리는 공유로 한다(특허법 제33조 제2항). 여기서의 발명자는 실제로 발명을 수행한 자연인만을 의미하는 것으로 이해되며, 법인은 자연인인 발명자로부터 특허를 받을 수 있는 권리를 승계할 수 있을 따름이고 스스로 발명자가 될 수는 없다

---

197) 대법원 2018. 3. 29. 선고 2017후1885 판결.

할 것이다. 198)

### (나) 누구를 발명자로 볼 것인가

이에 관하여는 두 가지의 접근방법이 가능한바, 첫째, 진정한 발명자로 평가할 수 없는 행위자를 유형화하여 제외해 나가는 방법이 있다. 199) 이에 따르면 ⅰ) 구체적 착상을 제시함이 없이 단지 연구주제를 부여하거나 발명의 과정에서 일반적 지도만을 수행하거나 과제해결을 위한 추상적 조언만을 행하는 등 발명자에 대하여 일반적 관리를 수행한 데 불과한 단순 관리자, ⅱ) 발명자의 지시에 따라 발명을 보조한 데 불과한 단순 보조자, ⅲ) 발명자에게 자금을 제공하거나 설비이용상의 편의만을 제공할 뿐 당해 발명에 창작적으로 관여한 바 없는 단순 원조자는 발명자에 해당하지 않는다. 둘째, 위와 반대로 일반적으로 발명이 '착상'과 그 '구체화'의 2단계 과정을 거쳐 이루어지는 점에 착안하여 진정한 발명자로 평가할 수 있는 자를 유형화해 나가는 방법이 있다. 200) 이에 따르면, 착상 자체가 새로운 것이라면 그 착상을 한 자가 진정한 발명자이고, 새로운 착상을 구체화한 자 역시 그 구체화가 통상의 기술자에게 자명한 것이 아닌 이상 발명자로 평가하여 공동발명자로 취급하되, 위 착상은 상당한 정도로 구체적인 것이어야 하며 추상적으로 기술적 문제점을 해결하는 '방향성'만을 제시한 정도로는 발명에 창작적으로 관여한 것으로 평가할 수 없다. 아울러, 위 첫째와 둘째의 접근법은 상호 모순되는 것이 아니며 양자를 병용하여 창작적 기여의 유무를 판단하는 데 사용할 수 있음은 물론이다. 판례의 태도도 그러하다. 201)

한편, 발명이 속하는 기술분야의 성격에 따라 발명자로 평가될 수 있는 기준이 달라질 수 있는데, 일반적으로 기계나 전자분야에서는 '착상'의 중요도가 높아 새로운 기술적 착상을 한 자가 발명의 완성자로 평가되기 쉬운 반면, 화학이나 유전자 분야에서는 착상만으로는 발명의 성공 여부를 알 수 없고 구체화를 위한 시행착오 과정을 거쳐야만 발명이 완성되는 수가 많아 그

---

198) 같은 취지의 판결례로 특허법원 2003. 7. 11. 선고 2002허4811 판결 참조.
199) 飯村敏明, 設樂隆一 編, 知的財産關係訴訟, 靑林書院(2008), 347면.
200) 이는 발명의 완성을 착상(Conception)과 구체화(Reduction to Practice)의 단계로 이해하는 미국 특허법의 방법론에 영향을 받은 견해로 보인다.
201) 대법원 2005. 3. 25. 선고 2003후373 판결; 대법원 2011. 7. 28. 선고 2009다75178 판결.

과정에 실질적이고 창작적 관여를 행한 자를 발명자로 보아야 하는 수가 많다. 아울러, 특정한 기술에 관련된 '발명'의 판단은 특허청구범위를 기준으로 하여야 하는 것이 원칙이지만 등록특허의 특허청구범위는 최초 출원 이후에 보정이나 정정 등을 거쳐 감축 내지 변경되는 수도 얼마든지 있으므로 단순히 등록된 특허청구범위만을 기준으로 할 것이 아니라 보정 등의 경과를 전체적으로 감안하여 당해 발명의 특징적 부분을 파악한 뒤 위와 같은 특징적 부분의 창작에 관여한 자를 발명자로 인정하는 것이 합당하다.[202)

### ㈐ 공동발명자

발명자의 확정과 관련하여 현실적으로 주로 문제를 일으키는 것은 공동발명자의 문제이다. 공동발명자는 특허를 받을 수 있는 권리를 공유하고(특허법 제33조 제2항), 특허출원은 권리의 공유자 전원이 공동으로 하여야 하기 때문이다(법 제44조).[203)

앞서 본 발명자 인정의 기준은 모두 공동발명자의 확정에 적용될 수 있음은 물론, 이는 공동발명자 여부를 확정하기 위해 생겨난 기준이라고도 할 수 있다. 공동발명이 성립하기 위해서 그와 같은 객관적 공동관계 이외에 발명자 사이에 공동발명의 주관적 의사도 필요한가? 생각건대 공동저작자가 되기 위해서 공동창작의 주관적 의사가 필요한 것처럼, 공동발명자가 되기 위해서도 공동발명의 의사가 필요하며, 이러한 상호 협력의 의사 없이 단순히 후자가 전자의 발명을 개량한 경우 양자를 공동발명자로 취급할 수는 없다고 본다. 판례[204) 역시 "공동발명자가 되기 위해서는 발명의 완성을 위하여 실질적으로 상호 협력하는 관계가 있어야 하므로…"라고 하여 같은 취지를 밝히고 있다.

⇨ **대법원 2011. 7. 28. 선고 2009다75178 판결**

> 공동발명자가 되기 위해서는 발명의 완성을 위하여 실질적으로 상호 협력하는 관계가 있어야 하므로, 단순히 발명에 대한 기본적인 과제와 아이디어만을 제공하였거나, 연구자를 일반적으로 관리하였거나, 연구자의 지시로 데이터의 정리

---

202) 飯村敏明 외 1, 앞의 책, 351면.
203) 그런 이유로 공동발명자의 확정은 뒤에서 보는 모인출원의 문제와도 직결된다.
204) 대법원 2011. 7. 28. 선고 2009다75178 판결.

와 실험만을 하였거나, 자금·설비 등을 제공하여 발명의 완성을 후원·위탁하였을 뿐인 정도 등에 그치지 않고, 발명의 기술적 과제를 해결하기 위한 구체적인 착상을 새롭게 제시·부가·보완하거나, 실험 등을 통하여 새로운 착상을 구체화하거나, 발명의 목적 및 효과를 달성하기 위한 구체적인 수단과 방법의 제공 또는 구체적인 조언·지도를 통하여 발명을 가능하게 한 경우 등과 같이 기술적 사상의 창작행위에 실질적으로 기여하기에 이르러야 공동발명자에 해당한다. 한편 이른바 실험의 과학이라고 하는 화학발명의 경우에는 당해 발명 내용과 기술수준에 따라 차이가 있을 수는 있지만 예측가능성 내지 실현가능성이 현저히 부족하여 실험데이터가 제시된 실험예가 없으면 완성된 발명으로 보기 어려운 경우가 많이 있는데, 그와 같은 경우에는 실제 실험을 통하여 발명을 구체화하고 완성하는 데 실질적으로 기여하였는지의 관점에서 공동발명자인지를 결정해야 한다.

### (2) 승 계 인

발명을 한 자 또는 그 승계인은 특허를 받을 수 있는 권리를 가진다(특허법 제33조 제1항: 발명자주의). 특허를 받을 수 있는 권리는 발명자에게 원시적으로 귀속되는 법정 재산권이므로 이전 할 수 있으며(특허법 제37조), 적법한 승계인은 자신의 이름으로 특허를 출원할 수 있다(특허법 제33조 제1항, 제42조 제1항 제1호).

### (3) 특허를 받을 수 있는 권리의 공유

특허를 받을 수 있는 권리의 공유는 공동발명(제33조 제2항), 상속, 특허를 받을 수 있는 권리의 지분권 양도 등에 의해 발생한다. 특허를 받을 수 있는 권리가 공유인 경우 각 공유자는 다른 공유자 모두의 동의가 있어야 지분을 이전할 수 있다(제37조 제3항). 특허를 받을 수 있는 권리가 공유인 경우에는 공유자 모두가 공동으로 특허출원을 하여야 하고(제44조), 공유자 중 일부에 의해서만 출원이 이루어진 것은 등록거절 사유이자(제62조 제1호, 제44조) 등록무효 사유이다(제133조 제1항 제2호).

## 나. 권리이전의 효력

특허를 받을 수 있는 권리는 발명의 완성과 함께 발생하고, 특허의 등록이 있거나 특허를 부여하지 않기로 하는 결정이 확정됨으로써 소멸한다. 특허를 받을 수 있는 권리는 이전할 수 있지만(특허법 제37조 제1항), 질권을 설정할 수는 없다(특허법 제37조 제2항).[205]

### (1) 특허출원 전에 권리가 이전된 경우

특허출원 전에 특허를 받을 수 있는 권리가 이전되더라도 아무런 공시방법이 없으므로 제3자에게 양수사실을 대항할 수 있는 방법이 없고, 승계인은 특허출원을 함으로써 비로소 공시방법을 구비하게 되어 제3자에게 대항할 수 있다(특허법 제38조 제1항). 동일한 자로부터 특허를 받을 수 있는 권리를 이중으로 승계한 승계인들이 같은 날에 특허를 출원한 때에는 협의를 통해 출원인을 결정하여야 하고, 협의가 성립하지 않으면 모두 적법한 출원인이 아닌 것으로 처리된다(같은 조 제2항, 제7항, 제36조 제6항).

### (2) 특허출원 후에 권리가 이전된 경우

특허출원 후에 특허를 받을 수 있는 권리가 이전된 경우, 특허출원인의 명의변경신고를 하여야만 비로소 그 이전의 효력이 발생한다(특허법 제38조 제4항, 효력발생요건). 다만, 권리의 상속 기타 일반승계가 있는 경우에는 명의변경 신고가 없더라도 즉시 이전의 효력이 발생하나, 승계인은 지체 없이 그와 같은 승계가 일어난 사실을 특허청장에게 신고하여야 한다(특허법 제38조 제5항).

## 2. 모인출원(冒認出願)

### 가. 모인출원의 의의

특허를 받을 수 있는 정당한 권리자 이외의 자가 특허출원인의 외관을 가지고 있는 경우를 통틀어 강학 상 모인출원이라고 부른다. 특허의 모인출원에 해당하는 유형으로는 ⅰ) 정당한 권리자 모르게 제3자가 무단으로 출원하는 경우, ⅱ) 공동발명에 있어 공동발명자 일부를 누락한 채 나머지 공동발명자의 명의로 출원하는 경우, ⅲ) 정당한 권리자의 출원 이후에 제3자가 서류를 위조하는 등 무단으로 출원인 명의변경을 하는 경우, ⅳ) 정당한 권리자와 승계인 사이의 출원인 명의변경 약정에 하자가 있어 특허를 받을 수 있는 권리

---

205) 동산·채권 등의 담보에 관한 법률 상 "지식재산권담보권"은 해당 법률이 질권설정을 허용하고, 그에 따라 등록이 된 경우에 한해 인정된다(법 제2조 제4호).

를 승계한 자의 출원이 결과적으로 무권리자에 의한 출원으로 되는 경우 등을 생각할 수 있다. 현실에서는 앞서 본 모인출원 중 ⅰ), ⅱ) 유형이 많이 문제된다. 그 가운데서도, 발명자가 독자적으로 완성시킨 온전한 발명을 제3자가 그대로 가로채어 자신의 명의로 출원하는 경우보다는 어떤 형태로든 동일한 발명을 둘러싼 복수 주체의 노력이 경합되어 있는 상태에서 그 중 일부 주체만의 명의로 출원이 이루어짐으로써 모인출원이 문제되는 일이 많다. 구체적으로는, A가 제안한 발명의 추상적 아이디어를 B가 구체화하여 B만의 이름으로 특허출원한 경우, A, B가 발명과정에서 일정한 역할을 분담하였음에도 그 중 A를 배제한 채 B만의 이름으로 특허출원된 경우 등을 들 수 있다.

## 나. 모인출원의 효과

모인출원은 특허등록의 거절사유이고(특허법 제62조 제2호, 제33조 제1항, 제62조 제1호, 제44조), 등록되더라도 무효사유이다(특허법 제133조 제1항 제2호, 제33조 제1항, 제44조). 아울러, '특허를 받을 수 있는 권리'는 재산권이기 때문에 모인출원의 형태로 위 재산권을 침해하면 당연히 민법상 불법행위를 구성하여 금전배상 책임(민법 750조)이 성립한다.

## 다. 모인출원에 대한 정당한 권리자의 구제

특허법은 모인출원에 대하여 정당한 권리자의 구제를 위해 다음과 같은 규정을 두고 있다.

### (1) 정당한 권리자의 출원과 절차상 특례

모인출원이 있는 경우 정당한 권리자가 스스로 자신의 발명을 특허출원할 수 있음은 물론이다. 그 경우, ① 모인출원에는 선출원의 지위를 인정하지 아니하여 정당한 권리자의 후출원을 보호하고(특허법 제36조 제5항), ② 모인출원이 그 이유로 등록거절되면 모인출원 이후의 정당한 권리자의 출원은 소급하여 모인출원 시에 출원한 것으로 보며(특허법 제34조 본문),[206] ③ 모인출원에 기한 특허등록이 이루어졌더라도 그 이유로 인해 등록무효가 확정되면 모인출

---

[206] 단, 모인출원에 대한 등록거절이 확정된 날부터 30일이 지나기 전에 정당한 권리자의 출원이 있어야 한다(특허법 제34조 단서).

원 이후의 정당한 권리자의 출원은 소급하여 모인출원 시에 출원한 것으로 본다(특허법 제35조 본문).[207] 특허법은 이처럼 정당한 권리자의 사후 출원에 법적 지위를 보장하는 한편, 만약 모인출원과 정당한 권리자의 출원 사이에 제3자가 발명을 공지시키거나 제3자의 출원이 개재되더라도 출원일 소급을 통해 정당한 권리자의 출원이 신규성·진보성이 부정되거나 후출원으로 떨어지지 않게 배려하고 있다.

### (2) 특허권의 이전청구권(특허법 제99조의 2)

#### (개) 이전청구권 제도의 도입

현행 특허법은 정당한 권리자에 대한 강력한 보호를 위해 앞서 본 절차상 특례에 더하여 특허등록명의 자체를 이전청구할 수 있는 권리도 인정한다. 그에 따라, 특허를 받을 권리의 정당한 보유자(발명자 또는 권리의 승계인)는 타인이 동일한 발명에 대하여 모인출원에 기해 특허권을 보유한 경우 그를 상대로 특허권 이전청구권을 행사할 수 있고, 특허를 받을 권리의 공유자는 자신을 누락시킨 출원에 기해 특허권을 보유한 자를 상대로 자신의 지분에 상응하는 지분이전청구권을 행사할 수 있다(특허법 제99조의2 제1항).

#### (내) 발명의 동일성 문제

모인출원을 이유로 등록특허 자체를 이전받기 위해서는 피모인 발명과 등록발명이 서로 동일한 것이어야 한다. 그렇지 않다면 이전등록을 통해 다른 사람의 발명적 잉여를 차지하는 또 다른 의미의 부당이득이 성립하기 때문이다. 여기서의 동일성 기준과 관련하여 판례[208]는, 무권리자가 타인의 발명의 구성을 일부 변경하여 특허를 출원하더라도 그것이 그 기술분야에서 통상의 지식을 가진 사람이 보통으로 채용하는 정도의 기술적 구성의 부가·삭제·변경에 지나지 않고 그로 인하여 발명의 작용효과에 특별한 차이를 일으키지 않는 등 기술적 사상의 창작에 실질적으로 기여하지 않은 것으로 평가되면 여전히 모인출원이라고 한다.[209]

---

207) 단, 등록무효 심결이 확정된 날부터 30일이 지나기 전에 정당한 권리자의 출원이 있어야 한다(특허법 제35조 단서).

208) 대법원 2011. 9. 29. 선고 2009후2463 판결.

209) 판례의 표현상, 정당한 권리자의 발명에 비추어 진보성이 없는 정도의 모방이라면 모인 출원에 해당한다는 의미로 읽히는 점이 주목된다.

㈐ **이전등록의 소급효**

적법한 이전청구권의 행사에 기해 특허권이 이전등록된 경우에는 해당 특허권, 출원공개에 기한 보상금 청구권 등은 모인특허등록 시로 소급하여 정당한 권리자에 귀속되는 것으로 본다(특허법 제99조의 2 제 2 항). 또한 이전등록청구권의 행사에 기한 특허권 지분이전에는 다른 공유자의 동의를 요하지 아니한다(특허법 제99조의 2 제 3 항).

특허법은 이처럼 이전등록에 소급효를 인정함으로 인해 생기는 선의의 제 3 자의 지위불안에 대비하여 일정한 요건 아래 통상실시권을 인정하고 있다. 즉, 이전등록된 특허권의 원(原)특허권자,210) 이전등록 당시의 전용실시권자, 위 특허권이나 전용실시권에 대하여 등록된 통상실시권이나 법정실시권을 가지고 있는 자가 모인출원의 사정을 알지 못하고 국내에서 해당발명의 실시를 하거나 실시사업의 준비를 하고 있는 경우에는 특허권이 정당한 권리자에게 이전등록되더라도 그 사업목적의 범위 내에서 통상실시권을 가진다(제103조의 2 제 1 항). 다만, 그에 대하여는 특허권자에게 상당한 대가를 지급해야 한다(같은 조 제 2 항).

㈑ **심사단계에서의 이전청구권의 문제**

특허법 제99조의 2는 등록이 완료된 특허에 대해서만 적용이 있고, 아직 특허등록이 이루어지기 전 심사단계에서의 정당한 권리자의 구제에 대해서는 규정하지 않고 있다. 생각건대, 모인출원자의 자발적 협조가 없다면 정당한 권리자는 모인출원자를 상대로 '정당한 권리자 지위의 확인을 구하는' 소나 '출원인 명의변경 소'를 제기한 뒤 그 승소판결을 근거로 특허청에 단독으로 출원인 명의변경신청을 할 수 있다고 본다.211)

---

210) 특허법 제103조의 2 제 1 항 제 1 호는 "이전등록된 특허의 원(原) 특허권자"라고 하여, 마치 모인출원을 통해 등록된 최초의 특허권자만을 통상실시권의 대상인 것처럼 표현하고 있지만, 이는 부적절한 용어 선택으로 보인다. 오히려 원 특허권자는 고의에 의한 모인자인 경우가 많아 위 규정의 적용 대상이 될 여지가 적은 반면, 그로부터 특허권을 양수한 전득자(轉得者) 가운데 보호받아야 할 선의자가 많을 것임에도 현행 규정은 정작 이를 제외하고 있기 때문이다. 따라서 여기서의 원 특허권자에는 전득자도 포함된다고 해석해야 하고, 앞으로는 "특허권자"라고 규정하여 법문상 이를 명백히 함이 상당하다. 우리 특허법 제103조의 2에 상응하는 일본 특허법 제79조의 2 역시 "특허권자"라고 규정하고 있다.

211) 궁극적으로는 이 역시 입법을 통해 해결하는 것이 바람직할 것이다. 정당한 권리자의 구제를 위해 특허등록의 완료를 기다려 등록명의 이전만을 허용할 필연성은 없고, 어차피 법관의 판단을 통해 실체상 권리를 가린다는 점에서는 등록 이전이나 이후를 구별할 이유

## 3. 직무발명

### 가. 의의와 법적 규율

직무발명이라 함은, 종업원·법인의 임원 또는 공무원이 그 직무에 관하여 발명한 것이 성질상 사용자·법인 또는 국가나 지방자치단체의 업무범위에 속하고 그 발명을 하게 된 행위가 종업원 등의 현재 또는 과거의 직무에 속하는 발명을 말한다(발명진흥법 제 2 조 제 2 호). 그 외의 발명은 '개인발명'이라 칭한다(발명진흥법 제 2 조 제 3 호 참조).

특허법은 발명자주의를 취하므로 특허를 받을 수 있는 권리는 원시적으로 발명자에게 귀속한다. 그러나 발명진흥법은 직무발명에 관하여 사용자 등에게 법정의 통상실시권을 인정함과 아울러 특허를 받을 수 있는 권리를 사용자 등이 승계받기로 하는 사전 약정을 유효한 것으로 하고 있다(발명진흥법 제10조, 제13조). 아울러, 발명진흥법은 대기업의 경우 직무발명을 승계하기로 하는 계약이나 근무규칙을 마련하지 않으면 통상실시권도 취득하지 못하도록 함으로써(제10조 제 1 항 단서), 사실상 사용자가 직무발명을 승계하고 종업원에게 그에 대한 보상을 해 줄 것을 강제하고 있다.[212]

### 나. 직무발명의 성립요건

#### (1) 발명이 사용자의 업무범위에 속할 것

일반적으로 사용자의 업무범위는, 개인일 경우 그 개인이 추구하는 현실적인 사업 내용을 중심으로 파악해야 하며, 법인의 경우에도 정관의 기재 등에 구애됨이 없이 사용자가 현실적으로 행하고 있거나 장래 행할 구체적 예정이 있는 업무를 포함한다.

---

가 없으므로 정당한 권리자는 등록 전 심사 단계에서도 모인출원인을 상대로 명의변경을 구하는 소(공동 발명 등의 경우에는 지분이전을 명하는 소)를 제기할 수 있도록 법을 개정함이 상당하다.

[212] 사용자인 기업이 발명을 실시하는 경우에는, 굳이 직무발명 특허를 승계하지 않더라도 통상실시권의 활용만으로 필요한 이익을 얻는데 부족함이 없는 수도 많아, 결과적으로 발명자인 종업원의 노력에 대한 적절한 보상이 이루어지지 않게 되는 현실을 고려한 것이다.

(2) 종업원 등(종업원, 법인의 임원[213] 또는 공무원)이 그 직무에 관하여 한
발명일 것

#### (가) 종업원의 개념

직무발명 제도는 발명에 관하여 인적, 물적 기반을 제공한 사용자와 기술적 사상을 제공한 종업원 사이의 이해를 조정하기 위하여 마련된 것이기 때문에 민법의 고용계약이나 근로기준법상 근로관계를 결정하는 기준과는 달리 임금의 지급 외에도 누가 당해 발명에 관하여 자금, 자재, 연구비, 연구재료, 보조인력 등 연구의 편의를 제공하였는지 등의 요소를 종합적으로 고려함이 마땅하다. 그로 인해 복수의 주체가 사용자로 평가되어 저마다 법정의 통상실시권을 취득하거나 특허를 받을 권리를 공동으로 양수할 가능성도 있다. 또한, 파견근로자의 발명에 관하여 파견사업주가 아닌 사용사업주와의 사이에서 직무발명이 성립할 여지도 있다.

#### (나) 공무원의 발명

발명진흥법 제10조 제2항은, "공무원 또는 국가나 지방자치단체에 소속되어 있으나 공무원이 아닌 자의 직무발명에 대한 권리는 국가나 지방자치단체가 승계할 수 있으며, 국가나 지방자치단체가 승계한 공무원등의 직무발명에 대한 특허권등은 국유나 공유로 한다. 다만, 「고등교육법」 제3조에 따른 국·공립학교 교직원의 직무발명에 대한 권리는 「기술의 이전 및 사업화 촉진에 관한 법률」 제11조 제1항 후단에 따른 전담조직이 승계할 수 있으며, 전담조직이 승계한 국·공립학교 교직원의 직무발명에 대한 특허권등은 그 전담조직의 소유로 한다."고 규정하고 있다.

(3) 발명을 하게 된 행위가 종업원 등의 현재 또는 과거의 직무에 속할 것

담당하는 직무 내용과 책임범위로 보아 발명을 꾀하고 이를 수행하는 것이 당연히 예정되거나 기대되는 경우는 물론,[214] 사용자 등이 처음부터 발명 목적으로 고용하지는 않았지만 회사사정에 따라 어떤 구체적인 발명을 하도록 명령하거나 과제를 부여한 경우를 포함한다. 종업원의 지위는 특허출원시점이

---

213) 법인의 대표이사·이사·임시이사·감사, 주식회사의 이사·감사, 합자회사의 무한책임사원 등이 포함된다.
214) 대법원 1991. 12. 27. 선고 91후1113 판결.

아니라 발명이 완성된 시점을 기준으로 판단되어야 하므로 종업원이 퇴직 전
에 완성한 발명을 숨기고 있다가 퇴직 후에 특허출원을 하더라도 직무발명에
해당한다. 215) 퇴직 후에 완성한 발명에 관하여는 고용관계가 종료된 후에 발
명한 것이라면 비록 재직 중의 직무에 관한 것이라 하더라도 직무발명으로 볼
수는 없다. 다만, 종업원이 발명의 완성 직전에 퇴직하였다든지, 재직기간에
체득한 지식과 경험이 발명을 완성하는 데 결정적 역할을 한 경우 등 특별한
사정이 있는 경우에는 '퇴직 후'라도 과거의 '직무'에 속한다고 볼 여지가 있
다. 퇴직 종업원이 특허출원과정에서 영업비밀을 공개하거나 어떤 발명의 실
시가 영업비밀의 사용에 해당하는 경우 부정경쟁방지 및 영업비밀보호에 관한
법률 위반이 될 수 있으며, 발명진흥법 제19조(비밀유지의무)에도 저촉된다.

## 다. 직무발명의 효과

### (1) 권리의 귀속

#### ㈎ 일반 원칙

개인발명에 기한 권리가 발명자에게 원시귀속되는 것은 말할 것도 없고,
직무발명에 해당하더라도 당해 발명으로 인한 특허를 받을 수 있는 권리는 발
명자인 종업원에게 귀속되는 것이 원칙이다(발명진흥법 제10조 제 1 항).

#### ㈏ 권리의 승계

종업원 등은 직무발명에 대하여 특허를 받을 수 있는 권리 등을 계약 또
는 근무규칙에 의하여 사용자 등으로 하여금 승계하게 하거나 전용실시권을
설정할 수 있으며(예약승계의 유효), 적지 않은 직무발명에 관하여 위와 같은
사전 승계 약정이 활용되고 있다. 사용자와 종업원 사이의 계약이나 근무규칙
등을 통하여 사전에 승계 약정을 하였다면 이론상으로는 직무발명의 성립과
동시에 승계가 일어난다고 볼 수도 있을 것이나, 발명진흥법 제13조의 규정형
식에 비추어, 법은 승계의사표시를 예약승계 효력발생의 정지조건으로 삼고
있는 것으로 이해된다. 판례216) 또한 '직무발명에 대한 사전승계 약정에 따라

---

215) ~다만, 그 현실적인 증명에는 상당한 어려움이 따를 것이고, 이를 추단케 하는 간접사실
들을 종합하여 사실인정을 하는 수밖에 없을 것이다. 이를 증명하는 가장 효과적인 방법은
직무발명의 일지에 해당하는 '연구노트'를 철저히 작성, 관리하는 일이다. 개정 발명진흥
법 제 9 조의 2는 연구노트의 활용과 보급에 관한 정부의 책무에 관하여 규정하고 있다.

사용자가 법정 기간 내에 승계 의사 통지를 함으로써 직무발명에 대한 권리는 비로소 사용자에게 승계된다'고 하여 같은 취지이다.

한편, 발명진흥법 제10조 제1항 단서에 따르면 사용자가 대기업인 경우에는, 직무발명에 관하여 종업원으로부터 특허를 받을 권리나 특허권을 승계하든지 전용실시권을 설정받기로 하는 계약이나 근무규정을 마련해야만 뒤에서 보는 사용자의 통상실시권을 인정받을 수 있게 되었다.

직무발명을 제외한 개인발명에 대하여 미리 사용자 등에게 특허를 받을 수 있는 권리 등을 승계시키거나 전용실시권을 설정하도록 하는 계약이나 근무규정의 조항은 이를 무효로 한다(발명진흥법 제10조 제3항). 근로계약의 체결단계에서 종업원 등이 상대적으로 약한 지위에 있음을 악용하여 직무와 관련 없이 이루어진 종업원의 개인발명까지 사용자가 승계할 수 있도록 함으로써 종업원 등에게 일방적으로 불리한 근로조건을 강요하는 것을 방지하기 위함이다.

판례217)는 직무발명에 관하여 종업원의 정당한 권익을 보호하고자 하는 법 취지에 비추어 보면, 종업원의 의사가 명시적으로 표시되거나 혹은 묵시적 의사를 추인할 수 있는 명백한 사정이 인정되는 경우 이외에는 특허를 받을 수 있는 권리나 특허권을 사용자 에게 승계시키는 합의가 성립되었다고 쉽게 인정해서는 안 된다고 한다. 218)

### (대) 공동발명의 경우

종업원 등의 직무발명이 제3자와 공동으로 행하여진 경우 계약이나 근무규칙에 따라 사용자 등이 그 발명에 대한 권리를 승계하면 사용자 등은 그 발명에 대하여 종업원 등이 가지는 권리의 지분을 갖는바(발명진흥법 제14조), 이

---

216) 대법원 2012. 11. 15. 선고 2012도6676 판결: 乙은 회사 甲의 이사로서 그 종업원이다. 乙은 甲과의 사이에 '乙이 甲 회사에 재직하는 기간 중 독자적으로 또는 타인과 함께 개발한 모든 발명은 발명 즉시 甲에게 서면으로 공개하여야 하고, 그 발명에 대한 일체의 권리는 甲에게 독점적·배타적으로 귀속되는 것으로 한다'고 약정하였다. …(중략) 직무발명에 대한 사전승계 약정에 따라 甲이 법정 기간 내에 승계 의사 통지를 함으로써 직무발명에 대한 권리는 비로소 甲에게 승계된다고 판시.

217) 대법원 2011. 7. 28. 선고 2010도12834 판결.

218) 그러나 발명진흥법 제10조 제1항 단서가 대기업으로 하여금 가급적 직무발명을 승계하도록 강제하고 있음을 감안하면 법이 위와 같이 개정되기 전에 나온 위 판례는 앞으로 일반적 기준이 되기는 어려울 것으로 보인다.

는 "특허를 받을 수 있는 권리가 공유인 경우에는 각 공유자는 다른 공유자의 동의를 얻지 아니하면 그 지분을 양도할 수 없다"는 특허법 제37조 제 3 항에 대한 예외를 이룬다.[219]

### (2) 사용자 등의 권리(통상실시권)

직무발명에 대하여 종업원 등이 특허등록을 받은 경우에 사용자 등은 그 특허권에 대하여 통상실시권을 가진다(발명진흥법 제10조 제 1 항). 이는 일종의 법정 통상실시권으로서, 등록하지 않더라도 그 이후에 특허권을 양수한 자에 대하여 대항할 수 있다고 해석되며(특허법 제118조 제 2 항 참조), 무상의 통상실시권이라고 보아야 한다. 사용자의 법정 통상실시권은 발명자 등으로부터 특허권을 양수한 자가 사용자에게 특허권을 행사할 때 사용자의 항변으로 유용하게 활용될 수 있다. 또한, 사용자가 직무발명에 대하여 법정의 통상실시권을 취득한 이상, 직무발명의 내용을 그대로 실시하는 경우는 물론이고, 이를 개량 실시하더라도 무방하며 그 과정에서 직무발명과 이용관계를 형성하더라도 관계가 없다 할 것이다.

직무발명에 관한 통상실시권을 취득하게 되는 사용자는 그 피용자나 종업원이 직무발명을 완성할 당시의 사용자이고, 그에 따른 특허권의 등록이 그 이후에 이루어졌다고 하여 등록 당시의 사용자가 그 통상실시권을 취득하는 것은 아니다.[220] 발명진흥법이 종업원 등이나 특허받을 권리의 승계인이 특허를 받으면 사용자는 그 특허권에 대하여 통상실시권을 갖는다고 규정하고 있으므로(발명진흥법 제10조 제 1 항), 종업원이나 승계인이 특허등록을 한 때 사용자의 통상실시권도 발생한다고 보아야 한다.

### (3) 종업원 등의 권리(정당한 보상청구권)

#### ㈎ 법률의 규정

종업원 등은 직무발명에 대하여 계약 또는 근무규정에 의하여 특허권 등을 사용자 등으로 하여금 승계하게 하거나 전용실시권을 설정한 때에는 정당한 보상을 받을 권리를 가진다(발명진흥법 제15조 제 1 항). 한편, 발명진흥법 제

---

219) 대법원 2012. 11. 15. 선고 2012도6676 판결도 이러한 취지로 판시하고 있다.
220) 대법원 1997. 6. 27. 선고 97도516 판결.

15조는 직무발명에 대하여 정당한 보상을 확보해 주기 위한 절차보장을 강화하고 있으며, 위와 같은 제반 절차를 준수하여 보상이 이루어진 경우에는 정당한 보상이 이루어진 것으로 본다(제6항 본문). 한편, 위 절차를 준수하지 않은 직무발명 보상규정에 기해 보상이 이루어졌거나, 그 보상액이 직무발명으로 사용자가 얻을 이익, 발명에 대한 사용자와 종업원의 공헌도를 고려하지 않고 결정된 때에는 정당한 보상으로 보지 않으며(같은 조 제6항 단서). 종업원은 사용자를 상대로 법원에 정당한 보상금의 지급을 구하는 소를 제기할 수 있고, 종국적으로는 직무발명 보상금의 적정 여부가 법관에 의해 다시 판단받게 된다.[221]

한편, 사용자 등이 직무발명에 대한 권리를 승계한 후 출원하지 않거나 출원을 포기 또는 취하하는 경우에도 발명을 한 종업원 등에게 정당한 보상을 하여야 한다. 발명을 출원하여 특허등록하지 않고 단지 영업비밀로 유지하기로 한 경우에도 사용자 등으로 하여금 종업원 등에게 그에 상당한 보상을 해 주도록 하는 것이다. 이 경우 그 발명에 대한 보상액을 결정함에 있어서는 그 발명이 산업재산권으로 보호되었더라면 종업원 등이 받을 수 있었던 경제적 이익을 고려하여야 한다(같은 법 제16조).

공무원의 직무발명에 대하여 제10조 제2항의 규정에 따라 국가 또는 지방자치단체가 그 권리를 승계한 경우에는 정당한 보상을 하여야 한다(같은 법 제15조 제7항).

### (나) 정당한 보상액 산정의 문제

#### 1) 사용자가 얻을 이익의 평가 기준시점

법 조문상으로는 '사용자가 얻을 이익'이라고 규정되어 있어 승계시점에 있어서 장래의 수익 등을 예상한 추상적인 가액을 산정하는 것을 예정하고 있는 것으로 보이지만, 승계시점에 그 발명의 승계로 인하여 사용자가 얻을 이익을 객관적으로 산정하는 것은 극히 곤란하다. 따라서 사용자가 얻을 이익을 평가함에 있어서는 승계 이후 실제로 사용자가 거둔 실시료 수입 등 사용자가 실제로 얻은 이익을 참고자료로 하여 이를 사후적으로 산정하는 것이 합리적

---

221) 中山信弘, 特許法[第3版], 弘文堂(2015), 74면; 서울고등법원 2004. 11. 16. 선고 2003나 52410 판결(확정) 참조.

이라 할 것이다. 우리나라의 하급심 판결들은 같은 전제에 서 있다. 222)

2) 초과이익으로서의 성질

그러나 사용자가 특허발명의 실시에 의해 받은 이익의 전부가 종업원 보상의 기초금액이 되는 것은 아니다. 사용자는 특허를 승계하지 않더라도 어차피 직무발명에 관하여 발명진흥법 제10조에 의하여 무상의 통상실시권을 가지기 때문에, 사용자가 특허를 승계함으로써 비로소 얻게 되는 추가적인 이익은 '타인의 실시를 배제하고 이를 독점적으로 사용하거나 사용권을 설정함으로써 얻게 되는 이익'으로 한정해야 하기 때문이다. 구체적으로는 실시권 계약을 통하여 얻는 실시료 수입이나, 제3자에게 실시권을 부여하지 않은 채 독점적으로 발명을 실시함으로써 얻게 되는 초과이익(제3자에게도 실시권을 부여한 상태에서의 사용자의 매상에 기한 이익과의 차액) 등이다. 한편 사용자가 직무발명 특허를 제3자에게 양도한 대가 역시 독점권에 기한 이익으로서 보상금 산정의 기초가 됨은 물론이지만, 이때에도 그 양도대금에서 앞서 본 법정실시권의 대가에 상응하는 금액을 뺀 잔액을 기준으로 해야 한다. 사용자에게 보장되는 법정 실시권도 원칙상 유상양도의 대상이 되는바, 사용자가 받은 특허권 양도대금에는 위와 같은 통상실시권의 양도대금이 포함·혼동(混同)되어 있으며, 따라서 양도대금 전액을 기초로 보상금을 산정하는 것은 부당하기 때문이다. 223)

3) 사용자의 공헌도 참작

직무발명은 그 본질적인 성격상 종업원이 사용자가 제공하는 인적, 물적 기반에 의존하여 이루어지는 경우가 대부분이기 때문에 직무발명에 있어 사용자의 공헌도를 반드시 참작해야 한다.

---

222) 예컨대 서울고등법원 2010. 2. 11. 선고 2008나106190 판결; 서울고등법원 2009. 8. 20. 선고 2008나119134 판결 등.

223) 같은 취지, 中山信弘·小泉直樹 編, 新 注解 特許法(上), 靑林書院(2011), 551면(이하, 이 책은 中山·小泉 編, 新 注解(上) 이라고 한다). 한편, 우리 판례(대법원 2010. 11. 11. 선고 2010다26769 판결)는 "사용자가 직무발명을 양도한 경우에는 특별한 사정이 없는 한 그 양도대금을 포함하여 양도 시까지 사용자가 얻은 이익액만을 참작하여 양도인인 사용자가 종업원에게 지급해야 할 직무발명 보상금을 산정해야 한다"고 판시하고 있으나, 이 사건에서 주된 쟁점은 특허권의 양수인이 직무발명에 기하여 얻은 이익액도 정당한 보상액의 산정기준에 포함되는지 여부였기 때문에 이 판례만으로 우리 대법원이 이와 다른 입장을 가지고 있다고 단정키는 어렵다.

### 4) 종업원 간 기여분 반영

많은 경우 직무발명은 복수의 종업원에 의해 공동발명의 형태로 이루어진다. 따라서 그중 일부 종업원이 정당한 보상금을 청구하였다면, 최종적으로는 전체 직무발명 가운데 해당 종업원의 기여분을 판정하여, 그만큼만 보상금에 반영하게 된다.

### ㈐ 사용자 이익액 산정의 구체적 방법

### 1) 사용자가 스스로 발명을 실시하는 경우

앞서 본 대로 정당한 보상금 산정의 기초가 되는 사용자 이익액은 독점권에 근거한 초과이익에 한정되므로 사용자가 직무발명을 실시하여 올린 총 매상고 가운데 통상실시권에 기한 부분을 초과하는 금액만을 확정한 뒤[224] 거기에 '통상실시료율'을 곱한 금액을 보상금 산정의 기초가 되는 사용자 이익액으로 삼는 것이 보통이다.[225] 여기서 '통상실시료율'은 대체로 사용자의 실제 이익률을 대신하는 의미를 가지는바, ⅰ) 종업원이 '사용자의 실제 이익률'을 주장·증명하는 것이 매우 곤란한 점, ⅱ) 통상실시료율은 당해 발명의 실시로 인한 이익률보다 낮은 것이 보통이라는 점[226]을 감안하면, 법원으로서는 종업원이 '사용자의 이익률'을 증명하지 못하는 경우 차선책으로 실시료율이라도 곱해 주는 편이 마땅하다는 현실적 고려 때문이다. 따라서 당사자가 사용자의 실제 이익률을 주장·증명하는데 성공한다면 통상실시료율 대신 이를 곱하는 것이 마땅함은 물론이다.

한편, 사용자 이익액 중 장래에 발생할 부분을 산정할 때는 앞으로 당해 특허발명의 가치가 진부화(陳腐化)하거나 경쟁기술이 등장하리라는 점 등을 감

---

224) 대부분 "총 매상고의 …% 정도로 봄이 상당하다"고 재량 판단하는 형태를 취한다.
225) 이러한 태도를 보이는 우리나라의 판결례로 예컨대, 서울고등법원 2009. 8. 20. 선고 2008나119134 판결; 부산지방법원 2010. 12. 23. 선고 2009가합10983 판결; 서울고등법원 2014. 4. 24. 선고 2012나53644 판결; 특허법원 2017. 2. 17 선고 2016나1554 판결; 특허법원 2020. 2. 6. 선고 2019나1258 판결 등. 대표적인 일본 판결례로는 東京地裁 平18年 12. 27. 판결(判時2025号 118頁); 大阪地裁 平19年 10. 30. 平17(ワ)1238号 판결; 知財高裁 平20年 7. 17. 平19(ネ)10099号 판결 등. 이 방식을 일본에서의 최근 경향이라고 소개하는 문헌으로는 高部眞規子 編, 特許訴訟の實務[第2版], 商事法務(2016), 531면.
226) 당해 발명을 실시하여 얻는 이익률보다 실시허락을 받고 지급해야 하는 실시료율이 더 높다면, 대개 시장에서 실시계약은 성립되지 않을 것임을 상기하면 이 논리를 납득할 수 있다.

안할 필요가 있으므로 이미 확정된 이익규모에 비하여 일정 비율을 감액함이
상당하다. 우리나라 하급심 판결들 가운데 이미 확정된 보상금액을 기초로 장
래 이익액을 추단한 예들이 눈에 띈다. 227)

### 2) 사용자가 발명을 실시하지 않는 경우

#### 가) 제 3 자에게 실시허락을 하는 경우

사용자가 직무발명에 관하여 자기실시를 하는 대신 제 3 자에게 전용실시
권 혹은 통상실시권을 설정하였다면, 그로 인한 실시료는 모두 사용자가 직무
발명에 기하여 거둔 초과이익에 해당하고, 228) 여기에 종업원의 공헌도를 곱한
금액이 정당한 보상액이 된다. 이 경우에는 사용자의 법정실시권에 기한 발명
의 활용가능성을 고려할 여지가 없기 때문이다. 229)

#### 나) 특허권을 방치한 경우

직무발명에 대한 특허권 승계가 있는 이상, 사용자는 일단 그 추상적 가
치에 대한 보상의무를 진다고 보아야 하고, 승계 이후 시장상황이 변화하여
실시로 인한 이익이 그에 수반되는 비용을 넘지 못하는 등의 특수한 사정이
존재하고 사용자가 이를 주장·증명하는데 성공한다면 그 한도에서 보상금 지
급을 면함이 상당할 것으로 생각된다. 판례230) 역시 "사용자가 얻을 이익은

---

227) 서울고등법원 2014. 7. 17. 선고 2013나2016228 판결; 서울고등법원 2014. 4. 24. 선고
 2012나53644 판결; 서울고등법원 2013. 1. 10. 선고 2011나100994 판결; 서울고등법원
 2010. 2. 11. 선고 2008나106190 판결; 서울고등법원 2009. 8. 20. 선고 2008나119134 판
 결 등.

228) 다만, 직무발명이 실시권 설정의 대상이 된 전체 기술 가운데 일부라면 전체 실시료에 직
 무발명이 차지하는 비율을 곱한 금액만이 직무발명과 상당인과관계 있는 초과이익임은
 당연하다.

229) 예컨대, 서울고등법원 2004. 11. 16. 선고 2003나52410 판결(확정)은, ⅰ) 사용자 회사가
 경쟁업체에게 위 직무발명에 대한 전용실시권을 양도하여 받게 된 대가 가운데 초회 계약
 금 및 실시권 허여 대가 6,805,800,000원, 2000. 9. 부터 2004. 6. 까지의 실시료 수령액
 2,417,206,451원, 2004. 7. 부터 변론종결일에 가까운 2004. 9. 까지의 실시료 예상액
 54,173,429원, 2004. 10. 부터 계약기간 만료일에 가까운 2020. 3. 경까지 호프만식 계산
 법에 의한 추정실시료 2,463,279,803원을 합산한 11,740,459,683원을 직무발명으로 인
 하여 사용자가 얻을 수입액으로 산정한 뒤, ⅱ) 위 실시료 수입액의 50%인 5,870,229,
 841원이 실시계약에 따른 사용자의 수입액 중 직무발명과 상당 인과관계 있는 범위라고
 보고, ⅲ) 직무발명에 대한 종업원 공헌도를 10%, ⅳ) 공동 발명자 가운데 종업원의 기
 여율을 30%로 보아 이를 곱한 176,106,895원을 보상금으로 산정하고 있다.

230) 대법원 2011. 7. 28. 선고 2009다75178 판결.

직무발명 자체에 의하여 얻을 이익을 의미하는 것이지 수익·비용의 정산 이후에 남는 영업이익 등 회계상 이익을 의미하는 것은 아니므로 수익·비용의 정산결과와 관계없이 직무발명 자체에 의한 이익이 있다면 사용자가 얻을 이익이 있는 것이다"라고 하여,[231] 특허권의 승계가 있는 이상 그에 대한 보상금 지급의무는 발생함이 원칙임을 보여주고 있다.

#### ㈃ 보상청구권의 소멸시효[232]

판례[233]는 직무발명으로 인한 보상청구권의 소멸시효는 10년이라고 한다.[234] 그 기산점은 일반적으로 사용자가 직무발명에 대한 특허를 받을 권리를 종업원으로부터 승계한 시점으로 봐야 할 것이나,[235] 회사의 근무규칙 등에 직무발명보상금의 지급시기를 정하고 있는 경우에는 그 시기가 도래할 때까지 보상금청구권의 행사에 법률상의 장애가 있으므로 근무규칙 등에 정하여진 지급시기가 소멸시효의 기산점이 된다.[236]

### (4) 종업원 및 사용자의 의무
#### ㈎ 종업원의 직무발명 완성사실 통지의무

종업원 등이 직무발명을 완성한 경우에는 지체 없이 그 사실을 사용자 등에게 문서로 통지하여야 하며, 2인 이상의 종업원 등이 공동으로 직무발명을

---

231) 이 사건에서, 원, 피고 간 직무발명보상 규정에 따르면 보상금은 제품출시 연도의 다음 회계 연도 1년 동안 영업실적을 평가하여 지급하도록 되어 있고 기록상 그러한 영업실적에 대한 자료는 없었다. 그러나 원심은 사용자가 직무발명에 기하여 얻을 수 있는 이익액을 동종 제품에 대한 예상 총 매출액의 1/4로 보고, 관련 제품의 실시료율 3%를 직무발명의 실시료율로 보아 사용자 이익액을 계산하였으며, 대법원은 이러한 원심의 판단을 지지하고 있다.
232) 이 주제에 대한 상세한 논의와 제언은, 조영선, "직무발명 보상금 청구권의 소멸시효에 관한 법률문제", 경영법률 제30권 제2호(2020), 227면 이하 참조.
233) 대법원 2011. 7. 28. 선고 2009다75178 판결.
234) 보상청구권의 소멸시효와 관련해서는, 사용자가 회사 등 상인이라면 5년의 상사소멸시효가 적용된다는 주장도 있다(예컨대, 澁谷達紀, 知的財産法講義 I (2版), 有斐閣(2006), 169면; 中山·小泉 編, 新 注解(上), 568~569면(飯塚卓也·田中浩之 집필부분)도 이에 동조하는 취지).
235) 승계 시에는 상당한 대가액을 산정할 수 있는 사용자의 이익 등 객관적 사정이 존재하지 않기 때문에 구체적 금액을 산정하는 것이 곤란하지만, 그러한 사유가 소멸시효의 진행을 막지는 아니한다(中山·小泉 編, 新 注解(上), 569면).
236) 대법원 2011. 7. 28. 선고 2009다75178 판결.

완성한 경우에는 공동으로 통지하여야 한다(발명진흥법 제12조).

### ㈏ 사용자의 승계 여부 통지의무

계약이나 근무규정을 통하여 권리의 승계를 주장할 권리가 있는 사용자 등(국가 또는 지방자치단체를 제외한다)은 종업원 등으로부터 위 통지를 받은 이후 대통령령이 정하는 기간(4개월: 발명진흥법시행령 7조) 이내에 그 발명에 대한 권리를 승계할 것인지 여부를 문서로 통지하여야 하며, 위와 같은 통지가 적법하게 이루어지면 그때부터 그 발명에 대한 권리는 사용자 등에게 승계된 것으로 본다(같은 법 제13조 제1, 2항).

사용자 등이 위 기간 이내에 승계 여부를 통지하지 아니한 경우에는 그 발명에 대한 권리의 승계를 포기한 것으로 보며, 이 경우 그 발명을 한 종업원 등의 동의를 받지 않고는 통상실시권을 가질 수 없다(같은 조 제3항).

### ㈐ 종업원 등의 비밀유지의무

종업원 등은 사용자 등이 직무발명을 출원할 때까지 그 발명의 내용에 관한 비밀을 유지하여야 한다. 다만, 사용자 등이 승계하지 않기로 확정된 때에는 그러하지 않다(같은 법 제19조).

### (5) 관련 문제
### ㈎ 직무발명 특허에 무효사유가 있는 경우[237]

직무발명이 특허무효사유를 안고 있는 경우, 그처럼 하자 있는 직무발명을 승계한 사용자는 무효사유를 이유로 종업원 발명자에 대한 보상금 지급의무를 면할 수 있는지가 문제된다. 이에 관하여, 사용자는 특허의 무효가 확정되거나 판결을 통해 무효사유가 공중에 알려지기 전까지는 특허권자로서 사실상 독점적 이익을 향수하므로 이를 종업원에게 배분함이 원칙이라는 입장도 있다. 그러나 직무발명 특허에 대하여 어차피 사용자에게는 무상의 통상실시권이 보장되므로 이를 넘는 독점·배타권에 기한 법적 이익만이 보상의 근거가 되어야 하고, 직무발명 특허에 무효항변 내지 자유기술 항변이 가능하여 독점·배타성을 보장받지 못하는 이상, 그러한 직무발명에 보상금을 지급하는 것은

237) 이에 대한 상세는 조영선, "직무발명에 대한 정당한 보상과 특허의 무효," 저스티스 통권 129호(2012. 4.), 164면 이하 참조.

원칙상 타당하다고 보기 어렵다. 약정을 통해 정해진 보상금 액이 '정당한 보상'에 미치지 못한다는 이유로 종업원을 위해 사후에 증액할 수 있다면, 직무발명 특허의 무효 등 사정변경이 있는 경우, 사용자를 위해 보상액을 감경하거나 면제할 수도 있어야 형평에 부합한다. 238) 판례는 무효사유의 명백성 정도를 기준으로 이 문제에 접근하는 것으로 보인다. 즉, 직무발명 특허의 내용이 자유기술에 불과한 정도의 등록무효사유가 있고 경쟁관계에 있는 제3자도 그러한 사정을 용이하게 알 수 있었으면 사용자인 특허권자에게 독점적·배타적 이익의 여지가 없으므로 보상금 지급의무가 없다고 한다. 239) 한편, 단지 직무발명에 대한 특허에 무효사유가 있다는 사정만으로는 곧바로 직무발명보상금의 지급을 면할 수 없고, 이러한 무효사유는 특허권으로 인한 독점적·배타적 이익을 산정할 때 참작요소로 고려할 수 있다고도 한다. 240)

### (나) 특허부여 전의 권리관계 등

발명진흥법 제10조는 직무발명에 관하여 특허가 이루어진 경우를 전제로 규정하고 있으나, 그 기본 이념이 발명에 관하여 인적, 물적 기반을 제공한 사용자와 기술적 사상을 제공한 종업원 사이의 이해조정에 있다는 점에서 직무발명에 관하여 아직 특허가 이루어지지 않은 경우에도 이를 달리 취급할 이유는 없다. 따라서 직무발명에 관하여 특허가 이루어지기 전에도 사용자는 무상으로 이를 실시할 수 있으며, 나중에 특허가 되더라도 출원공개 후의 보상금청구를 당하지 아니한다고 새겨야 한다. 또한 아예 직무발명에 관하여 특허출원을 하는 대신 이를 영업비밀 내지 노하우로 유지하기로 하는 수도 많은데, 이에 대하여도 마찬가지로 사용자는 무상의 실시권을 취득하고 직무발명을 한 종업원은 정당한 보상을 받을 권리를 취득한다고 보아야 한다. 241)

---

238) 이에 대하여 종업원은 무효사유가 자신의 귀책이 아닌 명세서 작성의 잘못이나 절차상 하자, 출원지연 등 사용자의 잘못에서 비롯되었다는 점 등을 내세워 다툴 수 있을 것이다.
239) 대법원 2011. 9. 8. 선고 2009다91507 판결.
240) 대법원 2017. 1. 25. 선고 2014다220347 판결.
241) 中山信弘 編, 注解 特許法(上)[第3版], 靑林書院, 2001(이하 '中山 編, 注解(上)'이라고 한다), 344면.

# Ⅵ. 특허절차법

## 1. 출    원

### 가. 의의와 법적 효과

특허의 출원이라 함은 특허를 받을 권리를 가진 자가 특허청장에게 법령에서 정한 서류를 제출함으로써 특허의 부여를 신청하는 행위를 말한다.

특허출원서가 법령에 정한 방식에 위반하고 보정조차도 불가능할 정도로 그 위반의 정도가 심한 경우(그 구체적인 사유는 특허법시행규칙 제11조에 열거되어 있다)에는 특허청에 의하여 불수리(不受理) 처분을 받게 되며, 그 경우 출원 자체가 없었던 것으로 된다.

한편, 특허출원에 대한 수리가 이루어지면 ① 출원일이 확정되어 그 날을 기준으로 선출원의 지위가 확정되고(특허법 제36조), ② 특허권 존속기간의 기산일이 시작된다(특허법 제88조: 특허권의 존속기간은 특허권의 설정등록이 있는 날부터 '특허출원일' 후 20년이 되는 날까지이다). ③ 특허출원은 원칙적으로 출원일로부터 1년 6개월이 지나면 강제로 공개되며(특허법 제64조), ④ 특허출원은 심사청구가 있는 때에 한하여 심사를 하는바, 특허출원이 있은 날로부터 3년이 지나도록 심사청구가 없는 경우에는 그 특허출원은 취하된 것으로 간주된다(특허법 제59조). ⑤ 원칙상 신규성·진보성을 포함한 특허요건을 판단하는 기준 시 또한 특허의 출원 시이다.

### 나. 1발명 1출원주의

#### (1) 원칙과 예외

특허법은 하나의 발명마다 하나의 특허출원을 하여야 함을 원칙으로 하고 있다(특허법 제45조 제1항 본문). 그러나 복수의 발명이라고 하더라도 ⅰ) 청구된 발명 간에 기술적 상호관련성이 있는 경우, ⅱ) 청구된 발명들이 동일하거나 상응하는 기술적 특징을 가진 경우[242]에는 하나로 묶어 출원할 수 있다(1군의 발명: 특허법 제45조 제1항 단서, 시행령 제6조).

---

[242] 이 경우 기술적 특징은 발명 전체로 보아 선행기술에 비하여 개선된 것이어야 한다.

## (2) 위반의 효과

1발명 1출원주의 원칙에 위반된 출원은 등록거절이유에 해당한다(특허법 제62조 제4호, 제45조). 그러나 이를 간과하고 일단 특허등록이 이루어지면 이를 이유로 등록무효를 청구할 수는 없다(특허법 제133조 제1항).

## 다. 선출원주의(先出願主義)

### (1) 의 의

동일한 발명에 대하여 다른 날에 2 이상의 출원이 있는 때에는 먼저 출원한 자만이 그 발명에 대하여 특허를 받을 수 있다(특허법 제36조 제1항). 이와 같이 동일한 발명에 대하여 특허출원이 경합되는 경우 '먼저 출원한 자'에게 특허를 부여하는 것을 선출원주의라고 한다.

### (2) 선출원주의의 적용요건

#### (가) 특허청구범위의 동일성

특정한 발명이 다른 발명과의 관계에서 선출원발명에 해당하기 위해서는 그 다른 발명과 동일한 것이어야 함은 당연한바, 대비되는 두 발명이 각각 물건의 발명과 방법의 발명으로 서로 발명의 범주가 다르다고 하여 곧바로 동일한 발명이 아니라고 단정할 수 없다.[243) 출원일이 앞서는 것이기만 하면, 그 선출원된 발명이 공개 또는 등록되었는지 여부는 묻지 아니한다. 선·후출원발명의 동일성 여부는 특허청구범위만을 대비하여 결정되며 특허청구범위가 서로 동일하지 않다면 선출원주의에 반하는 일은 일어나지 않는다. 판례[244)는 "선원주의 하에서 … 비록 양 발명의 구성에 상이점이 있어도 그 기술분야에 통상의 지식을 가진 자가 보통으로 채용하는 정도의 변경에 지나지 아니하고 발명의 목적과 작용효과에 특별한 차이를 일으키지 아니하는 경우에는 양 발명은 동일한 발명이다"라고 한다. 이와 같이 선출원주의에서 제시하는 발명의 동일성 판단기준은 발명의 동일성 여부가 문제되는 특허법상의 다른 어떤 장면보다도 유연하여 '동일성 판단'이라는 이름 아래 사실상 '진보성 판단'까지도 하고 있는 것이나 다름이 없는바, 그 이유는 다음과 같이 이해된다. 즉,

---

243) 대법원 2007. 1. 12. 선고 2005후3017 판결.
244) 대법원 2009. 9. 24. 선고 2007후2797 판결 등.

우리나라는 선출원이 공개되기 이전에 동일인이 같거나 유사한 발명을 이중으로 출원하여 복수의 특허를 유지하는 것을 방지하는 근거 규정으로 선출원주의만을 가지고 있기 때문에, 예컨대 甲이 이미 발명을 특허출원한 상태에서 위 발명과 동일하지는 않지만 그렇다고 그에 비하여 진보성도 없는 발명에 관하여 제 2 의 출원을 하고, 위 각 출원이 모두 등록될 수 있다면[245] 결국 甲은 선행발명과 유사한 발명을 계속 출원함으로써 하나의 발명을 기초로 진보성 없는 후행발명들에 대해서까지 복수의 특허권을 획득할 수 있으며, 한편으로 사실상 선행 출원발명의 존속기간을 연속적으로 연장시켜 나갈 수 있게 되어 불합리하다. 이와 같은 부조리를 막기 위해서는 결국 사실상 '진보성이 없는' 후속발명에 대하여 '선출원발명과 실질적으로 동일한 발명'이라는 개념을 차용하여 선출원주의 위반을 이유로 등록을 거절해야 할 필요가 생기는 것이다.

### ㈏ 선출원발명으로서의 적격이 없는 것

특허출원이 무효[246]로 되거나, 포기되거나, 취하되거나, 특허출원에 대하여 등록거절이 확정된 때(특허법 제36조 제 4 항), 특허출원이 당초 권리 없는 자에 의하여 이루어진 모인출원인 때(특허법 제36조 제 5 항)에는 처음부터 출원이 없었던 것으로 보기 때문에 이는 선출원발명으로서의 적격이 없다.

### (3) 동일한 발명에 대하여 같은 날에 출원이 있는 경우의 처리

### ㈎ 출원인이 서로 다른 경우

특허출원인의 협의에 의하여 정하여진 하나의 특허출원인만이 그 발명에 대하여 특허를 받을 수 있다. 협의가 성립하지 않거나 협의를 할 수 없는 때에는 어느 특허출원인도 그 발명에 대하여 특허를 받을 수 없다(특허법 제36조 제 2 항). '같은 날'에 2 이상의 출원이 있는 경우 위 조항이 적용되므로, 같은 날이기만 하면 비록 그 중 어느 하나가 시(時)에서 앞서더라도 그 출원이 우선하는 것은 아니다.

---

245) 선행출원이 공개되기 전이므로 이를 근거로 신규성·진보성 판단을 받을 여지는 없고 발명자나 출원인이 동일한 경우에는 확대된 선출원의 적용도 없음(특허법 제29조 제 3 항 단서)을 상기할 것.

246) 등록이 무효로 된 것이 아니라 '출원'이 '절차무효'로 된 경우를 의미함에 유의하여야 한다.

(나) **출원인이 서로 같은 경우**

특허법 제36조 제2항은 문언상 같은 날에 서로 다른 사람이 특허출원을 한 경우를 상정하고 있는 것으로 해석되는데, 같은 날 같은 출원인이 동일한 발명에 대하여 2 이상의 특허출원을 한 경우247)에는 어떻게 처리할 것인가가 문제된다. 판례는248) 특단의 사정이 없는 한 동일 출원인 사이의 협의는 있을 수가 없으므로 동일 출원인이 동일 고안을 2 이상 출원하였을 때에는 위 단서 후단이 정하는 협의가 성립되지 않거나 협의를 할 수 없을 때에 해당하는 것으로 어느 출원도 실용신안등록을 받을 수 없다고 한다. 나아가 판례249)는 동일인의 동일한 발명에 관하여 경합출원 및 중복등록이 이루어졌다가 그 중 하나에 대한 등록을 포기한 사안에서, 포기되지 않은 나머지 특허 역시 특허법 제36조에 따라 여전히 무효라고 판시하여 중복특허로 인해 일단 발생하였던 하자의 치유가능성을 부정한다.

(4) **효       과**

선출원주의에 위반된 특허출원은 등록거절사유에 해당하고(특허법 제62조 제1호), 일단 등록되더라도 등록무효의 사유에 해당한다(특허법 제133조 제1항 제1호).

## 2. 명세서와 도면의 보정

### 가. 보정의 의의

특허법상 보정이라 함은, 출원인이 특허청에서의 절차가 잘못되었거나 명세서 또는 도면 등에 흠이 있는 경우 그것을 보충하거나 바로잡는 것을 의미한다. 특허법은 특허의 등록 여부에 대한 결정이 이루어지기 전에 명세서 또는 도면 등을 바로잡는 것을 '보정'이라 하여 특허법 제47조 이하에서, 특허가 등록된 이후에 명세서 또는 도면 등을 바로잡는 것을 '정정'이라 하여 특

---

247) 동일인에 의한 이중출원은 착오에 기인하는 수도 있고 출원인 스스로는 별개의 출원이라고 생각하여 각각 출원하였으나 명세서에 대한 평가결과 양 발명이 실질적으로 동일한 것으로 파악되는 경우에도 있을 수 있다.
248) 대법원 1985. 5. 28. 선고 84후14 판결.
249) 대법원 2007. 1. 12. 선고 2005후3017 판결.

허법 제133조의2 및 제136조 등에서 그 요건과 절차 등에 관하여 별도로 규율하고 있다. 명세서 또는 도면의 '정정'은 해당 부분에서 따로 보기로 하고, 아래에서는 '보정'에 한하여 설명한다.

## 나. 보정의 허용 및 규제의 필요성

### (1) 허용의 필요성

선출원주의 하에서는 출원인들이 일단 출원을 서둘러 우선적 지위를 확보하려 하는 경향을 가지고 있고, 무엇보다도 특허의 출원과 심사라는 제도는 기술적 실체를 가진 발명을 행한 출원인으로 하여금 그의 공헌에 상응하는 보상(합당한 권리범위를 가지는 특허의 부여)이 이루어질 수 있도록 국가와 출원인이 상호 협력하여 진행하는 일련의 절차로 이루어져 있다는 점을 고려하면, 그와 같은 목적을 효과적으로 달성하기 위하여 심사과정에 있는 출원인이 일정한 한도 내에서 명세서나 도면을 보정할 수 있도록 제도를 보장하는 것은 필연적이라고 할 수 있다.

### (2) 규제의 필요성

그러나 한편, 위와 같은 명세서나 도면의 보정을 제한 없이 인정할 경우, 출원인이 무르익지 아니한 발명에 관하여 일단 출원을 하여 유리한 지위를 선점하여 둔 뒤, 그 심사과정에서 자진하여 또는 심사관의 지적을 받아 보정을 반복해 나가면서 사실상 사후에 발명을 완성하거나, 발명의 실질에 비하여 터무니없이 넓은 권리범위를 청구하여 두고 심사관이 그 특허청구범위에 저촉하는 선행의 공지기술을 발견하여 거절이유를 통지하면 그에 상응하여 특허청구범위를 그때그때 필요한 만큼만 감축함으로써 종국에는 자신이 이룩한 발명의 실질보다 더 넓은 권리범위를 획득하게 되는 부당한 결과를 막을 수 없을 뿐더러, 그 과정에서 심사기간이 길어지고 심사관의 업무가 부당하게 과중해지게 된다. 무엇보다도 보정은 소급효를 가지는데,[250] 일단 출원된 명세서의 내용을 사후에 제약 없이 수정할 수 있게 하면 제3자에게 불의의 타격을 줄 수

---

250) 보정이 소급효를 가진다는 점에 관하여 법문상의 규정은 없으나, 그와 같이 해석하지 않는 한 보정제도의 의미가 없으므로 이는 법리상 당연한 것으로 이해되고 있다(송영식 외 2인, 앞의 책, 547면; 中山 編, 注解(上), 458면).

도 있다.

따라서 명세서나 도면의 보정에는 일정한 한도의 제한이 가해지지 않을 수 없다. 특허법은 위와 같이 출원에 대한 등록 여부 결정이 이루어지기 전까지 명세서의 보정이 가능함을 선언하는 한편, 내용적 측면과 시기적 측면으로 나누어 보정을 제한하고 있다.

## 다. 보정에 대한 제한

### (1) 신규사항 추가금지

'신규사항 추가금지'는 뒤에서 보는 자진보정, 최초거절이유 통지에 따른 보정, 최후거절이유 통지에 따른 보정을 불문하고 공통적으로 적용되는 등록거절의 사유(특허법 제62조, 제47조 제2항)이므로 이에 관하여 먼저 설명한다.

### (개) 의의와 법률의 규정

명세서 또는 도면의 보정은 특허출원서에 최초로 첨부된 명세서 또는 도면에 기재된 사항의 범위 안에서 이를 할 수 있다(특허법 제47조 제2항). 이는 이른바 '신규사항 추가의 금지' 원칙을 천명한 것이다. '신규사항의 추가'라 함은 출원서에 최초로 첨부된 명세서나 도면에 명시적으로 들어있거나, 비록 명시적으로는 들어 있지 않더라도 통상의 기술자라면 '직접적이고도 명확하게'[251] 그러한 내용이 들어있음을 알 수 있는 것을 제외한 사항 일체를 말한다. 이는 곧, 사소한 것이라도 출원인이 최초 출원 이후에 발명의 내용을 개량하거나 추완한다면 그와 같이 개량되거나 추완된 발명에 대하여 출원시점을 최초 출원 당시로 소급하여 주지 않겠다는 것이다. 즉, 발명의 실체는 출원 시에 항정(恒定)되며 그 이후 변경이 가능한 것은 특허청구범위뿐이라는 태도이다. 다만, 명세서의 기재 중 명백히 잘못된 것을 바로잡거나 분명하지 아니한 사항을 명백히 하는 정도에 그치는 것은 신규사항 추가에 해당하지 아니한다.

한편으로, 최초 명세서에 이미 포함되어 있는 구성이어서 신규사항이 아니라면 보정을 통해 이를 청구항에 포함시키는 것이 가능하며, 그 결과 청구범위가 확장되거나 축소되는 일이 일어날 수도 있다.[252]

---

251) '일의적(一義的)으로' 또는 '자명하게' 등의 용어가 사용되기도 한다.
252) 다만, 뒤에서 보는 대로 그러한 보정은 시기와 사유에 따라 제한이 수반되는 수가 있다.

◈ 대법원 2007. 2. 8. 선고 2005후3130 판결

> 명칭을 "전철기용 텅레일부 융설장치"로 하는 이 사건 특허발명(특허번호 제
> 358407호)의 특허출원서에 최초로 첨부된 명세서에는 눈감지센서와 관련하여
> '텅레일과 고정레일 사이에 존재하는 눈을 감지할 수 있는 센서(또는 눈을 감지하
> 기 위한 인디케이터)'라는 기재만이 있을 뿐이었다가 최후 보정에 이르러 '눈감지
> 센서는 리액턴스 방식으로 작동되는 센서로서 한 쌍의 금속성판 사이에 눈이 존
> 재하면 유전율의 변화로 한 쌍의 금속성판으로 형성된 평행판 축전기의 정전용
> 량이 변하게 되고, 이에 따른 교류회로의 전류변화 값을 측정하는 것'이라는 취
> 지의 기재가 추가되었는데, 이는 특허출원서에 최초로 첨부된 명세서에 기재된
> 범위를 벗어난 것으로서 신규사항의 추가에 해당하여 특허법 제47조 제2항에
> 위배된다.

### (나) 신규사항 추가에 해당하지 않는 예253)

실무는 보정과 관련된 신규사항 추가금지의 기준을 대체로 엄격히 운영하고 있지만, 다음과 같은 경우는 신규사항 추가에 해당하지 않는 대표적인 예에 해당한다.

1) 이미 발명의 설명에 기재되어 있는 내용을 특허청구범위로 끌어들이는 보정

예컨대 최초 출원명세서의 특허청구범위가 "ⅰ) 감광유제를 가진 지지체를 빛에 노출시키고, ⅱ) 이어서 현상정착제(現像定着濟)를 도포하고, ⅲ) 수상층을 중첩시키고, ⅳ) 확산전사하여 음화상을 얻는 방법"으로 되어 있고, 발명의 설명에서 ⅱ)의 현상정착제에 관하여 여러 실시예를 적으면서 그 중 하나에 "… 에 CMC(풀) … 을 가하여 현상정착제를 제조하고, 이를 도포한다 …"는 기술 내용도 이미 나타나 있다고 하자. 그런데 심사과정에서 ⅰ), ⅲ), ⅳ)는 동일하면서 '화학성분(X)을 가지는 현상정착제'를 도포하여 음화상을 얻는 방법이 공지의 선행기술로 발견되었다면, 출원발명의 특허청구범위는 신규성이 없어 거절을 면하기 어렵다.254) 이때 출원인이 특허청구범위를 "감광유제를 가진 지지체를 빛에 노출시키고, 이어서 '풀 성분을 함유하는 현상정착제(現像定着濟)'를 도포하고, 수상층을 중첩시키고 확산전사하여 음화상을 얻는

---

253) 아래의 예들은 특허청, 특허·실용신안 심사기준(2004년판)의 보정에 관한 설명부분에서 인용한 것이다.
254) 청구항에 기재된 상위개념인 '현상정착제'의 하위개념에 해당하는 화학성분 X의 현상정착제가 공지된 구성이고, 나머지 기술구성은 모두 같기 때문이다.

방법"으로 보정하는 한편, 발명의 설명에는 "··· 풀성분을 함유하는 현상정착제는 페이스트 모양이므로 층을 두껍게 할 수 있다. 따라서 화상(畫像)의 농도를 충분하게 할 수 있다"고 보정하였다고 하자. 최초 출원명세서의 특허청구범위에는 '현상정착제'라고만 기재되어 있었으나, 그 발명의 설명에 이미 '정착제에 풀을 가한다'는 내용이 기재되어 있었으므로 보정된 명세서의 특허청구범위가 '풀성분을 함유하는 현상정착제(現像定着濟)'로 변경되었다 하더라도 이는 이미 발명의 설명에 들어 있었던 기술 내용을 특허청구범위로 끌어 들인 것에 불과하여 특허청구범위에 신규사항이 추가된 것이라고 볼 수 없다. 결국 이러한 보정을 통해 출원인은 선행기술로부터 신규성을 부인당하는 것을 면할 수 있게 된다.

　2) 명백히 잘못된 표현을 바로잡거나 분명하지 아니한 사항을 명백히 하는 경우

　보정 전의 명세서 특허청구범위가 "합성수지판을 용융온도 이상으로 가열한 뒤, 이를 표면에 경질유리를 바른 암 거푸집 위에 놓고 위로부터 숫 거푸집으로 눌러 성형하는 그릇의 제조방법"이고 발명의 설명에도 "용융온도 이상으로 가열하여 연화시킨 판을 가압 성형하여 그릇을 만드는 데 있어서, 표면에 경질유리를 바른 암 거푸집을 사용하므로 그릇의 겉면이 매끄러워지고···"라고 기재되어 있었다고 하자. 그런데 통상적으로 '용융온도(물질이 완전히 녹는 온도)' 이상에서는 합성수지는 그 고체로서의 성질을 완전히 잃게 되므로 고형의 물체를 가압 성형하여 그릇을 만든다는 발명의 목적에 맞지 않게 됨이 분명하다. 합성수지판을 가압 성형하는 이상, 판의 형태를 유지하여야 하고 그와 같은 사정은 출원명세서의 취지에 비추어 통상의 기술자에게 자명하므로 '용융온도'를 '연화온도(딱딱한 물질이 고온으로 인하여 물렁물렁해지기 시작하는 온도)'로 보정한 것은 명백히 잘못된 표현을 바로잡는 것에 불과하다고 평가할 수 있다. 따라서 출원인이 보정을 통해 최초 명세서의 특허청구범위와 발명의 설명에 기재된 "용융온도"를 각 "연화온도"로 변경한다 하더라도 일반적으로 이는 신규사항 추가에 해당하지 아니한다.

### (2) 시기적 측면의 제한
#### ㈎ 최초거절이유 통지와 최후거절이유 통지

심사관은 출원에 등록거절사유가 있을 때에는 등록거절결정을 하기 전에

반드시 출원인에게 거절이유를 통지하고 기간을 정하여 의견을 제출할 수 있는 기회를 부여하여야 한다(특허법 제63조 제1항). '최초거절이유(특허법 제47조 제1항 제1호)'라 함은 심사관이 어떤 출원에 관하여 통지하는 처음의 거절이유를 의미한다. '최후거절이유(특허법 제47조 제1항 제2호)'는 '최초거절이유를 통지받은 출원인이 명세서의 보정을 통하여 이를 해소하는 과정에서 그와 같은 보정으로 인하여 생기게 된 새로운 거절이유'를 의미한다. 예컨대, 심사관이 출원 A에 대하여 명세서 기재불비에 해당함을 들어 거절이유를 통지하였다면 그것이 '최초거절이유'이다. 출원인이 이에 따라 출원명세서의 기재 내용을 명확히 하여 명세서를 보정하였고, 그로 인하여 당초의 명세서 기재불비라는 거절이유는 해소되었지만 보정된 명세서의 내용에 비추어 본즉, 예컨대 선행기술에 비하여 진보성이 없는 것으로 밝혀지는 수가 있다. 이때 심사관은 다시 '진보성 결여'를 이유로 거절이유를 통지할 수 있는데, 이를 '최후거절이유'라고 한다. '최후'라는 용어를 사용하는 이유는, 이후 그에 응하여 보정255)을 할 수 있는 기회는 원칙상 한 번뿐이고, 출원인이 그 보정을 통하여 최후거절이유를 해소하지 못하거나, 해소하더라도 다시 새로운 거절이유를 안고 있는 때에는 보정각하를 거쳐 결국 등록거절결정을 받게 되기 때문이다. 최후거절이유에 의한 보정의 제한이 없다면 출원인은 가능한 최대의 청구항을 유지하면서 심사관이 발견하여 통지하는 거절이유에 응하는 부분만큼만 단계적으로 감축 보정하는 등 심사관과의 '계속된 숨바꼭질'을 통해 제도를 악용하려 들 가능성도 있다. 특허법은 이러한 폐단을 방지하기 위하여 출원인이 거절이유 통지에 따른 보정을 할 수 있는 횟수를 제한하고 출원인이 최후거절이유를 극복하는 보정을 하지 못하는 한 등록거절 하도록 하고 있는 것이다.

한편, 위와 같이 최초거절이유에 대한 보정으로 인하여 생긴 거절이유가 아니라 그와 별도로 발하여지는 새로운 거절이유는 언제든지 '최초거절이유'에 해당함을 유의하여야 한다. 예컨대, 앞의 예에서 심사관이 최후거절이유인 '공지기술 A로부터의 진보성 결여'를 이유로 거절이유를 통지한 후, 별도로 출원발명에 '공지기술 B로부터의 신규성 결여'를 들어 추가로 거절이유를 통지하였다면, 이는 종전의 거절이유와는 관련이 없는 별개 독립의 거절이유에

---

255) 뒤에서 보는 바와 같이 최후거절이유 통지에 따른 보정은 내용에 있어서도 한층 엄격한 제한이 부가된다.

불과하므로 그 거절이유 통지의 순서상으로는 세 번째에 해당하지만 여전히
그 자체로 '최초거절이유'가 되는 것이다.

### (나) 보정의 시기와 횟수

#### 1) 자진보정의 경우

심사관의 거절이유 통지에 응한 보정이 아니라, 출원인 스스로 하는 보정
을 자진보정이라고 하는데, 출원인은 특허법 제66조에 의한 등록여부의 결정
등본을 송달받기 전에는 시기의 제한 없이 언제든 명세서를 보정할 수 있다.
다만, 특허청구범위를 적지 않은 출원을 한 때에는 원칙상 출원일로부터 1년
2개월 내에 청구범위를 적는 보정을 해야 함(특허법 제42조의2)은 앞서 설명하
였다.

#### 2) 거절이유 통지가 있은 경우

출원인의 자진보정에 대한 응답으로든, 직권으로든 일단 심사관으로부터
출원에 대한 거절이유 통지가 있으면(최초거절이유의 통지가 있으면) 출원인은 그
통지에 의한 의견서 제출기간 내에 한하여 보정을 할 수 있다. 나아가, 최후
거절이유 통지를 받은 출원인은 최후거절이유 통지에 의한 의견서 제출기간에
한하여 보정을 할 수 있다.

#### 3) 거절결정이 있은 경우

특허출원인은 그 특허출원에 관하여 거절결정등본을 송달받은 날부터 3개
월 이내에 그 특허출원의 특허출원서에 첨부된 명세서 또는 도면을 보정하여
해당 특허출원에 관하여 재심사를 청구할 수 있다(법 제67조의2 제1항 본문).
재심사의 청구가 있으면 종전의 특허결정이나 거절결정은 취소된 것으로 보고
(특허법 제67조의2 제3항), 심사관은 재심사를 통하여 최초의 거절결정을 번복
하거나, 번복사유가 없는 경우에는 최종적인 거절결정을 하게 되며, 출원인은
최종적인 거절결정에 불복하는 경우 거절결정불복심판청구를 할 수 있다.

### (3) 기타 내용적 측면의 제한

특허법은 보정에 관하여 신규사항 추가를 금지하는 이외에, 최후거절이유
에 응한 보정 및 재심사청구 시 하는 특허청구범위에 대한 보정은 다음과 같
은 때에만 허용한다(특허법 제47조 제3항).

⑺ **청구항을 한정 또는 삭제하거나 청구항에 부가하여 특허청구범위를 감축하는 경우**(특허법 제47조 제3항 제1호)

예컨대, 청구항 1. 원주형 나무의 중심을 따라 흑연이 삽입되어 있는 연필(독립항). 청구항 2. 제1항에 있어서 위 연필의 한 쪽 끝에 지우개가 결합된 것(종속항)으로 당초의 청구항이 구성되어 있었다 하자. 심사과정에서 청구항 1.이 이미 공지된 기술임이 밝혀져 심사관이 거절이유를 통지하였다면, 출원인은 특허청구범위를 '원주형 나무의 중심을 따라 흑연이 삽입되어 있는 공지의 연필에 있어서, 위 연필의 한 쪽 끝에 지우개가 결합된 것'으로 보정함으로써, 하나의 독립항과 하나의 종속항으로 되어 있었던 종래의 특허청구범위를 하나의 독립항만으로 바꾸면서 종래의 청구항 1.은 새로운 청구항에 있어 전제부로 삼고, 자신이 실제로 기술적 진보에 공헌한 부분인 '연필 한 쪽 끝에 지우개를 결합하는 것'에 관해서만 특허를 청구하여 거절을 면할 수 있을 것이다. 이러한 경우가 특허청구범위의 감축에 해당하는 예이다.

그 밖에 특허법 제47조 제3항 제1호의 유형에 해당하는 것으로는, ⅰ) 수치범위의 축소[256] ⅱ) 상위개념으로부터 하위개념으로의 변경,[257] ⅲ) 택일적으로 기재된 요소의 삭제,[258] ⅳ) 다수의 항을 인용하는 종속항에서 인용되는 항의 수를 줄이는 경우 등을 들 수 있다.

⑻ **잘못 기재된 사항의 정정**(특허법 제47조 제3항 제2호)

정정 전의 기재 내용과 정정 후의 기재 내용이 객관적으로 동일하고, 특허청구범위의 기재가 오기라는 점이 명세서의 기재 내용 혹은 경험칙 등에 비추어 명확한 경우에 이를 바로 잡는 것을 말한다.

⑼ **분명하지 아니하게 기재된 사항을 명확하게 하는 경우**(특허법 제47조 제3항 제3호)

⑽ **신규사항 추가 이전의 청구범위로 돌아가는 보정**(특허법 제47조 제3항 제4호)

이를 허용하지 않으면, 거절이유를 해소하기 위해 신규사항을 삭제하는

---

256) 예컨대 청구항에 기재된 온도의 범위를 '10~30℃'에서 '15~20℃'로 바꾸는 경우.
257) 예컨대 청구항에 기재된 구성요소 '탄성체'를 '스프링'으로 바꾸는 경우.
258) 예컨대 청구항에 'A 또는 B'로 되어 있는 것을 A만으로 바꾸는 경우.

보정을 하더라도 법 제47조 제 3 항(특허 같은 항 제 1 호)에 위배되어259) 보정각
하를 거쳐 거절결정으로 이어질 것이므로 출원인에게 가혹하기 때문이다. 260)
나아가, 이처럼 신규사항이 추가되기 이전의 특허청구범위로 되돌아가면서
'청구항을 한정 또는 삭제하거나 청구항에 부가하여 특허청구범위를 감축하는
경우', '잘못된 기재를 정정하는 경우', '분명하지 아니한 기재를 명확하게
하는 경우' 역시 허용의 범주에 포함된다.

### 라. 부적법한 보정에 대한 취급

#### (1) 특허등록 이전(以前)

최후거절이유 통지에 대한 보정(특허법 제47조 제 1 항 제 2 호에 의한 보정)과
재심사청구에 수반한 보정(특허법 제47조 제 1 항 제 3 호, 제67조의 2)이 ① 신규사
항 추가에 해당하거나, ② ㉠ 청구항을 한정 또는 삭제하거나 청구항에 부가
하여 특허청구범위를 감축하는 경우, ㉡ 잘못된 기재를 정정하는 경우, ㉢ 분
명하지 아니한 기재를 명확하게 하는 경우, ㉣ 신규사항 추가에 해당하는 보
정에 대하여 신규사항이 추가되기 전의 특허청구범위로 되돌아가거나, 되돌아
가면서 특허청구범위를 위 ㉠ 내지 ㉢과 같은 내용으로 보정하는 경우 가운데
어느 하나에도 해당하지 않거나, ③ 그 보정261)으로 인해 새로운 거절이유를
초래하는 경우에 심사관은 보정각하결정을 한다(특허법 제51조 제 1 항). 직권
보정(특허법 제66조의 2)이나, 직권 재심사(특허법 제66조의 3)나, 재심사 청구(특
허법 제67조의 2)가 있는 경우 그 전에 한 보정에 대하여는 그러하지 않다(특허
법 제51조 제 1 항 단서). 262) 보정이 각하되면 그 보정은 무시되고 심사관은 보정
전 명세서를 기준으로 특허의 등록 여부를 결정하게 되는바, 결국 등록거절로
귀결되는 경우가 대부분이다. 보정각하결정에 대하여는 별도로 불복할 수 없
고, 등록거절결정에 대한 불복심판을 제기한 후 그 절차에서 함께 다툴 수 있

---

259) 구성요소인 신규사항의 삭제는 많은 경우 청구범위의 '확장'을 초래한다는 점을 상기할 것.

260) 특허청, 특허·실용신안 심사기준, 제 4 부 제 2 장 2. 5.

261) 단, 위 ②의 ㉠과 ㉣에 따른 보정 가운데 청구항을 삭제하는 보정은 제외된다(특허법 제
51조 제 1 항).

262) 위 각 보정이 원래 보정각하 대상이었음에도 불구하고 일단 간과되었다면 이후의 과정에
서 새삼 보정각하의 대상으로는 삼지 않는 것이다(특허청, 특허·실용신안 심사기준, 제 4
부 제 3 장 2. (2) 참조).

다(특허법 제51조 제3항). 재심사청구가 가능한 경우에는 최후거절이유에 대하여 재심사청구에 수반한 보정으로 대응할 수 있을 것이다.

### (2) 특허등록 이후(以後)

명세서 또는 도면의 보정이 신규사항 추가금지에 해당함에도 이를 적법하다고 보아 특허가 부여된 경우에는 특허등록무효의 이유로 된다(특허법 제133조 제1항 제6호, 제47조 제2항 전단). 그러나 최후거절이유 통지에 응한 보정이 신규사항 추가금지 외의 다른 제한을 벗어난 경우, 즉 특허법 제47조 제3항에 위반한 것을 간과하고 일단 특허등록이 이루어지면 이를 독립된 등록무효의 사유로 삼을 수 없다. 특허법 제47조 제3항의 보정요건은 본질적으로 보정의 절차신속과 효율화를 도모하기 위한 규정에 지나지 않고, 발명이나 특허의 실체와는 직접적인 관련이 없는 것이어서 그러한 사유로 이미 등록이 된 특허를 무효로 한다면 특허권자에게 지나치게 가혹하기 때문이다.

### 마. 직권에 의한 보정(특허법 제66조의2)

심사관은 심사결과 명세서, 도면 또는 요약서에 적힌 사항이 명백히 잘못된 것으로 판단되는 경우에는 직권으로 이를 보정하면서 특허결정을 할 수 있다(특허법 제66조의2 제1항). 심사관이 직권보정을 하려면 제67조 제2항에 따른 특허결정의 등본 송달과 함께 그 직권보정 사항을 특허출원인에게 알려야 한다(같은 조 제2항). 특허출원인이 직권보정 내용을 받아들인다면 직권보정과 특허결정은 유지된다. 한편, 직권보정의 일부 또는 전부를 받아들이지 않을 수도 있으며, 그런 출원인은 특허료를 납부할 때까지 의견서를 특허청장에게 제출해야 한다(같은 조 제3항). 그 경우, 불복된 직권보정은 처음부터 없었던 것이 되는 한편, 특허결정 역시 취소된 것으로 보고(같은 조 제4항 본문) 심사를 계속한다.263) 다만, 요약서에 관한 직권보정에 불복이 있는 경우에는 직권보정만 없었던 것으로 되고 특허결정까지 취소된 것으로는 보지 않는다(같은 항 단서).

---

263) 이는 결과적으로 당사자의 직권보정 부동의를 '해제조건'으로 하는 등록결정과 유사하다.

## 바. 보정의 효과

보정이 적법한 것으로 받아들여지면, 최초 특허출원 시에 보정된 내용대로 출원이 이루어졌던 것으로 간주된다(보정의 소급효). 따라서 명세서 보정의 적법 여부를 심리하지 않고 보정 이전의 출원발명만을 심판대상으로 삼아 판단하는 것은 그 자체로 위법하다.[264]

## 3. 우선권 제도

### 가. 조약우선권 제도

#### (1) 의    의

조약우선권 제도는 '공업소유권의 보호를 위한 파리협약(1883)' 제 4 조를 통하여 최초로 도입되었다. 출원인이 동맹국의 제 1 국에 최초로 정규의 특허 (또는 실용신안)출원을 하면, 그 출원인 또는 승계인이 일정한 기간 내에 동맹국의 제 2 국에 동일한 내용의 출원을 하는 경우 신규성·진보성 및 선출원 등의 판단을 함에 있어서 제 1 국에 대한 최초 출원 시를 기준으로 삼는 것을 내용으로 한다. 한편, 조약우선권 제도에 의하더라도 특허독립의 원칙상 각 나라의 특허법 절차에 따라 각각 출원을 하여야 하는 번거로움이 남는바, 여러 나라에서 한꺼번에 특허를 출원·취득할 수 있는 편리한 제도로는 국제특허협력조약(PCT)이 있다.

#### (2) 조약우선권 적용의 요건

##### (개) 당 사 자

조약에 의하여 우리나라 국민에게 우선권을 인정하는 나라의 국민이거나, 비조약동맹국 국민으로서 어느 동맹국 내에 주소 또는 영업소를 가진 자이어야 하며[265](특허법 제54조 제 1 항), 제 2 국의 출원인은 제 1 국의 최초의 출원인

---

264) 대법원 1992. 6. 26. 선고 91후1823 판결.

265) "비동맹국 국민으로서 어느 동맹국의 영역 내에 주소 또는 진정하고 실효적인 산업상 또는 상업상 영업소를 가진 자는 동맹국 국민과 같이 취급한다"는 파리조약 제 3 조에 의하여, 조약 당사국은 물론 비당사국 국민(무국적자 포함)도 당사국에 거소나 영업소 등을 가지면 우리나라에서 우선권주장을 할 수 있다. 특허청, 특허·실용신안 심사기준, 제 6 부 제 3 장 3.1.

또는 그 승계인으로서 제2국에 출원할 권리를 가진 자이어야 한다.

### (나) 출원의 내용이 동일할 것

예컨대, 제2국에서 출원을 하면서 제1국에서의 출원으로 우선권주장을 하기 위해서는 제1국에서 출원한 발명과 제2국에서 출원한 발명의 내용이 동일하여야 한다.266) 발명이 동일하다는 것은 명세서와 도면 또는 특허청구범위가 완전히 일치하여야 한다는 의미는 아니며, 발명의 내용이 실질적으로 동일하면 족하다. 우선권주장의 기초가 되는 제1국의 출원은 최선(最先)의 정규적 출원이어야 하고, 그 출원이 적법한 것이 아니거나 최선(最先)의 출원이 아닌 때에는 우선권주장을 할 수 없다. 최선(最先)의 정규출원인 이상 우선권의 기초가 되는 최초 출원이 계속 중인지 여부는 우선권 효력에 영향을 미치지 않으며 최초 출원이 무효·취하·포기 또는 거절되더라도 이를 기초로 하여 우선권을 주장할 수 있다.267)

### (다) 우선기간 준수 및 우선권주장의 신청

특허출원을 기초로 조약우선권을 주장하고자 하는 자는 우선권주장의 기초가 되는 최초의 출원일부터 1년 이내에 특허출원을 하여야 하고(특허법 제54조 제2항), 특허출원 시 특허출원서에 그 취지, 최초로 출원한 나라의 이름 및 그 출원 연월일을 기재하여야 한다(특허법 제54조 제3항).

### (3) 부분우선과 복합우선

예컨대 A가 제1국에는 특정한 물건에 관해서만 특허출원(2020. 1. 1.)하였고, 그 뒤 이를 발전시켜 그 물건을 생산하는 장치를 완성한 뒤 제2국에서 물건에 관한 발명과 함께 특허출원(2020. 10. 1.)하였다면(각 청구항은 달리하게 된다), A로서는 제2국에서의 출원 가운데 물건에 관하여는 제1국에서 특허출원한 2020. 1. 1.을 기준으로, 장치에 관하여는 2020. 10. 1.을 기준으로268)

---

266) 즉, 제2국에서 출원한 발명(우선권 주장 발명)의 내용이 제1국에서 출원된 발명(우선권 주장의 기초가 된 발명)의 최초 명세서 등에 명시적으로 기재되어 있거나 통상의 기술자가 우선권 주장 당시의 기술상식에 비추어 제2국의 출원 발명 내용이 제1국 출원의 최초 명세서 등에 기재되어 있는 것과 마찬가지라고 이해할 수 있어야 한다(대법원 2021. 2. 25. 선고 2019후10265 판결).

267) 특허청, 특허·실용신안 심사기준, 제6부 제3장 3.3.

268) 특허의 신규성·진보성, 선출원 등 특허적격 유무는 청구항별로 판단됨을 상기할 것.

특허요건을 심사받거나 등록 후 권리행사를 하게 된다. 이를 '부분우선'이라 한다. 나아가, A가 제 1 국에서 특정한 물건에 관해서만 특허출원(2020. 1. 1.) 하고, 그 뒤 그 물건을 생산하는 장치를 완성하여 제 2 국에 특허출원(2020. 10. 1.)한 뒤, 제 3 국에서 물건과 그 물건을 생산하는 장치를 묶어 하나의 출원을 하는 경우(2020. 11. 1.), A는 제 3 국에서, 물건에 관하여는 제 1 국에서의 출원일인 2020. 1. 1.을 기준으로, 그 물건을 생산하는 장치에 관하여는 제 2 국에서의 출원일인 2020. 10. 1.을 기준으로 각 우선권을 주장할 수 있는바, 이를 복합우선이라고 한다.[269]

### (4) 조약우선권 적용의 효과

대한민국(제 2 국)에서의 특허요건으로서의 신규성, 확대된 선원, 진보성, 선출원 여부 등을 판단함에 있어 당사국(제 1 국)에 출원한 날을 대한민국에 출원한 날로 본다(출원일의 소급). 따라서, 예컨대 甲이 어떠한 발명에 관하여 제 1 국에서 특허출원을 하고 아직 제 2 국에 출원하기 이전에 제 2 국에서 동일한 발명이 乙에 의하여 출원되었을 경우, 조약우선권 제도가 없다면 甲이 제 2 국에 한 출원은 乙의 출원일에 뒤지게 되나, 조약우선권 제도로 인하여 甲이 제 1 국에 출원한 날을 제 2 국에 한 출원일자로 보기 때문에 결국 제 2 국에서 甲의 출원은 乙의 출원에 앞서게 된다.

부분우선 내지 복합우선과 관련해서는, 만약 甲이 2020. 1. 1. X 발명에 관하여 A국에 출원하고, 추후에 이와 단일성의 범주에 있는 Y 발명을 한 뒤 2020. 10. 1. B국에서 조약우선권주장을 하며 X와 Y 발명을 단일 출원으로 출원하였는데, 마침 乙이 독자적으로 Y 발명을 2020. 6. 1. B국에서 공지시킨 바 있다면, 甲의 2020. 10. 1.자 B국 출원 가운데 X는 신규성이 있으나, Y는 신규성이 없게 된다.

어쨌든 甲으로서는 조약우선권 제도를 활용하면 미리 해 둔 원출원 X를 근간으로 하여 원출원 지위를 유지해 가면서 사후에 개량, 추가되는 발명 Y, Z 등을 포괄하여 그때그때 하나의 권리형태로 계속 출원해 나갈 수 있는 것이다.[270]

---

[269] 엄밀히 말하면 복합우선은 부분우선의 한 유형이라고 할 수도 있을 것이다.
[270] 그러나 이는 무한정 가능한 것은 아니고, 앞서 본 바와 같이 우선권주장의 시한이 정해져 있음을 유의하여야 한다.

## 나. 국내우선권 제도

### (1) 의    의

국내우선권이라 함은 선출원한 특허발명의 내용을 포함하는 포괄적 발명을 나중에 출원하는 경우, 일정한 요건 하에 그 포괄적 발명의 내용 가운데 당초의 명세서 및 도면에 포함되어 있던 내용에 관하여 선출원시로 출원일을 소급해 주는 제도이다(특허법 제55조).

### (2) 제도의 의미

#### ㈎ 후속 발명의 태양

발명에 대한 출원이 있은 이후 후속 연구로 인해 다음과 같은 일이 생길 수 있다.[271] ① 실시예의 보충: 예컨대, '염산'을 실시예로 하여 그보다 상위개념인 '무기산'을 특허청구범위로 하였으나, 그와 같은 실시예만으로는 상위개념인 특허청구범위가 유지되기 어려운 상태였던바, 추후 실험을 통하여 '질산'을 추가적 실시예로 찾아낸 경우, ② 상위개념의 추출: 예컨대, 제 1 출원에서 실시예로 '염산'을 기재하고 청구범위도 '염산'으로 하였으며, 제 2 출원에서 실시예로 '질산'을 기재하고 청구범위도 '질산'으로 하였는데, 그 뒤 '초산'까지 실시예로 성공함으로써 결국 위와 같은 실시예 전부를 아우르는 상위개념인 '산(酸)'을 특허청구범위로 삼아야 할 필요가 생긴 경우, ③ 개량발명: ⅰ) A라는 기술구성을 발명의 설명에 기재하고 A를 특허청구범위로 하여 출원한 뒤, A+B라는 기술구성을 통하여 더 개량된 효과를 가지는 후속 발명을 추가로 하였거나, ⅱ) '물건'을 청구범위로 하는 출원을 한 뒤 그와 단일성 범주에 있는 '그 물건을 생산하는 방법'을 추가 발명한 때가 그것이다.

#### ㈏ 예상 가능한 문제점

위와 같은 경우 후속 발명들을 보정절차를 통하여 소급적으로 선출원에 통합시키려 한다면 어느 경우나 '신규사항 추가'에 해당하여 그 자체로 받아들여지기 어려울 것이다. 나아가, 후속 발명에 대하여 새로운 출원을 하더라도, 원발명이 공개되기 이전이면 특허법 제36조에 따라 자신의 선출원과 실질

---

271) 이하에 드는 예는 竹田和彦, 特許의 知識 第8版(번역본), 도서출판 에이제이디자인기획 (2011), 305~306면에서 인용한 것이다.

적으로 동일하다는 이유로 등록이 거절될 수 있다. 원발명이 공개된 이후에는, 새로운 출원의 청구항이 선행의 출원 내용과 동일하거나 그 상위개념에 해당하면 신규성이 없다는 이유로, 신규성 관문을 통과하더라도 개량의 정도가 크지 않은 이상 원발명에 비해 진보성이 없다는 이유로 각 등록이 거절될 수 있다. 그러한 위험들을 피하기 위하여 앞선 출원들을 취하하게 되면 새로운 출원과의 사이에 다른 출원이나 공지사유가 끼어들어 새로운 출원의 목적을 전혀 달성하지 못하게 될 우려가 생긴다.

(다) 국내우선권 제도의 존재 의의

후속 발명을 이룬 출원인으로 하여금 위와 같은 어려움을 면하고 후속발명에 대하여 포괄적이고 안정적인 권리취득을 가능하게 해 주기 위하여 도입된 것이 국내우선권 제도이다. 즉, 출원인이 선출원의 명세서 및 도면에 최초로 기재된 사항과 동일한 내용을 후출원의 특허청구범위에 포함시켜 우선권주장을 하면 마치 조약우선권주장에서처럼 그 내용에 관하여 선원저촉 여부나 신규성·진보성 판단 시 선출원의 출원 시에 출원한 것으로 취급받을 수 있다. 나아가 국내우선권 제도를 이용하면 후속 발명 중 신규사항 추가에 해당하는 사항이 있는 경우, 그 부분에까지 출원일 소급의 혜택을 누릴 수는 없지만, 원출원을 존속시켜 그 절차적 위상을 그대로 확보해 둔 채, 또한 자신의 원출원에 기하여 선출원, 신규성·진보성의 저촉을 받지 않으면서 개량된 후속 발명을 권리화하는 것이 가능해지며272) 그로 인하여 포괄적인 권리의 취득이 가능하고 출원·등록절차 및 특허권의 관리·처분에 간편을 도모할 수 있게 된다. 특히 특허법 제56조, 제64조에 의하면 국내우선권주장의 기초가 된 선출원은 그 출원일로부터 1년 3개월을 경과하면 취하된 것으로 보기 때문에 마지막의 후출원만 남게 되어 절차상으로 동일한 발명에 대하여 중복심사, 중복공개를 하거나 중복특허가 부여될 가능성을 차단하는 효과도 있다.

이제 위 설례로 돌아가 살펴보면, ① 실시예로 기존의 '염산'에 새로이 찾아낸 '질산'을 더하여 명세서를 작성한 뒤 종전처럼 '무기산'을 특허청구범

272) 뒤에서 보는 바와 같이 국내우선권주장은 선출원으로부터 1년 이내에 하여야 하고, 이는 국내우선권주장의 기초가 되는 선출원 내용의 강제공개(1년 6개월) 시점보다 앞서기 때문에 선출원의 내용이 국내우선권주장 출원에 대한 신규성, 진보성 탄핵 자료로 사용될 여지가 거의 없다.

위로 하는 새로운 출원을 하면서 선출원에 기한 우선권주장을 하면 심사과정에서 특허청구범위인 '무기산'이 유지될 가능성이 더욱 커질 것이고,[273] ② '산(酸)'이라는 상위개념을 특허청구범위로 하여 후출원을 하면서 앞서 한 2개의 선출원(염산, 질산)에 대하여 우선권주장(개념상 '복합우선'에 해당한다)을 하면, 2개의 선출원의 이익은 그대로 유지하면서 추후 '산(酸)'이라는 포괄적인 권리의 취득이 가능해지며, ③ A를 특허청구범위로 하는 발명을 확보해 둔 채로 추후 A와 아울러 A+B를 각 특허청구범위로 하는 출원도 가능해지는 것이다.[274]

### (3) 국내우선권 적용의 요건

#### (개) 일반적 요건

ⅰ) 후출원의 출원 시, 선·후출원인이 동일인이거나 후출원인이 선출원인의 적법한 승계인이어야 하며, 특허를 받을 수 있는 권리를 가진 자이어야 한다.

ⅱ) 국내우선권의 기초가 되는 선출원이 특허청에 적법하게 계속 중이어야 하며, 선출원이 후출원의 출원 시에 포기, 무효, 취하되거나, 설정등록되었거나 특허거절결정, 실용신안등록거절결정 또는 거절한다는 취지의 심결이 확정된 상태가 아니어야 한다(특허법 제55조 제1항 제3, 4호).

ⅲ) 국내우선권주장을 하는 후출원은 우선권주장의 기초가 되는 선출원일로부터 1년을 경과하지 않아야 한다(특허법 제55조 제1항 제1호).

#### (내) 특수한 요건

##### 1) 누적적 우선권주장이 아닐 것(중복 소급효의 불인정)

예컨대 발명이 A→A'→A''로 개량되어 가고 있다고 가정할 때, 다른 사정

---

273) 다만, 이와 관련하여 주의할 점이 있다. 즉, 그와 같이 새로운 실시례를 보충하더라도 국내우선권주장을 하면 일반적인 보정에서처럼 그것이 "신규사항 추가"로 배척되지 않는다는 의미일 뿐이지, 국내우선권 적용의 결과 보충된 실시례에 관해서까지 출원일 소급효가 인정된다는 것은 아니다. 이에 관하여는 아래의 국내우선권의 효과를 설명하는 부분에서 상세히 언급하기로 한다.

274) 竹田和彦, 앞의 책, 312면은 국내우선권 제도의 활용 예로, "미생물을 발효시켜 유용한 2차 대사 산물을 얻는 연구에 있어서 연구자는 생성물의 물성치(物性値)를 검토하여 신규물질이라고 확신하면 바로 특허출원을 하고, 거듭되는 물성 데이터, 구조식, 용도, 제조법 등을 취득하기 위한 생산균의 결정 데이터 등은 최초 출원일로부터 1년 이내에 출원하면 된다"는 점을 들고 있다.

이 없다면 A''출원 시 A'출원에 기초하여 우선권주장을 할 수 있음은 물론이나, A'출원이 이미 A출원에 기한 우선권주장을 하고 있는 상태라면 A''출원은 A출원의 명세서나 도면에 기재된 발명의 내용에 관해서는 우선권주장을 할 수 없다(특허법 제55조 제5항 제1호, 누적적 우선권주장의 금지). 우선권주장이 거듭되면 심사가 복잡해지고, 우선권은 선출원의 출원일로부터 1년 이내로 그 행사의 기간이 한정되어 있는데(특허법 제54조 제2항, 제55조 제1항 제1호), 위와 같이 누적적 우선권주장을 인정하면 A출원발명과 개량발명인 A'' 사이에 A'출원을 매개로 하여 2년까지의 간극이 존재하게 되어, 우선권주장 기간을 1년으로 제한하는 입법 취지에 반하기 때문이다.

2) 선출원이 분할출원, 분리출원이나 변경출원이 아닐 것(제55조 제1항 제2호)

분할·분리·변경출원일은 원출원일(原出願日)로 소급하는데, 분할출원 또는 변경출원은 통상 원출원일로부터 상당한 시간이 경과된 뒤에 이루어지므로, 분할·분리·변경출원을 우선권주장의 기초가 되는 선출원으로 삼는다면 결과적으로 선출원일로부터 1년 이내에 국내우선권주장을 할 수 있는 경우는 많지 않다. 아울러, 분할출원, 분리출원이나 변경출원이 있는 경우 그 발명 내용이 원출원명세서에 기재된 발명과 동일한지를 판단하여야 하는바, 거기에 국내우선권의 인용 여부에 필요한 발명의 동일성까지 추가로 심사하여야 한다면 심사절차가 지나치게 복잡해지기 때문에 위와 같은 제한을 두고 있는 것이다. 275)

(4) 국내우선권 적용의 범위와 효과

㈎ 출원일 소급효의 적용범위

우선권주장을 수반한 후출원의 명세서 및 도면에 기재되어 있는 발명 중 출원일의 소급이 인정되는 것은 선출원의 최초 명세서에 기재되어 있는 발명과 동일한 발명에 한한다(특허법 제55조 제1항). 따라서, 후출원이 신규사항의 추가에 해당하면 소급효가 인정되지 않아 그 부분은 출원일 소급의 이익을 누리지 못하고, 경우에 따라 통상적인 별개의 출원으로 취급하게 된다.

예컨대, 앞서의 실시례 보충형에서, 甲이 2020. 2. 1.에 실시례 '염산', 특허청구범위 '무기산(상위개념)'으로 하는 선출원을 하였고, 乙이 2020. 5. 1.

---

275) 특허청, 특허·실용신안 심사기준, 제6부 제4장 3.3.

에 실시례 '질산', 특허청구범위 '질산'으로 하는 별개의 출원을 하였다고 하자. 甲이 선출원의 실시례인 '염산'이 특허청구범위인 '무기산'을 뒷받침하기에 불충분하다는 이유로 거절이유를 통지받자 연구를 계속하여 그 후인 2020. 8. 1.에 실시례를 '염산'과 '질산'으로, 특허청구범위를 '무기산'으로 하는 국내우선권주장 출원을 한다면, 甲으로서는 선출원의 최초 명세서에 포함되지 않았던 신규사항인 '질산'에 대하여 출원일 소급효를 누리지 못하기 때문에, 乙과의 관계에서 후출원의 지위에 놓이게 된다.

또한, 앞서의 상위개념 추출형에서, '염산(하위개념)'에 관하여 선출원을 해 둔 A가 뒤에 이를 기초로 '산(酸: 상위개념)'으로 우선권주장 출원을 한다면 상위개념인 '산(酸)'은 신규사항에 해당하여 그에 대하여 소급효가 미치지 않을 것이지만, A가 "청구항 1(독립항). 산(酸) …/ 청구항 2(종속항). 제 1 항에 있어서 산(酸)이 염산인 것 …"으로 청구항을 구성하여 우선권주장 출원을 한다면, A는 원출원의 최초 명세서에 포함되어 있던 염산에 관하여는 출원일의 소급효를 누리면서 그 상위개념인 산(酸)에 대하여도 장래를 향하여 권리를 획득하게 된다.

마지막으로, 앞서의 개량발명형에서, 발명 A에 관하여 선출원을 해 둔 뒤에, 그와 발명의 단일성 관계에 있는 개량발명 A+B에 대하여 우선권주장 출원을 한다면 A에 관하여는 선출원일로, A+B에 관하여는 우선권주장 출원일로 각 출원일을 인정받을 수 있음은 물론이다.

### (나) 출원일 소급효의 내용

국내출원을 기초로 우선권을 주장하여 그 요건에 해당함이 인정되는 후출원은 우선권주장의 기초가 된 선출원의 명세서에 기재된 발명에 관하여 신규성(특허법 제29조 제 1 항), 진보성(같은 조 제 2 항), 확대된 선원(같은 조 제 3 항, 제 4 항), 공지의 예외(특허법 제30조 제 1 항), 선출원 여부(특허법 제36조 제 1 내지 3 항), 특허출원 당시부터 국내에 있는 물건에 대한 특허권의 효력(특허법 제96조 제 1 항 제 3 호), 이용·저촉관계(특허법 제98조), 선사용권의 유무(특허법 제103조), 디자인권 존속만료 후의 통상실시권(특허법 제105조 제 1, 2 항), 침해 시 생산방법의 추정(특허법 제129조), 정정요건(특허법 제136조 제 5 항) 등에 관하여 선출원을 한 때에 출원한 것으로 본다(특허법 제55조 제 3 항).

㈐ 그 밖의 절차상 효과

우선권주장의 기초가 된 선출원은 그 출원일부터 1년 3개월을 경과한 때
에 취하된 것으로 본다(특허법 제56조 제1항).276) 아울러, 국내우선권 제도를
활용하면 앞서 본 메커니즘에 의하여 우선권주장의 대상이 된 원출원 발명에
대하여는 결과적으로 특허의 존속기간 말일을 1년 늦추는 효과를 얻을 수도
있다.

## 4. 분할출원

### 가. 의의와 성질

분할출원이라 함은, 복수의 실체를 가지는 발명에 관하여 하나의 출원을
한 자가 그 특허출원의 출원서에 최초로 첨부된 명세서 또는 도면의 범위에 속
하는 일부 발명에 관하여 별도의 출원을 하는 것을 말한다(특허법 제52조 제1항).

### 나. 분할출원제도의 필요성

첫째, 최초 출원이 1발명 1출원주의에 위반하여 등록거절사유가 있는 경
우(특허법 제62조 제4호, 제45조) 특허청구범위를 2 이상으로 분할하여 거절을
피할 수 있도록 할 필요가 있다.

둘째, 출원인이 스스로 최초의 1출원을 복수의 출원으로 분할하는 것이
특허관리상 더 적절하다고 판단하는 경우에 그와 같은 의사를 존중해 줄 필요
가 있다. 즉, 복수의 청구항으로 이루어진 특허청구범위 가운데 일부에 대하
여는 거절이유가 있고, 나머지는 거절이유가 없는 경우 거절이유가 없는 청구
항은 분할출원을 통해 먼저 특허등록을 받고 나머지에 대하여는 별도로 다투
어 보려는 경우, 복수의 실체를 가지는 단일 출원의 발명에 대하여 향후 권리
처분의 편의성 등을 위해 분리하는 것이 유리하다는 판단을 하는 경우 등이
그 예이다.

셋째, 보정의 내용상 제한 때문에 최초 출원명세서에 기재되어 있던 내용

---

276) 다만, 해당 선출원이 1. 포기, 무효 또는 취하된 경우, 2. 설정등록되었거나 특허거절결
정, 실용신안등록 거절결정 또는 거절한다는 취지의 심결이 확정된 경우, 3. 해당 선출원
을 기초로 한 우선권 주장이 취하된 경우는 제외(특허법 제56조 제1항 단서).

을 특허청구범위로 끌어들여 보정할 기회를 놓친 출원인으로 하여금 분할을
통하여 별개 출원의 대상으로 삼도록 함으로써 자신이 공개한 발명의 내용에
관하여 특허로 보호받도록 해 줄 필요가 있다.[277]

### 다. 분할출원의 요건

#### (1) 시기상 요건

분할출원을 위해서는 원출원이 특허청에 계속 중이어야 하며 원출원이 취
하, 포기, 무효 또는 특허 여부 결정이 확정된 때에는 분할출원을 할 수 없다.

#### (2) 최초 명세서 및 도면의 범위 내일 것

분할의 대상이 되는 발명의 특허청구범위가 최초의 명세서 또는 도면에
기재된 것을 내용으로 하여야 한다. 분할출원에는 소급효가 인정되기 때문에
분할된 발명의 특허청구범위가 당초의 명세서에는 기재되지 아니하였던 내용
을 포함하고 있다면 그와 같은 분할출원에까지 소급효를 인정해 주는 것은 부
당하기 때문이다.

### 라. 분할출원의 절차

분할출원을 하고자 하는 자는 분할출원서에 그 취지 및 분할의 기초가 된
특허출원(원출원)의 표시를 하고(특허법 제52조 제3항), 명세서, 요약서 및 도면
각 1통과 기타 서류를 첨부하여 특허청장에게 제출하여야 한다. 분할출원이
적법하기 위해서 분할출원 시에 원출원이 특허청에 계속 중이어야 함은 앞서
본 바와 같지만, 일단 분할출원이 적법하게 이루어진 이후에는 분할출원의 독
립적 성질 때문에 원출원에 무효, 취하, 포기, 거절이나 특허결정이 확정되더
라도 분할출원은 영향을 받지 아니한다.

일반적으로는, 분할출원서의 제출과 동시에 원출원에 대하여 보정서
를 제출함으로써 원출원과 분할출원의 청구범위에 기재된 발명을 달리하
게 된다.[278]

---

277) 보정은 최후 거절이유를 통지 받은 후에는 특허청구범위의 한정적 감축이라는 제한을 받
　　　지만(특허법 제47조 제3항), 분할출원에는 그와 같은 제약이 없다는 점이 보정과 대비되
　　　는 분할출원의 특징이다.
278) 특허청, 특허·실용신안 심사기준, 제6부 제1장 4.(2).

## 마. 분할출원의 효과

### (1) 출원일의 소급효

분할이 적법한 경우에는 분할출원은 원출원 시에 출원한 것으로 본다(특허법 제52조 제2항 본문). 따라서, 분할출원된 발명에 관한 신규성·진보성, 선출원, 출원공개의 시기, 존속기간의 기산점과 선사용권의 요건 등을 원출원한 때를 기준으로 판단한다.

### (2) 소급효의 예외: 확대된 선원 판단 시

분할출원의 내용은 원출원의 명세서 기재를 넘지 않는 것이 원칙이기 때문에 원출원이 공개를 통하여 확대된 선출원의 지위를 획득하면 굳이 분할출원 명세서에 확대된 선출원의 지위를 추가로 부여할 이유가 없다. 오히려, 분할출원의 과정에서 원칙에 반하여 최초 명세서에 기재되지 않은 사항이 분할출원의 명세서에 추가되는 일이 발생하고 그것이 원출원일과 분할출원일 사이에 출원된 제3자의 별개 출원의 특허청구범위에 기재된 내용과 동일하다면, 제3자는 소급적으로 확대된 선원의 지위를 획득한 분할출원의 명세서로 인하여 불의의 타격을 입게 된다. 특허법은 이러한 불합리를 막기 위하여 아예 분할출원된 명세서에 관하여는 확대된 선원 판단의 기준시점을 원출원 시로 소급하지 않고 분할출원 시를 기준으로 한다(특허법 제52조 제2항 제1호).

## 5. 분리출원

특허거절결정을 받고 거절결정불복 심판청구가 기각된 출원인은 그 심결등본을 송달받은 날부터 30일 이내에 출원서에 최초로 첨부된 명세서 또는 도면에 기재된 사항의 범위에서 그 특허출원의 일부를 새로운 특허출원으로 분리할 수 있다(제52조의2 제1항).[279]

분리출원에 대해서는 특허법 제52조 제2항부터 제5항까지의 규정을 준용함으로써, 기본적으로 분할출원과 동일한 법적 효력을 인정한다(제52조의2 제2항). 따라서 이에 대해서는 분할출원의 설명을 참조하면 될 것이다. 다만,

---

[279] 특허거절결정에 대해 심판에서도 불복이 받아들여지지 않은 출원인이 이후 특허법원에 소를 제기하는 기간에도 분할출원과 유사한 절차상 조치를 취할 수 있도록 해 주기 위해 2021년 개정 특허법(법률 제18505호)으로 신설된 것이다.

분리출원은 새로운 분리출원, 분할출원 또는 실용신안법 제10조에 따른 변경
출원의 기초가 될 수 없다(제52조의2 제 4 항).[280]

분리출원의 경우, 분리출원일부터 30일 이내에 심사청구를 할 수 있고(제
59조 제 3 항), 앞서 든 분리출원의 범위를 위반한 출원은 거절(제62조 제 6 호)
및 등록무효(제133조 제 1 항 제 7 호)의 사유가 된다.

## 6. 변경출원

### 가. 의    의

실용신안등록출원인은 그 실용신안등록출원의 출원서에 최초로 첨부된 명
세서 또는 도면에 기재된 사항의 범위 안에서 그 실용신안등록출원을 특허출
원으로 변경할 수 있다(특허법 제53조 제 1 항). 한편, 특허등록출원인은 그 특허
등록출원서에 최초로 첨부된 명세서 또는 도면에 기재된 사항의 범위 내에서
그 특허등록출원을 실용신안등록출원으로 변경할 수도 있다(실용신안법 제10
조). 변경출원이 적법하게 이루어지면 처음부터 변경된 출원의 내용대로 출원
된 것으로 본다(특허법 제53조 제 2 항).

### 나. 요    건

#### (1) 시기상 요건

원출원이 있은 후 최초의 거절결정등본을 송달받은 날부터 3개월이 지나
기 전까지 사이에 변경출원을 할 수 있다(특허법 제53조 제 1 항). 변경출원이 이
루어질 당시 당초의 실용신안등록출원이 적법하게 특허청에 계속 중이어야 하
고, 실용신안등록출원이 취하 또는 포기되거나 무효로 된 경우 또는 이미 실
용신안등록이 이루어진 경우에는 변경출원을 할 수 없다.[281]

#### (2) 최초 명세서 또는 도면의 범위 내일 것

변경출원에 소급효가 인정되기 때문에 변경출원된 특허청구범위가 당초의

---

280) 그 밖에, 분리출원의 경우에는 특허출원서에 최초로 첨부한 명세서에 청구범위를 적지 아
    니하거나 명세서 및 도면(도면 중 설명부분에 한정한다)을 국어가 아닌 언어로 적을 수
    없다(제52조의2 제 3 항).
281) 특허청, 특허·실용신안 심사기준, 제 6 부 제 2 장 3.2.

명세서에는 기재되지 아니하였던 내용을 포함하고 있다면 그와 같은 변경출원에까지 소급효를 인정해 주는 것은 부당하기 때문이다. 변경출원된 발명이 원출원의 명세서 또는 도면에 포함되는지 여부를 판단할 때, 변경출원된 발명이 원출원에 최초로 첨부된 명세서 또는 도면에 명시적으로 기재되어 있는 사항인지, 혹은 명시적인 기재는 없더라도 기재되어 있다고 자명하게 이해할 수 있는 사항인지 여부를 살핀다는 점은 분할출원의 경우와 마찬가지이다.

### 다. 절　차

변경출원을 하고자 하는 자는 변경출원서에 그 취지 및 변경출원의 기초가 된 실용신안등록출원의 표시를 하여야 한다(특허법 제53조 제3항).

### 라. 변경출원의 효과

변경출원이 적법한 경우에는 그 변경출원은 실용신안등록출원을 한 때에 특허출원한 것으로 본다(특허법 제53조 제2항). 따라서 변경출원된 발명에 관한 신규성·진보성, 선출원, 출원공개의 시기, 존속기간의 기산점과 선사용권의 요건 등은 원 실용신안등록출원의 출원 시를 기준으로 판단한다.

변경출원이 있는 경우, 그 원출원은 취하된 것으로 본다(특허법 제53조 제4항, 실용신안법 제10조 제4항). 동일한 발명이나 고안에 대한 중복특허(실용신안)를 방지하기 위함이다.

## 7. 심사절차

### 가. 출원공개제도

#### (1) 존재이유와 공개방법

특허법은 특허청장으로 하여금 특허출원 후 일정한 기간이 경과하면 특허출원의 심사 유무에 관계없이 출원 내용을 공개하도록 함으로써 제3자에게 그와 같은 내용의 특허출원이 이미 존재함을 알려 중복투자의 위험을 줄이고, 장차 침해의 가능성을 알도록 하였다. 출원공개는 출원일[282]로부터 1년 6개월

---

[282] 그 밖에 ⅰ) 조약우선권주장을 수반하는 출원은 그 우선권주장의 기초가 된 출원일, ⅱ) 국내우선권주장을 수반하는 출원은 선출원의 출원일, ⅲ) 조약우선권이나 국내우선권에

이 지난 때, 또는 그 이전이라도 출원인의 신청이 있는 때에 행하여진다(특허법 제64조 제1항).[283] 위 1년 6개월의 기간 내에 출원의 취하, 포기가 있거나 출원이 무효로 된 경우에는 결과적으로 출원이 없는 상태이므로 출원공개의 여지는 없다. 출원에 대한 심사가 일찍 이루어져 위 기간 안에 거절결정이 확정된 경우에도 마찬가지이다.

출원의 공개는 특허공보에 게재하는 방법으로 하며, 비밀로 취급하여야 하는 발명은 비밀취급의 해제 시까지 출원공개를 보류한다(특허법 제64조 제3항, 제87조 제4항).

### (2) 출원공개의 효과

#### (가) 출원발명을 실시한 자에 대한 서면경고

특허출원인은 출원공개가 있은 후 그 특허출원된 발명을 업으로써 실시한 자에게 그 발명이 이미 특허출원된 상태라는 것을 서면으로 경고할 수 있다(특허법 제65조 제1항). 서면경고는 사후에 이어지는 보상금지급청구권 행사를 위한 전제가 된다.

#### (나) 보상금지급청구권

특허출원인은 당해 특허에 관하여 특허권 설정등록을 받고 나면, 위와 같이 서면경고를 받거나 경고를 받지 않더라도 출원공개된 발명이라는 것을 알면서도 업으로써 그 발명을 실시한 제3자를 상대로 그 특허발명의 실시에 대하여 합리적으로 받을 수 있는 금액에 상당하는 보상금의 지급을 청구할 수 있다(특허법 제65조 제2항, 제3항). 보상금 산정의 대상이 되는 기간은 실시자가 경고를 받거나 출원공개된 발명이라는 것을 안 시점으로부터 특허권 설정등록 시까지이다. 특허권 설정등록 이후에는 발명을 업으로써 실시한다면 특허권의 침해를 구성하므로 보상금청구권이 아닌 손해배상청구권이 발생하기 때문이다.[284]

---

관하여 2 이상의 우선권주장을 수반하는 출원은 해당 우선권주장의 기초가 된 출원일 중 가장 빠른 출원일을 기준으로 한다(특허법 제64조 제1항 제1호 내지 제3호).

283) 다만 청구범위가 기재되어 있지 않거나(특허법 제42조의2), 외국어 특허출원임에도 필요한 국어번역문이 제출되어 있지 않거나(특허법 제42조의3 제2항), 강제공개 시기가 도래하기 전에 심사가 끝나 등록이 완료된 출원(특허법 제87조 제3항)은 공개하지 아니한다(특허법 제64조 제2항 단서).

284) 보상금청구권의 법적 성질에 대하여는 이를 불법행위에 기한 손해배상청구권으로 보는

㈐ **선원범위의 확대**

확대된 선원의 법리에 따라, 출원이 공개된 후에는 그 명세서 또는 도면에 기재된 내용과 특허청구범위가 동일한 후출원은 그것이 비록 출원발명의 공개 전에 출원되었더라도 등록이 거절된다.285) 즉, 후출원의 특허청구범위와 비교되는 대상의 범위가 선출원의 특허청구범위는 물론 발명의 설명 및 도면으로까지 확장되어(특허법 제29조 제3항) 실질적으로 선출원의 범위가 확대되는 효과를 갖는 것이다.

## 나. 특허 여부의 결정

### (1) 청구항별 심사

종래 심사 실무의 관행은 복수의 청구항으로 이루어진 출원발명에 대하여 하나의 청구항이라도 거절이유가 있는 경우에는 그 출원을 전부 거절하여 왔고, 판례286) 또한 이러한 심사관행을 승인해 오고 있다. 이는 우리 특허법이 다항제와 보정제도를 채택한 이상, 특허출원된 청구항 중 일부의 항에 대하여 거절이유가 있는 경우, 보정 등을 통하여 이를 삭제하거나 감축할 기회가 주어짐에도 이를 이행하지 아니한 출원인을 보호할 필요가 적고, 일부 거절, 일부 등록으로 인하여 빚어지는 심사 및 등록절차의 번잡을 피하기 위한 것이다.

⋄ 대법원 1993. 9. 14. 선고 92후1615 판결

> 특허청구범위를 다항으로 기재한 경우 하나의 항이라도 거절이유가 있는 경우에는 그 출원은 거절되어야 할 것인바, 출원발명의 특허청구범위 제2항에 공지의 기술이 포함되어 있어서 위 제2항이 거절사정되어야 하는 이상, 출원발명은 그 전부가 거절사정되어야 한다.

---

견해와, 아직 등록되기 전의 발명의 내용을 제3자가 실시하는 행위는 위법하지 않음을 전제로; 특허권이 출원인 보호를 위해 특별히 인정한 법정채권이라는 견해가 있는바, 후자가 통설이다.

285) 공개 후에 출원된 발명은 당연히 신규성 위반으로 거절될 것이다.

286) 대법원 1997. 3. 18. 선고 96후603 판결; 대법원 1995. 12. 26. 선고 94후203 판결; 대법원 2009. 12. 10. 선고 2007후3820 판결 등.

(2) 특허 여부의 결정

심사관은 특허출원에 대하여 거절이유를 발견할 수 없는 때에는 특허결정을 하여야 한다(특허법 제66조). 거절이유가 존재하고 출원인이 보정 등을 통해 이를 해소하지도 못한 경우에는 특허거절결정을 하게 됨은 물론이다. 특허결정 및 특허거절결정은 서면으로 하여야 하며, 그 이유를 붙여야 한다. 특허청장은 특허 여부 결정이 있는 경우에는 그 결정의 등본을 출원인에게 송달하여야 한다(특허법 제67조). 거절결정에 불복이 있는 출원인은 결정등본을 송달받은 날부터 3개월 이내에 특허심판원에 거절결정취소심판을 청구할 수 있다(특허법 제132조의 17).

심사관은 특허출원이 다음 각 호의 어느 하나의 거절이유에 해당하는 경우에는 특허거절결정을 하여야 한다(특허법 제62조).

① 권리능력 없는 외국인이 특허를 출원한 경우(특허법 제25조)·신규성, 진보성, 산업상 이용가능성이 없거나 확대된 선원 규정에 위반된 발명에 관하여 특허가 출원된 경우(특허법 제29조)·공서양속에 반하는 발명에 특허가 출원된 경우(특허법 제32조)·선원주의에 위반하여 특허가 출원된 경우(특허법 제36조 제1항~제3항)·공동발명이어서 특허를 받을 수 있는 권리가 공유임에도 공유자 전원의 명의로 출원하지 않은 경우(특허법 제44조)

② 발명을 한 자 또는 그 정당한 승계인이 아님에도 특허를 출원한 경우(특허법 제33조 제1 본문), 특허청 직원 또는 특허심판원 직원이 상속 또는 유증의 경우가 아님에도 재직 중에 특허를 출원한 경우(특허법 제33조 제1항 단서)

③ 조약을 위반한 경우

④ 명세서 기재불비에 해당하는 경우(특허법 제42조 제3, 4, 8항), 1발명 1출원주의에 위반한 경우(제45조)

⑤ 신규사항추가금지에 반하는 보정인 경우 등(특허법 제47조 제2항)

⑥ 제52조 제1항에 따른 범위를 벗어난 분할출원 또는 제52조의2 제1항에 따른 범위를 벗어난 분리출원인 경우

⑦ 최초 출원서에 첨부된 명세서나 도면에 기재되지 아니한 신규사항을 내용으로 한 변경출원인 경우(제53조 제1항)

### (3) 재심사 제도

한편, 거절결정을 받은 출원인은 거절결정 등본을 송달받은 날부터 3개월 이내에 그 특허출원의 특허출원서에 첨부된 명세서 또는 도면을 보정하여 해당 특허출원에 관하여 재심사를 청구할 수도 있다(특허법 제67조의2 제1항). [287] 이 경우 출원인은 재심사 청구와 함께 의견서를 제출할 수 있다(특허법 제67조의2 제2항). 재심사의 청구가 있으면 해당 특허출원에 대하여 종전에 이루어진 특허결정이나 특허거절결정은 취소된 것으로 보며(특허법 제67조의2 제3항), 일단 행한 재심사 청구는 취하할 수 없다(같은 조 제4항). 재심사 청구 시 이루어진 보정이 적법한 경우, 보정된 내용을 전제로 다시 한 번 특허 여부를 판단하여야 한다. 재심사를 통해서도 등록이 거절되면 불복이 있는 출원인은 역시 특허심판원에 거절결정취소심판을 청구할 수 있다. 분리출원(제52조의2)은 재심사의 대상이 아니다(제67조의2 제1항 제3호).

### (4) 직권 재심사

심사관이 특허결정 이후 명백한 거절이유를 발견하면 직권으로 특허결정을 취소하고 재심사할 수도 있다(특허법 제66조의3 제1항). 다만, 배경기술기재의무 위반(특허법 제42조 제3항 제2호), 1발명 1출원주의 위반(특허법 제45조), 특허출원서 상 청구항 기재요령 위반(특허법 제42조 제8항, 제2항, 특허법 시행령 제5조)은 취소 이유가 될 수 없다(특허법 제66조의3 제1항 제1호). 또한, 직권 재심사를 위한 특허결정 취소는 특허권 설정등록이 이루어지기 전까지만 할 수 있고, [288] 출원이 취하되거나 포기된 경우에도 당연히 할 수 없다(특허법 제66조의3 제1항 제2, 3호). 심사관은 직권 재심사를 통해 특허결정을 취소한 뒤 당초 통지했던 거절이유를 다시 들어 거절결정을 하려면 그에 대하여 출원인에게 다시 의견서 제출의 기회를 주어야 한다(특허법 제63조 제1항 제2호).

---

287) 다만, 재심사 청구시에 이미 재심사에 따른 특허여부의 결정이 있거나, 거절결정불복심판이 청구된 경우에는 그렇지 않다(제67조의2 제1항 단서).

288) 직권 재심사를 하려면 특허결정에 대한 취소를 출원인에게 통지해야 하며(특허법 제66조의3 제2항), 그 통지를 이미 받은 출원인이 그 뒤 특허등록을 하더라도 취소결정에 영향이 없다(같은 조 제3항, 제1항 제2호).

## (5) 특허출원에 대한 정보제공

특허출원이 있는 때에는 누구든지 그 특허출원에 거절이유가 있다는 정보를 증거와 함께 특허청장에게 제출할 수 있다. 단, 거절이유가 배경기술기재 누락(특허법 제42조 제3항 제2호), 청구범위 기재방법 위반(같은 조 제8항), 1발명 1출원주의 위반(특허법 제45조)인 경우에는 그렇지 아니하다(특허법 제63조의2).

## 8. 특허취소신청

2017년 특허법을 통해 특허취소신청 제도가 도입되었다. 이는 특허등록이후 공중(公衆)이 소정의 근거를 들어 그 등록의 부당함을 주장하면 특허심판원이 이를 재검토함으로써 잘못 등록된 특허를 조기에 제거하기 위한 것이다.

### 가. 신청의 주체와 기간(특허법 제132조의2 제1항)

누구든지 신청의 주체가 될 수 있다. 이는 특허무효심판이 이해관계인과 심사관에 의해서만 청구될 수 있는 것과 구별된다.[289] 취소신청이 가능한 기간은 특허권의 설정등록일부터 등록공고일 후 6개월이 되는 날까지이다.

### 나. 신청사유

해당 특허가 신규성·진보성이 없거나 확대된 선출원·선출원 규정에 위반하여 등록되었다는 점만을 이유로 할 수 있다. 신규성·진보성 위반의 자료로는 출원 전 간행물이나 전기통신회선을 통해 공지된 내용만이 이용될 수 있다(특허법 제132조의2 제1항 제1, 2호).

### 다. 심리의 주체와 절차

취소신청은 특허심판원의 심판관 합의체에서 심리한다(특허법 제132조의7). 심리는 서면으로 진행되며(특허법 제132조의8 제1항), 동일한 특허에 대하여 복수의 취소신청이 있는 경우 병합하여 심리·결정한다(특허법 제132조의11). 심판관은 취소신청된 청구항에 한해서만 심리할 권한이 있지만(특허법 제132조의10

---

289) 2016년 특허법까지는 제133조 제1항에서 등록공고일부터 3개월까지 누구라도 무효심판을 청구할 수 있도록 하여 일정부분 특허취소신청과 유사한 기능을 하였으나, 2017년 특허법을 통해 취소신청 제도가 전면 도입됨에 따라 위 제도는 폐지되었다.

제 2 항), 일단 심리의 대상이 된 청구항에 대해서는 취소신청인, 특허권자 또는 참가인이 제출하지 않은 이유에 대해서도 직권으로 심리할 수 있다(같은 조 제 1 항). 심리결과 취소결정을 하려는 때에는 심판장은 특허권자 및 참가인에게 기간을 정해 의견제출의 기회를 주어야 한다(특허법 제132조의 13 제 2 항). 특허취소신청 절차에서도 정정청구가 가능하다(특허법 제132조의 3).

### 라. 결정과 그 효력

신청이 이유 있는 경우에는 특허취소의 결정을 하고(특허법 제132조의 13 제 1 항) 취소결정이 확정되면 그 특허권은 처음부터 없던 것으로 본다(같은 조 제 3 항), 취소결정에 불복하는 특허권자나 참가인은 특허청장을 피고로 특허법원에 불복소송을 제기할 수 있지만(특허법 제186조 제 1 항), 신청인은 신청을 기각하는 결정에 대하여 불복할 수 없다(특허법 제132조의 13 제 5 항).

## Ⅶ. 특허권과 침해

### 1. 특 허 권

### 가. 특허권의 내용과 특허를 둘러싼 분쟁

특허권은 설정등록으로 발생하여, 특허출원일 후 20년이 되는 날까지 존속한다(특허법 제88조 제 1 항). [290] 다만, 출원인의 책임 없이 심사가 지연되고 그 결과 일정기간 이상 특허등록이 지연되면, 지연된 기간만큼 존속기간을 연장 받을 수 있다(특허법 제92조의 2 내지 제92조의 5 참조). [291]

특허법은 등록된 특허에 관하여 독점적 '실시권'과 배타적 '금지권'을 부

---

290) 정당한 권리자가 특허법 제34조 또는 제35조에 따라 모인출원을 등록거절시키거나 그에 기한 특허등록을 무효시킨 후 모인출원인의 출원을 소급승계하여 특허받은 경우, 존속기간은 무권리자의 특허출원일 다음날부터 기산한다(같은 조 제 2 항).

291) 종래 특허법 제89조는, 제약 등 일부 발명은 특허를 받더라도 당국으로부터 시판허가를 받는 기간만큼 사실상 특허를 실시할 수 없는 수가 있기 때문에 이를 별충해 주기 위해 5년의 기간 내에서 존속기간 연장이 가능토록 하고 있다. 위 개정 내용은 특허권 존속기간 연장의 적용범위를 일정한 요건 아래 발명 전반으로 확대한 것이다.

여하고 있다. 전자는 특허권자가 타인의 방해를 받음이 없이 스스로 특허발명을 실시하거나 제3자에게 전용실시권 또는 통상실시권을 부여할 수 있는 권능으로 구체화되고, 후자는 제3자가 특허권자의 허락 없이 특허를 실시하였을 경우 이를 금지하거나 그로 인한 손해배상을 청구할 수 있는 등의 권능으로 구체화된다.

특허청구범위는 언어로 표현되는 것인 만큼 필연적으로 해석의 대상이 되는바, 특허청구범위를 넓게 또는 좁게 해석함에 따라 침해의 성립 여부가 좌우되는 등 권리자와 제3자의 이해가 첨예하게 대립한다. 특허청구범위의 해석은 법관에 의하여 행하여지는 법률판단의 문제로서 일정한 원칙에 따라 일관성 있게 이루어져야 한다. 현실적으로 제3자에 의한 특허발명의 실시는 매우 다양한 양상을 띠므로 각 실시형태에 따라 침해를 구성하는지 여부를 검토함에 있어 일정한 예측가능성이 담보될 필요가 있으며, 침해의 태양을 유형화하여 구성요건과 법적 효과를 살펴보는 이유가 여기에 있다.

한편, 특허침해자로 지목된 제3자는 자신의 실시형태가 등록특허의 권리범위에 속하지 아니한다는 주장 이외에도 각종의 실시권, 특허의 무효, 특허권의 행사가 권리남용에 해당한다는 점, 자신의 실시형태는 특허권 침해가 아니라 이미 공공의 재산(Public domain)에 해당하는 자유기술을 구사하는 것에 지나지 않는다는 점 등 다양한 형태의 항쟁을 할 수 있다.

특허침해는 민사상의 불법행위를 구성하므로 금전배상의 의무를 낳지만, 특허침해의 특수성으로 인하여 손해의 산정과 증명에 현실적 어려움이 크다. 특허법은 이를 감안하여 손해의 산정과 증명의 부담을 덜고 구체적 형평을 도모할 수 있도록 법관에게 폭넓은 재량을 부여하는 특칙을 두고 있다.

## 나. 특허권의 공유

### (1) 공유특허권의 발생

특허발명이 공동으로 이루어진 경우에는 특허를 받을 수 있는 권리는 공유이고(특허법 제33조 제2항), 특허출원 역시 공동으로 해야 하며(특허법 제44조). 이를 통해 등록된 특허권은 공유이다. 그 밖에 단일 특허권에 대한 일부 지분의 양도, 공동상속 등에 의해서도 특허권의 공유가 발생할 수 있다.

## (2) 공유특허권의 효력(특허법 제99조)

### (가) 자유로운 자기실시

공유특허권자는 별도의 약정이 없는 한, 다른 공유자의 동의 없이도 특허발명 전부를 스스로 실시할 수 있다(특허법 제99조 제3항). 이는 민법상 공유자가 공유물을 '지분의 비율로만' 사용·수익할 수 있는 것(민법 제263조)과 구별된다. 공유특허권자는 특허발명 전부를 스스로 실시해 얻은 이익을 다른 공유자에게 배분할 의무도 없다.

### (나) 지분양도·질권설정 및 실시허락에 대한 제한

공유특허권자가 그 지분을 양도하거나 질권을 설정할 때는 다른 공유자 모두의 동의가 필요하고(특허법 제99조 제2항) 이는 전용실시권을 설정하거나 통상실시권을 허락할 때도 마찬가지이다(같은 조 제4항). 공유자 이외의 제3자가 특허권 지분을 양도받거나 그에 관한 실시권을 설정받을 경우 제3자가 투입하는 자본의 규모·기술 및 능력 등에 따라 경제적 효과가 현저하게 달라지게 되어 다른 공유자 지분의 경제적 가치에도 상당한 변동을 가져올 수 있는 특수성을 고려한 것이다.292)

### (다) 공유지분권자의 분할청구권

특허권 공유도 그 본질은 민법상 공유와 다르지 않기 때문에 지분권자가 공유물분할 청구권을 행사할 수 있음은 당연하다(민법 제268조). 다만 특허권이 무체재산권의 성질을 가지는 점을 감안하면 현물분할은 곤란하고, 가액배상을 하거나 이를 매각하여 대금을 분할하는 방법이 상당하다. 판례293)도 같은 취지이다. 또한 특허권 공유관계에서 상대적으로 불리한 위치에 있는 비실시 지분권자는 실시 지분권자와의 관계에서 분할청구권을 유용한 자구책으로 활용할 수도 있게 된다.

### (라) 침해자에 대한 권리행사

공유특허권에 대한 침해가 있는 경우, 공유자는 전체 손해액 가운데 지분비율에 따라 손해배상을 청구할 수 있고 부당이득반환청구에 대해서도 마찬가

---

292) 대법원 2014. 8. 20. 선고 2013다41578 판결.
293) 대법원 2014. 8. 20. 선고 2013다41578 판결.

지이다. 한편, 특허권 침해금지는 공유재산 전체에 대한 보존행위로서 저마다 할 수 있다.

### (3) 공유특허권과 심판 및 심결취소소송

공유특허권에 대하여 심판을 청구할 때는 공유자 전원을 상대로 해야 하고(특허법 제139조 제2항), 공유특허권자 스스로 심판을 청구할 때는 전원이 공동으로 청구해야 한다(같은 조 제3항). 공유특허권에 관한 심판에 불복하여 제기하는 심결취소소송에 관해서는 논의가 있지만, 공유특허권의 실질을 민법상 공유로 이해하는 이상, 심결취소소송은 보존행위의 일환으로 일부 공유자도 제기할 수 있다고 해야 한다. 다만 소송상으로는 합일확정의 필요가 있기 때문에 '유사필수적 공동소송'으로 다루어지게 된다. 판례 역시 유사필수적 공동소송설을 취한다. 294)

## 2. 침　해

### 가. 특허침해 일반론

#### (1) 특허발명의 실시와 구성요소 완비의 원칙

특허권자는 업으로서 그 특허발명을 실시할 권리를 독점한다(특허법 제94조). 특허침해를 구성하는 실시는 "업으로서" 하는 것이어야 한다. 따라서 영리를 직접 목적으로 하지 않는 개인적·가정적 범위에서의 실시는 특허침해를 구성하지 않는 것이 원칙이다. 발명의 '실시'란 ① 물건의 발명인 경우에는 그 물건을 생산·사용·양도·대여 또는 수입하거나 그 물건의 양도 또는 대여의 청약(양도 또는 대여를 위한 전시를 포함한다)을 하는 행위 ② 방법의 발명인 경우에는 그 방법을 사용하는 행위 또는 그 방법의 사용을 청약하는 행위 ③ 물건을 생산하는 방법의 발명인 경우에는 위 ②의 행위 외에 그 방법에 의하여 생산한 물건을 사용·양도·대여 또는 수입하거나 그 물건의 양도 또는 대여의 청약을 하는 행위를 말하고(특허법 제2조 제3호), 특허권자가 아닌 자가 위 '실시' 행위를 하는 경우에 '침해'를 구성하게 된다(특허법 제94조의 반대 해석). 295) 한편, 대부분의 특허청구범위는 복수의 기술구성요소로 이루어져 있는

---

294) 대법원 2004. 12. 9. 선고 2002후567 판결.

바, 발명은 모든 구성요소가 유기적 일체로 이루어진 것이므로 특허의 침해는 침해자가 특허청구범위의 모든 구성요소를 사용하는 경우에만 성립하고, 그 중 일부만을 실시하는 행위는 원칙적으로 침해를 구성하지 않는다(All Elements Rule). 다만, 복수의 주체가 구성요소 가운데 일부씩을 수행함으로써 공동침해자로 결과 전체에 책임을 지거나 간접침해가 성립하는 수가 있으며, 이는 형식상 구성요소 완비 원칙의 예외를 이룬다. 상세는 뒤에서 따로 설명한다.

### (2) 침해소송에서 피고의 적극부인 의무

현실에서 특허권자나 전용실시권자 등 특허권이 침해되었다고 주장하는 원고로서는 소 제기 전이나 소송의 초기 단계에서 상대방이 실제로 어떤 구성요소에 대한 실시행위를 하고 있으며, 어떤 유형의 실시행위를 하고 있는지 구체적으로 알기 어려운 경우가 많다. 2019. 1. 8. 개정된 특허법은 이런 어려움을 덜고 특허권자의 보호와 소송의 적정을 도모하기 위해서 i) 특허 침해소송에서 침해사실에 대한 주장을 부인하는 당사자는 단순 부인에 그쳐서는 안 되고 자기가 실제로 하고 있는 행위태양을 적극적으로 제시하도록 하는 한편(제126조의 2 제1항), ii) 정당한 이유 없이 그 의무를 이행하지 않으면 법원이 침해행위에 대한 상대방의 주장을 진실한 것으로 볼 수 있게 하고 있다(같은 조 제4항).

### (3) 침해의 성립과 불법행위의 관계

특허침해의 성립이 곧 불법행위를 의미하는 것은 아니다. 특허의 '침해'는 제3자가 특허권자의 허락 없이 실시행위나 특허법 제127조에 의하여 침해로 보는 행위(간접침해)를 하면 즉시 성립하며, 그 효과로서 특허권자는 침해자의 고의·과실 등 주관적 요건이나 손해의 발생 여부에 구애받지 않고 금지청구권을 행사할 수 있다. 한편, 위와 같은 침해행위 가운데 침해자의 고의·과실, 위법성, 책임능력, 손해, 침해와 손해와의 사이의 인과관계 등 요건이 추가로 갖추어진 것들이[296) 불법행위를 구성하여 손해배상청구권을 발생시킨

---

295) 다만, 방법발명에 대해 그 방법의 사용을 청약하는 행위에 대해서는 특허권의 효력은 그 방법의 사용이 특허권 또는 전용실시권을 침해한다는 것을 알면서 청약하는 행위에만 미친다(특허법 제94조 제2항).

296) 특허법은 위와 같은 손해배상청구권의 행사를 용이하게 하기 위한 특칙을 마련해 두고 있

다. 한편, 복수의 사람이 민법상 불법행위 요건까지 충족하는 침해행위를 하는 경우 이는 민법 제760조 제1항의 협의의 공동불법행위 또는 같은 조 제3항의 교사·방조에 포섭될 것이다. 요컨대, 특허법상 침해의 성립은 불법행위 구성을 위한 필수적 전제로서 그 상위개념에 해당하는 것이다.

## 나. 특허청구범위의 해석

### (1) 특허청구범위 해석에 관한 이원적 기준 여부

특허청구범위는 그것이 넓을수록 폭넓게 독점권을 행사할 수 있는 반면에, 특허를 획득하기 위한 심사나 무효심판 등을 통하여 특허의 적격성이 도전받는 단계에서는 그만큼 선행기술로부터 도전을 받게 될 가능성 또한 넓어진다는 의미에서 이율배반성을 가진다. 한편, 그와 같은 성질을 가지는 특허청구범위를 해석함에 있어서는 심사단계에서의 해석기준과 권리행사단계에서의 해석기준이 서로 달라야 한다는 논의가 있다. 즉, ① 출원 및 심사의 단계에서는 출원인은 특허청구범위에 자신이 특허를 받고자 하는 발명을 특정하기 위하여 필요한 사항의 전부를 기재하게 되어 있고(특허법 제42조 제6항), 무엇보다 심사과정에서 보정을 통해 스스로 특허청구범위의 불명확한 부분 등을 바로잡을 수 있는 길이 열려 있으므로 특허청구범위의 내용297)을 문언적 기재에 충실하게 해석하여 특허성 여부를 심사할 일이며, 심사관이 임의로 발명의 설명 등을 참작하여 그 내용을 확대 혹은 축소 해석하는 것은 엄격히 자제되어야 하는 반면, ② 일단 등록된 특허를 행사하는 과정(침해 혹은 권리범위확인)에서 특허청구범위의 내용298)을 해석함에 있어서는 심사단계에서 확인되지 아니하였던 선행기술의 존부나 공지기술이 특허발명에서 차지하는 비중 등을 살펴 등록된 특허발명이 과연 어느 정도의 보호를 받는 것이 적절한지를 규범적·개별적으로 재평가 한 뒤 발명의 실질적 가치에 따라 보호의 광협(廣狹)을 결정함이 합리적이라는 것이다. 우리나라에서는 이와 같이 이원적 기준에 따라

---

는바, 권리자로 하여금 손해배상청구권 행사에 따르는 인과관계 증명 등의 어려움을 덜어주기 위하여 마련된 특칙인 특허법 제128조와 침해자의 과실을 추정하는 법 제130조가 그것이다..
297) 이를 '발명의 요지'라고 부르기도 한다.
298) 이를 '발명의 기술적 범위'라고 불러 '발명의 요지'와 구별하기도 한다.

특허청구범위를 해석해야 한다는 견해가 다수이다. 299)

근래 들어 판례는 ① 특허의 특허요건 판단 시와 권리범위의 판단 시 공히 '청구범위에 기재된 내용의 의미가 모호한 경우에는 발명의 설명을 참작하여 그 의미내용을 확정'하되(발명의 설명 참작 원칙), ② 거절·무효 사건에서는 거기서 나아가 청구범위를 가급적 한정 해석하지 않는 반면, 300) ③ 권리범위·침해 사건에서는 그보다 유연한 태도에 입각하여, 필요시 청구범위를 한정해석 하는 등 거절·무효 사건과는 다른 원리에 입각하는 경향을 보인다. 301)

### (2) 청구범위해석의 원칙

#### ㈎ 문언(文言)해석의 원칙

특허법은, 특허발명의 보호범위는 특허청구범위에 기재된 사항에 의하여 결정된다고 하여(특허법 제97조), 문언해석 원칙의 규범적 근거를 제시하고 있다.

문언해석의 원칙은 두 가지의 의미를 가진다. 첫째, 특허청구범위는 대세적으로 발명의 보호범위를 설정하는 것이므로 그 해석에 있어서도 객관적이고 예측 가능한 방법이 사용되어야 하며, 이를 위하여 가장 바람직한 방법은 특허청구범위에 사용된 용어 그대로 문언이 가지는 보편적 의미에 좇아 해석하는 것이다. 둘째, 특허발명은 특허청구범위에 '기재된' 사항에 의하여 보호범위가

---

299) 학설의 소개는, 조영선, "특허 청구범위 해석에 관한 일원론과 이원론의 재검토", 인권과 정의 제461호(2016), 71~72면.

300) 대법원 2020. 4. 9. 선고 2018후12202 판결(무효, 진보성 부정); 대법원 2016. 8. 24. 선고 2015후1188 판결(등록무효. 진보성 부정); 대법원 2015. 11. 27. 선고 2013후3326 판결(등록무효. 진보성 부정); 대법원 2014. 1. 16. 선고 2013후785 판결(등록무효. 진보성 부정); 대법원 2012. 12. 27. 선고 2011후3230 판결(거절. 신규성 부정); 대법원 2012. 3. 29. 선고 2010후2605 판결(거절. 진보성 부정); 대법원 2012. 3. 15. 선고 2010다63133 판결(침해금지. 진보성 부정, 무효사유 명백함 이유로 권리남용항변 수용); 대법원 2011. 8. 25. 선고 2010후3639 판결(거절. 진보성 부정); 대법원 2011. 7. 14. 선고 2010후1107 판결(등록무효. 진보성 부정); 대법원 2011. 2. 10. 선고 2010후2377 판결(거절. 진보성 부정); 대법원 2010. 6. 24. 선고 2008후4202 판결(거절. 진보성 부정); 대법원 2010. 1. 28. 선고 2007후3752 판결(등록무효. 진보성 부정).

301) 대법원 2019. 10. 17. 선고 2019다222782, 222799 판결(특허권침해금지 등); 대법원 2015. 2. 12. 선고 2013후1726 판결(권리범위확인); 대법원 2015. 5. 14. 선고 2014후2788 판결(권리범위확인); 대법원 2014. 5. 29. 선고 2012후498 판결(권리범위확인); 대법원 2013. 4. 25. 선고 2012후85 판결(권리범위확인); 대법원 2011. 5. 26. 선고 2010다75839 판결(특허권 침해금지).

결정되므로 비록 발명의 설명이나 도면에 나타난 것이라고 하더라도 특허청구범위에 기재되지 아니한 사항은 원칙적으로 보호범위에서 제외된다.

이처럼, 특허청구범위의 해석에 있어 무엇보다도 그 문언기재의 내용을 중심으로 하여야 한다는 태도를 '문언 중심의 원칙' 또는 '용어책임론(用語責任論)'이라고 한다. 이에 따르면, 출원인은 명세서를 작성함에 있어 용어의 선택을 신중하게 하여야 할 책임을 부담하며, 특허청구범위에 구성요소를 기재하지 않거나, 부적절하거나 명확하지 않은 용어를 사용함으로써 말미암은 불이익은 원칙적으로 출원인에게 돌아가게 된다.

### (나) 발명의 설명 참작의 원칙

#### 1) 불분명한 청구범위와 발명의 설명 참작

발명의 설명이나 도면 등 명세서의 다른 기재부분을 보충하여 청구범위에 화체된 발명의 요지나 권리의 범위를 확정하여야 하는 수가 있다. 판례 역시 "특허청구범위에 기재된 사항은 발명의 설명이나 도면 등을 참작하여야 그 기술적인 의미를 정확하게 이해할 수 있으므로, 특허청구범위에 기재된 사항은 그 문언의 일반적인 의미를 기초로 하면서도 발명의 설명 및 도면 등을 참작하여 그 문언에 의하여 표현하고자 하는 기술적 의의를 고찰한 다음 객관적·합리적으로 해석하여야 한다"고 하여 그것이 가능하고 필요한 일임을 분명히 하고 있다.302) 예컨대, 청구범위에 "폐쇄형 와셔"라는 구성이 기재되어 있고, 통상의 기술자의 시각에서도 청구항의 기재만으로는 그 의미를 확정하기 어렵다고 하자. 이때 발명의 설명과 도면에 그런 기능을 하는 구체적인 와셔의 형상이 도시되어 있고, 이를 참작하면 왜 그것을 "폐쇄형"이라고 부르는지를 알 수 있다면 청구항의 "폐쇄형 와셔"를 그와 같은 구체적 특징을 가지는 부품을 의미하는 것으로 해석할 수 있다.

---

302) 대법원 2010. 1. 28. 선고 2008후26 판결; 대법원 2007. 10. 25. 선고 2006후3625 판결; 대법원 2009. 10. 15. 선고 2009다19925 판결; 대법원 2008. 7. 10. 선고 2008후64 판결; 대법원 2008. 2. 28. 선고 2005다77350, 77367(병합) 판결; 대법원 2007. 10. 25. 선고 2006후3625 판결; 대법원 2007. 9. 21. 선고 2005후520 판결; 대법원 1995. 10. 13. 선고 94후944 판결; 대법원 1991. 11. 26. 선고 90후1499 판결 등. 다만, 이 경우 특허청구범위의 불분명의 정도가 심각하고 발명의 설명을 참작하더라도 그 객관적 의미나 권리의 범위를 명확히 하기 어렵다면 그와 같은 특허청구범위에 기하여는 권리보호를 받을 수 없음은 물론, 특허 자체가 명세서 기재불비에 해당하여 등록 무효로 될 수 있다.

2) 발명의 설명의 참작의 한계(특히, 특허요건 판단 시)

한편, 이처럼 청구범위에 '기재되었으나 그 구체적 내용이 불명확한 것'
과 '기재되지 아니한 것'은 엄연히 다르다. 따라서 전자의 경우에는 발명의
설명을 참작하여 청구범위의 객관적 의미와 보호범위를 해석·확정할 수 있지
만, 후자의 경우에는 발명의 설명을 참작하여 청구범위를 해석할 수 없다. 예
컨대, 청구항에 "탄성체"라는 구성이 기재되어 있고 기술적으로 탄성체의 의
미에 불명확한 점이 없는 상태에서 공지의 선행기술로 "용수철"이라는 하위개
념이 찾아졌다면 출원발명은 신규성이 부정되어야 한다. 이때 발명의 설명에
실시예로 "스펀지"가 기재되어 있음을 이유로, 이를 청구항으로 읽어 들여 청
구항의 탄성체는 "스펀지"를 의미하는 것이라고 제한해석하게 되면 이제는
"용수철"과 비교하여 신규성이 인정될 수 있게 되어 부당하기 때문이다. 많은
판례들이 "특허청구범위의 기재가 명확히 이해될 수 있고 누가 보더라도 그
기재가 오기임이 발명의 설명에 비추어 명확하다고 할 수 없는 경우에는 특허
청구범위의 기재를 기초로 하여야 할 뿐, 발명의 설명의 기재에 의하여 보완
해석할 수는 없다"고 하는바, 303) 이는 발명의 설명 참작의 이런 한계를 설시
한 것이다. 실무상, 넓은 특허청구범위를 가지고 있는 특허권자가 등록무효의
심판이나 소송에 이르러, 자신의 특허청구범위는 발명의 설명에 기재된 구체
적인 하위개념을 의미하는 것으로 좁게 해석되어야 하며, 따라서 공지의 선행
기술과 중첩되지 아니한다고 주장하면서 발명의 설명 참작의 원칙을 원용하는
경우가 있다. 그러나 이는 동일한 특허청구범위를 두고 권리를 행사할 때는
이를 넓게 해석하여 이익을 향유하고, 도전을 받을 때에는 이를 좁게 해석하
여 무효를 피해가는 결과를 초래하게 되므로 받아들여질 수 없다.

3) 발명의 설명에 비하여 과도하게 넓은 특허청구범위와 발명의 설명 참작

　　(특히, 권리범위 판단 시)

발명의 설명에 비하여 과도하게 넓은 청구항은 그 자체로 특허법 제42조

---

303) 대법원 2016. 8. 24. 선고 2015후1188 판결; 대법원 2015. 11. 27. 선고 2013후3326 판결; 대법
　　원 2014. 1. 16. 선고 2013후785 판결); 대법원 2012. 12. 27. 선고 2011후3230 판결; 대법원
　　2012. 3. 29. 선고 2010후2605 판결; 대법원 2012. 3. 15. 선고 2010다63133 판결; 대법원 2011.
　　8. 25. 선고 2010후3639 판결; 대법원 2011. 7. 14. 선고 2010후1107 판결; 대법원 2011. 2. 10.
　　선고 2010후2377 판결; 대법원 2010. 1. 28. 선고 2007후3752 판결; 대법원 2006. 10. 13. 선고
　　2004후776 판결; 대법원 2005. 11. 24. 선고 2003후2515 판결; 대법원 2005. 11. 10. 선고 2004후
　　3546 판결; 대법원 2004. 12. 9. 선고 2003후496 판결; 대법원 2001. 9. 7. 선고 99후734 판결 등.

제1항 제1호에 반하여 무효일 것이다.304) 그러나 권리행사를 위한 특허청구
범위 해석의 국면에서는 권리범위 전부를 부인하기보다는 권리범위를 발명의
설명에 기재된 실시례나 통상의 기술자가 발명의 설명에 기하여 인식할 수 있
는 한도까지만305) 인정하는 것이 합리적인 경우도 있다. 앞서 본 기능적 청구
항의 권리범위 문제 역시 그러한 논의의 한 측면이며, 그 밖에 청구범위가 발
명의 설명 기재에 비해 지나치게 넓을 때, 그 권리범위를 발명의 설명에 의해
뒷받침되는 한도로 제한해석 하는 판례들은 많다.306) 특히, 대법원은 제조방
법이 기재된 물건 청구항의 권리범위에 관한 2015. 2. 12. 선고 2013후1726
판결에서 "특허발명의 권리범위가 명세서의 전체적인 기재에 의하여 파악되는
발명의 실체에 비추어 지나치게 넓다는 등의 명백히 불합리한 사정이 있는 경
우에는 그 권리범위를 특허청구범위에 기재된 제조방법의 범위 내로 한정할
수 있다"고 하여 이런 법리를 재확인하였다.

### ㈐ 공지기술 참작의 원칙

#### 1) 공지기술 참작의 원칙의 의의와 등장배경

등록된 특허발명의 권리범위를 판단함에 있어서 특허발명이 ① 단일한 전
체로서 이미 공지된 기술구성이거나,307) ② 특허청구범위가 일정한 상위개념
으로 이루어져 있는 상태에서 그 출원 전에 이미 하위개념이 공지되어 있는
상태이거나,308) ③ 유기적 일체를 이루는 복수의 구성 가운데 일부 구성요소
가 공지된 기술인 경우(구성요소 공지) 등이 있을 수 있는데, 위 ①, ②의 경우
에는 특허발명에 신규성이 없어 특허적격이 없고, ③의 경우에는 전체 발명에
서 공지기술이 차지하는 비중이 클수록 발명의 진보성이 없어 특허적격이 없

---

304) 특허법 제133조 제1항 제1호. 그러한 무효사유가 명백한 특허에 기초한 권리행사는 뒤
  에서 보는 바와 같이 권리남용 항변의 사유가 된다.
305) 구체적으로는, 통상의 기술자가 당해 발명의 기술적 과제의 해결수단으로 인식할 수 있는
  것들의 외연을 의미한다(中山·小泉 編, 新 注解(上), 662~663면).
306) 대법원 2003. 7. 11. 선고 2001후2856 판결; 대법원 2008. 10. 23. 선고 2007후2186 판
  결; 대법원 2009. 4. 23. 선고 2009후92 판결; 대법원 2009. 9. 10. 선고 2007후4151 판
  결 등. 기능적 청구항에 대하여 발명의 설명을 참작하여 권리범위를 제한한 것들로는, 대
  법원 2007. 6. 14. 선고 2007후883 판결; 대법원 2002. 6. 28. 선고 2000후2583 판결; 대
  법원 2008. 2. 28. 선고 2005다77350, 77367 판결; 대법원 2008. 7. 10. 선고 2008후57
  판결 등.
307) 이른바 '전부 공지'라고 한다.
308) '일부 공지'라고도 하나, 대체로 '하위개념 공지'라고 부르는 것이 더 적절하다고 생각된다.

거나 진보성이 미미하여 기술적 가치가 희박하게 된다. '공지기술 참작의 원칙'은 특허의 침해 여부나 권리범위를 판단하는 법관이 아직 무효심판을 받지 않았다고 하여 흠결이 있거나 기술적 가치가 미미한 특허를 그렇지 않은 특허와 동일하게 취급하는 것은 구체적 타당성에 반하기 때문에 특허청구범위 해석이라는 도구를 이용하여 사실상 그 권리범위를 부인하거나 제한하려는 노력을 하는 과정에서 등장하게 된 것이다.

2) 공지기술 참작의 구체적 형태

**가) 특허발명에 신규성이 없는 경우: 전부 공지, 하위개념 공지**

전부 공지의 경우 대법원은 일찍부터 당해 특허발명에 '권리범위가 없다'고 하여 정면으로 특허권의 효력을 부인하는 태도를 취해 오고 있다.[309] 또한 상위개념인 'A(酸)와 B를 반응시키는 구성'이 특허청구범위로 되어 있는 상태에서 하위개념인 'a(염산)와 B를 반응시키는 구성'이 이미 공지되어 있다면 사후에 제3자가 'a+B'를 실시하더라도 이는 특허청구범위 'A+B'의 권리범위에 속하지 않는다고 해석하게 된다.

**나) 특허발명의 진보성이 문제되는 경우**

이는 주로 구성요소 공지와 관련하여 문제되는바, 전부 공지 내지 하위개념 공지와 달리 특허발명의 구성요소의 일부가 이미 공지된 것이라고 하여 곧바로 권리범위가 부인되지는 않는다. A+B로 구성된 발명 X가 있다고 할 때 원칙상 A+B'는 A+B의 권리범위에 속하지 않지만(구성요소 완비의 원칙), 만약 X의 특허청구범위 해석을 통해 B'가 B의 '균등물'[310]에 불과한 것으로 평가된다면 그 권리범위에 속하게 된다. 그런데 이때 A가 공지기술에 불과하고 X에서 A가 차지하는 비중이 크다면, 기술의 진보에 크게 공헌한 바도 없는 권리자가 특허청구범위의 확장적 해석을 통해 (균등)침해를 주장하는 것이 되어 형평에 반하는바, 그러한 불합리에 대응하기 위한 법리의 구성이 필요하다. 이는 다음과 같이 해결될 수 있다. 즉, 균등침해가 성립하기 위해서는 특허청구범위에 기재된 발명이 '자유기술'이 아니어야 하므로(균등침해 성립의 소극적

---

309) 대법원 1983. 7. 26. 선고 81후56 전원합의체 판결.

310) 그 법적 개념과 성립요건·효과 등에 관하여는 뒤에서 보는 침해의 유형 가운데 '균등침해' 부분을 참고할 것. 여기서는 구성의 내용이 '실질적으로 동일하거나 기능상 유사하여 쉽게 대체를 생각해 낼 수 있는 것' 정도로만 설명한다.

요건), 특허청구범위에 기재된 발명이 전체적으로 공지기술(자유기술)에 가까울수록 균등침해가 받아들여질 여지는 좁아지며, 당해 특허청구범위의 해석을 문언대로 엄격하게 행할 필요가 높다고 보는 것이다. 따라서, A＋B로 이루어진 甲 발명이 있을 때, ① 만약 甲 발명의 핵심적 부분인 A가 이미 공지기술이고 나머지인 B만이 신규의 기술이라면 그 발명은 진보성이 낮은 발명으로서 발명의 핵심은 오로지 신규부분인 B일 뿐이므로 비록 乙 발명이 甲 발명과 마찬가지로 A 구성을 구비하고 있더라도 그것만으로는 乙 발명이 甲 발명의 권리범위에 속한다고 보기 어렵다(甲 발명의 권리범위를 가능한 축소해석). 그 결과 乙 발명이 甲 발명의 B와 '동일한' 구성을 가지고 있어야만 비로소 그 권리범위에 속하는 것으로 보되, 이 경우 甲 발명의 구성 B와 乙 발명의 구성 B'의 동일성 여부는 엄격한 기준에 따라 판단하고 섣불리 이를 '균등물'이라고 보아서는 안 된다. 반면, ② 발명의 핵심적 부분인 A가 참신한 기술이고 나머지 B가 공지기술이라면 그 발명은 진보성이 높은 발명이므로 A＋B'로 이루어진 실시형태 乙이 甲 발명의 권리범위에 속하는지를 판단함에 있어서, 핵심적 부분인 A의 비중을 높게 평가하고, 상대적으로 B의 비중은 낮게 평가함이 상당하다(甲 발명의 권리범위를 가능한 확대 해석). 따라서 핵심적 부분인 A 구성이 동일하고, 다만 공지기술인 B 대신 B'를 포함하고 있을 뿐인 乙 발명은 전체로서 균등침해에 가까워 甲 발명의 권리범위에 속한다고 판단되기 쉽다. 대법원 또한 최근 일련의 판례를 통해 같은 법리를 설시하기 시작했다. "특허발명의 과제 해결원리를 파악할 때 발명의 상세한 설명의 기재뿐만 아니라 출원 당시의 공지기술 등까지 참작하는 것은 전체 선행기술과의 관계에서 특허발명이 기술발전에 기여한 정도에 따라 특허발명의 실질적 가치를 객관적으로 파악하여 그에 합당한 보호를 하기 위한 것이다. 따라서 이러한 선행기술을 참작하여 특허발명이 기술발전에 기여한 정도에 따라 특허발명의 과제 해결원리를 얼마나 넓게 또는 좁게 파악할지를 결정하여야 한다"는 것,311) "특허발명에 특유한 해결수단이 기초하고 있는 기술사상의 핵심이 침해제품 등에서도 구현되어 있다면 작용효과가 실질적으로 동일하다고 보는 것이 원칙이지만, 위와 같은 기술사상의 핵심이 특허발명의 출원 당시에 이미 공지되었거나 그

311) 대법원 2019. 1. 31. 자 2016마5698 결정.

와 다름없는 것에 불과한 경우에는 이러한 기술사상의 핵심이 특허발명에 특유하다고 볼 수 없고, 특허발명이 선행기술에서 해결되지 않았던 기술과제를 해결하였다고 말할 수도 없다. 이러한 때에는 특허발명의 기술사상의 핵심이 침해제품 등에서 구현되어 있는지를 가지고 작용효과가 실질적으로 동일한지 여부를 판단할 수 없고, 균등 여부가 문제 되는 구성요소의 개별적 기능이나 역할 등을 비교하여 판단하여야 한다"는 것이 그 예이다. 312)

### ㈒ 출원경과 금반언의 원칙

특허출원인이 출원과정에서 선행기술에 의하여 특허가 거절될 위기에 처하자 거절을 면하기 위하여 의도적으로 특정한 기술내용을 특허청구범위의 범주에서 배제하거나, 특허청구범위를 제한적으로 해석하여야 한다고 주장하는 경우가 있고, 나아가 명시적으로 그와 같은 의사를 표현하지는 않았더라도 출원 당시의 객관적 정황에 비추어 출원인의 그와 같은 의도가 추단되는 수도 있다. 이와 같이 특정한 사항에 대하여 제한적 권리범위를 주장하여 특허를 등록받은 특허권자가 사후에 그 특허를 행사함에 있어서 반대로 자신의 특허 권리범위를 폭넓게 해석하여 제3자의 실시형태가 자신이 제한하였던 특허청 구범위에 포함된다고 주장하는 것은 신의칙에 반하여 허용되어서는 아니된다. 위와 같이 특허청구범위를 해석함에 있어서 구체적 타당성을 위하여 당해 특허의 출원경과를 반영하는 것을 출원경과 금반언의 원칙이라고 한다.

⟡ 대법원 2004. 11. 26. 선고 2002후2105 판결

> 원고 실시 발명의 제1구동부의 구성은 이 사건 제1항 발명의 제1구동부의 구성과 균등관계에 있다고 볼 수 있기는 하지만, 이 사건 제1항 발명의 정정 전의 제1구동부의 구성은 간행물 4 게재 발명의 받침대를 회전시키는 구성, 원고 실시 발명의 제1구동부의 구성, 정정 후의 이 사건 제1항 발명의 제1구동부의 구성을 모두 포함하는 개념이었는데 피고 ○○○이 이 사건 특허발명에 대한 무효심판절차에서 공지기술로 제시된 간행물 4 게재 발명의 받침대를 회전시키는 구성과 이 사건 제1항 발명의 제1구동부의 구성을 차별화하기 위하여 이 사건 제1항 발명의 구성을 정정에 의하여 위에서 본 바와 같은 구성으로 구체적으로 특정하였고, 원고 실시 발명의 제1구동부의 구성은 위와 같은 정정절차에 의하여 제외된 구동장치에 속하는 것이므로, 피고 ○○○이 위 정정이 있은

---

312) 대법원 2019. 1. 31. 선고 2018다267252 판결; 대법원 2019. 2. 14. 선고 2015후2327 판결.

후에 원고 실시 발명의 제 1 구동부의 구성이 정정된 이 사건 제 1 항 발명의 제 1 구동부의 구성과 균등관계에 있다는 이유로 원고 실시 발명이 이 사건 제 1 항 발명의 권리범위에 속한다고 주장하는 것은 금반언의 법리에 의하여 허용되지 아니한다.

## 다. 특허침해의 유형

특허권자는 '업으로서' 그 특허발명을 '실시'할 권리를 독점한다(특허법 제 94조). '업으로서'의 의미는 단순히 개인적 또는 가정적인 실시를 제외한 모든 실시를 의미한다는 것이 통설이다. [313] 발명의 '실시'란 ① 물건의 발명인 경우에는 그 물건을 생산·사용·양도·대여 또는 수입하거나 그 물건의 양도 또는 대여의 청약(양도 또는 대여를 위한 전시를 포함한다)을 하는 행위 ② 방법의 발명인 경우에는 그 방법을 사용하는 행위 또는 그 방법의 사용을 청약하는 행위[314] ③ 물건을 생산하는 방법의 발명인 경우에는 위 ②의 행위 외에 그 방법에 의하여 생산한 물건을 사용·양도·대여 또는 수입하거나 그 물건의 양도 또는 대여의 청약을 하는 행위를 말하고(특허법 제 2 조 제 3 호), 특허권자가 아닌 자가 업으로써 위 '실시' 행위를 하는 경우에 '침해'를 구성하게 된다(특허법 제94조의 반대해석). 한편, 대부분의 특허청구범위는 복수의 기술구성요소로 이루어져 있는바, 발명은 모든 구성요소가 유기적 일체로 이루어진 것이므로 특허의 침해는 침해자가 특허청구범위의 모든 구성요소를 사용하는 경우에만 성립하고, 그 중 일부만을 실시하는 행위는 원칙적으로 침해를 구성하지

---

313) 中山信弘, 特許法[第4版], 弘文堂(2019), 338면; 송영식 외 6인, 지적소유권법 제 2 판 (상), 육법사(2013), 517면.

314) 당초 방법발명의 실시는 '그 방법을 사용하는 행위'로만 되어 있었으나, 2019. 12. 10. 개정 특허법(법률 제16804호)부터 '그 방법의 사용을 청약하는 행위'가 실시태양에 추가되었다. 이처럼 '방법의 사용을 청약하는 행위'를 실시로 규정한 이유는, 제 3 자가 업으로서 인터넷 상에서 해적판 소프트웨어나 침해에 사용될 수 있는 모듈 등을 전송하고 다수의 사용자들이 이를 기기에 다운로드받아 사용하는 일이 빈번한 데 대한 대응책이다. 인터넷에서 소프트웨어나 모듈 등을 전송하는 행위를 '방법의 사용을 청약하는 행위'라고 하여 방법발명인 소프트웨어 특허의 실시로 인정함으로써, 업으로써 발명을 실시하는 것이 아닌 개별 사용자들이 직접침해 책임을 지지 않더라도 불법 소프트웨어나 모듈의 인터넷 공급자를 침해자로 규제하려는 것이다. 다만 소프트웨어 산업에 미치는 위축효과를 방지하기 위해서, 이 경우 특허권의 효력은 '특허권 또는 전용실시권을 침해한다는 것을 알면서' 그 방법의 사용을 청약하는 행위에만 미치는 것으로 하였다(제94조 제 2 항).

않는다(구성요소 완비의 원칙). 다만, 복수의 주체가 구성요소 가운데 일부씩을 수행함으로써 공동침해자로 결과 전체에 책임을 지거나 간접침해가 성립하는 수가 있으며, 이는 형식상 구성요소 완비 원칙의 예외를 이룬다.

## (1) 문언침해

문언침해는, 특허청구범위의 문언해석에 의하여 특정된 당해 특허발명의 구성요소를 모두 그대로 사용하는 경우에 성립하는 것으로서, 가장 기본적인 침해형태라고 할 수 있다. 따라서, 복수의 구성요소로 이루어진 특허청구범위에 대하여는 그 구성요소 전부를 그대로 이용하고 있어야 문언침해에 해당하고, 그 중 하나라도 결여하고 있는 실시형태는 적어도 문언침해는 구성하지 않는다. 판례는[315] 특허발명의 청구항이 복수의 구성요소로 되어 있는 경우에는 그 각 구성요소가 유기적으로 결합된 전체로서의 기술사상이 보호되는 것이지 각 구성요소가 독립하여 보호되는 것은 아니므로, 특허발명과 대비되는 확인대상발명이 특허발명의 청구항에 기재된 필수적 구성요소들 중의 일부만을 갖추고 있고 나머지 구성요소가 결여된 경우에는 원칙적으로 그 확인대상발명은 특허발명의 권리범위에 속하지 아니한다고 판시하고 있다.

## (2) 균등론(균등침해)

### ㈎ 의 의

균등론(Doctrine of Equivalence)이라 함은, 침해대상물의 구성요소 일부가 특허발명의 대응되는 구성요소와 문언상으로는 동일하지 않더라도 서로 등가관계에 있다면 특허발명의 침해에 해당한다고 보는 것을 말하고, 그와 같은 침해의 형태를 균등침해라고 부른다. 균등론은 제3자에게 불의의 타격을 주지 않는 범위 내에서 특허의 실질적 가치를 보호하기 위하여 보호범위를 그 문언 이외의 사항에까지 넓히는 이론이며, 나라마다 그 요건과 범위 등에 약간의 차이는 있지만 널리 인정되고 있는 불문(不文)의 법리이다.

### ㈏ 균등론의 인정 필요와 문제점

특허청구범위의 문언적 해석만을 관철하게 되면, 침해자는 특허청구범위

---

315) 대법원 2001. 12. 24. 선고 99다31513 판결; 대법원 2001. 9. 7. 선고 99후1584 판결; 대법원 2001. 8. 21. 선고 99후2372 판결; 대법원 2001. 6. 15. 선고 2000후617 판결; 대법원 2001. 6. 1. 선고 98후2856 판결; 대법원 2000. 11. 14. 선고 98후2351 판결 등.

의 구성요소 가운데 기술적 중요도가 떨어지는 사소한 구성을 다른 것으로 치환하는 것만으로 손쉽게 침해책임을 우회할 수 있어 특허권이 형해화(形骸化)할 수 있다. 또한, 당해 기술분야에서 선례가 없는 개척발명일수록 그 발명을 특허청구항에 적절히 표현할 수 있는 수단이 제한되어 있는 경우도 많다. 이러한 경우 자연히 청구범위의 문언은 일정한 한계를 가질 수밖에 없으므로, 이를 보완할 수 있는 해석론이 필요하다.

그러나 한편, 특허청구범위는 발명에 대한 독점권의 한계를 대외적으로 공시하여 제3자에게 침해 성립에 대한 예측가능성을 제공하는바, 문언에 의하여 공시되지 아니한 실시형태가 사후에 '균등물'이라는 명분 아래 침해를 구성하는 것으로 해석된다면 특허청구범위의 공시기능 및 제3자의 법적 안정성을 해하게 됨 또한 자명하다.

### (다) 균등침해의 성립요건

#### 1) 개    관

우리나라에서는 대법원 2000. 7. 28. 선고 97후2200 판결이 균등침해의 성립요건을 명시한 최초의 판례이며, 그 이후 균등침해를 인정한 다수의 대법원 판례들이 나오고 있다.[316] 판례는 특허발명 구성요소에 '치환' 내지 '변경'을 가하더라도 다음과 같은 적극적·소극적 요건이 충족되면 균등침해가 성립한다고 한다.

#### 2) 적극적 요건

##### 가) 과제해결원리의 동일성

이는 양 발명 구성의 중요부분이 동일하다는 것을 의미한다고 볼 수 있다. 한편, 판례는 "특허발명과 그 과제의 해결원리가 동일하다는 것은 대상제품에서 치환된 구성이 특허발명의 비본질적인 부분이어서 대상제품이 특허발명의 특징적 구성을 가지는 것을 의미한다"고 하여 구성의 측면을 강조하는가 하면,[317] "과제의 해결원리가 동일한지 여부를 가릴 때에는 특허청구범위에 기

316) 대법원 2001. 8. 21. 선고 98후522 판결; 대법원 2001. 9. 7. 선고 2001후393 판결; 대법원 2002. 9. 6. 선고 2001후171 판결; 대법원 2005. 2. 25. 선고 2004다29194 판결; 대법원 2009. 5. 14. 선고 2007후5116 판결; 대법원 2010. 9. 30. 자 2010마183 결정 등.
317) 대법원 2009. 6. 25. 선고 2007후3806 판결; 대법원 2009. 12. 24. 선고 2007다66422 판결; 대법원 2011. 5. 26. 선고 2010다75839 판결; 대법원 2014. 5. 29. 선고 2012후498

재된 구성의 일부를 형식적으로 추출할 것이 아니라, 특허발명에 특유한 해결
수단이 기초하고 있는 기술사상의 핵심이 무엇인가를 실질적으로 탐구하여 판
단하여야 한다"고 하면서, 비록 구성에 어느 정도 차이가 있더라도 중요한 기
술적 효과를 모방하는 경우에는 '기술사상의 핵심'이라는 개념 아래 이를 균등
물로 포섭하는 등318) 개별 사안에 따라 조금씩 다른 입장을 제시하고 있다.

⋄ 대법원 2005. 2. 25. 선고 2004다29194 판결

> 이 사건 특허발명의 특허청구범위 제3항과 피고의 제조방법은 떡(생지) 층과 떡
> 소 층을 이루는 원료물질과 구성비 및 그 제조공정 등에 일부 차이가 있으나,
> 양 발명은 모두 초콜릿 외피 층, 떡(생지) 층, 떡소 층이라는 3층 구조로 이루어
> 진 떡의 제조방법에 관한 기술로서 수분함량이 낮은 물질로 떡소 층을 만들어
> 떡(생지) 층으로 수분이 이행되는 것을 최소화하고 떡의 거죽에 초콜릿을 입혀
> 수분증발을 방지함으로써 떡이 딱딱해지는 것과 상하는 것을 장기간 방지하는
> 효과를 거둘 수 있다는 기본적인 구성요소들 사이의 유기적 결합관계와 과제의
> 해결원리 및 작용효과가 동일하며, 피고의 제조방법에서 떡소의 구성성분은 식
> 물성 유지(쇼트닝, 코코아버터, 아몬드페이스트), 당류(백설탕, 포도당), 분말크림(유
> 청분말, 분말유크림), 유화제(레시틴) 및 기타 첨가제(아몬드 향)이고, 그 수분함량
> 이 2% 이내인데, 특허발명의 특허청구범위 제3항의 떡소인 땅콩크림도 그 발
> 명의 상세한 설명의 기재에 의하면 식물성 유지(쇼트닝, 땅콩버터), 당류(분당, 포
> 도당), 분말크림(크리마-1), 유화제(레시틴) 및 기타 첨가제(바닐라 향)이고, 수분
> 함량은 2% 이내로서, 양 발명의 떡소는 물리적 상태와 주된 구성성분이 동일성
> 을 유지하면서 동일한 작용효과를 달성하는 물질로서 그 배합비율에서의 다소간
> 의 차이는 그 분야의 평균적 기술자가 통상적으로 쉽게 조절할 수 있는 정도에
> 해당하며, 떡(생지)의 일부 재료로 사용하는 찰옥수수전분(피고의 제조방법)은 찹
> 쌀과 멥쌀의 차이와 마찬가지로 옥수수전분(특허발명의 특허청구범위 제3항)에 비
> 하여 아밀로펙틴의 함량이 많아 점성이 크다는 특징이 있을 뿐이며 두 재료 모
> 두 그 기술분야에서 떡의 주성분인 미분(米粉)의 일부를 대용하기 위하여 통상적
> 으로 사용하는 식품이므로 그 분야의 평균적 기술자가 옥수수전분을 찰옥수수전
> 분으로 바꿔 사용하는 것에 어려움이 없고 그로 인하여 떡의 보존기간 등에 관
> 한 작용효과에도 특별한 차이가 없으므로, 결국 양 발명의 대응되는 구성요소들
> 은 모두 동일하거나 균등관계에 있다.

판결.
318) 대법원 2014. 7. 24. 선고 2012후1132 판결; 대법원 2015. 5. 14. 선고 2014후2788 판결.

### 나) 치환가능성

치환에 의하더라도 특허발명에서와 같은 목적을 달성할 수 있고 실질적으로 동일한 작용효과를 나타내야 한다. 균등침해에 해당하기 위하여는 변환되는 구성요소가 서로 등가관계(等價關係)에 있어야 하는 것이므로 이는 당연한 요건이다.

### 다) 치환자명성

그와 같은 구성의 변환이 그 발명이 속하는 기술분야에서 통상의 지식을 가진 자라면 누구라도 용이하게 생각해 낼 수 있을 정도로 자명하여야 한다는 것이다. 이와 같은 치환자명성은, 명세서의 보정이 신규사항 추가에 해당하는지 여부를 판단하는 기준이 되는 '출원서에 최초로 첨부된 명세서나 도면에 명시적으로 들어 있지 않더라도 통상의 기술자라면 직접적이고도 명확하게 그러한 내용이 들어 있었던 것으로 알 수 있는지', 또는 발명의 진보성 판단의 기준이 되는 '통상의 기술자가 선행기술로부터 용이하게 발명할 수 있는지'와는 다른 제 3 의 판단기준이라고 해야 할 것이며, 개념상으로는 전자와 후자의 중간쯤에 해당하는 것이라고 생각된다.

치환자명성의 요건과 관련하여 중요한 것은 그 판단의 기준시점이다. 그와 관련해서 출원시설과 침해시설이 있는바, 치환자명성 여부를 침해가 이루어질 당시의 기술수준을 기준으로 하여 판단하는 경우, 일정한 발명에 대한 특허출원이 이루어지고 난 뒤 실제 그 기술에 대한 침해가 일어날 때까지는 통상의 기술자의 기술수준이나 노하우가 출원당시보다 향상되어 있는 것이 보통이기 때문에 출원시설에 의할 때보다 통상의 기술자의 치환자명성이 인정되기 쉽다. 미국과 일본의 판례는 침해시설을 받아들이고 있다.

### 3) 소극적 요건

### 가) 공지기술 배제의 원칙

이는 이른바 '자유기술의 항변'이 가능하다는 것을 의미한다. '자유기술의 항변'이란 비록 어떠한 기술의 실시형태가 외형상 특허발명의 구성과 동일하거나 그 균등의 범주에 속한다 하더라도, 그것이 당해 특허발명 이외에 이미 존재하는 공지의 자유기술을 실시하는 것인 때에는 특허발명에 대한 침해를 구성하지 않는다는 것이다.

　　종전부터 판례는 특허발명과 대비되는 확인대상발명이 공지의 기술만으로
이루어진 경우에는 특허발명과의 동일·유사 여부를 판단할 대상조차 가지지 않
게 되어 그 확인대상발명은 특허발명의 권리범위 유무 및 특허발명과의 유사 여
부에 관계없이 특허발명의 권리범위에 속하지 않는다고 하고, 확인대상발명이
공지의 기술로부터 진보성이 없는 경우에도 역시 특허발명의 침해가 되지 않는
다고 판시하여 왔다.[319] 따라서 이러한 자유기술을 실시하고 있을 뿐인 제3자
에 대하여 특허권자가 균등침해를 주장하더라도 이는 받아들여질 수 없다.

　　◈ 대법원 2004. 9. 23. 선고 2002다60610 판결

> 주바퀴와 이동바퀴(이하 '구성요소 1'이라 한다), 진입발판과 연결발판(이하 '구성요
> 소 2'라 한다), 회전축과 스크류회전축으로 구성되는 기계식 높이 조절장치(이하
> '구성요소 3'이라 한다) 및 지게차 포크삽입용 요홈(이하 '구성요소 4'라 한다)으로
> 구성된 피고 제품의 구성요소 1은 선행발명 2의 플레이트 하단에 설치된 바퀴
> 및 대차 하부에 설치된 바퀴와 그 구성 및 작용효과가 동일하고, 구성요소 2는
> 선행발명 1의 지상부(리프팅부)와 플랩의 구성과 대응되며, 다만 피고 제품의 진
> 입발판과 연결발판은 두 개로 분할되어 있음에 반해 선행발명 1의 지상부와 플
> 랩은 일체형으로 구성된 미세한 차이가 있으나, 이러한 차이는 작용효과에 영향
> 이 없는 단순한 형상변경에 불과하고, 구성요소 3은 선행발명 2의 핸들손잡이,
> 스크류회전축 및 스크류너트 구성으로 이루어진 승하강수단과 그 구성 및 작용
> 효과가 동일하며, 구성요소 4는 선행발명 1, 2에는 그에 상응하는 구성이 나타
> 나 있지는 않으나 바퀴가 달린 이동식 도크를 이동시킨다는 것은 도크를 밀거나
> 당기는 것을 의미한다 할 것이고 그와 같은 외력을 전달하기 위해 도크 본체에
> 돌기, 환형의 고리 또는 피고 제품과 같은 요홈을 형성하는 구성 등은 그 기술
> 분야에서의 주지관용수단에 불과하므로, 피고 제품의 구성요소들은 선행발명 1,
> 2의 구성들을 단순히 한데 모아 놓은 것에 지나지 아니할 뿐만 아니라 그 작용
> 효과에 있어서도 현저한 효과가 있다고 할 수 없어, 그 기술분야에서 통상의 지
> 식을 가진 자가 선행발명 1, 2로부터 용이하게 발명할 수 있는 정도이므로, 피
> 고 제품은 이 사건 특허발명과 대비할 필요도 없이 이 사건 특허발명의 권리범
> 위에 속하지 아니한다.

---

319) 대법원 1997. 11. 11. 선고 96후1750 판결; 대법원 2003. 12. 12. 선고 2002후2181 판결;
　　대법원 2001. 10. 30. 선고 99후710 판결; 대법원 2004. 9. 23. 선고 2002다60610 판결;
　　대법원 2006. 5. 25. 선고 2005도4341 판결.

### 나) 출원경과 금반언의 원칙

출원경과 금반언의 원칙이란, 특허소송에서 출원인이 출원심사과정에서 본인이 보인 태도와 모순되는 주장을 하는 것을 금지하는 원칙을 말한다. 특허출원인이 출원과정에서 선행기술에 의하여 특허가 거절될 위기에 처하자 거절을 면하기 위하여 의도적으로 특정한 기술 내용을 특허청구범위의 범주에서 배제하거나, 특허청구범위를 제한적으로 해석하여야 한다고 주장하거나, 출원 당시의 객관적 정황에 비추어 출원인의 그와 같은 의도가 추단되는 수가 있는 바, 이와 같이 특정한 사항에 대하여 제한적 권리범위를 주장하여 특허를 등록받은 특허권자가 사후에 그 특허를 행사함에 있어서 반대로 자신의 특허 권리범위를 폭넓게 해석하여 제3자의 실시형태가 자신이 제한하였던 특허청구범위에 포함된다고 주장하는 것은 신의칙에 반하여 허용되어서는 아니된다. 통상적으로 특허권자가 그와 같이 제3자의 실시형태를 자신의 특허청구범위에 포함시키는 근거로 균등론을 내세우는 경우가 많기 때문에 출원경과 금반언의 원칙이 균등론의 소극적 요건으로 자리잡게 된 것이다.

◇ 대법원 2003. 12. 12. 선고 2002후2181 판결

원심판결 이유에 의하면, 원심은 그 채용증거들을 종합하여 그 판시와 같은 사실을 인정한 후 그 인정 사실들을 종합하여 보면, 이 사건 특허발명과 ㈎호 발명은, 부직포의 재료인 합성사의 굵기, 부직포를 열 압착 구성하는 수단, 부직포에 폭과 간격이 동일하게 엠보싱 처리를 하는 구성이 동일하고, 부직포 두께에 있어서 이 사건 특허발명은 '약 0.8~1.5mm 정도'인데 ㈎호 발명은 0.1~0.79 mm로서 미세한 차이가 있으나 이는 부직포의 제조과정에서 나타날 수 있는 오차범위 내에 해당하며, 다만 엠보싱 형성 위치에 있어서 이 사건 특허발명은 부직포의 표면과 이면의 동일한 위치에 형성하는 반면, ㈎호 발명은 그 일면에만 형성하는 점에서 차이가 있으나, 피고가 이 사건 특허발명의 출원 시에 단순히 '엠보싱 가공을 한 부직포'를 그 특허청구범위로 기재하였다가 특허청으로부터 '부직포의 일면 또는 양면에 엠보싱을 하는 기술'이 이미 공지되었다는 이유로 거절이유 통지를 받자 '부직포에 처리되는 엠보싱을 표면과 이면의 양 측 동일한 위치에 형성되게 하는 구성'만을 특허청구범위로 기재한 보정서를 제출하여 이 사건 특허를 받은 것이므로, 이 사건 특허발명의 권리범위는 위와 같이 한정된다고 할 것이어서, 출원경과 금반언의 원칙상 부직포 일면에만 엠보싱을 형성한 ㈎호 발명에 대하여는 이 사건 특허발명의 권리범위를 주장할 수 없다는 취

지로 판단하였다. 기록에 비추어 살펴보면, 원심의 위와 같은 판단도 정당하고, 거기에 상고이유에서 주장하는 바와 같은 심리미진의 위법이 없다.

또한 판례는320) "특허출원인이 특허청 심사관으로부터 기재불비 및 진보성 흠결을 이유로 한 거절이유 통지를 받고 거절결정을 피하기 위하여 원출원의 특허청구범위를 한정하는 보정을 하면서 원출원발명 중 일부를 별개의 발명으로 분할출원한 경우 위 분할출원된 부분은 특별한 사정이 없는 한 보정된 발명의 보호범위로부터 의식적으로 제외된 것이라고 보아야 할 것"이라고 한다.

㈔ **역균등론**(Reverse Doctrine of Equivalents)

균등론이 특허청구범위의 문언적 범위를 실질적으로 확장하는 이론이라면, 역균등론은 이를 축소하여 구체적 타당성을 확보하려는 논의이다. 균등론의 시초가 된 미국 연방대법원의 Graver Tank 사건321)에서, 법원이 '균등론은 특허권자에게 유리하게도, 불리하게도 적용될 수 있음'을 언급한 것이 역균등론의 시초가 되었다. 역균등론은, 침해를 구성하는 물건이나 방법이 비록 문언상으로는 특허청구범위의 침해를 구성하더라도 그것이 등록특허와 '명백히 다른 원리'에 입각하여 실시되거나, '실질적으로 다른 방법'에 의하여 실시되는 경우에는 이를 침해로 보지 않는다는 것이다.

기술발달의 속도가 빠른 첨단기술분야에서, 특허청구범위의 문언을 작성할 당시 발명자가 도저히 예측할 수 없었던 후속 발명의 내용까지 그것이 형식적으로 특허청구범위의 문언에 포섭된다는 이유로 권리를 주장하는 것은 특허권을 부당하게 확장하는 것이나 다름없다. 이러한 경우 역균등론을 적용하여 청구범위를 출원인이 당초 인식하였던 기술 내용의 범위로 한정해석할 필요가 생기게 된다. 한편, 우리나라에서는 발명의 설명에 기재된 발명의 내용에 비하여 특허청구범위가 지나치게 넓은 경우에는 이를 명세서 기재불비로 파악함이 판례임은 앞에서 본 바와 같은바, 명세서 기재불비로 인한 무효사유를 안고 있는 특허권에 기하여 침해주장을 하더라도 권리남용을 이유로 배척된다면 결과

---

320) 대법원 2008. 4. 10. 선고 2006다35308 판결.
321) Graver Tank & Mfg. Co. v. Linde Air Products Co. 339 U.S. 605, 85 U.S.P.Q. 328(1950).

적으로 '역균등론'을 적용하여 침해를 부정하는 것과 유사하게 된다.

### (3) 이용침해

#### ㈎ 이용침해의 의의와 종류

이용침해란 제3자가 자신의 발명을 실시하는 과정에서 타인의 특허권을 침해하는 것을 의미한다. 이용침해의 종류로는 예컨대 A+B로 이루어진 특허 발명에 C라는 구성요소를 부가하여 A+B+C라는 형태의 발명을 완성·실시하는 것(구성요소 부가형), '물건 A'와 '물건 A를 생산하는 방법'이나 '제조방법 A'와 '방법 A를 실시하는데 사용하는 장치'처럼, 발명이 선행 특허발명의 구성요소 자체를 그대로 포함하지는 않지만 그 발명을 실시하는 과정에서 선행 특허발명의 실시가 수반되는 것(실시 불가피형) 등이 있다. 구성요소 부가형의 이용발명을 실시하게 되면 자연히 선행발명의 실시가 수반되므로, 일반적으로 실시 불가피형 이용침해는 구성요소 부가형 이용침해의 상위개념에 해당한다고 볼 수 있다.

한편, 예컨대 화학분야에서는 A+B에 C를 더함으로써 전혀 다른 성질과 기술적 효과를 가지는 결과물질이 생성되는 수가 있다. 이 경우 형식적으로는 선행발명인 A+B 구성이 이용되고 있기는 하지만 앞서 본 어느 유형의 이용 침해에도 속하지 않는다고 보아야 한다. 후행발명을 통해 A+B를 '생산'하는 일은 일어나지 않으며, A+B를 단지 출발물질로 사용하였다는 이유만으로 화학반응을 통해 그 일체성이 상실되는 경우까지 모두 특허의 '실시(사용)'로 인정하여 이용침해를 인정하면 특허권자에게 지나치게 넓은 권리를 부여하게 되어 기술진보에 심각한 타격을 주고 분쟁을 양산하기 때문이다. 판례[322] 역시 "이용관계는 후 발명이 선 특허발명의 기술적 구성에 새로운 기술적 요소를 부가하는 것으로서 후 발명이 선 특허발명의 요지를 전부 포함하고 이를 그대로 이용하되, 후 발명 내에 선 특허발명이 발명으로서의 일체성을 유지하는 경우에 성립한다"고 한다.[323]

---

[322] 대법원 2001. 8. 21. 선고 98후522 판결 등. 조성물에 관하여 같은 입장에 선 것으로는 대법원 2011. 12. 8. 선고 2011다69206 판결.

[323] 같은 이유로, 'A에 B를 반응시켜 물질 X를 제조하는 방법'이라는 선행발명에 대하여 'A에 B와 C를 반응시켜 물질 Y를 제조하는 방법'이라는 발명은 A가 B에 반응하여 X가 제조되고 다시 이것에 C가 반응하여 Y가 제조되는 경우가 아니라면 이용관계에 있다고 보

⟶ 대법원 2001. 8. 21. 선고 98후522 판결

> 화학반응에서 촉매라 함은 반응에 관여하여 반응속도 내지 수율 등에 영향을 줄
> 뿐 반응 후에는 그대로 남아 있고 목적물질의 화학적 구조에는 기여를 하지 아
> 니하는 것임을 고려하면, 화학물질 제조방법의 발명 3에서 촉매를 부가함에 의
> 하여 그 제조방법 발명의 기술적 구성의 일체성, 즉 출발물질에 반응물질을 가
> 하여 특정한 목적물질을 생성하는 일련의 유기적 결합관계의 일체성이 상실된다
> 고 볼 수는 없으므로, 촉매의 부가로 인하여 그 수율에 현저한 상승을 가져오는
> 경우라 하더라도, 달리 특별한 사정이 없는 한 선행 특허발명의 기술적 요지를
> 그대로 포함하는 이용발명에 해당한다고 봄이 상당하다.

### (나) 이용발명과 이용침해의 관계

'이용발명'은 선행의 특허발명을 기초로 거기에 새로운 '기술적 잉여'를
더한 후행발명을 말하며, 그 중에서 특히 후행발명에 별도의 특허가 부여된
경우를 뜻하는 것이 보통이다. 이용발명은 그 자체로 특허성을 가지는 이상
독립적으로 특허의 대상이 됨은 물론이지만, 비록 특허된 이용발명의 실시라
도 선행특허의 기술적 범위에 속하는 한도에서는 이용침해를 구성한다(특허법
제98조). 324) 특허법은 선행특허권자의 침해주장으로 기술적·경제적으로 의미
있는 이용발명이 사장(死藏)되는 것을 막고, 양자의 합리적 이해조절을 위해
일정한 요건 아래 통상실시권의 설정을 강제하는 제도를 마련하고 있다(특허법
제138조).

### (다) 이용침해 성립요건에 대한 판례의 태도와 문제점

위 (가)에서 본 것처럼, 발명을 실시하는 과정에서 선원 특허발명의 실시가
수반되는 경우 일반을 이용침해라고 봄이 상당하지만, 판례325)는 "이용관계에
있는 경우 후 발명은 선 특허발명의 권리범위에 속하게 되고, 이러한 이용관
계는 후 발명이 선 특허발명의 기술적 구성에 새로운 기술적 요소를 부가하는

---

기 어려울 것이다.

324) 대법원 1991. 11. 26. 선고 90후1499 판결; 대법원 2002. 6. 28. 선고 99후2433 판결; 대
    법원 2016. 4. 28. 선고 2015후161 판결 등. 한편, 특허법 제98조의 구성요건인 '실시'의
    권리는 특허권자에게 독점되기 때문에(법 제94조) '실시불가피'는 사실상 '침해불가피'
    와 같은 말이다.

325) 대법원 2015. 5. 14. 선고 2014후2788 판결; 대법원 2001. 8. 21. 선고 98후522 판결; 대
    법원 1995. 12. 5. 선고 92후1660 판결; 대법원 1991. 11. 26. 선고 90후1499 판결 등.

것으로서 후 발명이 선 특허발명의 요지를 전부 포함하고 이를 그대로 이용하
는 경우에 성립한다"고 하여 이용관계 및 이용침해의 성립요건을 좁게 보고
있다. 326)

⟿ 대법원 1991. 11. 26. 선고 90후1499 판결

선행발명과 후 발명이 구 특허법(1990. 1. 13. 법률 제4207호로 개정되기 전의 것) 제
45조 제3항 소정의 이용관계가 있다고 인정되는 경우에는 후 발명은 선행발명
특허의 권리범위에 속하게 되는 것이라 할 것이고, 이러한 이용관계는, 기계,
장치 등에 관한 발명의 경우에 있어서는 후 발명이 선행발명의 특허요지에 새로
운 기술적 요소를 가하는 것으로서 후 발명이 선행발명의 요지를 전부 포함하고
이를 그대로 이용하게 되면 성립된다.

⟿ 대법원 2001. 9. 7. 선고 2001후393 판결

㈎호 고안이 이 사건 등록고안과는 달리 실린더 선단을 별도의 캡(14)으로 결합
하지 아니하고 일체로 형성한 구성은, 캡이 없이 실린더 선단에 바로 분사공
(202)이 형성되더라도 이 사건 등록고안과 같이 총알을 사용하지 않을 때에는 마
개가 실린더 선단에 있는 분사공을 막고 있다가 총알을 사용함으로써 마개(16)
가 전방으로 튀어나가게 되어 실린더에 충전된 최루액을 전방으로 분사시킨다는
점에서 이 사건 등록고안과 목적 및 작용효과가 실질적으로 동일하고, 또한 실
린더 선단을 중앙에 분사공(15)이 있는 캡으로 나선 결합할 것인가 실린더 선단
을 둥글게 성형하고 그 중앙에 분사공(202)을 형성할 것인가는 당업자가 극히 용
이하게 생각해 낼 수 있는 정도로 자명한 것이므로 결국 이러한 구성상의 차이
또한 서로 균등관계에 있다고 하지 않을 수 없다. (중략) 나아가, ㈎호 고안에서
잔류 최루액을 2차적으로 분출할 수 있도록 하는 피스톤의 구성은 이 사건 등록
고안의 피스톤에 비하여 새로운 기술적 구성요소를 부가한 것으로서, 결국 위에
서 본 바와 같이 ㈎호 고안은 이 사건 등록고안의 균등고안을 그대로 포함하여
이용하고 있으므로, 이 사건 등록고안의 권리범위에 속한다.

그러나 이용발명, 이용관계 및 이용침해에 관한 판례의 이러한 이해는 타
당하다고 보기 어렵고 ⅰ) '이용침해'는 (후행발명의 특허 여부나 후행발명이 선행

---

326) 이는 특허발명의 균등물을 이용하는 경우에도 마찬가지라고 한다(대법원 2001. 9. 7. 선
고 2001후393 판결).

발명의 구성요소 전부를 그대로 가지고 있는지 여부를 묻지 않고) 그 실시 과정에서 불가피하게 선행 특허발명의 침해가 수반되는 경우 전반을 일컫는 말로 이해되어야 한다. 327) 또, ⅱ) '이용관계'는 (후행발명이 선행발명의 구성요소 전부를 그대로 가지고 있는 경우에 한정하지 않고) '이용침해'가 성립되는 것들 중 후행발명이 특허를 획득하여 특허법 제98조 및 제138조가 적용될 수 있는 경우 모두를 지칭한다고 보아야 한다.

⒟ **이용침해 성립에 논란이 있는 경우: 선택발명, 수치한정발명, 용도발명**

이용침해를 둘러싸고 선택발명, 수치한정발명 및 용도발명은 다소 특수한 지위를 차지한다. 위 발명들은 대체로 선행발명을 기초로 하되, 선행발명이 알지 못하는 뛰어난 효과의 하위개념 발명을 제시하거나 새로운 용도를 규명해냄으로써 고유의 발명으로 성립한다는 특징이 있다. 개념상 이러한 발명은 모두 이용발명에 해당할 것이지만, 앞서 본 특징 때문에 그 실시가 이용침해를 구성한다고 보는지 여부에 대하여는 나라마다 입장이 통일되어 있지 않다.

⒠ **이용발명과 저촉발명**

특허법 제98조는 "특허권자가 선출원 특허발명을 이용하여 특허받은 경우에는 선출원 특허권자의 동의를 얻지 않고는 자기의 특허발명을 업으로서 실시할 수 없다"고 한다. 한편, 특허법 제98조는 특허발명이 선출원 특허발명을 '이용'하는 것이 원칙상 침해에 해당함을 규정하고 있을 뿐, 후출원 특허발명이 선출원 특허발명과 '저촉'되는 경우, 예컨대 선·후출원 특허발명의 특허청구범위가 동일한 이중특허에서 후출원 특허발명을 실시하는 것이 선출원 특허발명의 침해에 해당하는지에 관하여는 침묵하고 있다. 이에 관하여는, 종래 침해설과 비침해설이 대립한다.

최근 판례는328) 선출원주의 위반인 후출원 등록상표의 사용이 선출원 등록상표권의 침해인지가 문제된 사안에서 이를 긍정하면서, 같은 결론이 특허, 디자인 사건 등에도 적용된다고 하여 침해설의 입장을 밝힌바 있다. 그러나 ㉠ 법 개정의 경위를 고려하면329) '이용'만을 언급하고 있는 현행법 제98조에

---

327) 미국에서도 마찬가지로 이해되고 있다(Charles W. Adams, "Allocating Patent Rights Between Earlier and Later Inventors", *St. Louis Univ.* L. J. Vol. 54:55(2009), pp. 61~62).

328) 대법원 2021. 3. 28. 선고 2018다253444 전원합의체 판결.

'저촉'이 들어있다고 보는 것은 입법론이라면 몰라도 해석의 한계를 넘는 점, ㉡ 위 전원합의체 판결이 '특허 사이의 적극적 권리범위확인 심판 청구는 무효심판 없이 후원 특허의 권리범위를 부인하는 것이어서 부적법하고 오로지 후원 발명이 이용관계에 있는 경우에만 가능하다'는 기존 판례의 일관된 태도330)와의 모순을 해명하지 못하고 있는 점, ㉢ 후출원 특허권이 등록무효로 된 경우, 무효심판 등록 전에 선의로 사업을 하거나 준비 중인 후출원 특허권자는 사업 목적 내에서 법정 통상실시권(중용권: 특허법 제104조)을 취득하는바, 침해설을 따른다면 동일한 사실관계에서 후출원 특허가 등록무효 되기 전에는 침해를 구성하였다가 등록무효로 된 이후에는 중용권에 기해 침해를 구성하지 않게 되어 논리에 어긋나는 점, ㉣ 선원주의 위반 등 무효사유가 명백한 특허권의 행사를 권리남용으로 보아 단순히 저지하는 것331)과, 선출원 위반의 무효사유가 있는 특허라는 이유로 그에 기한 실시를 선원 특허에 대한 침해행위로 보아 제재를 가하는 것은 전혀 다른 차원의 문제라는 점 등을 생각하면, 위 전원합의체 판결의 결론에는 선뜻 동의하기 어렵다.

### ㈐ 이용침해와 금지청구 및 손해배상

침해품의 일부 구성이나 부품에 불과한 특허발명을 근거로 권리자가 물건 전체에 금지청구권을 행사하는 경우에, 금지권 행사로 상대방이 감수해야 하는 손실이 지나치게 과도하다거나 초래되는 사회적·경제적 불이익 등 제반사정을 감안해 '금지권의 상대화'를 법 해석이나 입법으로 도입하자는 제안도 이루어지고 있다.332) 특허법 제126조가 금지명령을 필수적 발령의 형태로 규정하지 않은 점과, 특허권에 기한 금지청구권은 소유권에 기한 방해배제청구권과 본디 성질이 다르다는 점 등이 그 근거로 제시된다. 이처럼 일정한 요건

---

329) 현행 특허법 제98조에 '저촉'이 없는 것은 입법상의 실수 등으로 누락된 것이 아니라, 과거 특허법이 '이용'과 '저촉'의 경우 모두에 특허권자의 동의를 요구하였다가, 이후 법 개정(1986. 12. 31. 법률 제3891호)을 통해 의도적으로 '저촉'을 삭제하고 '이용'만을 남겨두어 현재에 이른 것이다.

330) 대법원 1986. 3. 25. 선고 84후6 판결; 대법원 1985. 5. 28. 선고 84후5 판결; 대법원 2002. 6. 28. 선고 99후2433 판결; 대법원 2007. 10. 11. 선고 2007후2766 판결 등.

331) 대법원 2012. 1. 19. 선고 2010다95390 전원합의체 판결 및 그 이후의 확고한 실무.

332) 이상의 점에 대한 상세한 논의는, 조영선, "특허침해로 인한 금지권의 상대화(相對化)에 대하여", 경영법률 제25집 제4호(2015), 425면 이하 참조.

아래 특허권자에게 금지권을 인정하는 대신 손해배상청구권 행사를 통한 구제만을 부여하여야 한다는 논의는 당초 특허괴물(Patent Troll)의 예처럼 금지권을 부당한 이익 추구의 수단으로 악용하는 것을 규제하기 위해 시작되었지만, 근래에는 여기에 그치지 않고 이용발명에 있어 선원발명이 이른바 장애발명(Blocking Patent)으로 작용하는 경우에까지 논의의 외연이 확장되고 있는 중이다. 금지권을 '배제'하는 것 외에 일정한 한도로 '제한'하는 것도 그 방법에 포함됨은 물론이다.

선행발명 甲이 A+B이고 후행 특허발명 乙이 A+B+C의 형태로 甲을 이용침해하고 있다면, 침해물품의 일부에만 특허가 관계된 경우를 유추하여 乙 발명에서 A+B가 차지하는 기여도를 산출함으로써 해결함이 상당할 것이다.[333] 여기서 적용되는 "기여율"의 실체에 관하여는, 수요자의 구매동기를 증가시킨 비율, 시장가격의 차액비율, 원가의 차액비율 등 견해가 구구하나 결국은 이러한 모든 사정을 종합하여 법원이 변론의 전취지에 따라 결정할 수밖에 없다. 재판실무는 특허침해소송에서 침해의 일부에만 특허 구성이 포함된 경우(이용침해) 제128조 제 2 항 혹은 제 4 항에 따라 산출한 손해액에서 기여율을 반영한 금액만을 실제 손해액으로 인정해 오고 있다.[334]

### (사) 이용발명의 활용을 보장하기 위한 제도적 장치와 시도

오늘날 상당수의 발명은 기존의 특허발명을 기초로 하여 이를 발전시킨 이른바 '개량발명'에 해당하고, 위와 같은 개량발명에 별도로 특허가 부여되었더라도 이를 실시하는 자는 원 발명에 대한 침해를 구성하기 때문에 원 발

---

333) 예컨대 선원 특허권자 甲이 시장에서 특허물품(a+b)을 월 2,000개씩 판매하고 그 단위당 이익이 10,000원이었는데 乙이 이용발명(a+b+c)을 출시하여 월 1,500개 판매하였다면, 甲의 특허권 침해로 인한 월 손해배상액은 특허법 제128조 제 2 항 제 1 호에 따라 "1,500 개(乙의 양도수량)×10,000원(甲의 단위이익)×(a+b+c 중 a+b의 기여율)"을 통해 산정할 수 있을 것이다. 이때 침해자는 특허법 제128조 침해행위 외의 사유로 甲이 판매되지 아니하였을 사정을 주장, 증명하여 배상액의 추가감액을 도모할 수 있음은 물론이다. 한편, 앞서와 같은 이치는 특허법 제128조 제 4 항에 따라 乙이 거둔 이익액을 甲의 손해액으로 추정하는 경우에도 그대로 적용될 수 있다. 그 밖에 침해물건의 일부에만 특허가 관계된 경우, 기여도 참작이 법리상으로는 당연함을 전제하고 있는 판결례로 서울고등법원 2005. 12. 7. 선고 2003나38858 판결 참조.

334) 특허법원 2019. 8. 29. 선고 2018나1893 판결; 특허법원 2017. 11. 24. 선고 2017나 1346(본소) 2017나1353(반소) 판결; 특허법원 2017. 4. 21. 선고 2016나1745 판결 등.

명 특허권자의 허락을 얻어야 한다.335) 따라서, 이른바 '원천기술'에 해당하는 개척발명은 다양한 후속발명에 대하여 이용관계에 있으므로 그만큼 많은 후속발명자로부터 실시료를 지급받을 수 있게 되는바, 원천기술 내지 개척발명이 기술적, 경제적으로 큰 가치를 가진다는 점을 여기서도 엿볼 수 있다. 이용발명이 성립하는 경우, 선출원의 특허권자가 이용발명의 실시에 필요한 실시허락을 하지 않아 개량발명인 이용발명이 사장(死藏)되는 것을 막기 위하여 특허법 제138조는 일정한 요건 하에 선출원의 특허권자에게 실시권 설정을 강제하고 있다.

### (4) 선택침해

특히 화학분야와 같이 추상적, 이론적 가능성보다 실험에 의한 구체적 실시가 더 큰 기술적 의미를 가지고, 구체적 실시형태가 축적될수록 기술발달에 공헌하는 측면이 강한 기술분야에서는, 비록 선행문헌에 포괄적 상위개념이 나타나 있다고 하더라도, ⅰ) 선행발명에 선택발명을 구성하는 하위개념이 구체적으로 개시되어 있지 않고, ⅱ) 그 하위개념들 모두가 선행발명에 의하여 이미 개시된 효과와 질적으로 다르거나, 양적으로 현저한 차이가 있는 경우에는, 그것이 공지된 선행발명의 하위개념임에도 불구하고 예외적으로 독립된 발명으로 취급되어 특허를 받을 수 있는바,336) 이를 선택발명이라고 한다.

선택발명의 개념을 인정할 경우, 선택발명의 실시가 여전히 원 특허의 침해를 구성한다고 볼 것인지, 선택발명을 독립된 특허로 인정한 이상, 그 실시는 원 특허의 침해조차도 구성하지 않는 것으로 볼 것인지가 문제로 된다. 이에 대하여는 침해 긍정설과 부정설이 대립하나 판례는 다음과 같이 선택발명에 해당하는 후행발명은 기본발명의 권리범위에 속하지 않는다고 함으로써 기본발명에 대한 침해를 부정하는 것으로 보고 있다.

⇨ 대법원 1991. 11. 12. 선고 90후960 판결

(가)호 발명에서 위 출발물질에 작용하는 1-하이드록시 벤조트리아졸을 갖는

335) 이와 유사한 법 개념으로, 저작권법상 2차적 저작물이 별도의 독립된 저작권 보호의 대상이 되는 것과 관계없이 그 2차적 저작물의 성립이 원저작자의 저작권에 아무런 영향을 미치지 않는 점을 상기해 볼 수 있다(저작권법 제5조 참조).
336) 대법원 2003. 4. 25. 선고 2001후2740 판결.

1-[a-syn-메톡시이미노-a-(2-아미노-티아졸-4-일)-아세틸]-벤조트아졸-3 옥사이드
의 DMF용매화합물[위 ㉮호 아실화제]이 이 사건 특허청구범위에 기재된 2-(2-아
미노(또는 보호된 아미노)-티아졸-4-일)-2-syn-메톡시이미노초산의 반응성유도체
의 하나로서 ㉮호 발명이 이 사건 특허청구범위에 기재된 상위개념에 포함되는
것이라 하더라도 원심결 이유 및 기록에 의하면 이 사건 특허의 명세서에는 위
㉮호 아실화제를 사용하는 것에 관한 기술이 전혀 없는 반면에 ㉮호 발명에서는
그 명세서에 위 ㉮호 아실화제를 특정하여 이를 제조 사용함으로써 이 사건 특
허에서 예상되지 아니한 것으로 보이는 위 원심인정과 같은 작용효과를 나타내
고 있다고 명기되어 있음을 알 수 있는바, ㉮호 발명에 있어서 이 사건 특허에
비하여 위 원심인정과 같이 제조공정, 반응온도, 아실화수율 등에 차이가 있다
면 이는 ㉮호 발명이 이 사건 특허에 존재하지 않는 현저히 향상된 작용효과를
드러내고 있다고 할 것이므로 화학물질의 제조방법에 관한 발명에 해당하는 이
사건의 경우에 원심이 ㉮호 발명과 이 사건 특허가 서로 다른 발명이라고 판단
한 것은 이를 수긍할 수 있고 거기에 소론이 주장하는 특허권의 권리범위 등에
관한 법리오해 등의 위법이 없다.

## (5) 생략침해 및 불완전이용침해
### ㉮ 논의의 실태

생략침해란, 등록발명의 특허청구범위에 기재된 구성요소 가운데 비교적
중요성이 낮은 일부 구성요소를 생략하여 실시함으로써 등록발명의 작용효과
보다 열악하거나 동일한 효과를 얻는 것을 말하고, 불완전이용침해는 이러한
생략발명에 새로운 구성요소가 추가된 실시형태를 말한다. 불완전이용침해는
생략발명이 침해를 구성한다는 것을 전제로, 그 생략발명에 새로운 구성요소를
부가하는 것이 본 발명에 대한 이용발명에 해당한다는 논리 아래 성립한다. 생
략발명이나 불완전이용발명이 특허의 침해를 구성하는지는 실무상 자주 문제
되는바, 문언침해가 성립하기 위해서는 실시형태가 등록발명의 구성요소를 모
두 포함하고 있을 것이 필요하므로 구성요소 가운데 일부를 결여한 생략침해나
불완전이용침해가 문언침해에는 해당하지 않는다. 또한 생략된 요소의 기능,
방식 및 효과를 다른 구성요소를 통하여 실질적으로 동일하게 수행하고 있다면
이는 구성요소의 치환 내지 변경에 해당하므로 균등침해가 성립될 수 있으나
일부 구성요소가 아예 결여되어 있을 뿐더러 그에 상응하는 치환, 변경된 구성

요소조차 존재하지 않는다면 균등침해 역시 성립하지 아니한다. 그럼에도 불구하고 생략침해나 불완전이용침해가 자주 논의되는 이유는, 현실적으로 등록발명의 모방을 시도하는 자는 등록발명을 문언 그대로 실시하거나 일부 구성요소의 단순치환을 시도하는 것보다는, 다소간 효과상의 불리를 감수하고라도 구성요소의 일부를 생략하여 실시하거나 구성요소 일부를 생략한 대신 새로운 구성요소를 추가하여 마치 등록발명과는 전혀 다른 발명인 양 가장함으로써 침해의 비난을 회피하려는 경향이 강하기 때문이다. 생략침해 및 불완전이용침해라는 개념을 인정할 것인지에 관하여는 긍정설과 부정설이 대립하나 이를 정면으로 다룬 대법원 판례는 발견되지 아니한다. 그러나 특허발명의 모든 구성요소는 필수구성요소이므로 침해가 성립하려면 특허발명의 모든 구성요소를 실시하여야 한다는 구성요소 완비의 원칙을 분명히 하고 있는 대법원 판례의 태도에 따르면 생략침해나 불완전이용침해는 특허침해로 인정되기 어려울 것으로 보인다.

(나) 실무상 문제점

생략침해나 불완전이용침해는 구성요소가 '생략'된 경우에 대한 것이고, 균등침해는 구성요소가 '치환' 내지 '변경'된 경우에 대한 것이므로, 일응 구성요소의 치환 내지 변경에는 구성요소의 '생략'은 포함되지 않는다. 따라서 구성요소의 '치환'이냐 '생략'이냐를 가리는 것이 중요한 문제로 되는데, 실무상 특허발명과 침해의 실시형태(확인대상발명이라고 부른다)를 대비함에 있어서는 편의상 특허청구범위를 이루고 있는 여러 구성요소들을 기능과 특징 등에 입각하여 몇 묶음으로 묶어 확인대상발명의 대응 구성요소와 각각 대비하는 수밖에 없다. 그런데 위와 같이 구성요소를 어느 단위로 묶느냐에 따라 확인대상발명의 대응 구성요소가 '치환'된 것으로도 '생략'된 것으로도 볼 수 있게 된다. 즉, 구성요소를 세부적인 부분까지 쪼개어 대비할수록 일부 구성요소가 '생략'된 것으로 판단될 여지가 많은 반면, 대비의 대상이 되는 구성요소들을 굵직굵직하게 묶어 비교적 넓은 관점에서 대비한다면 일부 구성이 생략되었다고 하더라도 그 그룹에 함께 속한 다른 구성들과의 유기적 결합에 의하여 개별적 생략의 의미는 사라지고 전체로서 구성요소의 '치환'에 불과한 것으로 판단될 여지가 많아지는 것이다.

(6) 간접침해

㈎ **법률의 규정과 간접침해의 본질**

특허법 제127조는, ① 특허가 물건의 발명인 경우에는 그 물건의 생산에
만 사용하는 물건을 생산·양도·대여 또는 수입하거나 그 물건의 양도 또는
대여의 청약을 하는 행위, ② 특허가 방법의 발명인 경우에는 그 방법의 실시
에만 사용하는 물건을 생산·양도·대여 또는 수입하거나 그 물건의 양도 또는
대여의 청약을 하는 행위를 각 특허권에 대한 간접침해를 구성하는 행위로 간
주하고 있다.

우리 특허법은 '특허권자는 업으로써 그 특허발명을 실시할 권리를 독점
한다(법 제94조)'고 하는 외에 '실시'의 태양을 다양하게 규정하고 있다(법 제2
조 제3호 각목). 따라서 위와 같이 특허권자의 허락 없이 발명을 업으로써 실
시하는 자는 특허의 직접침해자이다. 한편, 위와 같은 직접침해행위(민법 제
750조 불법행위)에 대하여는 방조(민법 제760조 불법행위)가 성립할 수 있는데, 방
조란 불법행위의 성립을 용이하게 하는 일체의 행위를 의미하는 것이므로 그
행위태양에는 제한이 없는 것이 원칙이다. 그런데 특허법은 위와 같이 다양한
방조행위 가운데 ① 특허물건의 생산에만 사용하는 물건을 생산·양도·대여
또는 수입하거나 그 물건의 양도 또는 대여의 청약을 하는 행위(특허가 물건의
발명인 경우), ② 특허방법의 실시에만 사용하는 물건을 생산·양도·대여 또는
수입하거나 그 물건의 양도 또는 대여의 청약을 하는 행위(특허가 방법의 발명인
경우)에 한하여 이를 '간접침해'라는 이름 아래 침해의 한 형태로 간주하여 권
리자에게 특허법 고유의 구제수단을 부여하고 있다. 따라서 간접침해 책임은
본질적으로 방조 내지 예비책임이다. 337)

요컨대 간접침해에 관하여 규정하고 있는 특허법 제127조 제1호는 발명
의 모든 구성요소를 가진 물건을 실시한 것이 아니고 그 전 단계에 있는 행위
를 하였더라도 발명의 모든 구성요소를 가진 물건을 실시하게 될 개연성이 큰
경우에 장래의 특허권 침해에 대한 권리 구제의 실효성을 높이기 위하여 일정
한 요건 아래 이를 특허권의 침해로 간주하는 것이다. 338)

---

337) 다만, 간접침해의 효과로 금지청구 외에 손해배상책임까지 지기 위해서는 불법행위법의
     일반 원리에 따라 고의·과실 요건도 갖추어야 됨은 물론이다.
338) 대법원 2009. 9. 10. 선고 2007후3356 판결.

### ㈏ 간접침해의 성립요건

앞서 본 바와 같이 간접침해는 '특허물건의 생산에만' 사용하는 물건이거나 '특허방법의 실시에만' 사용하는 물건을 통해서만 성립한다. 이와 관련하여 물건의 생산에만 사용하는 물건, 방법의 실시에만 사용하는 물건의 의미를 어떻게 이해할 것인지를 살펴볼 필요가 있다.

### 1) 물건을 '생산'하는 데만 사용

특허법상 간접침해의 구성요건인 '생산'은 특정한 부품(물건)이 결합됨으로써 특허물품이 전체로서 '완성'되는 경우를 지칭하는 경우가 많다. 판례[339] 또한 여기서 말하는 '생산'이란 발명의 구성요소 일부를 결여한 물건을 사용하여 발명의 모든 구성요소를 가진 물건을 새로 만들어내는 모든 행위를 의미하므로, 공업적 생산에 한하지 않고 가공, 조립 등의 행위도 포함된다고 한다.

아울러 이는 실제에 있어 '수리'와 '생산'의 경계를 어떻게 설정할 것인지의 문제로 나타나는 수가 많다. 이유인즉, 특허물품을 정상적으로 구매한 자에 대하여는 특허권의 소진이 일어나므로 특허권자는 그 구매자가 이를 수리하는 행위를 포함하여 어떠한 형태로 이를 사용하든 간섭할 수 없는 것이 원칙이다. 다만, 그 행위의 정도가 단순한 '수리'를 넘어 특허물품의 '재생산' 정도에 이른다면 권리소진원칙이 적용되는 대신 특허권에 대한 직접침해가 성립할 수 있고 따라서 위와 같은 재생산행위를 하는 데 필요한 부품 등을 공급하는 자는 간접침해자가 될 수 있다. 결국 어느 정도까지의 행위를 '수리'로 볼 것인지가 문제되는데, 판례[340]는 사용함에 따라 마모되거나 소진되어 자주 교체해 주어야 하는 소모부품일지라도, 특허발명의 본질적인 구성요소에 해당하고 다른 용도로는 사용되지 아니하며 일반적으로 쉽게 구할 수 없는 물품으로서 당해 발명품의 구입 시에 이미 교체가 예정되어 있었고 특허권자측이 그 부품을 따로 제조·판매하고 있다면, 그 부품을 교체하는 행위는 전체로서의 특허물품을 '생산'하는 행위이고, 따라서 그 부품은 '특허물건의 생산에만 사용되는 물건'이라는 논리를 펴고 있다.

---

339) 대법원 2002. 11. 8. 선고 2000다27602 판결; 대법원 2009. 9. 10. 선고 2007후3356 판결.
340) 대법원 1996. 11. 27. 자 96마365 결정; 대법원 2001. 1. 30. 선고 98후2580 판결.

◈ 대법원 2001. 1. 30. 선고 98후2580 판결

⑦호 발명의 감광드럼카트리지는 전체적으로 이 사건 특허발명을 채택한 레이저 프린터에 꼭 맞는 구성을 취하고 있고, 현재 ⑦호 발명의 감광드럼카트리지는 전량 이 사건 특허발명을 채택한 레이저 프린터에만 사용되고 있으며, 이 사건 특허발명을 채택하지 아니한 레이저 프린터 중 ⑦호 발명의 감광드럼카트리지를 사용할 수 있는 것은 없는 사실, 레이저 프린터에 있어서 인쇄되는 종이를 기준으로 할 때 레이저 프린터 자체의 수명은 약 300,000장이나, 그 중 토너카트리지는 약 3,000장, 감광드럼은 약 15,000장, 현상기는 약 50,000장의 수명을 가지고 있어 그 이후에는 새로운 것으로 교체해 주어야 하고, 이 사건 특허발명을 실시하고 있는 피고는 이 사건 특허발명을 채택한 레이저 프린터에 사용되는 각 부품을 별도로 생산하여 판매하고 있는 사실을 인정한 다음, 위 감광드럼카트리지는, 이 사건 특허발명의 본질적인 구성요소이고, 다른 용도로는 사용되지도 아니하며, 일반적으로 널리 쉽게 구입할 수도 없는 물품일 뿐만 아니라, 레이저 프린터의 구입 시에 그 교체가 예정되어 있었고, 특허권자인 피고측에서 그러한 감광드럼카트리지를 따로 제조·판매하고 있으므로, 결국 ⑦호 발명의 감광드럼카트리지는 이 사건 특허발명의 물건의 생산에만 사용하는 물건에 해당하며, 원고의 주장과 같이 ⑦호 발명의 기술사상을 채택하되 설계변경에 의하여 ⑦호 발명과 다른 제품을 만드는 경우에 그것이 이 사건 특허발명의 실시물건 이외의 물건에 사용될 가능성이 있다는 것만으로는, ⑦호 발명이 이 사건 특허발명의 권리범위를 벗어날 수는 없다.

한편, 판례[341]는, 속지주의 원칙상 특허권의 효력은 그 특허가 등록된 나라에만 미치는 점을 감안하면, 특허법 제127조 제1호의 '그 물건의 생산에만 사용하는 물건'에서 말하는 '생산'이란 국내에서의 생산을 의미한다고 하였다. 따라서 이러한 생산이 국외에서 일어나는 경우에는 그 전 단계의 행위가 국내에서 이루어지더라도 간접침해가 성립할 수 없다.[342]

---

341) 대법원 2015. 7. 23. 선고 2014다42110 판결. 사안에서 원고의 특허는 상부와 하부로 구성된 양방향 멀티슬라이드 휴대단말기였는데, 피고는 국내에서 하부본체 하단의 숫자키 패드가 결여된 반제품을 생산하여 다수 국가에 수출, 해당 국가에서 적합한 키패드를 조립하여 완성품으로 판매하였다. 원고는 피고가 국내에서 원고 특허 침해 전용(專用)의 반제품을 제조하는 행위는 간접침해에 해당한다고 주장하였다.

342) 다만 판례는, 국내에서 특허발명의 실시를 위한 부품 또는 구성 전부가 생산되거나 대부분의 생산단계를 마쳐 주요 구성을 모두 갖춘 반제품이 생산되고, 이것이 하나의 주체에게 수출되어 마지막 단계의 가공·조립이 이루어질 것이 예정되어 있으며, 그와 같은 가

◈ 대법원 2015. 7. 23. 선고 2014다42110 판결

간접침해 제도는 어디까지나 특허권이 부당하게 확장되지 아니하는 범위에서 그 실효성을 확보하고자 하는 것이다. 그런데 특허권의 속지주의 원칙상 물건의 발명에 관한 특허권자가 그 물건에 대하여 가지는 독점적인 생산·사용·양도·대여 또는 수입 등의 특허실시에 관한 권리는 특허권이 등록된 국가의 영역 내에서만 그 효력이 미치는 점을 고려하면, 특허법 제127조 제1호의 '그 물건의 생산에만 사용하는 물건'에서 말하는 '생산'이란 국내에서의 생산을 의미한다고 봄이 타당하다. 따라서 이러한 생산이 국외에서 일어나는 경우에는 그 전 단계의 행위가 국내에서 이루어지더라도 간접침해가 성립할 수 없다. 위 법리와 기록에 비추어 원심판결 이유를 살펴보면, 원심이, 피고가 국내에서 생산하여 수출한 N95와 N96의 각 반제품은 모두 국외에서 완성품으로 생산되었으므로 이 사건 제1항 및 제2항 발명의 각 특허권에 대하여 특허법 제127조 제1호에 정한 간접침해 제품에 해당하지 아니한다고 판단한 것은 정당하고, 거기에 상고이유 주장과 같이 특허발명의 청구범위 해석과 간접침해의 성립요건에 관한 법리를 오해하고 필요한 심리를 다하지 아니하여 판결에 영향을 미친 잘못이 없다.

2) '～에만'의 의미

물건의 발명이든 방법의 발명이든, 이에 제공된 물건은 일반적으로 그 발명 이외의 용도로 전용(轉用)하는 것이 가능한 경우가 많은바, 제127조 제1호, 제2호의 '그 물건의 생산에만' 및 '그 발명의 실시에만' 사용하는 물건의 개념을 문자 그대로 당해 특허발명의 실시의 용도 이외에 전혀 사용할 수 없는 물건으로 해석하면 간접침해가 성립할 여지는 지극히 좁아지고 특허권의 보호가 불충분해진다. 반면, 다른 용도에 사용되지만 당해 특허발명의 용도에도 사용될 수 있으면 족한 물건으로 해석하면 특허권의 효력을 부당하게 확장할 우려가 있다. 그렇기 때문에 간접침해의 성립요건으로서 '… 에만'이 무엇을 의미하는지가 검토될 필요가 있다. 판례343)는 "특허물건의 생산에만 사용하는 물건에 해당하기 위해서는 사회통념상 통용되고 승인될 수 있는 경제적, 상업

공·조립이 극히 사소하거나 간단하여 위와 같은 부품 전체의 생산 또는 반제품의 생산만으로도 특허발명의 각 구성요소가 유기적으로 결합한 일체로서 가지는 작용효과를 구현할 수 있는 상태에 이르렀다면, 특허권의 실질적 보호를 위해 예외적으로 국내에서 특허발명의 실시제품이 생산된 것과 같이 본다(대법원 2019. 10. 17. 선고 2019다222782, 222799 판결).

343) 대법원 2009. 9. 10. 선고 2007후3356 판결.

적 내지 실용적인 다른 용도가 없어야 하고, 이와 달리 단순히 특허물건 이외의 물건에 사용될 이론적, 실험적 또는 일시적인 사용가능성이 있는 정도에 불과한 경우에는 간접침해의 성립을 부정할 만한 다른 용도가 아니다"라고 한다.

### ㈐ 직접침해의 성립 요부: 독립설과 종속설의 대립

간접침해와 직접침해와의 관계를 어떻게 볼 것인지에 대하여 독립설과 종속설이 대립한다. 독립설은 특허법 제127조 각호의 요건을 만족시키는 행위가 이루어진 때에는 독립적으로 특허권 침해가 성립하고, 직접침해의 유무를 묻지 않는다고 한다. 종속설은 법리상 당연히 직접침해의 존재가 간접침해의 성립의 전제가 되며, 직접침해가 성립하지 않을 때에는 특허법 제127조 각호의 요건을 만족시키는 행위가 이루어져도 간접침해는 성립하지 않는다고 본다. 우리나라에서는 독립설이 통설이다. 간접침해는 주로 직접침해를 가능하게 하는 전용(專用) 부품의 공급행위를 통제하는 수단이 되는데, 우리 특허법 제94조에 따르면 특허발명을 '업으로서' 실시하는 경우에 한하여 직접침해가 성립한다. 따라서 독립설을 취하지 않는다면 단지 개인 용도로 특허발명을 실시하기 때문에 직접침해자가 되지 않는 일반 수요자에게 부품을 판매하는 행위를 통제할 수 없어 간접침해 규정의 존재 의의 대부분이 상실되고 말 것이다.

### ㈑ 간접침해에 대한 구제

#### 1) 금지청구권

간접침해의 요건이 갖추어지면 특허권자는 간접침해자를 상대로 금지청구권을 행사할 수 있으며(특허법 제126조), 이때 간접침해자의 고의·과실은 묻지 아니한다. 한편, 간접침해의 요건이 갖추어지지 아니한 단순 교사·방조행위에 대하여는 특허법상 금지청구권의 행사가 불가능할 것이지만, 불법행위의 효과로서 일정한 요건이 갖추어지면 금전배상 이외에 금지청구도 인정하는 최근의 판례 태도344)에 따르면 일반 불법행위의 효과로서 금지청구가 가능할 여지도 있을 것이다. 아울러, 판례 가운데는 저작권 침해의 방조행위에 대하여 금지청

---

344) 대법원 2010. 8. 25. 자 2008마1541 결정: "… 불법행위의 효과로서 금전배상을 명하는 것만으로는 피해자 구제의 실효성을 기대하기 어렵고 금지로 인하여 보호되는 피해자의 이익과 그로 인한 가해자의 불이익을 비교·교량할 때 피해자의 이익이 더 큰 경우에는 그 행위의 금지 또는 예방을 청구할 수 있다 …."

구권을 인정한 예가 있다.345)

### 2) 손해배상청구권

간접침해가 민법상 불법행위의 요건을 갖추면 손해배상청구가 가능함은 물론이다. 이때 침해자의 과실은 추정된다(특허법 제130조). 침해에 대한 손해배상의 특칙인 제128조 역시 간접침해에도 적용된다고 봄이 합당하다.

### 3) 형 사 벌

특허권의 간접침해도 특허침해죄346)를 구성하는가? 판례347)는 "확장 해석을 금하는 죄형법정주의의 원칙이나, 특허권 침해의 미수범에 대한 처벌 규정이 없음을 고려하면 직접침해의 예비단계행위에 불과한 간접침해행위를 처벌할 수는 없다"고 한다. 그러나 특허법 제127조 소정의 각 행위가 언제나 직접침해의 예비행위만인 것은 아니고 직접침해의 방조를 구성하는 경우도 있을 수 있으므로 그 가벌성을 일률적으로 부정하기보다는 사안별로 해결하는 편이 합당하다.

### 4) 간접침해를 이유로 한 권리범위확인심판

특허발명의 실시에만 전용(專用)되는 물건이 특허발명의 권리범위에 속하거나 속하지 않음을 전제로 그것을 대상으로 한 권리범위확인심판이 가능한가의 문제가 있다. 이에 대하여는, 간접침해는 전용품을 생산·양도하는 등의 '행위'가 간접침해를 구성할 뿐이지 그 물건 자체가 특허발명의 권리범위에 속하는 것이 아니라는 취지의 부정설도 있으나, 판례348)는 "… 특허권자 또는 이해관계인은 그 방법의 실시에만 사용하는 물건과 대비되는 물건을 심판청구의 대상이 되는 발명으로 특정하여 특허권의 보호범위에 속하는지 여부의 확인을 구할 수 있다"고 하여 이를 긍정한다.

### (7) 인터넷을 통한 특허침해349)

IT 기술의 발달과 더불어 인터넷에서 이루어지는 특허 침해 또한 다양해

---

345) 대법원 2007. 1. 25. 선고 2005다11626 판결(소리바다 사건).

346) 제225조(침해죄) ① 특허권 또는 전용실시권을 침해한 자는 7년 이하의 징역 또는 1억원 이하의 벌금에 처한다.

347) 대법원 1993. 2. 23. 선고 92도3350 판결.

348) 대법원 2005. 7. 15. 선고 2003후1109 판결 등.

349) 이에 대한 상세는, 조영선, "인터넷을 통한 특허권의 침해유형과 그 책임", 정보법학 제22권 제2호(2018. 9), 1면 이하 참조.

지고 있다. 타인의 특허 침해에 사용되는 필수 어플리케이션이나 모듈 등을 인터넷을 통해 공급하거나, 3D 프린팅으로 타인의 특허물건을 그대로 복제·생산할 수 있도록 CAD(Computer Aided Design) 파일로 만든 뒤 온라인에서 제공하는 행위, 인터넷 서비스 제공자(ISP)가 특허침해에 사용되는 콘텐츠의 유통 플랫폼 역할을 하게 되는 것 등이 대표적 예이다. 이들은 대부분 소프트웨어 특허를 직접 침해하는 일반 사용자들에게 인터넷을 통해 그 침해수단을 제공하는 모습을 띤다. 그로 인해 간접침해와 유사한 실질을 가지지만 간접침해 규정을 적용할 수 없거나 민법상 공동불법행위에 대한 법적 기준을 그대로 적용하는 것이 부적절한 경우가 많다는 특징이 있다. 아울러 특허권자의 보호와 온라인 비즈니스 시스템 보장 사이의 균형을 위한 정책적 고려도 필요하다.

현실에서 특허침해에 관여된 복수 주체들 사이의 인적 관계는 다양하다. 지배·관리관계 아래 다른 사람을 도구처럼 이용함으로서 결과적으로는 발명 전부를 스스로 실시하는 효과를 누리는 경우라면 그에게, 그 정도는 아니더라도 침해에 관계된 사람들이 공모 공동과 같은 주관적 의사공동 아래 행위를 분담하였다면 공동으로 직접침해책임을 물으면 될 것이다. 또한, 2019년 특허법 개정에 따라 소프트웨어가 방법 청구항으로 되어 있을 때 인터넷에서 해당 특허침해를 가능하게 하는 수단을 전송하는 행위 대부분은 '방법에 대한 사용의 청약'이라는 개념을 매개로 직접침해(실시)를 구성하게 될 것이다.

한편, 인터넷을 통한 소프트웨어 특허침해 판단 시 적극적 의사의 공동이 없이 단지 하나의 특허침해에 복수 주체의 행위가 객관적으로 공동되어 있을 뿐인 경우에는 섣불리 공동 침해책임을 물으면 곤란하다. 이는 자칫 온라인 비즈니스 시스템이나 거래 안전을 위협하는 위축효과를 초래할 수 있기 때문이다. 입법이나 해석을 통해 인터넷 상 소프트웨어 특허의 직·간접 침해책임 가능성을 구축하는 것 못지않게, 이에 대해서는 신중한 접근과 배려가 필요하며, 이런 기준은 특허 CAD 및 3D 프린팅을 통한 특허침해에 유용한 판단 준거가 될 수 있다. 아울러 향후 저작권 침해나 상표권 침해에 관한 ISP 책임의 예를 감안한 사법실무 또는 입법으로 특허침해에 대한 ISP의 책임 및 그 면책 요건도 마련해야 할 수도 있다.

## 3. 침해주장에 대한 항변

### 가. 실시권 성립의 항변

#### (1) 법정실시권

법정 통상실시권은 특허권자의 의사에 관계없이 공평의 원칙과 국가의 산업정책적 측면을 고려하여 일정한 요건이 충족되면 당연히 성립하는 실시권이다.

#### (가) 선사용에 의한 통상실시권(특허법 제103조)

##### 1) 규정과 그 취지

어떤 발명에 관하여 특허출원이 있을 당시, 그러한 사정을 알지 못한 채 별개로 동일한 내용의 발명을 한 사람 또는 그와 같은 별개 발명을 한 사람으로부터 알게 된 제3자가 이미 국내에서 발명의 실시사업을 하거나 그 사업의 준비를 하고 있는 때에는 그 실시 또는 준비를 하고 있는 발명 및 사업의 목적의 범위 안에서 그 특허출원된 발명에 대한 특허권에 대하여 통상실시권을 가진다. 선출원주의를 취하고 있는 특허법 아래에서 선발명자의 보호가 도외시되는 점을 보완하고 공평을 도모하기 위하여 마련한 제도적 장치이다.

##### 2) 성립요건

###### 가) 선의의 이중발명

특허출원이 있을 당시, 그러한 사정을 알지 못한 채 별개로 동일한 내용의 발명을 하거나 그와 같은 별개 발명의 내용을 정당하게 전수받았을 것이 필요하므로, 법문상 선사용권은 동일한 발명에 관하여 서로 독립적으로 '이중의 발명'이 이루어진 때에만 성립할 수 있다.

###### 나) 출원 시 국내에서 실시사업이나 그 준비를 하고 있을 것

후행발명의 특허출원 시에 이미 국내에서 선발명을 실시하는 사업을 하고 있거나 그 사업의 준비에 착수한 상태여야 한다. '실시사업의 준비'는 일반적으로는 당해 발명을 즉시 실시할 의사를 가지고, 즉시 실시가 가능할 정도의 객관적 여건을 갖춘 정도를 말하지만 구체적으로는 당해 발명이 속한 기술분야나 발명의 성질 등에 따라 탄력적으로 판단하여야 할 것이다.

### 다) 특허발명의 실시

여기서 특허발명을 실시한다는 것은 선발명의 실시형태가 후행 특허청구범위의 전부 또는 일부에 속함을 의미한다. 따라서 후행 특허발명의 청구항 구성요소와 그대로 일치하는 선발명은 물론이고, 예컨대 甲이 하위개념(x+y+z)의 구성으로 이루어진 선발명 a를 실시하고 있는 상태에서 乙이 그 상위개념(x+y)으로 이루어진 후발명 A에 대하여 특허를 취득하였다면 甲은 그 실시형태인 a에 대하여 선사용권을 취득한다.

### 3) 효    과

선사용에 의한 통상실시권자는 대가를 지불하지 않아도 되며, 350) 등록이 없어도 특허권자, 전용실시권자 등에게 대항할 수 있다(특허법 제118조 제 2 항). 그러나 선사용권 자체의 양도에 대하여는 특별 규정이 없기 때문에 선사용권도 상속 등 일반승계 혹은 실시사업과 함께 이전하는 경우 이외에는 특허권자의 동의 없이는 이전할 수 없다(특허법 제102조 제 5 항).

### (나) 특허권의 이전청구에 따른 이전등록 전의 실시에 의한 통상실시권
### (특허법 제103조의 2)

특허법 제99조의 2가 모인특허권자를 상대로 한 정당한 권리자의 이전등록 청구권을 인정하고 이전등록에 소급효를 인정함으로 인해 선의의 제 3 자의 지위가 불안해질 우려가 생기게 되었다. 특허법은 그에 대비하여 일정한 요건 아래 통상실시권을 인정하고 있다. 즉, 이전등록된 특허권의 원(原)특허권자, 351) 이전등록 당시의 전용실시권자, 위 특허권이나 전용실시권에 대하여 등록된 통상실시권이나 법정실시권을 가지고 있는 자가 모인출원의 사정을 알

---

350) 특허법 제104조 제 2 항, 제105조 제 3 항 등이 실시권에 대하여 '상당한 대가의 지급'을 명하고 있는 것과 대조적으로 특허법 제103조는 실시권의 대가에 대하여 아무런 언급이 없어, 현행법상 선사용권자는 무상의 통상실시권을 가지는 것으로 해석된다.

351) 특허법 제103조의 2 제 1 항 제 1 호는 "이전등록된 특허의 원(原) 특허권자"라고 하여, 마치 모인출원을 통해 등록된 최초의 특허권자만을 통상실시권의 대상인 것처럼 표현하고 있지만, 이는 적절한 용어 선택이 아니다. 오히려 원 특허권자는 고의에 의한 모인자인 경우가 많아 위 규정의 적용 대상이 될 여지가 적은 반면, 그로부터 특허권을 양수한 전득자(轉得者) 가운데 보호받아야 할 선의자가 많을 것이기 때문이다. 따라서 여기서의 원 특허권자에는 전득자도 포함된다고 해석함이 상당하다. 우리 특허법 제103조의 2에 상응하는 일본 특허법 제79조의 2는 "특허권자"라고 규정하고 있다.

지 못하고 국내에서 해당 발명의 실시를 하거나 실시사업의 준비를 하고 있는
경우에는 특허권이 정당한 권리자에게 이전등록되더라도 그 사업목적의 범위
내에서 통상실시권을 가진다(제103조의2 제1항). 다만, 그에 대하여는 특허권
자에게 상당한 대가를 지급해야 한다(같은 조 제2항). 한편, 위와 같은 통상실
시권의 범위에 관해서는, 위 통상실시권이 이전등록 이후 장래에 향하여 종전
의 사업을 계속할 수 있다는 의미에 그치는 것인지, 이전등록 전 이미 이루어
진 실시행위나 모인자와의 사이에 형성된 법률관계 전체가 통상실시권에 기한
것으로 평가되어 위법하지 않은 것으로 되는지가 문제된다. 모인특허가 유효
한 것으로 믿고 법률관계를 형성한 선의의 제3자를 보호해 줄 필요성이라는
면에서 보면 선의의 제3자가 동일한 신뢰에 기하여 한 계약이나 실시행위가
이전등록시점 이전의 것은 소급하여 위법하게 되고, 그 이후에는 보호된다고
하는 것은 부당하므로 후자의 입장이 정당하다. [352)]

(대) **무효등록심판청구 등록 전의 실시에 의한 통상실시권**(특허법 제104
조)[353)]

동일한 발명에 대하여 ⅰ) 이중으로 특허가 부여되었다는 이유로 그 중
하나를 무효로 하거나, ⅱ) 등록특허를 무효로 하고 동일한 발명에 관하여 정
당한 권리자에게 특허를 한 경우, 무효심판 청구의 등록 전에 무효사유가 있
음을 알지 못한 채 국내에서 발명의 실시사업을 하거나 그 사업의 준비를 하
고 있는 특허권자 또는 그로부터 실시권을 취득하고 등록을 마친 자는 그 발
명 및 사업의 목적의 범위 안에서 통상실시권을 가진다. ⅰ)은 예컨대 동일한
발명에 대한 이중출원이 간과되어 모두 특허등록 되었다가 후출원 특허가 선
출원주의에 기하여 무효로 되는 경우를 생각할 수 있고, ⅱ)는 특허를 신규성

---

352) 일본의 다수 견해도 그러하다(中山信弘, 特許法[第3版], 弘文堂(2015), 350~351면; 金子
敏哉, "移轉登錄前の冒認出願人の實施による特許權侵害と眞の權利者の損害賠償請求權",
特許硏究 No. 58(2014. 9), 42면; 駒田泰士, "特許權の取戻しと善意の第三者の保護", 同志
社大學知的財産法硏究會, 知的財産法の挑戰, 弘文堂(2013), 148~149면; 武生昌士, "特許
法79條の2の意義に關する一考察", 小泉直樹·田村善之 編, はばたき－21世紀の知的財
産法, 弘文堂(2015), 366~369면).

353) 강학상 '중용권(中用權)'이라고 하며, 특허법 제104조 제1항 제2, 4호는 특허와 실용신
안이 상호 관련된 경우의 중용권에 대하여도 규정하고 있으나, 편의상 특허만을 예로 하
여 설명하기로 한다.

부재, 확대된 선출원 위반을 이유로 등록무효로 하고 그 무효판단의 근거가 된 타인의 동일한 발명을 특허등록 하거나, 모인출원을 이유로 특허등록을 무효로 하고 정당한 권리자에게 새로운 특허를 부여하는 경우가 그 예이다.

동일한 발명에 관하여 무효사유가 있었음에도 특허청이 이를 간과하여 특허를 부여한 경우, 국가기관의 공적 처분을 신뢰하고 그 특허에 기한 사업이나 사업준비를 하던 원특허권자 등은 나중에 자신의 특허가 무효로 되고 새로운 특허권자가 권리행사를 하여 사업이 봉쇄되면 불의의 타격을 입게 된다. 중용권은 이처럼 특허에 관한 자신의 권리가 적법하다는 점을 신뢰하여 사업을 하거나 그 준비를 마친 선의의 자를 보호하기 위한 제도이다.

중용권자는 상당한 대가를 특허권자나 전용실시권자에게 지급하여야 한다(특허법 제104조 제 2 항).

### ㈘ 디자인권 존속기간 만료 후의 통상실시권(특허법 제105조)

특허출원일 전 또는 특허출원일과 같은 날에 출원되어 등록된 디자인권이라면, 그 디자인권자는 비록 자신의 디자인권이 특허권과 저촉된다 하더라도 아무 문제 없이 사업을 영위할 수 있지만, 디자인권의 보호기간이 만료되어 버린 이후부터는 특허권의 침해를 구성하게 된다. 그와 같은 경우 종래 유효한 디자인권에 근거하여 사업을 영위해 오던 디자인권자에게 가혹한 결과가 초래되므로 특허법은 그와 같은 불합리를 막기 위하여 디자인권의 존속기간이 만료되는 때 그 디자인권의 범위 안에서 통상실시권이 생기는 것으로 하고 있다.

이 경우 디자인권자는 무상으로 실시할 수 있으나, 디자인에 대한 전용실시권자 또는 통상실시권자는 특허권자 또는 그 특허권에 대한 전용실시권자에게 상당한 대가를 지급하여야 한다(특허법 제105조 제 3 항).

### ㈙ 재심에 의하여 회복한 특허권에 대한 선사용권자의 통상실시권
(특허법 제182조)

예컨대 특허취소결정이나 등록무효심결이 확정되면 그 발명의 내용에 대한 독점적 효력이 없어져 제 3 자는 자유로이 이를 실시할 수 있는데, 나중에 다시 재심을 통하여 그 결론이 번복된다면 위와 같은 확정 심결의 결과를 믿고 사업을 실시한 제 3 자는 타인의 특허권을 침해한 것이 되어 불의의 타격을 입을 수 있다. 위와 같은 경우를 대비하여 특허법 제181조는 선의의 제 3 자의 일정한 실시형태에 대하여는 재심에 의해 회복된 특허권의 효력이 미치지 않는 것으로 하는 한편, 특허법 제182조는 특허취소결정이나 등록무효심결이 확정된 후 재심청구의 등록 전에 선의로 국내에서 그 발명의 실시사업을 하거나 그 준비를 하고 있는 자는 그 실시 또는 준비하고 있는 발명 및 사업의 목적 범위 안에서 통상실시권을 가지는 것으로 규정하고 있다.

### ㈐ 기    타

특허법은 그 밖에 질권행사로 인한 특허권의 이전에 따른 통상실시권(특허법 제122조), 재심에 의하여 통상실시권을 상실한 원권리자의 통상실시권(특허법 제183조), 특허권의 효력제한기간 중 선의의 실시에 의한 통상실시권(특허법 제81조의3 제5항) 등을 규정하고 있다. 그 밖에 직무발명에 있어 사용자 등이 취득하는 법정의 통상실시권에 대하여는 해당 부분에서의 설명을 참조할 것.

### (2) 강제실시권

국가 산업발전의 도모라고 하는 특허제도의 근본적 목적과 공익을 위하여 불가결한 경우에 특허권자의 의사에 관계없이 국가 또는 제3자에 의한 실시를 허락하도록 강제하여야 할 경우가 있다. 이를 강제실시권이라고 부른다. 특허법은 다음의 3가지 형태의 강제실시권을 규정하고 있다. 어느 경우이든 상당한 대가를 특허권자에게 지급하여야 한다.

### ㈎ 특허권의 수용(특허법 제106조)

정부는 특허발명이 전시, 사변 또는 이에 준하는 비상 시에 있어서 국방상 필요한 때에는 특허권을 수용할 수 있다(특허법 제106조 제1항). 특허권이 수용되는 때에는 그 특허발명에 관한 특허권 이외의 권리는 소멸되며(같은 조 제2항), 정부는 특허권 수용에 따라 특허권자 및 실시권자에 대하여 정당한 보상금을 지급하여야 한다(같은 조 제3항). 특허권의 수용은 주무부장관의 신청에 의하여 특허청장이 행한다(특허권의 수용·실시 등에 관한 규정 제2조 제1항).

### ㈏ 정부 등에 의한 특허발명의 실시(특허법 제106조의2)

정부는 특허발명이 국가 비상사태, 극도의 긴급 상황 또는 공공의 이익을 위하여 비상업적으로 실시할 필요가 있다고 인정하는 경우에는 그 특허발명을 실시하거나 정부 외의 자로 하여금 실시하게 할 수 있다(특허법 제106조의2 제1

188  특 허 법

항). 위와 같이 강제로 특허발명을 실시하는 정부나 정부 이외의 자는 특허권자 및 실시권자에게 정당한 보상금을 지급하여야 한다(특허법 제106조의2 제3항).

(다) **통상실시권 설정의 재정**(裁定)(특허법 제107조)

1) 규정의 내용

제3자가 다음 중 어느 하나에 해당하는 사유로 인하여 특허발명을 실시할 필요가 있고, 그와 같은 실시를 위하여 특허권자 또는 전용실시권자와 합리적인 조건 하에 협의를 시도하였음에도 통상실시권 설정계약이 이루어지지 않는 경우, 또는 그와 같은 협의를 할 수 없는 경우, 그 제3자는 특허청장에게 통상실시권 설정에 관한 재정을 청구할 수 있다.354)

① 특허발명이 천재·지변 기타 불가항력 또는 대통령령이 정하는 정당한 이유 없이 계속하여 3년 이상 국내에서 실시되고 있지 아니한 경우, ② 특허발명이 정당한 이유 없이 계속하여 3년 이상 국내에서 상당한 영업적 규모로 실시되지 않거나 적당한 정도와 조건으로 국내 수요를 충족시키지 못한 경우, ③ 특허발명의 실시가 공공의 이익을 위하여 특히 필요한 경우, ④ 사법적 절차 또는 행정적 절차에 의하여 불공정거래행위로 판정된 사항을 시정하기 위하여 특허발명을 실시할 필요가 있는 경우, ⑤ 자국민 다수의 보건을 위협하는 질병을 치료하기 위하여 의약품(의약품 생산에 필요한 유효성분, 의약품 사용에 필요한 진단키트를 포함한다)을 수입하고자 하는 국가에 그 의약품을 수출할 수 있도록 특허발명을 실시할 필요가 있는 경우. 다만, ①, ②의 사유의 경우에는 특허출원일로부터 4년이 지나기 전까지는 통상실시권 설정의 재정이 허용되지 않고, 특허청장은 재정을 함에 있어 상당한 대가가 지급될 수 있도록 하여야 한다(특허법 제107조 제2항, 제5항).

2) 의약특허에 대한 통상실시권 설정의 재정

재정을 통한 특허의 강제실시가 가장 문제되는 것은 의약에 관한 특허분야이다. 특정 국가가 자국민의 보건을 위하여 자국에 등록된 의약특허의 실시가 긴절(緊切)함에도 특허권자로부터 사용허락을 얻지 못하는 경우 강제로 당

---

354) 다만, 공공의 이익을 위하여 비상업적으로 발명을 실시하고자 하는 경우와, 사법적 절차 또는 행정적 절차에 의하여 불공정거래행위로 판명된 사항을 시정하기 위하여 발명을 실시할 필요가 있는 경우에는 협의를 거치지 않고도 재정을 청구할 수 있다(특허법 제107조 제1항 단서).

해 특허의 실시권을 설정하는 행위가 여기에 해당한다. 우리나라에서 의약특허의 강제실시와 관련되는 근거 규정은 주로 특허법 제107조 제 1 항 제 3 호이다. 구성요건 자체가 '특허발명의 실시가 공공의 이익을 위하여 특히 필요한 경우'라고 극히 추상적으로 되어 있기 때문에 '공공의 이익'이라고 하는 불확정개념을 어떻게 이해하고 그 충족 여부를 판단할 것인지의 어려운 문제가 남는다. 이는 결국 발명에 독점권을 보장하여 기술개발을 장려함으로써 얻어지는 이익과 국민의 보건확보라는 이익, 나아가 국제적 통상에 미치는 거시적 영향 등을 두루 고려하여 정책적으로 획정(劃定)될 문제이다.

#### ㈜ 통상실시권 허락의 심판(특허법 제138조)

특허발명이 다른 사람이 선출원한 특허발명, 등록실용신안, 등록디자인을 이용하는 관계에 있거나 선출원한 다른 사람의 디자인권 또는 상표권과 저촉되는 관계에 있는 경우, 후출원 특허권자가 선출원자의 허락 없이 후출원 특허발명을 실시하면 선출원 특허권 등을 침해하는 것이 된다(특허법 제98조). 그러나 이를 엄격히 관철하면 후출원 특허발명이 사장(死藏)될 우려가 있고, 경우에 따라서는 거꾸로 선출원의 특허권자 등이 후출원 특허권을 이용할 필요가 있는 경우도 있으므로, 특허법은 그와 같은 문제를 적절히 해결하기 위하여 통상실시권 허락의 심판제도를 두고 있다.

특허법 제98조에 따라 자신의 특허를 실시할 수 없는 후출원 특허권자는 선출원의 특허권자 등이 정당한 이유 없이 실시권 설정을 허락하지 않거나 그 허락을 받을 수 없는 경우, 자기의 특허발명을 실시하는데 필요한 범위 안에서 특허심판원에 통상실시권 허여의 심판을 청구할 수 있고(특허법 제138조 제 1 항), 특허심판원은 후출원 특허발명이 선출원의 특허발명 등에 비하여 상당한 경제적 가치가 있는 중요한 기술적 진보를 가져오는 것으로 판단되는 경우에 한하여 통상실시권을 설정하는 심판을 하게 된다(특허법 제138조 제 2 항).

한편, 통상실시권 허락이 이루어지고 난 뒤, 거꾸로 선출원의 특허권자 등이 후출원 특허권의 실시를 필요로 함에도 후출원 특허권자가 실시를 허락하지 않거나 실시의 허락을 받을 수 없는 경우에는 선출원 특허권자가 후출원 특허권자를 상대로 필요한 범위 내에서 통상실시권 허락의 심판청구를 할 수도 있다(이른바 Cross-Licensing, 특허법 제138조 제 3 항).

어느 경우이든, 통상실시권을 허락받는 자는 상대방에 대하여 대가를 지급하여야 하고 책임질 수 없는 사유로 지급할 수 없을 때에는 공탁하여야 실시를 할 수 있다(특허법 제138조 제4항).

## 나. 특허권의 효력이 미치지 않는 경우(특허법 제96조)

### (1) 연구 또는 시험을 하기 위한 특허발명의 실시(특허법 제96조 제1항 제1호)

#### (가) 규정의 의의와 적용범위

특정한 발명을 대상으로 하는 연구 및 시험을 위한 실시는 그 발명의 실효성 여부를 검증하거나 개량발명을 가능하게 하여 산업의 발달에 이바지하므로 그 자유로운 수행을 법적으로 보장할 필요가 있다. 연구 또는 시험을 위한 실시는 구체적으로 특허발명의 신규성·진보성 등을 조사하기 위하여 혹은 특허발명이 발명의 설명에 기재된 바대로 실제로 실시 가능한지 여부를 검사하기 위하여 이루어지는 경우가 있고355) 당해 특허발명을 기초로 개량발명을 이루기 위하여 이루어지는 경우도 있다. 어느 것이나 연구 또는 시험을 하기 위한 특허발명의 실시로 볼 것이지만, 발명의 개량을 목적으로 하기보다는 특허권 존속기간 내에 동일한 발명품을 제조하여 시장에 진입하기 위해 하는 연구·시험 등 특허권자에게 보장된 독점적 이익을 침해할 목적으로 하는 실시행위에는 특허권의 효력이 미친다.

#### (나) 제약분야에서의 특수성

연구 또는 시험을 위한 특허발명의 실시의 문제가 가장 두드러지는 분야는 제약분야이다. 제약의 경우 그 특성상 실제로 이를 시중에 판매하기 위해서는 필요한 안전성 실험이나 임상실험 등을 거쳐 보건당국의 승인을 받아야 하는 것이 보통인바, 위와 같이 후발 제약업체가 선행특허의 물질을 제조하거나 판매승인을 받기 위하여 연구·시험을 하는 행위가 선행특허에 대한 침해를 구성하는지 여부가 쟁점이 되어 왔다.

특허법 제96조 제1항 제1호는, '연구 또는 시험(약사법에 따른 의약품의 품목허가·품목신고 및 농약관리법에 따른 농약의 등록을 위한 연구 또는 시험을 포함한

---

355) 현실적으로는 경쟁업자가 특허무효심판을 청구하거나 침해소송에 대한 대비책으로서 그와 같은 작업을 수행하는 경우가 많을 것이다.

다)을 하기 위한 특허발명의 실시에는 특허권의 효력이 미치지 아니한다'고 규정하여, 제약에 관하여 품목허가·신고를 받을 목적으로 하는 연구·시험에는 원칙상 특허권의 효력이 미치지 않음을 분명히 하고 있다. 의약품에 관하여 이러한 예외를 인정하는 이유는 다음과 같다. 가령 甲이 A 의약에 관한 특허권자인 경우, 乙이 A의 복제약을 제조·판매하려면 A 특허의 존속기간 만료를 기다려야 한다. 그런데 정작 A 특허의 존속기간이 만료되더라도 乙은 복제약 A'를 곧바로 제조·판매할 수는 없으며 A'에 관하여 보건당국으로부터 생물학적 동등성 심사 등 별도의 허가절차를 거쳐야만 비로소 A'를 판매할 수 있다. 이러한 특수성을 감안한 별도의 제도를 두지 않는다면 결국 甲으로서는 A의 특허 존속기간이 끝난 후에도 A'의 시판 전 허가절차에 소요되는 기간만큼 독점기간이 연장되는 사실상의 효과를 누리게 된다.[356] 따라서 특허법은 乙이 甲의 A 특허 존속기간 중에 향후 상업적 판매를 위한 허가절차를 개시할 목적으로 A'를 제조하더라도 이를 연구·시험을 위한 특허발명의 실시로 취급하여 A 특허권의 효력이 미치지 않도록 하고, 그 결과 乙이 미리 필요한 허가절차를 밟아 둔 뒤 A 특허권의 존속기간 만료와 동시 혹은 그 직후에 A'를 시판할 수 있도록 배려하고 있다. 이때 乙이 시판허가에 필요한 연구·시험의 범위를 넘어 A의 특허 존속기간 중에 A'를 실제로 판매하거나 상업용으로 양산(量産)하여 저장하는 등의 행위를 한다면 이는 甲의 특허에 대한 침해를 구성한다고 볼 것이다.

### (2) 국내를 통과하는 데 불과한 선박, 항공기, 차량 또는 이에 사용되는 기계, 기구, 장치 그 밖의 물건(특허법 제96조 제1항 제2호)

파리협약 제5조의3에 따라 특허법에 마련된 규정이다. 오로지 국내 통과라는 목적만을 가진 선박, 항공기, 차량(우리나라의 경우, 지리적 특성상 국내를 통과하는 차량은 쉽게 생각하기 어렵다. 아마도 육상을 통한 국경의 통과가 빈번한 유럽 등지에서 자주 문제가 될 것이다)에까지 특허권의 효력이 미친다고 하는 것은 특

---

356) 이러한 법리는 특허권자를 위해서도 적용된다. 즉, 특허법은 예컨대 의약특허의 경우 특허를 등록받더라도 시판을 위해서는 보건당국으로부터 별도의 허가절차가 필요하고 그 기간 동안 시장에서 특허권의 행사가 사실상 불가능한 점을 감안하여, 본래의 특허존속기간에 더하여 최대 5년의 범위 내에서 상당한 기간 동안 당해 의약특허의 존속기간을 추가로 보장해 주는 '존속기간연장제도'를 마련해 두고 있다(특허법 제89조 등).

허법 본래의 취지에도 맞지 않고 결과적으로 원활한 국제적 운송이나 교통의 방해가 초래될 염려가 있기 때문에 마련된 규정이다.

(3) 특허출원을 한 때부터 국내에 있는 물건(특허법 제96조 제 1 항 제 3 호)

특허출원 시부터 특허의 대상과 동일한 물건이 국내에 존재하였고 그 물건이 공지·공용되었다면 특허는 신규성 상실로 인하여 등록거절이나 등록무효의 대상이 될 것이고, 침해자로서는 적극적으로 특허등록의 무효에까지 나아가지 않는다고 하더라도 침해소송에서 당해 특허가 신규성이 없는 것이어서 권리범위를 가지지 않는다는 항변을 통하여 침해책임을 면할 수 있을 것이다. 또한, 그 물건이 공지·공용되지 않았더라도 특허출원 전에 국내에 존재한 물건을 이용하여 특허발명의 실시사업을 하거나 그 준비를 하고 있었던 침해자라면 특허법 제103조의 선사용에 의한 통상실시권 주장을 하여 역시 침해책임을 면할 수 있다. 하지만, 앞서의 어느 경우에도 해당하지 않는 경우, 즉 특허출원 당시 당해 물건이 국내에 존재하였으나 이를 비밀로 소지하고, 그 물건을 이용하여 발명의 실시 또는 실시의 준비도 하지 않은 자는 특허법 제96조 제 1 항 제 3 호를 주장하여 침해책임을 면할 수 있을 것이다.

(4) 의약의 조제(특허법 제96조 제 2 항)

2 이상의 의약(사람의 질병의 진단, 경감, 치료, 처치 또는 예방을 위하여 사용되는 물건)을 혼합함으로써 제조되는 의약의 발명 또는 2 이상의 의약을 혼합하여 의약을 제조하는 방법의 발명에 관한 특허권의 효력은 약사법에 의한 조제행위와 그 조제에 의한 의약에는 미치지 아니한다. 따라서 약사법상 허용된 적법한 조제가 아닌 행위에 대하여는 원칙대로 특허권의 효력이 미치고, 그와 같은 행위가 특허 침해를 구성함은 물론이다.

(5) 특허료의 추가납부 또는 보전에 의한 특허출원과 특허권의 회복(특허법 제81조의 3)

(6) 재심에 의하여 회복한 특허권의 효력의 제한(특허법 제181조)

특허취소결정이나 확정 심결의 효력을 믿고 특허권에 저촉되는 행위를 한 제 3 자가 있는 경우, 그 특허취소나 확정 심결이 재심으로 번복된다면 그와

같은 제 3 자의 행위는 뒤늦게 특허권의 침해를 구성하게 되어 제 3 자의 지위
가 불안정해진다. 이와 같은 불합리를 막기 위하여 특허법은 재심에 의하여
회복된 특허권의 효력이 특허취소결정이나 심결 확정 후 재심청구의 등록 전
에 선의로 수입하거나 국내에서 생산 또는 취득한 물건에, 또는 위 기간 내에
이루어진 발명의 선의의 실시 등에 미치지 않는 것으로 규정하고 있다(특허법
제181조). 나아가, 위와 같이 특허취소결정이나 확정 심결이 재심에 의해 번복
되는 경우, 취소결정이나 심결 확정 후 재심청구의 등록 전에 선의로 국내에
서 그 발명의 실시사업을 하고 있거나 그 준비를 하고 있는 자는 사업의 목적
범위 안에서 당해 특허권에 대하여 통상실시권을 취득한다(특허법 제182조).

## 다. 특허의 무효 항변

### (1) 문제의 소재

특허란, 전문기관인 특허청의 심사에 따른 등록처분에 의하여 성립하는
것이고, 일단 등록이 이루어지면 그 등록에 무효사유가 있다고 하더라도 준사
법적 절차에 따라 이루어지는 특허등록무효심판 절차에 의해서만 등록을 무효
로 할 수 있는바, 그와 같은 절차를 거치지 아니한 채로 특허침해분쟁에서 법
원이 등록특허가 무효임을 스스로 판단하고 그것이 무효임을 전제로 판단에
나아갈 수 있는지가 문제로 된다.

### (2) 판례의 태도

### ㈎ 진보성 이외의 무효사유가 있는 경우

대법원은 1983. 7. 26. 선고 81후56 전원합의체 판결 이래로, 특허침해의
성립 여부가 다투어지고 있는 당해 발명에 '신규성'이 없는 경우에는 특허침
해소송을 담당하는 법원은 당해 특허가 무효임을 전제로 한 판단을 할 수 있
다고 하여 왔고,[357] 그 밖에 당해 발명에 '명세서 기재불비'의 사유가 있어
그 기술적 범위를 특정할 수 없는 경우[358] 및 당해 특허의 실시가 불가능한

---

[357] 대법원 1987. 6. 23. 선고 86도2670 판결; 대법원 2000. 11. 10. 선고 2000후1283 판결;
대법원 2003. 1. 10. 선고 2002도5514 판결; 대법원 2004. 6. 11. 선고 2002도3151 판결
등.

[358] 대법원 1983. 1. 18. 선고 82후36 판결; 대법원 1989. 3. 28. 선고 85후109 판결; 대법원
2002. 6. 14. 선고 2000후235 판결 등.

경우,359) 특허발명이 선원주의에 위반하는 경우360)에도 특허침해소송을 담당하는 법원이 당해 특허가 무효임을 전제로 한 판단을 할 수 있다고 한다.

### ㈜ 진보성 부재의 무효사유가 있는 경우

진보성 결여로 인한 등록무효사유에 대하여 대법원은 대체로 "진보성이 없는 경우까지 다른 절차에서 당연히 권리범위를 부정할 수는 없다"는 태도를 취해오고 있었다.361) 그러던 중 대법원은 2004. 10. 28. 선고 2000다69194 판결에서 "특허의 무효심결이 확정되기 이전이라고 하더라도 특허권침해소송을 심리하는 법원은 특허에 무효사유가 있는 것이 명백한지 여부에 대하여 판단할 수 있고, 심리한 결과 당해 특허에 무효사유가 있는 것이 분명한 때에는 그 특허권에 기초한 금지와 손해배상 등의 청구는 특별한 사정이 없는 한 권리남용에 해당하여 허용되지 아니한다"고 판시함으로써 침해소송 등에서 진보성 부재로 인한 무효사유로도 항변할 수 있다는 새로운 태도를 나타내었고, 2012. 1. 19. 전원합의체 판결로362) 위와 같은 법리를 재확인하면서 이에 저촉되는 선행판례들을 폐기함으로써 이 문제를 정리하기에 이르렀다.

> ✧ 대법원 2012. 1. 19. 선고 2010다95390 전원합의체 판결
>
> 특허법은 특허가 일정한 사유에 해당하는 경우에 별도로 마련한 특허의 무효심판절차를 거쳐 무효로 할 수 있도록 규정하고 있으므로, 특허는 일단 등록된 이상 비록 진보성이 없어 무효사유가 존재한다고 하더라도 이와 같은 심판에 의하여 무효로 한다는 심결이 확정되지 않는 한 대세적으로 무효로 되는 것은 아니다. 그런데 특허법은 제1조에서 발명을 보호·장려하고 그 이용을 도모함으로써 기술의 발전을 촉진하여 산업발전에 이바지함을 목적으로 한다고 규정하여 발명자뿐만 아니라 그 이용자의 이익도 아울러 보호하여 궁극적으로 산업발전에 기여함을 입법목적으로 하고 있는 한편 제29조 제2항에서 그 발명이 속하는 기술분야에서 통상의 지식을 가진 자(이하 '통상의 기술자'라고 한다)가 특허출원 전

---

359) 대법원 2001. 12. 27. 선고 99후1973 판결.

360) 대법원 2009. 9. 24. 선고 2007후2827 판결.

361) 대법원 1992. 6. 2. 자 91마540 결정; 대법원 1998. 10. 27. 선고 97후2095 판결; 대법원 1998. 12. 22. 선고 97후1016, 1023, 1030 판결; 대법원 2001. 3. 23. 선고 98다7209 판결; 대법원 2004. 2. 27. 선고 2003도6283 판결 등.

362) 대법원 2012. 1. 19. 선고 2010다95390 판결.

에 공지된 선행기술에 의하여 용이하게 발명할 수 있는 것에 대하여는 특허를 받을 수 없다고 규정함으로써 사회의 기술발전에 기여하지 못하는 진보성 없는 발명은 누구나 자유롭게 이용할 수 있는 이른바 공공영역에 두고 있다. 따라서 진보성이 없어 본래 공중에게 개방되어야 하는 기술에 대하여 잘못하여 특허등 록이 이루어져 있음에도 별다른 제한 없이 그 기술을 당해 특허권자에게 독점시 킨다면 공공의 이익을 부당하게 훼손할 뿐만 아니라 위에서 본 바와 같은 특허 법의 입법목적에도 정면으로 배치된다. 또한 특허권도 사적 재산권의 하나인 이 상 그 특허발명의 실질적 가치에 부응하여 정의와 공평의 이념에 맞게 행사되어 야 할 것인데, 진보성이 없어 보호할 가치가 없는 발명에 대하여 형식적으로 특 허등록이 되어 있음을 기화로 그 발명을 실시하는 자를 상대로 침해금지 또는 손해배상 등을 청구할 수 있도록 용인하는 것은 특허권자에게 부당한 이익을 주 고 그 발명을 실시하는 자에게는 불합리한 고통이나 손해를 줄 뿐이므로 실질적 정의와 당사자들 사이의 형평에도 어긋난다. 이러한 점들에 비추어 보면, 특허 발명에 대한 무효심결이 확정되기 전이라고 하더라도 특허발명의 진보성이 부정 되어 그 특허가 특허무효심판에 의하여 무효로 될 것임이 명백한 경우에는 그 특허권에 기초한 침해금지 또는 손해배상 등의 청구는 특별한 사정이 없는 한 권리남용에 해당하여 허용되지 아니한다고 보아야 하고, 특허권침해소송을 담당 하는 법원으로서도 특허권자의 그러한 청구가 권리남용에 해당한다는 항변이 있 는 경우 그 당부를 살피기 위한 전제로서 특허발명의 진보성 여부에 대하여 심 리·판단할 수 있다고 할 것이다.

## 라. 자유기술의 항변

### (1) 의    의

침해소송에서의 특허무효의 항변을 인정할 것인지 여부와는 별도로 실무 상 확립된 법리로서 '자유기술의 항변'이 있다. 이는 특허의 침해자 또는 등 록특허의 권리범위확인의 대상이 된 실시자가, 자신은 등록된 특허발명을 실 시하는 것이 아니라 그 특허발명의 출원 이전에 공지되어 누구나 자유로이 실 시할 수 있는 영역에 속하는 기술을 실시하고 있는 것에 불과하므로 침해를 구성하거나 특허발명의 권리범위에 속하지 않는다고 주장하는 것이며, 자유기 술의 항변이 받아들여질 경우 침해의 성립이나 권리범위 주장은 배척된다. 판 례는 자유기술의 항변을 유효한 것으로 인정해 오고 있으며,363) 대법원은 무

363) 대법원 2001. 10. 30. 선고 99후710 판결; 대법원 2002. 12. 26. 선고 2001후2375 판결;

효항변의 가능성을 전면적으로 인정한 이후에도, 여전히 자유기술의 항변 또한 받아들이고 있다.364)

(2) 인정범위

침해자는 자신의 실시형태가 자유기술과 동일하다는 점은 물론, 자유기술과 동일하지는 않지만 자유기술로부터 용이하게 생각해 낼 수 있는 것이라는 주장까지도 할 수 있다.365)

자유기술 해당 여부의 구체적인 판단방법에 관하여 판례는366) "권리범위확인의 대상이 되는 발명이 자유기술에 불과한지 여부를 판단할 때에는, 확인대상발명 가운데 등록발명의 청구범위에 기재된 구성과 대응되는 구성만 추출하여 공지기술과 대비할 것은 아니고 확인대상발명의 구성 전체를 대상으로 공지기술과 대비함으로써 자유기술 해당 여부를 판단하여야 한다"고 한다.

판례는, 권리범위확인심판에서의 진보성 부재를 이유로 해당 특허발명이 권리범위를 갖지 않는다는 판단을 하는 것은 사실상 권리범위확인심판이 무효심판의 역할을 하는 것이 되어 심판 간 권한분장에 맞지 않으므로 허용되지 않는다고 하였다.367) 그러면서도, 그 이후의 판례는 특허권 침해소송에서는 물론, 권리범위확인심판에서도 피고가 자신의 실시형태가 선행의 자유기술로부터 용이하게 실시할 수 있는 것이어서 원고 특허발명의 권리범위에 속하지 않는다고 다투는 것이 허용된다고 하였다.368) 앞서 본 대로 이런 항변은 결국 해당 발명에 진보성 부재로 인한 무효사유가 있다는 항변과 다를 바 없기 때문에, 권리범위확인심판에서 진보성 부재를 이유로 한 무효여부를 판단할 수 없다고 한 위 전원합의체 판결은 그 입지가 극히 좁아지게 되었다.369)

---

대법원 2004. 9. 23. 선고 2002다60610 판결 등.

364) 예컨대, 대법원 2013. 9. 12. 선고 2012다36326 판결.

365) 대법원 2003. 12. 12. 선고 2002후2181 판결; 대법원 2004. 9. 23. 선고 2002다60610 판결; 대법원 2011. 1. 27. 선고 2009후832 판결 등.

366) 대법원 2008. 7. 10. 선고 2008후64 판결.

367) 대법원 2014. 3. 20. 선고 2012후4162 전원합의체 판결.

368) 대법원 2017. 11. 14. 선고 2016후366 판결.

369) 특허의 권리범위를 부정하는 당사자로서는 권리범위확인심판에서 진보성 부재를 이유로 한 무효를 주장하는 대신 자유기술의 항변을 하는 것만으로 같은 효과를 달성할 수 있기 때문이다.

⟹ 대법원 2001. 10. 30. 선고 99후710 판결

어느 발명이 특허발명의 권리범위에 속하는지를 판단함에 있어서 특허발명과 대비되는 발명이 공지의 기술만으로 이루어지거나 당업자가 공지기술로부터 용이하게 실시할 수 있는 경우에는 특허발명과 대비할 필요 없이 특허발명의 권리범위에 속하지 않게 된다(대법원 1990. 10. 16. 선고 89후568 판결, 1997. 11. 11. 선고 96후1750 판결 등 참조). 원심은, ㈎호 발명이 인용발명들과 대비하여 볼 때, 목적의 특이성을 인정하기 어렵고, 멸균소독기의 멸균소독과정의 기본적인 구성도 제1과정인 저수탱크의 수위판별과정부터 제8과정인 과열 여부 확인과정까지 순차로 이루어지며, 이러한 일련의 과정이 마이크로프로세서를 이용하여 자동적으로 수행할 수 있도록 하는 방법에 의하여 행하여진다는 점에서 동일하며, 다만 제1과정에서의 저수탱크 수위 판별방법, 제7과정에서의 건조시간 표시방법, 제8과정에서의 과열 여부 확인방법 및 현재 작동진행단계 표시방법 등 4가지의 구성에 있어서 인용발명들과 약간의 차이가 있으나, 이는 인용발명들과 동일한 정도의 것 또는 인용발명들을 수집·종합한 것에 불과한 기술로서 선행기술인 인용발명들을 수집·종합하는 데 있어 각별한 어려움이 있다거나 이로 인한 작용효과가 공지된 위 선행기술로부터 예측되는 효과 이상의 새로운 상승효과가 있다고 보여지지 아니하고, 또 당업자가 위 선행기술에 의하여 용이하게 발명할 수 없다고도 보여지지 아니하므로 ㈎호 발명은 이 사건 특허발명과 대비할 필요도 없이 이 사건 특허발명의 권리범위에 속하지 아니한다고 판단하였는바, 위와 같은 원심의 판단은 옳다.

## 4. 특허권의 구체적 내용

### 가. 스스로 실시할 수 있는 권리

특허권자는 업으로서 그 특허발명을 실시할 권리를 독점한다(특허법 제94조 전단). 여기에서의 '실시'라 함은 ① 물건의 발명인 경우에는 그 물건을 생산·사용·양도·대여 또는 수입하거나 그 물건의 양도 또는 대여의 청약(양도 또는 대여를 위한 전시를 포함한다)을 하는 행위, ② 방법의 발명인 경우에는 그 방법을 사용하는 행위 또는 그 방법의 사용을 청약하는 행위, ③ 물건을 생산하는 방법의 발명인 경우에는 그 방법을 사용하는 행위 외에 그 방법에 의하여 생산한 물건을 사용·양도·대여 또는 수입하거나 그 물건의 양도 또는 대여의 청약을 하는 행위를 의미한다(특허법 제2조 제3호).

## 나. 실시권을 설정할 수 있는 권리

### (1) 전용실시권

#### (가) 의의와 성질

특허권자는 그 특허권에 대하여 타인에게 전용실시권을 설정할 수 있고(특허법 제100조 제 1 항), 전용실시권을 설정받은 자는 그 설정행위로 정한 범위 안에서 업으로서 그 특허발명을 실시할 권리를 독점한다. 전용실시권은 물권적 권리이어서 설정계약에서 정한 범위 내에서의 특허권은 전용실시권자에게 독점되므로 특허권자는 같은 내용의 권리를 제 3 자에게 중복적으로 설정해 줄 수 없으며, 특약이 없는 한 특허권자 스스로도 그와 같은 내용의 권리를 행사할 수 없다.

#### (나) 발 생

전용실시권은 설정계약과 등록에 의하여 발생한다(특허법 제101조 제 1 항 제 2 호). 전용실시권은 설정뿐만 아니라 그 이전(상속 기타 일반승계의 경우는 제외), 변경, 소멸 또는 처분의 제한도 등록을 하지 아니하면 효력이 발생하지 아니한다(특허법 제101조 제 1 항 제 2 호).

#### (다) 효 력

전용실시권은 설정행위에서 정한 범위 안에서 당해 특허발명을 독점·배타적으로 사용 수익할 수 있는 물권적 권리이다. 전용실시권을 설정받은 자는 자기의 권리를 침해한 자 또는 침해할 우려가 있는 자에 대하여 자기의 이름으로 그 침해의 금지 또는 예방을 청구할 수 있고, 손해가 있는 경우에는 그 배상을 청구할 수 있다(특허법 제128조 제 1 항). 특허법은 전용실시권자의 권리 보호를 특허권자의 그것과 동일하게 규정하고 있다(특허법 제126조 내지 제132조).

전용실시권자는 특허권자의 동의를 얻지 아니하면 그 전용실시권을 타인에게 이전하거나, 스스로 통상실시권을 설정하거나, 이를 목적으로 하는 질권을 설정할 수 없다(특허법 제100조 제 3, 4 항). 특허권자와 전용실시권자 사이에는 강한 신뢰관계가 형성되어 있는 경우가 보통이고 특허권자로서는 누가 자신의 특허를 독점적으로 실시하는가에 따라 영업상의 이해관계에 영향을 받게 될 가능성도 많기 때문이다.

## (2) 통상실시권

### ㈎ 의의와 성질

통상실시권은, 특허권자가 실시권자의 특허실시를 묵인하는 부작위의무를 부담하기로 약정함으로써 발생하는 실시권의 형태이다. 통상실시권은 그 본질이 채권이라는 점에 사실상 이견(異見)이 없고, 이는 특허법이 전용실시권과 통상실시권을 명문으로 준별하고 있는 태도에 비추어 당연한 것이라고 생각된다. 개별적 통상실시권의 내용은 당사자 의사에 따라 결정되는 수가 많다.

한편, 특허법은 통상실시권의 위와 같은 채권적 성질로 인한 취약점을 보완하기 위하여 통상실시권을 등록하면 그 등록 이후에 특허권에 관하여 배타적 지위를 취득한 자, 즉 특허권의 양수인이나 전용실시권자라도 등록된 통상실시권자에게 배타적 권리를 행사할 수 없도록 규정하고 있다(특허법 제118조 제1항).

### ㈏ 통상실시권의 종류와 발생원인

특허법은 실시권을 단지 전용실시권과 통상실시권으로 구분하고 있을 뿐임에도 학설은 오래 전부터 통상실시권을 이른바 '독점적 통상실시권'과 '비독점적 통상실시권'으로 나누고, 전자를 다시 ① 제3자에게 중복하여 실시허락을 하지 않기로 하는 경우(불완전 독점적 통상실시권), ② 제3자는 물론 특허권자 자신도 실시하지 않기로 하는 경우(완전 독점적 통상실시권)로 세분하여 별도로 취급해 오고 있다.

통상실시권은 ① 당사자 간의 계약에 의하여 설정될 수 있음은 물론이고(특허법 제102조 제1항), ② 특허법의 규정에 의하여 일정한 경우에 당연히 발생하거나, ③ 행정청의 결정에 의하여 강제로 설정하는 경우도 있다. 강학상 ①을 허락실시권, ②를 법정실시권, ③을 강제실시권으로 불러 구별한다. 앞서 본 바와 같이 어느 경우이든 전용실시권과는 달리 등록은 권리의 발생요건이 아니다.

### ㈐ 효 력[370]

#### 1) 비독점적 통상실시권의 경우

비독점적 통상실시권은 동일한 발명에 대하여 복수의 주체가 특허권자로

---

370) 이에 관한 보다 상세한 논의는 조영선, "특허실시권자의 손해배상 및 금지청구권," 저스티스(2009년 4월호), 83면 이하 참조.

부터 중복적으로 실시권을 설정받을 수 있다는 것을 핵심적 특징으로 한다. 따라서 제3자가 무단으로 특허발명을 실시하더라도 이로써 비독점적 통상실시권자의 실시권을 침해하는 것이 아니며, 실시권자는 그에 기한 손해배상청구나 금지청구를 할 수 없다 할 것이다.[371] 특허권자로서는 제3자의 무단침해를 묵인할 자유가 있으며, 그 경우 마치 침해자에게 중복적으로 무상의 통상실시권을 설정해 주는 것과 마찬가지이기 때문이다. 비독점적 통상실시권자는 스스로는 물론, 특허권자를 대위해서도 제3자에 대한 침해배제를 청구할 수 없다. 채권자대위를 위해서는 대위의 근거가 되는 피보전 채권이 존재하여야 하나, 비독점적 통상실시권자는 특허권자에게 제3자의 무단침해를 배제하여 줄 것을 요구할 채권이 없기 때문이다.

### 2) 독점적 통상실시권의 경우

#### 가) 손해배상청구권

독점적 통상실시권은 실시자의 입장에서 보면 두 가지 형태의 부작위 청구권, 즉 특허권자에게 ⅰ) 자신의 실시행위를 용인하여 침해주장을 하지 않을 부작위와 ⅱ) 자신 이외의 제3자에게 중복하여 실시권을 허락하지 않을 부작위를 청구할 수 있는 권리로 이루어져 있으며, 그 결과 실시권자는 당해 발명에 관하여 경쟁자 없이 발명을 실시할 수 있는(완전 독점적 통상실시권의 경우) 경제적 이익을 누리게 된다. 그런데 제3자가 아무런 권원 없이 당해 발명을 실시함으로써 독점적 통상실시권자가 채권계약을 통해 향유하는 위와 같은 적법한 이익을 해한다면 그 주관적 의사 및 위법성의 정도에 따라 '제3자에 의한 채권침해'라는 형태의 불법행위가 성립할 여지가 있다.[372]

#### 나) 특허권자의 금지청구권에 대한 대위행사

독점적 통상실시권자는 특허권자를 상대로 자신 이외의 자에게 중복하여 실시권을 허락하지 않을 것을 청구할 수 있기 때문에 제3자의 침해 시에는

---

371) 같은 취지의 우리나라 하급심 판결례로 수원지방법원 성남지원 2006. 11. 24. 선고 2005가합5573 판결; 서울중앙지방법원 2007. 6. 14. 선고 2006가합34553 판결 참조(서비스표에 관한 사안).

372) 비록 특허의 통상실시권에 관한 사안은 아니나, 대법원 2003. 3. 14. 선고 2000다32437 판결; 특허의 독점적 통상실시권자를 해하는 사정을 알면서도 법규를 위반하거나 공서양속에 반하는 위법행위로 실시권자의 이익을 해한 경우 불법행위 책임을 인정한 특허법원 판결로는, 특허법원 2018. 2. 8. 선고 2017나2332 판결 등.

이를 배제해 달라고 요구할 수 있다. 한편, 특허권자로서는 스스로 발명을 실시하여 시장에 참여하지 않는 이상, 제3자의 침해에 대하여 실시권자와 같은 직접적 이해(利害)가 없고, 제3자에게 섣불리 침해를 주장하여 금지청구권을 행사했다가 오히려 특허의 등록무효 심판청구를 제기당할 우려도 있으므로 금지청구권을 행사를 꺼릴 가능성이 있다.373) 따라서 독점적 통상실시권자는 특허권자에 대한 침해배제청구권을 피보전 채권으로 하여 특허권자의 침해금지청구권(특허법 제126조)을 대위행사 할 수 있다고 볼 것이다.

## 다. 금 지 권

특허권자 또는 전용실시권자는 자기의 권리를 침해한 자나 침해할 우려가 있는 자에 대하여 그 침해의 금지 또는 예방을 청구할 수 있으며(특허법 제126조 제1항), 특허권자 또는 전용실시권자가 위 금지청구권을 행사할 때는 침해행위를 조성한 물건 등의 폐기, 침해행위에 제공된 설비의 제거 기타 침해의 예방에 필요한 행위를 청구할 수도 있다(특허법 제126조 제2항). 특히 금지권은 손해배상청구와는 달리 침해자의 고의나 과실을 묻지 아니하므로 특허권자는 선의, 무과실로 특허권을 침해한 자에 대하여도 침해금지청구권을 행사할 수 있다. 위와 같이 금지권은 물권과 유사한 독점, 배타권으로서의 특허권의 성질을 가장 극명하게 나타내며, 그 내용에 있어서도 매우 막강한 대세적 영향력을 가지고 있다. 나아가, 특허권의 위와 같은 금지권이 특허침해금지가처분이라는 형태로 보전처분에 반영되면 특허권자는 피보전권리로서의 특허권에 관한 소명만으로도 사실상 경업자의 영업활동에 제동을 거는 효과를 얻기도 한다.

그러나 한편, 특허권에 의한 침해의 금지, 특히 침해행위를 통하여 조성한 물건이나 설비의 폐기, 제거 등을 명받거나 가처분을 통하여 발명의 실시 금지를 명받은 제3자는 투하한 자본과 생산물 등 사업 전반에 막대한 타격을 입는 경우가 허다한데, 만약 무효의 사유를 안고 있는 특허권의 행사로 인하여 제3자가 위와 같은 손해를 입게 된다면 이는 매우 부당한 결과가 아닐 수 없다. 따라서, 그러한 소지를 안고 있는 특허권자가 함부로 권리를 행사함으

---

373) 단, 독점적 통상실시권자에게 침해배제청구권이 있다고 보는 이상, 실시권자에 대하여 채무불이행 책임을 질 수 있음은 물론이다.

로써 제3자에게 돌이키기 어려운 손해를 끼치는 일이 없도록 사전·사후적 통제를 해야 할 필요성 또한 상존한다.

　근래에는 일정한 요건 아래 특허침해가 있더라도 특허권자에게 금지권을 인정하지 아니하고 손해배상청구권 행사를 통한 구제만을 부여하여야 한다는 논의도 일어나고 있다. 당초 이러한 논의는 특허괴물(Patent Troll)의 예처럼 금지권을 부당한 이익추구의 수단으로 악용하는 것을 규제하기 위해 시작되었다. 그러나 여기에 그치지 아니하고 ⅰ) 사회공공의 이익을 위하여 특허의 실시가 필요함에도 적절한 실시권 설정계약이 이루어지지 않는 경우, ⅱ) 실시품의 일부 부품만이 특허침해를 구성함에도 특허권자가 물건 전체에 대하여 금지청구권을 행사하는 경우, ⅲ) 금지권의 행사가 불공정한 거래행위의 수단으로 이용되는 경우, ⅳ) 무효의 가능성이 농후한 특허를 빌미로 실시자에게 금지권을 행사하는 경우, ⅴ) 특허침해가 선의로 발생하고, 기술분야의 특성상 실시의 금지를 명하는 것이 가혹한 경우 등에서 문제를 해결하고 특허발명을 사회가 적절히 활용할 수 있기 위해서는 법 해석이나 입법 작업을 통해 '금지권 없는 특허권'의 개념을 도입할 필요가 있다는 제안도 이루어지고 있는 실정이다. 이러한 현상은 특허권의 효력으로서의 금지권이 안고 있는 위험성과 그 행사가 적절히 통제되어야 할 필요성을 여실히 반영하고 있다.

## 라. 손해배상청구권

### (1) 일반론(민법 제750조 불법행위)

　특허권의 침해행위는 민사상 불법행위를 구성하기 때문에, 특허권자는 민법 제750조에 침해자의 고의, 과실을 증명하여 불법행위에 기한 손해배상청구를 할 수 있다. 불법행위에 기한 손해배상청구권자는 ① 그 불법행위가 없었다면 얻을 수 있었을 것이나 불법행위로 인하여 얻지 못하게 된 금액에 상당하는 손해(소극적 손해), ② 불법행위로 인하여 입게 된 기존재산의 감소로서의 손해(적극적 손해), ③ 불법행위로 인하여 입게 된 정신적 손해 모두를 청구할 수 있다.

　그 중 특허권 침해로 인한 소극적 손해는, 다시 ㉠ 침해품의 판매로 인하여 특허권자의 판매이익이 줄어든 손해, ㉡ 침해품이 시장에 나와 공급물량이 증가함에 따라 제품의 가격이 하락하였다든지 침해품이 시장에서 염가정책을 씀에 따라 하는 수 없이 특허권자의 제품 또한 가격을 인하할 수밖에 없었던 경우, 정상가격과 인하된 가격과의 차액에 근거한 손해, ⓒ 침해품이 시장에 나옴으로 인하여 특허권자가 제3자에게 실시권을 설정하고 받을 수 있는 실시료 금액이 감소함으로 말미암은 손해 등으로 나누어 생각할 수 있다. 적극적 손해로는 특허권자 스스로 손해를 제거하거나 방지하기 위하여 지출한 비용, 변호사비용,374) 침해조사비용 등을 생각할 수 있을 것이다. 나아가 판례375)에 따르면, 일반적으로 타인의 불법행위에 의하여 재산권이 침해된 경우에는 그 재산적 손해의 배상에 의하여 정신적 고통도 회복된다고 보아야 할 것이나, 재산적 손해의 배상에 의하여 회복할 수 없는 정신적 손해가 발생하였다면 이는 특별한 사정으로 인한 손해로서 가해자가 그러한 사정을 알았거나 알 수 있었을 경우에 한하여 그 손해에 대한 위자료를 청구할 수 있다.

### (2) 특허법 제128조
### (개) 특허법 제128조의 성질

특허법 제128조는 불법행위의 성립 인정에 있어 인과관계의 요건을 대폭 완화한 규정이다. 즉, 민법 제750조에 의하여 권리자가 얻을 수 있었던 판매이익을 일실이익으로 청구하는 경우에는 침해행위가 없었다면 권리자가 판매할 수 있었던 인과관계 있는 수량을 증명하여야 하나, 현실적으로 이를 증명하는 것은 매우 어려우므로 특허법 제128조 제2항은 '권리자가 판매할 수 있었던 수량' 대신에 '침해자의 판매수량'에 기초하여 일실이익에 대한 손해액의 산정을 가능하도록 하고 있으며 특허법 제128조 제4항 역시 침해자가 침해행위에 의하여 얻은 이익을 권리자의 손해로 추정함으로써 각 인과관계의 요건을 크게 완화하고 있는 것이다. 한편, 특허법 제128조 제5항은 권리자가

---

374) 디자인권자가 침해자를 상대로 제기한 디자인권 침해금지가처분 신청사건에서 지출한 변호사비용은 디자인권 침해행위의 저지 내지 피해의 확대를 방지하기 위하여 부득이하게 지출하게 된 것으로, 상당한 범위라면 배상해야 하는 손해에 해당한다(대법원 2017. 8. 29. 선고 2015다245008 판결).

375) 대법원 1992. 5. 26. 선고 91다38334 판결; 대법원 1995. 5. 12. 선고 94다25551 판결; 대법원 1996. 11. 26. 선고 96다31574 판결; 대법원 1997. 2. 14. 선고 96다36159 판결; 대법원 2004. 3. 18. 선고 2001다82507 전원합의체 판결; 대법원 2004. 4. 28. 선고 2004다4386 판결 등.

특허발명을 실제로 실시하지 않아 구체적인 일실이익이 발생하지 않더라도 일정 금액의 손해배상을 인정한다는 점에서 인과관계의 요건 완화와는 또 다른 측면에서 권리자 보호를 도모하는 규정으로 이해되고 있다.

### (나) 특허법 제128조 제 2 항

#### 1) 침해자의 양도수량×권리자의 단위이익=손해액

특허권자 또는 전용실시권자는 고의 또는 과실로 인하여 자기의 특허권 또는 전용실시권을 침해한 자에 대하여 침해로 인하여 입은 손해의 배상을 청구할 수 있다(특허법 제128조 제 1 항). 그 경우 당해 권리를 침해한 자가 그 침해행위를 하게 한 물건을 양도한 때에는 그 물건의 양도수량에 특허권자 또는 전용실시권자가 당해 침해행위가 없었다면 판매할 수 있었던 물건의 단위수량당 이익액을 곱한 금액을 특허권자 또는 전용실시권자가 입은 손해액으로 할 수 있다(같은 조 제 2 항 제 1 호).

즉, 권리자가 침해자의 양도수량을 증명한 때에는 그것에 권리자 제품의 단위수량당 판매 이익액을 곱한 금액을 손해액으로 인정할 수 있다. 민법의 일반 원칙에 따르면 권리자로서는 침해행위가 없었더라면 자신이 판매할 수 있었던 수량을 증명하고, 그 수량에 권리자의 단위수량당 이익을 곱한 금액을 손해배상액으로 청구하여야 할 것이다. 그러나 '침해행위가 없었더라면 자신이 판매할 수 있었을 수량'을 정확히 증명하는 것은 매우 어려운 일이다. 왜냐하면, 시장에는 권리자와 침해자 이외에 제 3 자가 유사한 대체품을 판매하는 경우도 많아 권리자의 판매 감소에 침해자의 침해품 판매뿐 아니라 제 3 자의 대체품 판매가 기여하는 부분이 있을 수도 있고, 침해품의 판매에 침해자의 노력이나 역량이 기여한 부분도 있기 때문이다. 이 규정은 "침해자의 양도수량이 곧 권리자의 상실된 판매수량"이라고 생각하여, 침해자의 양도수량에 권리자의 입장에서 본 특허제품의 단위 이익액을 곱한 액을 손해액으로 보는 것이다. 이 규정에 의하면 특허권자의 생산성(단위물품당 이익규모)이 높을수록 더 많은 손해배상을 구할 수 있게 되며, 아래에서 보는 특허법 제128조 제 4 항에 의한 청구에서는 침해자의 생산성이 높을수록 더 많은 손해배상을 얻을 수 있는 것과 대조된다.

## 2) 권리자의 생산, 판매능력 등을 감안한 손해액 산정

특허법 제128조 제2항 제1호는 권리자가 실제로 생산, 판매할 가능성이 있었던 규모를 넘는 범위에까지 배상액이 미치는 것을 막기 위하여(이는 '침해행위가 없었더라면 자신이 판매할 수 있었을 수량'의 범위를 넘는 것이다) 손해액을 특허권자 또는 전용실시권자가 생산할 수 있었던 물건의 수량에서 실제 판매한 물건의 수량을 뺀 수량에 단위수량당 이익액을 곱한 금액을 한도로 하고 있다. 또한, 손해액 산정 시 특허권자 등이 침해행위 외의 사유로 판매할 수 없었던 사정(판매불가능 수량)이나 침해품의 판매에 특허 이외의 요소가 기여한 바(기여율)가 있는 때에는 그에 상응하는 수량에 따른 금액을 빼야 하며, 그 구체적 증명책임은 침해자에게 있다. 즉, 침해자는 침해가 없었더라도 어차피 특허권자가 '침해자의 양도수량×권리자의 단위이익' 전부만큼의 이익을 얻을 수는 없었다는 사실을 주장·증명하여 상응하는 금액을 배상액에서 감경 받을 수 있는 것이다.

"특허권자 또는 전용실시권자가 생산할 수 있었던 물건의 수량에서 실제 판매한 물건의 수량을 뺀 수량에 단위수량당 이익액을 곱한 금액을 한도로 한다"는 문언은, [(침해품 양도수량 – 판매불가능 수량 – 권리자 생산능력 초과 수량) × 권리자 제품 단위당 이익]을 의미하는 것으로 해석함이 상당하고,[376] 침해품 양도수량에서 공제를 야기하는 권리자의 판매불가능 사유와 기여율은 다음 표와 같이 정리될 수 있다.[377]

| | | 사 유 | 비 고 | 복합 산정 |
|---|---|---|---|---|
| 인과관계 | 판매 불가능 사유 | ① 특허품 생산에 불가결한 부품 공급의 차질<br>② 특허실시가 법적으로 금지된 사정<br>③ 신기술의 개발로 특허발명이 | 침해품의 매출발생이나 방법의 실시에 특허발명이 100% 공헌.<br>다만, ①~⑤사유로 권리자가 어차피 이익 전부 | ○ |

376) 그에 대한 상세한 설명은, 조영선, "손해액 복합산정을 둘러싼 특허법 제128조 제2항의 문제 검토", 고려법학 제107호(2022. 12), 85면 이하를 참조할 것.
377) 조영선, 「특허침해로 인한 손해액 산정시 기여율 고려에 관한 제문제」, 법원행정처(2021), 108면.

| 단절사유 | | 진부화(陳腐化) 하여 시장성에 한계 발생<br>④ 특허품과 침해품의 시장이 서로 다른 사정 | 를 획득할 수 없었음 | |
| --- | --- | --- | --- | --- |
| | | ⑤ 특허품에 대한 대체품·경합품의 존재, 시장점유율 | 시장점유율은 판매불가능 사정과 기여율의 성격을 겸유함 | |
| | 기여율 | 고유장점형 | ⑥ 침해자의 시장개발 노력, 광고·선전, 브랜드 가치<br>⑦ 침해품의 우수성이나 가격경쟁력 | 침해품의 매출발생이나 방법의 실시 일부 (~%)에만 특허발명의 공헌. 나머지는 ⑥, ⑦, ⑧의 공헌 | × |
| | | 일부구성형 | ⑧ 특허발명이 침해품의 일부 구성에 불과한 점 | | |

### ㈐ 특허법 제128조 제4항

#### 1) 침해자의 이익을 권리자의 손해로 추정

침해자가 침해행위에 의하여 이익을 받은 때에는 그 이익의 액을 특허권자 등의 손해액으로 추정한다. 즉, 권리자는 손해의 발생과 침해행위에 의하여 침해자가 받은 이익액을 주장·증명하면 특허법 제128조 제4항에 의하여 그 이익액이 곧 권리자의 손해액인 것으로 추정되며 침해자가 위 추정을 번복할 수 있는 사유를 주장, 증명하지 않는 한 침해자의 이익액이 곧 권리자의 손해액으로 인정되는 것이다. 이 역시 제2항과 마찬가지로 권리자의 인과관계 증명에 관한 부담을 경감하기 위한 것이며, 권리자의 입장에서 보면 침해자의 생산성(단위물품당 이익규모)이 자신의 것보다 더 클 때 원용할 수 있는 규정이다.

#### 2) 권리자의 생산, 판매능력을 한도로 한 손해액 산정

제2항과 같은 명문의 규정은 없으나, 권리자가 제품의 제조·판매를 하고 있지 않은 경우에는 제조·판매로 얻을 수 있었을 이익의 상실이라는 손해 또한 발생 여지가 없으므로, 특허법 제128조 제4항의 적용이 없다고 본다.378) 판례는379) "특허권 등의 침해로 인한 손해액의 추정에 관한 특허법 제128조

---

378) 竹田 稔, 知的財産権侵害要論(特許·意匠·商標編) 第5版, 発明協会(2007), 415면.

제 2 항(현행법 제 4 항) … 은 특허권자에게 손해가 발생한 경우에 그 손해액을 평가하는 방법을 정한 것에 불과하여 침해행위에도 불구하고 특허권자에게 손해가 없는 경우에는 적용될 여지가 없다"고 하여 동 조항이 손해의 '규모'를 추정하는 것일 뿐 손해의 '발생'까지 추정하는 것은 아니라고 한다. 그러면서도, "침해로 인해 손해가 발생했다는 점은 경업관계 등으로 인해 그 염려 내지 개연성이 있음을 주장·입증하는 것으로 족하다"고 한다. 이처럼 판례는 손해의 발생 자체는 특허권자의 주장·증명이 필요한 요건사실로 보지만 그 증명의 정도는 대폭 완화하여 사실상 추정에 유사하게 취급한다. 피고가 그런 개연성을 뒤집고 권리자가 제품의 제조·판매를 하고 있지 않아 손해의 '발생'이 없다는 점을 주장·증명한다면 특허법 제128조 제 4 항은 적용 여지가 없어질 것이다.

### ㈜ 특허법 제128조 제 5 항

1) 실시에 대하여 합리적으로 받을 수 있는 금액에 의한 손해 산정

특허권자는 침해자에게 그 특허발명의 실시에 대하여 합리적으로 받을 수 있는 금액을[380] (이하 편의상 '상당실시료'라고 부르기로 한다) 손해액으로 배상 청구할 수 있다. 이 또한 권리자의 인과관계 증명에 관한 부담을 경감하기 위한 것이라는 점에 의문의 여지가 없고, 이는 특허법 제128조 제 6 항과의 관계에서 상당실시료를 최소한도의 배상액으로 법정하여 그 보전(補塡)을 보장하고 있는 것이라는 점에서도 의의가 있다. 한편, 여기에서 말하는 상당실시료는 당초에 당사자가 실시권 설정계약을 체결하였다면 지급받았을 실시료액보다는 높게 산정됨이 상당하다. 그렇게 보지 않으면 침해를 하더라도 어차피 실시료액만 배상하면 족한 것이 되어 자칫 침해를 조장할 우려가 있는데다가, 이는 적법하게 실시허락을 받고 실시료를 지급하는 제 3 자들에게도 불공평한 결과이기 때문이다. 일찍부터 판례는[381] 상당실시료의 결정 시, "특허발명의 객관적인 기술적 가치, 당해 특허발명에 대한 제 3 자와의 실시계약 내용, 당해 침해자와의 과거의 실시계약 내용, 당해 기술분야에서 같은 종류의 특허발명이

---

379) 대법원 2006. 10. 12. 선고 2006다1831 판결.
380) 2019. 1. 8. 개정된 특허법 제128조 제 5 항은 종래의 '통상적으로 받을 수 있는 금액'이라는 표현을 '합리적으로 받을 수 있는 금액'으로 바꾸었다.
381) 대법원 2006. 4. 27. 선고 2003다15006 판결.

얻을 수 있는 실시료, 특허발명의 잔여 보호기간, 특허권자의 특허발명 이용형태, 특허발명과 유사한 대체기술의 존재 여부, 침해자가 특허침해로 얻은 이익 등 변론종결 시까지 변론과정에서 나타난 모든 사정"을 고려요소로 들고 있다. 그 밖에 실시허락에 대한 특허권자의 정책, 침해자의 자세 등도 고려되어야 하고, 정상적인 실시계약이 체결되었으면 지급되었을 실시료보다 침해로 인해 지급해야 할 실시료 상당 배상액이 같거나 적은 것은 바람직하지 않다는 점 역시 고려되어야 마땅할 것이다. 개정 특허법이 '통상 받을 수 있는 금액'에서 '합리적으로 받을 수 있는 금액'으로 표현을 바꾼 것도 이런 사정들을 두루 고려하라는 취지로 받아들여진다.

2) 권리자의 생산, 판매능력의 불문

특허법 제128조 제5항은 실제로 권리자가 특허발명을 생산, 판매하고 있다거나 그와 같은 능력을 갖추고 있는지 여부와 관계없이 적용될 수 있으며,382) 바로 그 점을 통하여 특허발명에 관한 최소한도의 배상액을 법적으로 보장하는 위 규정의 존재 의의를 찾을 수 있다.

⇨ 대법원 2006. 4. 27. 선고 2003다15006 판결

> 특허법 제128조 제3항(현행법 제5항)에 의하여 특허발명의 실시에 대하여 통상 받을 수 있는 금액에 상당하는 액을 결정함에 있어서는, 특허발명의 객관적인 기술적 가치, 당해 특허발명에 대한 제3자와의 실시계약 내용, 당해 침해자와의 과거의 실시계약 내용, 당해 기술분야에서 같은 종류의 특허발명이 얻을 수 있는 실시료, 특허발명의 잔여 보호기간, 특허권자의 특허발명 이용형태, 특허발명과 유사한 대체기술의 존재 여부, 침해자가 특허침해로 얻은 이익 등 변론종결시까지 변론과정에서 나타난 여러 가지 사정을 모두 고려하여 객관적, 합리적인 금액으로 결정하여야 하고, 특히 당해 특허발명에 대하여 특허권자가 제3자와 사이에 특허권 실시계약을 맺고 실시료를 받은 바 있다면 그 계약내용을 침해자에게도 유추적용하는 것이 현저하게 불합리하다는 특별한 사정이 없는 한

---

382) 대법원 2016. 9. 30. 선고 2014다59712 판결은 상표권 침해로 인한 사용료 상당 손해배상 청구권의 발생 요건으로 상표권자에 의한 상표사용이 필요하다고 하면서, "상표권은 특허권 등과 달리 등록되어 있는 상표를 타인이 사용하였다는 것만으로 당연히 통상 받을 수 있는 상표권 사용료 상당액이 손해로 인정되는 것은 아니고"라고 하여, 특허권자는 특허권 침해에 대하여 발명의 실시 여부와 관계없이 실시료 상당 손해배상 청구권을 가진다는 점을 간접적으로 표현하고 있다.

그 실시계약에서 정한 실시료를 참작하여 위 금액을 산정하여야 하며, 그 유추
적용이 현저하게 불합리하다는 사정에 대한 입증책임은 그러한 사정을 주장하는
자에게 있다.

### 3) 합리적 실시료의 보충적 배상 (이른바 "복합산정": 제 2 항 제 1 호, 제 4 항의 손해 관련)

2020. 6. 개정 특허법은 제128조 제 2 항 제 2 호를 통해, 제128조 제 1 호
에 의한 손해액 산정 과정에서, 권리자의 생산능력을 넘는 수량이나 침해가
없었더라도 판매할 수 없던 수량에 해당하여 공제되는 부분이 생긴 때에는 그
에 대해 합리적 실시료에 해당하는 금액을 배상받을 수 있다고 규정하였다.
다만, 애초에 권리자가 전용실시권의 설정 또는 통상실시권의 허락을 할 수
없었던 수량은 복합산정 대상에서 제외된다.[383] 명문의 규정은 없으나 특허법
제 4 항에 따라 손해액을 산정하는 과정에서 '침해자의 이익 = 권리자의 손해'
라는 추정을 뒤집는 사유가 인정되어 배상액에서 공제된 금액 부분에 대해서
도 마찬가지로 해석해야 할 것이다. 위와 같은 보충적 배상규정은, 침해자의
실시분이 권리자의 생산능력을 넘거나 침해로 인한 이익이 권리자의 실제 손
해액을 웃돌기 때문에 권리자가 실시이익의 감소를 전제로 한 배상을 받을 수
는 없을지라도, 무단 실시자인 침해자에게서 적어도 그 부분에 대한 실시료
상당액을 배상받지 못한 일실이익은 존재함을 고려한 입법이다.

### ㈒ 상당실시료를 넘는 부분에 대한 배상(특허법 제128조 제 6 항 전단)

특허법 제128조 제 5 항에도 불구하고 권리자가 입은 손해액이 상당실시
료액을 넘는 경우에는 그 초과액에 관하여 배상을 청구할 수 있다. 앞서 본 바
와 같이 상당실시료액이 침해에 있어 보전되어야 할 금액의 최하한을 정한 것
인 이상, 이를 넘는 손해액이 있고, 그 증명에만 성공한다면 그 초과액을 배상
받을 수 있음은 당연하다. 결국 특허법 제128조 제 6 항 전단은 특별한 의미를
가지지 아니하는 주의적 규정에 불과하다고 할 것이다.

---

383) 이는 권리자가 통상실시권을 설정할 수 있는 법적 지위에 있지 않아서 '실시권 설정 기회
의 상실'이라는 일실이익이 존재할 수 없는 경우를 말한다. 특허권자가 이미 제 3 자에게
전용실시권을 설정해 주었거나, 특허권이 공유인 경우, 전용실시권자가 제 3 자에 대한
통상실시권 설정에 특허권자의 동의를 얻지 못한 경우를 생각할 수 있을 것이다.

㈐ **배상액의 감경**(특허법 제128조 제 6 항 후단)

특허법 제128조 제 6 항 후단은, '이 경우 침해자에게 고의 또는 중대한 과실이 없을 때에는 법원은 손해배상액을 산정할 때 그 사실을 고려할 수 있다'고 규정하고 있다. 법문상 '이 경우'는 제128조 제 6 항 전단의 '상당실시료를 초과하는 금액의 배상을 명하는 경우'임이 분명하므로 민법 제750조, 특허법 제128조 제 2 항 및 제 4 항에 기한 배상을 명하는 경우에 모두 제128조 제 6 항 후단의 적용이 있다 할 것이다. 한편, 상당실시료를 '초과하는' 금액에 관한 배상을 명할 때에 관한 규정인 이상, 상당실시료에 해당하는 금액에 대하여는 특허법 제128조 제 6 항 후단의 경과실 참작 여지가 없다.

㈑ **상당한 손해액의 인정**(특허법 제128조 제 7 항)

법원은 손해가 발생된 것은 인정되나 그 손해액을 증명하기 위하여 필요한 사실을 증명하는 것이 해당 사실의 성질상 극히 곤란한 경우에는 제 2 항부터 제 6 항까지의 규정에도 불구하고 변론 전체의 취지와 증거조사의 결과에 기초하여 상당한 손해액을 인정할 수 있다.

◈ 대법원 2011. 5. 13. 선고 2010다58728 판결

> 특허법 제128조 제 5 항은, 자유심증주의 하에서 손해가 발생된 것은 인정되나 그 손해액을 입증하기 위하여 필요한 사실을 입증하는 것이 해당 사실의 성질상 극히 곤란한 경우, 증명도·심증도를 경감함으로써 손해의 공평·타당한 분담을 지도원리로 하는 손해배상제도의 이상과 기능을 실현하고자 함에 그 취지가 있는 것이지, 법관에게 손해액의 산정에 관한 자유재량을 부여한 것은 아니므로, 법원이 위와 같은 방법으로 구체적 손해액을 판단함에 있어서는, 손해액 산정의 근거가 되는 간접사실들의 탐색에 최선의 노력을 다해야 하고, 그와 같이 탐색해 낸 간접사실들을 합리적으로 평가하여 객관적으로 수긍할 수 있는 손해액을 산정해야 한다.

㈒ **고의적 침해에 대한 징벌적 배상**(특허법 제128조 제 8, 9 항)

2019. 1. 8. 개정된 특허법에 따르면, 법원은 타인의 특허권 또는 전용실시권을 침해한 행위가 고의적인 것으로 인정되는 경우에는 제 2 항부터 제 7 항까지의 규정에 따라 손해로 인정된 금액의 3배를 넘지 아니하는 범위에서 배

상액을 정할 수 있다(제128조 제 8 항).  이 경우 특허권 침해행위가 고의적인지를 판단할 때는 침해자의 우월적 지위 여부, 손해 발생에 대한 인식정도, 침해행위로 인한 피해규모와 침해자가 얻은 경제적 이익, 침해행위의 기간·횟수, 침해자에게 부과된 벌금의 액수 및 재산상태, 피해회복을 위한 노력 등을 고려해야 한다(제128조 제 9 항).

### (3) 기타 침해에 대한 금전적 구제를 용이하게 하는 규정

#### (가) 구체적 행위태양 제시의무

특허침해소송의 피고는 원고가 주장하는 구체적 침해행위를 부인하는 경우, 단순부인에 그쳐서는 안 되고 그에 상응하여 자신의 실시행위의 모습을 구체적으로 제시하여야 한다(특허법 제126조의2 제 1 항).  특허권 침해의 경우 침해를 구성하는 물건이나 방법에 관한 정보가 침해자 측에 편중되어 있는 경우가 많다는 점을 고려하여 권리자의 증명곤란을 덜어 주고 피고의 성실한 소송수행 태도를 유도하기 위함이다.

#### (나) 생산방법의 추정

물건을 생산하는 방법의 발명에 관하여, 그 물건과 동일한 물건은 특허출원 전에 국내에서 공지되거나 공연히 실시된 것 또는 국내나 국외에서 간행물 공지된 것을 제외하고는 그 특허된 방법에 의하여 생산된 것으로 추정한다(특허법 제129조).

#### (다) 과실의 추정

타인의 특허권 등을 침해한 자는 그 침해행위에 대하여 과실이 있는 것으로 추정한다(특허법 제130조).  특허는 등록에 의하여 발생하고 특허의 내용은 공보를 통하여 공중에게 공개되므로, 제 3 자는 당연히 등록특허의 내용을 알고 있는 것으로 추정하는 것이 권리자 보호를 위하여 타당하다.  침해자는 위 추정을 벗어나기 위해서는 특허권의 존재를 알지 못하였다는 점을 정당화할 수 있는 사정이 있다거나 자신이 실시하는 기술이 특허발명의 권리범위에 속하지 않는다고 믿은 점을 정당화할 수 있는 사정이 있다는 것을 주장·증명하여야 한다.

## (4) 물건의 일부에만 특허가 관련되는 경우

### (가) 손해배상

예컨대 甲이 특정 물건을 제조함에 있어, 그 물건에 사용되는 일부 부품에 관하여 乙이 특허권을 가지고 있는 경우, 甲의 실시행위로 인하여 乙이 배상받을 수 있는 손해액은 어떻게 산정할 것인지가 문제된다. 이 경우에는 물건 전체에서 특허품이 차지하는 가격의 비율, 전체 물품의 구매 동기 중 가운데 그 특허부품이 유발한 비중 등을 종합적으로 판단하여 '기여율'로 평가한 뒤, 물건 전체가 특허의 대상이 되는 경우에 산정되는 손해액에 위 기여율을 곱하여 계산되는 금액을 손해배상액으로 해야 한다는 견해가 다수설이다. 판례는, 실용신안 침해 사건에서 명시적이지는 아니하나 같은 취지를 전제로 한 것이 있고,[384] 저작권 침해 사건에서는 명시적으로 기여율 참작설을 따른 것이 있다.[385] 그러나 현실적으로는 특허법 제128조 제7항의 상당한 손해액의 인정이 이러한 추상적 기여율의 판단을 대신하는 경우도 많다.

### (나) 금지청구

제품의 일부만을 이루는 부품이나 그 생산방법에 대한 특허권자가 침해를 이유로 제품 전체를 상대로 금지권을 행사하는 수가 있다. 부품에 특허권이 존재하는 이상, 허락 없이 그러한 부품을 사용하여 완제품을 생산한다면 침해를 구성하기 때문에 완제품 생산자는 특허권자로부터 실시허락을 얻거나 대체부품을 사용해야만 하며, 침해부품을 사용한 제품의 생산은 중지하여야 한다.[386] 한편, 부품 특허권자가 완제품 전부의 폐기를 청구하는 경우, 특허부품과 완제품이 분리 가능하고 재고상태로 존재한다면 특허부품만의 폐기를 인용하고 나머지 청구를 기각하면 족하다.[387] 그러나 만약 그 부품의 분리나 폐기로 인해 완제품의 기능이 본질적으로 손상될 정도라면 특허부품의 폐기는 사실상 완제품 전체의 폐기로 이어지며, 이는 특허권의 구제범위를 넘어 타인

---

384) 대법원 2003. 3. 11. 선고 2000다48272 판결.
385) 대법원 2004. 6. 11. 선고 2002다18244 판결.
386) 다만, 특허부품이 대체품 없는 필수설비이고 특허권자가 시장지배적 지위를 가지거나 실시허락의 거부가 부당한 거래거절에 해당하는 등 독점규제법 위반에 해당한다면 침해자가 이를 항변사유로 삼을 수 있음은 물론이다. 아울러 특허권자가 합리적 이유 없이 실시계약을 거절하고 오로지 완제품의 생산이나 판매금지만을 요구하는 등 특수한 사정이 있다면 그로써 특허권자의 주관적 해의(害意)가 추단되어 권리남용을 구성할 여지도 있다.
387) 유사한 취지의 일본 판결례로 東京地裁 平15年 4. 14. 平14(ワ)9503 판결 참조.

의 재산권을 침해하는 결과를 낳는다. 그러한 완제품은 특허법 제126조 제 2 항에 따라 '폐기'의 대상이 되는 '침해행위를 조성한 물건'에 해당하지 않는 다고 해석함이 상당하고, 부품특허권자 등은 이 경우 완제품에 대한 폐기청구를 할 수 없으며 특허침해로 인한 손해배상이나 부당이득청구만이 가능하다고 보아야 할 것이다.

## 마. 부당이득반환청구권

민법상 부당이득이 성립하기 위해서는 ① 타인의 재산이나 노무로부터 이 익을 얻었을 것, ② 그 이득으로 말미암아 그 타인에게 손해를 주었을 것, ③ 이득과 손해 사이에 인과관계가 있을 것, ④ 그 이득에 법률상 원인이 없을 것이라는 요건이 충족되어야 하는바, 특허권 침해로 인하여 위와 같은 요건이 만족되는 이상 부당이득반환청구권이 성립함은 물론이다. 권리자로서는 부당 이득반환청구권을 행사함에 있어서는 침해자의 고의·과실을 증명할 필요가 없고 부당이득반환청구권이 민법 제162조에 따라 10년의 소멸시효에 걸린다 는 점에서 불법행위에 기한 손해배상청구에 비하여 유리한 한편, 특허법 제 128조와 같은 추정 규정이 없어 침해자의 이익액, 권리자의 손실액, 양자 사 이의 인과관계를 증명하는 것이 매우 어렵다. 부당이득반환청구권과 불법행위 에 기한 손해배상청구권은 경합관계에 있으므로 손해배상청구에서 과실이 인 정되지 않는 경우에 대비하여 예비적으로 부당이득반환청구를 하는 경우도 있 다. 실무상, 특허침해에 기한 부당이득반환청구는 실시료 상당의 이익을 반환 청구하는 경우나 침해로 인한 손해배상청구권이 이미 소멸시효에 걸린 경우에 주로 활용되고, 그 이상의 금전배상을 청구하는 경우에는 민법 제750조 내지 특허법 제128조 제 2, 4 항에 기한 배상청구가 많이 이용되고 있는 실정이다. 특히, 허락 없이 특허발명을 실시한 자는 특허권자에 대하여 적어도 실시료를 지급하지 아니한 이득을 얻고 특허권자는 그 금액에 상응하는 손실을 입었음 이 분명하며, 그 사이에 인과관계 역시 비교적 분명하다. 따라서 특허침해로 인한 실시료 상당의 손해에 관하여는, 특허권자에게는 발생요건이나 증명 정 도에 차이가 없는 반면 소멸시효기간이 더 긴 부당이득반환청구권이 보다 유 리한 선택이 될 수도 있다. 388)

---

388) 中山, 앞의 책(特許法 第3版, 2015), 408~409면.

## 바. 신용회복조치

법원은 고의 또는 과실에 의한 침해로 인하여 특허권자 등의 업무상의 신용을 떨어뜨린 자에 대하여 손해배상에 갈음하거나 손해배상과 함께 권리자의 신용회복에 필요한 조치를 할 것을 명할 수 있다(특허법 제131조). 침해품의 품질이 조악하여 소비자 사이에서 권리자의 평판을 해치고 그로 인하여 권리자의 향후 영업에 관하여 나쁜 영향을 미치게 되는 경우가 그 대표적인 예이다. 신용회복에 필요한 조치로는 침해가 인정된 민·형사상 판결의 취지를 신문, 잡지 등에 게재하는 것이 대표적인 방법이다.

## 사. 형사상의 구제

특허권 또는 전용실시권을 침해한 자는 7년 이하의 징역 또는 1억원 이하의 벌금에 처하고(특허법 제225조, 침해죄), 법인의 대표자, 법인 또는 개인의 대리인·사용자 기타 종업원이 그 법인 또는 개인의 업무에 관하여 침해죄, 허위표시죄(특허법 제228조) 또는 거짓행위의 죄(특허법 제229조)의 위반행위를 한 때에는 그 법인이나 개인에 대하여도 일정한 벌금형을 병과하며(특허법 제230조, 양벌 규정), 법원은 침해죄에 해당하는 침해행위를 조성한 물건 또는 그 침해행위로부터 생긴 물건은 이를 몰수하거나 피해자의 청구에 의하여 그 물건을 피해자에게 교부할 것을 선고하여야 하고, 피해자는 이에 따라 물건을 교부받은 경우에는 그 물건의 가액을 초과하는 손해의 액에 한하여 배상을 청구할 수 있다(특허법 제231조, 몰수 등).

## 5. 특허권의 침해 여부를 둘러싼 특수문제

## 가. 권리소진

### (1) 국내적 권리소진
### ㈎ 권리소진의 개념과 근거

특허물건이 거래의 방법으로 일단 적법하게 양도된 경우, 이후의 거래과정에서 해당 발명의 실시가 수반되더라도 특허권이 미치지 않는다는 법리를 특허권의 소진이라고 한다.

특허의 국내소진 여부가 문제될 수 있는 경우는 크게 3가지 정도로 유형화할 수 있는데, ① 특허제품이 파손·마모 등으로 인하여 물리적으로 사용 불가능하거나 수명이 다한 후에 이를 수리하여 사용하는 행위, ② 1회 사용 후 폐기하도록 되어 있는 주사기나 의료기구 등을 소독하는 등의 방법으로 재활용하는 것과 같이 사용횟수나 기한이 정해져 있는 특허물건을 그 횟수나 기간의 경과 후에 재사용하는 행위, ③ 특허물품 가운데 핵심적이거나 본질적인 부품을 가공하거나 교환하여 특허물품 전체의 사용수명을 연장하는 행위가 그것이다.

소진의 이론적 근거로는 크게 3가지가 거론되고 있다. ① 소유권설: 대상 물건에 대한 소유권이 특허권에 우선한다는 점에서 권리소진의 근거를 찾으며, 적법한 소유물의 사용·수익·처분에 저촉되는 특허권 행사는 저지되어야 한다는 것이다. 따라서 위 각 권능을 넘어 특허 물건의 '생산'에 이르게 되면 권리소진은 작동할 여지가 없다. ② 묵시적 계약설: 특허권자가 특허물건을 양도하거나 방법의 실시를 허락하는 행위에는 그 이후에 적법한 경로로 이루어지는 물건이나 방법에 대한 제3자의 실시행위에 특허권을 행사하지 않기로 하는 묵시적 허락이 있는 것으로 본다. 영미(英美)에서 권리소진은 특허권자의 최초판매 행위에 포함된 묵시적 허락에서 근거를 찾는 것이 보통이다. ③ 신의칙 위반 내지 권리남용설: 특허물건이나 방법을 둘러싼 거래안전, 특허권자가 최초의 거래과정에서 이익을 회수할 기회를 가진 점 등을 감안하여 특허권 행사와 관련된 신의칙 위반 혹은 권리남용을 정형화한 것이 권리소진 개념이라는 것이다. 독일과 일본에서의 통설·판례로 평가되고 있다. 위 각 논거들은 상호 배타적이라기보다 모두 저마다 일면의 타당성을 가지고 있다. 다만, 어느 입장에 설 때 소진이 필요한 상황을 보다 넓게, 그리고 이론적 문제없이 해결할 수 있는가가 문제될 뿐인바, ③의 입장이 이에 가장 잘 부합한다고 생각된다.

### (나) 생산과 수리의 문제

예컨대, 특허제품이 파손·마모 등으로 인하여 물리적으로 사용이 불가능하거나 수명이 다한 후에 이를 수리하여 사용하는 행위를 전체 특허물건에 대한 하나의 '생산'으로 평가할 것이냐, 여전히 소유권의 정당한 행사에 불과한 것으로 평가할 것이냐에 따라 법적 결론이 완전히 달라진다. 전자는 권리소진의 영역을 벗어나 특허권의 침해를 구성하게 되고, 후자는 단지 소유권자의 적법한 권능(사용)의 행사로서 여전히 권리소진이 작동하는 영역이기 때문이다. 이는 결국 개별 사건에 따를 것이나, 대법원 판례389)는 앞서 간접침해의 설명에서 본 바와 같이 "감광드럼카트리지는 이 사건 특허발명인 레이저프린터의 본질적인 구성요소이고 다른 용도로는 사용되지 아니하며 일반적으로 쉽게 구입할 수도 없는 물품일 뿐만 아니라, 레이저프린터의 구입시에 그 교체가 예정되어 있었고 특허권자인 피고측에서 그러한 감광드럼카트리지를 따로 제조 · 판매하고 있으므로, 결국 (가)호 발명의 감광드럼 카트리지는 이 사건 특허발명의 물건의 생산에만 사용하는 물건에 해당하여 그 권리범위에 속한다"고 한다. 이는 결국 특허물품의 핵심부품을 교체하는 행위는 특허물품 전체의 '생산'에 해당하여 권리소진의 예외에 해당한다는 시각이다. 390)

### (다) 방법발명 특허에 대한 권리소진

#### 1) 일반적인 경우

단순한 방법의 발명에 대해서는 특허권자가 방법 자체를 유통시키는 것이 아니기 때문에 원칙상 권리소진이 발생할 여지가 없고, 391) 가령 1회의 실시허락 이후 특허권의 행사가 제한받는 일이 생기더라도 이는 보통 당사자 간 계약해석의 문제로 귀착된다.

---

389) 대법원 2001. 1. 30. 선고 98후2580 판결.

390) 한편, 미국의 판례는 대체로 판매의 방법으로 양도된 물건의 계속 사용을 위해 하는 행위에 관하여는 '수리'의 개념을 너그럽게 보아 권리소진을 인정하는 경향이 있다. 대부분의 구성부품을 교환하더라도 이를 순차로 행하는 이상 '수리'라고 하며(FMC Corp. v. Up-Right, Inc. 30. U. S. P. Q. 2d 1361(Fed. Cir. 1994)), 1회용으로 폐기처분하도록 설계된 잉크카트리지를 재사용할 수 있도록 개조하여 판매하는 행위 역시 '수리'에 가까워 권리소진을 주장할 수 있다고 본 예가 있다(Hewlett-Packard Co. v. Repeat-O-Type Stencil Mfg. Corp. Inc., 123 F. 3d 1445, 1452 (Fed. Cir. 1997)). 반면, 일본의 재판례 가운데는, 내장된 필름을 꺼내기 위해서 본체의 일부를 파괴하지 않으면 안 되는 구조로 이루어진 1회용 카메라의 경우, 사용이 끝난 제품의 본체부분을 조작하여 필름과 전지를 재장치하는 것은 특허권자가 당해 특허물품을 출시하였을 때 예상한 범위를 초월하는 실시형태여서 권리소진을 주장할 수 없다고 한 것이 있다(東京地決 平12年 6. 6. 判時 1712号).

391) 中山信弘, 特許法(第4版), 440면.

### 2) 물건을 생산하는 방법의 경우

해당 방법에 의해 생산된 물건을 사용, 양도 하는 등의 행위는 '실시(침해)'에 해당하기 때문에(특허법 제2조 제3호 다. 목) 특허 방법으로 생산된 물건이 일단 권리자에 의해 양도되었다면 물건 특허와 마찬가지로 권리소진을 인정해야만 특허권자의 이중이익을 방지하고 유통의 안정을 보장할 수 있다.

### 3) 특허방법의 실시에 사용되는 물건의 경우

특허권자가 방법발명에 특허를 가지고 있는 상태에서 그 방법의 실시에 사용되는 물건을 판매한 경우 방법특허의 권리소진이 문제된다. 판매된 물건을 사용하는 행위는 곧 방법특허의 실시를 수반하기 때문이다. 종래 하급심 판결 가운데 甲이 방법발명(오수의 처리방법)에 특허를 가지고 있는 상태에서 그 방법의 실시에만 사용되는 물건(오수처리 장치)을 판매한 경우, 그 물건을 이용하여 방법을 실시하는 행위에 대하여도 묵시적 허락이 있었다고 보아 특허권 행사를 불허한 것이 있었다.[392]

최근 판례[393]는, '마찰이동 용접방법'이라는 방법발명(A)의 특허권자(甲)가 乙에게 A 발명을 실시하는데 사용되는 장비(마찰교반 용접기)의 제조·판매를 허락하였고, 그 뒤 丙이 乙로부터 해당 마찰교반 용접기를 구입·사용하였는데, 甲이 丙을 상대로 방법발명(A)에 대한 특허침해를 주장한 사건에서, ⅰ) 丙이 사용한 마찰교반 용접기는 방법발명(A)의 실시에만 사용되는 전용품이고 그 기술사상의 핵심 구성요소를 모두 포함하고 있어 A를 실질적으로 구현한 물건이며, ⅱ) 乙이 丙에게 마찰교반 용접기를 판매한 것은 특허권자인 甲의 허락 아래 이루어진 적법한 양도이다. ⅲ) 이처럼 丙이 적법하게 용접기의 소유권을 취득한 이상 甲의 A 특허는 소진되어 丙의 용접기 사용행위는 침해를 구성하지 않는다고 판시하였다.

### (2) 병행수입과 국제적 권리소진

한편, 권리소진의 개념이 국제적인 국면에서도 인정될 수 있는지가 문제된다. 예컨대, 물건 A가 甲국에 특허등록되어 있는 상태에서, 乙국에서 정상

---

392) 이런 법리를 전제로 한 것으로 보이는 하급심 판결들로는, 서울고등법원 2000. 5. 2. 선고 99나59391 판결(심리불속행 상고기각); 서울중앙지방법원 2008. 1. 31. 선고 2006가합 58313 판결 등.
393) 대법원 2019. 1. 31. 선고 2017다289903 판결.

적으로 판매된 A를 甲국에 수입하기 위해서는 별도로 甲국의 특허권자로부터 실시(수입)의 허락을 받아야 하는가, A는 이미 乙국에서 정상적으로 판매되어 특허권자가 이윤을 회수하였으므로 별도의 추가 허락 없이도 甲국에 수입될 수 있는가이다. 이는 결과적으로 권리소진 개념을 해당 특허가 등록된 국가 내에서만 인정되는 것으로 이해할지, 국제적인 차원에서도 인정할 것인지의 문제이다. 설례와 같은 행위를 진정상품의 '병행수입'이라고 부르는 바, 이는 결국 병행수입 행위의 적법성 여부와 같은 말이다. 아직 이에 대한 국제조약 은 성립되어 있지 않으므로 병행수입의 문제는 결국 각국의 특허법의 해석문 제로 되어 있으며, 미국, 일본 등의 판례는 특허품 병행수입의 적법성을 인정 하고 있다. 394) 우리나라에서도 특허권에 관한 병행수입에 대한 허용설이 지배 적이다. 판례 가운데 특허에 있어서 진정상품의 병행수입 적법성 여부를 다룬 것은 아직 발견되지 않으나, 대법원은 상표에 관해서는 일찍이 병행수입의 적 법성을 인정한 바 있다. 395)

## 나. 특허권의 행사와 독점규제

특허권은 법으로 인정된 대표적 독점권이고, 독점규제 및 공정거래에 관 한 법률은 사업자의 시장지배적 지위의 남용과 과도한 경제력의 집중을 방지 하는 법이다. 특허권자에게 타인의 실시를 배제하고 당해 특허발명을 독점적 으로 실시할 권리를 보장한다는 것과, 그러한 독점적 지위를 이용하여 정당한 경쟁질서를 교란하는 행위를 통제하는 것은 별개의 문제이다. 독점규제법 제 59조는 "이 법의 규정은 저작권법, 특허법, 실용신안법, 디자인보호법 또는 상표법에 의한 권리의 정당한 행사라고 인정되는 행위에 대하여는 적용하지 아니한다"고 한다. 이는 결국 외형상 특허권의 행사라 하더라도 그것이 특허 권의 정당한 행사라고 인정되지 않는 경우에는 독점규제법을 적용하겠다는 법 의(法意)의 표현이다. 결국 문제의 핵심은 특허권의 '정당한' 행사와 '부당한' 행사의 구별에 있을 뿐 독점규제법의 목적을 달성하기 위해 개인의 재산권 행 사나 거래의 자유를 제한하는 면에서는 특허권 또한 예외가 아니라 할 것이

---

394) 미국: Impression Products, Inc. v. Lexmark Int'l, Inc., 581 U.S. 1523 (2017). 일본: 最高裁 平成 9 年 7 月 1 日 平7(オ)1988 판결(BBS 사건).

395) 대법원 2002. 9. 24. 선고 99다42322 판결.

다. 단 그러한 '정당성' 여부를 판단할 때 특허권 고유의 성질을 반영한 기준이 필요함은 물론이다.396) 독점권으로서의 특허가 본래의 취지를 벗어나 기술의 이용이나 새로운 기술혁신을 억압하는 방편으로 사용되면, 지속적인 기술혁신의 유도를 통해 사회복리를 증진한다는 특허법 본연의 목적을 달성할 수 없게 되므로 이를 규제하는 수단이 필요하다는 점에서 특허권과 독점규제법의 관계를 위와 같이 이해함은 타당하다 할 것이다. 여기서의 '부당한' 권리행사란 결국 지적재산권 행사를 통한 시장에서의 경쟁제한 효과가 그로 인한 효율성 증대효과를 상회하는 것을 의미한다.397)

### 다. 특허권의 남용398)

(1) 문제의 소재

특허권은 '정보'의 일종인 발명을 대상으로 하므로 시간과 장소에 구애 없이 불특정 다수에 의하여 다양한 양상으로 침해될 수 있다. 한편, 특허는 등록 후 언제든 무효로 될 수 있고 권리의 외연이 불명확한 특허청구범위를 기반으로 하기 때문에 침해자로부터 권리남용의 항변을 당할 가능성 또한 다른 재산권에 비하여 높다.

추상적으로는 특허권이 그 권리를 부여한 법의 근본목적에 반하는 내용으로 행사되는 경우 특허권 남용이 성립할 것이다. 그러나 이러한 추상적 기준만으로는 특허권의 집행에 예측가능성을 담보하고 개별 사건에서 자의적(恣意的) 판단을 막기 어렵다. 이러한 점을 고려하면 특허권 남용을 특허법에 근거한 권리남용, 독점규제법에 근거한 권리남용 및 민법에 근거한 권리남용(협의의 권리남용)으로 유형화하여 규율하는 것이 합리적이다.399)

---

396) 공정거래위원회의 '지적재산권의 부당한 행사에 대한 심사지침(2016. 3. 23. 공정거래위원회 예규 제247호)'이 그 예이다.

397) 위 심사지침 Ⅱ. 2. 라.

398) 이에 대한 상세한 논의는 조영선, "특허권 남용 법리의 재구성," 저스티스(2013년 4월호), 137면 이하를 참조.

399) 특허법이나 독점규제법 모두 특별사법(特別私法)의 성격을 가지기 때문에 이론상 두 법에 기한 권리남용이 성립한다 해도 결국 그 성문법적 규제근거는 민법 제2조 제2항일 것이다. 민법 제2조 제2항이 적용되는 권리남용 행위라고 하여 반드시 그 속성이 모두 같아야 하는 것은 아니며, 위와 같이 성격을 달리하는 권리남용 유형을 위 조항으로 포섭하는 것도 가능한 일이라고 본다.

### (2) 특허권 남용의 유형

특허권이 그 권리를 부여한 법의 근본목적에 반하는 내용으로 행사되는 경우를 다음과 같이 유형화할 수 있다.

### ⑺ 특허법에 근거한 권리남용

특허법에 이미 일정한 유형의 특허권 행사를 제한하는 규정이 마련되어 있다면 그에 반하는 특허권의 행사는 그 자체로 권리남용이라 할 수 있다. 침해자가 특허법에 기하여 당해 특허권의 존립을 부인하거나 행사를 저지할 권리를 가지며 특허권자가 이에 응해야 할 위치에 있음이 명백하다면, 아예 특허권의 행사단계에서 법이 협조하지 않는 편이 합리적이기 때문이다. 이는 다시 두 가지 유형으로 나눌 수 있다.

### 1) 특허에 무효사유가 명백한 경우(특허법 제133조)

무효사유가 명백하여 본래 공중에게 개방되어야 하는 기술에 대하여 잘못하여 특허등록이 이루어져 있음에도 별다른 제한 없이 그 기술을 당해 특허권자에게 독점시킨다면 공공의 이익을 부당하게 훼손할 뿐만 아니라 특허법의 입법목적에 정면으로 반한다.[400] 나아가 등록특허에 대하여 무효심결이 확정되면 당해 특허는 처음부터 없었던 것으로 보며(같은 조 제3항) 무효인 특허권을 행사하여 제3자의 영업을 방해하거나 손해배상을 받게 되면 불법행위를 구성하거나 그로 인한 이익을 부당이득으로 반환해야 한다. 그렇다면, 이러한 특허권의 행사는 권리남용으로 보아 사전에 통제함이 바람직하다. 판례가 무효사유가 명백한 특허권의 행사를 권리남용이라고 해 오고 있는 것은 이 점에서 당연한 사리를 확인한 것이다.

### 2) 통상실시권을 설정해 주어야 하는 경우(특허법 제138조)

통상실시권 허여심판 제도는 기술적 가치가 높은 이용발명이 선행특허 때문에 활용되지 못하는 폐단을 막고, 원천기술을 획득한 선행 특허권자가 이를 빌미로 과도한 이익을 획책하거나 경쟁기업의 기술개량을 방해하는 것을 통제하는 등, 발명을 보호·장려하고 이용을 도모함으로써 기술의 발전을 촉진한다는 특허법의 기본목적(법 제1조)에 봉사하기 위한 장치이다. 이러한 통상실시권 허여의 사유가 존재함이 명백함에도 선행 특허권자가 후속 이용발명자에게

---

400) 대법원 2012. 1. 19. 선고 2010다95390 전원합의체 판결.

특허권을 행사하여 금지청구 등을 시도한다면 이 또한 권리남용으로 사전에 통제되는 것이 타당하다. 그때 후행 발명자는 상응하는 실시료를 선행 특허권자에게 지급해야 하며(법 제138조 제5항), 특허권자는 실시료에 상응하는 보상으로 만족하는 한편 후행발명에 대한 금지청구를 할 수 없게 된다.

### (나) 독점규제법에 근거한 권리남용

앞서 본 바와 같이 특허권도 독점규제법 제59조를 매개로 독점규제법의 적용대상이 되고, '부당한' 특허권의 행사는 독점규제법에 저촉된다는 의미에서 위법하다. 그러한 '위법한' 권리의 행사에 대하여는 권리남용을 근거로 협조하지 않을 수 있다. 또한 독점규제법상 부당한 특허권의 행사로 타인에게 손해를 가한 사업자는 손해배상의무가 있으며(독점규제법 제56조), 법원은 공정거래위원회의 심사절차와 별개로 이 손해배상청구권의 존부를 판단할 수 있다. 이처럼 부당한 특허권 행사에 대한 사후적 구제수단까지 법정되어 있는 마당이라면 사전에 그러한 특허권의 행사를 권리남용으로 판단하여 허용하지 않는 것은 법리상 당연하다. 최근 국내의 하급심 판결들 가운데도 이러한 법리를 수용한 것들이 등장하고 있다. 401)

### (다) 민법에 근거한 권리남용

특허권이 사권(私權)으로서의 본질을 가지는 이상, 그 행사가 전형적인 민법상 권리남용 요건을 충족한다면 그 항변이 가능함은 물론이다. 민법상 권리남용의 성립에는 권리자와 상대방 및 사회일반 사이의 '이익형량' 또는 '권리 본래의 사회적 목적' 등 객관적 요건과, 권리행사를 통한 '가해목적' 혹은 '부당한 이익을 취득할 목적'이라는 주관적 요건이 문제된다. 그런데, ⅰ) 특허권은 소유권에 유사한 대세적 권리이므로 권리남용 요건도 일반적으로 그 경우처럼 엄격하게 봄이 상당한 점, ⅱ) 특허권의 행사를 권리남용으로 쉽게 제한하면 필연적으로 특허출원과 공개의 인센티브에 악영향을 주어 결과적으로 특허법의 목적에 반하게 되는 점, ⅲ) 근래 기업들이 특허를 경쟁의 무기로 사용하면서 서로 복잡하게 얽힌 특허권을 교차 보유하는 일이 잦고 침해소송에서 특허권 남용 주장이 흔히 전략적으로 활용되고 있어 이를 섣불리 수용

---

401) 서울중앙지방법원 2011. 9. 14. 자 2011카합709 결정; 서울중앙지방법원 2012. 8. 24. 선고 2011가합39552 판결.

하는 것은 부적절하다는 점, ⅳ) 특허권에 대하여는 청구범위의 해석에 따라 권리남용의 인정기준도 달라질 수 있어 자의적 판단의 위험이 다른 재산권에 비하여 현저히 높은 점, ⅴ) 특허권의 속성상 존속기간 동안 동일한 특허권에 대하여 서로 다른 판단자가 수시로 권리남용을 판단할 수 있어 판단의 모순 발생 여지가 큰 점 등이 고려되어야 한다. 따라서 민법상 권리남용으로서의 특허권 남용은 엄격한 요건 아래 제한적으로만 인정되어야 하고, 함부로 그 인정기준을 완화하는 것은 부당하다.

결국 특허권의 행사가 민법상 권리남용에 해당하기 위해서는 소유권 등 대세적 권리처럼, 객관적으로 그 권리행사가 사회질서에 위반된다고 볼 수 있어야 하고 주관적으로 특허권자가 스스로 이익을 얻기보다 주로 실시자에게 손해를 입히고 고통을 주려는 의도이거나, 경쟁자를 시장에서 축출하거나 사업에 타격을 주려는 의도이거나, 권리행사를 빙자하여 법이 허용할 수 없는 부당한 이익을 얻으려는 목적이 인정되어야 한다. 그 결과, 특허발명의 실시가 공중의 이익에 막대한 영향을 미친다거나, 특허권의 행사로 인해 침해자가 입는 손해와 무단실시로 인해 특허권자가 입는 손해를 비교하여 전자가 후자보다 훨씬 크다거나, 비실시자인 특허권자가 스스로 실시할 의사가 없음에도 고액의 실시료나 특허권 양도대가를 요구한다는 등의 객관적 요건만으로 쉽사리 권리남용이라 해서는 안 될 것이다.

## Ⅷ. 특허심판제도

### 1. 의의 및 성질

① 특허의 출원에 대하여 등록이 거절된 경우, ② 이미 등록된 특허에 관하여 등록무효의 사유가 있는 경우, ③ 제3자의 실시형태가 등록특허의 권리범위에 속하는지 여부가 문제된 경우, ④ 등록된 특허에 관하여 명세서나 도면을 정정할 필요가 있는 경우 등에는 특허권자나 이해관계인(거절의 경우에는 출원인)은 특허심판원에 그와 같은 청구취지를 밝혀 ① 거절결정불복심판, ② 등록무효심판, ③ 권리범위확인심판, ④ 정정심판을 청구할 수 있다. 그 밖의

심판의 유형으로 존속기간연장등록 거절결정불복심판(특허법 제132조의 3), 특허권 존속기간연장등록의 무효심판(특허법 제134조), 정정무효심판(특허법 제137조), 통상실시권허락심판(특허법 제138조) 등이 있다.

위와 같이 특허심판은 일반 행정심판제도의 특칙으로서, 특허법이 정한 일정한 사유에 관하여 특허심판원이 심리절차를 거쳐 '심결'이라고 하는 행정처분을 하는 제도이다. 특허심판은 특허심판원에 소속된 심판관 합의체에 의하여 이루어지는 행정상의 쟁송절차이지만, 민사소송에 준하는 엄격한 절차(특허법 제132조의 2 내지 제185조에 상세히 규정되어 있다)를 따르는 준 사법적(準司法的) 성격을 가진다.

## 2. 유    형

### 가. 당사자계 심판

심판의 당사자로 청구인과 피청구인의 대립구조를 갖는 특허심판으로서, 등록무효심판, 정정무효심판, 존속기간연장등록의 무효심판, 권리범위확인심판, 통상실시권허여심판이 여기에 속한다. 행정소송의 유형 중 당사자소송과 같이 국가 이외의 권리주체를 당사자로 한다.

### 나. 결정계 심판

청구인과 피청구인의 대등한 당사자 대립구조를 취하지 않고 청구인이 특허청을 피청구인으로 하여 그 처분의 당부를 다투거나 특정한 처분을 구하는 심판유형이며, 거절결정에 대한 불복심판 및 정정심판이 그 예이다.

## 3. 심판의 종류와 내용

### 가. 특허거절결정에 대한 불복심판

#### (1) 의의와 성질

특허거절결정을 받은 자가 불복이 있는 때에는 그 결정등본을 송달받은 날로부터 3개월 이내에 불복심판청구를 할 수 있다(특허법 제132조의 17). 특허거절결정에 대한 심판은 거절결정절차가 동일성을 유지한 채 심판이라는 절차를 통하여 속행되는 것이라고 볼 수 있다. 따라서 특허심판원은 심리결과 특허거절결정의 이유와 다른 거절이유를 발견한 경우에는 새로운 거절이유를 통지하고 상당한 기간을 정하여 의견서를 제출할 수 있는 기회를 주어야 하며(특허법 제170조, 제63조),[402] 위와 같은 절차를 적법하게 거친 이상, 거절결정에서의 이유와 다른 이유를 들어 등록을 거절하는 심판도 가능하다.

⟿ 대법원 2003. 12. 26. 선고 2001후2702 판결

> 구 특허법 제62조는 심사관은 특허출원이 소정의 거절사유에 해당하는 때에는 거절사정을 하여야 하고, 같은 법 제63조는 심사관은 제62조의 규정에 의하여 거절사정을 하고자 할 때에는 그 특허출원인에게 거절이유를 통지하고 기간을 정하여 의견서를 제출할 수 있는 기회를 주어야 한다고 규정하고 있으며, 같은 법 제170조 제2항은 거절사정에 대한 심판에서 그 거절사정의 이유와 다른 거절이유를 발견한 경우에 제63조의 규정을 준용한다고 규정하고 있고, 이들 규정은 이른바 강행규정이므로, 거절사정에 대한 심판청구를 기각하는 심결이유는 적어도 그 주된 취지에 있어서 거절이유 통지서의 기재이유와 부합하여야 하고, 거절사정에 대한 심판에서 그 거절사정의 이유와 다른 거절이유를 발견한 경우에는 거절이유의 통지를 하여 특허출원인에게 새로운 거절이유에 대한 의견서 제출의 기회를 주어야 하지만(대법원 2003. 10. 10. 선고 2001후2757 판결 참조), 거절사정에서와 다른 별개의 새로운 이유로 심결을 한 것이 아니고, 거절사정에서의 거절이유와 실질적으로 동일한 사유로 심결을 하는 경우에는 특허출원인에게 그 거절이유를 통지하여 그에 대한 의견서 제출의 기회를 주어야 하는 것은 아니다(대법원 1997. 11. 28. 선고 97후341 판결 참조).

## (2) 심 결

거절결정불복심판의 청구가 이유 없다고 인정되는 때에는 심판청구를 기

---

[402] 거절결정불복심판 또는 그 심결취소소송에서 특허출원 심사 또는 심판 단계에서 통지한 거절이유에 기재된 주 선행발명을 다른 선행발명으로 변경하는 경우에는, 일반적으로 출원발명과의 공통점 및 차이점의 인정과 그러한 차이점을 극복하여 출원발명을 쉽게 발명할 수 있는지에 대한 판단 내용이 달라지므로, 출원인에게 이에 대해 실질적으로 의견제출의 기회가 주어졌다고 볼 수 있는 등의 특별한 사정이 없는 한 이미 통지된 거절이유와 주요한 취지가 부합하지 아니하는 새로운 거절이유에 해당한다(대법원 2019. 10. 31. 선고 2015후2341 판결).

각한다. 심판청구가 이유 있다고 인정되는 때에는 심결로서 거절결정을 취소하고(특허법 제176조 제1항), 심판관 합의체가 직접 특허결정을 하거나(특허법 제170조 제1항, 제66조) 심사관에게 환송할 수 있다(특허법 제176조 제2항).

## 나. 특허등록무효심판

### (1) 의의와 성질

특허등록무효심판은 일단 유효하게 발생한 특허권을 행정관청인 특허청의 행정처분에 의하여 소급적으로 소멸하도록 하는 쟁송절차로서, 무효심결이 확정되면 특허권은 소급적으로 소멸하여 형성적, 대세적 효력이 발생하고 재심사유가 없는 한 누구라도 더 이상 이를 다툴 수 없는 확정적 효력을 가진다.

### (2) 당사자적격

이해관계인 또는 심사관은 등록무효심판을 청구할 수 있는 당사자적격이 있다(특허법 제133조 제1항).403) 여기서의 이해관계인이란 당해 특허발명의 권리존속으로 인하여 그 권리자로부터 권리의 대항을 받거나 받을 염려가 있어 그 피해를 받는 직접적이고도 현실적인 이해관계가 있는 사람을 말하고, 이에는 당해 특허발명과 같은 종류의 물품을 제조·판매하거나 제조·판매할 자도 포함되며, 이해관계인에 해당하는지 여부는 심결 당시를 기준으로 판단하여야 한다.404) 등록무효심판의 피청구인은 특허권자이며, 공유인 특허권의 특허권자에 대하여 심판을 청구하는 때에는 공유자 전원을 피청구인으로 하여야 한다(특허법 제139조 제2항).

### (3) 등록무효의 사유

특허법상 등록무효의 사유는 한정적으로 열거되어 있다. 따라서, 누구라도 그 외의 사유에 관하여 특허등록이 당연무효라는 법리 등을 들어 등록무효심판을 청구하는 것은 허용되지 아니한다.

① 특허법 제133조 제1항 제1호: ⅰ) 권리능력 없는 외국인에게 특허가

---

403) 단, 모인출원을 이유로 한 무효심판은 정당한 권리자만이 이해관계인으로서 당사자적격이 있다(특허법 제133조 제1항 괄호부분).
404) 대법원 1987. 7. 7. 선고 85후46 판결; 대법원 2009. 9. 10. 선고 2007후4625 판결; 대법원 2010. 1. 28. 선고 2007후1022 판결.

부여된 때(특허법 제25조), ⅱ) 신규성·진보성, 산업상 이용가능성이 없거나 확대된 선원 규정에 위반된 발명에 관하여 특허가 부여된 때(특허법 제29조), ⅲ) 공서양속에 반하는 발명에 특허가 부여된 때(특허법 제32조), ⅳ) 선원주의에 위반하여 특허가 부여된 때(특허법 제36조 제1항 내지 제3항), ⅴ) 명세서 기재불비에 해당하는 때(특허법 제42조 제3, 4항. 단, 배경기술 기재의무 위반의 경우는 제외).

② 특허법 제133조 제1항 제2호: ⅰ) 발명을 한 자 또는 그 정당한 승계인이 아님에도 특허를 부여받은 때(특허법 제33조 제1항 본문), ⅱ) 공동발명이어서 특허를 받을 수 있는 권리가 공유임에도 공유자 전원이 출원하지 않은 발명에 대하여 특허가 부여된 때(특허법 제44조, 제33조 제2항). 단, 모인출원에 대한 정당한 권리자의 구제로서 특허법 제99조의2 제2항에 따른 특허권 이전등록이 이루어지면, 그 이후에는 모인출원이었음을 이유로 무효심판을 제기할 수 없다(특허법 제133조 제1항 제2호 단서).

③ 특허법 제133조 제1항 제3호: 특허청 직원 또는 특허심판원 직원이 상속 또는 유증의 경우가 아님에도 재직 중에 특허를 받은 때(특허법 제33조 제1항 단서).

④ 특허법 제133조 제1항 제4호, 제5호: 특허된 후 그 특허권자가 제25조의 규정에 의하여 특허권을 향유할 수 없는 자로 되거나 그 특허가 조약에 위반된 때.

⑤ 특허법 제133조 제1항 제6호: 신규사항 추가에 해당하는 보정이 있었음에도 이를 간과하고 특허등록이 이루어진 때(특허법 제47조 제2항 전단). [405)]

⑥ 특허법 제133조 제1항 제7호: 최초 출원서에 첨부된 명세서나 도면에 기재되지 아니한 신규사항추가에 해당하는 분할출원이나 분리출원(제52조 제1항에 따른 범위를 벗어난 분할출원 또는 제52조의2 제1항 각 호 외의 부분 전단에 따른 범위를 벗어난 분리출원)임을 간과하고 등록된 때.

⑦ 특허법 제133조 제1항 제8호: 최초 출원서에 첨부된 명세서나 도면에 기재되지 아니한 신규사항을 내용으로 한 변경출원이 간과되어 등록된 때(특허법 제53조 제1항).

---

405) 그러나 특허법 제47조 제3항에 위반한 보정에 대하여는 이를 독립한 등록무효의 이유로 삼을 수 없다.

## (4) 청구기간

이해관계인이나 심사관은 심판청구의 이익이 있는 한 언제라도 등록무효심판청구를 할 수 있다. 다만, 그 밖의 자는 특허권의 설정등록이 있는 날부터 등록공고일 후 3월 이내의 기간 동안 앞서 본 등록무효사유 가운데 특허법 제133조 제1항 제2호를 제외한 나머지 사유를 들어 등록무효심판청구를 할 수 있다.

## (5) 특허무효심판절차에서의 특허의 정정

무효심판이 특허심판원에 계속되어 있는 동안에는 특허권자는 독립한 정정심판청구를 할 수 없고(제136조 제2항) 무효심판청구에 대한 답변서를 제출할 수 있는 기간 이내(특허법 제147조 제1항) 또는 직권심리에 의한 의견서 제출기간 이내(특허법 제159조 제1항 후단)에 '정정청구'를 할 수 있을 뿐이다(특허법 제133조의2 제1항). 특허취소신청이 제기된 경우 그 결정이 확정될 때까지도 정정청구만이 가능하다(특허법 제136조 제1항 제1호).406)

## (6) 등록무효심판의 효력

### ㈎ 소급효

등록무효심판이 확정된 때에는 그 특허권은 처음부터 없었던 것으로 본다(특허법 제133조 제3항 본문). 다만, 특허된 후 그 특허권자가 제25조의 규정에 의하여 특허권을 향유할 수 없는 자로 되어 비로소 특허무효의 사유가 생긴 때에는 그에 해당하게 된 때로부터 특허가 존재하지 않는 것으로 본다(특허법 제133조 제3항 단서).

### ㈏ 이미 지급한 실시료 등의 문제

확정된 등록무효심결의 소급효과 관련하여, 해당 특허의 유효를 전제로 실시계약을 체결하고 실시료를 지급한 실시권자가 특허 무효를 이유로 이미 지급할 실시료를 부당이득 등으로 반환받을 수 있는지가 문제된다. 이에 대해 판례는,407) '특허무효의 소급효에도 불구하고 그와 같은 특허를 대상으로 하여 체결된 특허발명 실시계약이 체결 당시부터 원시적으로 이행불능 상태에

---

406) 구체적으로 가능한 기한은 심판장이 부여한 의견서제출기간 내이다(특허법 제132조의3 제1항, 제132조의13 제2항).

407) 대법원 2014. 11. 13. 선고 2012다42666, 42673 판결; 대법원 2019. 4. 25. 선고 2018다 287362 판결.

있었다고 볼 수는 없고, 다만 특허무효가 확정되면 그때부터 특허발명 실시계
약은 이행불능 상태가 되는 것이므로 실시계약에 따라 실시권자로부터 이미
지급받은 특허실시료 중 실시계약이 유효하게 존재하는 기간에 상응하는 부분
을 부당이득으로 반환할 의무는 원칙상 없다'고 한다. 다만, 판례는 계약 대
상이 된 발명에 기술적 실시불가능의 하자가 있는 경우에는 예외적으로 실시
계약이 원시불능으로 인해 무효라고 한다.

### 다. 권리범위확인심판

#### (1) 의의와 성질

권리범위확인심판은 어떠한 기술의 실시형태가 특허등록된 발명의 특허청
구범위에 포함되는지 여부를 판단하는 심판을 말한다(특허법 제135조 제1항, 제2
항). 이는 단지 발명의 범위라고 하는 사실상태를 확정하는 것이 아니라 그 권리
의 효력이 미치는 범위를 대상물과의 관계에서 구체적으로 확정하는 것이다.408)

#### (2) 존재 의의 및 침해소송 등과의 관계

실무상으로는 특허 침해로 인한 손해배상 등의 소송과정에서 선결문제인
특허침해 여부를 먼저 확정받기 위하여 권리범위확인심판청구를 제기하는 경
우가 대부분이다. 법률적으로 침해소송과 권리범위확인심판 및 그에 대한 불
복소송은 별개·독립의 소송으로서 동시에 계속되더라도 중복소송이 아님은
물론, 한쪽의 결론이 다른 쪽에 기속력을 가지지도 아니한다.409)

#### (3) 권리범위확인심판의 종류

권리범위확인심판은 특허권자가 주체가 되어 타인의 기술실시가 자신의
특허의 권리범위에 속함을 확인해 달라고 요청하는 적극적 권리범위확인심판
과, 타인이 주체가 되어 자신이 실시하는 기술이 등록특허의 권리범위에 속하
지 아니함을 확인해 달라고 요청하는 소극적 권리범위확인심판이 있다.

#### (4) 심판청구의 적법요건

##### (가) 당사자적격

특허권자, 전용실시권자 또는 이해관계인은 권리범위확인심판을 청구할

---

408) 대법원 1991. 3. 27. 선고 90후373 판결.
409) 대법원 2002. 1. 11. 선고 99다59320 판결.

수 있는 당사자적격이 있다(특허법 제135조 제1항, 제2항). 다만, 여기서의 이해관계인은 무효심판에 있어서의 이해관계인보다 그 범위가 좁다. 등록특허의 무효심판은 다분히 대세적, 공익적 성격을 가지므로 그 심판청구를 할 수 있는 자의 범위를 제한할 필요가 적지만 권리범위확인심판청구는 성격상 특정 개인 간의 분쟁을 전제로 하여 그에 대한 대답을 하여 주는 제도이므로 그러한 법률상의 분쟁을 즉시 확정할 만한 구체적인 이익이 필요하기 때문이다.

### (나) 확인의 이익

#### 1) 소멸된 특허에 대한 권리범위확인

특허등록무효심판은 특허권의 소멸 후에도 심판청구가 가능하나(특허법 제133조 제2항), 권리범위확인심판에는 아무런 규정이 없다. 판례[410]는 특허권의 권리범위확인의 심판청구는 현존하는 특허권의 범위를 확정하는 것을 목적으로 하는 것이므로, 일단 적법하게 발생한 특허권이라 할지라도 무효심결이 확정되거나 존속기간이 만료되는 등 특허권이 소멸되었을 경우에는 그 이후에는 권리범위확인의 이익이 없다고 한다. 아울러 판례[411]는 권리범위확인심판이 계속 중 그 대상이 되는 실용신안권이 포기에 의하여 소멸한 경우에도 권리범위확인을 구할 이익이 없다고 한다.

⇨ 대법원 2002. 4. 23. 선고 2000후2439 판결

> 실용신안권의 권리범위확인심판의 청구는 현존하는 실용신안권의 범위를 확정하려는 데 그 목적이 있으므로, 일단 적법하게 발생한 실용신안권이라 할지라도 그 권리가 소멸된 이후에는 그에 대한 권리범위확인을 구할 이익이 없어진다(대법원 2002. 2. 22. 선고 2001후2474 판결; 2001. 6. 15. 선고 99후1706 판결; 1996. 9. 10. 선고 94후2223 판결 등 참조). 이 사건 실용신안(등록번호 제49770호)에 대한 권리범위확인심판에서 (가)호 고안이 그 권리범위에 속하지 아니한다는 심결이 이루어지고 그 취소를 구하는 이 사건 소에서 원고의 청구가 기각되었는데 이에 대한 상고심 계속 중인 2002. 4. 20. 이 사건 실용신안권은 존속기간이 만료되어 소멸하였으므로, 이 사건 심결의 취소를 구할 법률상 이익이 없어졌고, 따라서 이 사건 소는

---

410) 대법원 2021. 4. 29. 선고 2020후11592 판결; 대법원 2010. 8. 19. 선고 2007후2735 판결; 대법원 2003. 11. 27. 선고 2001후1563 판결; 대법원 2001. 5. 8. 선고 98후1938 판결; 대법원 1996. 9. 10. 선고 94후2223 판결 등.
411) 대법원 2007. 3. 29. 선고 2006후3595 판결.

부적법하게 되었다. 그러므로 원심판결을 파기하고 이 사건 소를 각하한다.

◈ 대법원 2010. 8. 19. 선고 2007후2735 판결

특허권의 권리범위확인심판의 청구는 현존하는 특허권의 범위를 확정하려는 데
그 목적이 있으므로, 일단 적법하게 발생한 특허권이라 할지라도 그 권리가 소
멸된 이후에는 그에 대한 권리범위확인을 구할 이익이 없어진다. 기록에 의하
면, 명칭을 "X선 발생장치 및 이것을 사용한 정전기 제어기"로 하는 이 사건 특
허발명(특허번호 제465346호)의 특허청구범위 제1항(이하 '이 사건 제1항 발명'이
라고 한다)은 이 사건 소가 상고심에 계속 중이던 2009. 9. 24. 진보성이 인정되
지 아니한다는 이유로 그 특허가 무효로 확정되었음을 알 수 있다. 그렇다면 이
사건 제1항 발명에 대한 특허권은 처음부터 없었던 것이 되었다고 할 것이다.
이와 같이 이 사건 제1항 발명의 특허권이 소멸된 결과 이 사건 심판의 심결 중
이 사건 제1항 발명에 관한 부분은 그 취소를 구할 법률상 이익이 없어졌다고 할
것이므로 이 사건 소 중 이 사건 제1항 발명에 관한 부분은 부적법하게 되었다.

2) 당사자의 합의로 인한 확인의 이익 소멸

특허권자와 확인대상발명의 실시자 사이에서 침해와 관련된 민·형사소송
을 제기하지 않거나 이미 제기한 소나 고소를 취하하기로 하는 합의가 이루어
졌다면 권리범위확인심판을 청구할 이해관계 역시 소멸하여 권리범위확인심판
은 부적법하다는 것이 주류적 판례이다.412) 다만, 구체적 사안에 따라 합의의
내용 및 당사자의 의사해석에 따라 권리범위확인심판 청구의 이익이 여전히
존재한다고 본 예도 있다.

3) 민사소송과 권리범위확인 심판의 확인의 이익

판례413)는, 특허 침해소송이 계속 중이어서 그 소송에서 특허권의 효력이
미치는 범위를 확정할 수 있더라도 이를 이유로 침해소송과 별개로 청구된 권
리범위확인심판의 심판청구의 이익이 부정된다고 볼 수는 없다고 한다.

(대) 권리 대 권리 간의 권리범위확인심판의 허용 여부

권리 대 권리 간의 적극적 권리범위확인심판청구는, 상대방의 등록권리를

---

412) 대법원 1997. 9. 5. 선고 96후1743 판결; 2001. 9. 28. 선고 99후2808 판결; 대법원 2007.
5. 11. 선고 2005후1202 판결 등.
413) 대법원 2018. 2. 8. 선고 2016후328 판결.

등록무효절차 없이 사실상 부인하는 것이 되어 부적법하다는 것이 확고한 판례이고, 414) 다만, 양 발명이 이용관계에 있어 확인대상발명의 등록의 효력을 부정하지 않고도 권리범위의 확인을 구할 수 있는 예외적인 경우415)에는 권리 대 권리 간의 적극적 권리범위확인도 허용된다고 한다. 416) 반면에, 권리 대 권리의 소극적 권리범위확인심판청구는, 인용된다고 하더라도 청구인의 등록된 권리가 피청구인의 등록된 권리의 범위에 속하지 않음을 확정하는 것일 뿐이로 말미암아 피청구인의 등록된 권리의 효력을 부인하는 결과가 되지는 않으므로 적법하다는 것이 판례이다. 417)

## (5) 권리범위확인심판에서의 진보성 부재 주장

종래 대법원은, '그 일부 또는 전부가 출원 당시 공지공용인 특허까지 독점·배타권을 인정할 수는 없으므로 이 경우 무효심결의 유무에 관계없이 권리범위를 부정할 수 있다'고 하여, 권리범위확인심판에서 신규성 부재의 항변을 인정해 왔다. 418) 반면, 권리범위확인심판에서의 진보성 부재 항변에 대하여는 이를 허용한 판례419)와 부정한 판례420)가 혼재하고 있었는데, 대법원은 2014. 3. 20. 선고 2012후4162 전원합의체 판결에서 이를 부정하는 것으로 입장을 통일하였다. 그 주된 논거로는 ⅰ) 권리범위확인심판은 오로지 확인대상발명이 특허권의 효력이 미치는 객관적인 범위에 속하는지 여부를 확인하는 심판이므로, 그 절차에서 특허발명의 진보성 여부를 판단하는 것은 제도의 본

---

414) 대법원 1986. 3. 25. 선고 84후6 판결; 대법원 1985. 5. 28. 선고 84후5 판결; 대법원 1996. 12. 20. 선고 95후1920 판결; 대법원 2007. 10. 11. 선고 2007후2766 판결; 대법원 2016. 4. 28. 선고 2013후2965 판결 등.
415) 앞서 본 바와 같이 이용발명이 성립하더라도 이용발명이 특허등록되어 있다면 그 등록 자체는 무효로 되는 것이 아니고 다만 그 이용의 한도에서 선행발명에 대한 침해를 구성할 뿐이다.
416) 대법원 2002. 6. 28. 선고 99후2433 판결; 대법원 2016. 4. 28. 선고 2015후161 판결.
417) 대법원 2007. 10. 11. 선고 2007후2766 판결; 대법원 1996. 7. 30. 선고 96후375 판결; 대법원 1992. 4. 28. 선고 91후1748 판결 등.
418) 대법원 1983. 7. 26. 선고 81후56 전원합의체 판결; 대법원 1998. 12. 22. 선고 97후1016, 1023, 1030 판결 등.
419) 대법원 1991. 3. 12. 선고 90후823 판결; 대법원 1991. 12. 27. 선고 90후1468, 1475(병합) 판결; 대법원 1997. 7. 22. 선고 96후1699 판결; 대법원 1998. 2. 27. 선고 97후2583 판결 등.
420) 대법원 1992. 6. 2.자 91마540 결정; 대법원 1998. 10. 27. 선고 97후2095 판결; 대법원 1998. 12. 22. 선고 97후1016, 1023, 1030 판결 등.

질에 반한다는 점, ⅱ) 권리범위확인심판에서 진보성을 판단할 수 있게 하면 특허의 무효가 마치 선결문제처럼 다루어져 특허법이 마련하고 있는 무효심판 제도의 본래적 기능을 약화시킬 우려가 있다는 점 등이 제시되었다.

그런데 위 전원합의체 판결 이후에도 판례421)는 권리범위확인심판에서 피고는 특허권 침해소송에서와 마찬가지로 자신의 실시형태가 선행의 자유기술로부터 용이하게 이를 수 있는 것이어서 원고 특허발명의 권리범위에 속하지 않는다고 다투는 것이 허용되며, 이는 침해의 형태가 문언침해인 경우에도 마찬가지라고 판시하였다. 결국 이는 실질적으로 해당 발명에 진보성 부재로 인한 무효사유가 있다는 항변과 다르지 않은 바, 권리범위확인심판에서 진보성 부재를 이유로 한 무효여부를 판단할 수 없다고 한 위 전원합의체 판결은 이로써 그 입지가 극도로 축소되었다고 할 수 있다.

## 라. 정정심판

### (1) 의의 및 제도의 취지

정정심판은 등록된 특허의 청구범위를 감축하거나, 명세서나 도면에 잘못이 있거나 그 기재 내용이 불분명한 경우에 특허권자가 이를 바로잡기 위하여 청구하는 심판이다(특허법 제136조). 특허청구범위가 지나치게 넓게 기재되어 있거나, 잘못 기재되어 있거나, 분명하지 않게 기재되어 있어 등록무효로 될 처지에 놓인 권리자로서는 뒤늦게나마 명세서의 기재나 도면을 바로잡아 등록무효를 면할 필요가 있고, 한편으로 그와 같이 명세서나 도면에 잘못이 있거나 그 기재 내용이 명확하지 않아 특허발명의 유·무효가 문제되는 상태로 두는 것은 제3자에게도 바람직하다고 할 수 없다. 다만, 명세서나 도면의 정정에 소급효가 있는 이상, 이를 함부로 허용하는 것은 특허에 대한 공적 신뢰나 제3자의 권리안전을 해칠 수 있다. 따라서, 특허법은 일정한 요건과 제한 하에서만 특허의 정정을 허용하고 있다.

### (2) 정정심판청구의 요건
### ㈎ 시 기

특허가 존속하고 있는 동안은 물론, 특허가 존속기간 만료나 특허료 미납

---

421) 대법원 2017. 11. 14. 선고 2016후366 판결; 대법원 2018. 7. 24. 선고 2016후2904 판결.

등의 이유로 인하여 이미 소멸하였더라도 정정심판청구를 할 수 있다(특허법 제136조 제 7 항 본문).[422] 다만, 특허취소결정이 확정되거나 특허가 등록무효심판의 확정을 통하여 소멸된 경우에는 특허권은 소급하여 존재하지 않은 것이 되므로 정정심판을 청구할 여지가 없고(특허법 제136조 제 7 항 단서),[423] 특허취소신청이 제기되어 확정 전이거나, 특허무효심판이나 정정의 무효심판이 특허심판원에 계속 중인 경우에는 별도의 정정심판을 청구할 수 없고(특허법 제136조 제 2 항), 특허취소신청 절차나, 특허무효심판이나 정정의 무효심판에서 정정청구만을 할 수 있을 뿐이다(특허법 제132조의 3 제 1 항, 제133조의 2 제 1 항, 제136조 제 2 항, 제137조 제 3 항).

한편, 특허무효심판이나 정정 무효심판의 심결에 대한 불복소송이 특허법원에 계속 중인 경우에는 그 변론종결일까지 정정심판을 청구할 수 있다(특허법 제136조 제 2 항 제 1 호 단서).

### (나) 주    체

정정심판청구권자는 특허권자이다. 다만 특허권자는 전용실시권자, 질권자 및 제100조 제 4 항, 제102조 제 1 항 및 발명진흥법 제10조 제 1 항에 따른 통상실시권자의 동의를 얻지 않으면 정정심판청구를 할 수 없다(특허법 제136조 제 8 항 본문).

### (다) 실체상의 적법요건

정정심판청구는 ① 특허청구범위를 감축하는 경우, ② 잘못 기재된 사항을 정정하는 경우, ③ 분명하지 아니하게 기재된 사항을 명확하게 하는 경우

---

422) 특허권이 소멸한 후에도 원칙상 정정청구를 할 수 있도록 한 것은, 제 3 자가 특허권이 존속기간의 만료, 등록료의 불납 등의 사유로 소멸한 후에도 등록무효심판청구를 할 수 있도록 한 것에 대응하여 특허권자로 하여금 그에 상응하는 방어수단을 마련해 주기 위한 것이라고 설명되고 있다. 이미 특허권은 소멸하였더라도 그 소멸 전에 이루어진 침해로 인한 손해배상청구권은 특허권의 소멸과 관계없이 이미 발생하여 존속하고 있는 것이므로 침해자로서는 그와 같이 현존하는 손해배상청구권의 행사로부터 자신을 방어하기 위하여 소멸한 특허가 본래 무효사유를 안고 있었다는 점을 주장·증명할 필요가 있다는 점은 수긍될 수 있다. 그러나 그에 대응하여, 이미 소멸한 특허 명세서 내용을 사후에 정정한다는 것은 정정의 대상이 이미 존재하지 않는다는 점을 생각하면 이치상 납득하기 어려운 면이 있다.

423) 따라서 소급효가 없는 무효(특허법 제133조 제 1 항 제 4 호의 사유에 의한 무효)심판에 대하여는 확정 후에도 정정심판을 청구할 수 있다.

234 특 허 법

에 한하여 할 수 있다(특허법 제136조 제 1 항). 또한, ④ 명세서 또는 도면의 정정이 신규사항 추가에 해당하여서는 아니되고424)(특허법 제136조 제 3 항 본문), ⑤ 명세서 또는 도면의 정정을 통하여 특허청구범위를 실질적으로 확장하거나 변경하는 것이어서는 아니 된다(특허법 제136조 제 4 항). 마지막으로, ⑥ 특허청구범위를 감축하는 정정과, 잘못된 기재를 정정하는 정정은 정정 후의 특허청구범위에 기재된 사항이 특허출원을 한 때에 이미 특허받을 수 있는 것이어야 한다(특허법 제136조 제 5 항).

### (3) 의견제출 기회의 부여

심판관은 정정심판청구가 앞서 본 적법요건을 갖추지 못한 것으로 판단되는 경우에는 이를 통지하고 청구인에게 일정한 기간을 정하여 의견을 제출할 기회를 부여하여야 한다(특허법 제136조 제 6 항). 청구인은 이에 응하여 정정심판 청구서에 첨부한 정정명세서나 도면의 내용을 요건에 맞도록 다시 손볼 수 있다(특허법 제136조 제11항).

### (4) 정정심결의 효과

#### ㈎ 소 급 효

특허심판원은 심리결과 정정심판 청구가 이유 있는 경우에는 정정심결을 하게 되고, 위 심결이 확정되면 그 정정 후의 명세서 또는 도면에 의하여 특허출원, 출원공개, 특허결정 또는 심결425) 및 특허권의 설정등록이 된 것으로 본다(특허법 제136조 제10항).

#### ㈏ 재심사유의 발생 문제

종전에 대법원은 특허 무효소송이 상고심에 계속 중이거나 특허권 침해를 원인으로 하는 손해배상 사건에서 특허 무효 사유가 있다는 이유로 청구를 기각한 판결이 상고심에 계속되어 있던 중 당해 특허의 정정심결이 확정되면,

---

424) 여기에서 신규사항 추가 여부의 판단대상이 되는 것은 '정정심판 청구 당시의' 명세서 및 도면이다. 따라서, 출원 이후 보정이나 정정을 한 사실이 있더라도 그것이 적법하여 받아들여진 이상 문제가 되지 아니한다. 그러나 잘못된 기재의 정정(특허법 제136조 제 1 항 제 2 호)인 경우에는 정정심판 청구 당시의 명세서 및 도면이 아니라 '최초 출원 당시의' 명세서 및 도면이 기준이 된다(특허법 제136조 제 3 항 단서).

425) 여기서의 심결은 등록거절결정에 대한 불복심판청구에서 특허를 등록하기로 하는 심결을 의미한다(일본 특허법 제128조 참조).

그 특허발명은 확정된 정정심결의 소급효에 따라 민사소송법 상 '판결의 기초가 된 민사나 형사의 판결, 그 밖의 재판 또는 행정처분이 다른 재판이나 행정처분에 따라 바뀐 때'에 해당하는 재심사유가 있다는 이유로 원심법원에 파기 환송해 왔다.[426) 다만, 예외적으로 정정된 사항이 특허무효사유의 유무를 판단하는 전제가 된 사실인정에 영향을 미치는 것이 아니라면 재심사유가 아니라고 했을 뿐이다.[427)

그러나 대법원은 2020. 1. 22. 선고 2016후2522 전원합의체 판결을 통해 이런 입장을 변경하면서, 특허무효 소송의 사실심 변론종결 이후 해당 특허에 정정이 확정되더라도 재심사유에 해당하지 않는다고 하였다. 그 핵심 근거는, ⅰ) 민사소송법 제451조 제1항 제8호의 재심사유인 '판결의 기초로 된 행정처분이 다른 행정처분에 의하여 변경된 때'란 판결의 심리·판단 대상이 되는 행정처분 그 자체가 그 후 다른 행정처분에 의하여 확정적·소급적으로 변경된 경우를 말하는 것이 아니라, 확정판결에 법률적으로 구속력을 미치거나 또는 그 확정판결에서 사실인정의 증거자료가 된 행정처분이 다른 행정처분에 의하여 확정적·소급적으로 변경된 경우를 말하는 것이다. ⅱ) 심결과의 관계에서 원처분으로 볼 수 있는 특허결정은 심결취소소송에서 '심리·판단해야 할 대상'일 뿐 '판결의 기초가 된 행정처분'으로 볼 수는 없다. 따라서 사실심 변론종결 후에 특허발명의 명세서 등에 대해 정정심결이 확정되어 그 정정 후의 명세서 등에 따라 특허결정, 특허권의 설정등록이 된 것으로 보더라도 판결의 기초가 된 행정처분이 변경된 것으로 볼 것은 아니다. ⅲ) 특허권자는 특허무효심판 절차에서는 정정청구를 통해, 그 심결취소소송의 사실심에서는 정정심판 청구를 통해 얼마든지 특허무효 주장에 대응할 수 있음에도 사실심 변론종결 후에 확정된 정정심결에 따라 청구의 원인이 변경되었다는 이유로 사실심 법원의 판단을 다툴 수 있도록 하는 것은 소송절차뿐만 아니라 분쟁의 해결을 현저하게 지연시키는 것으로 허용되어서는 안 된다는 것이다.

한편, 특허법원에 등록무효심판이 계속 중에 정정심결이 확정되면 특허법원은 그 소급효에 따라 정정된 특허청구범위를 대상으로 하여 심리를 계속하

---

426) 대법원 2008. 7. 24. 선고 2007후852 판결; 대법원 2001. 10. 12. 선고 99후598 판결; 대법원 2004. 10. 28. 선고 2000다69194 판결.
427) 대법원 2007. 11. 30. 선고 2007후3394 판결.

는 것이 실무의 추세이다. [428]

## 4. 확정심결의 효력

### 가. 일사부재리

#### (1) 의    의

심결이 확정된 때에는 그것이 각하심결인 때를 제외하고는 그 사건에 대하여는 누구든지 동일사실 및 동일증거에 의하여 다시 심판을 청구할 수 없다(특허법 제163조). 이를 일사부재리의 효력이라고 한다.

#### (2) 일사부재리의 효력이 미치기 위한 요건

일사부재리의 효력은 '누구든지', '동일사실 및 동일증거'에 의하여 다시 심판청구를 하는 경우에 미친다. 따라서 동일사실에 관한 심판청구라도 다른 증거에 의하여 하는 것이나 이와 반대로 동일한 증거에 의한 것이라도 다른 사실에 관하여 새로운 심판청구를 하는 것은 금지되지 아니한다.

##### (가) 주관적 범위

일사부재리의 효력은 당사자나 그 승계인은 물론이고 제3자에 대하여도 미침이 법문상 명백하다. 판례[429] 또한, "일사부재리의 효력은 당사자를 달리하거나 증거의 해석을 달리한다는 것만으로 위 원칙이 배제되는 것이 아니다"라고 판시하고 있다.

##### (나) 동일사실

동일사실이라 함은 법규상 구성요건을 이루는 각각의 사실을 의미하는 것으로 해석된다. 예컨대, 특허법상 등록무효사유로서의 명세서 기재불비, 산업상 이용가능성 결여, 신규성 결여(공지·공연실시, 간행물공지 등), 진보성 결여, 선원주의 위배 등이 그것이다. [430]

---

428) 특허법원, 지적재산소송실무(제4판), 박영사(2019), 387~388면.
429) 대법원 1990. 7. 10. 선고 89후1509 판결.
430) 특허법원 2007. 12. 5. 선고 2007허1787 판결(확정): 종전의 확정심결에서 문제된 진보성 결여와 당해 심판청구 사건에서의 미완성 발명 내지 기재불비는 동일사실이 아니라고 판시.

#### ㈐ 동일증거

판례는, "동일증거라 함은 그 사실과 관련성을 가진 증거로서 전에 확정
된 심결의 증거와 동일한 증거뿐만 아니라 그 확정된 심결을 번복할 수 있을
정도로 유력하지 아니한 증거까지 포함한다,"431) "동일증거라 함은 전에 확정
된 심결의 증거와 동일한 증거가 부가되는 것도 포함하는 것이므로 확정된 심
결의 결론을 번복할 만한 유력한 증거를 새로이 제출한 경우에는 일사부재리
의 원칙에 저촉된다고 할 수 없다"432)고 하는 등 증거가치를 중시하는 입장을
취하여(이른바 중요증거설), 비록 형식상으로는 확정된 심결에서와 다른 증거가
제출되었다 하더라도, 심리결과 그 증거로 인하여 실제로 확정심결의 결론을
뒤집지 못한다면 결국 이는 확정심결에서의 증거와 동일한 증거로 취급받아
일사부재리의 적용을 받는다고 한다. 결국 현실적으로 일사부재리의 원칙은
심판청구의 절차상 적법요건이라기 보다는 그 심리를 거친 후에 해당 여부가
판가름 나는 실체상의 적법요건으로 취급되고 있는 셈이다.

#### ㈑ 동일심판

법문에는 위와 같은 동일사실 및 동일증거에 의하여 '그 사건에 관하여 …
다시 심판을 청구할 수 없다'라고 규정하고 있는데, 여기에서 말하는 '심판'
은 청구취지가 동일한 심판, 즉 청구취지의 대상이 되어 있는 권리가 동일하
고 종류가 동일한 심판이라고 해석된다. 판례433)는 "비록 본건의 심판청구는
소극적 확인심판이고 건 외 사건은 적극적 확인심판이기는 하나 양자는 본건
고안에 대한 동일한 확인대상 고안도면과의 확인심판사건이므로 양자는 동일
사실과 동일증거에 의한 청구로 귀결되는 것"이라고 판시하여 동일한 심판의
범위를 비교적 넓게 보고 있다.

### (3) 일사부재리 판단의 기준이 되는 시점

판례434)는, 기본적으로 일사부재리 여부의 판단 기준시는 '심결 시'라고

---

431) 대법원 2001. 6. 26. 선고 99후2402 판결; 대법원 2013. 9. 13. 선고 2012후1057 판결; 대
　　법원 2017. 1. 19. 선고 2013후37 전원합의체 판결.
432) 대법원 2005. 3. 11. 선고 2004후42 판결; 대법원 1991. 11. 26. 선고 90후1840 판결; 대
　　법원 1991. 1. 15. 선고 90후212 판결; 대법원 1990. 2. 9. 선고 89후186 판결 등.
433) 대법원 1976. 6. 8. 선고 75후18 판결; 대법원 2006. 5. 26. 선고 2003후427 판결.
434) 대법원 2020. 4. 9. 선고 2018후11360 판결.

한다. 그렇기 때문에 예컨대 동일한 특허에 대해 A 심판청구가 이미 확정된 뒤 비로소 B 심판청구가 제기된 경우, B 심판청구의 심결일을 기준으로 일사부재리 여부를 판단해야 하고, B 심판청구인이 심결일 이전에 일사부재리 적용을 피하기 위해 A 심판청구에서와 다른 사실을 주장하거나 다른 증거를 제출하는 내용으로 이유를 보정한다면 B 심판청구는 일사부재리를 면할 수 있다고 한다. 435) 아울러 판례436)는, 동일한 특허에 대한 중복심판 청구인지 여부를 판단할 때도, 후속 심판청구의 심결 시를 기준으로 해야지 심판 청구시를 기준으로 해서는 안 되며, 동일 특허에 대한 무효심판(A)이 이미 청구된 상태에서 같은 내용의 심판청구(B)가 이루어졌더라도 B 심판청구의 심결 시 이미 A 심판청구가 취하·각하 등으로 소멸되었다면 비록 B 심판청구 시에 중복심판 청구였더라도 B 심결 시 부적법 사유는 없다고 한다.

다만, 예외적인 경우로서, 동일한 특허에 대해 등록무효심판(A)이 제기되어 아직 확정되지 않은 상태에서 또 다른 등록무효심판(B)이 제기되고 B의 심결 전에 A 심결이 확정된 경우, A 심결의 확정이라는 우연한 사정으로 B 심판청구가 소급적으로 일사부재리에 해당하게 되는 것은 부당하다는 이유로 이때는 일사부재리 요건을 판단하는 기준시점을 'B 심판청구 시'로 본다. 437)

### (4) 일사부재리에 위반된 경우의 효력

일사부재리에 반하는 새로운 심판청구는 부적법하므로 각하되어야 한다(특허법 제142조 참조).

## 나. 구속력, 확정력

심결이 확정되면 당사자는 물론 일반 제3자에게도 대세적 효력이 미치고(구속력), 재심사유가 없는 한 소멸, 변경되지 아니한다(확정력, 특허법 제178조). 일반 행정처분이 고도의 공익적 요구가 있는 때에는 취소, 변경이 가능한 것과 달리 심결은 강력한 확정력을 가진다.

---

435) 다만, 이미 B 심판에서 일사부재리 판단이 이루어져 심판청구를 각하한 심결에 대한 불복소송에서 새로운 사실이나 증거를 제출하는 것은 허용되지 않는다고 한다.
436) 대법원 2020. 4. 29. 선고 2016후2317 판결.
437) 대법원 2012. 1. 19. 선고 2009후2234 전원합의체 판결.

# Ⅸ. 심결취소소송

## 1. 심결취소소송의 의의와 성질

특허심판원의 심결이나 특허취소결정에 불복하는 자는 특허법원에 취소소송(이하 편의상 '특허소송'이라 부른다)을 제기할 수 있고, 이는 특허법원의 전속관할에 속한다(법원조직법 제28조의 4, 특허법 제186조 제 1 항, 실용신안법 제33조, 디자인보호법 제166조 제 1 항 및 상표법 제162조). 일반 행정소송이 행정심판과의 관계에서 심급으로서의 연결관계가 없듯, 특허소송 역시 특허심판과 심급관계에 있지 않다. 따라서, 심판절차에서의 절차행위가 소송에 연결되거나 영향을 미치지 아니함은 물론, 당사자는 심판절차에서 제출한 자료라도 소송에서 별도로 제출하여야 한다. 특허소송은 성질상 행정소송이며, 특허소송 중 특허청장을 피고로 하는 결정계 사건은 행정소송법 제 3 조 제 1 호 소정의 항고소송이고, 특허권자 또는 이해관계인을 상대로 하는 당사자계 사건은 항고소송의 실질을 가지는 형식적 당사자소송의 성질을 가진다. 판례[438]는 당사자계 사건이라 하더라도 심결은 행정처분에 해당하므로 그에 대한 불복소송인 특허소송은 항고소송이라고 판시하고 있다.

## 2. 특허소송의 종류

특허와 관련된 대표적 심결취소소송 역시 그 대상이 되는 불복심판의 종류에 상응하여 ① 거절결정불복소송, ② 등록무효소송, ③ 권리범위확인소송, ④ 정정소송 등으로 나눌 수 있으며, 그 유형 또한 결정계 소송(①, ④)과 당사자계 소송(②, ④)으로 분류할 수 있다. [439]

---

438) 대법원 2002. 6. 25. 선고 2000후1306 판결.
439) 특허취소결정은 심판관 합의체가 하고 그 불복소송이 특허법원의 전속관할에 속하며, 특허청장이 피고가 된다는 점에서 ①과 유사한 실질을 가지는 새로운 결정계 소송으로 분류할 수 있을 것이다.

## 3. 특허소송의 당사자적격

### 가. 원고적격

특허소송에 있어서 원고적격을 가지는 자는 특허취소결정을 받은 자, 심판(재심)의 당사자·참가인 또는 특허취소신청의 심리나 심판(재심)에 참가신청을 하였으나 그 신청이 거부된 자로 한정되어 있다(특허법 제186조 제2항). 특허소송에서는 심결에 의하여 자기의 법률상의 이익이 침해되는 자라도 그 모두에게 원고적격이 인정되는 것이 아니고 위에서 본 바와 같이 원고적격을 가지는 자의 범위를 제한하고 있다.

### 나. 피고적격

#### (1) 특허청장

거절결정불복심판과 특허취소결정 등 이른바 결정계 사건의 심결·결정 및 특허취소신청서·심판청구서 또는 재심청구서의 각하결정에 대한 취소를 구하는 특허소송의 피고는 특허청장이다(특허법 제187조 본문). 심결이라는 행정처분의 주체는 심판관 합의체 또는 심판장이므로 원칙상 심판관 또는 심판장이 피고로 되어야 하지만, 소송의 통일적, 효율적 수행 등 합목적적 고려에서 특허법은 특허청장으로 피고적격을 제한하고 있다.

#### (2) 심판(재심)의 청구인 내지 피청구인

특허의 무효심판, 권리범위확인심판 등 당사자계 심판의 심결 또는 그 재심심판의 심결에 대한 특허소송의 피고는 심판 또는 재심의 청구인 또는 피청구인이다(특허법 제187조 단서). 이는 당사자계의 심판에서는 불이익한 심결을 받은 측이 원고가 되고 그 상대방이 피고가 된다는 취지를 정한 것으로, 심판청구를 인용한 심결에 대한 특허소송의 피고는 심판청구인이고, 반대로 심판청구를 기각한 심결에 대한 특허소송의 피고는 심판 피청구인이다.

## 4. 특허소송의 심리범위 제한 여부

현재 특허법원의 실무는, 당사자계 사건과 결정계 사건에 관하여 심리범
위의 제한 여부를 달리 취급하고 있으며, 이는 대법원 판례에 의하여 확고하
게 지지되고 있다.

### 가. 당사자계 사건(무효소송, 권리범위확인 소송)의 경우

판례440)는, "특허심판원의 심결에 대한 불복의 소송인 특허소송은 항고소
송에 해당하여 그 소송물은 심결의 실체적·절차적 위법성 여부라 할 것이므
로, 당사자는 심결이 판단하지 아니한 것이라도 그 심결을 위법하게 하는 사
유를 특허소송절차에서 새로이 주장·증명할 수 있고 특허소송의 법원은 특별
한 사정이 없는 한 제한 없이 이를 심리·판단하여 판결의 기초로 삼을 수 있
으며, 이와 같이 본다고 하여 심급의 이익을 해한다거나 당사자에게 예측하지
못한 불의의 손해를 입히는 것이 아니다"라고 한다.

### 나. 결정계 사건(거절불복소송, 정정소송)의 경우

판례441)는, "거절사정에 대한 심판청구를 기각하는 심결이유는 적어도 그
주된 취지에 있어서 거절이유통지서의 기재이유와 부합하여야 하고, 거절사정
에 대한 심판에서 그 거절사정의 이유와 다른 거절이유를 발견한 경우에는 거
절이유의 통지를 하여 특허출원인에게 새로운 거절이유에 대한 의견서 제출의
기회를 주어야 한다"고 함으로써 결정계 사건에 있어서는 심사나 심판과정에
서 당사자에게 의견제출의 기회가 주어지지 아니한 새로운 사실이나 증거를
소송에 이르러 제출할 수 없다고 한다. 다만, 거절결정에 대한 불복소송에서 새
로운 자료가 제출되었더라도 그것이 심사 또는 심판 단계에서 의견제출 기회를
부여한 거절이유와 주요한 취지에서 부합하여 이미 통지된 거절이유를 보충하는
데 지나지 않는다면 이를 심결의 당부를 판단하는 근거로 삼을 수 있다.442)

---

440) 대법원 2002. 6. 25. 선고 2000후1290 판결; 대법원 2003. 10. 24. 선고 2002후1102 판
    결; 대법원 2009. 5. 28. 선고 2007후4410 판결 등.
441) 대법원 2003. 12. 26. 선고 2001후2702 판결 등.
442) 대법원 2003. 2. 26. 선고 2001후1617 판결; 대법원 2003. 10. 10. 선고 2001후2757 판
    결; 대법원 2013. 9. 26. 선고 2013후1054 판결 등.

## 5. 특허소송에서의 자백과 자백 간주

### 가. 민사소송법의 자백 또는 자백 간주 규정 준용

행정소송에서도 자백의 구속력이 인정된다. 판례도 "행정소송에서도 원칙적으로 변론주의가 적용되고, 행정소송법 제8조 제2항에 의하여 민사소송법이 규정하는 자백에 관한 법칙이 적용된다,"443) "행정소송인 특허소송에서도 원칙적으로 변론주의가 적용되며, 따라서 자백 또는 자백 간주도 인정된다"444)고 판시하고 있다.

### 나. 자백의 대상

특허소송에서 심결의 취소를 구하는 당사자인 원고는 소장 등에서 심결을 특정하여야 하고, 일반적으로 심결이 성립하게 되기까지 특허청에서의 절차, 심결에서 결론에 이르게 된 구체적인 이유 등의 '사실'을 특정하는데, 그러한 사실이 자백 또는 자백 간주의 대상이 됨은 당연하다. 그러나 원고가 그러한 사실을 토대로 하여 주장하는 구체적인 심결의 위법사유는 대개 원고의 '법적 판단 내지 평가'를 거친 것이므로 피고가 이를 시인하거나 명백히 다투지 않는다고 하더라도 그 사항에 관하여는 자백의 효력이 발생한다고 볼 수 없다. 즉, 심결취소사유로 주장되는 것들 가운데 발명의 신규성·진보성, 특허청구범위의 해석 내지 권리범위 확정 등은 법적 평가의 대상이지 사실의 문제가 아니므로 자백의 대상이 되지 아니한다.445) 한편, 특허발명의 진보성 판단에 제공되는 선행발명이 어떤 구성요소를 가지고 있는지는 주요사실로서 당사자의 자백의 대상이다.446)

## 6. 확정된 판결의 기속력

### 가. 의의 및 성질

특허소송을 통하여 심결을 취소하는 판결이 확정된 때에는 심판관은 다시

---

443) 대법원 1992. 8. 14. 선고 91누13229 판결 등.
444) 대법원 2000. 12. 22. 선고 2000후1542 판결.
445) 대법원 2006. 6. 2. 선고 2005후1882 판결; 대법원 2006. 8. 24. 선고 2004후905 판결 등.
446) 대법원 2006. 8. 24. 선고 2004후905 판결.

심리를 하여 심결 또는 결정을 하여야 하고, 그 경우 취소의 기본이 된 이유는 그 사건에 대하여 특허심판원을 기속하는바(특허법 제189조), 이를 취소판결의 기속력이라고 하며, 이는 일반 행정소송에 있어 취소판결의 기속력을 규정하고 있는 행정소송법 제30조447)에 대한 특칙이다.

## 나. 기속력의 내용

### (1) 취소에 따른 재심리의무

심결 또는 결정의 취소판결이 확정된 경우에는 그 심결 또는 결정을 행한 심판관은 심판청구인의 새로운 신청을 기다리지 않고 취소판결의 취지에 따라 다시 심리하여야 한다(특허법 제189조 제2항).

### (2) 반복금지효

취소소송에서 심결을 취소하는 판결이 확정되면 특허심판원은 동일 사실관계 아래에서 동일 당사자에 대하여 동일한 내용의 처분을 반복할 수 없다. 다만, 취소판결의 사유가 심판절차의 위법이나 형식상의 흠인 경우에는 그 확정판결의 기속력은 취소사유로 된 절차의 위법에만 미치므로 특허심판원이 적법한 절차나 형식을 갖추어 다시 동일 내용의 심결을 하는 것은 가능하다.

### (3) 취소의 기본이 된 이유에의 기속

기속력은 심결의 위법성 일반에 대해서가 아니라 심결 또는 결정의 개개의 위법 원인에 대하여 생기는 것이므로448) 판결에 표시된 위법사유와 다른 이유에 의하여 동일한 심결 또는 결정을 하는 것은 무방하다. 취소된 종전의 심결의 기본이 된 거절·무효사유와 다른 새로운 거절·무효사유에 의하여 다시 거절결정을 유지하거나, 권리를 무효로 하는 심결을 하는 것은 취소의 기본이 된 이유와 다른 이유에 기한 판단이므로 가능하고, 특허심판원은 심결취소

---

447) 제30조(취소판결 등의 기속력)
① 처분 등을 취소하는 확정판결은 그 사건에 관하여 당사자인 행정청과 그 밖의 관계행정청을 기속한다.
② 판결에 의하여 취소되는 처분이 당사자의 신청을 거부하는 것을 내용으로 하는 경우에는 그 처분을 행한 행정청은 판결의 취지에 따라 다시 이전의 신청에 대한 처분을 하여야 한다.
③ 제2항의 규정은 신청에 따른 처분이 절차의 위법을 이유로 취소되는 경우에 준용한다.
448) 대법원 1997. 2. 11. 선고 96누13057 판결.

판결의 사실심 변론종결 이후에 발생한 새로운 사유를 내세워 다시 종전과 같은 심결 등을 하여도 무방하다. 449)

판례는, 기속력은 취소의 이유가 된 심결의 사실상 및 법률상 판단이 정당하지 않다는 점에 있어서 발생하는 것이므로, 취소 후의 심리과정에서 새로운 증거가 제출되어 기속적 판단의 기초가 되는 증거관계에 변동이 생기는 등 특단의 사정이 없는 한, 특허심판원은 위 확정된 취소판결에서 위법이라고 판단된 이유와 동일한 이유로 종전의 심결과 동일한 결론의 심결을 할 수 없으며,450) 여기에서 새로운 증거라 함은 적어도 취소된 심결이 행하여진 심판절차 내지는 그 심결의 취소소송에서 채택, 조사되지 않은 것으로서 심결취소판결의 결론을 번복하기에 족한 증명력을 가지는 증거라고 보아야 한다고 하였다. 451) 아울러 판례는,452) 청구항 1, 3, 5에 대한 무효심판에서 모든 청구항에 대해 정정청구가 받아들여졌으나, 특허법원이 그 중 청구항 1에 대한 정정청구는 부적법하고, 청구항 3, 5에 대한 정정청구는 적법하지만 원심결을 분리하여 취소하는 것이 불가능하다는 이유로 심결 전체를 취소한 바 있다면, 확정된 심결취소소송의 기속력은 취소의 이유가 된 판단에 대해서만 존재하고 이는 제1항 정정발명에 진보성 부재의 무효사유가 있어 정정이 부적법하다는 것이므로, 후속 심판에서 제3, 5항 정정발명이 유효하다는 판단을 하는 것은 확정판결의 기속력에 반하지 않아 정당하다고 한다.

## 다. 기속력에 위반된 심결의 효력

제2차 심결이 판결의 기속력에 반하는 판단을 하는 경우에는 그 자체로 제2차 심결은 위법하여 취소사유로 된다. 그리고 제1차 심결을 취소한 판결 확정 후의 심판절차에 있어서 새로운 주장·증명이 없는 이상, 그대로 판결의 기속력에 좇은 판단을 한 심결은 적법하고 그에 불복하는 당사자는 원칙적으로 그 기속력에 따른 인정판단이 잘못되었다는 것을 제2차 심결의 취소사유로서 주장해서는 아니되며, 그와 같은 주장은 그 자체로 이유가 없다.

---

449) 대법원 1999. 12. 28. 선고 98두1895 판결; 대법원 1985. 3. 12. 선고 84후61 판결.
450) 대법원 2002. 1. 11. 선고 99후2860 판결.
451) 대법원 2002. 12. 26. 선고 2001후96 판결; 대법원 2008. 6. 12. 선고 2006후3007 판결.
452) 대법원 2021. 1. 14. 선고 2017후1830 판결.

## 7. 확정판결의 형성력과 기판력

심결을 취소하는 판결이 확정되면 취소된 심결은 자동적으로 효력을 잃게 되는바, 그러한 법적 지위의 변동을 낳는다는 의미에서 확정판결은 형성력을 가진다.

판결의 기판력과 관련하여서는 일사부재리의 원칙 및 소송물 이론 등을 둘러싸고 어려운 문제가 있다. 예컨대 이해관계인 甲이, 乙의 등록특허 A가 선행기술 a에 기하여 신규성이 없다는 이유로 등록무효심판을 제기하였다가 기각되고 그에 대한 불복소송에서도 패소하여 판결이 확정되었다고 하자. 甲이 이번에는 A가 선행기술 b에 비하여 진보성이 없다는 이유로 등록무효심판을 제기한다면 이는 동일사실·동일증거에 기한 심판청구가 아니므로 일사부재리 원칙에 반하지 않아 적법한 심판청구가 된다. 이에 심판절차에서 甲의 청구가 기각되고 甲이 불복소송을 제기한다면, 그 소송의 운명은 어떻게 될 것인가. 이에 대하여는 다음과 같은 입론이 가능하다.

ⅰ) 기판력에 저촉된다고 보는 입장: 당사자계 소송인 등록무효심판에 대한 불복소송에서 무제한설을 취하는 이상, 전소(前訴)에서 주장되지 않았던 선행기술 b에 기한 진보성 부재의 사유 또한 전소(前訴)의 잠재적 심리대상이었고, 특허소송을 포함한 항고소송의 소송물은 처분의 위법성 일반이며 구체적인 위법의 사유는 공격·방어방법에 지나지 않기 때문에 전소(前訴)에서의 소송물에 대한 판단에 저촉되는 甲의 재소(再訴)는 기판력에 반한다고 본다.

ⅱ) 기판력에 저촉되지 않는다고 보는 입장: 전소(前訴)의 소송물은 '특허 A가 선행기술 a에 비하여 신규성이 없다고 한 심결의 당부'이며, 전소에서 주장 및 판단되지 아니한 새로운 사유인 'A가 선행기술 b에 비하여 진보성이 없다는 점에 대한 심결의 당부'는 별개의 소송물이므로 전소의 기판력이 미치지 아니한다고 본다.

ⅲ) 기판력의 문제가 생기지 아니한다는 입장: 특허법의 일사부재리 원칙과(특허법 제163조) 확정판결의 심결에 대한 기속력(특허법 제189조 제3항) 규정은 확정판결의 차단효에 대한 특칙으로 해석되어야 하므로 결과적으로 기판력의 문제가 생길 여지가 없고, 甲의 후소(後訴)는 적법하다고 본다.

iv) 검토: 살피건대, 특허법이 행정소송의 일종인 심결취소소송에 관하여 특칙인 일사부재리의 원칙을 운용하고 있는 취지는, 대세효를 가지고 있는 등록특허의 효력 유무나 그 범위 등에 관하여 적정을 확보하기 위한 것이고, 이를 위해 동일사실·동일증거만 아니라면 동일 당사자라도 등록특허의 효력 유무나 그 범위 등을 재차 다툴 수 있도록 한 것이다. 그럼에도 설례에서 甲의 두 번째 심판청구 및 심결은 적법하지만 그에 대한 불복소송은 전소(前訴)의 기판력에 반한다는 이유로 허용하지 않는다면 특허법이 일사부재리 원칙을 마련한 취지와 충돌한다. 453) 결국 사안에서 A가 선행기술인 b에 비하여 진보성이 없다는 심판청구 및 이에 대한 불복소송은 모두 적법하다고 해야 할 것이다.

---

453) 다른 각도에서, 소송물에 관한 판례의 태도인 구소송물론에 따른다면 각 당부 판단의 대상이 된 심결의 구체적 위법사유가 다른 이상 전·후소(前·後訴)의 소송물도 다르다고 해야 하므로 후소(後訴)는 전소(前訴)의 기판력에 저촉되지 아니한다.

# 디자인보호법

지/적/재/산/권/법

# 디 자 인 보 호 법

2013. 5. 28. 전부 개정되어 2014. 7. 1.부터 시행된 디자인보호법(법률 제 11848호)은 그 이전의 법 내용을 대폭 변경하여 현재에 이르고 있다. 아래에서 현행 디자인보호법을 설명하면서, 필요한 곳에서 위 전부개정 법률을 '2014년 법'으로, 그 전의 법을 '구 법'으로 부르기로 한다.

## Ⅰ. 디자인보호법상 디자인

'디자인'이라 함은 물품[물품의 부분, 글자체 및 화상(畫像)을 포함한다][1] 의 형상·모양·색채 또는 이들을 결합한 것으로서 시각을 통하여 미감을 일으 키게 하는 것을 말한다(제2조 제1호).

### 1. 성립요건

### 가. 물 품 성

여기서의 물품이란 형상·모양·색채가 화체될 수 있도록 일정한 형태를 가지는 물건을 말한다.[2] 대체로 독립성이 있는 단일한 유체동산을 가리키

---

1) 2021. 4. 20. 개정된 디자인보호법(법률 제18093호)은 실무상 인정되어 오던 화상디자인 개념을 명시적으로 디자인의 유형으로 규정하였다.
2) 따라서 일정한 형태가 없는 기체·액체·가루 등은 디자인보호법상 물품성을 만족하지 못 한다(특허청, 디자인심사기준(2020), 제4부 제1장 2.(1)).

나,3) 아래에서 보는 '특수한 디자인'의 예외가 있다.

### 나. 형상·모양·색채

'형상'이란 유형의 물품이 3차원의 공간을 점유하는 윤곽을 말하고, '모양'
이란 물품을 2차원적으로 파악했을 때 감지되는 점·선·도안·색 구분4) 및 색
흐림5) 등 무늬를 총칭하며, '색채'는 물품에 채색된 빛깔을 의미한다. 디자인
보호법에 의하여 보호되는 디자인은 물품이 가지는 위와 같은 형상·모양·색채
또는 이들의 결합을 대상으로 한다.

### 다. 시각적 심미성

시각성을 요건으로 하기 때문에 시각 이외의 감각으로만 느낄 수 있거나,
물품의 내부에 매몰되어 분해하거나 파괴하여야만 볼 수 있는 것은 제외된
다.6) 그러나 완성 후 내부에 매몰되는 부품이라도 독립, 거래단계에서 시각적
으로 인지가 가능하면 그렇지 않다. 또한, 오로지 기능성 등에만 관계될 뿐 미
적(美的) 느낌을 주지 않음이 분명한 물품은 디자인보호의 대상이 될 수 없다.
그러나 이러한 심미성은 매우 주관적 판단에 달린 것이어서 그 실무상 판단기
준은 매우 모호하다고 할 수 있다.

## 2. 특수한 디자인

### 가. 부분디자인

독립하여 거래의 대상이 될 수 있는 단일한 물품의 디자인만이 보호대상
이 됨이 원칙이나, 법은 물품의 일부에 대한 디자인이라도 다른 디자인과 대
비될 수 있을 정도로 하나의 창작단위를 구성한다면 디자인보호의 대상으로
삼고 있다(제2조 제1호 괄호부분).7)

---

3) 대법원 2004. 7. 9. 선고 2003후274 판결 참조.
4) 색과 색을 선이 아닌 색 자체로 구분하여 생기는 도형.
5) 색 구분 가운데 색 사이의 경계를 흐리게 하여 색이 자연스럽게 옮아가는 느낌을 주는 것.
6) 대법원 1999. 7. 23. 선고 98후2689 판결.
7) 따라서 예컨대 주전자의 손잡이 부분, 안경테의 귀걸이 부분 등을 부분디자인으로 등록받
  을 수도 있다.

## 나. 글 자 체

'글자체'는 기록이나 표시 또는 인쇄 등에 사용하기 위하여 공통적인 특징을 가진 형태로 만들어진 한 벌의 글자꼴(숫자, 문장부호 및 기호 등의 형태를 포함한다)을 말하며, 엄밀히 말하면 물품성이 결여된 창작물이나 이 또한 독립된 디자인으로 보호된다(제2조 제1호 괄호부분).

## 다. 한 벌의 물품디자인

2 이상의 물품이 한 벌의 물품으로 동시에 사용되는 경우, 그 한 벌의 물품의 디자인이 전체로서 통일성 있는 경우에는 이를 하나의 디자인으로 취급하여 등록받을 수 있다(제42조). 한 벌의 디자인이 될 수 있는 물품은 산업통상자원부령으로 따로 정하고 있다.[8]

## 라. 화상 디자인

"화상"이란 디지털 기술 또는 전자적 방식으로 표현되는 도형·기호 등을 말한다. 다만, 기기의 조작에 이용되거나 기능이 발휘되는 것에 한정한다(디자인보호법 제2조 제2호의2). 이는 2021. 4. 20. 개정된 디자인보호법(법률 제18093호)에 의해 도입된 개념이다. 즉, 개정법 상 화상디자인의 대상이 되는 '화상'은 물품으로부터 독립하여 존재하는 시각적 이미지 그 자체를 의미한다.[9] 그 개념 표지 중 '기기의 조작에 이용되는 것'은 예컨대 평면 공간에 투영된 가상의 키보드를 통해 입력작업을 하거나, 스마트 팔찌에서 사람의 손목에 투영된 스마트폰 화면을 통해 스마트폰을 조작하는 것처럼 '직접 어떤 기기의 조작을 가능하게 하는 독립된 화상'을 말한다.[10] '(기기의) 기능이 발휘되는 것'은 예컨대 자동차 전조등이 도로면에 빛을 비추면서 자동차의 운행정보를 도로면에 나타내는 것처럼 특정한 기기의 작동 결과가 기기와 독립된 화상으로 표현되는 상황을 염두에 둔 것이다.[11]

---

8) 한 벌의 나이프, 포크, 스푼 세트; 한 벌의 골프클럽 세트; 한 벌의 여성용 속옷 세트 등이 그 예이다.
9) 특허청, 디자인심사기준(2021. 12), 375면.
10) 위 심사기준, 376면.
11) 위 심사기준, 377면.

종래에는 물품의 액정화면 등 표시부에 문자나 이미지 등이 모양·색채 또는 이들의 결합 형태로 표현된 것을 화상 디자인으로 취급하였으나 개정법 아래에서는 이는 단지 "화상을 표시한 상태로서의 물품"으로서 물품 디자인 의 한 종류로 취급될 뿐, 개정법에서의 화상디자인은 아니다.12) 화상 디자인 은 변화하는 일련의 화상을 대상으로 할 수도 있으며,13) 화상 디자인에 대해 서는 그 특수성을 반영하여 별도의 출원서 기재요건 등 심사 준칙들이 마련 되어 있다.

# Ⅱ. 디자인의 등록요건

## 1. 일반적 등록요건

디자인보호법 제33조, 제34조는 디자인의 등록요건을 다음과 같이 정하고 있다.

### 가. 공업상 이용가능성(제33조 제1항)

당해 디자인이 공업상 이용가능성이 있는 것이어야 한다. 공업상 이용가 능성이란 공업적 방법에 의하여 양산될 수 있는 것을 의미하는바, 공업적 방 법이란 원자재에 물리적, 화학적 변화를 가하여 유용한 물품을 제조하는 것을 말하며, 양산이라 함은 동일한 형태의 물품을 반복적으로 계속해서 생산함을 뜻한다.14) 따라서 농업적 방법으로 재배하는 작물이나 단품의 예술작품 등은 이러한 의미에서 공업상 이용가능성이 없다. 실무에서 공업상 이용가능성은 주로 명세서 내부의 도안 등이 불명확하거나 불일치하여 반복생산이 곤란한 경우에 문제가 된다.15)

---

12) 위 심사기준, 346, 375면.
13) 위 심사기준, 380~381면.
14) 대법원 1994. 9. 9. 선고 93후1247 판결.
15) 특허법원 2008. 10. 8. 선고 2008허8419 판결.

## 나. 신규성(제33조 제1항)

### (1) 신규성의 판단

당해 디자인의 출원 전에, 그와 동일하거나 유사한 디자인이 ⅰ) 국내 또는 국외에서 공지·공연 실시된 바 있거나, ⅱ) 국내 또는 국외에서 반포된 간행물에 게재되었거나 전기통신회선을 통하여 공중(公衆)이 이용할 수 있게 된 경우에는 당해 디자인은 신규성이 없다. 이처럼 출원 전 공지의 디자인과 동일한 디자인은 물론, 그와 유사한 디자인도 신규성이 부인된다. 다만, 디자인의 내용이 일단 타인에게 공개되었다 하더라도 그 타인이 계약상·신의칙상 비밀준수의무를 부담한다면 아직 그러한 공개만으로는 당해 디자인이 공지되었다고 볼 수 없다.[16]

부분디자인의 경우, 그 출원 전에 해당 부분디자인과 동일 또는 유사한 부분을 포함하는 전체디자인이나 부분디자인이 위 ⅰ), ⅱ)의 형태로 공지되어 있으면 해당 부분디자인은 신규성이 없다. 한 벌 물품의 디자인에 대하여는 '한 벌 전체로만' 신규성 요건을 판단한다.[17][18]

### (2) 확대된 선출원

甲이 A 디자인에 대하여 출원을 하였으나 공개되지 않고 있던 중에 乙이 甲의 출원서류(출원서 내지 그 첨부된 도면·사진·견본)에 표현된 A 디자인의 일부와 동일 또는 유사한 디자인인 A'를 출원하였고, 그 뒤 甲의 선출원 디자인 A가 공개되거나(제52조, 제56조) 등록된 경우(제90조 제3항)에는 비록 A' 출원 시 A는 공지된 바 없는 선행디자인이지만 乙은 A'에 대하여 디자인 등록을 받을 수 없다(법 제33조 제3항).[19] 乙의 A'가 甲의 A 디자인 "일부와" 동일·유사한 경우만 언급되고 있는 이유는, 만약 A'가 A와 전부 동일하다면 제33조(확대된 선출원) 대신 법 제46조(선출원) 제1항이 적용될 수 있기 때문이다.[20]

---

16) 대법원 2000. 12. 22. 선고 2000후3012 판결 참조.
17) 한 벌의 디자인의 경우 한 벌 전체로만 등록되고 권리행사가 가능함에도 개별 물건 각각에 관하여 신규성이나 창작용이성을 심사하는 것은 불공평하기 때문이다.
18) 특허청, 디자인심사기준(2020), 제4부 제3장 1. 3).
19) 구 법에 따르면 甲, 乙이 동일인인 경우에도 A는 A'와의 관계에서 확대된 선출원의 지위에 있었으나, 2014년 법은 선출원인와 당해 출원인이 동일한 경우에는 확대된 선출원 관계를 인정하지 않는 내용으로 개정되었다(동항 단서의 신설).
20) 노태정·김병진, 디자인보호법(3정판), 세창출판사(2009), 312면.

## 다. 창작 비용이성(제33조 제 2 항)

### (1) 사　유

#### ㈎ 공지디자인으로부터 용이하게 창작 가능한 경우

디자인등록출원 전에 그 디자인이 속하는 분야에서 통상의 지식을 가진 사람이, 국내 또는 국외에서 공지·공연 실시된 바 있거나(제33조 제1항 제1호), 국내 또는 국외에서 반포된 간행물에 게재되었거나 전기통신회선을 통하여 공중(公衆)이 이용할 수 있게 된 디자인(제33조 제1항 제2호)에 따르거나 그 결합에 따라 쉽게 창작할 수 있는 경우 디자인 등록될 수 없다.

#### ㈏ 주지디자인으로부터 용이하게 창작 가능한 경우

디자인등록출원 전에 그 디자인이 속하는 분야에서 통상의 지식을 가진 사람이, 국내 또는 국외에서 널리 알려진 형상·모양·색채 또는 이들의 결합에 따라 쉽게 창작할 수 있는 경우에도 디자인 등록을 받을 수 없다. 공지의 디자인이 주지의 형상·모양·색채와 결합한 경우에도 마찬가지로 본다.21) 국내 또는 국외에서 널리 알려진 형상·모양의 예로는 삼각형·사각형·원·별·사선무늬·격자무늬 등(모양), 구(球)·삼각기둥·사각기둥·원기둥·원통·육각뿔 등(형상)을 들 수 있고, 물품의 전형적인 모양이나 형상(봉황무늬·거북등무늬, 새·물고기 등 자연물, 비행기·자동차 등 인공물, 널리 알려진 건축물·저작물·경치, 운동경기의 전형적인 장면 등)도 여기에 포함된다.

### (2) 예　시

특허청 심사기준이 용이창작성의 전형적 예로 들고 있는 것을 소개하면 다음과 같다.

---

21) 특허청, 디자인심사기준(2020), 제 4 부 제 6 장 2. 1)(2)③.

㈎ 하나의 공지디자인으로부터 용이하게 창작할 수 있는 것으로 인정
된 경우

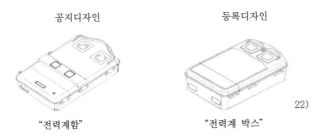

공지디자인          등록디자인

22)

"전력계함"          "전력계 박스"

㈏ 복수의 공지디자인을 조합하여 하나의 디자인을 구성한 경우

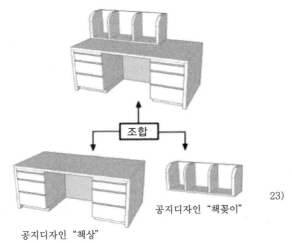

조합

23)

공지디자인 "책꽂이"

공지디자인 "책상"

㈐ 공지디자인과 주지의 형상·모양의 결합으로 용이 창작 가능한 경우

24)

등록디자인(젓가락)    비교대상디자인 1    비교대상디자인 2    비교대상디자인 3(캐릭터)

22) 특허청, 디자인심사기준(2020), 제 4 부 제 6 장 2. 1)(1).
23) 특허청, 디자인심사기준(2020), 제 4 부 제 6 장 2. 1)(2).
24) 특허청, 디자인심사기준(2020), 제 4 부 제 6 장 2. 1)(2).

## (3) 유의할 점

이처럼 출원 전 공지된 디자인과 '동일한' 디자인을 변형하거나 결합한 디자인은 창작이 용이한 것으로 보지만, 공지된 디자인과 '유사한' 디자인을 변형하거나 결합한 디자인은 창작이 용이한 것으로 보지 않는다(제33조 제2항이 제1항 제3호를 인용하지 아니함). 그러한 출원디자인은 공지디자인과의 거리가 한층 먼 것으로 보기 때문이다.

## 라. 신규성과 창작 비용이성이 경합하는 경우

디자인의 특성상, 출원디자인이 공지의 디자인과 동일·유사하기도 하면서 (신규성 부재) 동시에 주지의 형상 등으로부터 용이 창작가능하기도 한 경우(창작 비용이성 부재)가 있을 수 있다.

디자인보호법 제33조 제2항의 괄호부분인 '제1항 각호의 어느 하나에 해당하는 디자인은 제외한다'는 이 경우를 규율하기 위한 규정으로서, 신규성과 창작용이성이 경합하는 경우에는 신규성 판단을 선행해야 한다는 취지이다.25) 그러나 특허법원의 재판례 가운데는 유사와 용이 창작이 중복된 경우 후자를 먼저 판단한 것들도 있다.26)

## 마. 기타 소극적 요건(제34조)

법은 공익적 목적을 위하여, 출원디자인이 다음 중 어느 하나에 해당하면 등록을 받을 수 없도록 하고 있다.

### (1) 공적(公的) 표장과 동일·유사한 디자인

국기, 국장(國章), 군기(軍旗), 훈장, 포장, 기장(記章), 그 밖의 공공기관 등의 표장과 외국의 국기, 국장 또는 국제기관 등의 문자나 표지와 동일하거나 유사한 디자인.

### (2) 공서양속에 반하는 디자인

디자인이 주는 의미나 내용 등이 일반인의 통상적인 도덕관념이나 선량한 풍속에 어긋나거나 공공질서를 해칠 우려가 있는 디자인.

---

25) 특허청, 디자인심사기준(2020), 제4부 제6장 2.3).
26) 특허법원 2010. 7. 9. 선고 2010허2841 판결; 특허법원 2010. 2. 11. 선고 2009허7765 판결.

(3) 타인의 업무와 관련된 물품과 혼동을 가져올 우려가 있는 디자인

거래계에서 디자인이 일정부분 대상물품의 출처를 표시하는 기능도 수행할 수 있음을 고려하여 출처의 혼동을 초래할 우려가 있는 디자인을 아예 등록단계에서 걸러내기 위함이다.

(4) 물품의 기능을 확보하는 데에 불가결한 형상만으로 된 디자인

물품의 기능성에만 관련된 형상을 디자인으로 보호하게 되면 결국 물품의 외관에 나타난 심미성을 보호하는 디자인보호법의 목적을 벗어나 사실상 물건의 기능성에 대하여 독점권을 획득함으로써 정당한 경쟁을 방해하는 일이 생길 수 있기 때문이다.

## 2. 공지 예외의 사유[27]

출원인 스스로 자신의 디자인을 공지상태에 두었더라도 그날부터 12개월[28] 내에 그 자가 당해 디자인에 대하여 등록출원을 하였다면, 신규성이나 창작 비용이성을 판단할 때 이를 공지된 디자인으로 보지 아니한다. 다만, 그 디자인이 조약이나 법률에 따라 국내 또는 국외에서 출원공개 또는 등록공고된 경우에는 그러하지 아니하며(법 제36조 제1항 단서), 위 공지예외의 인정을 받으려는 자는 같은 조 제2항 소정의 서류를 소정의 기간 내에 제출하여야 한다.

디자인등록을 받을 수 있는 권리를 가진 자가 공지예외 기간 내에 여러 번의 공개행위를 하고 그중 가장 먼저 공지된 디자인에 대해서만 절차에 따라 공지예외 주장을 하였더라도 공지된 나머지 디자인들이 가장 먼저 공지된 디자인과 동일성이 인정되는 범위 내에 있다면 공지된 나머지 디자인들에까지 신규성 상실 예외의 효과가 미친다. [29]

---

27) 법 제36조는 이를 "신규성 상실의 예외"라고 부르나, 위 규정은 출원디자인의 신규성을 판단할 때는 물론 창작 비용이성을 판단할 때도 적용되므로 이를 "공지예외"라고 부르는 것이 더 합당할 것이다.

28) 종래 6개월이었으나, 2017. 3. 21. 법률 제14686호로 개정된 디자인보호법(2017. 9. 22. 시행)을 통해 12개월로 연장되었다.

29) 다만, 여기서 동일성이 인정되는 범위 내에 있는 디자인이란 형상, 모양, 색채 또는 이들의 결합이 동일하거나 극히 미세한 차이만 있어 전체적 심미감이 동일한 디자인을 말하

# Ⅲ. 디자인보호법에 특유한 제도

## 1. 관련디자인(제35조)

### 가. 규정의 내용

디자인권자 또는 디자인등록출원인은 자기의 등록디자인 또는 디자인등록출원한 디자인(이하 '기본디자인'이라 한다)과만 유사한 디자인을 기본디자인의 디자인등록출원일부터 1년 이내에 관련디자인으로 출원할 수 있다(제35조 제1항). 이미 등록되어 공개되거나 이미 출원된 디자인과 유사한 디자인은 원칙상 신규성이 없거나(제33조 제1항 각호) 선출원주의(제46조 제1항, 제2항)에 저촉되어 등록될 수 없지만, 법은 디자인권자나 출원인의 이익을 위하여 그에 대한 예외를 마련하고 있는 것이다.

특히, "등록된 관련디자인 또는 디자인등록출원 된 관련디자인과만 유사한 디자인은 디자인등록을 받을 수 없다(제35조 제2항)"고 명시하여 등록된 관련디자인이 그 고유의 권리범위를 가짐을 명확히 하고 있음을 주목할 필요가 있다.30)

### 나. 구 법의 '유사디자인 제도'와 그 대체

구 법은 "디자인권자 또는 디자인등록출원인은 자기의 등록디자인 또는 디자인등록출원한 디자인에만 유사한 디자인에 대하여는 유사디자인만으로 디자인등록을 받을 수 있다(구 법 제7조 제1항)"고 하여 유사디자인 제도를 두고 있었다. 디자인의 속성상 기본디자인을 기초로 여러 가지 변형 디자인이 창작되는 경우가 많은데, 디자인권의 효력은 등록디자인과 동일 또는 유사한 디자인에까지 미치지만(구 법 제41조: 2014년 법 제92조) 그 유사범위는 반드시 명확한 것이 아니다. 따라서 기본디자인의 유사범위 내에서 미리 유사디자인을 등록받아 권리범위를 공적(公的)으로 분명히 해 둠으로써 침해를 미연에 방지하

---

고, 전체적 심미감이 유사한 정도에 불과한 경우는 포함되지 아니한다(대법원 2017. 1. 12. 선고 2014후1341 판결).

30) 구 법은 "유사디자인의 디자인권은 그 기본디자인의 디자인권과 합체한다(구 법 제42조)"는 모호한 표현을 써 그 해석을 둘러싸고 아래에서 보는 견해의 대립이 있어 왔다.

고 신속한 구제를 가능하게 한다는 것이 유사디자인 제도의 취지였다. 그런데 종래 등록된 유사디자인의 권리범위에 관하여는, ⅰ) 유사디자인은 기본디자인의 잠재적인 유사범위를 등록으로 명확히 하는 제도로서 그 권리범위는 기본디자인의 권리범위를 초과하지 않는다고 보는 입장(확인설), ⅱ) 유사디자인권의 권리범위는 그와 동일·유사한 디자인에까지 미치고, 그 결과 기본디자인의 권리범위가 그 유사디자인의 유사범위까지 확장되는 것으로 보는 입장(확장설), ⅲ) 유사디자인권의 권리범위는 그와 동일·유사한 디자인에까지 미치지만, 기본디자인의 권리범위는 변함이 없고, 유사디자인만의 독자적인 권리범위가 그와 별도로 존재한다고 보는 입장(결과확장설) 등의 대립이 있었으며, 판례는 확인설의 태도를 취해 왔다.[31]

2014년 법은 입법을 통해 종래 판례가 취해 온 확인설의 태도를 배척하고 등록된 관련디자인이 그 고유의 권리범위를 가짐을 명확히 하고 있는 것이다.[32]

## 다. 관련디자인의 등록요건

관련디자인으로 등록되기 위해서는 ⅰ) 관련디자인이 디자인으로서의 일반적 요건(공업상 이용가능성, 신규성, 창작 비용이성 등)을 구비하여야 하고,[33] ⅱ) 자기의 기본디자인이 존재하여야 하며, ⅲ) 관련디자인은 오로지 기본디자인에만 유사하여야 한다. 따라서 관련디자인이 출원 전 공지된 타인의 선행디자인 혹은 타인의 출원·등록디자인과 유사하다면 그 관련디자인은 등록될 수 없다.[34]

---

31) 대법원 1995. 6. 30. 선고 94후1749판결; 대법원 2008. 12. 24. 선고 2006후1643 판결 등.
32) 2014년 법의 국회 심의보고서는, '위와 같은 확인설의 태도로 결국 유사디자인권의 침해 여부가 기본디자인과의 유사 여부만으로 판단되어, 유사디자인에만 유사한 디자인을 무단 실시하는 경우 침해가 성립하지 않고, 유사디자인에 대한 권리범위확인심판 및 등록무효심판의 청구이익도 거의 없어지게 되며, 유사디자인권이 기본디자인과는 별도로 출원료와 등록료를 납부하여 획득한 권리임에도 그 효용이 낮다는 점 때문에 일선에서의 불만이 높았음'을 법 개정이유로 언급하고 있다. 또한 '유사디자인'에서 '관련디자인'으로 용어를 바꾼 이유 역시 관련디자인에 독자적 권리범위 부여에 따른 법적 효과를 명확히 하고 유사디자인과 혼동을 방지하기 위함이라고 설명하고 있다.
33) 다만, 기본디자인이 관련디자인의 신규성을 탄핵하는 선행디자인이 되거나 선출원 디자인으로 취급되지 않음은 앞서 본 바와 같다.
34) 이는 결국 관련디자인의 신규성 혹은 선출원 위반의 문제로 귀결된다.

관련디자인은 기본디자인의 출원일부터 1년 이내에 출원해야만 등록될 수 있다(법 제35조 제1항). 관련디자인은 절차상 신규성이나 선출원주의에 대한 예외를 이루는데다가, 종전 법의 유사디자인에 비하여 한층 강화된 권리를 향유하므로 기본디자인이 존속하는 한 언제라도 이를 출원할 수 있도록 함은 부적절하기 때문이다.[35]

### 라. 관련디자인의 존속기간 등

관련디자인은 기본디자인의 존속기간까지만 존속한다(법 제91조 제1항 단서). 한편, 구 법 제68조 제4항은 "기본디자인의 디자인등록을 무효로 한다는 심결이 확정된 때에는 그 유사디자인의 디자인등록은 무효로 된다"고 하고 있으나, 2014년 법 제121조는 이를 삭제하였음은 물론 "유사디자인의 디자인권은 그 기본디자인의 디자인권과 합체한다"는 규정(구 법 제42조)도 삭제하였다. 따라서 등록된 관련디자인은 독립된 무효심판을 통해 등록무효 되지 않는 이상, 기본디자인의 무효로 자동적으로 무효로 된다고 볼 수는 없다.

### 2. 비밀디자인(제43조)

### 가. 의의와 존재이유

디자인등록출원인의 청구에 따라 일정기간 당해 디자인의 내용을 공개하지 않고 비밀로 해 두는 제도를 말한다. 물품의 디자인은 그 속성상 공개되면 타인에 의해 모방되기 쉽고, 유행에 민감하여 단기간 동안만 경쟁력을 가지는 수가 많다. 따라서 권리자가 판매를 개시하기 전에 공시가 이루어져 시장에서 모방품이 출현한다면 권리자에게 타격을 주기 쉽다는 점을 감안하여 마련된 디자인보호법 특유의 제도이다.

### 나. 비밀디자인의 청구

디자인등록출원인은 출원 시 디자인등록일로부터 3년을 초과하지 않는 범위 내에서 일정한 기간 동안 출원디자인의 내용을 비밀로 할 것을 청구할 수

---

35) 일본의 경우 관련디자인의 출원가능 시기를 기본디자인에 관한 디자인 공보발행일 전까지로 제한하고 있다.

있다. 비공개의 기산점이 디자인등록일로 되어 있는 것은, 뒤에서 보는 바와 같이 디자인에는 원칙상 출원공개제도가 없어 출원디자인의 내용이 등록에 의하여 최초로 공개되는 것이 보통이기 때문이다. 비밀유지 기간은 앞서 본 3년의 기간 내에서 연장 내지 단축이 가능하다(제43조 제3항).

### 다. 효    과

비밀디자인은 설정등록이 되어도 비밀유지 기간 동안 디자인의 실체적 내용이 공보에 게재되지 않는다. 또한 특허청장은 법 제43조 제4항 각호의 예외 사유가 있는 경우를 제외하고는 위 기간 동안 비밀디자인의 열람청구에 응할 수 없다. 등록디자인을 침해한 자에 대하여는 그 침해행위 대한 과실이 추정되지만(제116조 제1항 본문), 비밀디자인으로 설정등록된 디자인권을 침해한 자에 대하여는 그러한 추정이 적용되지 않는다(같은 항 단서). 디자인의 실체적 내용이 공시된 바가 없기 때문이다. 그 밖에 침해로 인한 금지청구에 관한 특례에 대하여는 뒤에서 별도로 설명한다.

### 3. 복수디자인

디자인등록출원은 1디자인마다 1출원을 하는 것이 원칙이다(제40조: 1디자인 1등록출원). 그러나 법은 하나의 디자인적 아이디어에서 다양한 디자인적 변형이 창작되는 현실을 감안하여 복수의 디자인에 대하여 하나의 출원을 통해 등록받는 제도를 두고 있다. 같은 물품류에 속하는 물품은 100개까지 복수디자인으로 출원할 수 있다(제41조).

## Ⅳ. 출원 및 심사절차와 관련된 디자인보호법 특유의 제도

디자인의 출원과 그 심사에 관한 절차와 법리는 상당부분 특허법의 그것과 같다. 아래에서는 출원 및 심사절차와 관련하여 디자인보호법만의 특수한 내용들 중 대표적인 것들을 설명한다.

## 1. 일부심사등록(구 법의 '무심사등록')

### 가. 의의와 존재이유

'디자인 일부심사등록'이란 디자인등록출원이 디자인 등록요건 중 일부를 갖추고 있는지에 대한 심사만으로 등록하는 것을 말한다(제 2 조 제 6 호). 디자인은 출원에 대하여 심사관이 방식·실체요건 전부를 심사하여 등록여부를 결정하는 것이 원칙이지만(제62조 제 1 항), 유행성이 강하여 라이프 사이클이 짧은 물품 등의 디자인에 관하여 일부요건에 대한 심사를 생략하여 일단 등록해 줌으로써 조기권리화가 가능하도록 해 준 뒤, 문제가 있는 경우 이의신청을 기다려 정규심사를 수행하는 제도이다. 종래 이를 '무심사등록'이라고 불렀으나 일체의 심사 없이 등록을 하는 것이 아니라 일부의 요건에 대한 심사를 생략하는 것이므로 용어의 정확성을 위하여 2014년 법은 이를 '일부심사등록'으로 개칭하였다.

### 나. 일부심사등록의 출원과 심사

#### (1) 대상물품

일부심사등록출원을 할 수 있는 디자인은 물품류 구분 중 산업통상자원부령으로 정하는 물품으로 한정한다. 이 경우 해당 물품에 대하여는 디자인 일부심사등록출원으로만 출원할 수 있다(제37조 제 4 항).

#### (2) 심사의 내용(제62조 제 2 항)

일부심사등록출원이 있는 경우 심사관은 실체적 거절이유 가운데 ⅰ) 디자인등록출원을 할 수 있는 자에 의한 적법한 출원인지 여부(제 3 조 제 1 항), ⅱ) 권리능력 있는 외국인에 의한 출원인지 여부(제27조), ⅲ) 공업상 이용가능성이 있는 물품에 대한 것인지 여부(제33조 제 1 항 중 각호를 제외한 부분), ⅳ) 국내·외 주지의 형상·모양·색채 또는 이들의 결합에 의하여 용이하게 창작할 수 있는 것인지 여부(제33조 제 2 항 제 2 호), ⅴ) 법률상 디자인등록을 받을 수 없는 디자인인지 여부(제34조), ⅵ) 일부심사등록출원을 할 수 있는 물품에 관한 것인지 여부(제37조 제 4 항), ⅶ) 공동출원(제39조), 1디자인 1출원(제40조), 복수디자인등록출원(제41조), 한 벌의 물품의 디자인 출원(제42조)의 요건을 갖

추었는지 여부, ⅷ) 조약에 위반된 출원인지 여부만을 심사하게 된다. 36)

## 2. 일부심사등록에 대한 이의신청

### 가. 의의와 존재이유

이는 디자인보호법이 일부심사등록을 허용하고 있는 것에 상응하는 장치로서, 일정한 물품에 대하여 간이한 심사만으로 디자인 등록을 허용하는 대신, 그 등록일로부터 일정한 기간 내에는 누구든지 등록의 하자를 주장할 수 있게 하고 그러한 이의신청이 이유 있다고 인정되면 심사관합의체의 결정을 통해 등록을 취소함으로써 일부심사등록제도의 가능한 허점을 보완하는 제도이다.

### 나. 이의신청권자와 기간

누구든지 디자인일부심사등록출원에 따라 디자인권이 설정등록된 날부터 디자인일부심사등록 공고일 후 3개월이 되는 날까지 이의신청을 할 수 있다 (제68조 제 1 항).

### 다. 이의신청의 사유(제68조 제 1 항 각호)

ⅰ) 디자인등록을 받을 수 있는 권리를 가지지 아니하거나 같은 항 단서에 따라 디자인등록을 받을 수 없는 경우(제 3 조 제 1 항), ⅱ) 권리능력 없는 외국인에 의한 출원(제27조), ⅲ) 신규성·창작 비용이성·확대된 선출원 기준 위반(제33조), ⅳ) 법률상 디자인등록을 받을 수 없는 디자인(제34조), ⅴ) 관련디자인과만 유사한 디자인 등(제35조 제 2 항, 제 3 항), ⅵ) 디자인등록을 받을 공동권리자 일부가 누락된 출원(제39조), ⅶ) 선출원 위반(제46조 제 1 항, 제 2 항), ⅷ) 조약 위반을 이유로 이의신청을 할 수 있다.

### 라. 신청에 대한 심사와 결정

디자인일부심사등록 이의신청은 심사관 3명으로 구성되는 심사관합의체에서 심사·결정하며(제70조 제 1 항), 디자인권자나 이의신청인이 주장하지 아니

---

36) 그 밖에 관련디자인에 대하여 일부심사등록출원이 있는 경우 추가되는 심사사항에 대하여 는 제62조 제 3 항 각호를 참조할 것.

한 이유에 대하여도 심사할 수 있다(제71조 제1항).37)

　심사관합의체는 디자인일부심사등록 이의신청이 이유 있다고 인정될 때에는 그 등록디자인을 취소한다는 취지의 결정을 하여야 하며(제73조 제3항) 디자인등록취소결정이 확정된 때에는 그 디자인권은 처음부터 없었던 것으로 본다(제4항). 이의신청이 이유 없다고 인정될 때에는 그 이의신청을 기각한다는 취지의 결정을 하여야 하며(제5항) 이의신청에 대한 각하결정 및 이의신청기각결정에 대하여는 불복할 수 없다(제6항).

## 3. 신청에 의한 출원 공개원칙

　예컨대 특허법상 출원발명은 출원일로부터 1년 6개월이 지나면 강제공개된다(특허법 제64조 제1항). 그런데 디자인보호법은 출원디자인의 경우 등록이 이루어지기 전에는 출원인의 신청이 있는 경우에 한해서만 그 내용을 공개하도록 하고 있다(디자인보호법 제52조 제1항). 이는 앞서 비밀디자인에서 설명한 바와 같이 모방의 여지가 특히 많고 대상물품의 라이프 사이클이 짧은 디자인의 속성상 그 출원의 내용을 공개하지 말아야 할 필요가 상대적으로 크기 때문이다. 출원인에 의한 공개신청이 있는 경우 특허청장은 디자인 공보에 게재함으로써 그 내용을 공개한다(같은 조 제2항). 공개된 디자인에 관하여 출원인은 특허에서와 흡사하게 ⅰ) 동일·유사한 디자인을 업으로 실시하는 자에 대한 경고권(제53조 제1항), ⅱ) 악의의 실시자에 대한 보상금청구권(같은 조 제2항) 등을 갖는다.

# Ⅴ. 등록디자인의 효력

## 1. 디자인권의 발생과 존속기간

　디자인권은 설정등록에 의하여 발생하고(제90조 제1항), 디자인등록출원일

---

37) 이 경우 디자인권자나 이의신청인에게 기간을 정하여 그 이유에 관하여 의견을 진술할 수 있는 기회를 주어야 한다.

후 20년이 되는 날까지 존속한다(제91조 제1항 본문).

## 2. 등록디자인의 효력범위

### 가. 법률의 규정

등록디자인의 보호범위는 디자인등록출원서의 기재사항 및 그 출원서에 첨부된 도면·사진 또는 견본과 도면에 적힌 디자인의 설명에 따라 표현된 디자인에 의하여 정해지며(제93조), 디자인권자는 업으로서 등록디자인 또는 이와 유사한 디자인을 실시할 권리를 독점한다(제92조).

여기서의 '실시'는 ① 디자인의 대상이 물품(화상은 제외한다)인 경우 그 물품을 생산·사용·양도·대여·수출 또는 수입하거나 그 물품을 양도 또는 대여하기 위하여 청약(양도나 대여를 위한 전시를 포함한다)하는 행위(제2조 제7호 가. 목), ② 디자인의 대상이 화상인 경우 그 화상을 생산·사용 또는 전기통신회선을 통한 방법으로 제공하거나 그 화상을 전기통신회선을 통한 방법으로 제공하기 위하여 청약(전기통신회선을 통한 방법으로 제공하기 위한 전시를 포함한다)하는 행위 또는 그 화상을 저장한 매체를 양도·대여·수출·수입하거나 그 화상을 저장한 매체를 양도·대여하기 위하여 청약(양도나 대여를 위한 전시를 포함한다)하는 행위를 말한다(제2조 제7호 나. 목). 화상의 경우 그 속성상 컴퓨터프로그램을 통해 구현되는 것이 대부분이고 디지털 파일의 형태로 유통될 가능성이 많기 때문에 디지털 및 인터넷 환경에서 침해가 이루어지는 경우에 대비하기 위해 설계된 정의규정이다.

### 나. 유사의 판단과 권리범위

이처럼 디자인의 권리범위는 등록디자인과 실시디자인 사이의 유사판단에 따라 좌우되나, 실제로 등록디자인의 권리범위는 개별성이 강하여 디자인이 가지는 독창성이 그러한 권리범위의 결정(유사판단)에 크게 작용하는 것이 현실이다. 따라서 i) 등록디자인이 참신한 것일수록 유사한 것으로 판단되는 실시형태가 많아 결과적으로 그 권리범위가 넓게 되고, ii) 예부터 흔히 사용되어 온 것이거나 당해 물품에 이미 다양한 디자인 존재하는 것 또는 기능이나 구조에 비추어 디자인의 다양성 존재하기 어려운 디자인은 등록되더라도 그 권리범위를 좁게 보아[38] 다른 실시형태를 그 등록디자인과 유사하지 않다고 판단할 여지가 많다.

비슷한 맥락에서, 출원디자인 혹은 등록디자인의 내용 가운데 전부 또는 일부가 이미 공지된 것이라면 그 신규성·창작 비용이성을 판단할 때는 그러한 공지부분을 포함한 전체로서 선행디자인과 유사한지를 판단함이 상당하다.[39] 이때 공지부분이 차지하는 비중이 클수록 신규성 내지 창작 비용이성이 부정될 가능성이 커짐은 물론이다. 반면, 등록디자인에 공지부분이 포함되어 있는 경우, 그처럼 공지부분의 비중이 큰 등록디자인에 강한 권리를 부여하는 것은 적절치 않다. 따라서 실시디자인과의 전체적 유사를 대비하여 권리범위를 획정함에 있어서는 등록디자인의 공지부분은 유사대비에서 비중을 낮게 보아 창작성 있는 부분의 유사여부를 중심으로 대조함이 상당하다.[40] 그 결과 양 디자인이 '비유사'로 판단되어 권리범위에서 벗어날 가능성도 높아지게 되는 것이다.

아울러 판례[41]는, "등록디자인과 대비되는 디자인이 등록디자인의 출원 전에 디자인이 속하는 분야에서 통상의 지식을 가진 사람이 공지디자인 또는 이들의 결합에 따라 쉽게 실시할 수 있는 것인 때에는 등록디자인과 대비할 것도 없이 등록디자인의 권리범위에 속하지 않는다"고 한다. 이는 특허권 행사에 대해 자유기술의 항변을 인정하는 판례의 논리와 유사하다.

## 다. 디자인권의 남용

판례는,[42] 디자인의 등록이 대상물품에 미감을 불러일으키는 자신의 디자인의 보호를 위한 것이 아니고, 국내에서 널리 인식되어 사용되고 있는 타인의 상품임을 표시한 표지와 동일 또는 유사한 디자인을 사용하여 일반 수요자로 하여금 타인의 상품과 혼동을 일으키게 하여 이익을 얻을 목적으로 형식상 디

---

38) 대법원 2011. 3. 24. 선고 2010도12633 판결.
39) 대법원 2005. 6. 10. 선고 2004후2987 판결; 대법원 2010. 11. 11. 선고 2010후2209 판결.
40) 대법원 2004. 8. 30. 선고 2003후762 판결; 대법원 2012. 4. 13. 선고 2011후3469 판결.
41) 대법원 2016. 8. 29. 선고 2016후878 판결.
42) 대법원 2013. 3. 14. 선고 2010도15512 판결.

자인권을 취득하는 것이라면, 그 디자인의 등록출원 자체가 부정경쟁행위를 목적으로 하는 것으로서, 설령 권리행사의 외형을 갖추었다 하더라도 이는 디자인보호법을 악용하거나 남용한 것이 되어 디자인보호법에 의한 적법한 권리의 행사가 아니라고 한다.

아울러 판례는, 등록디자인에 대한 등록무효심결이 확정되기 전이라도 등록디자인이 공지디자인 등에 의하여 용이하게 창작될 수 있어 디자인등록이 무효심판에 의하여 무효로 될 것이 명백한 경우, 디자인권에 기초한 침해금지 또는 손해배상 등의 청구는 원칙상 권리남용에 해당하며, 법원은 권리남용 항변의 당부를 살피기 위한 전제로서 등록디자인의 용이 창작 여부도 심리·판단할 수 있다고 한다. 43)

## 3. 등록디자인의 효력이 미치지 않는 범위(제94조)

디자인권의 효력은, ⅰ) 연구 또는 시험을 하기 위한 등록디자인 또는 이와 유사한 디자인의 실시, ⅱ) 국내를 통과하는 데에 불과한 선박·항공기·차량 또는 이에 사용되는 기계·기구·장치, 그 밖의 물건 및 ⅲ) 디자인등록출원 시부터 국내에 있던 물건에는 미치지 않고, 글자체가 디자인권으로 설정등록된 경우 ⅰ) 타자·조판 또는 인쇄 등의 통상적인 과정에서 글자체를 사용하는 경우와 ⅱ) 그 글자체의 사용으로 인해 생산된 결과물에는 미치지 아니한다.

## 4. 간주침해

등록디자인이나 이와 유사한 디자인에 관한 물품의 생산에만 사용하는 물품을 업으로서 생산·양도·대여·수출 또는 수입하거나 업으로서 그 물품의 양도 또는 대여의 청약을 하는 행위는 그 디자인권 또는 전용실시권을 침해한 것으로 본다(제114조). 이는 디자인보호법 제2조 제7호가 정하는 '실시'가 아니지만, 등록디자인의 직접침해에만 사용되는 물품을 제공함으로써 직접침해를 가능·용이하게 하는 일종의 '물적 방조'에 해당하므로 법이 이를 침해행위로 간주하고 있는 것이다.

---

43) 대법원 2018. 9. 28. 선고 2016다219150 판결.

# Ⅵ. 디자인권 침해에 대한 민사상 구제

## 1. 금지·예방청구권(제113조)

디자인권자 또는 전용실시권자(아래에서는 '디자인권자 등'이라고 지칭한다)는 자기의 권리를 침해한 자 또는 침해할 우려가 있는 자에 대하여 그 침해의 금지 또는 예방을 청구할 수 있다(제113조 제1항). 이와 아울러, ⅰ) 침해행위를 조성한 물건의 폐기, ⅱ) 침해행위에 제공된 설비의 제거, ⅲ) 그 밖에 침해행위의 금지 또는 예방을 위하여 필요한 조치를 청구할 수 있다(제113조 제3항).

한편, 비밀디자인의 경우 침해자가 디자인의 내용을 알지도 못한 채 침해책임을 부담하는 것은 부당하므로 비밀디자인권자 등은 금지청구권 등을 행사하기 위해서는 그 디자인의 내용 및 권리관계를 증명하는 서면을 특허청장으로 발급받아 제시함으로써 침해자에게 경고하는 절차를 먼저 거쳐야만 한다(제113조 제2항).

금지청구권 성립에 있어 고의·과실 등 주관적 요소는 요건이 아니다.

## 2. 손해배상책임(제115조)

고의 또는 과실로 타인의 디자인권 등을 침해하여 손해를 입힌 자는 그 손해를 배상할 책임을 진다(제115조 제1항).[44] 이는 성질상 민법상 불법행위에 해당하므로 청구권자는 ⅰ) 침해행위 ⅱ) 손해 ⅲ) 인과관계 ⅳ) 행위자의 고의·과실을 모두 주장·증명해야 하는 것이 원칙이다. 아래에서 보는 것처럼 디자인보호법 제115조는 손해배상과 관련하여 권리자의 증명부담을 덜고 손해액 산정을 용이하게 하기 위한 특칙을 마련하고 있다.[45] 한편, 등록디자인권 등을 침해한 경우 그 과실은 추정된다(제116조).[46]

---

[44] 디자인권자가 침해자를 상대로 제기한 디자인권 침해금지가처분 신청사건에서 지출한 변호사비용은 디자인권 침해행위의 저지 내지 피해의 확대를 방지하기 위하여 부득이하게 지출하게 된 것으로, 상당한 범위라면 배상해야 하는 손해에 해당한다(대법원 2017. 8. 29. 선고 2015다245008 판결).

[45] 아래는 2020. 12. 22. 법률 제17725호로 개정되어 2021. 6. 23.부터 시행예정인 해당 조항의 내용을 대상으로 한다.

## 가. 침해품의 양도수량 × 권리자의 단위당 이익 = 손해액(제 2 항 제 1 호)

디자인권을 침해당한 권리자는 침해를 하게 한 물건의 양도수량에 침해가 없었다면 스스로 판매할 수 있었던 물건의 단위수량당 이익액을 곱한 금액을 손해액으로 할 수 있다. 단, 이는 권리자가 생산할 수 있었던 물건의 수량에서 실제 판매한 수량을 뺀 수량에 단위수량당 이익액을 곱한 금액을 한도로 한다. 침해행위에도 불구하고 권리자가 여전히 판매한 수량은 손해배상의 대상에서 배제됨이 당연하고, 애초에 스스로의 생산능력을 초과하는 부분에 대하여는 일실이익이 발생할 여지가 없기 때문이다.

한편, 침해자는 침해행위가 없었더라도 권리자가 어차피 그 수량만큼 판매할 수 없었다는 사정을 주장·증명하여 그에 상응하는 금액을 배상액에서 감경 받을 수 있으며(제 1 호 괄호 부분 참조), 그러한 사정에 대한 증명책임은 침해자에게 있다. 여기서 말하는 특별한 사정으로는 예컨대 기존의 시장점유율, 침해자의 시장개발 노력, 광고·선전, 침해품의 품질의 우수성이나 가격경쟁력 등을 생각할 수 있다. 47)

## 나. 침해자의 이익을 권리자의 손해로 추정(제 3 항)

디자인권 침해로 손해배상을 청구하는 경우 침해자가 침해행위에 의하여 받은 이익액을 권리자의 손해액으로 추정한다. 즉, 권리자가 손해의 발생 사실과 침해행위에 의한 침해자의 이익액을 주장·증명하면 침해자가 위 추정을 번복할 수 있는 사유를 주장·증명하지 않는 한 침해자의 이익액이 곧 권리자의 손해액으로 인정되는 것이다. 명문의 규정은 없으나, 권리자가 스스로 제품의 제조·판매를 하고 있지 않은 경우에는 제조·판매행위에 의하여 얻을 수

---

46) 다만, 비밀디자인으로 설정등록된 경우 침해의 과실이 추정될 수 없음은 물론이다(제116조 제 1 항 단서).

47) 대법원 2006. 10. 13. 선고 2005다36830 판결은, "구 의장법 제64조 제 1 항의 손해배상액 산정에 있어, 의장권자 또는 전용실시권자가 침해행위 외의 사유로 판매할 수 없었던 사정이 있는 때에는 당해 침해행위 외의 사유로 판매할 수 없었던 수량에 따른 금액을 빼야 한다고 규정한 단서의 사유는 침해자의 시장개발 노력, 판매망, 침해자의 상표, 광고·선전, 침해제품의 품질의 우수성 등으로 인하여 의장권의 침해와 무관한 판매수량이 있는 경우를 말하는 것으로서, 의장권을 침해하지 않으면서 의장권자의 제품과 시장에서 경쟁하는 경합제품이 있다는 사정이나 침해제품에 실용신안권이 실시되고 있다는 사정 등이 그러한 사유에 포함될 수 있다"고 한다.

있었을 이익의 상실이라는 손해 또한 발생할 여지가 없으므로 제3항의 적용은 없다고 본다.

### 다. 합리적 실시료에 의한 손해액의 산정(제4항)

권리자는 침해의 대상이 된 디자인의 실시에 대하여 합리적으로 받을 수 있는 금액에 상당하는 금액을 손해액으로 하여 배상을 청구할 수 있다. 침해자가 권리자에게 아무런 대가를 지급하지 않은 채 디자인을 임의로 사용한다면, 권리자는 적어도 침해자에게서 그 실시료 상당액을 지급받지 못한 손해를 입었음이 분명하기 때문이다. 법은 이러한 점을 고려하여 합리적 실시료를 법이 보장하는 기본 최소의 손해액으로 규정하는 한편, 이를 넘는 금액에 대하여도 손해배상을 청구할 수 있음을 분명히 하고 있다. 이처럼 합리적 실시료액은 기본으로 보장되는 배상액이기 때문에, 침해에 고의나 중대한 과실이 없으면 배상액을 감액할 수 있는 반면, 제4항에 의한 손해배상 시에는 그러한 감액이 불가능하다(제5항).

### 라. 합리적 실시료의 보충적 배상(제2항 제1호, 제3항의 손해 관련)

2020. 12. 22. 개정법은 제115조 제2항 제2호를 통해, 제2항 제1호에 의한 손해액 산정 과정에서 권리자의 생산능력을 넘는 수량이나 침해가 없었더라도 판매할 수 없던 수량에 해당하여 공제되는 부분이 생긴 때에는 그에 대해 합리적 실시료에 해당하는 금액을 배상받을 수 있다고 규정하였다. 다만, 애초에 권리자가 실시허락을 할 수 없었던 수량은 복합산정 대상에서 제외된다.[48] 명문의 규정은 없으나 제3항에 따라 손해액을 산정하는 과정에서 '침해자의 이익 = 권리자의 손해'라는 추정을 뒤집는 사유가 인정되어 배상액에서 공제된 금액 부분에 대해서도 마찬가지로 해석해야 할 것이다. 위와 같은 보충적 배상규정은, 침해자의 실시분이 권리자의 생산능력을 넘거나 침해로 인한 이익이 권리자의 실제 손해액을 웃돌기 때문에 권리자가 실시이익의 감

---

48) 이는 권리자가 실시권을 설정할 수 있는 법적 지위에 있지 않아서 '실시권 설정 기회의 상실'이라는 일실이익이 존재할 수 없는 경우를 말한다. 디자인권자가 이미 제3자에게 전용실시권을 설정해 주었거나, 전용실시권자가 제3자에 대한 통상실시권 설정에 디자인권자의 동의를 얻지 못한 경우 등을 생각할 수 있을 것이다.

소를 전제로 한 배상을 받을 수는 없을지라도, 무단 실시자인 침해자에게서 적어도 그 부분에 대한 실시료 상당액을 배상받지 못한 일실이익은 존재함을 고려한 입법이다.

### 마. 상당한 손해액의 인정(제115조 제6항)

법원은 침해가 발생한 사실은 인정되나, 그 손해액을 증명하는 것이 해당 사실의 성질상 극히 곤란한 경우에는 제1항 내지 제5항의 규정에도 불구하고 변론 전체의 취지와 증거조사의 결과에 기초하여 상당한 손해액을 인정할 수 있다. 이는 위와 같은 손해 추정 규정 등에도 불구하고 디자인권 침해로 인하여 발생하는 손해의 증명이 현실적으로 쉽지 아니한 점을 고려한 보충적 규정이다.

### 바. 고의적 침해에 대한 징벌적 배상(제115조 제7, 8항)

법원은 타인의 디자인권 또는 전용실시권을 침해한 행위가 고의적인 것으로 인정되는 경우에는 제1항부터 제6항까지의 규정에 따라 손해로 인정된 금액의 3배를 넘지 아니하는 범위에서 배상액을 정할 수 있다(제7항), 위 배상액을 판단할 때에는 ⅰ) 침해행위를 한 자의 우월적 지위 여부, ⅱ) 고의 또는 손해 발생의 우려를 인식한 정도, ⅲ) 침해행위로 인하여 디자인권자 및 전용실시권자가 입은 피해규모, ⅳ) 침해행위로 인하여 침해한 자가 얻은 경제적 이익, ⅴ) 침해행위의 기간·횟수, ⅵ) 침해행위에 따른 벌금, ⅶ) 침해행위를 한 자의 재산상태, ⅷ) 침해행위를 한 자의 피해구제 노력의 정도를 고려해야 한다(제8항).

## 3. 부당이득반환청구

민법상 부당이득이 성립하기 위해서는 ① 타인의 재산이나 노무로부터 이익을 얻었을 것, ② 그 이득으로 말미암아 그 타인에게 손해를 주었을 것, ③ 이득과 손해 사이에 인과관계가 있을 것, ④ 그 이득에 법률상 원인이 없을 것이라는 요건이 충족되어야 한다. 디자인권 침해행위로 인하여 위와 같은 요건이 만족되는 이상 부당이득반환청구권이 성립함은 물론이다. 권리자로서는 부당이득반환청구권을 행사함에 있어서는 침해자의 고의·과실을 증명할 필요가 없고 부당이득반환청구권이 민법 제162조에 따라 10년의 소멸시효에 걸린다는 점에서 불법행위에 기한 손해배상청구에 비하여 유리한 한편, 제115조 소정의 추정이 없어 침해자의 이익액, 권리자의 손실액, 양자 사이의 인과관계를 증명하는 것이 매우 어렵다. 부당이득반환청구권과 불법행위에 기한 손해배상청구권은 경합관계에 있으므로 손해배상청구에서 과실이 인정되지 않는 경우에 대비하여 예비적으로 부당이득반환청구를 할 수도 있다.

### 4. 신용회복조치(제117조)

법원은 고의 또는 과실로 디자인권자 등의 업무상 신용을 떨어뜨린 자에게는 권리자의 청구에 따라 손해배상을 갈음하거나 손해배상과 함께 업무상의 신용을 회복하는 데에 필요한 조치를 명할 수 있다. 디자인권 침해행위로 인하여 패소판결을 받은 바 있다는 사실과 내용을 광고로 게재하는 것이 그 예에 속한다.

# 저 작 권 법

# 저작권법

# Ⅰ. 법원(法源)과 저작권법의 적용대상

## 1. 저작권법의 법원(法源)

저작권 관계를 규율하는 대표적인 법원(法源)은 두말할 것도 없이 저작권법이다. 한편, 헌법에 의하여 체결, 공포된 조약과 일반적으로 승인된 국제법규는 국내법과 같은 효력을 가지므로(헌법 제6조 제1항) 저작권 관련 조약 등역시 유효한 법원(法源)이 된다. 저작권법은 이를 받아 '외국인의 저작물은 대한민국이 가입 또는 체결한 조약에 따라 보호된다(저작권법 제3조 제1항)'고규정하고 있다.

아울러, 아래에서 보는 바처럼 우리 저작권법이 저작권의 성립 내지 보호에 관하여 '무방식주의'에 입각하고 있다는 것을 상기할 필요가 있다. 그 때문에 저작권은 그 창작만으로 권리가 성립하고 등록 등의 별도 절차를 밟지않더라도 국제적으로 보호를 받을 수 있음이 원칙이다. 이는 저작권에 관한기본적 국제규범인 베른협약(1886)의 핵심적 내용이며, 특허·상표·디자인 등이 보호를 구하는 국가의 법에 따라 등록을 필요로 하고 등록국 내에서만 권리를 누릴 수 있는 등록주의를 따르는 것과는 크게 대조된다.[1]

---

[1] 이를 규율하고 있는 특허·상표·디자인 등의 기본적 국제규범으로는 '공업소유권의 보호에 관한 파리협약(1883)'이 있다.

➪ 하급심 판결례 서울고등법원 2013. 1. 23. 선고 2012나24622 판결

중국인 원저작자 甲의 저작물을 국내 출판업자 乙이 허락 없이 국내에서 번역, 출판하자 甲이 국내 법원에 乙을 상대로 저작권 침해의 정지 및 손해배상을 구한 사건에서, "저작권법 제 3 조 제 1 항이 외국인의 저작물은 대한민국이 가입 또는 체결한 조약에 따라 보호된다고 규정하고 있고, 우리나라와 중국은 모두 베른협약에 가입한 동맹국이다. 그런데 i ) 이 사건 중문서적은 중국인 甲의 저작물로서, 동맹국인 중국에서 최초로 발행되었으므로 중국을 본국으로 하고(베른협약 제 5 조 제 4 항 a호), ii ) 저작자는 베른협약에 의해 보호되는 저작물에 관하여 본국 이외의 동맹국에서 각 법률이 현재 또는 장래에 자국민에게 부여하는 권리 및 베른협약이 특별히 부여하는 권리를 향유하며(베른협약 제 5 조 제 1 항), iii ) 중국 저작권법이 대한민국 국민의 저작물을 보호대상에서 제외하는 어떠한 규정을 두고 있지도 않으므로(저작권법 제 3 조 제 3 항 및 중국 저작권법 제 2 조 참조), 이 사건 중문서적은 대한민국의 저작권법에 의해 보호된다"고 판시.[2]

현재 우리나라가 가입되어 있는 대표적인 저작권 관련 조약과 그 주요내용을 도표로 나타내면 다음과 같다.

| 조약이름 | 체결 | 가입 및 발효 | 주요내용 |
|---|---|---|---|
| 베른협약 | 1886 | 1996 | - 무방식주의(보호적격) : 특허·상표 등 산업재산권법의 등록주의·속지주의와 대조<br>- 내국민대우(보호수위) : 자국이 저작권의 보호국이 될 때 외국인의 저작물에 대한 보호수위를 '자국 저작권법 + 베른협약'을 최소한으로 함<br>- 저작인격권, 저작재산권, 저작재산권의 제한에 관한 규정<br>- 저작권의 보호기간 : 저작자 생존기간 + 사후 50년 |
| 세계저작권 협약 (UCC) | 1952 | 1987 | 보호 조건으로서의 ⓒ 표시 |

---

2) 한편, 법원은 위와 같이 우리 저작권법 제 3 조 제 1 항이 적용되기 위한 전제로서, 지적재산권의 침해를 원인으로 한 침해정지 및 손해배상청구의 준거법을 침해지법인 대한민국 법으로 파악하였다.

| 로마협약 | 1961 | 2009 | 저작인접권의 보호 |
|---|---|---|---|
| TRIPs | 1994 | 1995 | - WTO 부속서 : 지적재산권 국제규범을 국제무역의 차원에서 접근, 규율<br>- Bern Plus : 베른협약의 실체 규정을 모두 수용하고, 그에 추가적인 저작권 보호규범을 도입<br>- 최혜국 대우, 최소보호의 원칙 |
| WIPO 저작권조약 | 1996 | 2004 | - 저작권에 관한 베른협약의 미비점 보완·인터넷 등 저작권 환경의 변화를 수용<br>- 컴퓨터프로그램·데이터베이스 보호<br>- 배포권, 권리소진, 대여권, 공중전달권 등<br>- 기술적 보호조치·권리관리정보의 보호 |
| WIPO 실연·음반조약 | 1996 | 2009 | - 저작인접권에 관한 로마협약의 미비점 보완·인터넷 등 저작권 환경의 변화를 수용<br>- 디지털 및 인터넷 환경에서의 실연자·음반제작자의 권리 강화 |

한편, 위와 같이 우리나라가 가입한 조약 내용의 대부분은 그동안 저작권법의 개정과정에서 순차적으로 입법에 반영되어 왔다.

## 2. 저작권법의 적용대상

저작권법의 적용대상 가운데 가장 중요한 것이 저작물임은 당연하다. 그러나 저작권법은 '저작물'은 물론, 일정 부분 '저작물이 아닌 것'을 둘러싼 권리관계 또한 규율대상으로 함에 주의를 요한다. 이는 주로 실연자·음반제작자·방송사업자 등 저작인접자나 데이터베이스 제작자의 보호와 관련하여 비롯된 일인데, 위 저작인접자 등이 다루는 콘텐츠에는 저작물은 물론이고 저작물이 아닌 것들도 있기 때문에 그 보호 과정에서 일정한 비저작물(非著作物)이 저작권법의 영역 내로 편입되기에 이른 것이다.

이는 저작권법 제2조의 정의 규정을 통해서도 알 수 있는바, 예컨대 ⅰ) 저작권법 제2조 제4호는 실연자를 '저작물을 연기·무용·연주·가창·구연·낭독 그 밖의 예능적 방법으로 표현하거나 저작물이 아닌 것을 이와 유사한 방법으로 표현하는 자'로 정의하여 '저작물이 아닌 것'을 실연하는 자도 보호의 대상으로 포섭하고 있고, ⅱ) 제5호는 음반을 '음(음성·음향)이 유형물에 고정된 것(음을 디지털화한 것을 포함한다)'으로 정의하여 음반의 콘텐츠를 이루는 음성이나 음향이 반드시 저작물일 것을 요구하지 않고 있으며, ⅲ) 제8호는 방송을 '공중송신 중 공중이 동시에 수신하게 할 목적으로 음·영상 또는 음과 영상 등을 송신하는 것을 말한다'고 하여 방송의 콘텐츠를 이루는 음이나 영상이 반드시 저작물일 것을 요구하지 않고 있고, ⅳ) 제19호는 데이터베이스를 '소재를 체계적으로 배열 또는 구성한 편집물로서 개별적으로 그 소재에 접근하거나 그 소재를 검색할 수 있도록 한 것'이라고 하여 그 소재가 반드시 저작물에 한할 것을 요구하지 않는다.


## Ⅱ. 저작권법의 대상·권리의 종류·주체 일별(一瞥)

저작권법의 대상, 권리의 종류, 귀속주체의 상관관계를 표로 정리하면 다음과 같다.

| 저작권법의 적용대상 | | |
| --- | --- | --- |
| 저작물 | 인간의 사상 또는 감정을 표현한 창작물(제2조 제1호) | |
| 실연·음반·방송·데이터베이스 (저작물·비저작물이 모두 대상임) | 실연 | 저작물을 예능적 방법으로 표현한 것<br>예: 악곡(저작물)에 대한 가수의 가창 |
| | | 비저작물을 예능과 유사한 방법으로 표현한 것<br>예: 동물의 움직임(비저작물)을 익살을 섞어 흉내내는 행위3)<br>※ 비저작물을 '예능적 방법'으로 표현한다면 그러한 표현 자체가 이미 독립된 저작물로 성립할 것임 |

---

3) 그 밖에 마술, 서커스, 리듬체조, 피겨스케이팅 등도 유사한 예로 거론되는 것이 보통이나 (오승종, 저작권법(제3판), 박영사(2013), 817면; 이해완, 저작권법(제3판), 박영사 (2015), 837면 등), 이에 관하여는 생각해 볼 점이 있다. 예컨대 마술이나 서커스, 리듬체조, 피겨스케이팅의 요령이나 동선(動線)이 사전에 매뉴얼 등으로 '표현'되지 않은 채 오로지 '아이디어'의 형태로만 존재하다가 실연을 통해 비로소 표현이 이루어지는 경우라면 '비저작물(아이디어)을 예능에 유사한 방법으로 표현하는 것'이라고 볼 여지도 있겠지만, 실제로는 어떠한 형태로든 사전에 매뉴얼이 존재하고 실연자가 그에 기초해 연기를 펼치는 수도 많다. 이와 같은 경우에는 그러한 사전 매뉴얼이 이미 창작적 아이디어에 대한

| | | 저작권자 | 실연자 | 음반제작자 | 방송사업자 | DB제작자 |
|---|---|---|---|---|---|---|
| 음반 | 음(음성·음향)이 유형물에 고정된 것(음을 디지털화 한 것 포함: 제2조 제5호)<br>- 저작물인 음의 고정 예: 악곡(저작물)의 연주를 녹음한 것<br>- 비저작물인 음의 고정 예: 자연의 소리(비저작물)을 녹음한 것 | | | | | |
| 방송 | 공중송신 중 공중이 동시에 수신하게 할 목적으로 음·영상 또는 음과 영상 등을 송신하는 것<br>- 저작물의 방송 예: 드라마(저작물)의 방송<br>- 비저작물의 방송 예: 바둑 실황(비저작물)의 방송4) | | | | | |
| 데이터베이스 | 소재를 체계적으로 배열 또는 구성한 편집물로서 개별적으로 그 소재에 접근하거나 그 소재를 검색할 수 있도록 한 것 | | | | | |

권리의 종류와 그 향유주체5)

| 권리 | | 주요 내용 | 저작권자 | 실연자 | 음반제작자 | 방송사업자 | DB제작자 |
|---|---|---|---|---|---|---|---|
| 복제 | | 콘텐츠를 일시적·영구적으로 유형물에 고정하거나 재제작 | ○ | ○ | ○ | ○ | ○ |
| 공연 | | 저작물 또는 실연·음반·방송의 콘텐츠를 공중에게 공개 | ○ | ○ | | ○ | |
| 공중송신 | 전송 | 공중의 구성원이 개별적으로 선택한 시간과 장소에서 접근할 수 있도록 콘텐츠를 이용에 제공 | ○ | ○ | ○ | | ○ |

---

'표현(저작물)'이 될 것이며, 이를 실행하는 마술, 서커스, 리듬체조, 피겨스케이팅 등은 어디까지나 '저작물을 예능적 방법으로 표현하는' 행위라고 해야 할 것이다.

4) 바둑의 진행과정 자체는 스포츠 행위가 저작물이 아닌 것처럼 저작물이 아니라 할 것이며, 단순히 진행 중인 기보(棋譜) 화면을 고정된 카메라 앵글로 있는 그대로 전달하는 것 역시 독립적인 창작행위라 보기 어렵다. 한편, 예컨대 축구실황의 중계방송을 이와 비교하자면, 축구경기 자체는 스포츠로서 저작물이 아님이 분명하지만, 그 상황을 다양한 카메라 앵글로 포착하고 화면을 선택하고, 필요시 느린 화면을 추가하는 등의 행위는 이와 별개로 창작에 해당한다. 따라서 그러한 결과물을 방송하는 행위는 '저작물'의 방송이다.

5) 다만, 실연자, 음반저작자 및 방송사업자에게 귀속되는 구체적 권리에는 일정한 제한이

| | | | | | | | |
|---|---|---|---|---|---|---|---|
| 방송 | 공중이 동시에 수신하게 할 목적으로 음·영상 또는 음과 영상 등을 송신 | ○ | ○ | | | ○ | ○ |
| 디지털 음성 송신 | 공중으로 하여금 동시에 수신하게 할 목적으로 공중의 구성원의 요청에 의하여 개시되는 디지털 방식의 음 송신(전송을 제외) | ○ | | | | | |
| 전시 | 미술저작물 등의 원본이나 복제물, 유형물 자체를 일반인이 자유로이 관람할 수 있도록 진열하거나 게시 | ○ | | | | | |
| 배포 | 콘텐츠의 저작물 등의 원본 또는 그 복제물을 공중에게 대가를 받거나 받지 아니하고 양도 또는 대여 | ○ | ○ | ○ | | | ○ |
| 대여 | 상업용 음반이나 프로그램의 판매 이후에도, 그 유상 대여를 허락 | ○ | ○ | ○ | | | |
| 2차적 저작물 작성 | 원저작물을 번역·편곡·변형·각색·영상제작 그 밖의 방법으로 작성 | ○ | | | | | |
| 공표 | 저작물의 공표 여부를 결정 | ○ | | | | | |
| 동일성 유지 | 콘텐츠의 내용·형식 및 제호가 임의로 바뀌지 않도록 함 | ○ | ○ | | | | |
| 성명표시 | 콘텐츠나 그 복제물, 공표매체에 성명 등을 표시 | ○ | ○ | | | | |

# Ⅲ. 저 작 물

## 1. 저작물의 성립요건

### 가. 인간의 사상이나 감정의 "표현"(제2조 제1호)

저작물은 인간의 사상이나 감정을 표현한 것이어야 하며 그 표현의 방법
은 원칙상 묻지 않는다. 저작권법은 그러한 '표현의 다양성'을 보호·장려함을
통해 문화의 향상을 도모하는 것을 기본 목적으로 한다(제1조 참조). 따라서
표현의 기초가 되는 창작적 '아이디어' 자체는 보호의 대상이 아니다. 따라서

---

수반되는 수가 많다. 그 상세는 해당 부분에서 다루기로 한다.

동일한 아이디어를 활용하더라도 그 창작적 표현을 달리하는 이상 독립한 저작물로 보호받을 수 있다. 이는 예컨대 특허법이 산업상 유용한 기술적 '아이디어' 자체를 보호하고, 동일한 아이디어에 해당하는 이상 명세서 등을 통해 그 아이디어를 달리 표현하더라도 독립한 발명으로 보호하지 않는 것과 대조된다.

## 나. 창 작 성

### (1) 창작성의 의미

저작물은 '창작성' 있는 것이어야 하며, 여기서의 창작성은 다시 두 가지 의미로 이해된다. 첫째, 다른 사람의 기존 저작물을 베낀 것이 아니고 고유의 저작이어야 한다는 의미와, 둘째, 그러한 고유의 저작이 일정한 수준의 창작적 가치를 가져야 한다는 의미가 그것이다. 종래 미국에서 창작성은 첫 번째 요건만으로 만족된다는 입장(이른바 '노동이론')과 두 번째 요건도 갖추어야 한다는 입장(이른바 '유인이론')이 대립해 왔으나, 1991년 연방대법원의 Feist Publication, Inc. v. Rural Telephone Service Co. Inc. 사건[6]의 판례를 통해 후자의 입장으로 정리되었음은 널리 알려져 있다. 우리 판례도 기본적으로, '창작물이라 함은 저작자 자신의 작품으로서 남의 것을 베낀 것이 아니라는 것과, 수준이 높아야 할 필요는 없지만 저작권법에 의한 보호를 받을 가치가 있는 정도로 최소한도의 창작성이 있다는 것을 의미한다'는 입장이다.[7]

---

[6] 499 U.S. 340, 111 Sup, Ct. 1282(1991): 이 사건에서는, Rural Telephone Service Co. Inc.가 제작·배포한 전화번호부의 내용을 Feist Publication, Inc.가 자신이 발행하는 전화번호부에 임의로 활용한 행위가 저작권 침해인지 문제되었다. 미국 연방대법원은 '저작물로 보호되기 위해서는 그 작업에 상당한 노력이나 비용이 투하되었다는 것만으로는 부족하고, 저작물로 보호할 만한 최소한도의 창작성이 인정되어야 한다. Rural Telephone Service의 전화번호부는 단지 고객의 이름, 주소, 전화번호 등 주어진 데이터를 흔히 사용되는 수단인 알파벳순서에 따라 정리한 정도에 지나지 않아 위와 같은 창작성을 만족하지 못한다. 따라서 위 전화번호부는 저작물로 보호될 수 없으며 이를 복제한 Feist의 행위 역시 저작권 침해를 구성하지 않는다'는 취지로 판시하였다.

[7] 대법원 1997. 11. 25. 선고 97도2227 판결; 대법원 1999. 11. 26. 선고 98다46259 판결. "창작물이란 창작성이 있는 저작물을 말하고, 여기서 창작성이란 완전한 의미의 독창성을 요구하는 것은 아니라고 하더라도 적어도 어떠한 작품이 단순히 남의 것을 모방한 것이어서는 안 되고 작자 자신의 독자적인 사상이나 감정의 표현을 담고 있어야 할 것이다"라고 한 것으로는, 대법원 2011. 2. 10. 선고 2009도291 판결; 대법원 2012. 8. 30. 선고 2010다70520 판결; 대법원 1995. 11. 14. 선고 94도2238 판결; 대법원 2003. 10. 23. 선고 2002도446 판결 등.

## (2) 창작성이 문제되는 유형들

이처럼 저작물이 되기 위해 '최소한도의 창작성'을 갖추어야 한다는 점은, 주로 다음과 같은 저작물들을 중심으로 문제되어 오고 있다.

### ㈎ 사진저작물과 창작성

사진저작물은 그 속성상, 고도의 창작성 내지 예술성을 가진 것도 있지만, 단순한 사실의 전달을 목적으로 촬영되고 활용되는 것도 많다. 그런 이유로 실무상 후자의 사진저작에 관하여 창작성 유무가 자주 문제되고 있는바, 아래의 판례들은 사진저작물에 관한 창작성 판단의 기준을 잘 보여준다.

⇨ 대법원 2006. 12. 8. 선고 2005도3130 판결

사진의 경우 피사체의 선정, 구도의 설정, 빛의 방향과 양의 조절, 카메라 각도의 설정, 셔터의 속도, 셔터찬스의 포착, 기타 촬영방법, 현상 및 인화 등의 과정에서 촬영자의 개성과 창조성이 있으면 저작권법에 의하여 보호되는 저작물에 해당한다. 기록에 비추어 살펴보면, ⅰ) 피해자의 광고사진 중 일식 음식점의 내부 공간을 촬영한 업소 '○○' 사진은 단순히 깨끗하게 정리된 음식점의 내부만을 충실히 촬영한 것으로서 누가 찍어도 비슷한 결과가 나올 수밖에 없는 사진으로 봄이 상당하므로 그 사진에는 촬영자의 개성과 창조성이 있는 사진저작물에 해당한다고 보기 어렵다. ⅱ) 한편, 피해자의 광고사진 중 업소 '△△'의 내부 전경 사진은 목욕을 즐기면서 해운대의 바깥 풍경을 바라볼 수 있다는 업소만의 장점을 부각하기 위하여 피해자 소속 촬영담당자가 유리창을 통하여 저녁 해와 바다가 동시에 보이는 시간대와 각도를 선택하여 촬영하고 그 옆에 편한 자세로 찜질방에 눕거나 앉아 있는 손님의 모습을 촬영한 사진을 배치함으로써 해운대 바닷가를 조망하면서 휴식을 취할 수 있는 최상의 공간이라는 이미지를 창출시키기 위한 촬영자의 창작적인 고려가 나타나 있다고 볼 수 있고, 또한 업소 '△△'의 내부 공간은 어떤 부분을 어떤 각도에서 촬영하는가에 따라 전혀 다른 느낌의 분위기를 나타낼 수 있으므로 누가 촬영하여도 같거나 비슷한 결과가 나올 수밖에 없는 경우에 해당한다고도 보기 어렵다. 그렇다면 업소 '△△'의 사진은 그 촬영의 목적 자체가 피사체의 충실한 재현에 있다거나 촬영자의 고려 역시 피사체의 충실한 재현을 위한 기술적인 측면에서만 행하여졌다고 할 수 없고, 광고대상의 이미지를 부각시켜 광고의 효과를 극대화하고자 하는 촬영자의 개성과 창조성이 있다고 볼 수 있다.

⇨ 대법원 2010. 12. 23. 선고 2008다44542 판결

> 고주파 수술기를 이용한 수술 장면 및 환자의 환부 모습과 치료 경과 등을 충실
> 하게 표현하여 정확하고 명확한 정보를 전달한다는 실용적 목적을 위하여 촬영
> 된 사진들은 구 저작권법상의 사진저작물로서 보호될 정도로 촬영자의 개성과
> 창조성이 인정되는 '저작물'에 해당한다고 보기는 어렵다.

### (나) 제호와 창작성

판례는 대체로 서적의 제호는 너무 짧아 그 자체로 창작성을 인정하기에
족한 독립된 표현물로 보기 어렵다고 한다.

⇨ 대법원 1996. 8. 23. 선고 96다273 판결

> 어문저작물인 서적 중 저작자의 사상 또는 감정을 창작적으로 표현한 부분이라
> 고 볼 수 없는 단순한 서적의 제호나 저작자 또는 출판사의 상호 등은 저작물로
> 서 보호받을 수 없는 바, 신청인이 편집·발행한 운전면허 학과시험 문제집 표지
> 하단에 인쇄된 "크라운출판사"라는 상호부분은 사상 또는 감정을 창작적으로 표
> 현한 것이 아니어서 저작물로서 보호받을 수 없다.[8]

생각건대, 서적, 영화, 음반 등의 제목에는 위 판례처럼 별도의 창작성을
인정하기 어려운 것도 있지만 실제로는 대상 저작물의 특징을 암시·대변하는
독창적인 제목들 또한 많은 것이 현실이다.[9] 따라서 구체적 사안에 관한 판단
으로서의 성격이 강한 판례를 근거로 서적, 영화, 음반 등의 제목에 관하여
일반적으로 창작성을 부인하기보다 이 문제는 개별적으로 평가·판단됨이 상
당할 것이다.

### (다) 기능적 저작물과 창작성

설계도서와 같은 건축저작물이나 도형저작물은 예술성의 표현보다는 기능
이나 실용적인 사상의 표현을 주된 목적으로 하는 이른바 기능적 저작물로서,
표현하고자 하는 기능 또는 실용적인 사상이 속하는 분야에서의 일반적인 표현

---

8) 그 밖에 소설의 제목 "애마부인"이 같은 이유로 독립된 저작물로 인정될 수 없다고 한 것
   으로, 서울고등법원 1991. 9. 5.자 91라79 결정.

9) 예컨대, "나는 네가 지난 여름에 한 일을 알고 있다", "파리대왕" 등.

방법, 규격 또는 그 용도나 기능 자체, 저작물 이용자의 이해 편의 등에 의하여
그 표현이 제한되기 때문에 결과적으로 창작성이 부인되는 경우가 적지 않다.

⋄ 대법원 2005. 1. 27. 선고 2002도965 판결

지하철통신설비인 화상전송설비에 대한 제안서 도면이 허락 없이 복제된 사안에
서, 그러한 도면은 입찰시방서에 의하여 제한된 기술적인 내용을 나타내기 위해
다른 표현의 여지가 거의 없는 기능적 저작물이어서 창작성을 인정하기 어렵다
고 판단.10)

⋄ 대법원 2011. 2. 10. 선고 2009도291 판결

일반적으로 지도는 지표상의 산맥·하천 등의 자연적 현상과 도로·도시·건물 등
의 인문적 현상을 일정한 축적으로 약속된 특정한 기호를 사용하여 객관적으로
표현한 것으로서, 지도상에 표현되는 자연적 현상과 인문적 현상은 사실 그 자
체일 뿐 저작권의 보호대상은 아니라고 할 것이므로, 지도의 창작성 유무를 판
단할 때에는 지도의 내용이 되는 자연적 현상과 인문적 현상을 종래와 다른 새
로운 방식으로 표현하였는지, 그 표현된 내용의 취사선택에 창작성이 있는지 등
이 판단의 기준이 된다(당해 사건에서 창작성 부인).11)

---

10) 그 밖에, 타인이 제작한 '아파트백과' 책자에 들어 있는 아파트 평면도 및 배치도를 임의
　　로 복사한 뒤 자신의 이름으로 인터넷에 게시한 사안에서, 아파트의 경우 공간적 제약, 필
　　요한 방 숫자의 제약, 건축관계 법령의 제약 등으로 평면도, 배치도 등의 작성에 있어 서
　　로 유사점이 많을 수밖에 없고, 문제가 된 평면도 및 배치도는 이미 존재하는 아파트 평면
　　도 및 배치도 형식을 다소 변용한 것에 불과한 것으로 보여 결과적으로 창작성을 인정하기
　　어렵다고 한 예(대법원 2009. 1. 30. 선고 2008도29 판결). 피고인이 피해자의 허락 없이
　　도면의 주요 부분은 그대로 둔 채 회사 상호 일부에만 수정을 가하여 인터넷 홈페이지에
　　게재하였다는 도면은 피해자가 제작한 실링휘팅, 케이블그랜더, 500와트 더블항공장해 등
　　의 제품도면으로서 위 제품들의 구조, 규격, 기능 등을 당해 기술분야의 통상적인 기술자
　　들이 정확하게 이해할 수 있도록 일반적인 표현방법, 도면작성방법에 따라 표현된 것으로
　　서 누가 작성하더라도 달리 표현될 여지가 거의 없을 뿐 아니라, 설령 작성자에 따라서 다
　　소 다르게 표현될 수 있는 여지가 있다고 하더라도 이 사건 도면에 작성자의 창조적 개성
　　이 드러나 있다고 할 수 없는 것이어서 저작권법의 보호대상이라고는 할 수 없고, 이러한
　　사정은 설령 이 사건 도면을 작성함에 있어서 상당한 정도의 시간과 노력이 들어갔다고 하
　　여 달리 볼 것은 아니므로 이와 같은 전제에 서서 피고인들에 대한 이 사건 저작권법 위반
　　의 점에 대하여 무죄를 선고한 원심의 판단은 정당하다고 한 예(대법원 2007. 8. 24. 선고
　　2007도4848 판결).
11) 같은 취지: 대법원 2003. 10. 9. 선고 2001다50586 판결.

⤳ 하급심 판결례 서울중앙지방법원 2005. 8. 11. 선고 2005가단12610 판결

춘천시의 전경을 입체적으로 표현하는 관광지도 제작에 있어서, 의도적인 왜곡
표현으로 다운타운 지역을 크게 나타내고, 다운타운 지역으로부터 원거리에 산
재되어 있는 관광명소들을 실제보다 가까운 거리에 배치함으로써 관광객으로 하
여금 한눈에 관광명소를 볼 수 있도록 제작한 관광지도에 대하여 기존의 관광지
도와 구별되는 저작권이 인정된다고 한 사례.

## 2. 아이디어와 표현의 이분법

### 가. 저작권법상 보호대상은 표현에 한정

#### (1) 기본적 입장

앞서 본 것처럼 저작권은 저작물에 내재된 추상적 아이디어가 아니라 그
아이디어에 대한 구체적인 표현만을 보호하는 것이다.[12] 따라서 아이디어 그
자체는 아무리 독창적이더라도 저작권법으로 보호받는 '저작물'이 아니며 가
사, 타인의 아이디어를 모방하더라도 그것을 나타내는 표현을 모방한 것이 아
니라면 적어도 저작권 침해의 문제는 일어나지 않는다. 이런 기본적 법리를
잘 보여주는 판례는 다음과 같다.

⤳ 대법원 1993. 6. 8. 선고 93다3073 판결

피고가 사용하고 있는 키-레터스를 이용한 희랍어의 분석방법은 비록 그것이 독
창적이라 하더라도 어문법적인 원리나 법칙에 해당하므로 저작권의 보호대상인
표현의 영역에 속하는 것이 아니라 보호대상이 아닌 아이디어의 영역에 속하므
로 그 이론을 이용하더라도 구체적인 표현까지 베끼지 않는 한 저작권의 침해로
되지는 아니할 것인바, 원고의 저서와 피고의 강의록의 내용으로 보아 원고가
피고의 표현형식을 그대로 베꼈다고는 인정되지 아니하므로 이 부분도 저작권의
침해가 된다고 할 수 없다.

---

12) 대법원 1993. 6. 8. 선고 93다3073, 93다3080 판결; 대법원 1997. 9. 29. 자 97마330 결정;
대법원 1997. 11. 25. 선고 97도2227 판결; 대법원 2012. 8. 30. 선고 2010다70520, 70537
판결 등 다수.

◇ 하급심 판결례 서울중앙지방법원 2007. 1. 17. 선고 2005가합65093 판결

> 직사각형의 플레이필드 안에서 폭탄을 이용하여 상대방 캐릭터를 죽이는 것을 기본 원리로 하는 컴퓨터 게임에서, 게임의 각종 설정, 전개방식과 규칙 등을 전체로서 배열하고 선택하는 데는 저작자의 다양한 표현의 여지가 없으므로 "봄버맨" 게임의 각종 설정, 전개방식, 규칙 등은 저작권법이 보호하는 내재적 표현으로 볼 수 없다. 이러한 아이디어를 제외하고 저작권법상 보호받는 구체적 표현인 플레이필드, 맵, 캐릭터, 아이템, 폭탄 등의 요소를 대비해 보면 반소피고의 "크레이지 아케이드 비엔비" 게임은 반소원고의 "봄버맨" 게임과 실질적으로 유사다고 볼 수 없어 프로그램 저작권 침해가 성립하지 않는다.

한편, 이처럼 저작권의 보호대상을 표현으로 한정하고 아이디어를 보호의 범주에서 배제하는 패러다임을 따르더라도 과연 구체적 사안에서 표현과 아이디어의 경계를 어떻게 설정할 것인지는 어려운 문제이다. 아이디어가 구체화될수록 표현에 가까워지며, 어디까지가 아이디어이고 어디서부터가 표현인지를 구분하기 어려운 경우가 많기 때문이다. 결국 이는 개별 사건에서 합리적으로 판단되어야 할 문제이다. 판례[13] 역시 소설의 스토리는 기본적으로 아이디어이지만 그 구체성의 정도에 따라 표현과 유사하게 보호될 수 있다고 한다. 이는 표절 여부를 판단할 때 양 작품간 표현의 '실질적 유사성'을 살피는 것과 맥락을 같이하는바, 이에 따르면 비록 말단의 표현형식이 다르다고 하더라도 작품의 구성이나 전개과정, 줄거리 등 구체적이고 특색 있는 아이디어가 유사하면 양 작품의 표현이 실질적으로 유사하다고 본다. 독일을 중심으로 한 대륙법계 국가에서는 일찍이 저작물의 실질을 '내용(아이디어)'과 '형식(표현)'으로 구별하여 전자는 자유로운 이용의 대상이고 후자만이 보호된다고 하여 오다가, '내면적 형식'이라는 개념을 도입하여 저작물의 특징적 구성이나 전개방식, 줄거리 등 구체적 아이디어를 보호의 대상으로 삼고 있다.[14] 우리나라 하급심 판결 가운데도 이와 유사한 언급을 한 것이 있다.[15]

---

13) 대법원 1996. 6. 14. 선고 96다6264 판결.

14) 상세는, 박성호, 저작권법, 박영사(2014), 57~59면. 그러나 이른바 '내면적 형식'과 '내용', '형식'을 명확히 구분짓는 것 역시 쉬운 일은 아니다.

15) 서울중앙지방법원 2007. 1. 17. 선고 2005가합65093 판결.

## (2) 최근 판례의 태도

최근 대법원 판례는 구체적 아이디어를 보호의 대상이 되는 표현으로 파악하는 경향이 강해지고 있다. 개별 사안의 특징에 따라 다른 면이 있기는 하지만, 연예 버라이어티 방송의 '포맷'을 아이디어가 아닌 표현에 가깝다고 판단하거나,16) 어린이용 체험전의 공연 시놉시스,17) 모바일 게임의 스토리와 규칙18) 등에 대해 적극적으로 저작물성을 인정하고 있다.19)

⇨ 대법원 2017. 11. 9. 선고 2014다49180 판결

> 원심 판시 원고 영상물은 리얼리티 방송 프로그램으로서 아래에서 보는 기존의 방송 프로그램과 구별되는 창작적 특성을 갖추고 있어 특별한 사정이 없는 한 저작물로서 보호 대상이 될 수 있다.
>
> (1) 원고 영상물은 결혼적령기에 있는 일반인 남녀가 '애정촌'이라는 공간에 모여 일정 기간 함께 생활하면서 자기소개, 게임, 데이트 등을 통해 자신의 짝을 찾아가는 과정을 녹화한 리얼리티 방송 프로그램이다. 기존에도 결혼적령기에 있는 남녀들이 출연하여 게임, 대화 등을 통해 최종적으로 자신의 마음에 드는 상대방을 선택하여 짝을 이루는 형식의 방송 프로그램은 존재하였다. 하지만 원고 영상물은 프로그램을 진행하는 사회자가 없이 출연한 남녀들이 한 장소에 모여 합숙 생활을 하면서 제작진이 정한 규칙에 따라 행동하도록 하고 그 과정에서 일어나는 상호작용을 대상으로 삼아 객관적으로 관찰할 수 있도록 한다는 점에서 기존에 존재하던 프로그램과는 구별되는 특징이 있다.
>
> (2) 원고 영상물은 출연한 남녀들이 짝을 찾아가는 모습을 최대한 꾸밈없이 드러나도록 하고 시청자들이 이를 객관적으로 관찰하는 느낌을 갖도록 여러 가지 요소들을 선택하여 결합하고 있다. 즉, 프로그램에 출연하는 남녀들이 상당 기간 동안 사회로부터 격리되어 합숙하면서 짝을 찾는 일에만 몰두하게 할 뿐만 아니라, 출연자의 나이와 직업을 제외하고는 나머지 신상정보가 드러나지 아니하도록 하고, 남녀별로 각각 통일된 유니폼을 입도록 하며, 출연자들을 좀 더 객관화된 대상으로 표현하기 위하여 남자 1호, 여자 1호 등과 같이 사회에서 일반적으로 사용하지 아니하는 호칭을 사용한다. 그리고 자기소개 시간을 통해 출

---

16) 대법원 2017. 11. 9. 선고 2014다49180 판결.

17) 대법원 2019. 12. 27. 선고 2016다208600 판결.

18) 대법원 2019. 6. 27. 선고 2017다212095 판결.

19) 게임 규칙에 대한 판단은 앞서 본 '봄버맨 사건'의 하급심 판결(서울중앙지방법원 2007. 1. 17. 선고 2005가합65093 판결)과 대조된다.

연자가 자신의 매력을 드러내도록 하고, 같이 도시락을 먹을 이성 상대방을 선택하도록 하며, 원하는 이성 상대방과 데이트할 권리를 획득하기 위하여 동성간에 경쟁을 하도록 하는 등의 장치를 통해 일반 사회에서 짝을 찾기 위한 경쟁의 모습을 좀 더 축소하여 상징적으로 보여주고 있다. 여기에 제작진과의 속마음 인터뷰나 가족과의 전화 통화 등의 요소를 프로그램 중간중간에 배치하여 출연자의 솔직한 모습과 속마음을 드러내어 시청자들에게 전달하도록 하고 있다. 나아가 이러한 전체적인 사건의 진행이나 출연자의 심리 등을 다큐멘터리 프로그램과 같이 평어체와 문어체를 사용하는 성우의 내레이션을 통해 시청자들에게 전달함으로써 짝을 찾아가는 남녀의 모습을 객관적으로 관찰하는 느낌을 극대화하고 있다.

(3) 원심이 들고 있는 원고 영상물을 이루는 개별적인 요소들은 아이디어의 영역에 속하거나 다른 프로그램에서도 이미 사용되는 등의 사정으로 인해 그 자체로만 보면 창작성을 인정하기에 부족한 점이 있다. 그러나 원고 측의 축적된 방송 제작 경험과 지식을 바탕으로 위와 같은 프로그램의 성격에 비추어 필요하다고 판단된 요소들만을 선택하여 나름대로의 편집 방침에 따라 배열한 원고 영상물은 이를 이루는 개별요소들의 창작성 인정 여부와는 별개로 구성요소의 선택이나 배열이 충분히 구체적으로 어우러져 위에서 본 기존의 방송 프로그램과는 구별되는 창작적 개성을 가지고 있다고 할 수 있다.

◇ 대법원 2019. 12. 27. 선고 2016다208600 판결

(1) 이 사건 기획안(갑 제7호증)은 '소외인의 밀가루 체험놀이 가루야 가루야'라는 제목으로 '체험과 공연의 즐거운 만남'을 추구하며 배우(이야기천사, 놀이천사)의 진행과 어린이들의 밀가루 체험놀이 참여라는 쌍방향 형식으로 이루어지는 이 사건 체험전의 공연 기획안이다.

(2) 이 사건 기획안에는 물체극 또는 오브제 극(objet 극)이라는 공연 장르를 개척한 소외인이 밀가루를 마치 살아있는 생명체처럼 해석하거나 밀가루에 다양한 상징을 부여하여 어린이들로 하여금 이 사건 기획안에서 정한 각각의 테마와 이야기의 흐름에 따라 독특한 공간에서 가루, 음식, 반죽, 통밀의 형태로 변화하는 밀가루를 오감으로 체험하도록 하는 작품의 의도와 이를 구체화한 체험놀이의 구성, 극의 줄거리(시놉시스)가 개성적으로 표현되어 있다.

(3) 이 사건 체험전에는 어린이들의 밀가루 체험놀이 참여를 위한 각각의 테마별 공간과 소품의 형태 및 배치, 무대장치의 구성과 배경, 체험진행 배우들의 실연, 진행방법 및 진행규칙 등이 복합적으로 결합되어 있다. 이러한 요소들은

이 사건 기획안에 나타난 각각의 테마와 이야기의 흐름을 3차원의 공간에서 실체적으로 구현하여 어린이들로 하여금 그 공간(눈 내리는 마을, 밀가루나라, 빵빵나라, 반죽나라, 통밀나라)을 순차적으로 지나며 밀가루가 변화하는 다채로운 모습을 오감으로 체험하도록 하려는 이 사건 체험전의 제작 의도에 따라 선택·배열되어 유기적인 조합을 이루고 있다. 그에 따라 이 사건 체험전은 기존의 체험전이나 밀가루 놀이와는 구별되는 창작적 개성을 갖게 되었다.

(중략) 이 사건 체험전은 그 구성요소들이 일정한 제작 의도에 따라 선택·배열되고 유기적으로 조합됨으로써 기존의 체험전 등과는 구별되는 창작적 개성을 갖추고 있고, 이 사건 기획안에 나타난 각각의 테마와 이야기의 흐름을 공간에서 실체적으로 구현하여 이 사건 기획안과 실질적 유사성을 유지하면서 사회통념상 새로운 저작물이 될 수 있을 정도의 창작적 노력이 부가되어 있으므로 저작권법 제5조 제1항에서 정한 2차적저작물로서 보호받을 수 있다. (중략) 피고들의 체험전은 이 사건 체험전의 제작 의도가 구현된 주요한 구성요소들의 선택과 배열 및 유기적인 조합에 따른 창작적인 표현형식을 그대로 포함하고 있으므로, 이 사건 체험전과 실질적으로 유사하다고 볼 수 있다. (중략) 이 사건 기획안과 이 사건 체험전이 저작권법상 보호되는 저작물이고 이 사건 체험전과 피고들의 체험전 사이에는 실질적인 유사성이 있어 피고들의 체험전이 원고가 이 사건 체험전에 대하여 가지는 복제권 등의 저작재산권을 침해하였다는 취지의 원심의 판단에는 상고이유와 같이 저작물성, 2차적저작물성, 저작권 침해에 관한 법리를 오해하거나 채증법칙 위반 또는 판단누락 등의 위법이 없다.

⇨ 대법원 2019. 6. 27. 선고 2017다212095 판결

아래와 같은 사정들을 종합하여 보면, 원고 게임물은 선행 게임물과 구별되는 창작적 개성을 갖추고 있어 저작물로서 보호 대상이 될 수 있다.

(1) 원고 게임물(게임물 명칭 1 생략, 게임물 영문명칭 1 생략)은 농작물을 기본적인 캐릭터로 하여 게임 속의 특정한 타일이 3개 이상의 직선으로 연결되면 함께 사라지면서 그 수만큼 해당 타일의 점수를 획득하는 방법으로 각 단계마다 주어지는 목표 타일 수에 이르도록 하는 매치-3-게임(match-3-game)의 형식을 취하고 있다. 기존에도 다양한 형태의 매치-3-게임이 있었지만, 원고 게임물은 과일, 야채, 콩, 태양, 씨앗, 물방울 등을 형상화한 기본 캐릭터를 중심으로, 방해 캐릭터로는 당근을 먹는 토끼, 전투 레벨의 악당 캐릭터로는 너구리를 형상화한 캐릭터(ㅇㅇㅇ)를 사용하여 '농장(Farm)'을 일체감 있게 표현한 게임이라는 점에서 기존에 존재하던 게임물과 구별되는 특징이 있다.

(2) 원고 게임물은 기본 보너스 규칙, 추가 보너스 규칙을 기본으로 하여 히어로 모드, 전투 레벨, 알 모으기 규칙, 특수 칸 규칙, 양동이 규칙, 씨앗과 물방울 규칙, 방해 규칙 등을 단계별로 순차 도입하였다. 이와 같이 도입된 규칙으로 인해 원고 게임물을 진행하면서 달성해야 할 목표의 수나 종류가 다양해지므로, 사용자는 방해가 되는 요인을 제거하거나 회피하면서 게임에서 정한 목표를 달성하는 과정에서 새로운 재미와 신선함을 느끼게 된다. 원고 게임물은 각 단계별로 목표를 달성해야 하는 방식이지만, 앞 단계에서 추가된 특수 규칙이 그 이후 단계에서 추가·변경되거나 다른 규칙과 조합되어 새로운 난이도를 만들어 내기 때문에 게임의 전개와 표현형식에 영향을 미치게 된다.

(3) 원고 게임물은 작은 스마트폰 화면에서 효과적으로 게임 내용을 구현하면서 사용자가 쉽고 재미있게 게임할 수 있도록, 아래와 같이 입체감 있는 다양한 요소들을 결합하여 표현하였다(설시된 ①~⑧의 특징은 생략: 필자 주).

(4) 원고 게임물의 개발자가 그동안 축적된 게임 개발 경험과 지식을 바탕으로 원고 게임물의 성격에 비추어 필요하다고 판단된 요소들을 선택하여 나름대로의 제작 의도에 따라 배열·조합함으로써, 원고 게임물은 개별 구성요소의 창작성 인정 여부와 별개로 특정한 제작 의도와 시나리오에 따라 기술적으로 구현된 주요한 구성요소들이 선택·배열되고 유기적인 조합을 이루어 선행 게임물과 확연히 구별되는 창작적 개성을 갖게 되어 저작물로 보호되어야 한다.

그럼에도 원심은 이상의 게임규칙들이 '아이디어'에 불과하고 저작권법상 보호 대상인 '표현'이 아니라고 판단한 잘못이 있다.

## 나. 아이디어와 표현의 합체

저작물에 따라서는 그 바탕이 되는 아이디어를 표현할 수 있는 적절한 수단이 제한되어 본디 표현의 다양성을 기대하기 어려운 경우가 있다. 이는 주로 설명서, 설계도, 지도 등 기능적 성격을 가지는 저작물에서 많이 발견되는 바, 이 경우 '아이디어와 표현이 합체되었다'고 보아 제3자가 동일한 표현을 사용하더라도 침해로 인정하지 않는다. 실무는 이를 원저작물이 최소한의 창작성을 갖추지 못한 것으로 취급하는 수도 많으며, "누가 하더라도 동일한 표현을 사용하게 될 것"이라고 설시하는 것이 보통이다.

⇒ 대법원 2009. 1. 30. 선고 2008도29 판결

누가 하더라도 같거나 비슷할 수밖에 없는 표현, 즉 저작물 작성자의 창조적 개성이 드러나지 않는 표현을 담고 있는 것은 창작성이 있는 저작물이라고 할 수 없다. …(중략) 설계도서와 같은 건축저작물이나 도형저작물은 예술성의 표현보다는 기능이나 실용적인 사상의 표현을 주된 목적으로 하는 이른바 기능적 저작물로서, 기능적 저작물은 그 표현하고자 하는 기능 또는 실용적인 사상이 속하는 분야에서의 일반적인 표현방법, 규격 또는 그 용도나 기능 자체, 저작물이용자의 이해의 편의성 등에 의하여 그 표현이 제한되는 경우가 많으므로 작성자의 창조적 개성이 드러나지 않을 가능성이 크다. 그리고 어떤 아파트의 평면도나 아파트 단지의 배치도와 같은 기능적 저작물에 있어서 구 저작권법은 그 기능적 저작물이 담고 있는 기술사상을 보호하는 것이 아니라, 그 기능적 저작물의 창작성 있는 표현을 보호하는 것이므로, 설령 동일한 아파트나 아파트 단지의 평면도나 배치도가 작성자에 따라 정확하게 동일하지 아니하고 다소간의 차이가 있을 수 있다고 하더라도, 그러한 사정만으로 그러한 기능적 저작물의 창작성을 인정할 수는 없고 작성자의 창조적 개성이 드러나 있는지 여부를 별도로 판단하여야 할 것이다.

## 다. 사실상의 표준화

예컨대 컴퓨터 프로그램의 사용자 인터페이스처럼 처음에는 창작적 표현이었으나 그것이 오랫동안 널리 사용됨으로 일종의 '사실상 표준'이 되어 기능적 성격을 띠게 되는 수가 있다. 그렇게 되면 경쟁자라도 다른 인터페이스로는 자신의 아이디어를 적절히 표현하기 어려워지고 수요자들 또한 굳이 새로운 인터페이스를 따로 익혀야 하는 불편에 놓여 표현에 관한 선택의 여지가 사실상 없어지게 되는 바, 이때 원래의 인터페이스를 창작성 있는 저작물로 보호하는 것은 불합리한 결과를 낳게 된다. 일찍이 미국 판례가 Louts v. Borland 사건[20]에서 '스프레드 시트 프로그램'의 사용자 인터페이스(메뉴구조)에 관하여 그러한 입장을 밝힌 바 있고, 우리나라 하급심 판결례 가운데도 'PDA 등 개인 단말기에 증권정보를 제공하는 인터페이스'와 관련하여 유사한 법리가 선고된 예가 있다. [21]

20) Lotus Development Corporation v. Borland International, Inc., 516 U.S. 233(1996).
21) 서울고등법원 2008. 6. 10. 선고 2007나58805 판결.

⇨ 하급심 판결례 서울고등법원 2008. 6. 10. 선고 2007나58805 판결

선발업체가 채택한 사용자 인터페이스가 광범위하게 전파될 경우 그 인터페이스의 특징이 기능적인 것으로 변화되고 사실상의 표준으로 작용할 수밖에 없는데, 이를 저작권법에 의하여 장기간 독점적으로 보호할 경우 사용자는 직접 또는 간접적으로 저작권 이용료를 부담하여야 하고 이를 피해가기 위해서는 다른 인터페이스를 선택하여 새로운 사용방법을 익혀야 하는 점 등에 비추어 보면 이 사건 화면구성을 저작권법이 보호하는 편집저작물로 인정하기는 어렵다.

## 라. 필수적 표현

영화나 소설에 있어서는 특정한 아이디어나 상황에 대한 묘사를 위해 '전형적인 표현'이 사용되는 경우가 흔히 있다. 그러한 전형적인 표현은 마치 '건물'이라는 창작물을 완성하기 위해 사용되는 '벽돌'처럼 누구라도 활용할 수 있는 영역에 두는 것이 바람직하고 이를 저작물로 취급하여 배타성을 부여하는 것은 불합리하다. 이를 '필수적 표현(Scènes à Faire)'[22)]이라고 하며, 앞서 본 '창작성이 부족한 표현'으로 파악할 수도, '아이디어와 표현이 합체된 경우'로 파악할 수도 있을 것이다.

우리 판례[23)] 가운데도, 일제 치하에 연해주로 이주한 한인들의 삶이라는 공통된 배경과 사실을 소재로 이야기를 전개해 가는 두 작품들 사이에서, '까레이스키'라는 드라마의 제목이 공통되거나, 사랑하는 사람을 그리워하는 남자 주인공의 모습, 남녀 한 쌍의 주인공이 눈 속에서 헤매는 모습, 여자 주인공의 직업과 러시아 의사와의 관계 설정, 1937년 강제이주의 상황묘사, 연해주 망명과 유격대 독립운동사 등에 관한 표현이 공통되더라도 이처럼 추상적인 인물의 유형 혹은 어떤 주제를 다루는 데 있어 전형적으로 수반되는 사건이나 배경 등은 아이디어의 영역에 속하는 것들로서 저작권법에 의한 보호를 받을 수 없다고 설시한 예가 있다.

---

22) 이는 불어(佛語) 표현이며, 영어로는 'scene to be made'로 번역된다.
23) 대법원 2000. 10. 24. 선고 99다10813 판결.

## 3. 저작물과 관련된 특수한 문제

## 가. 캐릭터

### (1) 캐릭터의 의의와 종류

캐릭터라 함은 소설이나 영화, 드라마, 만화, 게임 따위에서 작품 내용에 의해 독특한 개성과 이미지가 부여된 등장인물이나 사물을 말한다. 캐릭터의 분류 가운데 특히 중요한 것은 '어문 캐릭터'와 '시각적 캐릭터'이다. '어문 캐릭터'는 캐릭터의 본래 의미에 보다 가까운 것으로서, 소설 등 어문 저작에서의 묘사를 통해 추출되는 등장인물 고유의 '추상적 특징'을 말한다. 반면 '시각 캐릭터'란 주로 영화, 만화, 게임 따위에 등장하는 인물이나 사물 고유의 '일관된 형상'을 의미한다. 특히 근래에는 배경이 되는 스토리 등이 따로 없이 오로지 상품화 등을 목적으로 인물이나 사물의 형상을 모티브로 한 창작물도 많이 등장하고 있으며, 현실에서는 오히려 이런 것들을 '캐릭터'라고 부르는 일이 더 많다.24) 논란이 없는 것은 아니나, 이 또한 시각적 캐릭터의 한 모습이라 할 수 있다.

### (2) 캐릭터에 독자적 저작물성을 인정할 것인가

이에 대해서는, 캐릭터는 어디까지나 그것이 속한 저작물의 구성요소일 뿐이며 기본적으로는 아이디어 가깝거나, 시각적 요소가 강해 독자적 표현으로 인정되더라도 결국은 전체 저작물의 보호를 통해 간접적 보호를 누릴 수 있을 뿐 독자적 저작물이 될 수는 없다는 견해(부정설),25) 어문저작물의 캐릭터인지 시각적 저작물의 캐릭터인지에 따라 정도 차이는 있으나 일정한 경우 캐릭터는 그것이 속한 저작물과 독립하여 저작물성을 인정받을 수도 있다는 견해(긍정설)26)가 있다.

생각건대,  i ) 어문저작물의 캐릭터라 하더라도 그 성격이나 특징이 매우

---

24) 강학상 이를 '오리지널 캐릭터'라고 부르기도 한다(박성호, 저작권법(제2판), 박영사 (2017), 167면).

25) 박성호, 앞의 책, 192~193면; 오승종, 저작권법강의, 박영사(2018), 141~142면. 이 견해 에 따르면, 제3자의 작품에 원작 캐릭터의 특징과 동일·유사한 묘사가 존재할수록 원작의 복제 혹은 2차적 저작물로 판단될 가능성이 높아진다고 한다.

26) 이해완, 저작권법(제4판), 박영사(2019), 306~308면.

독창적이고 구체적으로 묘사되어 일관성을 가진다면 이를 독자적 표현으로 못
볼바 없고, 그런 특징적 캐릭터를 타인이 다른 상업적 콘텐츠에 임의로 가져
다 사용한다면 이를 저작권법적으로도 통제할 필요가 있다는 점, ⅱ) 특히 시
각적 캐릭터의 경우, 원작의 내용과 별개로 그 개성이 대중에게 어필하는 면
이 분명히 존재하며, 심지어 원작 없이 캐릭터만을 창작·활용하는 일도 다반
사인 점,27) ⅲ) 시각적 캐릭터를 의류, 문구, 장난감 등 상품에 활용하는 일
이 많은데 이를 다른 지적재산권 관련 법률로 보호하는 경우, 각 법의 적용요
건으로 인해 보호가 미흡한 경우가 생기게 되는 점28) 등을 고려하면 원칙상
캐릭터에는 원작과 별개로 독자적 표현으로서 저작물성을 인정함이 합당하다.

판례(대법원 2010. 2. 11. 선고 2007다63409 판결)는 "만화, 텔레비전, 영화,
신문, 잡지 등 대중이 접하는 매체를 통하여 등장하는 인물, 동물 등의 형상
과 명칭을 뜻하는 캐릭터의 경우 그 인물, 동물 등의 생김새, 동작 등의 시각
적 표현에 작성자의 창조적 개성이 드러나 있으면 원저작물과 별개로 저작권
법에 의하여 보호되는 저작물이 될 수 있다"고 하여 시각적 캐릭터에 관하여
는 긍정설의 입장을 분명히 하고 있다.

⇨ 대법원 2003. 10. 23. 선고 2002도446 판결

> 달마시안 종의 개 101마리라는 설정과 이에 따른 101이라는 숫자 및 달마시안
> 무늬로 만든 디자인으로 표현된 디즈니사의 저작물은 자연계에 존재하는 달마시
> 안 종 일반을 연상시키는 것이 아니라 오로지 위 회사가 창작한 만화영화 속 주
> 인공인 101마리의 달마시안 종의 개만을 연상하게 하며, 달마시안 종의 개가 원
> 래 자연계에 존재한다고는 하지만 위 회사는 달마시안 종의 개에게 만화주인공
> 으로서만이 가질 수 있는 독특한 사랑스러움과 친숙함 등을 느낄 수 있도록 도
> 안함으로써 저작권법에서 요구하는 창작성의 요건을 갖추었으므로, 이는 창작성
> 이 있는 저작물로서 저작권법의 보호대상이 된다.

---

27) 판례는 상품의 출처표시 용도로 창작된 도형물에 대해서도 별도로 저작물성을 인정한다
(대법원 2014. 12. 11. 선고 2012다76829 판결).

28) 예컨대, 특정 시각 캐릭터를 상표 등록하려면 심사를 거쳐 등록요건을 별도로 심사받아야
하고, 보호의 대상이 되는 지정상품이나 서비스가 한정되어야 한다. 부정경쟁방지법에 의
한 보호를 받기 위해서는 당해 캐릭터가 이미 국내에서 주지의 상품표지나 영업표지로 사
용되고 있어야 한다. 디자인권 등록을 받기 위해서는 그것이 특정 물품의 형상이나 모양
을 이루어야만 하는 제한이 따른다.

⟹ 대법원 2010. 2. 11. 선고 2007다63409 판결

> 야구를 소재로 한 게임물인 원심 판시 '실황야구'에 등장하는 '실황야구' 캐릭터는 야구선수 또는 심판에게 만화 속 등장인물과 같은 귀여운 이미지를 느낄 수 있도록 인물의 모습을 개성적으로 도안함으로써 저작권법이 요구하는 창작성의 요건을 갖추었으므로, 이는 창작성이 있는 저작물로서 원저작물인 게임물과 별개로 저작권법의 보호대상이 될 수 있고, 한편 위 '실황야구' 캐릭터에 관하여 상품화가 이루어졌는지 여부는 저작권법에 의한 보호 여부를 판단함에 있어서 고려할 사항이 아니다.

## (3) 현실적 문제점

이처럼 캐릭터(특히 시각적 캐릭터)에 독자적 저작물성을 인정하더라도 그 권리범위를 어떤 기준으로 파악할 것인지라는 어려운 문제가 남는다. 즉, 예컨대 미키마우스라는 시각적 캐릭터를 예로 들면, ⅰ) 미키마우스가 가지는 고유하고 일관된 특징(의인화된 생쥐, 둥글고 큰 귀, 커다랗고 귀여운 눈, 뾰족한 코, 가느다란 팔다리 등) 자체를 표현으로 볼 것인가 아니면 ⅱ) 저작권자에 의해 각각의 장면에서 실제로 그려진 미키마우스 모양만을 표현으로 볼 것인가 하는 점이다. 만약 ⅰ)에 따르면 비록 디즈니사에 의해 구체적 장면에서 실제 묘사된 바 없는 형상의 미키마우스라 하더라도, 제3자가 허락 없이 그 일관된 특징을 모두 활용한 미키마우스를 그려 상업적으로 활용한다면 이는 복제권의 침해를 구성할 수 있다(이른바 '응용표절'). 반면, ⅱ)에 따르면 제3자의 그런 행위는 기존에 실제로 그려졌던 가장 유사한 미키마우스에 대한 '2차적 저작물'에 그치게 될 가능성이 높다. 결국 권리범위 면에서는 ⅱ)보다 ⅰ)의 입장이 더 강한 보호를 부여하게 된다. 반면, 미키마우스라는 시각적 캐릭터의 저작권 존속기간과 관련해서는, ⅰ)의 입장에 서면 미키마우스라는 캐릭터가 최초로 창작된 때를 기산일로 하여 저작권 존속기간이 종료되면 일제히 해당 캐릭터는 공중의 영역에 들어가게 되겠지만, ⅱ)의 입장에 서면 각각의 장면에서 구체적으로 형상화 한 미키마우스별로 저작권 존속기간이 개시될 것이므로 사실상 저작권 존속기간이 영구화할 가능성도 배제할 수 없게 된다. 이런 부작용 등을 감안하면 ⅰ)의 입장을 취하는 편이 타당할 것이다.

## 나. 글 자 체

글자체가 저작권법상 보호 가능한 저작물인지에 대하여는 학설상 견해의 대립이 있으나, 판례는 글자체 그 자체는 인쇄기술에 의해 사상이나 정보 등을 전달한다는 실용적인 기능을 주된 목적으로 하는 한 저작물성이 인정되지 않는다고 한다. 29) 다만, 컴퓨터에서 사용되는 글자체는 컴퓨터 프로그램으로서의 속성을 가지며, 그 생성과정에 서체제작자의 개성적 표현방식과 창의적 선택이 발현되므로 저작권에 의한 보호가 가능하다고 한다. 30) 한편, 디자인보호법 제 2 조 제 1 호는 글자체를 디자인에 포함시키고 있으므로 글자체는 등록요건을 갖춘 경우 디자인보호법에 의하여 보호될 수 있다.

## 다. 공서양속에 반하는 내용의 저작물

저작물의 내용이 공서양속이나 법규에 위반되는지와 이를 저작권법에 의하여 보호되는 저작물로 평가하는지 여부는 별개의 문제이다. 따라서 저작권법의 보호대상인 저작물이라 함은 사상 또는 감정을 창작적으로 표현한 것으로서 문학, 학술 또는 예술의 범위에 속하는 것이면 되고 윤리성 여하는 문제되지 아니하므로 예컨대 음란물이나 이적 표현물처럼 그 내용 중에 부도덕하거나 위법한 부분이 포함되어 있다 하더라도 저작권법상 저작물로 보호되는데 지장이 없다. 31)

---

29) '산돌체모음', '안상수체모음', '윤체B', '공한체 및 한체모음' 등 이 사건 서체도안들을 기록에 의하여 살펴보면, 원고들이 우리 저작권법상의 응용미술작품으로서의 미술저작물에 해당한다고 주장하면서 저작물 등록을 신청한 이 사건 서체도안들은 우리 민족의 문화유산으로서 누구나 자유롭게 사용하여야 할 문자인 한글 자모의 모양을 기본으로 삼아 인쇄기술에 의해 사상이나 정보 등을 전달한다는 실용적인 기능을 주된 목적으로 하여 만들어진 것임이 분명한바, 위와 같은 인쇄용 서체도안에 대하여는 일부 외국의 입법례에서 특별입법을 통하거나 저작권법에 명문의 규정을 둠으로써 법률상의 보호대상임을 명시하는 한편 보호의 내용에 관하여도 일반 저작물보다는 제한된 권리를 부여하고 있는 경우가 있기는 하나, 우리 저작권법은 서체도안의 저작물성이나 보호의 내용에 관하여 명시적인 규정을 두고 있지 아니하며, 이 사건 서체도안과 같이 실용적인 기능을 주된 목적으로 하여 창작된 응용미술작품은 거기에 미적인 요소가 가미되어 있다고 하더라도 그 자체가 실용적인 기능과 별도로 하나의 독립적인 예술적 특성이나 가치를 가지고 있어서 예술의 범위에 속하는 창작물에 해당하는 경우에만 저작물로서 보호된다(대법원 1996. 8. 23. 선고 94누5632 판결).

30) 대법원 2001. 6. 26. 선고 99다50552 판결.

31) 대법원 1990. 10. 23. 선고 90다카8845 판결; 대법원 2015. 6. 11. 선고 2011도10872 판결.

## 라. 상표와 저작물

저작물과 상표는 배타적·택일적인 관계에 있지 아니하므로, 상표법상 상표를 구성할 수 있는 도형 등이라도 저작권법에 의하여 보호되는 저작물의 요건을 갖춘 경우에는 저작권법상의 저작물로 보호받을 수 있고, 그것이 상품의 출처표시를 위하여 사용되고 있거나 사용될 수 있다는 사정이 있다고 하여 저작권법에 의한 보호 여부가 달라진다고 할 수는 없다는 것이 판례이다.[32]

그러나 상표로 등록되거나 상표로 사용되는 표장이 최소한의 창작성을 갖추었다는 이유만으로 일률적·자동적으로 상표권과 저작권의 중복 보호를 인정하는 것에는 문제가 있다. 대체로 상표로 사용되는 저작물(간단한 도형저작물들이 대부분이다) 가운데는 일반 저작물보다는 창작성이 낮은 것들이 많고, 그 주된 역할은 어디까지나 상품의 출처표시이며 문화적 표현의 다양성에 대한 기여는 부수적이라고 해야 할 것이기 때문이다. 무엇보다, 상표권과 저작권을 동시에 누리는 표장은 상표권이 갱신·존속하는 한 일반 저작물과 달리 공중의 자산이 될 가능성이 없어 저작권 제도의 본래 취지에 맞지 않는다.[33] 또, 이 경우 상표권자는 상표권이 부정사용·불사용 등 징벌적 사유로 취소되거나 존속기간 미갱신으로 소멸한 후에도 여전히 저작권을 행사하여 사실상 상표권 소멸의 효력을 우회할 여지가 있으며, 상표품의 판매로 시장에서 권리소진이 이루어진 이후 저작권을 행사하여 다시 상표품의 유통을 저지할 가능성도 있어 복잡한 문제를 야기한다. 따라서 상표등록되거나 상표로 사용되는 표장에는 상표권만을 인정하는 것을 원칙으로 하되, 이를 저작물로도 보호하기 위해서는 일반적인 경우보다 요구되는 창작성의 정도를 높게 설정하는 등 합리적 접근이 필요하다 할 것이다.[34]

## 마. 인공지능(AI)과 저작물

기술의 비약적 발전과 더불어 인공지능은 이미 다양한 지적 창작의 영역

---

32) 대법원 2014. 12. 11. 선고 2012다76829 판결.
33) 저작권법이 저작물에 독점권을 부여하는 이유는, 그렇게 함으로써 다양한 문화적 표현이 창작되도록 인센티브를 부여하고 일정 기간이 지나면 공중이 그 결과물을 자유롭게 이용할 수 있다는 일종의 '공적 계약'이 전제되기 때문이다.
34) 이상의 점에 대한 상세한 논의는, 조영선, "저작권과 상표권의 저촉·중복보호 등에 관한 법률문제", 저스티스 제153호(2016. 4), 57면 이하 참조.

에서 사람과 다를 바 없거나 그를 뛰어 넘는 수준의 창작물을 대량으로 생산
해 내는 수준에 이른 것으로 평가되고 있다. 그 결과 저작권 분야에서도 인공
지능 창작물의 법적 취급에 관하여 다양한 각도에서 검토가 이루어지고 있다.
다만, 이는 현재로서는 '예측기반'의 논의일 수밖에 없고 향후 현실의 변화에
따라 구체적 조정이 수반되어야 하기 때문에 대부분 '잠정적 결론'이거나 입
법론의 속성을 가지는 경우가 많다.

### (1) 저작물성 문제

저작권법 제2조는 저작물을 '인간의' 사상 또는 감정을 표현한 창작물로
정의하고 있기 때문에 온전히 인공지능에 의해 창작된 결과물이라면 저작물로
인정될 수 없을 것이다. 그러나 적어도 현재까지는 정도차이는 있지만 인공지
능을 통한 창작 과정에서 여전히 인간의 개입이 수반되고 있기 때문에 그 결
과물이 저작물 자체로는 인정될 수 있는 여지가 많다. 아울러, 향후 창작의
전 과정에서 인공지능이 주도적 역할을 하게 되더라도 그 결과물이 인간의 사
상과 감정을 표현한 것과 동일한 역할을 실제로 수행한다면 이 또한 저작물로
인정하는 내용으로 제도변경이 필요해 질 수도 있을 것이다.

### (2) 저작권의 귀속주체

인공지능이 개재된 창작물에 대한 저작권법 상 권리를 누구에게 귀속시킬
것인가는 해당 인공지능이 창작의 과정에서 어느 정도의 역할을 수행했는가와
밀접하게 관계된다. 이에 대해서는 ⅰ) 인공지능이 창작에 주도적 역할을 담
당하고 인간은 단지 기본적인 지시나 데이터의 제공만 한 경우[35]라면 그 결과
물의 권리귀속주체는 인공지능의 프로그래머이고, ⅱ) 창작의 과정을 인간이
주도하고 인공지능은 단지 그 보조적 수단으로 역할 한 것이라면 결과물의 권
리는 인공지능을 이용한 인간이어야 한다는 것이 원론으로 수긍되고 있다. 그
러나 ⅰ)의 경우에 인공지능의 프로그래머는 그 프로그램을 완성·제공함으로
써 이미 이익을 회수했음에도 다시 그를 이용한 결과물에 대한 권리를 누리는
것은 과잉보호이며 권리소진의 원칙에 반한다는 반론도 제기되고 있다.[36] 또

---

35) 예컨대 작곡에 있어 인간은 악곡의 형식, 종류, 분위기, 박자의 구성 등 기본적 명령만 입
　　력하고 나머지 구체적 창작은 인공지능이 수행하여 곡을 완성하는 경우를 생각할 수 있다.
36) 정상조, "인공지능시대의 저작권법 과제", 계간저작권 제122호(2018), 53~54면.

한 현실에서는 ⅰ)과 ⅱ)의 사이에 인공지능과 인간의 역할 분담 정도에 관하여 다양한 스펙트럼이 존재하기 때문에 권리귀속에 대해서도, 프로그래머와 이용자를 공동저작자로 취급하는 방안, 업무상 저작물의 법리를 유추하여 인공지능에게 창작을 지시한 회사에게 권리를 귀속시키는 방안 등 다양한 제안들이 나오고 있는 실정이다.

아직 현실과는 거리가 있지만, 앞으로 인간의 개입 없이 인공지능 스스로 창작물을 산출하는 경우에 대해서는 ⅰ) 저작권을 인정하지 않고 이를 공공의 자산으로 보아 자유롭게 이용하게 하자는 제안도 있고, ⅱ) 반대로 인공지능 자체에 권리능력을 부여하여 권리귀속을 인정함으로써 이 분야에 대한 투자 인센티브를 확보해야 한다는 제안도 있다. 그러나 ⅰ)에 대해서는 창작 내지 투자 인센티브의 약화가, ⅱ)에 대해서는 인공지능에 법인격을 인정해야 하는 제도적, 윤리적 위화감이 각각 문제일 수밖에 없다.

### (3) 인공지능에 의한 저작권 침해와 공정이용 문제

보다 현실적인 주제로서, 인공지능을 동원해 빅 데이터를 분석·정리·이용하거나 새로운 창작을 하는 과정에서 기존 저작물들에 대한 복제·전송·2차적 저작행위 등 침해가 수반되는 수가 많은바, 이를 어떻게 처리해야 할지의 문제가 있다. 현재 세계적 추세는, 저작물을 그 본래의 목적대로 이용하는 대신, 정보의 검색지원이나 데이터분석 등 목적으로 이용하는 경우에는 이를 '공정이용'의 한 유형으로 취급하는 방향으로 나아가고 있다.37) 독일과 일본은 이미 그런 내용으로 저작권법 개정을 마쳤고,38) 유럽 연합 역시 과학연구를 위한 비영리 목적이라는 조건 아래 위와 같은 데이터마이닝 행위를 저작권 침

---

37) 이런 사고를 잘 보여주는 대표적 예가 구글의 '인터넷 도서관' 작업을 둘러싼 미국에서의 분쟁이다. 구글은 검색서비스의 강화를 위해서 전 세계 유명 대학 도서관 등에 보관되어 있는 2,500만 여권의 장서를 스캔하여 디지털화 한 다음 그 결과를 도서검색 지원이나 단어사용빈도 조사 등의 목적으로 제공하고 있다. 미국의 저작자 그룹이 이런 구글의 사업에 대해 복제권 침해 등을 주장하여 벌인 소송에서 미국의 연방순회항소법원은 2015년 구글의 행위가 '공정이용'에 해당하여 적법하다는 판단을 내렸다(Author's Guild, Inc. v. Google. Inc., 804 F. 3d 202 (2d. Cir. 2015)). 이 사건에서 법원은 구글이 해당 빅 데이터의 구축을 위해서 이용한 저작물의 양은 매우 방대하지만, 공정이용 여부를 결정짓는 '이용의 양'은 전체 데이터베이스에 사용된 양이 아니라 각각의 이용자에게 제공되는 개별적인 양이라는 논리를 펴고 있다.

38) 독일 저작권법 §60d (2017); 일본 저작권법 제30조의 4, 제47조의 7(2019).

해에서 제외하는 입법을 하였다. 39)

### (4) 인공지능이 창작한 저작물의 존속기간 문제

현재까지의 논의는 대체로 인공지능의 창작물에 대해서는 창작성 내지 기존 저작물과의 유사성 판단 시에도 한층 엄격한 기준을 적용해야 하고, 저작권의 존속기간 역시 일반 저작물에 비해 매우 짧은 기간만 부여해야 한다는데 일치되어 있는 것으로 보인다. 이를 위해 인공지능 저작물에 대해 등록이나 표시를 강제하는 방식주의를 도입해야 한다는 제안도 있지만, 40) 현실적 문제는 과연 인공지능이 완성한 저작물과 인간의 저작물을 어떻게 구별해 낼 수 있으며 인공지능 저작물에 대해 주어지는 불이익을 회피하기 위해 인간의 저작물로 가장하는 예들을 얼마나 정확히 걸러낼 수 있는가 일 것이다.

## 바. 메타버스(Metaverse)와 저작물

인터넷에서의 3차원 가상 공간으로서 이용자들이 그 가상환경을 배경으로 다양한 활동을 수행하는 메타버스에서도 저작권은 지적재산권으로서 중요한 역할을 담당하게 된다. ① 메타버스 공간에서 활용될 목적으로 새롭게 창작되는 이미지나 음악 등이 존재할 수 있음은 물론, ② 현실의 저작물들이 디지털 형태로 변환되어 메타버스에서 이용되는 일도 많기 때문이다. ①의 경우 대체로 프로그램 저작권이나 영상·음악저작권 등 기존의 게임물에 관련되는 저작권 법리가 활용되는 경우가 많을 것이다. ②와 관련해서는, 예컨대 메타버스에서 가상의 도시공간을 구축하면서 현실에서 타인이 저작권을 가진 건축물의 이미지를 같거나 유사하게 이용하는 것, 현실에 존재하는 저작물을 이미지로 변환하여 가상공간으로 옮겨 사용하는 것 등이 문제 될 수 있다. 가상공간에서 건축저작물의 이미지 이용으로 인한 침해는 이미 국내외에서 다양한 현실적 이슈가 되어가고 있거니와, 우리나라에서도 제3자가 그 설계자의 저작물인 골프코스를 거의 그대로 재현한 영상을 스크린 골프장에서 가상의 골프코스로 활용하는 것이 복제·전송권 등 저작권 침해행위라는 취지의 판결례가 이미 나

---

39) Directive (EU) 2019/790, Art. 3 (2019).
40) 손승우, "인공지능 창작물의 저작권 보호", 정보법학(제20권 제3호), 한국정보법학회
    (2016), 107면.

와 있는 실정이다. [41]

# Ⅳ. 저작물의 종류

저작물은 인간의 사상이나 감정을 표현한 것 일체를 말하기 때문에 그 종류를 일일이 열거하기 어렵다. 저작권법 제4조 제1항 각호 역시 저작물의 종류를 아래와 같이 규정하면서 이는 어디까지나 '예시적'인 것임을 분명히 하고 있다.

1호: 소설·시·논문·강연·연설·각본 그 밖의 어문저작물

2호: 음악저작물

3호: 연극 및 무용·무언극 그 밖의 연극저작물

4호: 회화·서예·조각·판화·공예·응용미술저작물 기타 미술저작물

5호: 건축물·건축을 위한 모형 및 설계도서 그 밖의 건축저작물

6호: 사진저작물(이와 유사한 방법으로 제작된 것을 포함한다)

7호: 영상저작물

8호: 지도·도표·설계도·약도·모형 그 밖의 도형저작물

9호: 컴퓨터 프로그램저작물

## 1. 쟁점이 있는 저작물 유형

### 가. 응용미술저작물(제4조 제1항 제4호)

#### (1) 정　　의

물품에 동일한 형상으로 복제될 수 있는 미술저작물로서 그 이용된 물품과 구분

---

41) 서울중앙지방법원 2015. 2. 13. 선고 2014가합520165 판결(다만, 이 사건은 그 뒤 항소 과정에서 원고들이 골프코스의 저작자인 설계자로부터 해당 재산저작권을 양수하지 않은 것으로 밝혀져 부정경쟁방지법 위반 및 민법상 불법행위로 청구원인이 변경되었다). 또한 해당 사건에서는 언급되지 않았지만, 현실의 골프코스를 게임 진행에 따라 골프연습장 스크린에 3D 형상으로 재현되도록 하는 것은 '2차적 저작물 작성권'의 침해에도 해당할 것이다.

되어 독자성을 인정할 수 있는 것을 말하며, 디자인 등을 포함한다(제2조 제15호).

### ㈎ 물품에 동일한 형상으로 복제될 수 있을 것

실용품과 결합된 미적 창작물(예: 가구의 장식용 부착물), 양산(量産)되는 실용품의 형상(예: 장신구), 양산되는 실용품에 무늬로 이용되는 미적 창작물(예: 원단의 염색도안) 등을 생각할 수 있다. 대량 복제를 전제로 하지 않는 일품제작(一品製作)의 공예품은 응용미술저작물이 아닌 일반 미술저작물로 보는 것이 보통이다.

### ㈏ 분리가능한 심미성

응용저작물에 표현된 미술적 가치가 해당 물품과 구분되어 독자성을 인정할 수 있는 정도에 이르러야 한다. 분리가능성은 미국 판례법의 이론이 우리 저작권법에 수용된 것으로서, 물적 분리가능성과 관념적 분리가능성으로 나뉜다. '물적 분리가능성'은 예컨대 가구에서 장식용 조각부분을 떼어내는 경우처럼 미적 창작물을 물리적으로 분리하더라도 해당 물품의 실용성에 지장을 주지 않는 것을 말한다. '관념적 분리가능성'은 매우 모호한 개념이나, 결국 당해 물품의 외형이 기능적 특징을 위주로 하는가, 그 외에 기능성과 무관한 별도의 심미적 요소가 존재하는지가 핵심적 기준이 될 것이다.[42] 관념적 분리가능성을 판단함에 있어서는 당해 제품의 주된 용도가 실용적인 것에 있는지, 미적인 것에 있는지도 중요하게 고려될 수 있다. 예컨대, 옷감 도안이나 벽지 도안의 경우 일반적으로 '옷을 만드는 재료'나 '벽의 도배 재료'라는 실용적 용도보다는 그 문양이 나타내는 '미적 기능'이 더 큰 역할을 하게 되는바, 그러한 문양은 관념적 분리가능성이 강하고 응용미술저작물로 인정될 가능성이 높다.

### (2) 디자인권과의 관계

### ㈎ 중첩적 보호

디자인보호법상 디자인은 물품의 형상·모양·색채 또는 이들을 결합한 것으로서 시각을 통하여 미감을 일으키게 하는 것을 말하며(디자인보호법 제2조 제1호) 등록디자인은 출원일 후 20년간 디자인권으로서 독점권이 보장된다.

---

42) 관념적 분리가능성이 긍정된 예(반라의 무희를 모티프로 한 '램프 받침대')
Mazer v. Stein, 347 U.S. 201(1954).
관념적 분리가능성이 부정된 예(물결 형상의 '자전거 거치대') Brandir Int'l v.
Cascade Pacific Lumbger Corp., 834 F.2d 1142(1987).

디자인보호법상 디자인과 저작권법상 응용미술저작물은 양산을 전제로 하는 물품을 대상으로 한다는 점 및 물품의 기능성과 구별되는 심미성을 필요로 한다는 점에서 핵심적 내용이 공통되는바, 디자인에 대한 디자인보호법에 의한 보호와 저작권법에 의한 보호의 상호관계가 문제된다. 이에 대하여는 디자인권 우선설, 중첩보호설, 절충설 등 다양한 견해가 존재하나 ⅰ) 저작권법 제2조 제15호가 응용미술저작물을 정의하면서 '디자인을 포함한다'고 명시하고 있는 점, ⅱ) 판례가 종래 응용미술품이 저작물로 보호받기 위해서는 의장(디자인)보다 한층 높은 창작성이 필요하다고 하던 입장을 바꾸어 그 보호요건을 동일하게 보고 있는 점, ⅲ) 컴퓨터 프로그램도 어문저작물로 보호받음과 동시에 발명으로서의 적격이 인정되어 특허 등록되면 특허권으로도 중첩보호 되는 점 등을 감안하면 결국 응용미술품은 저작권에 의한 보호를 받는 외에, 신규성·창작성 등 등록요건에 대한 심사를 거쳐 등록되면 디자인보호법으로도 중첩보호 받는 관계에 있다고 이해함이 상당하다.

### ㈏ 판례의 태도

판례는 응용미술저작물에 대한 정의 규정이 도입[43]되기 이전과 그 이후에 서로 다른 태도를 보인다.

#### 1) 응용미술저작물의 개념 도입 이전의 판례

⇨ 대법원 1996. 2. 23. 선고 94도3266 판결(대한방직 사건)[44]

> "응용미술은 원칙상 의장법으로 보호하고, 저작권의 중복보호는 안 되며, 예술적, 독립적 창작성이 뛰어난 경우에 한하여 예외적으로 저작권으로 보호된다"고 하면서, 문제가 된 직물지 도안에 관하여 의장권(디자인권)에 의한 보호 이외에 저작권으로 별도 보호하기에 족한 예술적, 독립적 창작성이 인정되지 않는다고 판시하였다. 45)

---

43) 2000. 1. 12. 법률 제6134호로 개정된 저작권법은 "물품에 동일한 형상으로 복제될 수 있는 미술저작물로서 그 이용된 물품과 구분되어 독자성을 인정할 수 있는 것을 말하며, 디자인 등을 포함한다"고 하여 응용미술저작물의 개념을 처음 명문으로 도입하였다.

44)

45) 생활한복 디자인에 관하여 같은 이유로 응용미술저작물로 인정하지 않은 예로는, 대법원 2000. 3. 28. 선고 2000도79 판결.

## 2) 응용미술저작물의 개념 도입 이후의 판례

⇨ 대법원 2004. 7. 22. 선고 2003도7572 판결(히딩크 넥타이 사건)[46]

"일명 '히딩크 넥타이'의 도안이 우리 민족 전래의 태극문양 및 팔괘문양을 상하 좌우 연속 반복한 넥타이 도안으로서 응용미술작품의 일종이라면 위 도안은 '물품에 동일한 형상으로 복제될 수 있는 미술저작물'에 해당한다고 할 것이며, 또한 그 이용된 물품과 구분되어 독자성을 인정할 수 있는 것이라면 저작권법 제 2 조 제11의2호에서 정하는 응용미술저작물에 해당한다"고 판시하여 ⅰ) 물품에 동일한 형상으로 복제가능성 ⅱ) 분리가능한 심미성의 요건만 갖추었다면 응용미술저작물로 보호받을 수 있다고 하였다.

이처럼, 디자인이나 상표에 대해 저작물성이 인정되는 경우 저작권법에 의해서도 중복보호를 부여하는 것이 세계적 추세라고 할 수는 있으나,[47] 이에 대해서는 이용자 측면에서 과잉규제의 문제점을 지적하는 시각도 유력하다.[48]

## 나. 건축저작물(제 4 조 제 1 항 제 5 호)

건축저작물에는 건축물은 물론 건축을 위한 모형 및 설계도서도 포함된다(제 4 조 제 5 호). 이와 관련하여, 아파트의 평면 설계도 등과 같이 기능적 성격이 강한 저작물은 '다양한 표현의 가능성이 제한되어 있어 창작성이 없다'고 판단되거나,[49] '아이디어와 표현의 합체'가 일어났다고 판단되는[50] 수가 있다.

또한 건축물의 증축이나 개축의 결과 동일성의 상실이 수반되더라도 이에 관하여는 동일성 유지권에 대한 예외가 인정된다(제13조 제 2 항 제 2 호). 건축물의 복제에는 그 건축을 위한 모형 또는 설계도서에 따라 이를 시공하는 것이

---

46)

47) 한국저작권위원회, "저작권법상 디자인 보호 확대의 세계적 경향과 시사점", 저작권문화 Vol. 284(2018. 4), 18~19면.

48) 中山信弘, "應用美術と著作權", 論究 ジュリスト 第18号(2016. 8), 100~105면.

49) 대법원 2009. 1. 30, 선고 2008도29 판결(건설회사에서 작성한 설계도면을 단순 변용한 정도의 아파트 평면도 및 배치도의 경우, 기능적 저작물로서의 창작성을 인정하기 어렵다는 이유로 저작물성을 부인한 사례).

50) 서울고등법원 2004. 9. 22. 자 2004라312 결정.

포함되며(제 2 조 제22호), 개방된 장소에 항시 전시되어 있는 미술저작물 등은 어떠한 방법으로든지 이를 복제하여 이용할 수 있지만, 건축물을 건축물로 복제하는 경우는 그렇지 않다는 점(제35조 제 2 항 제 1 호)도 건축저작물과 관련하여 유의할 점이다.

## 다. 영상저작물(제 4 조 제 1 항 제 7 호)

### (1) 정  의

'영상저작물'이란 연속적인 영상(음의 수반 여부는 가리지 아니한다)이 수록된 창작물로서 그 영상을 기계 또는 전자장치에 의하여 재생하여 볼 수 있거나 보고 들을 수 있는 것을 말한다(제 2 조 제13호). 영화나 뮤직비디오는 물론 비디오 게임물도 영상저작물에 속한다. '영상제작자'는 영상저작물의 제작에 있어 그 전체를 기획하고 책임을 지는 자이다(제 2 조 제14호).

### (2) 영상저작물의 특례

영상저작물은 그 속성상 제작과정에서 다양한 저작자와 저작인접자의 공동작업이 수반되기 때문에 권리관계가 복잡해지고 분쟁이 양산될 우려가 많다. 저작권법은 이 문제를 해결하기 위해 영상저작물에 관한 특례 규정(제99조 내지 제101조)을 마련해 두고 있다.

#### (가) 영상화 허락 계약의 의사해석(저작재산권자 v. 영상제작자)

저작재산권자가 저작물의 영상화를 허락한 경우에 특약이 없는 때에는, ⅰ) 각색, 공개상영, 방송, 전송, 복제·배포, 번역물을 같은 방법으로 이용하는 것도 허락한 것으로 추정하고(제99조 제 1 항), ⅱ) 허락일로부터 5년간 그 저작물에 대한 다른 영상화 허락을 하지 않기로 한 것으로 추정한다(제99조 제 2 항).

#### (나) 참여자의 권리양도 추정(영상물제작 참여자 v. 영상제작자)

1) 저작권 관련 사항

ⅰ) 영상물 제작과정에서 '발생하는' 저작권(의상, 분장, 장치, 특수효과, 편집 등)은 영상저작물의 이용을 위해 필요한 한도에서[51] 영상제작자에게 양도한

---

51) 복제·배포·공개상영·방송·전송 등을 의미한다(제101조 제 1 항).

것으로 추정한다(제100조 제 1 항).  ⅱ) 영상물의 제작에 '사용되는' 소설·각본·
음악·미술 등의 저작재산권에 대하여는 양도 추정이 적용되지 않는다(제100조
제 2 항). 따라서 예컨대 원저작자인 소설가는 영화화 허락 이후에도 자신의 소
설을 출판할 수 있고, 원저작자인 작곡가는 자신의 악곡을 영화의 배경음악으
로 이용허락한 후에도 독자적 음반으로 출반할 수 있음이 원칙이다. 계약으로
이와 달리 정하는 것은 가능함은 물론이다.

　2) 저작인접권 관련 사항

　영상저작물의 제작에 협력한 감독, 배우 등 실연자의 권리 중 영상물의
이용에 필요한 복제·배포·방송·전송권은 특약이 없는 한 영상제작자에게 양
도한 것으로 추정된다(제100조 제 3 항).

　◈ 대법원 1997. 6. 10. 선고 96도2856 판결

> 영화상영을 목적으로 제작된 영상저작물 중에서 특정 배우들의 실연장면만을 모
> 아 가라오케용 LD 음반을 제작하는 것은, 그 영상제작물을 본래의 창작물로서
> 이용하는 것이 아니라 별개의 새로운 영상저작물을 제작하는 데 이용하는 것에
> 해당하므로, 영화배우들의 실연을 이와 같은 방법으로 LD 음반에 녹화하는 권
> 리는 영상제작자에게 양도되는 권리의 범위에 속하지 아니한다.

　(3) 영상저작물의 특례와 업무상 저작물(제 9 조)의 관계

　영상저작물에 대하여도 업무상 저작물에 관한 저작권법 제 9 조가 적용되
는지, 아니면 영상저작물에 대한 특례가 그 특칙에 해당하여 우선 적용되는지
가 문제된다. 영상저작물에 관하여 저작권법 제 9 조의 적용을 부정하는 견해
도 있으나 이를 긍정하는 입장이 유력하며[52] 그러한 취지의 하급심 재판례들
이 존재한다. [53] 요컨대, 긍정설에 따르면 영상저작물이라고 하더라도 법인 등
사용자(대부분의 경우 기획사나 제작사일 것이다)가 시나리오작가, 감독, 배우 등
관여자들을 실질적으로 고용하여 작품을 완성하였다면 이는 업무상 저작물에
해당하여 제작사를 저작자로 보며, 영상저작물의 특례 규정은 당사자 사이의
관계나 계약내용 등에 비추어 당해 영상물이 업무상 저작물에 해당하지 않는
경우에 적용이 있다.

---

52) 논의의 소개는 박성호, 앞의 책, 202~203면 참조.
53) 서울고법 2000. 9. 26. 자 99라319 결정; 서울지법 2003. 7. 11. 선고 2001가합40881 판결.

## 라. 컴퓨터 프로그램 저작물(제9호)

'컴퓨터 프로그램 저작물'은 특정한 결과를 얻기 위하여 컴퓨터 등 정보 처리능력을 가진 장치 내에서 직접 또는 간접으로 사용되는 일련의 지시·명령 으로 표현된 창작물을 말한다(제2조 제16호). 컴퓨터 프로그램은 종래 컴퓨터 프로그램보호법에 의하여 별도로 보호되었으나, 현재는 저작권법에 흡수되어 규율되고 있으며 제5장의2 프로그램에 관한 특례(제101조의2 내지 제101조의7) 가 대표적 예이다.

컴퓨터 프로그램과 관련하여서는 ⅰ) 저작권법에 의한 보호 이외에도 특 허요건을 구비하면 특허로도 보호될 수 있다는 점, ⅱ) 컴퓨터 프로그램은 공 표요건을 갖추지 않아도 업무상 저작물이 될 수 있다는 점(제9조 단서), ⅲ) 프로그램의 이용을 위해 부득이한 경우의 동일성 유지권의 예외가 인정된다는 점(제13조 제2항 제3, 4호), ⅳ) 상업용 컴퓨터 프로그램 저작자에 대한 대여 권이 인정되는 점(제21조), ⅴ) 저작재산권 제한 규정의 상당부분이 적용 배제 되고(제37조의2) 프로그램 저작재산권의 제한에 관한 별도의 규정이 존재한다 는 점(제101조의3 각호), ⅵ) 프로그램의 저작권을 침해하여 만들어진 프로그램 의 복제물을 그 사실을 알면서 취득한 자가 이를 업무상 이용하는 행위 역시 침해를 구성한다는 점(제124조 제1항 제3호) 등을 기억할 필요가 있다.

⇨ 대법원 2013. 3. 28. 선고 2010도8467 판결

> 컴퓨터 프로그램 저작물이라 함은 특정한 결과를 얻기 위하여 컴퓨터 등 정보처 리능력을 가진 장치 안에서 직접 또는 간접으로 사용되는 일련의 지시·명령으로 표현된 창작물을 의미하므로, 프로그램 저작권 침해 여부를 가리기 위하여 두 프로그램 저작물 사이에 실질적 유사성이 있는지를 판단할 때에도 '창작적 표현 형식'에 해당하는 것만을 가지고 대비하여야 한다.

## 2. 2차적 저작물

### 가. 의    의

원저작물을 번역·편곡·변형·각색·영상제작 그 밖의 방법으로 작성한 창

작물을 말한다(제 5 조 제 1 항).

## 나. 복제·2차적 저작물·별개 저작물의 관계

2차적 저작물로 성립하기 위해서는 ⅰ) 원저작물을 기초로 하여 실질적 유사성을 유지하면서도 ⅱ) 원저작물에 사회통념상 새로운 저작물이 될 수 있을 정도의 수정·증감을 가하여 새로운 창작성이 부가되어야 한다. 따라서 원저작물에 다소의 수정·증감을 가한 데 불과하여 독창적인 저작물이라고 볼 수 없는 경우에는 저작권법에 의한 보호를 받을 수 없다는 것이 판례의 일관된 태도이다.[54] 이처럼 원저작물과 실질적 동일성의 범주를 벗어나지 못하면 이는 2차적 저작물이 아니라 원저작물의 '복제'에 불과하고, 원저작물에 대한 변형의 정도가 지나쳐 원저작물의 특징이 감득되지 않는 정도에 이르면 이는 이미 '새로운 저작물'로 파악된다. 따라서 2차적 저작물은 원저작물에 종속적이되 동시에 그와 구별되는 독자적 창작성의 발현이어야 한다.

⟡ 대법원 2006. 2. 10. 선고 2003다41555 판결

> 녹음한 아날로그 음원을 가지고 디지털 샘플링 작업을 하면서 실제 연주에 근사한 음질을 재현하기 위하여 여러 가지 기술을 이용하여 기존의 잡음을 제거하고 나아가 일부 손상된 부분을 회복시키되 연주의 속도, 리듬, 가락 등에는 아무런 변화를 주지 않았다면 이는 2차적 저작물로 볼 수 없다.

⟡ 대법원 2011. 5. 13. 선고 2010도7234 판결

> 이 사건 '비보이를 사랑한 발레리나'는 그 원저작물인 '프리즈'의 시놉시스에 구체적인 사건의 전개과정, 등장인물들의 성격과 상호관계 및 발레리나가 비보이와 동화되어 가는 과정에서의 사랑, 내·외적 갈등 및 그 극복구조를 새로이 추가하는 등 원저작물인 '프리즈' 시놉시스와는 구분되는 새로운 저작물이어서 2차적 저작물에 해당한다.

⟡ 대법원 2011. 4. 28. 선고 2010도9498 판결

> 영화의 대사를 한글로 번역하고 그 내용을 한글 자막으로 삽입하는 것은 새로운

---

54) 대법원 2002. 1. 25. 선고 99도863 판결; 대법원 2010. 2. 11. 선고 2007다63409 판결; 대법원 2012. 2. 23. 선고 2010다66637 판결.

창작성을 부가하는 것이므로 2차적 저작물에 해당한다.

➪ 대법원 2018. 5. 15. 선고 2016다227625 판결

실제 존재하는 건축물을 축소한 모형도 실제의 건축물을 축소하여 모형의 형태로 구현하는 과정에서 건축물의 형상, 모양, 비율, 색채 등에 관한 변형이 가능하고, 그 변형의 정도에 따라 실제의 건축물과 구별되는 특징이나 개성이 나타날 수 있다. 따라서 실제 존재하는 건축물을 축소한 모형이 실제의 건축물을 충실히 모방하면서 이를 단순히 축소한 것에 불과하거나 사소한 변형만을 가한 경우에는 창작성을 인정하기 어렵지만, 그러한 정도를 넘어서는 변형을 가하여 실제의 건축물과 구별되는 특징이나 개성이 나타난 경우라면, 창작성을 인정할 수 있어 저작물로서 보호를 받을 수 있다.
원심은, 원심 판시 원고의 광화문(2면 및 4면) 모형은 실제의 광화문을 축소하여 모형의 형태로 구현하는 과정에서 실제의 광화문을 그대로 축소한 것이 아니라, 지붕의 성벽에 대한 비율, 높이에 대한 강조, 지붕의 이단 구조, 처마의 경사도, 지붕의 색깔, 2층 누각 창문 및 처마 밑의 구조물의 단순화, 문지기의 크기, 중문의 모양 등 여러 부분에 걸쳐 사소한 정도를 넘어서는 수준의 변형을 가한 것이라고 판단하였다. 이어 이것은 저작자의 정신적 노력의 소산으로서의 특징이나 개성이 드러나는 표현을 사용한 것으로 볼 수 있으므로, 창작성을 인정할 수 있다는 취지로 판단하였다. 앞서 본 법리와 원심이 적법하게 채택한 증거들에 비추어 살펴보면, 원심의 위와 같은 판단은 정당하다.

## 다. 원저작물과 2차적 저작물의 관계

2차적 저작물의 보호는 그 원저작물의 저작자의 권리에 영향을 미치지 아니한다(제5조 제2항). 이 법리는 구체적으로는 다음과 같은 모습으로 나타난다.

(1) 2차적 저작물의 저작권이 미치는 범위

2차적 저작물이 성립하였다고 하여 원저작자의 저작권 행사가 제한되지 아니하고, 2차적 저작물의 저작권이 미치는 부분은 원저작물에 새로 부가된 창작성 부분에 한한다. 따라서, ⅰ) 甲의 원작 소설을 乙이 희곡으로 각색하였는데, 丙 이 위 희곡을 기초로 영화를 만든다면, 丙은 영화를 위해 원작 소설 부분에 대해서는 甲으로부터, 희곡화 한 창작 부분에 대해서는 乙로부터 각각 이용허락을 받아야 한다. ⅱ) 만약 丙이 甲의 원작 소설에 기초하여 뮤지컬을 제작하면서 乙의 2차적 저작물(희곡)에 발현된 창작성 부분을 차용하지

않았다면 甲의 허락만 받으면 된다. 또, iii) 甲이 공중의 영역에 있는 구전가요 A에 a 만큼의 창작적 변형을 가해 2차적 저작물인 가요 A'(= A+a)를 창작하였는데, 乙이 만든 B가 A'와 유사하여 A'의 침해를 구성하는지를 판단함에 있어서는, 구전가요 A를 포함하는 A' 전부와 B의 유사성을 전체적으로 대비해서는 안 되고 A' 중 창작적 표현인 a가 B에 얼마나 유사하게 나타나 있는지를 살펴야 한다.[55]

◈ 대법원 2010. 11. 11. 선고 2009다16742 판결

> 원고 도안 "▓▓▓"과 피고 도안 "◯, ▧"은 4괘 형상을 왼쪽 위로부터 시계방향으로 '건, 감, 곤, 리'의 순서에 따라 사각형 형태로 모아서 가로와 세로로 엇갈리게 배치되어 있는 점에서 유사점이 있지만, 4괘의 개별적인 형상 자체는 예전부터 전해져 오던 것이기 때문에 그 유사점은 양 도안의 전체 유사 여부 판단에 크게 고려될 수 없다. 따라서 그 밖의 요소인 괘의 가로·세로 배치의 차이점, 괘의 중심정렬방식, 괘가 원형이나 정사각형 내부에 배치되어 있는지 여부, 괘의 색상 등에서 서로 표현이 다른 점을 감안하면 영 도안은 실질적으로 유사하다고 할 수 없다.

## (2) 원저작자의 동의 없이 저작된 2차적 저작물의 저작권

2차적 저작물이 원저작자의 동의 아래 저작된 경우는 물론, 동의 없이 저작되었더라도 그 저작자는 2차적 저작물에 대한 권리를 획득한다.[56] 다만 그 권리범위가 자신이 부가한 창작성의 범위에 한함은 앞서 본 바와 같다. 동의 없이 2차적 저작물을 작성하는 행위가 원저작자의 저작재산권인 '2차적 저작물 작성권(제22조)'의 침해를 구성함은 물론이나, 이는 2차적 저작물을 작성한 자가 저작권을 취득하는 것과는 별개의 문제로 취급된다.[57] 따라서 예컨대 원저작자의 허락 없이 작성된 번역물도 제3자가 이를 무단으로 출판하면 원저작자에 대한 저작권 침해는 물론 번역자에 대한 저작권 침해도 구성하며, 제3자는 양자 모두의 허락을 얻어야 한다.

---

55) 대법원 2004. 7. 8. 선고 2004다18736 판결.

56) 대법원 2004. 9. 24. 선고 2002다45895 판결.

57) 반면, 미국은 원저작자의 동의 없이 창작된 2차적 저작물에 대하여 저작권을 인정하지 아니한다(미국 저작권법 §103(a)).

◈ 대법원 1995. 11. 14. 선고 94도2238 판결

특정인의 저작이 원저작물을 토대로 하였다는 의미에서 종속성이 인정되어 2차적 저작물에 해당한다 할지라도 원저작자에 대한 관계에서 저작권 침해로 되는 것은 별문제로 하고 저작권법상 2차적 저작물로서 보호되기 때문에 제 3 자가 이를 허락 없이 이용하면 저작권 침해를 구성한다.

◈ 대법원 2002. 12. 26. 선고 2000다13757 판결

원프로그램을 개작한 2차적 프로그램의 저작권은 원프로그램저작권자의 동의 여부를 불문하고 2차적 프로그램 작성자에게 귀속된다.

(3) 2차적 저작물 저작재산권의 양도와 원저작물의 관계

2차적 저작물은 원저작물과는 별개의 저작물이므로, 2차적 저작물의 저작재산권이 양도되는 경우, 거기에 원저작물이 포함되어 있다는 이유만으로 원저작물의 저작재산권이 2차적 저작물의 저작재산권 양도에 수반하여 당연히 함께 양도되는 것은 아니다.[58]

## 3. 편집저작물

### 가. 의    의

편집물로서 그 소재의 선택·배열 또는 구성에 창작성이 있는 것을 말한다 (제 2 조 제18호). 편집물은 저작물이나 부호·문자·음·영상 그 밖의 형태의 자료의 집합물을 말하며, 데이터베이스[59]를 포함한다(제 2 조 제17호). 즉, 편집저작물이란 저작물이든 비저작물이든 불문하고 주어진 소재를 일정한 기준에 따라서 선택·배열·재구성한 행위에 창작성이 인정되는 경우에 한하여 그 결과물을 별도의 저작물로 취급하는 것이다.

---

58) 대법원 2016. 8. 17. 선고 2014다5333 판결.
59) 소재를 체계적으로 배열 또는 구성한 편집물로서 개별적으로 그 소재에 접근하거나 그 소재를 검색할 수 있도록 한 것을 말한다(제 2 조 제19호).

## 나. 법적 위상

편집저작물 역시 2차적 저작물과 마찬가지로 독자적인 저작물로서 보호되지만(제6조 제1항), 편집저작물의 보호는 그 편집저작물의 구성부분이 되는 소재의 저작권 등에 영향을 미치지 아니한다(제6조 제2항). 그 결과 편집저작물의 저작권은 오로지 소재의 선택·배열·재구성에만 미칠 뿐이고 편집저작물의 소재가 된 원저작물의 저작권자는 여전히 그 저작권을 행사할 수 있으며, 편집저작물을 이용하려는 제3자는 소재가 된 원저작자의 동의는 물론 편집저작자의 동의도 얻어야 한다. 아울러 편집저작행위가 원저작자의 동의를 얻어 이루어졌는지 여부는 편집저작물의 성립에 영향을 미치지 아니한다.

◈ 대법원 1996. 12. 6. 선고 96도2440 판결

> 피해자 발행의 '한국입찰경매정보'지는 법원게시판에 공고되거나 일간신문에 게재된 내용을 토대로 경매사건번호, 소재지, 종별, 면적, 최저경매가로 구분하여 수록하고 이에 덧붙여 피해자 직원들이 직접 열람한 경매기록이나 등기부등본을 통하여 알게 된 목적물의 주요 현황, 준공일자, 입주자, 임차금, 입주일 등의 임대차관계, 감정평가액 및 경매결과, 등기부상의 권리관계 등을 구독자가 알아보기 쉽게 필요한 부분만을 발췌·요약하여 수록한 것인 사실을 알아 볼 수 있으므로, 위 한국입찰경매정보지는 그 소재의 선택이나 배열에 창작성이 있는 것이어서 독자적인 저작물로서 보호되는 편집저작물에 해당한다 할 것이고, 위 한국입찰경매정보지가 이와 같이 편집저작물로서 독자적으로 보호되는 것인 이상, 이를 가리켜 저작권법 제7조 소정의 보호받지 못하는 저작물이라고 할 수 없다.

◈ 대법원 2003. 11. 28. 선고 2001다9359 판결

> 일지형태의 법조수첩은 그 수첩을 이용하는 자가 법조 유관기관 및 단체에 관한 사항과 소송 등 업무처리에 필요한 사항 등을 손쉽게 찾아볼 수 있다고 보이기는 하지만, 유용한 기능 그 자체는 창작적인 표현형식이 아니므로, 위 수첩에 이러한 기능이 있다고 하여 곧바로 편집저작물에 요구되는 최소한의 창작성이 있다고 할 수는 없는 것이고, 위 수첩에 수록된 자료들은 법조 유관기관이나 단체가 배포하는 자료 또는 종래 법전 등이나 일지 형식의 수첩형 책자에 수록되어 있는 것이어서 누구나 손쉽게 그 자료를 구할 수 있을 뿐 아니라, 법률사무

> 에 종사하는 자를 대상으로 한 일지형태의 수첩을 제작하는 자라면 누구나 위 수첩에 실린 자료와 동일 또는 유사한 자료를 선택하여 수첩을 편집할 것으로 보이고, 위 수첩에 나타난 조직과 기능별 자료배치 및 법률사무에 필요한 참고 자료의 나열 정도는 그와 같은 종류의 자료의 편집에서 통상적으로 행하여지는 편집방법이며, 그러한 자료의 배열에 편집자의 개성이 나타나 있지도 아니하므로 위 일지형태의 법조수첩은 그 소재의 선택 또는 배열에 창작성이 있는 편집물이라고 할 수 없다.

## 4. 보호대상에서 제외되는 저작물 등

저작권법은 다음의 것들을 명시적으로 저작권법에 의한 보호영역에서 배제하고 있다.

### 가. 국민에게 널리 알려져야 하는 정부저작물(제 7 조)

제 1 호: 헌법·법률·조약·명령·조례 및 규칙

제 2 호: 국가 또는 지방자치단체의 고시·공고·훈령 그 밖에 이와 유사한 것

제 3 호: 법원의 판결·결정·명령 및 심판이나 행정심판절차 그 밖에 이와 유사한 절차에 의한 의결·결정 등

제 4 호: 국가 또는 지방자치단체가 작성한 것으로서 제 1 호 내지 제 3 호에 규정된 것의 편집물 또는 번역물

### 나. 시사보도(제 7 조 제 5 호)

사실의 전달에 불과한 시사보도는 저작권으로 보호받지 못한다. 이때는 아이디어와 표현이 합체되는 수가 많고, 누가 해도 비슷할 수밖에 없는 표현으로서 창작성이 부인되는 경우도 많기 때문이다. 다만, 여기서의 시사보도는 예컨대, 스포츠 소식, 각종 사건이나 사고, 수사나 재판 상황, 판결 내용 등 여러 가지 사실이나 정보들을 언론매체의 정형적이고 간결한 문체와 표현형식을 통하여 있는 그대로 전달하는 정도에 그치는 것[60]에 한하며, 단순한 사실

---

60) 대법원 2009. 5. 28. 선고 2007다354 판결.

의 전달을 넘는 신문에 기재된 사설이나 각종 칼럼, 기고 등은 여기에 해당하지 않는 것이 보통이다.

⇨ 대법원 2006. 9. 14. 선고 2004도5350 판결

> 연합뉴스사의 기사 및 사진 사본에 의하면, 신문사 ○○의 편집국장이던 피고인이 일간신문인 △△을 제작하는 과정에서 복제한 공소사실 기재 각 연합뉴스사의 기사 및 사진 중에는 단순한 사실의 전달에 불과한 시사보도의 수준을 넘어선 것도 일부 포함되어 있기는 하나, 상당수의 기사 및 사진은 정치계나 경제계의 동향, 연예·스포츠 소식을 비롯하여 각종 사건이나 사고, 수사나 재판 상황, 판결 내용, 기상 정보 등 여러 가지 사실이나 정보들을 언론매체의 정형적이고 간결한 문체와 표현형식을 통하여 있는 그대로 전달하는 정도에 그치는 것임을 알 수 있어, 설사 피고인이 이러한 기사 및 사진을 그대로 복제하여 △△에 게재하였다고 하더라도 이를 저작재산권자의 복제권을 침해하는 행위로서 저작권법 위반죄를 구성한다고 볼 수는 없다 할 것이다.

### 다. 프로그램 언어, 규약 및 해법(제101조의 2)

컴퓨터 프로그램을 작성하기 위하여 사용하는 ⅰ) 프로그램 언어(프로그램을 표현하는 수단으로서 문자·기호 및 그 체계), ⅱ) 규약(특정한 프로그램에서 프로그램 언어의 용법에 관한 특별한 약속), ⅲ) 해법(프로그램에서 지시·명령의 조합방법)은 저작권법에 의한 보호대상이 아니다. 이는 대체로 아이디어의 영역에 속하는 것이거니와, 가사 표현에 해당한다 하더라도 프로그램 저작물을 작성하기 위한 기본적 수단으로서의 성격이 강하여 누구라도 이를 자유롭게 사용할 수 있도록 해야 하기 때문이다.

# Ⅴ. 저작자와 저작권의 귀속

## 1. 일반 원칙

앞서 본 베른협약의 정신에 따라 우리나라 역시 저작권의 성립과 귀속에 관하여 무방식주의를 취하고 있다. 따라서 저작권은 저작물에 대한 창작이 이

루어짐과 동시에 성립하며 그러한 창작행위를 한 자에게 원시적으로 귀속됨이 원칙이다.[61] 이는 심사와 등록을 조건으로 권리가 발생하는 특허·실용신안권, 상표권, 디자인권과 대조되는 특징이다. 물론 저작권법에도 저작권 등록제도가 존재하나, 등록된 저작물에 대하여는 저작자 추정(제53조 제3항)이나 처분 시 대항력(제54조) 등 특수한 효력이 부가될 뿐 저작권 성립의 요건은 아니다.

## 2. 저작자의 추정(제8조)

ⅰ) 저작물의 원본이나 그 복제물에 저작자로서의 실명 또는 이명(예명·아호·약칭 등)으로서 널리 알려진 것이 일반적인 방법으로 표시된 자(제1항 제1호), ⅱ) 저작물을 공연 또는 공중송신하는 경우에 저작자로서의 실명 또는 저작자의 널리 알려진 이명으로서 표시된 자(제1항 제2호)는 저작자로 추정된다. 그 밖의 저작물의 경우에는 발행자·공연자 또는 공표자로 표시된 자가 저작권을 가지는 것으로 추정된다(제2항).

## 3. 공동저작물

### 가. 의    의

공동저작물은 2인 이상이 공동으로 창작한 저작물로서 각자의 이바지한 부분을 분리하여 이용할 수 없는 것을 말한다(제2조 제21호).

### 나. 성립요건

(1) 객관적 요건

㈎ 공동의 창작행위

공동저작물이 되기 위해서는 2인 이상의 주체가 각각 '창작적 표현'에 관여해야 한다. 2인 이상이 저작물의 작성에 관여한 경우 그 중에서 창작적인 표현형식 자체에 기여한 자만이 그 저작물의 저작자가 되는 것이고, 창작적인 표현형식에 기여하지 아니한 자는 비록 저작물의 작성과정에서 아이디어나 소재 또는 필요한 자료를 제공하는 등의 관여를 하였다고 하더라도 그 저작물의

---

61) 이에 대한 예외로는 뒤에서 보는 업무상 저작물이 있다.

저작자가 되는 것은 아니다. 62)63)

### (나) 개별적 이용가능성이 없을 것

이 요건을 둘러싸고는 저작물을 분리하는 것이 객관적으로 불가능할 정도로 일체성을 가져야 한다는 입장(분리 불가능설)과, 비록 물리적으로 분리 가능할지라도 분리된 부분만으로는 저작물의 정상적 이용이 불가능하다면 요건이 만족된다는 입장(이용 불가능설)이 있다. 64) 법문이 "각자의 이바지한 부분을 분리하여 이용할 수 없는 것"이라고 하여 저작물의 '이용'을 전제로 하고 있음을 고려하면 후자의 해석론이 정당하다고 생각된다. 공동저작의 대표적인 예로는 복수의 창작자가 함께 하나의 악곡을 작곡하거나, 건축 저작물을 건축하거나, 공동연구를 통해 논문을 작성하는 경우를 생각할 수 있다. 공저(共著)의 경우, 각자 집필부분이 독립되어 분리이용이 가능하다면 이는 공동저작물보다 결합저작물에 가까울 것이나 그러한 구분이 없이 각자의 서술부분이 단일의 텍스트 내에 혼재한다면 공동저작물로 취급되어야 한다.

### (2) 주관적 요건

명문의 규정은 없으나, 공동저작물이 되기 위해서는 공동창작자 사이에 주관적인 공동창작의 의사가 있어야 할 것이다. 판례 역시, "2인 이상이 공동창작의 의사를 가지고 창작적인 표현형식 자체에 공동의 기여를 함으로써 각자의 이바지한 부분을 분리하여 이용할 수 없는 단일한 저작물을 창작한 경우 이들은 그 저작물의 공동저작자가 된다고 할 것이다. 여기서 공동창작의 의사는 법적으로 공동저작자가 되려는 의사를 뜻하는 것이 아니라, 공동의 창작행위에 의하여 각자의 이바지한 부분을 분리하여 이용할 수 없는 단일한 저작물을 만들어 내려는 의사를 뜻하는 것이라고 보아야 한다"고 하여 같은 취지이

---

62) 대법원 2009. 12. 10. 선고 2007도7181 판결.
63) 서울고등법원 2004. 7. 5.자 2004라246 결정(확정): 뮤지컬(사랑은 비를 타고)의 대본이나 악곡의 작성에 관여하지 않고, ⅰ) 외국 뮤지컬에서 아이디어를 착상하여 대본 창작자에게 제공하고, ⅱ) 뮤지컬의 제작과정과 공연에 이르기까지 전체적인 조율과 지휘, 감독만을 한 제작자는 표현의 공동창작이 없어 뮤지컬의 공동저작자가 아니다.
64) 예컨대 복수자의 좌담회 녹취문이 문제된 경우, 전자의 입장에서는 저작물의 물리적 분리가 가능하므로 이를 공동저작물이 아닌 결합저작물이라 할 것인데 비하여, 후자의 입장에는 각 좌담자의 진술부분만을 분리하여 이용하는 것이 현실적으로 의미가 없는 이상 이를 공동저작물로 보게 될 것이다.

다.[65] 공동창작의 의사는 순차적으로 형성되어도 무방하다.[66] 따라서, 위와 같은 공동창작의 의사가 결여된 채 선행 저작자가 단독으로 창작을 완수할 의사 아래 미완성의 창작행위를 하고, 후행 저작자가 거기에 수정·증감 등 노력을 가하여 저작물을 완성하였다면, 이는 선행 저작자의 창작 부분을 원저작물로 하는 2차적 저작물로 볼 수 있을지언정 선행 저작자와 후행 저작자의 공동 저작물로 볼 수는 없다.[67]

◈ 대법원 2016. 7. 29. 선고 2014도16517 판결

> 애초에 이 사건 집필계약에서 특별한 사정이 없는 한 피해자가 이 사건 드라마의 극본을 완성하기로 약정되어 있을 뿐만 아니라, 피해자는 별다른 귀책사유 없이 피고인들로부터 집필계약의 해지를 통지받은 후 이에 대응하여 피해자가 작성한 드라마 극본의 이용금지 등의 통보까지 하였다. 그렇다면 설령 피해자가 창작한 부분이 이 사건 전체 극본의 일부 구성 부분으로서 피해자가 창작한 부분과 나머지 부분이 분리하여 이용할 수 없는 단일한 저작물이 되었다고 하더라도, 피해자에게는 자신의 창작 부분이 하나의 저작물로 완성되지 아니한 상태로서, 후행 저작자의 수정·증감 등을 통하여 분리이용이 불가능한 하나의 완결된 저작물을 완성한다는 의사가 있는 것이 아니라, 자신의 창작으로 하나의 완결된 저작물을 만들려는 의사가 있을 뿐이어서 피해자와 이 사건 전체 극본을 최종적으로 완성한 작가들 사이에 공동창작의 의사가 있다고 인정할 수 없다. 따라서 이 사건 전체 극본은 피해자의 창작 부분을 원저작물로 하는 2차적 저작물로 볼 수 있을지언정 피해자와 위 작가들의 공동저작물로 볼 수 없다.

## 다. 법적 효과

복수의 주체가 창작에 관여하고 그것이 공동저작물로 인정되는 경우에는 저작권법 제15조, 제48조, 제129조의 특칙이 적용된다. 아래에서 보는 결합 저작물과 공동저작물의 구별실익도 위와 같은 특칙의 적용 여부에 있다.

### (1) 공동저작물의 저작인격권(제15조)

공동저작물의 저작인격권은 저작자 전원의 합의에 의하지 아니하고는 이

---

65) 대법원 2014. 12. 11. 선고 2012도16066 판결.
66) 위 대법원 판례 및 서울고등법원 2009. 9. 3. 선고 2009나2950 판결 참조.
67) 대법원 2016. 7. 29. 선고 2014도16517 판결.

를 행사할 수 없다. 그러나 각 저작자는 신의에 반하여 합의의 성립을 방해할
수 없다(제 1 항).

### (2) 공동저작물의 저작재산권(제48조)

이는 민법상 준 공동소유(準 共同所有)의 특칙으로서 민법에 우선하여 적용
된다(민법 제278조). 그 가운데 중요한 내용은 다음과 같다.

#### ㈎ 권리행사와 지분의 처분 등에 전원 합의 필요(제48조 제 1 항)

ⅰ) 공동저작물의 저작재산권은 그 저작재산권자 전원의 합의에 의해서만
행사할 수 있다. 여기서의 '행사'는 공동저작권자 스스로 공동저작물을 이용
하거나 제 3 자에게 그 이용허락을 하는 경우를 모두 의미한다고 봄이 보통이
다. ⅱ) 또한, 공동저작자는 다른 저작재산권자의 동의가 없으면 그 지분을
양도하거나 질권의 목적으로 할 수 없다. ⅲ) 위와 같은 공동저작권의 행사나
지분처분 등의 경우 각 저작재산권자는 신의에 반하여 합의의 성립을 방해하
거나 동의를 거부해서는 안 된다. 신의에 반한 동의거부에 대하여는 그러한
지분권자를 상대로 의사의 진술을 명하는 판결을 구할 수 있을 것이다.

이처럼 공동저작물의 이용이나 지분의 처분에 전원의 합의를 요구하는 것
은, 저작물의 속성상 일부 공동저작권자에 의하여 콘텐츠가 한 번 출시·이용
되면 그 이후에는 저작물의 시장가치가 크게 떨어지는 경우도 많고, 권리의
행사와 그 이익의 배분이 지분권자 전원의 동의에 의해, 전원을 상대로만 이
루어지므로 누가 공동저작권자가 되는지가 나머지 사람들의 이해(利害)와 밀접
히 관련되기 때문이다.

이 규정에 위반하여 공동저작자가 전원의 합의 없이 한 이용허락 등 저작
권 행사나 지분의 처분은 효력이 없다. 따라서 공동저작자 일부만으로부터 허
락을 받아 저작물을 복제하면 나머지 공동저작권자에 대하여 복제권 침해를
구성하고 전원의 동의 없이 지분을 양수한 자는 그 지분을 주장할 수 없다.[68]
한편, 공동저작자들 사이에서는 전원의 합의 없이 저작물을 이용하더라도 저
작재산권의 행사방법을 위반한 행위가 될 뿐 다른 공동저작자의 저작재산권을
침해하는 행위까지는 아니라는 것이 판례이다.[69]

---

68) 오승종, 저작권법강의, 박영사(2016), 199면.
69) 대법원 2014. 12. 11. 선고 2012도16066 판결.

**(나) 이익배분의무**(제48조 제2항)

공동저작물의 이용에 따른 이익은 공동저작자 간에 특약이 없는 때에는 그 저작물의 창작에 이바지한 정도에 따라 각자에게 배분된다. 이 경우 각자의 이바지한 정도가 명확하지 아니한 때에는 균등한 것으로 추정한다.

공동저작자의 저작재산권을 민법상 공유자의 권리와 대비하여 표로 정리해 보면 다음과 같다.

| | 민법(공유) | 저작권법(공동저작물) | |
|---|---|---|---|
| 지분의 양도·질권 설정 | 각 공유자 처분자유 (제263조) | 지분권자 전원동의 필요(제48조 제1항) | (이유) 누가 지분권자·이용권자 되는지가 나머지 지분권자의 이해에 큰 영향을 미치기 때문. 단, 신의에 반하는 동의거부는 금지됨(제48조 제1항 제2문) |
| 지분의 행사 (자기이용, 제3자에 이용허락 등) | - 자기이용: 지분비율로 공유물 전부에 대하여<br>- 공유물 관리: 지분 과반수로 결정 (제265조) | 지분권자 전원동의 필요(제48조 제1항) | |
| 공유물 이용을 통해 얻은 이익을 나머지 지분권자에게 배분할 의무 | 다른 공유자의 수익권능을 배제하고 배타적으로 취득한 수익에 한하여, 부당이득·불법행위의 법리에 기하여 | - 전면적으로 인정(제48조 제2항)<br>- 지분권자 스스로 공동저작물을 이용하여 얻은 이익·제3자에게 저작물의 이용허락을 하여 얻은 대가가 모두 해당됨 | |

**(3) 제3자의 침해에 대한 권리행사**(제129조)

공동저작물에 관한 권리가 침해된 경우, 저작재산권과 관련하여 다른 저작재산권자의 동의 없이 침해행위금지청구를 할 수 있고 자신의 지분에 관한 손해배상의 청구를 할 수 있다. 아울러 판례[70]는, 공동저작자는 자신의 인격적 이익이 침해된 경우 단독으로 정신적 손해배상 및 명예회복조치 등을 청구할 수 있다고 한다.

---

70) 대법원 1999. 5. 25. 선고 98다41216 판결.

## 4. 결합저작물

### 가. 의    의

저작물의 창작에 복수의 주체가 관여하고 그 관여분의 개별적 이용이 가능한 집체창작물을 말한다.[71] 결합저작물에 대하여는 공동저작물과 달리 저작권법상 특칙이 없으므로 각각의 창작주체에 대하여 일반 저작물에 관한 법리가 적용됨이 원칙이다.

### 나. 결합저작물과 관련된 문제

#### (1) 악곡과 가사

예컨대 대중가요처럼 악곡과 가사가 결합되어 하나의 노래를 이루는 경우, 악곡과 가사는 각각 독립적으로 이용 가능한 저작물이기 때문에 결합저작물로 취급하는 것이 다수설이자 판례[72]이다. 그러나 오페라 등에 대한 저작권을 많이 가지고 있는 프랑스와 이탈리아에서는 오페라 등을 공동저작물로 규정하고 있다고 한다.[73]

⇨ 대법원 2015. 6. 24. 선고 2013다58460, 58477 판결

> 원심은, ① 이 사건 노래는 피고보조참가인의 의뢰에 따라 원래의 가사와 악곡으로 구성된 외국곡 중 원고가 가사 부분을 새로이 창작하고, 소외 1과 소외 2(이하 '편곡자들'이라 한다)가 악곡 부분을 편곡함으로써 만들어진 것인 사실, ② 독립당사자참가인의 '음악저작물 사용료 분배규정'에는 작곡자와 작사자의 분배비율은 각 5/12이고, 편곡자의 분배비율은 2/12라고 규정되어 있는 사실, ③ 피고는 2003. 3. 6. 저작권신탁계약상의 수탁자인 독립당사자참가인에게 이 사건 노래에 대한 작품신고를 하면서 '위 곡의 저작권은 100% 모두 원저작권자(국내 관리자 피고)에 귀속됨을 인지하고 있으며, 이에 따라 위 곡의 작곡 또는 편곡 등 곡에 대한 어떠한 저작권도 주장하지 아니할 것임을 확인한다'는 취지의 편곡자들이 작성한 '확인서'를 제출한 사실, ④ 피고는 2003. 6. 26. 부터 2011.

---

71) 예컨대, 저자 A가 민법총칙을, B가 물권법을, C가 채권법을, D가 친족·상속법을 각각 집필하여 단일서적으로 완성한 '민법개론'을 들 수 있다.

72) 대법원 2015. 6. 24. 선고 2013다58460, 58477 판결.

73) 오승종, 저작권법(제3판), 박영사(2013), 314면.

10. 경까지 사이에 이 사건 노래에 관한 저작권사용료로 108,142,230원을 독립당사자참가인으로부터 지급받은 사실을 인정한 다음, 이 사건 노래는 원고와 편곡자들의 공동저작물이 아니라는 전제에서 피고가 저작권사용료로 지급받은 금원 중 부당이득으로 반환할 금액은 '음악저작물 사용료 분배규정'에 따라 작사자에게 분배되어야 할 5/12에 해당하는 금원이라고 판단하였다. 원심이 인정한 사실관계를 앞서 본 법리에 비추어 살펴보면, 이 사건 노래 중 가사 부분은 원고가, 편곡 부분은 편곡자들이 각자 창작한 것이고, 가사 부분과 편곡 부분을 각각 분리하여 이용할 수 있으므로, 이 사건 노래는 저작권법 제2조 제21호에서 규정한 공동저작물이 아니라고 봄이 타당하다.

### (2) 뮤 지 컬

판례[74]는 "뮤지컬은 음악과 춤이 극의 구성·전개에 긴밀하게 짜 맞추어진 연극으로서, 각본, 악곡, 가사, 안무, 무대미술 등이 결합된 종합예술의 분야에 속하고 복수의 저작자에 의하여 외관상 하나의 저작물이 작성된 경우이기는 하나, 그 창작에 관여한 복수의 저작자들 각자의 이바지한 부분이 분리되어 이용될 수도 있다는 점에서, 공동저작물이 아닌 단독 저작물의 결합에 불과한 이른바 '결합저작물'이라고 봄이 상당하다"고 한다.[75] 그러나 뮤지컬에는 그 속성상 서로 분리될 수 없는 저작물도 상당부분 존재하고 그러한 기여분이 상호간 밀접한 관련 속에 종합예술로서의 뮤지컬을 구성하기 때문에 이를 결합저작물로 파악함은 부당하다는 지적[76]도 있다.

## 5. 업무상 저작물(제9조)

### 가. 의    의

업무상 저작물은 법인·단체 그 밖의 사용자(이하 "법인 등"이라 한다)의 기

---

74) 대법원 2005. 10. 4. 자 2004마639 결정.
75) 나아가, "뮤지컬 자체는 연극저작물의 일종으로서 영상저작물과는 그 성격을 근본적으로 달리하기 때문에 영상물제작자에 관한 저작권법상의 특례 규정이 뮤지컬제작자에게 적용될 여지가 없으므로 뮤지컬의 제작 전체를 기획하고 책임지는 뮤지컬 제작자라도 그가 뮤지컬의 완성에 창작적으로 기여한 바가 없는 이상 독자적인 저작권자라고 볼 수 없다"고도 한다.
76) 최경수, 저작권법개론, 한울아카데미(2010), 178면.

획 하에 법인 등의 업무에 종사하는 자가 업무상 작성하는 저작물을 말한다(제 2 조 제31호).

## 나. 업무상 저작물의 성립요건

ⅰ) 법인 등의 기획이 있어야 한다. 여기서 기획이란, 법인 등이 일정한 의도에 기초하여 저작물의 작성을 구상하고 그 구체적인 제작을 업무에 종사하는 자에게 명하는 것을 의미한다.[77][78] ⅱ) 종업원이 업무상 작성한 저작물이어야 한다. 법인 등으로부터 개별적으로 지시나 명령을 받은 경우는 물론 그것이 통상적인 종업원의 직무 수행범위로 예정되어 있는 경우라면 업무상 작성으로 볼 수 있다. ⅲ) 법인 등의 명의로 공표되는 것이어야 한다. 이를 통해 업무상 저작물로서의 실질을 확인할 수 있고, 제 3 자에 대한 공시의 역할도 하기 때문이다. 다만, 컴퓨터 프로그램 저작물은 법인 등 명의의 공표 없이도 저작권이 사용자에게 귀속된다(제 9 조 단서).[79]

## 다. 업무상 저작물에 대한 취급

법인 등의 명의로 공표되는 업무상 저작물의 저작자는 계약 또는 근무 규칙 등에 다른 정함이 없는 때에는 그 법인 등이 된다(제 9 조). 이는 발명진흥법이 종업원이 업무상 한 발명이나 디자인에 관한 권리를 원칙상 창작자인 종업원에게 귀속시키고 있는 것(발명진흥법 제10조 제 1 항)과 대비된다. 업무상 저작물의 저작권이 법인 등에게 원시귀속되는 이유로는 ⅰ) 법인 등 단체 내부

---

77) 대법원 2010. 1. 14. 선고 2007다61168 판결.
78) '법인 등의 기획'은 명시적은 물론 묵시적으로도 이루어질 수 있는 것이기는 하지만, 묵시적인 기획이 있었다고 하기 위해서는 위 법 규정이 실제로 저작물을 창작한 자를 저작자로 하는 같은 법 제 2 조 제 2 호의 예외규정인 만큼 법인 등의 의사가 명시적으로 현출된 경우와 동일시할 수 있을 정도로 그 의사를 추단할 만한 사정이 있는 경우에 한정된다(대법원 2021. 9. 9. 선고 2021다236111 판결).
79) 그 이유는, ⅰ) 컴퓨터 프로그램은 창작과정에서 많은 자본이 투하되고, 다수의 종업원이 기능적으로 관여하는 경우가 많아 이를 기획하고 관리하는 사용자의 역할이 다른 업무상 저작물에 비하여 중요하며, ⅱ) 대외적인 공표 이전이나 이후에 여러 형태의 시험버전이나 업그레이드 버전 등 개변이 이루어지는 것이 보통이므로 공표가 없는 베타버전이라고 하여 달리 취급하면 사용자에게 지나치게 불리하고 권리관계를 복잡하게 만들며, ⅲ) 컴퓨터 프로그램의 소스코드는 영업비밀로 관리되는 수가 많은데 공표를 요건으로 하면 법인 등이 저작권 획득을 위해 부득이 소스코드를 공표해야 하는 불합리가 생기기 때문이다.

에서 창작이 이루어지는 경우 여러 사람의 협동 작업에 의해 창작되는 사례가 많고 그 관여의 정도나 모습도 다양하여 구체적인 창작자를 자연인 가운데 특정 하는 것이 어렵다는 점, ii) 특허 등과 같이 등록을 통해 창작자가 공시되는 것이 아니기 때문에 제3자가 이를 알기 어렵다는 점, iii) 업무상 저작물의 권리귀속 주체를 사용자로 단일화함으로써 저작물에 대한 유통이나 이용 등 제3자와의 거래관계에서 안전과 원활을 도모할 수 있다는 점 등이 거론된다.

### 라. 현실적 문제점과 판례의 입장

한편, 특정한 저작물이 사용자와의 고용관계에 기하여 창작된 것이 아니라 위임이나 도급 등의 계약관계에 기하여 창작된 것으로 평가되면 그러한 창작물에 대한 저작권은 창작자에게 원시적으로 귀속되고(저작권법 제2조 제2호, 제10조), 그 이용이나 권리의 처분, 대가관계가 당사자 사이의 계약 내용에 따라 결정된다.

이처럼 창작을 둘러싼 당사자 사이의 관계를 고용관계로 보느냐 위임 내지 도급관계로 보느냐에 따라 그 법률효과가 판이해지므로 이는 i) 창작에 소요되는 기술의 숙련도 ii) 도구 및 재료의 공급주체 iii) 작업의 장소 iv) 추가 및 수정 작업 요구권의 유보 여부 v) 작업자의 재량 여지 vi) 작업시간대의 통제 여부 vii) 보수의 지급방식 viii) 작업보조자를 누가 고용하는지 ix) 작업이 의뢰자의 일상적 업무 내인지 여부 등 제반사정을 종합적으로 고려하여 판단해야 한다.

한편, 업무상 저작물에 대한 저작권을 사용자에게 원시귀속 시키는 것은 창작자주의 및 저작인격권의 양도불가능성 원칙에 대한 중대한 예외이므로 저작권법 제9조는 가급적 엄격하게 해석하여 제한적으로 적용해야 한다는 것이 판례의 태도이다.[80] 한편, 저작권법은 업무상 저작물에 관하여 창작자인 종업원에 대한 보상 문제에 침묵하고 있는 바, 이는 발명진흥법이 직무발명에 대하여 정당한 보상을 보장하고 있는 것(발명진흥법 제15조)과의 균형 등을 고려할 때 재고되어야 할 필요가 있다.[81]

---

80) 대법원 1992. 12. 24. 선고 92다31309 판결; 대법원 2010. 1. 14. 선고 2007다61168 판결.
81) 상세는, 조영선, "현행 업무상저작물 제도의 문제점과 입법적 제언", 계간저작권 통권 제103호(2013), 34면 이하 참고.

# VI. 저작권의 내용

저작권은 흔히 '권리의 다발(Bundle of Rights)'이라고 불리기도 하는데, 이는 저작권이 다양한 내용의 인격권과 재산권을 아우르는 권리이기 때문이다. 특히 저작재산권을 이루는 개별 권리들은 저마다 독립적으로 행사·처분·이용허락될 수 있다는 점이 큰 특징이다. 82) 저작물을 저작자 인격의 발현으로 파악해 온 대륙법계 국가들은 저작재산권 이외에 저작인격권 개념을 인정하며, 우리나라 역시 그러하다. 반면 저작물을 기본적으로 개인의 재산권으로 이해하는 미국은 예외적인 경우를 제외하고는 저작인격권을 인정하지 아니한다.

## 1. 저작인격권

### 가. 저작인격권의 내용

(1) 공표권(제11조)

⑺ 의    의

저작자는 그의 저작물을 공표하거나 공표하지 아니할 것을 결정할 권리를 가진다(제11조 제1항). 따라서 저작자의 허락 없이 그의 저작물을 함부로 공표하는 행위는 저작인격권으로서의 공표권 침해를 구성한다. '공표'란 저작물을 공연, 공중송신 또는 전시 그 밖의 방법으로 공중에게 공개하는 경우와 저작물을 발행하는 것을 말한다(제2조 제25호).

⑻ 공표 동의의 추정

ⅰ) 저작자가 공표되지 아니한 저작물의 저작재산권을 양도하거나, 이용허락하거나, 배타적 발행권·출판권을 설정한 때는 저작물에 대한 공표를 동의한 것으로 추정하고(제11조 제2항), 공표되지 않은 저작물을 도서관 등에 기증한 경우에는 기증한 때에 공표에 동의한 것으로 추정한다(제11조 제5항).  ⅱ) 공표되지 아니한 미술저작물·건축저작물 또는 사진저작물의 원본을 양도한

---

82) 저작인격권이나 저작재산권을 이루는 개별적인 권리들은 저작인격권이나 저작재산권이라는 동일한 권리의 한 내용에 불과한 것이 아니라 각 독립적인 권리로 파악하여야 하므로 위 각 권리에 기한 청구는 별개의 소송물이 된다(대법원 2013. 7. 12. 선고 2013다22775 판결).

경우에도 원본의 전시방식에 의한 공표를 동의한 것으로 추정하며(제11조 제3 항), iii) 원저작물에 대하여 원저작자의 동의를 얻은 2차적 저작물이나 편집 저작물이 작성·공표되었다면 그 원저작물도 공표된 것으로 보므로 원저작자 는 새삼 원저작물의 공표권을 주장할 수 없다(제11조 제4항).

### (2) 성명표시권(제12조)

#### (가) 의　　의

저작자는 저작물의 원본이나 복제물에 (예컨대 유형의 저작물인 경우) 또는 저작물의 공표매체에 (예컨대 무형의 저작물인 경우) 그의 실명 또는 이명을 표시 할 권리를 가진다(제12조 제1항). 저작자의 성명은 특별한 의사표시가 없는 한 저작자가 그의 실명이나 이명을 표시한 바에 따라 표시되어야 한다(제12조 제2 항). 성명표시권에는 저작자가 스스로를 익명으로 할 권리도 포함된다고 해석 된다.[83]

⇨ 대법원 1989. 10. 24. 선고 88다카29269 판결

"문교부는 원고(윤정아)가 국민학교 6학년 재학 중 창작하여 1980. 11. 15. 공표 한 '내가 찾을 할아버지의 고향'이라는 제목의 산문 중 제목을 '찾아야 할 고 향'으로 고치고 지은이(윤정아)를 '3학년 4반 황정아'라고 새로이 써넣었으며 '매년'을 '해마다'로 고치는 등 내용의 일부문구를 수정하여 국민학교 3학년 2 학기 국어교과서에 싣고 1982년부터 1987까지 이를 인쇄하여 학생들에게 발 행, 공급한 사실을 확정한 다음 문교부가 위 산문의 지은이를 가공의 이름인 '황정아'로 표시한 이유가 피고의 주장과 같이 교육정책상의 목적에 있었다 하 더라도 이러한 사정만으로는 저작자에게 전속되는 창작자임을 주장할 수 있는 귀속권을 침해하는 정당한 사유가 되지 아니하므로 피고는 위 교과서의 편집을 지휘감독하고 그 내용을 최종적으로 결정할 권한을 가진 그 산하문교부 소속공 무원들의 직무집행상의 과실로 인한 위법행위로 원고가 입은 정신적 손해를 배 상할 책임이 있다고 판단하고 있는 바, 원심의 이러한 판단은 앞서 본 법리에 따른 것으로서 옳다."

---

83) 일본 저작권법 제19조 제1항은 "저작권자는 그 저작물의 원작품 또는 그 저작물을 공중 에 제공하거나 제시할 때 그 실명이나 이명을 저작자 이름으로서 표시하거나 저작자 이름 을 표시하지 않을 권리가 있다"고 명시하고 있다.

⇨ **하급심 판결례 서울고등법원 2008. 9. 23. 선고 2007나70720 판결**

> 음악사이트의 운영자가 음악저작물에 관한 웹페이지 또는 음원서비스의 각종 창 내지 화면 등에 가수와 음반제작자의 성명·명칭은 표시하면서도 적정한 방법으로 작사·작곡가의 성명을 표시하지 아니한 경우에는 저작자의 성명표시권을 침해한 것에 해당한다.

⇨ **하급심 판결례 서울중앙지방법원 2006. 5. 10. 선고 2004가합67627 판결**

> 저작자의 동의나 승낙을 받지 아니하고 미술작품들을 원화로 사용하여 지하철역 장식벽의 벽화를 만들면서, 그 각 벽화의 작가 란에 '작가미상'이라고 표시하거나 아예 작가표시 란을 두지 않은 것은 저작인격권인 성명표시권 침해를 구성한다.

### (나) 제 한(제12조 제2항)

저작물을 이용하는 자는 저작자의 성명을 표시하여야 하지만, 저작물의 성질이나 그 이용의 목적 및 형태 등에 비추어 부득이하다고 인정되는 경우에는 그러하지 아니하다. 따라서 예외적으로 성명표시를 생략하거나84) 저작자가 당초 표시한 바와 다른 형태로 성명을 표시하는 것이 용인되는 경우도 있다.

⇨ **대법원 2010. 4. 29. 선고 2007도2202 판결**

> 甲이 자신이 발간한 교재의 홍보 팸플릿에 乙이 발간한 교재 내용의 일부를 인용하여 실으면서, 그 내용을 비판하고 자신의 교재가 그 보다 더 우수하다는 점을 강조하면서 乙의 실명을 적는 대신 "A 학원의 모(某) 교재"라고만 표시한 경우, 甲의 저작부분과 乙의 저작부분이 명확히 구분 표시되어 있고, 甲을 위한 홍보책자로서의 성질이 분명하여 乙이 자신이 피인용 부분의 저작자임을 주장할 이익이 크지 않으며, 오히려 乙의 저작물에 대한 비판을 담고 있어 실명을 표시하지 않는 편이 乙에게 유리한 사정이 있다면, 위와 같은 표시는 나름대로 '합리성을 갖춘 출처명시방법'이라고 할 수 있다.

---

84) 예컨대 매장에서 고객을 위해 배경음악을 틀어놓는 경우, 매 곡마다 저작자의 성명을 알리는 것은 불합리하므로 이를 생략할 수 있다.

### (3) 동일성 유지권(제13조)

#### ㈎ 의      의

저작자는 그의 저작물의 내용·형식 및 제호의 동일성을 유지할 권리를 가진다(제13조 제1항). 제3자에 의한 개변(改變)의 정도가 실질적 동일성을 해치지 않을 정도로 경미하다면(예컨대 단순한 오·탈자의 정정 등) 동일성 유지권 침해가 아니고, 반대로 그 개변(改變)이 상당하여 전혀 새로운 창작적 표현에 이른 정도라면 이 역시 동일성 유지권 침해는 아니다. 동일성 유지권 침해의 문제는 그 중간의 영역에서 일어난다. 제3자가 원저작물의 실질적 동일성을 해하거나, 나아가 2차적 저작물의 작성에 이르는 정도의 개변을 한 경우가 그것인데, 2차적 저작물의 작성에 이른 경우 동일성 유지권 침해가 성립하는지 여부를 두고는 견해의 대립이 있다. 이 문제는 아래에서 따로 설명한다. 한편, 판례는[85] 원본 저작물의 일부를 그대로 발췌하여 이용하되 그것이 어디까지나 전체 저작물의 일부를 이용한 것임을 쉽게 알 수 있어 그 부분적 이용으로 저작물에 표현된 저작자의 사상·감정이 왜곡되거나 저작물의 내용이나 형식이 오인될 우려가 없는 경우라면 동일성 유지권 침해가 되지 않는다고 한다.

◈ 대법원 2015. 4. 9. 선고 2011다101148 판결

> 어문저작물이나 음악저작물·영상저작물 등의 일부만을 이용하더라도, 그 부분적 이용이 저작물 중 일부를 발췌하여 그대로 이용하는 것이어서 이용되는 부분 자체는 아무런 변경이 없고, 이용방법도 그 저작물의 통상적 이용방법을 따른 것이며, 그 저작물의 이용 관행에 비추어 일반 대중이나 당해 저작물의 수요자가 그 부분적 이용이 전체 저작물의 일부를 이용한 것임을 쉽게 알 수 있어 저작물 중 부분적으로 이용된 부분이 그 저작물의 전부인 것으로 오인되거나 그 부분적 이용으로 그 저작물에 표현된 저작자의 사상·감정이 왜곡되거나 저작물의 내용이나 형식이 오인될 우려가 없는 경우에는, 그러한 부분적 이용은 그 저작물 전부를 이용하는 것과 이용하는 분량 면에서만 차이가 있을 뿐이어서 저작자의 동일성유지권을 침해한 것으로 볼 수 없다. 이는 그 부분적 이용에 관하여 저작재산권자의 이용허락을 받지 않은 경우에도 마찬가지이다. … 피고 ○○이 그의 인터넷 사이트에서 제공한 이 사건 음악저작물의 미리듣기 서비스도 이 사건 음악저작물의 음원 중 약 30초 정도 분량만을 스트리밍 방식으로 무료로 전

---

85) 대법원 2015. 4. 9. 선고 2011다101148 판결.

송·재생하는 것이어서 재생되는 부분 자체는 아무런 변경이 없는 점 … 일반 대
중이나 이 사건 음악저작물의 수요자로서는 이 사건 음악저작물의 미리듣기 서
비스가 음악저작물 전부가 아닌 일부만을 제공하는 것임을 쉽게 알 수 있으므
로, 이 사건 음악저작물 중 미리듣기 서비스에 이용된 부분이 이 사건 음악저작
물의 전부인 것으로 오인되거나, 미리듣기 서비스로 인하여 이 사건 음악저작물
에 표현된 원고의 사상·감정이 왜곡되거나 이 사건 음악저작물의 내용 또는 형식
이 오인될 우려가 없다고 할 것이다. 따라서 피고 ○○이 이용허락을 받지 아니
한 채 이 사건 음악저작물의 미리듣기 서비스를 제공하였다고 하더라도 이것이
원고의 동일성유지권을 침해한 것이라고 볼 수는 없다.

**(나) 제  한**(제13조 제2항)

저작자는 다음 각 호의 어느 하나에 해당하는 변경에 대하여는 이의(異議)
할 수 없다. 다만, 본질적인 내용의 변경은 그러하지 아니하다.

제1호: 학교 교육 목적상 부득이한 경우

제2호: 건축물의 증축·개축 그 밖의 변형

제3·4호: 컴퓨터 프로그램의 호환성 확보나 효과적 이용을 위한 변경

제5호: 기타 저작물의 성질이나 이용의 목적·형태 등에 비추어 부득이한
경우

여기서 '부득이하다'고 함은, 저작물 이용에 있어 기술상의 한계나 실연
자의 능력상의 한계 등으로 인해 저작물을 변경하여 이용하는 것이 불가피한
경우로서 저작자의 이의 유무가 그 이용형태에 어떠한 영향을 미칠 수 없어
이를 굳이 보장할 필요가 없거나, 중대한 공익상의 필요에 의해 저작자의 이의
권을 부득이 제한하여야 하는 경우를 의미한다.[86]

## 나. 저작인격권과 관련된 문제들

### (1) 일신 전속성(제14조)

저작인격권은 저작자의 일신에 전속한다(제14조 제1항). 따라서 양도 등
처분이 불가능한 것이 원칙이다. 사망한 저작자의 저작인격권은 명예훼손적
침해에 한하여 보호된다(제14조 제2항). 저작인격권의 일신전속성과 관련하여
거래 당사자 사이에서 저작인격권의 포기나 불행사를 합의한 경우 그 합의의

---

86) 서울고등법원 2008. 9. 23. 선고 2007나70720 판결.

효력이 문제된다. 저작물의 원활한 이용 및 당사자 이익을 고려하면 이를 절대
적 무효로는 취급하지 않는 게 바람직하다는 견해가 다수이다.[87]

⋄ 대법원 1994. 9. 30. 선고 94다7980 판결

> 망인인 이광수의 허락을 받지 아니하고 그의 소설을 다소 수정한 내용을 실은
> 도서를 출판·판매하였으나, 수정한 내용이 주로 해방 후 맞춤법 표기법이 바뀜
> 에 따라 오기를 고치거나 일본식 표현을 우리말 표현으로 고친 것으로서, 망인
> 스스로 또는 그 작품의 출판권을 가진 출판사에서 원작을 수정한 내용과 별로
> 다르지 않다면 그 수정행위의 성질 및 정도로 보아 사회통념상 저작자의 명예를
> 훼손한 것으로 볼 수 없어 저작자 사망 후의 저작인격권(저작물의 동일성 유지권)
> 침해가 되지 아니한다.

### (2) 2차적 저작물과 저작인격권

#### ㈎ 문제의 소재

제 3 자가 원저작물을 허락 없이 이용하여 2차적 저작물을 작성, 자신의
이름으로 공표하였다면, 그로써 원저작자의 공표권, 동일성 유지권, 성명표시
권이 침해되는가가 문제된다.

#### ㈏ 관련 대법원 판례의 태도

이 점에 관하여 명백히 언급하고 있는 대법원 판례는 없고, 제 3 자의 저
작물 이용행위가 2차적 저작물의 작성에까지는 이르지 못하고 원저작물과 동
일성이 감지되는 정도에 그쳐 '복제'에 해당하는 경우라면, 그러한 복제물을
제 3 자의 이름으로 공표하는 것은 원저작자의 성명표시권과 동일성 유지권 침
해를 구성한다고 한 것이 있을 뿐이다.[88]

#### ㈐ 학설과 하급심 판결례

##### 1) 동일성 유지권

다수설은, ⅰ) 원저작자가 2차 저작물의 작성을 허락한 경우에는 동일성
유지권 침해에 대한 양해도 있는 것으로 보아 문제가 되지 않고,[89] ⅱ) 제 3

---

87) 구체적 학설의 소개는, 오승종, 지적재산권법 강의, 박영사(2016), 281~282면.
88) 대법원 1989. 10. 24. 선고 89다카12824 판결.
89) 단, 원저작물의 본질을 개변하는 정도에 이르는 경우라면 2차적 저작물 작성 양해만으로

자가 허락 없이 원저작물을 변개(變改)하여 그와 실질적 유사성을 띠는 2차적 저작물을 작성하였다면 그 과정에서 원저작물의 동일성 또한 파괴되기 마련이며, 저작재산권으로서의 2차적 저작물 작성권과 저작인격권으로서의 동일성 유지권은 별개이므로 당연히 동일성 유지권 침해도 성립한다고 한다.[90]

소수설 1은,[91] 제3자가 원저작물에 기초하여 2차적 저작물을 작성하였다면 원저작자의 허락을 받았는지 아닌지에 관계없이 이는 제3자의 독립된 저작물로써 별도로 존재하는 것이기 때문에, 2차적 저작물 작성권 침해 이외에 원저작물의 동일성 유지권 침해의 문제는 발생할 여지가 없다고 한다. 다만 ⅰ) 제3자가 특정한 유체물인 원저작물에 직접 변개(變改)를 가한 경우나 ⅱ) 침해자가 자신이 변개(變改)한 2차적 저작물을 원저작자의 것으로 표시하는 등 침해물과 원저작물 사이에 연결고리를 만들어 놓은 경우에 한하여 원저작물의 동일성 유지권이 문제될 수 있다고 한다.

소수설 2는[92]은, 원저작물의 '내면적 형식' 즉, 내용이나 본질적인 내용에 변경을 가하거나 저작자의 명예·명성에 해를 가할 우려가 있는 "왜곡(distortion)"은 동일성 유지권 침해를 구성하지만, 번역·편곡·변형·각색·영상화 등 단지 저작물의 '외면적 형식'에 변경을 가하는 2차적 저작물 작성행위, 즉 "개작(adaptation)"은 그로 인해 원작의 내면적 형식을 변경시키지 않는 한 동일성 유지권 침해와 무관하다고 한다. 또한, 그렇기 때문에 2차적 저작물의 작성 동의가 있더라도 동일성 유지권 침해가 발생할 수 있고, 임의로 2차적 저작물을 작성하였더라도 동일성 유지권은 침해되지 않을 수도 있다고 한다.

하급심 판결례는 다수설의 입장에 속한 것[93]과 소수설 1의 입장에 속한 것[94]이 모두 존재한다.

---

곧바로 그러한 정도의 동일성 파괴까지 허락한 것으로 보기 어렵기 때문에 별도의 동의가 필요하다고 한다(오승종, 저작권법(제3판), 박영사(2013), 397면).

90) 오승종, 저작권법(제3판), 박영사(2013), 398~399면; 이해완, 저작권법(제3판), 박영사(2015), 406면; 최경수, 앞의 책, 222면.

91) 송영식·이상정, 저작권법개설(제7판), 세창출판사(2011), 170면.

92) 박성호, 앞의 책, 299~300면.

93) 서울지방법원 남부지원 1989. 12. 8. 선고 88가합2442 판결 등.

94) 서울지방법원 1998. 5. 29. 선고 96가합48355 판결; 서울 서부지방법원 2006. 3. 17. 선고 2004가합4676 판결; 서울고등법원 2012. 12. 20. 선고 2012나17150 판결 등.

### 2) 성명표시권

2차적 저작물 작성자가 그 2차적 저작물에 원저작자의 성명을 표시하지 않은 경우 이를 원저작물에 대한 성명표시권 침해로 볼 것인가에 관하여도 위 2차적 저작물에 관한 동일성 유지권 침해와 같은 논리에서 입장대립이 가능하다. 2차적 저작물의 독립성을 중시하는 소수설 1의 입장에 선다면 2차적 저작물에 원저작자의 성명을 표시하지 않더라도 별도의 성명표시권 침해는 성립하지 않는다고 보게 될 것이나, 다수설은 그 경우 원저작자의 성명표시권 침해가 성립한다고 본다. 하급심 판결례도 전자의 입장에 선 것과[95] 후자의 입장에 선 것[96]이 공존한다.

### 3) 공 표 권

원저작자의 동의를 얻어 작성된 2차적 저작물인 경우 2차적 저작물이 공표된 경우에 그 원저작물도 공표된 것으로 보기 때문에(제11조 제4항) 특별히 문제될 것이 없다. 미공표 저작물을 원작으로 하여 허락 없이 2차적 저작물을 작성·공표하였다면 이로써 원저작물에 대한 공표도 수반되는 것으로 보아 2차적 저작물 작성권 외에 원저작자의 공표권 침해도 구성한다고 보는 것이 보통이다.[97] 제11조 제4항을 반대 해석하면 이와 같은 결론에 이르는 것이 자연스럽다.

### (3) 저작자의 인격권 보호를 위한 그 밖의 규정

#### (가) 저작물의 명예훼손적 이용과 저작인격권 침해(제124조 제2항)

저작자의 명예를 훼손하는 방법으로 저작물을 이용하는 행위는 저작인격권의 침해로 본다. 예술적 가치가 높은 창작물을 허락 없이 저속한 목적 혹은 상업적 목적으로 사용한다거나 저작물을 결과적으로 저작자의 명예를 해치는 데 사용한다거나,[98] 공표된 저작물의 패러디 등의 과정에서 저작자의 명예를 훼손하는 방법으로 저작물을 이용하는 경우에는 이 규정에 저촉되는 일이 생

---

95) 서울서부지방법원 2006. 3. 17. 선고 2004가합4676 판결.
96) 서울중앙지방법원 2008. 7. 24. 선고 2007가합114203 판결.
97) 오승종, 저작권법(제3판), 박영사(2013), 369면; 이해완, 저작권법(제3판), 박영사(2015), 391면.
98) 예컨대 특정인의 번역물을 잘못된 번역을 지적하는 예로 교과서에 싣는 경우를 생각할 수 있다.

길 수 있다. 타인의 저작물을 이용하는 과정에서 그 저작자의 명예를 훼손하는 행위는 민법상 일반불법행위로서 정신적 손해배상의 대상이 되지만, 위 저작권법 조항에 따라 금지청구(제123조)는 물론 형사처벌의 대상(제137조 제5호: 1년 이하의 징역 또는 1천만원 이하의 벌금)이 된다는 데 독자적 의미가 있다.

### (나) 배타적 발행권자에 대한 저작물 수정증감 청구권(제58조의 2 제1항)

저작물의 배타적 발행권자가 저작물의 발행 등의 방법으로 다시 이용하는 경우 저작자는 정당한 범위 안에서 그 저작물의 내용을 수정하거나 증감할 수 있다. 이 규정은 출판권에도 준용되는 바(제63조의 2), 예컨대 자신의 저작물에 대하여 출판권을 설정한 저작자는 출판권자가 그 저작물을 재출판 하는 기회에 이 규정에 근거하여 그 내용을 수정·증감을 요구할 수 있으며, 이는 저작권자의 인격적 이익을 보호하기 위한 규정으로 이해되고 있다.

### (다) 저작재산권의 제한과 저작인격권의 관계(제38조)

저작권법은 법 제23조 이하(제4절 제2관)에 규정된 저작재산권에 대한 여러 제한사유는 저작인격권에 영향을 미치는 것으로 해석되어서는 아니 된다고 규정한다. 따라서 비록 제3자에 의한 저작재산권의 이용이 저작재산권 이용의 측면에서는 저작권제한 사유에 해당하여 적법한 것으로 되더라도 여전히 저작인격권의 침해는 구성하는 일이 생길 수도 있다. 예컨대 타인의 저작물에 대한 이용이 공정이용(제35조의 5) 요건을 충족하여 저작재산권 침해를 구성하지 않더라도, 부득이한 사유 없이 원저작자의 성명을 표시하지 않고 이용하였다면 성명표시권 침해를 구성할 수 있는 것이다.[99] 다만, 그 구체적 판단을 수행함에 있어서는 저작재산권의 제한사유를 규정한 법 취지가 몰각되지 않도록 저작인격권에 대한 제한사유[100]와의 유기적인 검토와 적용이 필요하다.

### (4) 그 밖에 보호되는 저작자의 인격권

저작권법이 인정하는 저작인격권 유형 외에도, 가령 ⅰ) 미술저작물이나 사진저작물 등의 철거나 폐기 시 저작권자의 사전 동의권 내지 저작물 환수권

---

99) 아울러, 뒤에서 보는 바처럼 저작권법 제37조는 저작재산권의 제한에 덧붙여, 저작재산권 제한의 이익을 누리는 이용자로 하여금 피이용 저작물의 출처를 표시할 의무를 명시하고 있기도 하다.

100) 공표권에 대한 제11조 제2항 내지 제5항; 성명표시권에 대한 제12조 제2항 단서; 동일성 유지권에 대한 제13조 제2항 등.

을 보장한다거나, ⅱ) 저작권자가 저작물의 소유권이 타인에게 속한 이후에도 이를 접촉하여 촬영·스케치 등을 할 기회를 보장한다거나, ⅲ) 저작물 유통과정에서 원 저작권자의 인격적 이익에 반하는 상황이 벌어지면 저작물의 양도를 철회할 수 있게 하는 등 새로운 유형의 저작인격권에 대한 학설상 논의와 입법례가 존재한다.

판례101)는, "저작권법은 공표권, 성명표시권, 동일성유지권 등의 저작인격권을 특별히 규정하고 있으나, 작가가 자신의 저작물에 대해서 가지는 인격적 이익에 대한 권리가 위와 같은 저작권법 규정에 해당하는 경우로만 한정된다고 할 수는 없으므로 저작물의 단순한 변경을 넘어서 폐기 행위로 인하여 저작자의 인격적 법익 침해가 발생한 경우에는 위와 같은 동일성유지권 침해의 성립 여부와는 별개로 저작자의 일반적 인격권을 침해한 위법한 행위가 될 수 있다"고 하였다. 이는 해당 사건의 특수한 사실관계에 바탕을 둔 판단이기는 하나, 저작권법에 명문화 된 인격권 외에 새로운 유형의 저작인격권이 인정될 여지를 밝힌 것이어서 주목된다.

⟡ 대법원 2015. 8. 27. 선고 2012다204587 판결

> 원고는 특별한 역사적, 시대적 의미를 가지고 있는 도라산역이라는 공공장소에 피고의 의뢰로 설치된 이 사건 벽화가 상당 기간 전시되고 보존되리라고 기대하였고, 피고로서도 이 사건 벽화의 가치와 의미에 대하여 홍보까지 하였으므로 단기간에 이를 철거할 경우 원고가 예술창작자로서 갖는 명예감정 및 사회적 신용이나 명성 등이 침해될 것을 예상할 수 있었음에도, 피고가 이 사건 벽화의 설치 이전에 이미 알고 있었던 사유를 들어 적법한 절차를 거치지 아니한 채 그 철거를 결정하고 그 원형을 크게 손상시키는 방법으로 철거 후 소각한 행위는 현저하게 합리성을 잃은 행위로서 객관적 정당성을 결여하여 위법하다고 할 것이다. 그리고 피고의 이러한 이 사건 벽화 폐기행위로 인하여 원고가 정신적 고통을 겪었을 것임은 경험칙상 분명하므로, 피고는 국가배상법 제2조 제1항에 따라 원고에게 위자료를 지급할 의무가 있다.

---

101) 대법원 2015. 8. 27. 선고 2012다204587 판결.

## 2. 저작재산권

아래에서 보는 저작재산권들은 각각 분리하여 양도나 이용허락이 가능한 것이 원칙이다. 저작재산권은 권리자 스스로 아무런 제약 없이 당해 저작물을 이용할 수 있다는 의미도 가지지만, 현실적으로는 제3자가 저작재산권자의 허락 없이 저작물을 이용하는 것을 금지하고, 이용을 허락하여 대가를 회수할 수 있게 한다는 점에서 더욱 중요한 의미를 가진다.

### 가. 복 제 권

#### (1) 의        의

저작자는 그의 저작물을 복제할 권리를 가진다(제16조). '복제는 저작권 (Copyright)이라는 단어의 어원을 이루듯, 저작권의 핵심을 이루는 재산권이다. '복제'는 인쇄·사진촬영·복사·녹음·녹화 그 밖의 방법으로 일시적 또는 영구적으로 유형물에 고정하거나 다시 제작하는 것을 말하며, 건축물의 경우에는 그 건축을 위한 모형 또는 설계도서에 따라 이를 시공하는 것을 포함한다 (제2조 제22호). 이는 저작물인 '건축물을 위한 모형 또는 설계도서'에 따라 건축물을 시공하더라도 복제에 해당한다는 점을 명확히 하려는 확인적 성격의 규정이다. 따라서 예컨대 도안이나 도면의 형태로 되어 있는 저작물을 입체적인 조형물로 다시 제작하는 행위도 복제에 해당한다. 102)

#### (2) 일시적 복제

#### ㈎ 일시적 복제의 의의와 문제점

저작권법상 일시적 복제는 캐싱(caching) 기능에 의한 하드디스크에의 일시적 저장에서도 문제되지만, 주로 디지털 콘텐츠를 사용자 컴퓨터의 일시적 저장장치인 RAM103)에 저장하는 것과 관련하여 문제된다. 디지털 환경에서 컴퓨터를 통한 저작물의 이용과정에서는 필연적으로 디지털 자료가 RAM에 임

---

102) 대법원 2019. 5. 10. 선고 2016도15974 판결.

103) Random Access Memory: 컴퓨터의 전원이 켜 있는 동안에만 저장기능이 있고 전원이 꺼지면 그 자료는 사라지는 '임시저장성'을 특징으로 한다. 디지털 환경에서 컴퓨터를 통한 저작물의 이용과정에서는 필연적으로 디지털 자료가 RAM에 임시저장되기 때문에 저작물에 대한 '일시적 복제'의 문제를 야기한다.

시저장되기 때문에 이는 저작권법적으로 매우 중대한 문제이다. 이를 일시적 '복제'로 보면 접속자에게 저작물을 전송하여 RAM 복제만으로 저작물을 실시간 이용할 수 있도록 하는 콘텐츠의 유료접속 서비스 등을 충실히 보호할 수 있게 되어 '소유에서 접속으로'를 표방하는 근래의 인터넷 저작권 패러다임에 부합하기 쉬운 장점이 있다. 반면, 모든 형태의 디지털 콘텐츠에 대한 이용행위가 적어도 잠재적으로는 복제권의 침해를 구성하는 부작용이 발생하기 때문에 일시적 복제개념의 무분별한 운용은 디지털 저작물의 원활한 이용을 크게 저해할 수도 있다. 근래의 국제적인 추세는 일시적 복제도 복제유형으로 인정하는 편이 우세하며, 우리나라를 비롯하여 미국, 유럽의 여러 나라들이 이런 입장을 취한다.104) 그런 한편, 앞서 본 부작용에 대처하기 위하여 폭넓은 면책규정을 두는 등 대응책을 강구하고 있는 실정이다.

### (나) 우리 저작권법의 태도

저작권법은 '복제'를 '일시적 또는 영구적으로 유형물에 고정하거나 다시 제작하는 것'이라고 정의함으로써 일시적 복제 또한 복제행위에 해당함을 분명히 하고 있다. 이는 한·미 FTA의 합의 내용에 따라 2011. 12. 2. 개정 저작권법(법률 제11110호)으로 도입된 것이다. 한편, 저작물의 일시적 복제와 관련해서는 다양한 면책사유의 적용이 가능한바, ⅰ) 일시적 복제가 저작물의 공정이용에 관한 일반규정의 요건을 만족하는 경우(제35조의5), ⅱ) 디지털 저작물을 이용하는 과정에서 일시적 복제가 일어나는 경우(제35조의2),105) ⅲ) 가정과 같은 한정된 장소에서 개인적인 목적(영리를 목적으로 하는 경우를 제외)으로 복제하는 경우(제101조의3 제1항 제4호),106) ⅳ) 컴퓨터의 유지·보수를 위하여 그 컴퓨터를 이용하는 과정에서 프로그램(정당하게 취득한 경우에 한함)을 일시적으로 복제하는 경우(제101조의3 제2항), ⅴ) 프로그램의 복제물을 정당한 권한에 의하여 소지·이용하는 자가 그 복제물의 멸실·훼손 또는 변질 등

---

104) 그러나 구체적으로 어떤 것이 일시적 복제에 해당하는지에 관하여 각국의 재판실무는 여전히 통일되어 있다고 하기 어렵다.
105) 컴퓨터에서 저작물을 이용하는 경우에는 원활하고 효율적인 정보처리를 위하여 필요하다고 인정되는 범위 안에서 그 저작물을 그 컴퓨터에 일시적으로 복제할 수 있다. 다만, 그 저작물의 이용이 저작권을 침해하는 경우에는 그러하지 아니하다.
106) 복제의 대상이 컴퓨터 프로그램인 경우에는 제30조의 적용이 없는 대신(제37조의2), 제101조의3 제4호의 사적 이용을 위한 복제요건을 만족하면 면책된다.

에 대비하기 위하여 필요한 범위에서 해당 복제물을 복제하는 경우(제101조의
5), vi) 온라인서비스제공자의 책임제한 사유에 해당하는 경우(제102조) 등이
그것이다.

### (3) 표현의 동일(복제권 침해) 여부의 판단

복제권의 침해가 인정되기 위해서는 i) 양 저작물 사이의 실질적 유사성
이 있어야 하고, ii) 대상 저작물이 기존 저작물에 의거하였다는 점이 인정되
어야 한다.

#### ㈎ 판단의 요소

1) 실질적 유사성

양 저작물 사이의 실질적 유사성 여부를 판단하는 기법으로는 i) 직관적
이고 전체적으로 양 저작물이 주는 느낌이 유사한지 여부를 판단하는 방법,
ii) 저작물을 보호되는 '표현'과 보호의 대상이 아닌 '아이디어'로 분해한 뒤
표현만을 대상으로 평균적 관찰자의 시각에서 유사 여부를 대비하는 방법[107]
을 병용함이 보통이다.

2) 의거관계(접근가능성)

비록 양 저작물 사이에 실질적 유사성이 존재하더라도 후행 저작물이 선
행 저작물을 의도적으로 모방한 것이 아니라 우연히 동일한 창작이 이루어진
것이라면 복제권 침해는 성립하지 아니한다. 이러한 의거관계는 기존 저작물
에 대한 접근가능성, 대상 저작물과 기존의 저작물 사이에 실질적 유사성 등의
간접사실이 인정되면 사실상 추정된다. 다만, 문제가 된 저작물이 기존의 저작
물보다 먼저 창작되었거나, 후에 창작되었다고 하더라도 기존의 저작물과 무
관하게 독립적으로 창작되었다고 볼 만한 간접사실이 인정되는 경우에는 이러
한 추정은 깨지게 된다.[108][109] 의거관계를 판단할 때는 저작물의 보호의 대
상인 표현뿐 아니라 보호의 대상이 아닌 아이디어(줄거리 등)가 유사한지 여부

---

107) 컴퓨터 프로그램의 유사 여부를 판단함에 있어서는 위 방법을 좀 더 발전시킨 추상화, 여
 과, 비교법(Abstraction, Filtration, Comparison) 등이 제안되기도 한다.
108) 대법원 2007. 12. 13. 선고 2005다35707 판결.
109) 실무상으로는, 의거관계에 기한 타인의 복제행위를 증명할 목적으로 의도적인 명백한 오
 류사항을 원저작물에 숨겨둔 뒤 후행 저작물에도 그러한 오류사항이 포함되어 있으면 이
 를 모방의 증거로 제시하는 수가 있다(이른바 '공통의 오류').

도 간접사실로 활용될 수 있다는 점, 반면에 의거관계 이외에 양 저작물의 실질적 유사성을 판단할 때는 오로지 표현만이 유사성 판단의 대상이 되는 점에 각 유의할 필요가 있다. 110)

⇨ 대법원 2014. 7. 24. 선고 2013다8984 판결

> 저작권법이 보호하는 복제권이나 2차적 저작물 작성권의 침해가 성립되기 위하여는 대비대상이 되는 저작물이 침해되었다고 주장하는 기존의 저작물에 의거하여 작성되었다는 점이 인정되어야 한다. 이와 같은 의거관계는 기존의 저작물에 대한 접근가능성, 대상 저작물과 기존의 저작물 사이의 유사성이 인정되면 추정할 수 있고, 특히 대상 저작물과 기존의 저작물이 독립적으로 작성되어 같은 결과에 이르렀을 가능성을 배제할 수 있을 정도의 현저한 유사성이 인정되는 경우에는 그러한 사정만으로도 의거관계를 추정할 수 있다. 그리고 두 저작물 사이에 의거관계가 인정되는지 여부와 실질적 유사성이 있는지 여부는 서로 별개의 판단으로서, 전자의 판단에는 후자의 판단과 달리 저작권법에 의하여 보호받는 표현뿐만 아니라 저작권법에 의하여 보호받지 못하는 표현 등이 유사한지 여부도 함께 참작될 수 있다.

### (나) 공중영역에 있는 요소의 배제

저작권에 의하여 보호되는 것은 어디까지나 고유의 창작성이 있는 표현형식이어야 하므로 양 저작물의 유사 여부를 대비 판단함에 있어서도 그것이 사상·감정에 관한 아이디어 그 자체이거나, 표현이더라도 이미 공중의 영역에 있는 부분은 제외하고 유사 여부가 판단되어야 한다.

⇨ 대법원 1991. 8. 13. 선고 91다1642 판결

> 디자인 중 저작권에 의하여 보호되는 것은 저작자의 독창성이 나타난 개인적인 부분만에 한하고 옛부터 전해 내려오는 제작기법이나 표현형식은 누구나 자유롭게 이용할 수 있는 것이어서 저작권 보호의 대상이 되지 않는다고 할 것이므로, 저작권의 침해 여부를 가리기 위해 두 저작물 사이에 실질적 유사성이 있는가의 여부를 판단함에 있어서도 위 독창적인 부분을 가지고 대비를 해야 한다. 원고

---

110) 대법원 2007. 3. 29. 선고 2005다44138 판결; 대법원 2014. 5. 16. 선고 2012다55068 판결 등.

의 한복치마디자인 중 독창성이 인정되는 부분이 피고의 것과는 전체적인 띠의 모양과 넓이가 다를 뿐 아니라 그 안의 무늬의 소재, 배열방법 등에 있어서 차이가 있어 띠 부분의 전체적인 미감이 유사하다고 보기는 어렵다.

## 나. 공 연 권

저작자는 그의 저작물을 공연할 권리를 가진다(제17조). 공연의 대상물은 '저작물 또는 실연·음반·방송'이다. 공연행위는 ⅰ) 상연·연주·가창·구연·낭독·상영·재생 그 밖의 방법으로 공중에게 공개하는 것과, ⅱ) 동일인의 점유에 속하는 연결된 장소 안에서 전송 이외의 방법으로 송신하는 것이다(제2조 제3호). '공중'에는 '불특정 다수인'은 물론 '특정 다수인'도 포함된다(제2조 제32호).[111] ⅱ)의 경우, 행위 태양이 '송신'으로 되어 있어 문언상으로는 방송에 가깝게 규정되어 있으나 동일인의 점유에 속하는 연결된 장소 안에서 이루어지는 송신은 종국적으로 콘텐츠의 상영·재생 등 공연을 위해 이루어지는 경우가 대부분임을 감안하여 공연의 태양으로 포섭한 것으로 보인다.[112] 무엇보다, 상대방이 '공중(불특정·특정 다수)'에 해당하는지를 묻지 않고 이를 공연으로 취급한다는 데 규정 고유의 의의가 있다.[113]

---

111) 甲이 저작권자 乙의 저작권 침해중지요청을 받고 자신이 운영하는 음악사이트에서 乙이 작곡한 음악저작물에 관하여 MP3 파일 다운로드, 악보 제공 등의 서비스 판매를 중단하였으나 위 서비스를 이미 구입한 이용자들은 계속 이용할 수 있도록 한 사안에서, 이미 서비스를 구입한 이용자들은, 비록 범위가 한정되기는 하나 다수의 사람이 위 음악사이트에서 음악저작물에 관한 MP3 파일 등을 공통적으로 사용하고 있어 '특정 다수인', 즉 저작권법 제2조 제32호에 규정된 '공중'에 해당하므로, 甲이 이미 구입한 이용자들에게 계속 서비스를 이용할 수 있도록 한 행위는 서비스 판매·제공 중단 전의 행위로 인한 전송권 등 침해와는 별도로 乙의 공중송신권 또는 전송권을 침해한다(대법원 2012. 1. 12. 2010다57497 판결).

112) 이는 결국, 그러한 제한된 조건 아래서 이루어지는 송신은 공연권만으로 보호할 뿐, 방송권에 의한 보호는 부여하지 않고, 그 송신이 전송에 해당하는 경우에는 여전히 전송권에 기해 보호하겠다는 의미로 해석될 수 있다.

113) 판례는 공연의 개념이 "저작물을 상연·연주·가창·연술·상영 그 밖의 방법으로 일반 공중에게 공개하는 것을 말하며, 공연·방송·실연의 녹음물을 재생하여 일반 공중에게 공개하는 것을 포함한다"라고만 되어 있던 시절부터 "노래방의 구분된 각 방실이 4~5인 가량의 고객을 수용할 수 있는 소규모에 불과하다고 하더라도, 일반 고객 누구나 요금만 내면 제한 없이 이를 이용할 수 있는 공개된 장소인 노래방에서 고객들로 하여금 노래방 기기에 녹음 또는 녹화된 음악저작물을 재생하는 방식으로 저작물을 이용하게 한 이상, 일반

'공연'은 그 콘텐츠를 인간의 오감에 의하여 직접 감지할 수 있도록 한다는 점에서, 콘텐츠가 장치에 의해 수신되는 것을 전제로 유·무선의 통신방법으로 송신하는 행위인 '방송'과 구별된다. 또한 '실연' 자체가 공연을 이루는 수도 있지만, 실연의 콘텐츠가 담긴 음반이나 방송을 상영·재생하는 행위도 공연에 해당한다는 점, '실연'은 반드시 공중을 대상으로 하지 않더라도 성립하는 반면, 공연은 공중을 대상으로 한다는 점에서 양자는 구별된다. 공연에는 저작물 등의 '재생'도 포함됨은 물론이다. 따라서 상연이나 연주의 녹음·녹화분을 재생하여 공중에게 공개하는 행위도 공연이다.

## 다. 공중송신권

저작자는 그의 저작물을 공중송신할 권리를 가진다(제18조). 공중송신은 저작물, 실연·음반·방송 또는 데이터베이스[114]를 공중이 수신하거나 접근하게 할 목적으로 무선 또는 유선통신의 방법에 의하여 송신하거나 이용에 제공하는 것을 말한다(제2조 제7호). 공중송신은 다시 방송·전송·디지털 음성송신으로 나뉜다.

### (1) 방 송 권
#### (개) 방송의 개념

방송은 공중송신 중 공중이 '동시에' 수신하게 할 목적으로 음·영상 또는 음과 영상 등을 송신하는 것을 말한다(제2조 제8호). 앞서 본 공중송신의 정의와 결합하면, 결국 저작권법상 방송의 개념표지는 ⅰ) 공중이 동시에 수신하게 할 목적으로 ⅱ) 저작물 등의 음·영상 또는 음과 영상 등을 ⅲ) 무선 또는 유선의 방법에 의하여 송신하는 행위가 된다. 여기서 '수신'은 기계적 장치를 이용한 수신만을 의미한다.[115]

#### (나) 공연과 방송의 관계

저작권법은 저작물, 실연, 음반, 방송을 상연·연주·가창·구연·낭독·상

---

공중에게 저작물을 공개하여 공연한 행위에 해당된다"고 하여 이미 결과적으로 현행법과 같은 태도를 취하고 있었다(대법원 1996. 3. 22. 선고 95도1288 판결 참조).

114) 이하에서, 이를 합하여 '저작물 등'이라 한다.

115) 최경수, 앞의 책, 260~261면. 베른협약에 따른 방송개념의 일반적 해석이라 한다.

영·재생 '그 밖의 방법으로 공중에게 공개하는 것' 일체를 공연이라고 정의하고 있는 한편(제 2 조 제 3 호), 공연(권)과 방송(권)의 상호관계에 관하여는 아무런 규정을 두고 있지 않다. 예컨대 ⅰ) 방송사업자가 공중에게 콘텐츠를 송신하는 행위는 전형적인 방송행위이지만 그 콘텐츠가 최종적으로 공중에게 공개되는 국면에는 공연이 수반된다고도 할 수 있다. 그러나 이 경우처럼 개념적으로는 방송과 공연이 병존한다 하더라도, 권리자 보호에 다른 문제가 없다면 이를 중복 인정하는 것은 부자연스럽고, 방송으로만 규율해도 무방하다고 본다. 한편, ⅱ) 甲의 저작물을 지역 유선방송사업자인 乙이 丙 등 가입자들의 호텔에 송신하고, 丙이 객실에 이를 틀어주는 경우에는 행위의 주체가 서로 다르고 방송권과 공연권을 별도로 보호할 실익도 크므로 이를 乙의 방송행위와 丙의 공연행위로 구별하여 규율함이 상당할 것이다.

공연과 방송의 관계에 대한 이러한 이해는 제29조 제 1, 2 항의 해석에 관해서도 마찬가지로 적용될 수 있다. 제29조 제 1 항은 '…공표된 저작물을 공연 또는 방송할 수 있다'고 하는 반면, 제 2 항은 '…상업용 음반 또는 상업적 목적으로 공표된 영상저작물을 재생하여 공중에게 공연할 수 있다'고만 하여 방송을 제외하고 있다. 이는 타인의 저작물을 이용하는 경우 그것이 상업용 음반 또는 영상저작물인 경우에는 '직접 공연'의 형태로 하는 경우만 허용되고, '방송을 매개로 하여' 공연하는 것은 허용되지 아니하며, 그 경우에는 여전히 방송권 침해로는 규율하겠다는 의미로 이해된다.

### (2) 전 송 권

#### ㈐ 전송의 개념

전송(傳送)은 공중송신 중 공중의 구성원이 '개별적으로 선택한' 시간과 장소에서 접근할 수 있도록 저작물 등을 이용에 제공하는 것을 말하며, 그에 따라 이루어지는 송신을 포함한다(제 2 조 제10호). 전송의 전형적인 예는 인터넷을 통해 디지털 콘텐츠를 제공하는 것이다. 방송이 공중으로 하여금 콘텐츠를 '동시에' 그리고 '수동적으로' 수신하게 하는 것을 전제로 하는 반면, 전송은 공중의 구성원 개개인이 원하는 시기에 선택적으로 콘텐츠를 제공받을 수 있게 한다는 점에서 차이가 있다.

### (나) 링크(link)의 문제

#### 1) 종전 판례의 태도

종전 판례[116]는 인터넷 이용자가 링크 부분을 클릭함으로써 링크된 웹페이지나 개별 저작물에 직접 연결하더라도 복제, 전시, 2차적 저작물 작성행위 등 어떤 형태의 직접침해도 구성하지 않는다고 하였다. 방조에 대해서도 링크 행위를 통해 복제권이나 공중송신권을 침해하는 웹페이지에 직접 연결된다고 하더라도 이로써 그 침해행위의 실행 자체를 용이하게 한다고 할 수는 없으므로, 링크 행위만으로는 저작재산권 침해의 방조 역시 구성하지 않는다고 하였었다.[117]

#### 2) 종전 판례에 대한 비판적 입장과 절충적 관점

그러나 이처럼 링크 행위를 저작권 침해의 방조로도 보지 않는 태도에 대해서는 비판이 적지 않았다. 저작권 침해사이트에 링크를 걸어 둠으로써 이후 이용자가 저작권 침해사이트를 방문하는 과정에서 침해저작물에 대한 공중송신이 이루어지고 복제행위가 수반되는데, 이는 새로운 침해행위이며 결과적으로 링크를 제공한 자는 그런 사후적 침해행위를 방조하게 된다는 것 등이 주된 논거이다.[118]

생각건대, 인터넷 상의 연결수단을 이용해 타인을 저작권 침해 웹페이지로 안내하고, 뒤이어 콘텐츠를 이용하는 과정에서 공중송신 및 복제 등 저작권 침해행위가 수반되는 이상 침해 방조의 객관적 구성요건은 충족한다고 보아야 할 것이다. 그러나 링크는 이미 인터넷 이용행위의 한 유형으로 일상화된 면이 있고 그를 통해 정보의 공유·확산이나 다양한 비평이 가능해지는 등 순기능 역시 무시될 수 없으므로 이를 침해방조로 규율함으로써 초래되는 혼란과 '위축효과(Chilling Effect)' 역시 고려되어야 한다. 따라서 링크를 불법행위라고 하려면 저작권 침해에 대한 고의·과실 등 주관적 요건을 엄격하게 따져, 명백히 저작권 침해 사이트임을 알았거나 알 수 있었음에도 링크를 걸어 두는 경우에 한해야 할 것이다. 아울러 링크를 통한 저작권 침해의 객관적

---

116) 대법원 2009. 11. 26. 선고 2008다77405 판결; 대법원 2010. 3. 11. 선고 2009다4343 판결.
117) 대법원 2015. 3. 12. 선고 2012도13748 판결 등.
118) 예컨대, 이해완, "인터넷 링크와 저작권 침해책임", 성균관법학 제27권 제3호(2015. 9), 254~260면.

'위법성'을 판단할 때에도 저작권자 등의 이익과 이를 일률적으로 금지함으로써 빚어지는 제반 부작용을 신중히 비교형량할 필요가 있다.

### 3) 판례의 태도 변화

최근 판례[119] 역시 이런 입장으로 선회하였다. 즉, 인터넷 링크행위는 그 자체로 복제, 전송권을 포함한 저작권의 직접침해는 구성하지 않음을 재확인하면서도, "정범이 공중송신권을 침해한다는 사실을 충분히 인식하면서 그러한 링크를 인터넷 사이트에 영리적·계속적으로 게시하는 등으로 공중의 구성원이 개별적으로 선택한 시간과 장소에서 침해 게시물에 쉽게 접근할 수 있도록 하는 정도의 링크 행위를 한 경우에는, 침해 게시물을 공중의 이용에 제공하는 정범의 범죄를 용이하게 하므로 공중송신권 침해의 방조범이 성립한다. 이러한 링크 행위는 정범의 범죄행위가 종료되기 전 단계에서 침해 게시물을 공중의 이용에 제공하는 정범의 범죄 실현과 밀접한 관련이 있고 그 구성요건적 결과 발생의 기회를 현실적으로 증대함으로써 정범의 실행행위를 용이하게 하고 공중송신권이라는 법익의 침해를 강화·증대하였다고 평가할 수 있다. 링크 행위자에게 방조의 고의와 정범의 고의도 인정할 수 있다"고 판시한 것이다. 판례는 이처럼 직접침해자가 침해물을 웹사이트에 올려둔 채 게시를 철회하지 않는 것을 전송권 침해의 계속 상태로 파악하는 전제에서 그에 대한 링크행위는 직접침해에 대한 방조를 구성할 수 있다고 한 것이다. 한편 그러면서도 "정범이 공중송신권을 침해한다는 사실을 충분히 인식하면서"라는 주관적 요건을 명확히 요구하는 한편, "링크는 인터넷 공간을 통한 정보의 자유로운 유통을 활성화하고 표현의 자유를 실현하는 등의 고유한 의미와 사회적 기능을 가진다. 인터넷 등을 이용하는 과정에서 일상적으로 이루어지는 링크 행위에 대해서까지 공중송신권 침해의 방조를 쉽게 인정하는 것은 인터넷 공간에서 표현의 자유나 일반적 행동의 자유를 과도하게 위축시킬 우려가 있어 바람직하지 않다"라든지 "법질서 전체의 관점에서 살펴볼 때 사회적 상당성을 갖추었다고 볼 수 있는 경우에는 공중송신권 침해에 대한 방조가 성립하지 않을 수 있다"고 하는 점 역시 주목할 필요가 있다.

---

119) 대법원 2021. 9. 9. 선고 2017도19025 전원합의체 판결; 대법원 2021. 9. 30. 선고 2016
도8040 판결; 대법원 2021. 11. 25. 선고 2021도10903 판결 등.

### (3) 디지털 음성송신권

디지털 음성송신은 공중송신 중 공중으로 하여금 동시에 수신하게 할 목적으로 공중의 구성원의 요청에 의하여 개시되는 디지털 방식의 음의 송신을 말하며, 전송을 제외한다(제2조 제11호). 이는 공중이 동시에 수신하도록 송신하는 행위라는 점에서 본질적으로는 방송인데, 그 가운데 음(音)을 디지털 방식으로 송신하는 경우만을 따로 디지털 음성송신으로 분류하는 것이다. 결국, 인터넷 방송 가운데 ⅰ) 음과 영상이 송신되고 수신자가 송신되는 동안에만 이를 이용할 수 있는 것은 '방송'에, ⅱ) 위와 같은 방식으로 음만 송신되는 것은 '디지털 음성송신에', ⅲ) 이용자가 원하는 때에 접속하여 음이나 영상을 이용할 수 있도록 하는 서비스는 '전송'에 각 해당한다.[120]

## 라. 전 시 권

### (1) 전시의 개념 및 대상

전시란 미술저작물 등의 원본이나 복제물, 유형물 자체를 일반인이 자유로이 관람할 수 있도록 진열하거나 게시하는 것을 말하는 바, 저작권법상 전시의 대상이 되는 저작물은 미술저작물, 건축저작물, 사진저작물에 한한다(법 제19조, 제11조 제3항).

⇨ 대법원 2010. 9. 9. 선고 2010도4468 판결

> 저작권법 제11조 제3항 및 제19조는 '전시권'의 보호대상인 저작물을 '미술저작물·건축저작물 또는 사진저작물'에 한정하여 열거하고 있으므로, 그 외의 저작물은 전시의 방법으로는 그 저작재산권이 침해되지 아니한다. 피해자와 피고인이 공동 번역한 '칼빈주의 예정론' 번역본은 어문저작물에 해당하는 것이어서 전시의 방법으로는 그 저작재산권이 침해되지 아니하므로, 피고인이 피해자의 허락 없이 이를 한국 상담선교연구원 인터넷 홈페이지에 링크된 도서출판 베다니 사이트에 게시하였다 하더라도 전시의 방법에 의한 저작재산권 침해죄를 구성하지는 아니한다.

---

120) 한편, 음과 영상이 송신되고 수신자가 송신되는 동안에만 이를 이용할 수 있는 것은 방송, 전송, 디지털 음성송신 어디에도 해당하지 않는 '제3의 공중송신 유형'이라는 견해도 있다. 다만, 위 견해 역시 이를 규범적인 면에서 방송과 달리 볼 이유가 없으므로 방송으로 취급하는 법 개정이 바람직하다고 한다(이해완, 저작권법(제3판), 박영사(2015), 478~479면).

### (2) 저작권자의 전시권과 저작물 소유자의 권리

저작권법은 원본 저작자의 전시권과 저작물 소유자의 소유권에 관하여 상호 이해를 조절하는 장치를 마련하고 있다. 즉, 미술저작물·건축저작물·사진저작물의 원본의 소유자 등은 그 저작물을 원본에 의하여 전시할 수 있고, 이에 대하여 저작권자는 전시권을 주장할 수 없지만, 공중에게 개방된 장소에 항시 전시하는 경우에는 저작권자의 동의를 얻어야 한다(제35조 제 1 항). 한편, 그 건축저작물이 실용적 목적을 가지는 건물 등인 경우에는 저작권자로부터 당연히 상시 전시에 대한 묵시적 동의가 있는 것으로 보아야 할 것이다.

## 마. 배 포 권

### (1) 배포의 개념

저작자는 저작물의 원본이나 그 복제물을 배포할 권리를 가진다. 다만, 저작물의 원본이나 그 복제물이 해당 저작재산권자의 허락을 받아 판매 등의 방법으로 거래에 제공된 경우에는 그러하지 아니하다(제20조).

배포란, 저작물, 실연·음반·방송 또는 데이터베이스의 원본 또는 그 복제물을 공중에게 대가를 받거나 받지 아니하고 양도 또는 대여하는 것을 말한다(제 2 조 제23호). 배포는 유형물만을 대상으로 하며 점유의 이전을 수반한다. 따라서 디지털 파일을 원본을 유지한 채 온라인상에서 배포하는 행위는 '전송'에 해당할 뿐, 저작권법상 '배포'는 아니다. 121)

### (2) 배포권의 귀속

저작권자는 저작물 등의 원본이나 그 복제물을 배포할 권리를 가진다. 따라서 저작물을 허락 없이 복제하여 판매하는 행위는 복제권 외에 배포권 침해도 구성하는 것이다.

### (3) 권리소진
#### ㈎ 의    의

저작물 등의 원본이나 그 복제물이 해당 저작재산권자의 허락을 받아 판매 등의 방법으로 거래에 제공된 경우에는 저작권자는 더 이상 당해 원본이나

---

121) 서울고등법원 2005. 1. 12. 선고 2003나21140 판결(소리바다 사건 항소심).

복제물에 대하여 배포권을 가지지 아니하며(제20조 단서), 그 물건을 양도하거나 대여할 권리는 소유권의 내용으로서 매수인에게 귀속된다. 적어도 당해 원본 저작물이나 그 복제물에 관한 한 저작권자는 판매를 통하여 이익의 회수를 완료하였다고 보기 때문이다. 이를 '권리소진의 원칙'이라고 한다.

### ㈏ 적용범위

ⅰ) 권리소진이 적용되는 것은 '배포'에 한정된다. 따라서 복제권, 공연권, 공중송신권 등 나머지 저작재산권은 저작물의 판매에 관계없이 저작권자에게 잔존한다. 판매의 대상이 된 것은 어디까지나 '물건'으로서의 저작물 원본 또는 그 복제물이지, '저작권' 자체를 양도한 것이 아니기 때문이다. ⅱ) 디지털 파일은 양도(점유의 이전) 대상이 되지 못하므로 권리소진의 원칙이 적용되기 어렵다 할 것이다.[122)123)] ⅲ) 또한 불법복제된 저작물에 대하여는 저작권자의 허락이 없는 배포가 이루어진 것이므로 권리소진이 발생할 여지가 없다.

### ㈐ 밀폐 포장형 이용허락(Shrink-Wrap License)과 권리소진

예컨대 상업용 소프트웨어의 경우, 그 저작권자인 판매업자가 소프트웨어가 담긴 CD의 밀폐 포장지(Shrink-Wrap) 속에, 당해 소프트웨어에 대한 처분권은 여전히 판매자에게 있고, 당해 프로그램 CD를 제3자에게 재판매하지 못하며, 그 포장지를 개봉함으로써 그와 같은 조건에 동의하는 것으로 간주한다는 문구를 넣어두는 일이 있다. 만약 그에 대하여 법적 구속력을 인정한다면, 이는 구매자에게 해당 소프트웨어 CD를 '판매'한 것이 아니라 '이용허락'을 한 것에 가깝고, 결국 최초판매원칙이 적용되지 않는 결과가 된다. 이에 대

---

122) 디지털 파일을 제3자에게 '양도'한다 하더라도 그 파일의 원본이 '양도인'에게 그대로 남아 있고, 제3자는 그 복사본 및 이를 사용할 권리를 설정받는 정도에 불과하여 현실적으로 양도의 핵심적 개념표지인 점유의 이전이 수반되지 않기 때문이다. 같은 취지, 오승종, 저작권법(제3판), 박영사(2013), 499면.

123) 그러나 근래 들어 소프트웨어 등 디지털 저작물에 대한 중고시장을 도외시 할 수 없다는 점, 디지털 저작물에 대해 권리소진을 일절 부정하는 것은 일반 저작물의 거래에 비해 디지털 저작권자에게 지나치게 강한 권리를 인정하는 것이 되어 형평에 반한다는 점 등을 이유로 일정한 요건 아래 권리소진을 인정해야 한다는 논의가 이루어지고 있다. 디지털 저작물에 권리소진을 인정하기 위한 대표적 요건으로, 마치 유체물이 양도된 것처럼 거래를 전후해 원본의 숫자가 일정하게 유지되게 하는 이른바 'Forward and Delete' 기술이 거론되고 있다.

하여는 저작권법이 제도적으로 보장하는 권리소진의 원칙을 무력화하고 저작권자의 이익에 편중되는 결과를 낳으므로 그 법적 구속력을 인정하지 말아야 한다는 견해들이 유력하다. 124)

#### ㈜ 권리소진과 병행수입

##### 1) 의  의

병행수입이란 국외에서 적법하게 판매된 저작물을 국내에 수입하는 행위를 말하는데, 이때 저작권자가 병행수입된 저작물에 대하여 저작권(특히 배포권)을 주장할 수 있는가가 문제된다.

##### 2) 입장의 대립

###### 가) 국내적 권리소진설

판매에 의한 권리소진은 국내에서만 인정되고 국외에서 판매가 있었다고 하더라도 그러한 저작물품이 국내에 수입되는 경우 저작권자는 여전히 배포권을 행사할 수 있다고 한다. 그렇게 보지 않으면 저작물품에 대한 저작재산권자의 국제적 가격차별 전략이 교란되는 등 정당한 이익이 침해된다는 것이다. 125)

###### 나) 국제적 권리소진설

판매에 의한 권리소진은 국내·외를 불문하고 성립하며, 그래야만 저작물의 국제적 유통 및 소비자의 정당한 이익이 보장되고, 저작재산권자에 의한 이중이득을 방지할 수 있다고 한다. 아울러 이 입장은 저작권법이 국제소진의 입장을 취하고 있다는 근거로 제124조 제 1 항 제 1 호를 들기도 한다. 즉, 위 조항은 수입 시에 대한민국 내에서 만들어졌더라면 저작권126) 침해로 될 물건을 대한민국 내에서 배포할 목적으로 수입하는 행위를 침해로 간주하는 바, '진정상품'은 국내에서 제작되더라도 저작권을 침해하는 물건이 아니므로 결국 저작권법은 진정상품의 병행수입이 저작권 침해행위가 아님을 전제로 하고 있다는 것이다. 127) 입법례에 따라서는 일본처럼 일정한 저작물에 대해 국제적 권

---

124) 예컨대, 정상조 편, 저작권법 주해, 박영사(2007), 420면 이하; 박성호, 앞의 책, 351면.
125) 진정상품의 병행수입은 대부분 동일한 저작물이 A국에서 더 낮은 가격에 판매되는 경우 이를 구매한 뒤 그보다 높은 가격에 판매되는 B국에 수입, 판매함으로써 차액으로 인한 이윤을 도모하는 과정에서 일어난다.
126) 특히 '물품'과 직결되는 복제권, 2차적 저작물 작성권, 동일성 유지권.
127) 위 규정을 주로 '불법 복제된 해적판'의 수입을 통제하기 위한 것으로 이해한다.

리소진을 명문화(일본 저작권법 제26조의 2 제 2 항 제 5 호)하고 있는 수도 있다.

## 바. 대 여 권

### (1) 의    의
저작물의 원본이나 그 복제물이 해당 저작재산권자의 허락을 받아 판매 등의 방법으로 거래에 제공된 경우에도 저작자는 상업적 목적으로 공표된 음반이나 상업적 목적으로 공표된 프로그램을 영리를 목적으로 대여할 권리를 가진다. 이는 권리소진 원칙에 대한 예외에 해당한다. 즉, 제20조 단서에 의하면 저작권자가 판매의 방법으로 저작물의 원본이나 복제물을 양도한 경우에는 권리소진이 일어나 그 이후 그 복제물이나 양도물에 대한 처분이나 사용수익에 관여할 수 없는 것이 원칙이다. 그러나 매수인이 저작물에 대하여 영리목적의 대여사업을 하는 경우에는 시장에서 원저작물의 수요를 크게 잠식하는 등 저작자의 저작물 판매에 영향을 미칠 수 있기 때문에 저작권자에게 대여권을 부여하여 그러한 유통을 통제할 수 있도록 한 것이다.

### (2) 대상 저작물
대여권의 대상은 상업용 음반이나 상업용 프로그램에 한한다. 따라서 서적이나 DVD 등 기타 저작물에 대하여는 여전히 권리소진의 원칙이 적용된다.

|  | 소 유 권 | 저 작 권 |
|---|---|---|
| 대 상 | CD/SW 타이틀 자체(물건) | 콘텐츠 |
| 권 리 | ① 구동(사용)<br>② 증여·재판매(처분)<br>③ 대여: ⅰ) 비영리<br>　　　　ⅱ) 영리(수익) | 복제권<br>공연권<br>공중송신권<br>2차적 저작물 작성권… |
| 최초 판매 원칙<br>(권리소진 원칙) | ①, ②, ③ⅰ) → 소유권이 지배 | ③ⅱ) → 저작권이 지배: 저작권자는 상업용 음반이나 상업용 프로그램을 대여할 권리를 가짐(대여권) |

## 사. 2차적 저작물 작성권

### (1) 의    의

저작자는 그의 저작물을 원저작물로 하는 2차적 저작물을 작성하여 이용할 권리를 가진다(제22조). 2차적 저작물이란 원저작물을 번역·편곡·변형·각색·영상제작 그 밖의 방법으로 작성한 창작물을 말한다(제5조 제1항).

### (2) 2차적 저작물의 성립요건

2차적 저작물로 성립하기 위해서는 원저작물을 기초로 하여 실질적 유사성을 유지하면서도 원저작물에 사회통념상 새로운 저작물이 될 수 있을 정도의 수정·증감을 가하여 새로운 창작성이 부가되어야 한다.[128] 원저작물과 실질적 동일성의 범주를 벗어나지 못하면 이는 2차적 저작물이 아니라 원저작물의 '복제'에 불과하고, 원저작물에 대한 변형의 정도가 지나쳐 원저작물의 특징이 감득되지 않는 정도에 이르면 이는 이미 '새로운 저작물'로 파악되며, 2차적 저작물은 원저작물에 종속적이되 동시에 그와 구별되는 독자적 창작성의 발현이어야 한다.[129]

### (3) 2차적 저작물 작성권의 침해

2차적 저작물 작성권이 원저작자에게 있는 이상, 제3자가 원저작자의 허락 없이 2차적 저작물을 작성하면 위 권리의 침해를 구성한다. 그러나 일단 2차적 저작물로서 성립한 이상, 그 2차적 저작물에 대한 저작권은 그 작성자에게 귀속된다.[130] 다만 그 저작권의 범위가 원저작물에 추가된 창작성의 범위에 한정됨은 물론이다.

---

128) 대법원 2002. 1. 25. 99도863 판결; 대법원 2010. 2. 11. 선고 2007다63409 판결; 대법원 2012. 2. 23. 선고 2010다66637 판결.
129) 대법원 2006. 2. 10. 선고 2003다41555 판결; 대법원 2011. 5. 13. 선고 2010도7234 판결; 대법원 2011. 4. 28. 선고 2010도9498 판결.
130) 대법원 2002. 12. 26. 선고 2000다13757 판결; 대법원 2004. 9. 24. 선고 2002다45895 판결.

## 3. 보호기간

### 가. 저작인격권

저작인격권은 저작자의 생존기간 동안만 존속한다(일신전속성: 제14조 제1항). 다만, 저작권법은 저작물의 명예훼손적 이용에 관하여는 저작자가 사망한 경우에도 그 인격적 이익을 보호하고 있다(제14조 제2항).[131]

### 나. 저작재산권

ⅰ) 저작재산권은 저작자의 생존기간 및 사후 70년간 존속하고(제39조 제1항), ⅱ) 업무상 저작물과 영상저작물의 저작재산권은 공표한 때부터 70년간 존속한다(제41조, 제42조). 위와 같은 보호기간은 저작자가 사망하거나 저작물을 창작 또는 공표한 다음 해부터 기산한다(제44조).

# Ⅶ. 저작권의 제한

일정한 경우에 저작인격권과 저작재산권의 행사는 제한된다. 저작권법은 특히 저작재산권에 관하여 그 사유를 열거적으로 규정하는 외에 일반적 제한 규정으로서 공정이용 조항도 마련하고 있다. 일정한 조건을 갖추면 이용허락 계약이 성립한 것으로 간주되는 수가 있으며 저작권의 행사가 권리남용에 해당하는 때에도 저작권의 행사는 제한된다.

## 1. 저작인격권의 제한

### 가. 성명표시권의 제한(제12조 제2항)

성명표시권은 저작물의 성질이나 그 이용의 목적 및 형태 등에 비추어 부득이하다고 인정되는 경우에는 제한될 수 있다. 따라서 예외적으로 성명표시

---

131) 실제로 민사상 권리행사의 주체는 상속인이 될 것이고, 사망한 저작자의 인격권을 침해하면 그 자체로 형사처벌이 부과될 수 있다(저작권법 제137조 제1항 제3호).

를 생략하거나132) 저작자가 당초 표시한 바와 다른 형태로 성명을 표시하는 것이 용인되는 경우도 있다.

### 나. 동일성 유지권의 제한(제13조 제 2 항)

ⅰ) 학교 교육목적상 부득이한 경우, ⅱ) 건축물의 증축·개축 그 밖의 변형, ⅲ) 컴퓨터 프로그램의 호환성 확보나 효과적 이용을 위한 변경, ⅳ) 기타 저작물의 성질이나 이용의 목적·형태 등에 비추어 부득이한 경우에는 동일성 유지권은 제한될 수 있다.

## 2. 저작재산권의 제한

### 가. 재판 등에서의 복제(제23조)

재판 또는 수사를 위하여 필요한 경우이거나 입법·행정의 목적을 위한 내부자료로서 필요한 경우에는 그 한도 안에서 저작물을 복제할 수 있다. 다만, 그 저작물의 종류와 복제의 부수 및 형태 등에 비추어 당해 저작재산권자의 이익을 부당하게 침해하는 경우에는 그러하지 아니하다.

### 나. 정치적 연설 등의 이용(제24조)

공개적으로 행한 정치적 연설 및 법정·국회 또는 지방의회에서 공개적으로 행한 진술은 어떠한 방법으로도 이용할 수 있다. 다만, 동일한 저작자의 연설이나 진술을 편집하여 이용하는 경우에는 그러하지 아니하다.

### 다. 공공저작물의 자유이용(제24조의 2)

국가 또는 지방자치단체가 업무상 작성하여 공표한 저작물이나 계약에 따라 저작재산권의 전부를 보유한 저작물은 허락 없이 이용할 수 있다. 다만, ⅰ) 국가안전보장에 관련되는 정보를 포함하거나, ⅱ) 사생활 또는 사업상 비밀에 해당하거나, ⅲ) 법률에 따라 공개가 제한되는 정보가 포함되어 있거나, ⅳ) 등록된 저작물로서 국유재산법 등에 의해 국·공유(國·公有) 재산으로 관리

---

132) 예컨대 매장에서 고객을 위해 배경음악을 틀어놓는 경우, 매 곡마다 저작자의 성명을 알리는 것은 불합리하므로 이를 생략할 수 있다.

되는 경우에는 예외이다.

## 라. 학교 교육목적 등에의 이용(제25조)

학교 교육목적을 위한 경우에 일정한 조건을 갖추면 저작권자의 허락 없이
도 저작물을 이용할 수 있는바, 그 사유와 가능한 이용의 태양은 다음과 같다.

| 규정 | 이용주체 | 이용행위 | 이용조건 |
|---|---|---|---|
| 제25조 제1항 | 초·중·고등학교 등 교과서를 발행한 자 | 교육목적 상 공표된 저작물을 교과용 도서에 게재 | 저작자에 보상금지급 의무 단, 고등학교 및 이에 준하는 학교 이하의 학교에서 복제·배포· 공연·전시·공중송신 하는 경우는 제외 (제25조 제6항)133) |
| 제25조 제2항 | | 교과서에 게재된 저작물을 복제·배포·공중송신 | |
| 제25조 제3, 4 항 | 유치원, 초·중·고등 학교, 대학 및 법 소 정의 교육·수업지원 기관 | 수업 또는 수업지원을 위하여, - 공표된 저작물의 일부분을 복제·배포·공연·전시·공 중송신134) - 부득이한 경우, 전부 이용 도 가능 | |
| 제25조 제5항 | 유치원, 초·중·고등 학교, 대학 및 법 소 정의 교육·수업지원 기관 의 피교육자 | 수업목적을 위해 공표된 저 작물을 복제·공중송신 | |

## 마. 시사보도를 위한 이용(제26조)

방송·신문 그 밖의 방법에 의하여 시사보도를 하는 경우에 그 과정에서
보이거나 들리는 저작물은 보도를 위한 정당한 범위 안에서 복제·배포·공연
또는 공중송신할 수 있다. 시사보도 과정에서 부득이 타인의 저작물이 포함되

---

133) 제6항 보상금의 징수와 분배 등은 문화체육관광부장관이 지정하는 단체를 통하여 행사
된다(제25조 제7항).
134) 제25조 제2 내지 제4항의 경우, 공중송신을 통해 저작권의 과도한 침해를 하지 않도록
복제방지조치 등 필요한 수준의 조치가 강제된다(제25조 제12항).

는 경우 일일이 저작권자의 허락을 받아야 한다면 보도의 효율성을 해칠 수 있고, 그러한 경우 대부분 저작권 침해의 의사도 미약한 경우가 보통이기 때문이다. 135)

### 바. 시사적인 기사 및 논설의 복제 등(제27조)

정치·경제·사회·문화·종교에 관하여 일정한 신문·인터넷신문·뉴스통신에 게재된 시사적인 기사나 논설은 다른 언론기관이 복제·배포 또는 방송할 수 있다. 다만, 이용을 금지하는 표시가 있는 경우에는 그러하지 아니하다. 이러한 기사나 논설은 저작권법 제7조 제5호 소정의 '사실의 전달에 불과한 시사보도'와 달리 저작물로 보호되는 경우가 많지만, 국민의 알권리 충족이나 여론형성을 위해 전재(轉載)가 허용되어야 할 필요도 높다는 점이 고려된 제한규정이다. 그러나 현실적으로는 위 단서로 인해 적용여지가 크지 않은 것도 사실이다.

### 사. 공표된 저작물의 인용(제28조)

공표된 저작물은 보도·비평·교육·연구 등을 위하여는 정당한 범위 안에서 공정한 관행에 합치되게 이를 인용할 수 있다.

#### (1) 성립요건

ⅰ) 피인용 저작물은 이미 공표된 것일 것.

ⅱ) 보도, 비평, 교육, 연구 등을 목적으로 할 것: 인용의 주관적 목적으로 반드시 '비영리'만이 요구되는 것은 아니다. 다만, 영리의 목적이라면 자유이용이 허락되는 범위가 좁아진다는 것이 판례이다. 136)

---

135) 하급심 판결례 가운데, '시사보도'가 아닌 '아파트 광고'를 촬영하는 과정에서 호텔 라운지에 걸린 저작권자의 미술품을 배경으로 촬영한 뒤 TV와 인터넷을 통한 광고에서 10초가량 노출시킨 사안에서, 저작권자의 방송권·전송권 등 침해를 인정하여 손해배상을 명한 예가 있다(서울중앙지방법원 2007. 5. 17. 선고 2006가합104292 판결).

136) 대법원 1997. 11. 25. 선고 97도2227 판결: 저작권법 제25조는 공표된 저작물은 보도·비평·교육·연구 등을 위하여는 정당한 범위 안에서 공정한 관행에 합치되게 이를 인용할 수 있다고 규정하고 있는바, 정당한 범위 안에서 공정한 관행에 합치되게 인용한 것인가의 여부는 인용의 목적, 저작물의 성질, 인용된 내용과 분량, 피인용저작물을 수록한 방법과 형태, 독자의 일반적 관념, 원저작물에 대한 수요를 대체하는지 여부 등을 종합적으

iii) 정당한 범위 내의 이용일 것: 여기서의 정당한 범위라 함은 양적·질적인 면에서 자신의 저작부분이 주(主)를 이루고 인용되는 타인의 저작 부분은 보족·부연, 예증, 참고자료 등으로 이용되는 등 종(從)을 이루는 것을 말한다. [137)

⇨ 대법원 1990. 10. 23. 선고 90다카8845 판결

> 저작권법 제25조 소정의 보도, 비평 등을 위한 인용의 요건 중의 하나인 '정당한 범위'에 들기 위하여서는 그 표현형식상 피인용저작물이 보족, 부연, 예증, 참고자료 등으로 이용되어 인용저작물에 대하여 부종적 성질을 가지는 관계에 있다고 인정되어야 할 것이다. 이 사건 기사 중 사진부분을 제외한 해설기사는 '직장인' 및 '뷰티라이프'의 해당 2면 중 3분의 1 정도에 그치고 그것도 대부분이 위 '플래쉬'지의 해설을 그대로 번역한 것인바, 이 사실과 위에서 본 이 사건 게재사진들의 성상, 크기, 배치 등을 종합해 보면 이 사건 인용저작물이 종이고, 피인용저작물이 주의 관계에 있다고 보여져 피고들의 이 사건 저작물의 인용은 보도, 비평 등을 위한 정당한 범위에 합치되지 않는다.

iv) 공정한 관행에 합치되는 방법으로 이용할 것: 이와 관련해서는 특히, 인용부분의 출처를 적절하게 표시하였는지가 중요한 기준이 된다.

---

로 고려하여 판단하여야 할 것이고, 이 경우 반드시 비영리적인 이용이어야만 교육을 위한 것으로 인정될 수 있는 것은 아니라 할 것이지만, 영리적인 교육목적을 위한 이용은 비영리적 교육목적을 위한 이용의 경우에 비하여 자유이용이 허용되는 범위가 상당히 좁아진다(1995년 대학입시 문제집: 출판사가 각 대학의 실제 입시문제를 복제, 이용한 사안). 방송사의 오락프로그램에서 저작권자의 허락 없이 무단으로 영화의 일부 장면을 약 3분간 인용하여 방송한 사안에서, 그 목적이 시청자들에게 정보와 재미를 주기 위한 것이라고 하더라도 그 이용의 성격은 상업적·영리적인 점 등에 비추어 구 저작권법 제28조에 정한 공정이용에 해당하지 않는다고 본 사례(서울남부지방법원 2008. 6. 5. 선고 2007가합18479 판결); A가 ꧁ꧏ꧐! 도안의 저작권자인데, 인터넷 상에서 포토라이브러리(photo library)업을 영위 하는 B가 자신의 사이트에서 위 도안이 새겨진 셔츠를 입고 응원하는 사람들의 사진을 2002년 월드컵 관련 자료로 제공한 사안에서, 위 사진이 A의 원 저작물과 사이에 실질적 유사성이 있어 침해를 구성하고, 제반사정을 종합하면 B의 저작물 이용행위가 공표된 저작물의 공정한 이용에도 해당하지 않는다고 하면서, B의 이용행위가 영리목적이기 때문에 자유이용의 범위가 한층 좁아진다고 한 사례(대법원 2014. 8. 26. 선고 2012도10786 판결).

137) 대법원 2013. 2. 15. 선고 2011도5835 판결.

### (2) 인터넷 검색서비스와 판례에 의한 인용(引用)개념의 확대

'인용(引用)'이라 함은 예컨대 논문의 저작자가 자신의 주장을 뒷받침하기 위해 타인의 글을 빌려오는 것처럼, 독립된 저작물의 창작과정에서 타인의 저작물을 보충적 목적으로 이용하는 것을 의미하지만, 판례는138) 인터넷 검색서비스와 관련해서는 '인용(引用)'의 개념을 보다 폭넓게 해석하는 태도를 보인다. 즉, 인터넷 검색서비스처럼 타인의 저작물을 효과적으로 끌어다 보여주는 것이 주된 목적을 이룰 뿐, 엄밀히는 별개의 창작과정에서 타인의 저작물을 보충적으로 이용하는 것이라고 하기 어려운 경우에도 이를 공표된 저작물의 공정한 인용으로 취급하는 것이다. 위 판례는 포털사이트 운영자가 사진작가인 저작권자의 허락 없이 검색로봇을 이용하여 작가의 개인사이트에 게시된 사진을 수집·썸네일 이미지로 변환하여 사용자에게 검색결과로 제공한 사안에서, 정당한 범위 안에서 공정한 관행에 합치되게 인용한 것인지 여부는 인용의 목적, 저작물의 성질, 인용된 내용과 분량, 피인용저작물을 수록한 방법과 형태, 독자의 일반적 관념, 원저작물에 대한 수요를 대체하는지 여부 등을 종합적으로 고려하여 판단하여야 한다고 하면서, ⅰ) 포털사이트에 썸네일 이미지의 형태로 게시한 사진작품들이 이미 작가의 개인 홈페이지에서 공표된 것인 점(저작물의 성질), ⅱ) 썸네일 이미지를 제공한 주요한 목적은 보다 나은 검색서비스의 제공을 위한 것이지 작가의 사진을 예술작품으로서 전시하거나 판매할 목적이 아니어서 상업적인 성격이 간접적이고 부차적인 점(인용의 목적), ⅲ) 제공된 썸네일 이미지는 크기가 매우 작고 이를 확대하면 해상도가 크게 떨어지므로 저작자의 사진 작품을 본질적인 면에서 이용한 것으로 보기 어려운 점(인용된 내용과 분량, 피인용저작물을 수록한 방법과 형태), ⅳ) 이처럼 확대된 썸네일 이미지는 해상도가 매우 떨어지고 거기에 기재된 주소를 통해 저작자의 사이트로 링크가 이루어지는 만큼 썸네일 이미지가 원저작물의 수요를 대체한다고 보기 어려운 점(시장대체가능성), ⅴ) 사용자들도 썸네일 이미지를 링크를 통해 원저작물의 찾아가는 통로로 이해하기 쉬운 점(독자의 일반적 관념), ⅵ) 썸네일 이미지는 사용자들에게 보다 완결된 정보를 제공하기 위한 공익적 측면이 강한 점 등 종합하여 이를 공표된 저작물의 정당한 인용에 해당한다고 파악하였다. 이는 2011. 일반조항으로서의 공정이용 규정(저작권법 제

---

138) 대법원 2006. 2. 9. 선고 2005도7793 판결.

35조의 3)이 도입되기 이전에 법원이 해석론을 통해 사실상 공정이용을 인정한 예로 이해될 수 있다.

반면, 썸네일 이미지가 상당한 크기와 해상도를 가져, 원본을 대체할 우려가 있는 사안에서는 반대의 결론에 이른 하급심 판결례가 있다. 139)

## 아. 영리를 목적으로 하지 않는 공연·방송(제29조)

영리를 목적으로 하지 아니하고 청중이나 관중 또는 제3자로부터 어떤 명목으로든지 반대급부를 받지 아니하는 경우에는 공표된 저작물을 공연 또는 방송할 수 있다. 다만, 실연자에게 통상의 보수를 지급하는 경우에는 그러하지 아니하다(제1항). 청중이나 관중으로부터 당해 공연에 대한 반대급부를 받지 아니하는 경우에는 상업용 음반 또는 상업적 목적으로 공표된 영상저작물을 재생하여 공중에게 공연할 수 있다. 다만, 대통령령이 정하는 경우에는 그러하지 아니하다(제2항).

### (1) 공표된 저작물의 공연, 방송(제1항)

ⅰ) 영리를 목적으로 하지 않고, ⅱ) 공연이나 방송에 대한 반대급부를 받지 않음은 물론 ⅲ) 실연자에게도 보수를 지급하지 않는 요건을 모두 충족하는 경우에는 공표된 타인의 저작물(상업용 음반이나 상업용 영상저작물은 제외)

---

139) 서울고등법원 2006. 12. 26. 선고 2006나24157 판결: (피고보조참가인은 이미지 수집 프로그램으로 인터넷상의 이미지를 검색하던 중 원고의 웹사이트에 게시된 이 사건 견본이미지를 수집하여 이를 100×74 픽셀 또는 104×79 픽셀 크기의 썸네일 이미지 및 369×278 픽셀 크기의 이미지로 각 축소·변환하여 포탈업체인 피고에게 위 썸네일 이미지 54개 및 369×278 픽셀 크기의 이미지 54개(위 369×278 픽셀 크기의 이미지 54개를 이하 '이 사건 이미지'라고 한다)를 제공하였다). … ① 이 사건 이미지는 비록 견본이미지보다 크기가 작지만 상당한 정도의 내용과 분량에 해당하는 점, ② 피고가 전시한 이 사건 이미지는 특별한 기술적 조치가 없는 이상 손쉽게 컴퓨터 파일형태로 복제, 배포될 수 있어서 인터넷이라는 공간 속에서 원고의 이 사건 사진에 대한 저작권 침해가 광범위하고 지속적으로 이루어질 가능성이 높은 점, ③ 인터넷 사용자들로서는 검색결과 나타난 이 사건 이미지가 타인의 저작물로서 함부로 복제, 사용하여서는 아니됨을 인식하기는 어렵다고 보여지는 점, ④ 이 사건 이미지는 검색결과화면의 중간에 상당한 크기로 표시됨으로써 이 사건 사진이 주는 심미감을 상당부분 충족시킬 수 있어서 이 사건 사진에 대한 수요를 대체할 가능성이 있는 점, ⑤ 피고로서는 인터넷 서비스라는 공공의 목적을 달성하기 위하여 위 각 썸네일 이미지를 게시하는 것만으로도 충분하다고 보여지는 점 등을 고려할 때, 피고가 이 사건 이미지를 게시한 것은 그 공공의 목적을 위한 정당한 범위를 넘는 것으로 저작권법 제25조에 해당한다고 볼 수 없다.

을 저작권자의 동의 없이도 '공연'하거나 '방송'할 수 있다. 그러한 예로는, 교내방송, 종교집회 중의 공연, 학교나 회사 내에서 이루어지는 음악 경연 등을 생각할 수 있다.

### (2) 상업용 음반·상업용 영상저작물의 반대급부 없는 재생 공연(제2항)

#### (개) 해당 사유

청중이나 관중으로부터의 반대급부 없는 상업용 음반 등의 공연의 예로는, 일정 규모 이하의 점포에서 고객을 위해 음악을 틀어 놓는 것 등을 들 수 있다. 공연에 대한 반대급부를 받지 않는 이상 반드시 비영리 목적을 요구하지는 않는다. 이러한 예외를 허용하는 배경에는 상업용 음반 등이 널리 알려짐으로써 음반 등의 판매량이 증가하여 결과적으로 음반제작자나 저작권자의 이익이 증대될 수 있다는 고려도 존재한다.[140]

2016. 3. 22. 법률 제14083호로 개정되기 전까지의 저작권법에는 '상업용 음반'이라는 용어 대신 '판매용 음반'이라는 용어가 사용되고 있었으며, 그 범위 등을 둘러싸고 판례는 저작권법의 규정에 따라 서로 다른 해석을 내놓고 있었다. 즉, 판례[141]는, "저작권법 제29조 제2항과 관련해서는 자칫 저작권자의 정당한 이익을 부당하게 해할 염려가 있어 위 조항에 따라 저작물의 자유이용이 허용되는 조건은 엄격하게 해석할 필요가 있으므로, 여기서의 판매용 음반은 시중에 판매할 목적으로 제작된 음반을 의미하는 것으로 제한 해석해야 한다"고 하였다. 판례[142]는 또한, 같은 취지에서 디지털음원은 판매용 음반이 아니므로 상품의 매장 운영자가 음원 공급업체로부터 음악저작물의 디지털 음원을 전송받아 매장에서 들려주는 것은 '판매용 음반'의 공연이 아니어서 저작권 행사가 제한되지 않는다고도 하였다.

한편, 판례[143]는 판매용 음반에 관한 실연자 등의 보상청구권에 관해서는

---

140) 다만, 저작권법 제29조 제2항 단서는, 대통령령이 정하는 경우에는 이런 예외를 인정하지 않으며, 뒤에서 살펴보듯이 저작권법 시행령 제11조는 매우 광범위하게 예외가 적용되지 않는 업종과 상황을 정하고 있어서, 실제로 반대급부 없는 상업용 음반 등의 재생, 공연이 허용되는 경우란 많지 않은 것이 사실이다.

141) 대법원 2012. 5. 10. 2010다87474 판결(스타벅스 사건).

142) 대법원 2016. 8. 24. 선고 2016다204653 판결(다만, 현행법 아래서 이 판례의 선례적 가치가 거의 사라졌음은 아래에서 보는 바와 같다).

143) 대법원 2015. 12. 10. 선고 2013다219616 판결.

"저작권법 제76조의2 제1항, 제83조의2 제1항이 실연자와 음반제작자에게 판매용 음반의 공연에 대한 보상청구권을 인정하는 것은, 판매된 음반이 통상적으로 예정하고 있는 사용 범위를 초과하여 공연에 사용되는 경우 그로 인하여 실연자의 실연 기회 및 음반제작자의 음반판매 기회가 부당하게 상실될 우려가 있으므로 그 부분을 보상해 주고자 하는 데에 목적이 있으므로 위 각 규정에서 말하는 '판매용 음반'에는 불특정 다수인에게 판매할 목적으로 제작된 음반뿐만 아니라 어떠한 형태이든 판매를 통해 거래에 제공된 음반이 모두 포함되고, '사용'에는 판매용 음반을 직접 재생하는 직접사용뿐만 아니라 판매용 음반을 스트리밍 등의 방식을 통하여 재생하는 간접사용도 포함된다"고 하여 제29조 제2항에서와 다른 입장을 보였다.

⇨ 대법원 2012. 5. 10. 선고 2010다87474 판결

> 외국계 커피 전문점의 한국 지사가 본사와의 계약에 따라 본사에 배경음악 서비스를 제공하고 있는 업체로부터 한국 음악저작권협회가 공연권을 보유하고 있는 음악저작물이 포함된 CD를 구입하여 우리나라 각지에 있는 커피숍 매장에서 그 음악저작물 등을 배경음악으로 공연해 온 사안에서, 위 CD는 주문에 응하여 제작된 불대체물로서 시중에 판매하기 위한 것이 아니고, 암호화되어 있어 위 배경음악 서비스 제공업체가 제공한 플레이어에서만 재생되며 계약에서 정해진 기간이 만료되면 더 이상 재생되지 않는 등 저작재산권의 제한사유에 관하여 규정한 저작권법 제29조 제2항의 '판매용 음반'에 해당한다고 보기 어렵고, 위 배경음악 서비스 제공업체가 그 음악저작물에 관한 복제 및 배포를 허락받은 사실 외에 한국 내에서의 공연까지 허락받았다고 볼 수 없으므로, 위 커피 전문점의 한국 지사가 위 CD를 재생하여 그 음악저작물을 공연하는 행위는 (저작권자) 한국 음악저작권협회의 공연권을 침해하는 행위에 해당한다.

결국 2016. 3. 22. 저작권법 개정으로 종래의 '판매용 음반'이라는 용어가 '상업용 음반'으로 바뀌어 현재에 이르고 있다. 여기서 '상업용 음반'이란 상업적 목적으로 공표된 음반으로서, 그 자체를 판매하기 위한 음반과 해당 음반의 판매촉진 등 간접이익을 도모하기 위해 제작된 음반을 가리키는 것으로 해석된다.144) 아울러 현행 저작권법은 '음을 디지털화 한 것' 자체를 '음

---

144) 이렇게 보면, 음반의 홍보를 위해 무료로 CD를 제작, 배포하는 경우, 음반 자체의 판매 촉진을 통한 간접적인 이익을 추구하고 있어 상업적 목적이 인정되므로 그 자체가 '판매

반'으로 규정하므로 상업용 CD 등을 재생하는 것에 한하지 않고 그 음원을 스
트리밍의 형태로 공중에게 재생하는 것 역시 상업용 음반을 공연하는 것에 해
당하여 제29조 제2항 소정의 공정이용이 성립할 수 있게 되었다.145) 결과적
으로 현행 저작권법의 '음반'이나 '상업용 음반'의 개념은 위 대법원 2015.
12. 10. 선고 2013다219616 판결에 보다 가깝게 정리되었다고 할 수 있다.

### (나) 허용되는 범위

제1항의 요건을 만족하는 경우 공표된 저작물의 '공연'과 '방송'이 모두
허용되는 것에 비하여 제2항의 요건을 만족하더라도 '공연'만이 허용될 뿐이
다. 따라서 상업용 음반이나 상업용 영상저작물을 '직접 공연'하는 형태를 넘
어 '방송을 통해' 그 내용을 공연하는 행위는 위 예외에 해당하지 않는다는
의미로 해석된다. 한편, 제2항이 '대통령령이 정하는 경우에는 그러하지 아
니하다'고 하여 허용되는 공연의 한계를 정하고 있고, 저작권법 시행령 제11
조는 이를 받아 허용되지 않는 공연유형을 다양하게 열거하고 있는바,146) 그

---

용' 음반은 아닐지라도 '상업용' 음반에는 해당한다. 반면, 기업이 자신을 홍보하거나 상
품의 판매 촉진을 위해 제작한 음반이나 음원은 그 자체의 판매를 통한 이익을 얻을 목적
이 없기 때문에 여기서 말하는 '상업용 음반'이 아니다(한국저작권위원회, "개정 저작권
법에 따른 상업용 음반 바로 알기"(2016), 7면).

145) 그 결과, 현행법 아래서는 상업 매장이 음원서비스 제공업체로부터 음악저작물을 디지털
음원의 형태로 전송받아 매장에 틀어주는 행위는 판매용 음반의 공연이 아니라고 한 대법
원 2016. 8. 24. 선고 2016다204653 판결은 동일 사안에서는 앞으로 유지되기 어려울 것
이다.

146) 1. 「식품위생법 시행령」제21조 제8호에 따른 영업소에서 하는 다음 각 공연
가. 「식품위생법 시행령」제21조 제8호 가목에 따른 휴게음식점 중 「통계법」제22조에
따라 통계청장이 고시하는 한국표준산업분류에 따른 커피 전문점 또는 기타 비알
코올 음료점업을 영위하는 영업소에서 하는 공연
나. 「식품위생법 시행령」제21조 제8호 나목에 따른 일반음식점 중 한국표준산업분류
에 따른 생맥주 전문점 또는 기타 주점업을 영위하는 영업소에서 하는 공연
다. 「식품위생법 시행령」제21조 제8호 다목에 따른 단란주점과 같은 호 라목에 따른
유흥주점에서 하는 공연
라. 가목부터 다목까지의 규정에 해당하지 아니하는 영업소에서 하는 공연으로서 음악
또는 영상저작물을 감상하는 설비를 갖추고 음악이나 영상저작물을 감상하게 하는
것을 영업의 주요 내용의 일부로 하는 공연
2. 「한국마사회법」에 따른 경마장, 「경륜·경정법」에 따른 경륜장 또는 경정장에서 하는
공연
3. 「체육시설의설치·이용에 관한법률」에 따른 다음 각 목의 시설에서 하는 공연

러한 공연행위는 상업용 음반 등의 공연이 대규모로 이루어지고 이용주체의 영리와 밀접하게 관련되어 있는 것들이 많아, 저작권자 등의 이익에 미치는 영향이 크기 때문이다.

### 자. 사적 이용을 위한 복제(제30조)

공표된 저작물을 영리를 목적으로 하지 아니하고 개인적으로 이용하거나 가정 및 이에 준하는 한정된 범위 안에서 이용하는 경우에는 그 이용자는 이를 복제할 수 있다. 다만, 공중의 사용에 제공하기 위하여 설치된 복사기기에 의한 복제는 그러하지 아니하다.

#### (1) 성립요건

ⅰ) 비영리 목적의 복제여야 하며, ⅱ) 개인적 또는 가정 및 이에 준하는

---

가. 「체육시설의 설치·이용에 관한 법률」제5조에 따른 전문체육시설 중 문화체육관광부령으로 정하는 전문체육시설

나. 「체육시설의 설치·이용에 관한 법률 시행령」 별표 1의 골프장, 무도학원, 무도장, 스키장, 에어로빅장 또는 체력단련장

4. 「항공사업법」에 따른 항공운송사업용 여객용 항공기, 「해운법」에 따른 해상여객운송사업용 선박 또는 「철도사업법」에 따른 여객용 열차에서 하는 공연

5. 「관광진흥법」에 따른 호텔·휴양콘도미니엄·카지노 또는 유원시설에서 하는 공연

6. 「유통산업발전법」 별표에 따른 대규모 점포(「전통시장 및 상점가 육성을 위한 특별법」제2조 제1호에 따른 전통시장은 제외한다)에서 하는 공연

7. 「공중위생관리법」제2조 제1항 제2호 숙박업 및 같은 항 제3호 나목의 목욕장에서 영상저작물을 감상하게 하기 위한 설비를 갖추고 하는 상업적 목적으로 공표된 영상저작물의 공연

8. 다음 각 목의 어느 하나에 해당하는 시설에서 영상저작물을 감상하게 하기 위한 설비를 갖추고 발행일부터 6개월이 지나지 아니한 상업적 목적으로 공표된 영상저작물을 재생하는 형태의 공연

가. 국가·지방자치단체(그 소속기관을 포함한다)의 청사 및 그 부속시설

나. 「공연법」에 따른 공연장

다. 「박물관 및 미술관 진흥법」에 따른 박물관·미술관

라. 「도서관법」에 따른 도서관

마. 「지방문화원진흥법」에 따른 지방문화원

바. 「사회복지사업법」에 따른 사회복지관

사. 「양성평등기본법」제47조 및 제50조에 따른 여성인력개발센터 및 여성사박물관

아. 「청소년활동진흥법」제10조 제1호 가목에 따른 청소년수련관

자. 「지방자치법」제161조에 따른 공공시설 중 시·군·구민회관

한정된 범위 안에서의 이용을 위한 복제여야 한다. 단순히 구입비용을 절감하는 정도로는 영리목적이라고 할 수 없음이 원칙이다. 반면, 기업에서 내부적으로 업무를 위해 행하는 복제는 ⅱ)의 요건을 만족하지 못한다고 보는 것이 다수의 견해이며, 판례147)도 그러하다.

### (2) 성립요건의 규범적 해석

그런데 비영리 목적 및 사적 범위에서의 이용이라는 요건을 충실히 적용하여 사적이용을 위한 복제의 예외를 인정하게 되면 인터넷 환경에서 디지털 저작권을 침해한 파일의 대규모 확산을 막기 어려운 경우가 많아진다. 예컨대 인터넷 사용자가 불법복제된 파일을 P2P 프로그램이나 웹스토리지 등을 통해 다운로드 받아 이용하더라도 그 과정에서 일어나는 복제는 엄밀히 말하면 '비영리 목적'으로서 '개인 또는 가정 혹은 이에 준하는 범위에서의 사용'을 위한 것인바, 그처럼 직접 이용행위가 사적이용을 위한 복제에 해당하여 침해를 구성하지 않는다면 이를 대규모로 가능하게 하는 프로그램이나 환경을 제공하는 행위 또한 규제할 수 없기 때문이다. 판례와 실무는 대개 두 가지 방향으로 이러한 불합리에 대응해 오고 있다.

### (개) 소리바다 사건의 해석론

P2P를 통해 저작권 침해파일을 복제하는 행위가 사적이용을 위한 복제인가 하는 점에 관하여 하급심 법원148)은, "소리바다 서비스를 이용한 파일 다운로드 행위는, 인터넷상에서 소리바다 서버에 접속하였다는 점 외에 아무런 인적 결합관계가 없는 불특정 다수인인 동시접속자 사이에서 연쇄적이고 동시 다발적으로 광범위하게 이루어지므로 개인적으로 이용하거나 가정 및 이에 준하는 한정된 범위 안에서 이용하기 위한 복제행위라 할 수 없다"고 하여 개별적 차원에서는 사적이용을 위한 복제에 해당할 여지가 있는 행위를 '포괄적 차원'에서 재평가하여 사적 이용성을 부정하는 해석론을 택하였고, 대법원149)은 사실상 이러한 판단을 수용하는 전제에서 소리바다 서비스가 복제권, 전송권 '침해'의 '방조'에 해당한다는 판단에 이르고 있다.

---

147) 대법원 2013. 2. 15. 선고 2011도5835 판결.
148) 서울고등법원 2005. 1. 25. 선고 2003나80798 판결.
149) 대법원 2007. 12. 14. 선고 2005도872 판결.

### (나) 웹스토리지 서버 사건의 해석론

또 다른 하급심 판결150)은, 개인 사용자가 영화파일을 업로드하여 웹스토리지에 저장하거나 다운로드하여 개인용 하드디스크 또는 웹스토리지에 저장하는 행위와 관련하여, "업로드되어 있는 영화파일이 명백히 저작권을 침해한 파일인 경우에까지 이를 원본으로 하여 사적이용을 위한 복제가 허용된다고 보게 되면 저작권 침해의 상태가 영구히 유지되는 부당한 결과가 생길 수 있으므로, 다운로더 입장에서 복제의 대상이 되는 파일이 저작권을 침해한 불법파일인 것을 미필적으로나마 알고 있었다면 위와 같은 다운로드 행위를 사적이용을 위한 복제로서 적법하다고 할 수는 없다"고 하여 사적이용을 위한 복제의 성립을 한층 적극적으로 차단하고 있다. 위 판결은 사용자들의 직접침해의 성립을 전제로 그러한 침해를 가능하게 하는 웹스토리지 서비스제공자들의 침해 방조책임을 인정하고 있으며, 그 뒤 대법원 판례151)가 자신의 서버를 통해 불법파일의 공유가 폭넓게 이루어지고 있음을 알면서도 그것이 가능하도록 서비스를 제공한 웹스토리지 서버 운영자의 저작권 침해 방조책임을 인정하고 있음에 비추어, 이러한 하급심의 논리 또한 수용된 것으로 보인다.

주의할 것은, 적어도 지금까지의 판례나 주류적 하급심 판결들이 이처럼 "불법파일을 다운로드 받는 행위가 사적이용을 위한 복제에 해당하지 않는다"고 하는 것은, 불법파일의 다운로드나 공유환경을 제공하는 '방조행위를 침해로 규율'하기 위한 필요에서 취한 법리구성이라는 점이다. 독일·프랑스나 일본처럼 '불법복제된 파일을 다운로드하는 행위는 사적이용을 위한 복제에 해당하지 아니한다'는 명문의 규정이 없는 현행 저작권법의 해석·적용상, 불법복제된 저작물을 다운로드 받는 행위만을 개별·독립적으로 침해로 파악하기는 어렵다. 그러나 개별 이용자가 저작권 침해파일을 다운로드 받아 복제하는 것을 넘어 '공유'를 위해 전송하게 되면 전송권 침해를 구성함은 물론이다.

### (3) 공중의 사용에 제공하기 위해 설치된 복사기기에 의한 복제의 제외
#### (제30조 단서)

공중의 사용에 제공하기 위해 설치된 복제기기152)를 이용한 복제는 결과

---

150) 서울중앙지방법원 2008. 8. 5.자 2008카합968 결정.
151) 대법원 2012. 5. 10. 선고 2011도12131 판결; 대법원 2013. 9. 26. 선고 2011도1435 판결.
152) 복사기기, 스캐너, 사진기 등 문화체육관광부장관부령으로 정하는 복제기기를 말한다.

적으로 다량의 복제를 가능하게 하여 저작권자의 이익을 해치게 됨을 감안한 입법이다. 공중의 사용에 제공하기 위해 설치된 복제기기인 이상 공공시설에 설치된 것이어도 여기에 해당한다. 153) 한편, 이용자가 복제업자에게 의뢰하여 복제하는 경우에는 복제의 주체 자체가 영리의 목적에 종사하는 복제업자이므로 이미 사적복제에 해당하지 않는다. 154)

### (4) 컴퓨터 프로그램에 대한 특례

저작권법 제37조의2는 "프로그램에 대하여는 사적이용을 위한 복제 규정(제30조)을 적용하지 않는다"고 한다. 그러나 저작권법의 프로그램에 관한 특례 규정(제5장의2)에 프로그램 저작재산권 제한 규정이 별도로 마련되어 있고(제101조의3), 그 중 제4호가 "가정과 같은 한정된 장소에서 개인적인 목적(영리를 목적으로 하는 경우를 제외한다)으로 복제하는 경우에는 프로그램을 복제할 수 있다"고 하므로 결국 컴퓨터 프로그램에 대하여도 일정한 조건 아래 사적이용을 위한 복제의 예외는 마련되어 있는 셈이다. 다만, 그 범위는 '가정과 같은 한정된 장소'라는 공간적 제한을 요하는 등 제30조의 그것보다는 좁게 해석하는 것이 일반적이다. 155)

### 차. 도서관 등에서의 복제(제31조)·시험문제로서의 복제(제32조)·시각장애인 등을 위한 복제(제33조)·청각장애인 등을 위한 복제(제33조의 2)

각 해당 조문의 내용을 참조할 것.

### 카. 방송사업자의 일시적 녹음, 녹화(제34조)

저작물을 방송할 권한을 가지는 방송사업자는 자신의 방송을 위하여 자체의 수단으로 타인의 저작물을 일시적으로 녹음하거나 녹화할 수 있다(제1항). 156) 종래, 저작권자가 방송에 대한 이용허락을 한 경우, 그 허락의 효력이 방송

---

153) 이해완, 저작권법(제4판), 박영사(2019), 752면.
154) 이해완, 앞의 책, 752면; 박성호, 앞의 책 590면.
155) 오승종, 저작권법강의, 박영사(2016), 603면; 박성호, 앞의 책, 568면.
156) 예컨대 외화(外畵)나 외국 방송사의 스포츠 중계 녹화분처럼 방송사가 자체제작 하지 않아 저작권을 보유하지 않은 저작물이 그 대상이 된다.

상 기술적 필요에 의해 이루어지는 녹음, 녹화에까지 당연히 미치는지에 대하여 논란이 있었는바, 저작권법은 입법을 통해 이 문제를 해결하여 별도의 허락 없이도 가능하도록 하였다. 다만, 그 녹음물 또는 녹화물은 대통령령이 정하는 별도의 장소에 보관되는 경우를 제외하고는 녹음일 또는 녹화일로부터 1년을 초과하여 보존할 수 없다(제2항).

## 타. 미술저작물 등의 전시 복제(제35조)

저작권법은 저작물 소유자의 소유권, 원본 저작자의 전시권과 복제권, 일반 공중이 미술저작물 등을 복제의 방법으로 이용할 권리에 관하여 상호 이해를 조절하는 장치를 마련하고 있다. 즉, ⅰ) 미술저작물·건축저작물·사진저작물 원본의 적법한 소유자 등은 그 저작물을 원본에 의하여 전시할 수 있고, 이에 대하여 저작권자는 전시권을 주장할 수 없지만, 공중에게 개방된 장소에 항시 전시하는 경우에는 저작권자의 동의를 얻어야 한다(제35조 제1항). 또한 ⅱ) 공중에게 개방된 장소에 항시 전시된 미술저작물·건축저작물·사진저작물은 누구라도 복제하여 이용할 수 있지만, 저작권자의 복제권을 부당하게 해치는 일정한 경우에는 그렇지 않다(제35조 제2항). 이를 표로 정리하면 다음과 같다.

| 미술저작물 등의 원본 소유자 | 공중(公衆) |
|---|---|
| 공개장소[157]에서 항시 전시: 저작권자 동의 얻어야 가능 | 공개장소에 항시 전시된 것 복제·이용가능(제35조 제2항 본문)<br><br>금지되는 복제유형(제35조 제2항 단서 각호)<br> ⅰ) 건축물 → 건축물<br> ⅱ) 조각·회화 → 조각·회화<br> ⅲ) 개방장소에 항시 전시하기 위해 복제<br> ⅳ) 판매목적으로 복제[158] |
| 그 밖의 전시: 저작권자 동의 없이도 가능 | 복제·이용권 없음 |

---

157) 가로, 공원, 건물외벽, 기타 공중에게 상시 개방된 곳.
158) 따라서 예컨대 광화문에 설치된 미술저작물인 세종대왕 동상의 모습을 판매용 화보집에 실으면 복제권 침해를 구성할 수 있다.

### 파. 저작물 이용과정에서의 일시적 복제(제35조의 2)

컴퓨터에서 저작물을 이용하는 경우에는 원활하고 효율적인 정보처리를 위하여 필요하다고 인정되는 범위 안에서 그 저작물을 그 컴퓨터에 일시적으로 복제할 수 있다. 다만, 그 저작물의 이용이 저작권을 침해하는 경우에는 그러하지 아니하다.

#### (1) 도입취지

이 규정은 저작권법이 일시적 복제를 복제행위로 규정함에 따라(제2조 제22호) 디지털 저작물의 이용과정에서 필연적으로 수반되는 RAM 저장 등 일시적 저장행위들이 형식적으로는 모두 복제권 침해를 구성하게 된데 대한 대응책으로 마련된 일반 조항이다.

#### (2) 적용범위

이 조항은 컴퓨터에서 저작물을 복제하거나 전송하는 등 '주된 이용'이 존재함을 전제로 그 과정에서 부수적·필연적으로 수반되는 일시적 복제[159]의 적법 여부를 규율한다. 즉, ⅰ) 컴퓨터에서 이루어지는 디지털 저작물의 주된 이용형태가 적법한 경우에는 그 과정에서 일시적 복제가 수반되더라도 이 또한 적법하여 별도의 허락이 필요 없고(제35조의 2 전단), ⅱ) 주된 이용형태가 저작권 침해인 경우에는 그 과정에서 수반되는 일시적 복제 역시 당연히 복제권 침해를 구성한다는 것이다(제35조의 2 후단).

#### (가) 학 설

다수의 견해는,[160] 저작권법 제35조의 2 본문이 비록 저작물의 '이용'이라는 용어를 쓰고 있으나 본문에서 말하는 '이용'이란 예컨대 복제, 공연, 전송, 방송처럼 저작 지분권의 대상이 되는 행위뿐만 아니라 이미 구입한 DVD

---

[159] 컴퓨터 화면에 문서를 띄운 상태에서(RAM 메모리에 일시적 복제) 문서파일을 '다른 이름으로 저장'하는 것은 저작물의 주된 이용(파일의 복제) 과정에 일시적 복제가 수반되는 예라 할 수 있다. 마찬가지로, 컴퓨터 화면에 저작물을 띄운 상태에서 '공유하기'를 통해 이를 전송하는 것은 저작물의 주된 이용(전송) 과정에 일시적 복제가 수반되는 예라 할 것이다.

[160] 이해완, 앞의 책, 704면; 박성호, 저작권법(제2판), 박영사(2017), 622면; 오승종, 저작권법(제3판), 박영사(2013), 738면; 임원선, 실무자를 위한 저작권법(제4판), 한국저작권위원회(2014), 289~290면 등.

를 "시청"하거나, 컴퓨터에 설치한 프로그램을 "구동"하거나, 인터넷 콘텐츠를 "열람"하는 것처럼 저작물을 보고, 읽고 듣거나 작동하는 등 그 자체로는 지분권 행사와 무관한 이용행위(이른바 '사용')도 포함하는 넓은 의미라고 이해한다. 그렇게 보지 않으면 좁은 의미의 저작권 이용행위에 수반되는 일시적 복제는 면책이 되는 반면, 단순한 사용에 수반되는 일시적 복제는 면책의 근거가 없어 침해를 구성하는 부당한 결과가 된다는 것이 이유이다. 그 결과 저작권 침해의 형태로 저작물을 이용하지 않는 한, 저작물의 적법한 이용이나 사용의 과정에 수반되는 일시적 복제행위는 널리 허용되는 것으로 받아들이고 있다. 다만, 예컨대 유상으로 제공하는 콘텐츠를 해킹 등의 방법으로 부당하게 스트리밍 받는 행위는 저작물의 이용에 부수되는 일시적 복제가 아니라 그 자체가 '주된 사용'에 해당하여 위 규정의 적용이 적용될 여지가 없다고 하거나,[161] 인터넷 또는 IP-TV의 콘텐츠를 안정적인 시청이나 감상의 목적으로 복제하는 것이 아니라 저장 또는 공중송신의 목적으로 일시적 복제한다면 '원활하고 효율적인 정보처리를 위하여 필요하다고 인정되는 범위'를 넘기 때문에 위 규정의 적용이 없다고 설명되기도 한다.[162]

### (나) 관련 판례의 태도

판례는,[163] 당초 乙이 무료로 다운로드 받아 영업용으로 설치·사용했던 프로그램이 사후에 이를 배포한 저작권자 甲의 정책 변경으로 유료화 된 뒤에도 乙이 기존에 다운로드 받은 프로그램을 업데이트 하여 계속 사용하자 甲이 프로그램 저작물에 대한 일시적 복제권 침해를 주장한 사안에서 다음과 같이 판시하고 있다. 즉, ① 당초 프로그램이 乙의 컴퓨터에 설치되는 과정에서 甲의 허락에 기한 영구적 복제는 이미 완료되었다. ② 乙이 甲이 약관으로 정한 사용방법이나 조건을 위반하여 이미 복제 완료된 프로그램을 상업적으로 계속 사용(구동)하더라도 이는 어디까지나 채무불이행의 문제일 뿐 새삼 복제권의 침해를 구성하는 것은 아니다. 따라서 그런 행위에는 저작권법 제35조의2 단서가 적용될 여지가 없고, 프로그램의 구동에 수반되는 일시적 복제는 저작권법 제35조의2 본문에 따라 침해를 구성하지 않는다는 것이다. 판례는 다수의

---

161) 이해완, 앞의 책, 706면.
162) 박성호, 앞의 책, 623면.
163) 대법원 2017. 11. 23. 선고 2015다1017, 1024, 1031, 1048 판결.

견해와 마찬가지로, 이미 컴퓨터에 설치한 프로그램을 구동하는 행위처럼 저작지분권의 대상행위가 아닌 저작물의 '사용' 개념을 수용하는 한편, 그에 수반되는 일시적 복제를 폭넓게 허용하는 태도를 태도를 보인바 있다.

그러나 저작물의 주된 이용행위가 저작지분권의 침해만 아니라면 그에 수반되는 일시적 복제가 일반적으로 허용된다는 태도는 저작권법이 저작권자에게 일시적 복제권을 부여한 취지를 부당하게 몰각시킬 위험이 있다. 아울러 저작권 이용계약에 대한 중대한 신뢰위반 행위를 한 자가 저작물을 계속 사용하는 때에도 저작권법 상 구제를 포기하는 부작용을 낳을 수 있다. 따라서 저작물의 사용에 수반되는 일시적 복제라도 ⅰ) 저작물의 사용 자체에 대하여 저작권자의 허락이 없다거나, ⅱ) 사용 과정에서 계약의 본질적 내용에 채무불이행이 있는 경우처럼 저작권자의 독립적·경제적 이익을 해치는 경우에는 저작권자는 여전히 일시적 복제권 침해를 주장할 수 있다고 본다. 164)

이후 판례165)는, 저작권자 A가 소프트웨어(X)의 동시 사용자 수를 제한하는 라이선스 방식을 전제로 B와 X의 판매대리점 계약을 체결하였는데, B가 임의로 동시 사용자 수 제한을 우회할 수 있는 소프트웨어를 개발하여 X의 사용자들에게 제공하고, 그 결과 인원제한을 초과하여 X를 사용하는 사람들이 RAM에 X의 일시적 복제를 하도록 만든 사안에서, 'B가 판매한 소프트웨어에 의해 발생하는 일시적 복제는 X의 이용과정에 불가피하게 수반된다든지, 그 안정성이나 효율성을 높이는 것으로 보기 어렵고, (A의 입장에서 보면) X의 사용자 수를 제한함으로써 추가 라이선스를 설정할 수 있는 기회를 잃게 되는 등 독립적·경제적 이익을 해치는 결과를 초래하므로 B는 X에 대한 일시적 복제권을 침해하였다' 라는 취지로 판시하고 있다.

### ㈐ 저작권법 제35조의2와 저작물의 사적이용

저작권법 제35조의2 후단은 '저작권을 침해한 불법 저작물임을 알면서도 이를 디지털 복제하는 자에 대하여는 사적이용을 위한 복제의 예외가 성립하지 않고, 복제권 침해가 성립한다' 는 취지의 일본 저작권법 제30조 제1항 제

---

164) 이 문제에 대한 상세한 법리 검토와 판례에 대한 비판은, 조영선, "디지털 저작물의 이용과 일시적 복제 – 대법원 2017. 11. 23. 선고 2015다1017(본소) 등 판결에 대한 검토–", 고려법학 제88호(2018. 3), 201면 이하 참조.

165) 대법원 2018. 11. 15. 선고 2016다20916 판결.

3 호와는 다른 내용이다. 적어도 현재는 우리 저작권법에 그러한 규정은 없으며, 저작물의 장기적 또는 일시적 복제가 저작권 침해의 구성요건에 해당하더라도 그것이 사적이용을 위한 복제의 요건을 충족한다면 여전히 저작재산권 제한의 법리가 적용될 수 있을 것이다.[166]

## 하. 부수적 복제 등(제35조의 3)

사진촬영, 녹음 또는 녹화(이하 "촬영 등"이라고 함)를 하는 과정에서 보이거나 들리는 저작물이 촬영 등의 주된 대상에 부수적으로 포함되는 경우에는 이를 복제·배포·공연·전시 또는 공중송신할 수 있다. 다만, 그 이용된 저작물의 종류 및 용도, 이용의 목적 및 성격 등에 비추어 저작재산권자의 이익을 부당하게 해치는 경우에는 그러하지 아니하다.

최근 가상·증강현실을 제공하는 콘텐츠가 산업계에서 다양하게 활용되고 있는데, 촬영 등의 방법으로 이런 콘텐츠를 제작하는 과정에서 부득이하게 타인의 저작물이 부수적으로 포함되어 들어가는 수가 있다. 이 규정은 가상·증강현실 콘텐츠가 그런 저작물의 권리 주장으로 인해 장애를 받지 않고 원활하게 제작·활용되도록 복제·배포·공연·전시 또는 공중송신에 대한 면책을 부여하기 위해 마련된 것이다. 이는 시사보도의 과정에서 보이거나 들리는 저작물에 대해서 복제·배포·공연 또는 공중송신의 면책을 보장하는 것(제26조)과 흡사한 제도적 아이디어라고 할 수 있다.

## 거. 문화시설에 의한 복제 등(제35조의 4)

국가나 지방자치단체가 운영하는 문화예술 시설 중 대통령령이 정하는 것들은 상당한 조사를 하였어도 공표된 저작물의 저작재산권자나 그의 거소를 알 수 없는 경우 그 문화시설에 보관된 자료를 수집·정리·분석·보존하여 공중하기 제공하기 위한 목적으로 그 자료를 사용하여 저작물을 복제·배포·공연·전시 또는 공중송신할 수 있다.

---

166) 우리나라의 하급심 결정례 가운데 웹 스토리지에 올라 있는 영화파일을 그것이 저작권을 침해한 불법파일임을 알면서 다운로드 받았다면 비록 개인적 용도를 목적으로 하였더라도 사적이용을 위한 복제의 예외적용이 없다고 한 예도 있으나(서울중앙지법 2008. 8. 5. 자 2008가합968 결정), 이 결정에 대해서는 명문의 규정이 없는 우리나라에서 법 해석의 한계를 넘는 것이었다는 비판이 많다.

## 너. 저작물의 공정한 이용(제35조의 5)

앞서 본 저작재산권에 대한 개별적 제한사유 이외에도, 저작물의 통상적인 이용 방법과 충돌하지 아니하고 저작자의 정당한 이익을 부당하게 해치지 아니하는 경우에는 저작물을 이용할 수 있다(제1항).

### (1) 도입취지

이 규정은 저작재산권 제한에 관한 개별 사유에 보충적으로 적용되는 일반 조항으로서, 한·미 FTA를 반영하여 저작권법을 개정하는 과정에서 새로 도입된 규정이다. 종래 우리 저작권법에는 개별적 저작재산권 제한사유들만이 한정 열거되어 있었으나 이로써 저작물의 공정이용에 관한 포괄적 일반 조항을 추가로 가지게 되었다.

### (2) 성립요건

이 규정이 적용되기 위해서는 ⅰ) 저작물의 통상적인 이용방법과 충돌하지 않아야 하며, ⅱ) 저작자의 정당한 이익을 부당하게 해치지 않는 한도에서의 이용이어야 한다. 위 각 요건은 모두 추상적이어서 그 실체를 일의적(一義的)으로 정의하기 어렵고, 개별 사안에서 저작자의 권리보호와 저작물에 대한 자유로운 이용보장을 통해 달성되는 가치를 합목적적으로 형량하여 결론을 내야 하는 어려운 문제이다. 다만, 저작권법은 제35조의5 제2항에서 그러한 판단 시 고려하여야 하는 요소들을 명시적으로 열거하고 있으므로 이를 고려하여야 한다. 이는 미국 저작권법 제107조가 제시하고 있는 저작물의 공정이용 성립기준을 거의 그대로 반영한 것이다. 그에 따른 공정이용 성립가능성을 도표로 정리해 보면 다음과 같다.

| 제35조의5 제2항 | 공정이용 성립가능성 | |
|---|---|---|
| | 大 | 小 |
| 이용의 목적과 성격(제1호) | ⅰ) 비영리 목적[167]<br>ⅱ) 이용행위가 윤리적 적합성이 높은 경우: 생산적·변형적 이용, 부수적·우발적 이용 | ⅰ) 영리 목적<br>ⅱ) 이용행위가 윤리적 적합성이 낮은 경우: 모방적, 의도적 이용 |

---

167) 2016. 3. 22. 법률 제14083호로 개정되기 전까지의 저작권법 제35조의3 제2항 제1호는

| 저작물의 종류와 용도(제2호) | 피이용저작물이,<br>- 사실적 저작물인 경우<br>- 공표된 저작물인 경우<br>- 비상업적 저작물인 경우 | 피이용저작물이,<br>- 창의적 저작물인 경우<br>- 미공표 저작물인 경우<br>- 상업적 저작물인 경우 |
|---|---|---|
| 이용된 부분이 저작물 전체에서 차지하는 비중과 그 중요성(제3호) | 小 | 大 |
| (피이용)저작물의 시장이나 가치에 미치는 영향(제4호) | 小 | 大 |

## 더. 2차적 저작을 통한 이용(제36조)

### (1) 번역, 편곡, 개작이용이 가능한 경우(제1항)

공공저작물의 이용(제24조의2) · 학교 교육목적(제25조) · 비영리 공연, 방송(제29조) · 사적이용 복제(제30조) · 부수적 복제(제35조의3) · 문화시설에 의한 복제(제35조의4) · 공정이용(제35조의5)이 적용되는 경우라면, 원저작물을 번역, 편곡, 개작하여 이용하는 것도 허용된다.

### (2) 번역이용이 가능한 경우(제2항)

재판목적(제23조) · 정치연설의 이용(제24조) · 시사보도 과정에서의 이용(제26조) · 시사적 기사 등의 복제(제27조) · 인용(제28조) · 시험문제로의 복제(제32조) · 시각장애인용 복제(제33조) · 청각장애인용 복제(제33조의2)가 적용되는 경우라면, 원저작물을 번역하여 이용하는 것도 허용된다.

## 러. 컴퓨터 프로그램에 대한 저작재산권 제한의 불허(제37조의2)

컴퓨터 프로그램에 대하여는 재판목적의 복제(제23조) · 학교 교육목적 복제 등(제25조) · 사적이용을 위한 복제(제30조) · 시험문제로의 복제(제32조)를 이유로 한 저작재산권의 제한이 불가능하다.

---

'영리성 또는 비영리성 등 이용의 목적 및 성격'이라고 하여 이용의 목적 및 성격의 예를 들고 있었지만, 현행법은 그와 같은 예시를 삭제하였다. 그렇지만, 여전히 그것이 저작물의 공정이용 여부를 판단하는 중요한 요소가 될 수 있음은 물론이다.

## 3. 출처 명시의무(제37조)

저작재산권의 제한 규정에 따라 타인의 저작물을 이용하는 자라도 그 출처를 명시하여야 한다. 출처의 명시는 저작물의 이용상황에 따라 합리적이라고 인정되는 방법으로 하여야 하며, 저작자의 실명 또는 이명이 표시된 저작물인 경우에는 그 실명 또는 이명을 명시하여야 한다. 이는 저작재산권의 행사제한이 저작인격권, 특히 성명표시권에 영향을 미치지 않는다는 점을 재확인하는 성질도 가진다. 다만, 시사보도 과정에서의 이용(제26조), 영리를 목적으로 하지 아니하는 공연·방송(제29조), 사적이용을 위한 복제(제30조), 도서관 등에서의 복제 등(제31조), 시험문제로서의 복제(제32조), 방송사업자의 일시적 녹음·녹화(제34조), 저작물 이용과정에서의 일시적 복제(제35조의 2), 부수적 복제(제35조의 3), 문화시설에 의한 복제(제35조의 4)의 경우에는 출처 명시의무가 면제된다. 이는 대체로 성명표시권의 제한 사유인 '부득이한 경우(제12조 제 2 항)'를 만족하거나 대외적으로 출처표시를 하는 것이 의미 없는 경우(예컨대 사적이용을 위한 복제, 저작물 이용과정에서의 일시적 복제)이기 때문이다.

## 4. 저작권 제한의 특수문제: 패러디

### 가. 패러디의 의의와 법적 위상

패러디(Parody)란 원저작물을 흉내내어 익살스럽게 표현하는 기법이나 그러한 작품을 말하며, 이는 근래 포스트모더니즘 하에서 유머·풍자·비판 등을 위한 하나의 새로운 표현장르로 인식되기도 한다. 패러디는 원저작물을 이용하여 그 내용에 일정한 목적을 가지고 변형을 가한 것이기 때문에 기본적으로 동일성 유지권, 복제권, 2차적 저작물 작성권 침해의 여지를 안고 있다. 다만, 패러디물이 그 자체로 독립된 창작적 가치를 인정받을 수 있는 '성공한 패러디'에 이르면 이를 저작물의 공정한 이용으로 취급하는 것이 보통이다. 그렇게 취급할 수 있는 성문법적 근거로는 제28조(공표된 저작물의 인용)가 주로 거론되며, 경우에 따라 제35조의 5(저작물의 공정한 이용)이 적용될 수도 있을 것이다.

## 나. 성공한 패러디의 요건

패러디물을 통해 제 3 자가 원작을 떠올리고, 그에 대한 '비평 또는 풍자' 라는 인식이 가능해야 한다. 또한 원작을 모티프로 이용은 하였으되, 그로부터 독립적인 가치를 가지는 별개의 창작물로 성립해야 하며 이러한 요건을 충족하지 못하는 패러디물은 원작의 단순 복제물 혹은 2차적 저작물로 취급되어 침해를 구성하게 된다. 성공한 패러디인지 여부를 판단함에 있어서도 앞서 본 공정이용의 4가지 요건을 고려하는 것이 보통이다. 즉, ⅰ) 패러디를 위한 이용이 비상업적 목적일수록 공정이용이 성립하기 쉽고 상업적 목적일수록 어려우며, ⅱ) 원저작물이 저명하여 그 패러디라는 것을 직감하기 쉬울수록 성공한 패러디에 가깝고, 반대라면 그렇지 아니하며, ⅲ) 패러디물로 인해 원저작물의 시장이 잠식될 우려가 작을수록 공정이용이 성립하기 쉽고, 반대라면 그렇지 아니하고, ⅳ) 원저작물이 패러디물에서 차지하는 비중이 작을수록 공정이용이 성립하기 쉽다는 것이다. 168)

## 다. 패러디와 저작인격권의 관계

성공한 패러디의 경우 저작인격권으로서의 동일성 유지권 침해를 구성하지는 않을 것이다. 그러나 한편 저작권법 제124조 제 2 항은 "저작자의 명예를 훼손하는 방법으로 그 저작물을 이용하는 행위는 저작인격권의 침해로 본다"고 규정하고 있음에 주의를 요한다. 따라서 패러디로 인해 저작자의 명예가 심각하게 훼손되고 그러한 인격적 피해가 패러디라고 하는 표현의 다양성을 보호할 필요보다 큰 경우에는 비록 성공한 패러디라 하더라도 인격권 침해가 성립할 수 있다.

## 5. 저작물 이용의 법정 허락

저작권법은 다음에 열거하는 경우에 소정의 절차를 밟으면 당해 저작물에 관하여 이용계약이 성립한 것으로 취급한다.

---

168) 사견으로는 패러디에 관한한 ⅳ)의 요건은 상대적으로 그 중요성이 크다고 생각되지 않는다.

## 가. 저작재산권자 불명인 저작물의 이용(제50조)

법규가 정하는 기준에 상응하는 노력을 기울였어도 공표된 저작물의 저작재산권자나 그의 거소를 알 수 없어 이용허락을 받을 수 없는 경우, 당해 저작물을 이용하고자 하는 자는 일정한 절차를 밟아 보상금을 저작권위원회에 지급하고 이를 이용할 수 있다. 저작권자의 소재 불명으로 인해 당해 저작물의 합리적 이용에 장애가 초래되는 것을 막기 위함이다. [169]

## 나. 공표된 저작물의 방송(제51조)

공표된 저작물을 공익상 필요에 의하여 방송하고자 하는 방송사업자가 그 저작재산권자와 협의하였으나 협의가 성립되지 아니하는 경우에는 일정한 절차를 밟아 보상금을 지급하거나 공탁하고 이를 방송할 수 있다.

## 다. 상업용 음반의 제작(제52조)

상업용 음반이 우리나라에서 처음으로 판매되어 3년이 경과한 경우 그 음반에 녹음된 저작물을 녹음하여 다른 상업용 음반을 제작하고자 하는 자가 그 저작재산권자와 협의하였으나 협의가 성립되지 아니하는 때에는 일정한 절차를 밟아 보상금을 지급하거나 공탁하고 다른 상업용 음반을 제작할 수 있다. 음반제작자가 작곡가나 작사가와 전속계약을 통해 장기간 녹음권을 독차지하

---

[169] 이른바 고아 저작물(Orphan Work)의 문제: 저작재산권자 불명인 저작물의 이용(저작권법 제50조)은 근래 저작권법적 이슈로 크게 부각되어 있는 이른바 '고아 저작물(Orphan Work)' 문제와 맥락을 같이한다. 저작물의 이용이 필요함에도 저작권자가 불명이거나 소재불명인 경우는 서양 여러 나라에서도 종래 큰 문제가 되어 왔다(예컨대, 영국에서의 2009년의 조사결과에 의하면 당시 고아 저작물의 숫자는 2,500만 건에 이르렀다 한다). 일찍이 미국에서 고아 저작물의 이용을 합법화하려는 입법시도가 좌절된 일이 있었고 Google사가 저작자 불명의 저작물을 포함한 모든 문서저작물을 디지털화 하여 공중에 제공하는 프로젝트를 추진하는 과정에서 저작권 침해를 내세우는 미국 작가협회(Author's Guild) 등과 최근까지 일련의 소송을 벌여오고 있는 상태이다. 한편, 유럽에서는 2012. 고아 저작물에 관한 EU Directive가 성립되어 ⅰ) 공공도서관, 교육기관, 박물관 등 공적기관은 ⅱ) 보존·복구·공중전달 등 공익적 목적인 경우에 ⅲ) 고아저작물에 대하여 복제권 및 공중전달권을 획득하게 되었다. 이처럼, 우리 저작권 제50조는 저작권자 불명인 저작물에 대하여 사인(私人)의 활용을 보장하는 데 주안을 두고 있는 데 비하여, 미국이나 유럽은 그러한 저작물의 광범위한 디지털화를 통해 공중이 무상으로 이용할 수 있도록 하는 데 관심을 두고 있는 차이가 있다.

는 것을 방지하여 음악의 재생산을 촉진하고 음반시장의 활성화를 도모하기 위한 규정이다.

## 6. 저작권의 남용

### 가. 독점규제법에 근거한 권리남용

우리나라에서 지적재산권의 남용은 상당부분이 특허·상표·디자인처럼 등록을 전제로 하는 권리에서 등록무효사유가 명백함에도 권리자가 권리를 행사하는 것을 두고 다루어진다. 따라서 '무효'라는 개념을 상정하기 어려운 저작권에서 이러한 의미의 저작권 남용은 문제될 여지가 거의 없다. 한편, 독점규제 및 공정거래에 관한 법률 제59조는 "이 법의 규정은 저작권의 정당한 행사라고 인정되는 행위에 대하여는 적용하지 아니한다"고 규정하고 있기 때문에 '저작권의 부당한 행사'에 대하여는 독점규제법이 적용되고 그러한 독점규제법 위반을 구성하는 위법한 행위는 저작권 남용으로 통제될 여지가 있다. 이러한 저작권의 부당한 행사의 대표적 예로, ⅰ) 사실상 표준의 지위에 있는 소프트웨어를 이용한 끼워 팔기를 하면서 저작권 행사를 통해 이를 강제하는 것, ⅱ) 필수설비에 해당하는 저작물에 대한 거래를 부당하게 거절하고 저작권을 행사하는 것,[170][171] ⅲ) 저작권자들이 담합하여 저작권료를 유리하게 강

---

170) 응용소프트웨어의 기반이 되는 필수소프트웨어의 저작권자가 정당한 이유 없이 거래를 거절하거나 부당한 거래조건을 강제하는 경우가 그 예이다. 우리나라에도 ⅱ)를 다룬 판결례가 있다. 서울중앙지방법원 2011. 9. 14. 자 2011카합683 결정은, 'A가 교과서 출판사, B가 교과서를 기본교재로 하는 동영상 강의 제작업체인 상태에서 A의 교재를 내용으로 하는 동영상 강의를 만들기 위해서는 A 저작물을 사용하는 것이 불가피하기 때문에 A는 해당 시장에서 시장지배적 지위에 있으며 A의 교과서는 필수설비에 유사하다. A가 동영상 강의 교재를 만드는 사업을 독점할 의사로 B에 대하여 A 교과서를 이용한 동영상 강의 제작을 허락하지 않는 것은 부당한 경쟁제한행위이기 때문에 공정거래법 위반이다'라고 판시하였다. 그러나 이 사건의 항고심(서울고등법원 2012. 4. 4. 자 2011라1456 결정)은 '저작권의 행사가 독점규제법 위반에 해당하는 경우, 특별한 사정이 없다면 권리남용이어서 허용되지 아니한다'는 일반론을 수용하면서도, 당해 사건에서 A가 관련 시장인 '교과서'가 아닌 '온라인 강의서비스' 시장에서 시장지배적 지위에 있다고 볼 수 없고, A의 거래거절행위가 B의 사업활동을 부당하게 방해하는 행위라는 소명이 부족하다는 등의 이유로 원심 결정을 파기하였다.

171) 한편, 대법원 2011. 10. 13. 선고 2008두1832 판결(SKT의 멜론 DRM 사건)에서, MP3폰 시장에서 시장지배적 지위에 있는 SKT가 자사 핸드폰에서는 자사의 Melon 사이트에서

제하는 등 부당공동행위를 하는 것, iv) 저작권자가 저작권 존속기간이 끝난 후에도 이용료를 계속 지급받기로 하는 등의 불리한 계약 내용을 강제하는 불공정행위를 하는 것 등을 들 수 있다.

### 나. 민법상 권리남용

그 밖에, 저작권도 사적 재산권의 성질을 가지는 이상, 그 행사가 민법상 권리남용 요건을 충족한다면 그 항변이 가능함은 물론이다. 민법상 권리남용의 성립에는 권리자와 상대방 및 사회일반 사이의 '이익형량' 또는 '권리 본래의 사회적 목적' 등 객관적 요건과, 권리행사를 통한 '가해목적' 혹은 '부당한 이익을 취득할 목적'이라는 주관적 요건이 문제된다. 학설은 객관적 요건을 중심으로 권리남용을 인정하는 입장(다수설)과, 주관적 요건도 갖추어야 한다는 입장 등으로 나뉘나, 판례는 기본적으로 객관적 요건 외에 주관적 요건을 아울러 요구하는 태도이다.

만약 저작권 침해에 대하여 금전배상으로도 상당한 피해의 보전이 가능함에도 권리자가 굳이 정지청구권을 행사하려 하고, 그로 인해 상대방이나 공중이 입는 손실이 막대하여 권리자가 정지청구를 관철함으로써 얻는 이익과 균형이 현저히 맞지 않는다면, 경우에 따라 권리자의 주관적 해의를 추단할 수도 있을 것이다.

## Ⅷ. 저작인접권

### 1. 저작인접권자

### 가. 실연자(제 2 조 제 4 호)

실연자는 ⅰ) 저작물을 연기·무용·연주·가창·구연·낭독 그 밖의 예능적

---

구입한 음악파일만이 구동되고, 다른 경로로 구입된 음악파일은 번거로운 변환과정을 거쳐야만 들을 수 있도록 하는 DRM 소프트웨어를 탑재·판매함으로써 Melon 사이트에서의 음원구매를 간접적으로 강제한 행위는 다른 이동통신사업 및 디지털 음원 판매 경쟁업자의 사업을 방해하는 행위에는 해당하지만, 그것이 부당·위법의 정도까지는 이르지 않아 공정거래위원회의 과징금 부과대상은 아니라고 판단하였다.

방법으로 표현하는 자,[172] ii) 실연을 지휘, 연출 또는 감독하는 자,[173] iii) 기타 비저작물을 예능에 유사한 방법으로 실연하는 자[174]를 말한다.

### 나. 음반제작자(제 2 조 제 6 호)

음을 음반에 고정하는데 있어 전체적으로 기획하고 책임을 지는 자를 말하며, 여기서 음반이란 음(음성·음향)이 유형물에 고정된 것(음을 디지털화 한 것을 포함한다)으로서, 음이 영상과 함께 고정된 것을 제외한다(제 2 조 제 5 호).

### 다. 방송사업자(제 2 조 제 9 호)

방송사업자는 방송을 업으로 하는 자를 말한다.

## 2. 저작인접권의 내용(제64조 내지 제93조)

저작권법에 의하여 보호되는 저작인접권의 내용을 정리하면 다음의 도표와 같다.

| | 보호의 대상 | 재산권 | 특칙 | 인격권 |
|---|---|---|---|---|
| 실연자 | ① 생(Live) 실연 ② 생방송 되는 실연 | - 복제 - 전송 - 방송 - 공연(단, 생방송되는 실연 제외)[175] | | 성명 표시권 |
| | ③ 음반에 고정된 실연 | - 복제 - 전송 - 배포·대여 | | |

---

172) 예컨대, 탤런트, 배우, 가수, 연주자 등
173) 예컨대, 교향악단의 지휘자, 무용의 연출가, 영화감독 등
174) 예컨대, 동물의 움직임(비저작물)을 익살을 섞어 흉내내는 행위를 하는 자 등. 반면, 축구, 야구와 같은 운동경기는 비저작물을 예능에 유사한 방법으로 표현한 것이 아니므로 실연에 포함되지 않음은 물론이다.
175) 제72조 단서: 따라서 실연자는 자신이 생방송 프로그램에 출연하고 그 프로그램이 공중이 모인 장소에서 공개되더라도 이에 대하여 공연권을 주장할 수 없다(최경수, 앞의 책, 326면).

| | | | 공연: ×<br>고정되지<br>않은<br>실연만<br>공연권<br>있으므로<br>(제72조) | - 방송(상업용 음반)<br>: 보상금(제75조)<br>- 디지털음성송신<br>: 보상금(제76조)<br>- 공연(상업용 음반)<br>: 보상금(제76조의 2) | 동일성<br>유지권 |
|---|---|---|---|---|---|
| | | 방송: 제73조 단서176)<br>ⅰ) 녹음허락 한 경우:<br>×→특칙적용<br>ⅱ) 녹음허락 안한 경우:<br>○ | | | |
| | ④ 영상물에<br>수록된<br>실연 | ⅰ) 수록허락 한 경우:<br>특칙적용<br>ⅱ) 수록허락 안한 경우:<br>복제, 배포, 전송, 방송 | | 영상제작자에 양도<br>추정(제100조 제3항)<br>: 복제, 배포, 전송,<br>방송 | |
| 음반<br>제작자 | 음반에<br>고정된 음 | 복제, 배포, 대여, 전송 | | - 방송(상업용 음반)<br>: 보상금(제82조)<br>- 디지털음성송신<br>: 보상금(제83조)<br>- 공연(상업용 음반)<br>: 보상금(제83조의 2) | |
| 방송<br>사업자 | 방송<br>콘텐츠 | - 복제<br>- 동시중계방송177)<br>- 공연178) | | | |

## 3. 보호기간

ⅰ) 실연·음반: 실연이나 음반 발행의 다음 해부터 70년(제86조 제2항 제1, 2호), ⅱ) 방송: 방송의 다음 해부터 50년(제86조 제2항 제3호).

## 4. 저작권과 저작인접권의 관계

저작인접권에 관한 규정은 저작권에 영향을 미치는 것으로 해석되어서는

---

176) 제73조(방송권): 실연자는 그의 실연을 방송할 권리를 가진다. 다만, 실연자의 허락을 받아 녹음된 실연에 대하여는 그러하지 아니하다.

177) 종합유선방송사업자가 지상파방송사업자의 디지털지상파방송을 수신하여 실시간으로 가입자에게 재송신한 사안에서, 지상파방송사업자의 동시중계방송권을 침해한다는 이유로 종합유선방송사업자의 동시재송신을 금지한 사례로, 서울고등법원 2011. 7. 20. 선고 2010나97688 판결.

178) 단, 공중이 접근 가능한 장소에서 시청 관련 입장료를 받는 경우에 한한다(제85조의 2).

아니된다(제65조).  실연·음반·방송의 이용은 대부분 원저작물의 이용을 수반하기 때문에 저작물의 이용에 관하여 저작인접권자의 허락을 받았다고 하여도 그와 별개로 원저작자의 허락을 받아야 한다는 의미이다.  따라서, 예컨대 A가 작사·작곡한 노래를 가수 B가 부르고, 음반제작자 C가 이를 음반으로 제작하였으며, 방송사업자 D에 의하여 위 노래가 방송된 것을 E가 녹음, mp3 파일로 만들어 인터넷에서 전송하려 한다면, E로서는 각 복제·전송권을 가진 저작인접권자 B(실연자), C(음반제작자)와 복제권을 가진 D(방송사업자)로부터 허락을 받아야 함은 물론, 저작자 A로부터도 복제·전송의 허락을 받아야 함을 의미한다. 179)

⟿ 대법원 2006. 7. 13. 선고 2004다10756 판결

> 특별한 사정이 인정되지 않는 한, 음반제작자에 의하여 제작된 저작인접물인 음반에 수록된 내용 중 일부씩을 발췌하여 편집음반을 제작·배포하는 행위는 저작인접권자인 음반제작자의 복제·배포권에 저촉되기 때문에 음반제작자의 이용허락을 받아야 함은 물론, 저작재산권자가 가지는 복제·배포권에도 저촉되므로 저작재산권자로부터도 저작물에 대한 이용허락을 받아야 한다. 180)

동일한 저작물에 대해서도 저작권과 저작인접권은 별개로 보호된다.  그렇기 때문에, 심지어 저작권자라 하더라도 해당 저작물에 대해 저작인접권자의 허락 없이 임의로 복제 등 저작인접권의 영역에 있는 이용행위를 하는 경우 저작인접권 침해를 구성하게 된다. 181)

⟿ 대법원 2021. 6. 3. 선고 2020다244672 판결

> 음반제작자의 저작인접권은 최초의 제작행위를 통하여 생성된 음반에 관하여 그 음을 맨 처음 음반에 고정한 때부터 발생하는 것으로서 작사자나 작곡자 등 저작자의 저작물에 관한 저작재산권과는 별개의 독립된 권리이다(대법원 2007.

---

179) 이해완, 저작권법(제3판), 박영사(2015), 834~835면 참조.  다만, 현실에서는 저작권자와 저작인접권자간에 사전 계약을 통해 대외적인 이용허락의 창구를 단일화 해두는 경우도 적지 않다.

180) 대법원 2007. 2. 22. 선고 2005다74894 판결도 같은 취지.

181) 대법원 2021. 6. 3. 선고 2020다244672 판결.

2. 22. 선고 2005다74894 판결 등 참조). 따라서 저작인접물인 음반에 수록된 저작물의 저작재산권자라 하더라도 저작인접권자인 음반제작자의 허락 없이 그의 음반을 복제하는 것은 음반제작자의 복제권을 침해하는 행위에 해당하고, 이로 인하여 음반제작자에게 손해가 발생하였다면 그 손해를 배상할 책임을 부담한다.

## 5. 제한(제87조 제 1 항)

저작재산권의 제한에 관한 대부분의 사유들은 저작인접권에도 마찬가지로 적용된다(제87조 제 1 항). [182] 따라서 이 경우 저작권자는 물론 저작인접권자로부터도 허락을 받지 않고 저작물을 이용할 수 있다.

# Ⅸ. 저작권 등의 등록

## 1. 등록기관·대상권리

저작권 등의 등록사무를 담당하는 기관은 한국저작권위원회이다. [183] 등록의 대상이 되는 권리는 저작권(제53조), 프로그램 저작권(제55조 제 1 항), 저작인접권(제90조), 데이터베이스권(제98조) 등이다.

## 2. 등록사항

### 가. 저작물 등 관련 사항(제53조 제 1 항, 저작권법 시행령 제24조)

- 저작자 등 인적사항: 이름, 국적, 주소

---

182) 재판절차 복제(제23조)·정치적 연설(제24조)·학교교육 목적(제25조)·시사보도 위한 이용(제26조)·시사적 논설 등의 복제(제27조)·공표된 저작물 인용(제28조)·비영리 공연, 방송(제29조)·사적이용 위한 복제(제30조)·도서관 복제(제31조)·시험문제 복제(제32조)·시각장애인용 복제(제33조 제 2 항)·방송사업자의 일시적 복제(제34조)·컴퓨터에서 저작물 이용 시 일시복제(제35조의 2)·부수적 복제(제35조의 3)·문화시설에 의한 복제(제35조의 4)·공정이용(제35조의 5)·번역 등에 의한 이용(제36조)·출처의 명시(제37조).
183) 저작권법 제113조 제 1 호.

- 저작물 등 관련 사항: 제호, 종류, 창작연원일, 공표(여부, 국가, 시기, 공표매체)
- 2차적 저작물의 경우 원저작물에 대한 사항
- 공유저작물인 경우 지분

### 나. 권리변동 사항(제54조)

- 등록사항에 대한 권리의 양도, 처분제한, 배타적 발행권이나 출판권의 설정·이전·변경·소멸·처분제한
- 질권의 설정·이전·변경·소멸·처분제한

## 3. 복제물 등의 제출(저작권법 시행규칙 제6조 제2항 제1호, 제3항)

저작권 등록신청서에는 등록과 관련한 복제물이나 그 내용을 알 수 있는 도면·사진 등의 서류 또는 전자적 기록매체를 첨부하여야 한다. 또한, 프로그램의 경우에는 프로그램 복제물을 수록한 전자적 기록매체 1부를 제출하여야 한다.

## 4. 등록관청의 저작권 등록심사권

저작권 등록관청이 저작권 등록신청에 대하여 어느 범위까지 심사할 권한이 있는지가 문제된다. 판례[184]는, 등록관청은 형식적 심사권만을 가지는 것이 원칙이어서, ⅰ) 등록신청된 대상이 우리 저작권법의 해석상 저작물에 해당하지 아니함이 명백하다고 인정되는 경우에는 등록을 거부할 수 있지만, ⅱ) 나아가 개개 저작물의 독창성의 정도와 보호의 범위 및 저작권의 귀속관계 등 실체적 권리관계까지 심사할 권한은 없다고 한다. 한국저작권 위원회의 등록실무 또한 그 기준에 따르고 있다. [185] 한편, 저작권법 제55조(저작권 등록의 절차)는 등록신청을 반려할 수 있는 사유들을 구체적으로 열거하고 그에 대

---

184) 대법원 1996. 8. 23. 선고 94누5632 판결.
185) 저작물에 해당하지 않음이 명백한 경우로, 이름, 제목, 아이디어, 계획, 시간표, 일기장, 어음증서, 달력, 체중표, 글자체 그 자체 등이 예시되어 있다.

한 불복절차를 규정하고 있다. 아울러 한국저작권위원회는 저작권 등록이 무권리자에 의해 이루어지는 등의 사유가 있을 때에는 직권으로 등록을 말소할 수 있다(제55조의 4).

## 5. 등록의 효력

### 가. 저작자, 창작시기, 공표시기 추정(제53조 제 3 항)

저작자로 실명이 등록된 자는 그 등록저작물의 저작자로, 창작연월일 또는 맨 처음의 공표연월일이 등록된 저작물은 등록된 연월일에 창작 또는 맨 처음 공표된 것으로 추정한다. 다만, 저작물을 창작한 때부터 1년이 경과한 후에 창작연월일을 등록한 경우에는 등록된 연월일에 창작된 것으로 추정하지 아니한다.

### 나. 제 3 자 대항력(제54조)

저작권에 관한 권리변동 사항은 이를 등록함으로써 제 3 자와의 관계에서 대항력을 얻게 된다.

⇨ 대법원 1995. 9. 26. 선고 95다3381 판결

> 외국 작가의 저작물의 번역을 완성함으로써 그 2차적 저작물에 대한 저작권을 원시적으로 취득한 자가 그 2차적 저작물에 대한 저작재산권을 甲에게 양도하였으나 甲이 이에 대한 등록을 하지 아니한 사이에, 그 저작재산권 양도 사실을 모르는 乙이 그 2차적 저작물의 저작권자와 저작물을 일부 수정, 가필하여 다시 출판하기로 하는 출판권 설정계약을 체결하고 그 등록까지 마쳤다면, 甲은 그 저작권의 양수로써 乙에게 대항할 수 없다.

### 다. 침해 시 과실 추정(제125조 제 4 항)

등록되어 있는 저작권, 배타적발행권(제88조 및 제96조에 따라 준용되는 경우를 포함한다), 출판권, 저작인접권 또는 데이터베이스제작자의 권리를 침해한 자는 그 침해행위에 과실이 있는 것으로 추정한다.

# X. 배타적발행권과 출판권

## 1. 배타적발행권

### 가. 의    의

배타적발행권이란 저작권자가 저작물을 발행·복제·전송할 독점·배타적 권리를 제3자에게 설정하는 것을 말하며, 여기서 '발행'은 저작물 또는 음반을 공중의 수요를 충족시키기 위하여 복제·배포하는 것을 의미한다(제2조 제24호).

### 나. 법적 성질과 도입 경위

저작물의 이용계약은 기본적으로는 저작권자와 이용권자 사이의 이용권 설정계약이라고 하는 채권계약을 통해 성립한다. 이는 ⅰ) 이용권자가 저작물을 이용할 수 있는 권리를 획득하지만 저작권자는 여전히 동일한 이용권을 제3자에게 자유로이 설정할 수 있는 '단순 이용허락'과, ⅱ) 저작권자가 이용권자 이외의 제3자에게는 동일한 이용권을 설정해 주지 않기로 하는 부작위 채무를 추가로 부담하는 '독점적 이용허락'으로 나뉜다. 후자의 경우에도 이용권자의 권리는 어디까지나 저작권자와의 사이에서만 주장 가능한 채권적 권리라는 점에는 변함이 없다.

종래 저작물의 이용은 이처럼 채권적 이용계약의 형태로만 가능하였고, 예외적으로 저작권자는 문서·도화의 복제, 배포에 관하여 배타적 독점권인 '출판권'을 설정하거나 컴퓨터 프로그램의 복제, 전송에 관하여 배타적 독점권인 '컴퓨터 프로그램에 대한 배타적 발행권'을 설정할 수 있을 뿐이었다. 이는 특허법·디자인보호법·상표법이 각 채권적 이용허락 계약 이외에도 전용실시권이나 전용사용권 등 독점·배타성을 가지는 준 물권적 이용권 제도를 두고 있는 것과 대조적이었는바, 저작권법은 2011. 12. 2. 법 개정으로 배타적 발행권 제도를 도입하여 저작권법에도 채권적 이용계약 외에 준 물권적 이용계약의 형태를 일반적으로 인정하게 된 것이다. 이는, 독점적 이용허락을 받은 자가 저작권자와 동일하게 자신의 이름으로 민, 형사상 구제를 청구할 수 있게 하는 제도를 마련하기로 한 한·미 FTA 협상에 따른 것인데, 그 결과 '컴퓨터 프로그램에 대한 배타적 발행권'은 배타적 발행권 규정에 흡수·통합 되었고, '출판권'은 출판권 설정계약에 관한 조문(제63조)만 두고 그 권리관계 는 배타적발행권에 관한 규정을 준용하게 되었다(제63조의 2).

### 다. 배타적발행권의 성립

배타적발행권은 설정계약으로 성립하며 등록은 제3자에 대한 대항요건이 다(제54조 제2호). 배타적발행권은 발행·복제·전송의 방법 및 조건이 중첩되 지 않는 범위 내에서 복수로 설정할 수도 있다(제57조 제2항).

### 라. 효    과

#### (1) 배타적발행권자의 주요 권리

ⅰ) 독점적 이용권: 배타적발행권자는 그 설정행위에서 정하는 바에 따라 그 배타적발행권의 목적인 저작물을 발행·복제·전송의 방법으로 이용할 권리 를 가지고(제57조 제3항), 배타적발행권자의 허락이 없는 한 제3자는 물론 설정자 스스로도 당해 저작물을 발행·복제·전송할 수 없다.

ⅱ) 금지권·손해배상청구권 등: 배타적발행권자는 자신의 이름으로 침해 자를 상대로 금지청구(제123조), 손해배상청구(제125조)를 할 수 있음은 물론, 배타적발행권의 침해는 형사처벌의 대상이 된다(제136조 이하 참조). 종래 판 례186)는 저작권법에 전용사용권과 유사한 제도가 없음을 이유로 저작물의 이 용권자는 오로지 저작권자를 대위해서만 침해자인 제3자에 대하여 침해금지 청구를 할 수 있다고 판시하고 있었으나, 이제 배타적발행권자는 저작권자를 대위함이 없이 스스로 제3자에 대하여 침해의 정지 및 손해배상청구를 할 수 있게 되었다.

#### (2) 배타적발행권자의 주요 의무

ⅰ) 동의 없는 양도 및 담보제공 금지: 배타적발행권자는 저작재산권자의 동의 없이 배타적발행권을 양도하거나 질권의 목적으로 할 수 없다(제62조 제 1항).

---

186) 대법원 2007. 1. 25. 선고 2005다11626 판결.

ii) 발행의무: 배타적발행권자는 특약이 없는 한, 발행 등의 대상인 원고나 물건을 인도받은 날부터 9월 이내에 이를 발행 등의 방법으로 이용해야 한다(제58조 제 1 항). 원고 등을 인도받은 배타적발행권자가 영업상 유리한 시기 등을 저울질하면서 발행을 과도하게 지연하여 저작물의 적시(適時) 공표와 발행에 관한 저작자의 이익을 해하지 않도록 하기 위함이다.

iii) 저작재산권자 표시의무: 배타적발행권자는 특약이 없는 한 각 복제물에 저작재산권자의 표지를 하여야 한다(제58조 제 3 항). [187]

iv) 저작자의 수정·증감 청구에 응할 의무: 배타적발행권자는 재차 발행 등을 하는 경우 저작자의 정당한 수정·증감 청구에 응해야 한다(제58조의 2 제 1 항). 이러한 수정·증감 청구권이 저작권자의 인격적 이익의 하나로 파악되고 있음은 앞서 본 바와 같다.

아울러, 배타적발행권의 목적으로 되어 있는 저작물에 관하여도 저작재산권의 제한에 관한 규정 중 상당부분이 준용된다(제62조 제 2 항). [188]

## 마. 존속기간

배타적발행권은 특약이 없으면 맨 처음 발행 등을 한 날로부터 3년간 존속한다. 다만, 저작물의 영상화를 위하여 배타적발행권을 설정하는 경우에는 5년으로 한다(제59조 제 1 항).

## 2. 출 판 권

저작물의 복제·배포권자는 출판권 설정계약을 통해 저작물을 인쇄 그 밖

---

187) 다만, 「신문 등의 진흥에 관한 법률」 제 9 조 제 1 항에 따라 등록된 신문과 「잡지 등 정기간행물의 진흥에 관한 법률」 제15조 및 제16조에 따라 등록 또는 신고된 정기간행물의 경우에는 그러하지 아니하다.

188) 재판절차 복제(제23조)·정치적 연설의 이용(제24조)·학교 교육목적의 이용(제25조)·시사보도 위한 이용(제26조)·시사적 논설 등의 복제(제27조)·공표된 저작물 인용(제28조)·사적이용 위한 복제(제30조)·도서관 복제(제31조)·시험문제 복제(제32조)·시각장애인용 복제(제33조)·미술저작물 등의 전시 또는 복제(제35조 제 2, 3 항)·컴퓨터에서 저작물 이용 시 일시복제(제35조의 2)·부수적 복제(제35조의 3)·문화시설에 의한 복제(제35조의 4)·공정이용(제35조의 5)·번역 등에 의한 이용(제36조) 등 저작재산권 제한의 규정과 출처명시의무 규정(제37조)이 그러하다.

에 이와 유사한 방법으로 문서 또는 도화로 발행할 권리를 설정할 수 있다(제 63조). 이처럼 출판권은 문서나 도화로 저작물을 복제, 배포하는 것을 내용으로 하는 고전적인 형태의 저작물 이용권이다. 출판권이 준 물권적 권리로서 등록을 대항요건으로 한다는 점, 그 독점 배타성으로 인해 출판권을 설정하면 저작권자 스스로도 당해 저작물을 복제·배포할 수 없음이 원칙이라는 점은 배타적 발행권과 마찬가지이고, 앞서 언급한 배타적 발행권자의 주요한 권리·의무의 내용은 출판권자에 대하여도 모두 그대로 준용된다(제63조의2). 따라서 출판권자는 권리로서 ⅰ) 약정기간 동안 독점적 복제·배포권을 가지고, ⅱ) 침해자에 대하여 자신의 이름으로 금지권·손해배상청구권을 행사할 수 있으며, 의무로서 ⅰ) 저작권자 동의 없는 출판권의 양도·질권설정 금지, ⅱ) 원고(原稿) 등 수령일로부터 9개월 이내의 발행, ⅲ) 재발행 시 저작권자의 수정·증감청구 수용 등을 부담한다. 출판권은 설정행위에 특약이 없는 때에는 맨 처음 발행 등을 한 날로부터 3년간 존속한다(제63조의2, 제59조 제1항).

◈ 대법원 2005. 9. 9. 선고 2003다47782 판결

출판권은 저작물을 복제·배포할 권리를 가진 자와의 설정행위에서 정하는 바에 따라 저작물을 원작 그대로 출판하는 것을 그 내용으로 하는 권리인바, 제3자가 출판권자의 허락 없이 원작의 전부 또는 상당부분과 동일성 있는 작품을 출판하는 때에는 출판권 침해가 성립된다 할 것이지만, 원작과의 동일성을 손상하는 정도로 원작을 변경하여 출판하는 때에는 저작자의 2차적 저작물 작성권 침해에 해당할지언정 출판권 침해는 성립되지 않는다.

# XI. 저작권 등의 침해와 구제

## 1. 침해의 유형

### 가. 직접침해

저작권의 직접침해는 저작인격권을 해치는 행위를 하거나, 저작권자의 동의 없이 저작재산권의 범주에 속하는 복제·공연·공중송신·전시·배포·대여·

2차적 저작물 작성 등을 하는 행위를 말한다.  저작권 침해 자체는 고의·과실 없이도 성립하여 정지청구 등의 대상이 되고(제123조) 고의·과실로 인한 침해 행위에 대하여는 손해배상청구권이 아울러 부여된다(제125조).  그 밖에 저작인 접권, 배타적발행권, 출판권, 데이터베이스권 등 저작권법에 의하여 보호되는 권리에 대하여도 침해가 성립할 수 있다.  한편, 원저작물이 전체적으로 볼 때 에는 저작권법 상의 창작물에 해당한다 하더라도 그 내용 중 창작성이 없는 표현 부분에 대해서는 원저작물에 관한 복제권 등 저작권의 효력이 미치지 않 으므로 이를 이용하더라도 저작권 침해가 성립하지 않는다. 189)

⇨ 대법원 2015. 8. 13. 선고 2013다14828 판결

① 원심이 인용한 제1심 판시 비교대상1 저작물은 원고 음악저작물보다 앞서 2002년 미국에서 공표되었는데, 이를 부른 가수인 소외인은 그래미상을 수상하 는 등 가스펠(gospel) 음악사상 영향력 있는 가수로 손꼽힐 정도로 널리 알려졌 고, 한편 원고는 미국에서 음악대학을 수료한 이후 계속하여 음악활동을 해 오 고 있는 작곡가이다. ② 그런데 원고 대비 부분을 원심이 인용한 제1심 판시 비교대상1 부분과 대비해 보면, 원고 대비 부분의 시작음이 '솔'인 데 비해 비 교대상1 부분의 시작음이 '도'인 정도의 차이가 있을 뿐이어서 두 부분의 가락 은 현저히 유사하고, 리듬도 유사하다. ③ 또한 원고 대비 부분의 화성은 원고 음악저작물보다 앞서 공표된 다수의 선행 음악저작물들의 화성과 유사한 것으로 서 음악저작물에서 일반적으로 사용되는 정도의 것이다. 위와 같은 비교대상1 저작물에 대한 원고의 접근가능성과 원고 대비 부분 및 비교대상1 부분 사이의 유사성을 종합하면 원고 대비 부분은 비교대상1 부분에 의거하여 작곡된 것으로 추정되고, 또한 원고 대비 부분과 비교대상1 부분은 가락을 중심으로 하여 리듬 과 화성을 종합적으로 고려할 때 실질적으로 유사하다고 할 것이며, 원고 대비 부분에 가해진 수정·증감이나 변경은 새로운 창작성을 더한 정도에는 이르지 아 니한 것으로 보인다. 그렇다면 원고 대비 부분은 창작성이 있는 표현에 해당한 다고 볼 수 없어, 이 부분에 대해서까지 원고의 복제권 등의 효력이 미치는 것 은 아니다.

아울러, 앞서 복제권 침해 부분에서 설명한 '실질적 유사성' 및 '의거관

---

189) 대법원 2012. 8. 30. 선고 2010다70520, 70537 판결; 대법원 2015. 8. 13. 선고 2013다 14828 판결.

계'는 그 밖의 저작재산권 침해에도 전제조건이 되는 것이 보통이다.

## 나. 간접침해

### (1) 의    의

간접침해는 저작권법상 명문으로 인정되는 침해의 태양은 아니나, 스스로 저작권 침해행위를 하지는 않으면서 직접침해를 방조하거나 직접침해에 가담하는 행위를 뜻한다.

### (2) 간접침해가 주로 문제되는 경우

우리나라에서 저작권 간접침해는 주로 P2P 프로그램이나 웹하드 서버 등 디지털 저작권의 직접침해를 가능하게 하거나 용이하게 하는 프로그램이나 시스템을 제공하는 주체들을 상대로 문제되어 왔다. 미국에서도 판례를 통해 Napster나 Grokster 등 P2P 프로그램 제공자들에게 저작권의 직접침해에 관한 유도책임(Inducement Liability),[190] 기여책임(Contributory Liability), [191] 대위책임(Vicarious Liability)[192] 등 간접책임(Indirect Liability)을 묻는 방향으로 이 문제가 전개되어 왔음은 널리 알려진 바이다.

### (3) 저작권법과 간접침해

저작권법을 제외한 다른 지적재산권법에서는 직접침해를 가능하게 하는 필수품이나 장치 등을 제공하는 행위를 '침해로 보는 행위'로 규정하고 있고,[193] 이러한 물적 방조행위를 보통 특허·상표·디자인권에 대한 '간접침해'라고 부른다. 그러나 저작권법 제124조(침해로 보는 행위)에는 그러한 내용이 없기 때문에 결국 저작권 간접침해는 행위 태양에 대한 구분 없이 민법상 공동불법행위, 특히 그 중에서도 주로 방조책임으로 법리를 구성하게 된다.

한편, 온라인서비스제공자는 온라인에서 저작물의 유통과 공유가 가능하도록 설비나 서비스를 제공하는 주체이며, 이러한 설비나 서비스를 이용하여

---

190) 직접침해자를 침해로 유도하는 적극적 행위책임(敎唆).

191) 직접침해를 알면서 이를 돕는 행위(방조).

192) 침해자를 지배, 감독하여 이익을 얻는 자가 부담하는 보증인적 지위에서의 책임(사용자 책임과 유사).

193) 특허법 제127조, 디자인보호법 제114조, 상표법 제108조 제1항 제3호 등.

저작권의 직접침해가 일어나는 경우 간접침해자의 지위에 놓일 수 있다. 저작권법은 이러한 인식을 바탕으로 온라인서비스제공자의 책임제한 규정들을 마련하여 일정한 요건 하에 그러한 간접침해책임을 감면하는 한편, 온라인서비스제공자가 준수해야 할 의무나 그 이행절차 등을 정하고 있다.

### (4) 저작권 간접침해의 성립요건

판례는 대체로 저작권의 간접침해를 민법상 방조에 의한 공동불법행위의 형태로 파악하며, 이는 다시 아래와 같이 유형화 될 수 있다.

#### ㈎ 작위에 의한 방조

##### 1) P2P 프로그램의 보급자: 소리바다 사건

이 사건에서 판례[194]는, "민사상 복제권 침해행위를 미필적으로만 인식하는 방조나 과실에 의한 방조도 가능하다. 과실에 의한 방조의 경우 방조자는 실제 복제권 침해행위가 실행되는 일시나 장소, 복제의 객체 등을 구체적으로 인식할 필요가 없으며 실제 복제행위를 실행하는 자가 누구인지 확정적으로 인식할 필요도 없다. 채무자들은 소리바다 서비스를 통하여 이용자들에 의한 이 사건 음반제작자들을 포함한 다수의 음반제작자들의 저작인접권 침해행위가 발생하리라는 사정을 미필적으로 인식하였거나 적어도 충분히 예견할 수 있었음에도 소리바다 프로그램을 개발하여 무료로 나누어 주고 소리바다 서버를 운영하면서 소리바다 이용자들에게 다른 이용자들의 접속정보를 제공함으로써 소리바다 이용자들이 음악 CD로부터 변환한 MPEG-1 Audio Layer-3 (MP3) 파일을 Peer-To-Peer(P2P) 방식으로 주고받아 복제하는 방법으로 저작인접권의 침해행위를 실행함에 있어서 이를 용이하게 할 수 있도록 해주어 그에 대한 방조책임을 부담한다"고 하였다.[195]

---

194) 대법원 2007. 1. 25. 선고 2005다11626 판결.
195) 소리바다 사건의 형사 판결인 대법원 2007. 12. 14. 선고 2005도872 판결 역시, 소리바다 운영자의 형사상 방조책임은 정범인 개별 사용자들에 의해 실행되는 복제권 침해행위를 미필적으로 인식한 것만으로 족하고, 정범의 신원, 복제권 침해 일시, 장소 객체 등을 구체적, 확정적으로 인식하지 않아도 성립한다고 하였다. 한편, 서울고등법원 2007. 10. 10. 자 2006라1245 결정은, 소리바다 측이 이러한 방조책임을 면하기 위해 특정 필터링 시스템을 장착하여 운영한 소리바다 Ver. 5와 관련하여, ⅰ) 사용자들이 P2P 프로그램을 이용하여 음원파일을 자신의 폴더에 저장하는 행위가 저작권자의 복제권을 침해하는 행위에 해당함은 물론이고, 그 저장폴더가 자동적으로 공유폴더로서 기능하여 다른 이용자

## 2) 웹하드 서버 제공자

판례196)는 인터넷 파일공유 웹스토리지 사이트를 운영하는 피고인들이 이를 통해 저작재산권 대상인 디지털 콘텐츠가 불법 유통되고 있음을 알면서도 다수의 회원들로 하여금 수만 건에 이르는 불법 디지털 콘텐츠를 업로드하게 한 후 이를 수십만 회에 걸쳐 다운로드하게 한 행위에 대하여 저작재산권 침해의 방조를 인정하면서, 위 각 방조행위는 원칙적으로 서로 경합범 관계에 있되, 동일한 저작물에 대한 수회의 침해행위에 대한 각 방조행위는 포괄일죄라고 한다. 또한, 온라인에서 이루어지는 저작권침해의 특성을 감안하면 공소사실의 특정은 침해 대상인 저작물 및 침해 방법의 종류, 형태 등 침해행위의 내용이 명확하게 기재되어 있어 피고인의 방어권 행사에 지장이 없는 정도이면 되고, 부득이한 경우 피해자인 저작물의 저작재산권자를 구체적으로 특정하지 않더라도 무방하다고 한다.197)

## 3) 포털사이트 운영자

대법원 전원합의체 판결198)은, 유명 인터넷 포털사이트가 뉴스매체로 부터 피해자의 명예를 훼손하는 내용이 담긴 기사를 공급받은 뒤, 그 내용을 인식하는 상태에서 스스로 이를 분류, 선별하여 자신들이 운영하는 포털사이트의 뉴스 란에 게시하였다면 기사를 작성, 공급한 보도매체와 공동으로 명예훼손에 불법행위책임을 진다고 하였다. 이러한 법리는 콘텐츠의 불법성이 저작권 침해와 관련된 것인 때에도 마찬가지로 적용될 수 있을 것이며, 포털사이트 운영자가 구체적으로 저작권을 침해한 콘텐츠임을 알거나 미필적 인식 아

---

들에게 파일을 제공하는 역할을 하는 이상 전송권 침해도 구성한다. ⅱ) 위 필터링 시스템만으로 복제·전송권의 침해를 온전히 방지할 수 없는 이상, 소리바다 Ver. 5의 운영자는 여전히 침해 방조의 미필적 고의를 가진다 할 것이어서 복제권·전송권 침해의 방조책임을 부담한다고 판시하였다.

196) 대법원 2012. 5. 10. 선고 2011도12131 판결.

197) 대법원 2016. 12. 15. 선고 2014도1196 판결: "이 사건의 공소사실에는 피해자인 저작재산권자의 성명 등을 특정하지 않은 채 '성명불상자'라고만 되어 있으나, 정범의 범죄 구성요건적 행위에 해당하는 'ㅇㅇㅇㅇㅇㅇ' 사이트 이용자들의 영상저작물 업로드 행위에 관하여 그 행위자의 아이디, 업로드 파일의 파일명, 저작권침해 확인일시, 검색어 등이 기재되어 있어서 침해 대상 저작물과 침해 방법을 특정할 수 있으므로, 구성요건 해당사실을 다른 사실과 구별할 수 있을 정도로 공소사실이 특정되었다."

198) 대법원 2009. 4. 16. 선고 2008다53812 판결.

래 이를 자신의 사이트에 능동적으로 게시 혹은 유지하였다면 저작권 침해의 방조책임을 질 수 있을 것이다.

### (나) 부작위에 의한 방조

판례199)는 원칙으로서, 인터넷 포털사이트를 운영하는 온라인서비스제공자가 제공한 인터넷 게시공간에 타인의 저작권을 침해하는 게시물이 게시되었고 그 검색기능을 통하여 인터넷 이용자들이 위 게시물을 쉽게 찾을 수 있다 하더라도, 위와 같은 사정만으로 곧바로 위 서비스제공자에게 저작권 침해 게시물에 대한 불법행위책임을 지울 수는 없다고 한다. 나아가 부작위에 의한 방조형태의 공동불법행위가 되기 위해서는 작위의무가 있어야 하는바, 그러한 작위의무의 성립요건은 ⅰ) 서비스제공자가 제공하는 인터넷 게시공간에 게시된 저작권 침해 게시물의 불법성이 명백할 것(객관적 불법성), ⅱ) 위 서비스제공자가 위와 같은 게시물로 인하여 저작권을 침해당한 피해자로부터 구체적·개별적인 게시물의 삭제 및 차단요구를 받거나, 그렇지 않더라도 그 게시물이 게시된 사정을 구체적으로 인식하고 있었거나 그 게시물의 존재를 인식할 수 있었음이 외관상 명백할 것(주관적 인식), ⅲ) 기술적, 경제적으로 그 게시물에 대한 관리·통제가 가능할 것(기술적 통제가능성)이라고 한다.

⇨ 대법원 2019. 2. 28. 선고 2016다271608 판결

갑이 인터넷 포털사이트를 운영하는 을 주식회사를 상대로 을 회사 사이트의 회원들이 갑이 제작한 동영상을 위 사이트에 개설된 인터넷 카페에 무단으로 게시하여 갑의 저작권을 침해하는데도 을 회사가 게시물의 삭제와 차단 등 적절한 조치를 취할 의무를 이행하지 않는다며 부작위에 의한 방조에 따른 공동불법행위책임을 물은 사안에서, 갑이 을 회사에 회원들의 저작권 침해행위를 알리고 이에 대한 조치를 촉구하는 요청서를 보냈으나 그 요청서에 동영상을 찾기 위한 검색어와 동영상이 업로드된 위 사이트 내 카페의 대표주소만을 기재하였을 뿐 동영상이 게시된 인터넷 주소(URL)나 게시물의 제목 등을 구체적·개별적으로 특정하지는 않은 점 등 여러 사정에 비추어 보면, 갑이 을 회사에 동영상의 저작권을 침해하는 게시물에 대하여 구체적·개별적으로 삭제와 차단 요구를 한 것으로 보기 어렵고, 달리 을 회사가 게시물이 게시된 사정을 구체적으로 인식하고 있었다고 볼 만한 사정을 찾을 수 없으며, 을 회사는 갑이 제공한 검색어

199) 대법원 2010. 3. 11. 선고 2009다4343 판결; 대법원 2019. 2. 28. 선고 2016다271608 판결.

등으로 검색되는 게시물이 갑의 저작권을 침해한 것인지 명확히 알기 어려웠고, 그와 같은 저작권 침해 게시물에 대하여 기술적·경제적으로 관리·통제할 수 있었다고 보기도 어려우므로, 을 회사가 위 동영상에 관한 갑의 저작권을 침해하는 게시물을 삭제하고 을 회사의 사이트에 유사한 내용의 게시물이 게시되지 않도록 차단하는 등의 조치를 취할 의무를 부담한다고 보기 어렵다.

이러한 요건이 충족되면 서비스제공자는 해당 게시물을 삭제하고 향후 같은 인터넷 게시공간에 유사한 내용의 게시물이 게시되지 않도록 차단하는 등의 적절한 조치를 취하여야 할 의무를 지고, 이를 위반하여 게시자의 저작권 침해를 용이하게 하는 경우에는 위 게시물을 직접 게시한 자의 행위에 대하여 부작위에 의한 방조자로서 공동불법행위책임이 성립한다고 한다.[200]

### (5) 간접침해의 효과

저작권의 간접침해에 대하여 저작권자 등은 불법행위의 효과로서 손해배상을 청구할 수 있다. 정지청구권에 대하여는 이를 부정하는 일부 견해도 있으나, 우리나라의 다수 학설들과 일본의 통설은 간접침해자에 대하여도 정지청구권을 인정한다.[201] 판례의 태도도 그러하다.[202]

### (6) 온라인서비스제공자의 책임제한

#### ㈎ 성　질

이는 온라인에서의 디지털 저작권에 대한 간접침해를 규율하는 특칙으로서의 성질을 가진다. 온라인서비스제공자가 예컨대 위 (4) ㈎ 2) 3)처럼 작위에 의하여 또는 (4) ㈏처럼 부작위에 의하여 직접침해를 '방조'한 것으로 평가되면 공동침해책임을 짐은 물론이다. 그러나 온라인서비스 가운데는 단순한 네트워크 연결이나 데이터의 임시저장처럼 일반적 서비스도 포함되는데, 이러한 서비스는 직접침해에 이용되더라도 침해의 방조로 포섭하기 어려운 경우가 대부분이고, 온라인서비스제공자를 상대로 저작권 침해의 방조책임을 쉽게 인

---

200) 실제로 위와 같은 요건을 적용하여 포털사이트 운영자에게 저작권(복제, 전송권) 침해의 공동불법행위 책임을 인정한 하급심 판결례로는, 서울고등법원 2016. 11. 3. 선고 2015나2049406 판결 참조.

201) 오승종, 저작권법(제3판), 박영사(2013), 1349면; 이해완, 저작권법(제3판), 박영사(2015), 1112~1113면 등.

202) 대법원 2007. 1. 25. 선고 2005다11626 판결; 서울고등법원 2007. 10. 10. 선고 2006라1245 판결.

정하게 되면 자칫 서비스의 위축을 가져와 콘텐츠의 원활한 공유와 활용을 저해할 수도 있다. 법은 이러한 점을 두루 고려하여 온라인서비스제공자에 대하여는 일정한 요건을 충족하면 침해책임을 묻지 않는 면책규정을 마련해 두고 있는 것이다. 따라서 위 면책사유에도 불구하고 작위 또는 부작위에 의한 침해방조책임을 질 특수한 사정이 추가로 주장·증명되면 여전히 공동침해책임을 부담할 여지가 있다 할 것이며(그 가능성은 상대적으로 온라인서비스제공자 중 포털사이트 운영자에게 많다), 앞서 든 판례들의 취지도 그러한 것으로 이해된다.

### (나) OSP 서비스의 유형

| 서비스 형태 | 해당 조문 | 서비스 내용 |
|---|---|---|
| 인터넷 접속 | 제102조 제1항 제1호 | 네트워크 사이의 통신이 가능하도록 서버까지 경로를 설정·연결 |
| 캐싱 (Caching) | 제2호 | OSP가 콘텐츠를 중앙서버와 별도의 서버에 임시저장, 이용자의 활용속도를 높여주는 서비스 |
| 저장 | 제3호 | 카페, 블로그, 게시판, 웹하드 등 이용자의 콘텐츠를 서버에 저장해 주는 서비스 |
| 정보검색도구 | 제3호 | 각종 정보검색 도구를 통해 이용자에게 저작물의 위치를 알 수 있게 하거나 연결해 주는 서비스 |

### (다) 저작권의 간접침해에 대한 서비스 면책요건

1) 유형별 면책요건(제102조 제1항)

| 서비스 형태 | 면책사유(모두 갖출 것 필요) |
|---|---|
| 인터넷 접속서비스: "내용의 수정 없이 저작물등을 송신하거나 경로를 지정하거나 연결을 제공하는 행위 또는 그 과정에서 저작물등을 그 송신을 위하여 합리적으로 필요한 기간 내에서 자동적·중개적·일시적으로 저장하는 행위" | 가. 온라인서비스제공자가 저작물등의 송신을 시작하지 아니한 경우<br>나. 온라인서비스제공자가 저작물등이나 그 수신자를 선택하지 아니한 경우<br>다. 저작권, 그 밖에 이 법에 따라 보호되는 권리를 반복적으로 침해하는 자의 계정을 해지하는 방침을 채택하고 이를 합리적으로 이행한 경우<br>라. 권리자가 저작물등을 식별하고 보호하기 위한 표준적인 기술조치를 이용한 때에는 이를 수용하고 방해하지 아니한 경우 |

| | |
|---|---|
| Caching 서비스: "서비스이용자의 요청에 따라 송신된 저작물등을 후속 이용자들이 효율적으로 접근하거나 수신할 수 있게 할 목적으로 그 저작물등을 자동적·중개적·일시적으로 저장하는 행위" | 가. 온라인서비스제공자가 저작물등의 송신을 시작하지 아니한 경우<br>나. 온라인서비스제공자가 저작물등이나 그 수신자를 선택하지 아니한 경우<br>다. 저작권, 그 밖에 이 법에 따라 보호되는 권리를 반복적으로 침해하는 자의 계정을 해지하는 방침을 채택하고 이를 합리적으로 이행한 경우<br>라. 권리자가 저작물등을 식별하고 보호하기 위한 표준적인 기술조치를 이용한 때에는 이를 수용하고 방해하지 아니한 경우<br>마. 온라인서비스제공자가 그 저작물 등을 수정하지 아니한 경우<br>바. 제공되는 저작물 등에 접근하기 위한 조건이 있는 경우에는 그 조건을 지킨 이용자에게만 임시저장된 저작물등의 접근을 허용한 경우<br>사. 저작물등을 복제·전송하는 자가 명시한, 컴퓨터나 정보통신망에 대하여 그 업계에서 일반적으로 인정되는 데이터통신 규약에 따른 저작물등의 현행화에 관한 규칙을 지킨 경우. 다만, 복제·전송자가 그러한 저장을 불합리하게 제한할 목적으로 현행화에 관한 규칙을 정한 경우에는 그러하지 아니함.<br>아. 저작물등이 있는 본래의 사이트에서 그 저작물등의 이용에 관한 정보를 얻기 위하여 적용한, 그 업계에서 일반적으로 인정되는 기술의 사용을 방해하지 아니한 경우<br>자. 제103조 제1항에 따른 복제·전송의 중단요구를 받은 경우, 본래의 사이트에서 그 저작물등이 삭제되었거나 접근할 수 없게 된 경우, 또는 법원, 관계 중앙행정기관의 장이 그 저작물등을 삭제하거나 접근할 수 없게 하도록 명령을 내린 사실을 실제로 알게 된 경우에 그 저작물등을 즉시 삭제하거나 접근할 수 없게 한 경우 |
| 저장서비스: "복제·전송자의 요청에 따라 저작물등을 온라인서비스제공자의 컴퓨터에 저장하는 행위"<br><br>정보검색도구서비스: "정보검색도구를 통하여 이용자에게 정보통신망 상 저작물 | 가. 온라인서비스제공자가 저작물등의 송신을 시작하지 아니한 경우<br>나. 온라인서비스제공자가 저작물등이나 그 수신자를 선택하지 아니한 경우<br>다. 저작권, 그 밖에 이 법에 따라 보호되는 권리를 반복적으로 침해하는 자의 계정을 해지하는 방침을 채택하고 이를 합리적으로 이행한 경우<br>라. 권리자가 저작물등을 식별하고 보호하기 위한 표준적 |

| | 인 기술조치를 이용한 때에는 이를 수용하고 방해하지 아니한 경우 |
|---|---|
| 등의 위치를 알 수 있게 하거나 연결하는 행위" | 마. 온라인서비스제공자가 침해행위를 통제할 권한과 능력이 있을 때에는 그 침해행위로부터 직접적인 금전적 이익을 얻지 아니한 경우<br>바. 온라인서비스제공자가 침해를 실제로 알게 되거나 제103조 제1항에 따른 복제·전송의 중단요구 등을 통하여 침해가 명백하다는 사실 또는 정황을 알게 된 때에 즉시 그 저작물등의 복제·전송을 중단시킨 경우<br>사. 제103조 제4항에 따라 복제·전송의 중단요구 등을 받을 자를 지정하여 공지한 경우 |

#### 2) 기술적 조치 불가능 시의 면책(제102조 제2항)

제1항에도 불구하고 OSP가 제1항에 따른 조치를 취하는 것이 기술적으로 불가능한 경우에는 다른 사람에 의한 저작물 등의 복제·전송으로 인한 저작권, 그 밖에 이 법에 따라 보호되는 권리의 침해에 대하여 책임을 지지 아니한다.

#### 3) 모니터링 등 의무면제(제102조 제3항)

OSP는 자신의 서비스 안에서 침해행위가 일어나는지를 모니터링하거나 그 침해행위에 관하여 적극적으로 조사할 의무를 지지 아니한다.

#### ㈑ 침해주장에 대응하는 절차와 면책(제103조)[203]

---

203) 제103조(복제·전송의 중단) ① 온라인서비스제공자(제102조 제1항 제1호의 경우는 제외한다. 이하 이 조에서 같다)의 서비스를 이용한 저작물등의 복제·전송에 따라 저작권, 그 밖에 이 법에 따라 보호되는 자신의 권리가 침해됨을 주장하는 자(이하 이 조에서 "권리주장자"라 한다)는 그 사실을 소명하여 온라인서비스제공자에게 그 저작물등의 복제·전송을 중단시킬 것을 요구할 수 있다.
② 온라인서비스제공자는 제1항에 따른 복제·전송의 중단요구를 받은 경우에는 즉시 그 저작물등의 복제·전송을 중단시키고 권리주장자에게 그 사실을 통보하여야 한다. 다만, 제102조 제1항 제3호의 온라인서비스제공자는 그 저작물등의 복제·전송자에게도 이를 통보하여야 한다.
③ 제2항에 따른 통보를 받은 복제·전송자가 자신의 복제·전송이 정당한 권리에 의한 것임을 소명하여 그 복제·전송의 재개를 요구하는 경우 온라인서비스제공자는 재개요구 사실 및 재개예정일을 권리주장자에게 지체 없이 통보하고 그 예정일에 복제·전송을 재개시켜야 한다. 다만, 권리주장자가 복제·전송자의 침해행위에 대하여 소를 제기한 사실을 재개예정일 전에 온라인서비스제공자에게 통보한 경우에는 그러하지 아니하다.
④ 온라인서비스제공자는 제1항 및 제3항의 규정에 따른 복제·전송의 중단 및 그 재개의 요구를 받을 자(이하 이 조에서 "수령인"이라 한다)를 지정하여 자신의 설비 또는 서

## 다. 침해로 보는 행위[204]

저작권법 제124조는 저작권에 대한 직접침해 이외에 일정한 행위태양을 침해행위로 간주하고 있다.

### (1) 제도의 취지

이는 ⅰ) 저작권 침해와 밀접하게 관련되어 있는 일정한 행위들을 저작권 침해로 간주함으로써 저작권자를 예방적으로 보호하고(제1항 제1, 2호), ⅱ) 불법복제 프로그램을 그 사정을 알면서 업무상 이용하는 행위를 막아 권리자 보호를 두텁게 하고 불법복제 프로그램 사용의 근절을 시도하며(제1항 제3호), ⅲ) 저작물을 명예훼손적으로 이용당하지 않을 인격권의 유형을 인정하는 것이다(제2항).

---

비스를 이용하는 자들이 쉽게 알 수 있도록 공지하여야 한다.

⑤ 온라인서비스제공자가 제4항에 따른 공지를 하고 제2항과 제3항에 따라 그 저작물 등의 복제·전송을 중단시키거나 재개시킨 경우에는 다른 사람에 의한 저작권 그 밖에 이 법에 따라 보호되는 권리의 침해에 대한 온라인서비스제공자의 책임 및 복제·전송자에게 발생하는 손해에 대한 온라인서비스제공자의 책임을 면제한다. 다만, 이 항의 규정은 온라인서비스제공자가 다른 사람에 의한 저작물등의 복제·전송으로 인하여 그 저작권 그 밖에 이 법에 따라 보호되는 권리가 침해된다는 사실을 안 때부터 제1항에 따른 중단을 요구받기 전까지 발생한 책임에는 적용하지 아니한다.

⑥ 정당한 권리 없이 제1항 및 제3항의 규정에 따른 그 저작물등의 복제·전송의 중단 이나 재개를 요구하는 자는 그로 인하여 발생하는 손해를 배상하여야 한다.

⑦ 제1항부터 제4항까지의 규정에 따른 소명, 중단, 통보, 복제·전송의 재개, 수령인 의 지정 및 공지 등에 관하여 필요한 사항은 대통령령으로 정한다. 이 경우 문화체육관광 부장관은 관계중앙행정기관의 장과 미리 협의하여야 한다.

204) 제124조(침해로 보는 행위) ① 다음 각 호의 어느 하나에 해당하는 행위는 저작권 그 밖에 이 법에 따라 보호되는 권리의 침해로 본다.

1. 수입 시에 대한민국 내에서 만들어졌더라면 저작권 그 밖에 이 법에 따라 보호되는 권리의 침해로 될 물건을 대한민국 내에서 배포할 목적으로 수입하는 행위

2. 저작권 그 밖에 이 법에 따라 보호되는 권리를 침해하는 행위에 의하여 만들어진 물건(제1호의 수입물건을 포함한다)을 그 사실을 알고 배포할 목적으로 소지하는 행위

3. 프로그램의 저작권을 침해하여 만들어진 프로그램의 복제물(제1호에 따른 수입 물건을 포함한다)을 그 사실을 알면서 취득한 자가 이를 업무상 이용하는 행위

② 저작자의 명예를 훼손하는 방법으로 저작물을 이용하는 행위는 저작인격권의 침해로 본다.

## (2) 금지되는 행위의 내용

### (가) 배포목적 수입(제1항 제1호)

수입 시에 대한민국 내에서 만들어졌더라면 저작권 등의 침해로 될 물건을 대상으로 한다. 국내 저작권 침해를 구성하는 물건을 외국으로부터 국내로 반입하는 행위는 그 물건을 통한 국내에서의 저작권 침해[205]와 밀접하게 연관되어 있으므로 예방적 차원에서 침해로 간주한다. 이로써 해적판의 '반입'을 사전에 차단할 수 있다.

### (나) 저작권 침해물건의 배포목적 소지(제2호)

저작권 침해물건을 유통시킬 목적으로 소지하는 행위 자체를 미리 침해로 간주한다. 이로써 해적판의 '국내 유통'을 사전에 차단할 수 있다.

### (다) 불법복제 프로그램의 업무상 이용(제3호)

프로그램의 저작권을 침해하여 만들어진 프로그램의 복제물(제1호에 따른 수입 물건을 포함한다)을 그 사실을 알면서 취득한 자가 이를 업무상 이용하는 행위는 침해로 간주된다. 프로그램의 사용행위는 본래 프로그램 저작권에 대한 침해행위 태양에 포함되지 않지만, 침해행위에 의하여 만들어져 유통되는 프로그램의 복제물을 그러한 사정을 알면서 취득하여 업무상 사용하는 것을 침해행위로 간주함으로써 프로그램저작권 보호의 실효성을 확보하기 위하여 마련된 규정이며,[206] 이로써 불법복제 프로그램의 이용행위 자체를 차단할 수 있다. 단, 업무상 이용만 이에 해당한다. 컴퓨터프로그램을 컴퓨터 하드디스크 등에 복제하는 방법으로 프로그램 저작권을 침해한 사람 자체는 위 조항이 규정하고 있는 침해행위에 의하여 만들어진 프로그램의 복제물을 취득한 사람에 해당한다고 볼 수 없다.[207] 한편, 저작권법상 일시적 복제도 복제권 침해를 구성하고, 업무상 이용은 영리목적인 수가 많아 사적이용을 위한 복제(제101조 제4호)에 해당하지 않는 경우가 대부분이라는 점을 고려하면 불법복제 프로그램임을 알면서 취득한 뒤 업무상 이용하는 행위는 위 조항 이외에 복제

---

205) 예컨대 그 물건을 국내에서 '복제'한다면 복제권 침해, '배포'한다면 배포권 침해, '전시'한다면 전시권 침해를 구성할 것이다.
206) 대법원 2017. 8. 18. 선고 2015도1877 판결.
207) 대법원 2019. 12. 24. 선고 2019도10086 판결.

권 침해로 규율될 여지도 많을 것이다. 불법복제 프로그램을 선의로 취득한 이상, 그 뒤 악의로 되더라도 이를 계속 사용하는 것은 이 규정에 저촉되는 행위에 해당하지 않는다고 본다.[208]

### ㈐ 저작물의 명예훼손적 이용(제2항)

예컨대 저작자의 시나 음악을 허락을 받아 영상물에 수록하면서 음란한 장면의 배경음악이나 대사로 사용하는 경우, 의도적으로 저작자의 명예를 훼손하기 위해 이용허락을 받은 어문저작물을 학습교재의 '잘못 사용된 문례'로 싣는 경우 등이 이에 해당한다. 이 조항을 통해 새로운 유형의 저작인격권이 도입된 것으로 보아도 좋을 것이다.

## 라. 기술적 보호조치와 권리관리 정보에 대한 보호

### (1) 기술적 보호조치의 제거, 변경, 우회의 금지

저작권법은 디지털·네트워크 환경에서 저작물의 현실적 보호를 강화하기 위하여 저작재산권의 직접침해행위 이외에 저작물에 구현되어 있는 일정한 기술적 조치나 정보를 무력화하는 행위 등을 별도의 침해유형으로 다루고 있다.

### ㈎ 기술적 보호조치

기술적 보호조치란 ⅰ) 저작물 등에 대한 '접근'을 효과적으로 방지하거나 억제하기 위하여 그 권리자나 권리자의 동의를 받은 자가 적용하는 기술적 조치(접근방지조치: 제2조 제28호 가. 목)와, ⅱ) 저작권, 그 밖에 저작권법에 따라 보호되는 권리에 대한 '침해' 행위를 효과적으로 방지하거나 억제하기 위하여 그 권리자나 권리자의 동의를 받은 자가 적용하는 기술적 조치(침해방지조치: 제2조 제28호 나. 목)를 말한다.[209]

---

208) 半田政夫외 1 編. 著作權法 コメンタール[第2版](3), 勁草書房(2015), 489면.

209) 대법원 2015. 7. 9. 선고 2015도3352 판결: 노래반주기 제작업체가 노래방에 신곡을 공급하면서, 인증절차를 거치지 않으면 반주기에서 신곡파일이 구동되지 않게 하는 보호조치를 마련하고 피고인이 이를 무력화하는 장치를 제조·판매한 사안에서, 위 보호조치는 복제권·배포권 등과 관련하여서는 신곡파일의 재생을 통한 음악저작물의 내용에 대한 접근을 방지하거나 억제하는 저작권법 제2조 제28호 가. 목의 보호조치에 해당하고, 공연권과 관련하여서는 신곡파일의 공연행위 자체를 직접적으로 방지하거나 억제하는 저작권법 제2조 제28호 나. 목의 보호조치에 해당한다고 봄.

### (나) 금지되는 행위

ⅰ) 직접 무력화 행위: 기술적 보호조치를 제거·변경·우회 등의 방법으로 무력화하는 행위는 금지된다(제104조의 2 제 1 항).

ⅱ) 무력화 수단의 제공행위: 기술적 보호조치를 무력화하는 장치[210]나 부품의 제조, 수입, 전송, 판매, 대여, 청약, 판매용 광고, 유통목적 소지, 서비스의 제공행위 또한 금지된다(제104조의 2 제 2 항).

판례에 나타난 기술적 보호조치 무력화의 예로는, ⅰ) 엑세스 코드가 내장된 정품 CD만이 게임기에서 구동되도록 설계되었다면 그러한 엑세스 코드는 일종의 기술적 보호조치에 해당하는 바, 일명 '블루 메시아칩'이라는 모드칩을 게임기에 장착함으로써 엑세스 코드가 없는 복제게임 CD도 게임기에서 구동되도록 하는 것은 기술적 보호조치의 무력화 행위에 해당한다고 본 것,[211] ⅱ) 외국의 위성방송사업자가 암호화 하여 송출한 콘텐츠를 임의로 국내에 재송신할 목적으로 외국에서 그 암호를 해독하는 패치프로그램을 수신장치에 장착한 행위, 실시간으로 방송되는 콘텐츠의 암호화된 내용을 해킹하여 컨트롤 워드를 추출한 뒤 위성인터넷을 통해 국내 서버에서 실시간 수신한 후 다시 위성방송수신기들로 실시간 전송하는 일련의 행위가 각 기술적 보호조치 무력화에 해당한다고 본 것[212] 등이 있다.

현행 저작권법상 기술적 보호조치의 보호를 미국 저작권법(DMCA)의 해당 규정 및 한·미 FTA에 따른 2011년 법 개정 전후로 대비해 보면 다음과 같다.

| | | 미국<br>(DMCA) | 한국<br>(구 법) | 비고 | 2011년 개정<br>이후 현행법 |
|---|---|---|---|---|---|
| 이용<br>통제 | 직접우회 | x | x | 저작권에 대한 직접침해<br>여부로 다루면 됨. | x |

---

210) ① 기술적 보호조치의 무력화를 목적으로 홍보, 광고 또는 판촉되는 것, ② 기술적 보호조치를 무력화하는 것 외에는 제한적으로 상업적인 목적 또는 용도만 있는 것, ③ 기술적 보호조치를 무력화하는 것을 가능하게 하거나 용이하게 하는 것을 주된 목적으로 고안, 제작, 개조되거나 기능하는 것.

211) 대법원 2006. 2. 24. 선고 2004도2743 판결.

212) 대법원 2009. 10. 29. 선고 2007도10735 판결.

| | | | | | |
|---|---|---|---|---|---|
| | 수단제공 | O | O (제124조 제 2 항) | | O (제104조의 2 제 2 항) |
| 접근 통제 | 직접우회 | O | x | "접근통제권"은 구 법상 보호되는 저작권의 내용이 아니었으나, 현행법은 이 역시 보호대상으로 편입시킴. | O (제104조의 2 제 1 항) |
| | 수단제공 | O | x | | O (제104조의 2 제 2 항) |

(대) **금지의 예외: 제104조의 2 제 3 항 참조**

(2) **권리관리정보(DRM)의 보호**(제104조의 3)

(개) **권리관리정보의 의의**

ⅰ) 저작물 등을 식별하기 위한 정보 ⅱ) 저작권 등 저작권법에 따라 보호되는 권리를 가진 자를 식별하기 위한 정보 ⅲ) 저작물 등의 이용방법 및 조건에 관한 정보가, 저작물 등의 원본이나 그 복제물에 부착되거나 그 공연·실행 또는 공중송신에 수반되는 것을 말한다(제 2 조 제29호). 권리관리정보를 활용하는 구체적 예로는 ⅰ) 무분별한 복제를 방지하기 위해 다운로드의 횟수나 가능한 기기를 제한하고, 인증을 거친 후에만 재생이 가능하게 하는 것,213) ⅱ) 워터마킹과 결합한 전자결제기능이나 최초 배부자, 복제자의 추적기능, 콘텐츠의 복제나 사용횟수를 확인하는 기능을 삽입하는 것 등을 들 수 있다.

(내) **금지되는 행위**(법 제104조의 3 제 1 항)

ⅰ) 권리관리정보를 고의로 제거·변경하거나 거짓으로 부가하는 행위, ⅱ) 권리관리정보가 정당한 권한 없이 제거 또는 변경되었다는 사실을 알면서 그 권리관리정보를 배포하거나 배포할 목적으로 수입하는 행위, ⅲ) 권리관리정보가 정당한 권한 없이 제거·변경되거나 거짓으로 부가된 사실을 알면서 해당 저작물등의 원본이나 그 복제물을 배포·공연 또는 공중송신하거나 배포를 목적으로 수입하는 행위가 금지의 대상이다.

---

213) 인터넷 강의, VOD 등에서 결제 후 인증을 받아야 재생이 가능하도록 하는 것이 그 예이다.

### (3) 위반행위의 효과

기술적 보호조치와 권리관리정보에 대한 보호조치를 위반하는 행위는 저작권법상 별도의 침해행위를 구성한다. 저작권자 등은 침해의 정지를 구할 수 있고 손해배상청구를 할 수 있으며(제104조의8), 업으로서 또는 영리목적으로 이러한 행위를 한 경우에는 형사처벌의 대상도 된다(제136조 제2항 제3호의3, 4).

## 2. 침해에 대한 구제

## 가. 정지청구권

저작권·저작인접권·배타적발행권·출판권·데이터베이스권자 등 대세적 권리자는 당해 권리를 침해하는 자를 상대로 침해의 정지를 청구할 수 있으며, 그 권리를 침해할 우려가 있는 자에 대하여 침해의 예방 또는 손해배상의 담보를 청구할 수 있다(제123조 제1항). 아울러 정지청구와 함께 침해행위에 의하여 만들어진 물건의 폐기나 그 밖의 필요한 조치를 청구할 수도 있다(제2항). 위와 같은 정지청구권의 행사를 위해 침해자의 고의·과실은 필요로 하지 아니한다. 대세적 권리가 없는 저작물의 이용권자는 저작권자를 대위하여 그의 침해자에 대한 정지청구권을 행사할 수 있을 것이다.[214]

아울러 저작물을 직접 이용하는 직접침해자 뿐 아니라 교사·방조 등의 방법으로 침해를 용이하게 하는 공동침해자 역시 정지청구의 상대방이 될 수 있다.[215]

---

214) 대법원 2007. 1. 25. 선고 2005다11626 판결 참조.

215) 서울고등법원 2007. 10. 10. 자 2006라1245 결정: 저작권법 제123조 제1항은 침해정지청구의 상대방을 '저작권 그 밖에 이 법에 의하여 보호되는 권리를 침해하는 자'로 규정하고 있는데, 저작권 침해행위를 방조하는 경우에도 방조행위의 내용·성질, 방조자의 관리·지배의 정도, 방조자에게 발생하는 이익 등을 종합하여, 방조행위가 당해 저작권 침해행위에 밀접한 관련이 있고, 방조자가 저작권 침해행위를 미필적으로나마 인식하면서도 이를 용이하게 하거나 마땅히 취해야 할 금지조치를 취하지 아니하였으며 방조행위를 중지시킴으로써 저작권 침해상태를 제거할 수 있는 경우에는, 당해 방조자를 침해 주체에 준하여 '저작권 그 밖에 이 법에 의하여 보호되는 권리를 침해하는 자'로 취급함이 상당하다. '소리바다 5 프로그램'을 기반으로 한 소리바다 서비스의 내용과 이용자들의 저작인접권 침해행위에 대한 통제가능성 등 제반 사정에 비추어, 저작인접권을 침해받고 있는 음반제작자들이 그 침해행위에 대한 방조책임을 지는 위 서비스 운영자에 대하여 저작권법 제123조 제1항에 따른 저작인접권의 침해금지 및 침해예방을 구할 수 있다.

## 나. 손해배상청구권(제125조)

저작권법에 의하여 보호되는 권리에 대하여 고의·과실에 기한 위법한 침해로 손해를 입은 경우 그러한 침해행위는 민사상 불법행위를 구성하므로 권리자가 민법 제750조에 기한 손해배상청구권을 가짐은 당연하다. 저작권법은 그 중 인격권을 제외한 재산적 권리의 침해를 이유로 한 손해배상 청구 시 권리자의 구제를 용이하게 하기 위한 특칙을 마련하고 있다.

### (1) 침해자의 이익액을 권리자의 손해액으로 추정(제125조 제1항)

침해행위에 의하여 권리자가 손해배상을 청구하는 경우, 침해자가 그 침해행위에 의하여 이익을 받은 때에는 그 이익액을 권리자가 받은 손해의 액으로 추정한다. 동일한 규정은 특허법[216]·상표법[217]·디자인보호법[218]에도 마련되어 있다. 그러나 저작권법은 특허법 제128조 제2항이나 상표법 제110조 제1항, 디자인보호법 제115조 제1항처럼 '침해자의 양도수량 × 권리자 단위당 이익'을 권리자의 손해로 보는 규정은 두고 있지 아니하다.

### (2) 이용료 상당액의 손해(제125조 제2항)

권리자는 침해로 인한 손해의 배상을 청구하는 경우에 그 권리의 행사로 통상 받을 수 있는 금액에 상당하는 액을 저작재산권자 등이 받은 손해의 액으로 하여 배상을 청구할 수 있다. 여기서 '권리의 행사로 통상 받을 수 있는 금액'이라 함은 침해자가 저작물의 이용허락을 받았더라면 그 대가로서 지급하였을 객관적으로 상당한 금액을 말하는 것으로서, 저작권자가 침해행위와 유사한 형태의 저작물이용과 관련하여 저작물이용계약을 맺고 이용료를 받은 사례가 있는 경우라면, 특별한 사정이 없는 한 그 이용계약에서 정해진 이용료를 저작권자가 그 권리의 행사로 통상 받을 수 있는 금액으로 보아 이를 기준으로 손해액을 산정할 수 있고, 저작권자가 그와 같은 저작물 이용계약을 체결하거나 이용료를 받은 적이 전혀 없는 경우라면 일단 그 업계에서 일반화되어 있는 이용료를 손해액 산정의 기준으로 삼을 수 있다.[219]

---

216) 제128조 제4항.
217) 제110조 제3항.
218) 제115조 제3항.
219) 대법원 2010. 3. 11. 선고 2007다76733 판결; 대법원 2013. 6. 27. 선고 2012다104137 판결.

### (3) 등록저작권 침해에 대한 과실추정

등록되어 있는 저작권, 배타적발행권, 출판권, 저작인접권 또는 데이터베이스권을 침해한 자는 그 침해행위에 과실이 있는 것으로 추정한다(제125조 제4항). 한편, 저작권은 특허, 상표, 디자인 등과 달리 등록이 권리의 성립요건이 아니기 때문에 등록되지 아니한 저작물도 얼마든지 유효한 저작권을 누리게 된다. 이처럼 미등록 저작물에 대한 침해가 이루어진 경우 침해자에게 저작권 침해의 고의·과실이 인정되지 않는다면 결과적으로 손해배상 책임이 부정되는 일이 생길 수도 있다.

⇨ 대법원 1996. 6. 11. 선고 95다49639 판결

> 방송작가 B가 원저작자 A의 작품을 표절한 뒤 이를 자신의 작품인 양 방송사 C에 제공하고 C는 그러한 사정을 알지 못한 채 이를 영상물로 만들어 방송한 사안에서, B가 A에 대하여 저작권 침해 책임을 지는 것은 분명하나, 이를 B의 적법한 저작물로 믿은 C에게 A 저작권 침해의 고의나, 다른 주의의무 위반의 과실이 인정되지 않으므로 손해배상책임이 부정된다고 한 예.

### (4) 법정 손해배상(제125조의2)

권리자는 침해로 인한 실손해에 갈음하여 각 저작물 당 1,000만원 이하의 범위에서(영리목적 고의침해의 경우 5,000만원 이하) 상당한 금액의 배상을 청구할 수 있다(제125조의2 제1항). 이를 위해서는 침해 전에 당해 저작물 등이 등록되어 있어야 하며(제3항), 법원은 법정 손해배상의 신청에 따라 상당한 손해액을 인정할 수 있다(제4항).

### (5) 상당한 손해액의 인정(제126조)

법원은 손해가 발생한 사실은 인정되나 제125조의 규정에 따른 손해액을 산정하기 어려운 때에는 변론의 취지 및 증거조사의 결과를 참작하여 상당한 손해액을 인정할 수 있다.

### (6) 과실상계

저작권 등의 침해에 관하여 권리자 스스로 침해방지를 위한 조치를 적절히 하지 아니한 경우 손해산정 시 과실상계가 필요한 수가 있다. 판례[220]는

---

220) 대법원 2010. 3. 11. 선고 2007다76733 판결.

인터넷 사이트에 이미지 파일을 게시한 저작권자가 검색로봇 프로그램에 의한 이미지의 수집·복제를 막기 위해 접근제한조치를 하거나 워터마크를 삽입하는 등의 방법으로 복제방지를 꾀하는 것이 기술적으로 가능하였음에도 그렇게 하지 않았다면 이미지의 무단 복제·전시·전송으로 인한 손해배상 시 과실상계가 필요하다고 판시하고 있다.

### (7) 물건의 일부가 저작권 침해에 관계된 경우

침해자가 그 물건을 제작·판매함으로써 얻은 전체 이익 중 당해 저작재산권의 침해행위에 관계된 부분의 기여율(기여도)을 감안한다. 기여율은 침해자가 얻은 전체 이익에 대한 저작재산권의 침해에 관계된 부분의 불가결성, 중요성, 가격비율, 양적 비율 등을 참작하여 종합적으로 평가한다.[221]

## 다. 부당이득반환청구권

저작권 침해로 인한 손해배상청구권과 별개로 저작권자는 부당이득의 반환을 구할 수도 있다. 타인의 저작물을 법률상 원인 없이 이용하여 이득을 얻고 그로 인하여 저작권자에게 손해를 가한 자는 그 이득을 부당이득으로 반환해야 할 것인데, 부당이득반환에 관하여는 저작권법 제125조 제1, 2항과 같이 인과관계를 추정하는 특칙이 없기 때문에 권리자는 사용자가 얻은 이익과 자신이 입은 손해 사이의 인과관계를 증명해야 하는 부담이 있다. 한편, 침해자가 실제로 얻은 이익 외에 침해자는 저작물에 대한 이용료 상당에 대하여 이익을 취한 것은 분명하고 저작권자 역시 그 금액에 대하여는 규범적으로 당연히 손해가 발생한 것으로 볼 수 있다.[222] 결과적으로 저작권자는 침해행위에 대하여 저작물 이용료 상당액을 별도의 인과관계에 대한 증명이 없이도 부당이득반환을 청구할 수 있게 된다.[223]

---

221) 대법원 2004. 6. 11. 선고 2002다18244 판결.
222) 한편, 앞서 든 판례(대법원 1996. 6. 11. 선고 95다49639 판결)는 그 사안에서, 방송작가 B가 원저작자 A의 작품을 표절한 뒤 이를 자신의 작품인 양 방송사 C에 제공하면서 이를 영상물로 제작할 수 있는 권리를 부여하였음을 이유로, 이 경우 B는 A의 원저작물을 기초로 2차적 저작물인 극본을 작성한 독립된 저작자이고, C가 그러한 사정을 모르고 B로부터 영상물 제작권을 설정받아 2차적 저작물인 영상물을 창작한 이상, C는 원저작자 A에 대한 관계에서 법률상 원인 없이 이익을 얻고 그로 인하여 원저작자에게 손해를 가한 것이 아니어서 부당이득도 성립하지 않는다고 판시하고 있다.

부당이득의 반환 범위와 관련하여 이득자가 선의이나 악의이냐에 따라 반환범위가 달리지게 됨은 물론이며, 부당이득반환청구권의 소멸시효는 금전채권의 일반 소멸시효인 10년에 걸리므로 불법행위 책임으로서의 침해로 인한 손해배상 채권의 3년 또는 10년 보다 권리자에게 유리하다.

### 라. 형사상 제재

이에 관하여는 저작권법 제136조 내지 제142조의 내용을 참조할 것.

## 3. 저작권 침해의 불성립과 일반 불법행위

판례224)는 甲이 자신이 운영하는 홈페이지에서 乙 등이 제작·방송한 "겨울연가", "황진이", "대장금", "주몽" 등을 연상케 하는 의상, 소품, 모습, 배경 등으로 꾸민 "HELLO KITTY" 제품을 판매한 사안에서, 위 각 드라마 등장인물의 이름, 의상, 소품은 저작권의 대상이 될 만한 창작성이 없으며, 독자적인 캐릭터로서의 저작물성도 부족하여 甲의 행위가 저작권 침해를 구성하지 않는다고 하면서도, 경쟁자가 상당한 노력과 투자에 의하여 구축한 성과물을 상도덕이나 공정한 경쟁질서에 반하여 자신의 영업을 위하여 무단으로 이용함으로써 경쟁자의 노력과 투자에 편승하여 부당하게 이익을 얻고 경쟁자의 법률상 보호할 가치가 있는 이익을 침해하는 행위는 부정한 경쟁행위로서 민법상 불법행위에 해당한다고 판시하였다. 이처럼 저작권 침해가 성립되지 않는 경우라도 사안에 따라서는 민법상의 불법행위 책임이 성립할 여지는 여전히 존재한다 할 것이다. 한편, 이와 같은 판례의 태도는 2013. 7. 30 개정된 부정경쟁방지및영업비밀보호에 관한 법률(법률 제11963호)이 제2조 제1호 차. 목에 이를 부정

---

223) 저작권자의 허락 없이 저작물을 이용한 사람은 특별한 사정이 없는 한 법률상 원인 없이 이용료 상당액의 이익을 얻고 이로 인하여 저작권자에게 그 금액 상당의 손해를 가하였다고 보아야 하므로, 저작권자는 부당이득으로 이용자가 저작물에 관하여 이용허락을 받았더라면 이용대가로서 지급하였을 객관적으로 상당한 금액의 반환을 구할 수 있다. 이러한 부당이득의 액수를 산정할 때는 우선 저작권자가 문제된 이용행위와 유사한 형태의 이용과 관련하여 저작물 이용계약을 맺고 이용료를 받은 사례가 있는 경우라면 특별한 사정이 없는 한 이용계약에서 정해진 이용료를 기준으로 삼아야 한다(대법원 2016. 7. 14. 선고 2014다82385 판결).
224) 대법원 2012. 3. 29. 선고 2010다20044 판결.

경쟁행위의 새로운 유형으로 규정함으로써 입법화되었다. 225)

# XII. 관련문제

## 1. 퍼블리시티권(Publicity Right)

### 가. 의    의

퍼블리시티권이란 사람의 초상, 성명 등 고유의 특징을 상업적으로 이용할 수 있는 권리를 말하며, 대체로 연예인 등 유명인에 대하여 인정되어 오고 있다. 퍼블리시티권은 위와 같은 개인적 특징을 상업상 이용할 수 있는 권리라는 점에서 초상권 등 인격권과 구별되며 재산권으로 파악되기 때문에 양도 등 처분이 가능한 것으로 파악된다. 226) 다만, 그 양도성에 대해서는 퍼블리시티권이 인격적 권리와 밀접하다는 이유 등을 들어 부정하는 견해도 있고227) 상속가능성 여부에 대해서도 학설과 판결례가 갈리는 실정이다. 228)

### 나. 실무의 입장과 법적 근거

퍼블리시티권은 미국에서 판례를 통해 확립되어 온 권리개념으로서, 우리나라에서는 성문법적 근거가 없음을 이유로 이를 부정하는 하급심 판결례와, 229) 인정하는 하급심 판결례230)가 혼재하고 있는 상태이다. 이론적으로는,

---

225) "타인의 상당한 투자나 노력으로 만들어진 성과 등을 공정한 상거래 관행이나 경쟁질서에 반하는 방법으로 자신의 영업을 위하여 무단으로 사용함으로써 타인의 경제적 이익을 침해하는 행위."(현재는 파. 목으로 이동되었다)

226) 퍼블리시티권 개념을 처음 인정한 미국에서는 이것이 주류적 판례이자 입법의 경향이다.

227) 예컨대, 이해완, 저작권법(제 3 판), 박영사(2015), 941면.

228) 학설의 대립과 하급심 판결례에 대한 자세한 소개는, 오승종, 저작권법강의, 박영사(2016), 573~574면 참조.

229) 서울고등법원 2002. 4. 16. 선고 2000나42061 판결: "원고의 이 사건 청구는 원고가 제임스 딘으로부터 그의 성명이나 초상, 서명 등이 갖는 재산적 가치를 독점적, 배타적으로 지배하는 권리인 퍼블리시티권(Right of Publicity)을 양수하여 보유하고 있음을 전제로 하고 있으므로, 과연 우리 법상 그러한 권리를 인정할 수 있는지 여부에 관하여 본다. …우리나라에서도 근래에 이르러 연예, 스포츠산업 및 광고산업의 급격한 발달로 유명인의 성명이나 초상 등을 광고에 이용하게 됨으로써 그에 따른 분쟁이 적지 않게 일어나고 있으

퍼블리시티권에 대한 명문의 법적 근거는 없으나 이를 '보호될 정당한 이익'으로 파악하여 그에 대한 침해행위를 민법상 불법행위로 구성함이 보통이다.

### 다. 보호의 객체

신상의 동일성(Identity) 일반이 퍼블리시티권에 의한 보호의 대상이 된다. 즉, 초상, 성명, 음성 등이 대표적 예이며 그 보호의 외연은 확장되어 가는 추세라고 할 수 있다.

### 라. 침해에 대한 구제와 제한

퍼블리시티권의 침해는 불법행위를 구성하므로, 일반 불법행위에 대한 구제수단으로서의 손해배상청구(민법 제750조), 부당이득반환청구(민법 제741조) 및 신용회복에 적당한 처분(민법 제764조)이 인정될 수 있다. 퍼블리시티권 자체는 엄밀히 말하면 저작권과 관계되는 내용이 아니라 할 것이나 종래부터 이

---

므로 이를 규율하기 위하여, 앞서 본 바와 같은 퍼블리시티권이라는 새로운 권리개념을 인정할 필요성은 수긍할 수 있다고 할 것이다. 그러나 성문법주의를 취하고 있는 우리나라에서 법률, 조약 등 실정법이나 확립된 관습법 등의 근거 없이 필요성이 있다는 사정만으로 물권과 유사한 독점·배타적 재산권인 퍼블리시티권을 인정하기는 어렵다고 할 것이며, 퍼블리시티권의 성립요건, 양도·상속성, 보호대상과 존속기간, 침해가 있는 경우의 구제수단 등을 구체적으로 규정하는 법률적인 근거가 마련되어야만 비로소 원고가 주장하는 바와 같은 퍼블리시티권을 인정할 수 있을 것이다. 그렇다면 우리 법상 재산권으로서의 퍼블리시티권이 인정됨을 전제로 한 원고의 이 사건 청구는 더 나아가 살펴볼 필요없이 이유 없어 이를 모두 기각한다." 그 밖에 퍼블리시티권의 개념을 부인하는 최근의 판결례로는, 서울고등법원 2015. 1. 30. 선고 2014나2006129 판결 등.

230) 서울고등법원 2013. 8. 22. 선고 2012나105675 판결(확정); 서울서부지방법원 2010. 4. 21. 자 2010카합245 결정(피고가 유명 프로야구 선수인 원고의 신상에 관한 정보를 그대로 사용하면서 그 이름만을 이니셜로 바꾼 캐릭터를 이용하여 '인터넷 야구게임' 서비스를 상업적으로 제공한데 대하여 퍼블리시티권 침해를 인정); 서울중앙지방법원 2007. 11. 28. 선고 2007가합2393 판결(전직 국가대표 배드민턴 선수로 유명한 원고의 초상을 상업적 광고에 무단 사용한 사안에서 원고에게 광고사용료에 상응하는 손해를 인정함. 한편, 위자료 청구는 배척하면서 원고가 유명인이므로 초상의 광고적 사용으로 인해 퍼블리시티권으로 보호 받는 이외에 정신적 피해를 별도로 보호할 이유는 없다고 함); 서울동부지방법원 2006. 12. 21. 선고 2006가합6780 판결(소설가 이효석의 초상을 상속인의 허락 없이 상품권에 사용한 행위에 퍼블리시티권 침해를 인정. 퍼블리시티권 존속기간을 저작권을 유추하여 '사후 50년'으로 파악. 이효석 사후 62년이 지났으므로 권리 소멸한 것으로 판단함).

를 저작권적 관점에서 다루어 오고 있는 것이 현실이며, 학설은 저작권법 제123조를 적용 내지 유추적용하여 침해행위에 대하여 정지청구도 인정될 수 있다고 해석하는 것이 일반적이다.[231] 같은 시각에서라면 공정이용의 법리 등 저작권의 제한에 대한 법리 역시 상당부분 적용이 가능할 것이다.

아울러 퍼블리티시권 침해 문제를 부정경쟁방지법 상 타인 성과도용의 부정경쟁행위(부정경쟁방지법 제2조 제1호 파. 목)로 접근하기도 한다. 예를 들어 연예인의 경우, 인기를 모으는 개성이나 이미지의 구축을 위해 많은 비용과 노력이 투입되는 수가 많기 때문에, 제3자가 그 결과물을 임의로 상업적으로 사용하는 경우 타인의 상당한 투자나 노력으로 만들어진 성과 등을 공정한 상거래 관행이나 경쟁질서에 반하는 방법으로 자신의 영업을 위하여 무단으로 사용함으로써 타인의 경제적 이익을 침해하는 행위를 구성할 수 있다.[232] 다만, 위 파. 목과 같이 오로지 '상당한 투자나 노력을 통해 만들어지는 성과물'만이 퍼블리시티권에 의해 보호되는 것은 아님은 물론이다.

### 마. 저작권법 이외의 법률에 의한 보호

종래 퍼블리시티권이 저작권의 틀에서 논의되어 온 것과 병행해서[233] 이를 부정경쟁행위의 일환으로 파악하거나, 민법상 불법행위의 한 모습으로 다루려는 시도도 함께 이루어져 왔다. 그 결과 2021. 12. 7. 개정된 부정경쟁방

---

231) 오승종, 저작권법강의, 박영사(2016), 575면; 이해완, 저작권법(제3판), 박영사(2015), 948면 등.

232) 대법원 2020. 3. 26.자 2019마6525 결정: 채무자가 유명 아이돌그룹 BTS의 사진을 자신의 잡지에 특별부록으로 포함시켜 판매한 행위에 대해, '채권자는 BTS의 구성원들을 선발하여 전속계약을 체결한 후 훈련을 통해 구성원들의 능력을 향상시켰고, 전속계약에 따라 그들의 음악, 공연, 방송, 출연 등을 기획하고, 음원, 영상 등의 콘텐츠를 제작·유통시키는 등 위 아이돌 그룹의 활동에 상당한 투자와 노력을 하였으며, 그로 인해 위 아이돌 그룹과 관련하여 쌓인 명성·신용·고객흡인력이 상당한 수준에 이르렀는데, 이는 '상당한 투자나 노력으로 만들어진 성과 등'으로 평가할 수 있고, 누구나 자유롭게 이용할 수 있는 공공영역에 속한다고 볼 수 없으므로, 타인이 무단으로 위의 표지를 사용하면 채권자의 경제적 이익을 침해하게 된다… 위 특별 부록을 제작·판매하는 행위는 공정한 상거래 관행이나 경쟁질서에 반하는 방법으로 자신의 영업을 위하여 을 회사의 성과 등을 무단으로 사용하는 행위로서 위 (카)목의 부정경쟁행위에 해당한다'고 판시.

233) 저작권법에 퍼블리시티권 규정을 두려는 입법 시도는 종래부터 있어 왔으며 2022. 12. 현재에도 그런 내용의 저작권법 개정안이 국회에 계류중이다(의안번호 제2107440).

지법은 제 2 조 제 1 호 타. 목에서 '국내에 널리 인식되고 경제적 가치를 가지는 타인의 성명, 초상, 음성, 서명 등 그 타인을 식별할 수 있는 표지를 공정한 상거래 관행이나 경쟁질서에 반하는 방법으로 자신의 영업을 위하여 무단으로 사용함으로써 타인의 경제적 이익을 침해하는 행위'를 독립된 부정경쟁행위로 규정하여 퍼블리시티권 침해를 부정경쟁방지법에 명문으로 수용하였다. 아울러 2022. 12. 현재, 민법에서도 퍼블리시티권이 실질을 '인격표지 영리권'이라는 이름 아래 인격권의 일종으로 인정하여 그 침해에 대해 금지 및 손해배상청구권을 인정하는 내용의 법 개정안이 입법예고된 상태이다.

## 2. Creative Commons License

이는 근래 주로 인터넷을 중심으로 자발적으로 이루어지고 있는 '저작물 사전이용 허락표시' 활동을 지칭한다. 저작권자가 '누구라도 일정한 조건을 준수하는 것을 조건으로, 혹은 일정한 범위 내에서라면 자신의 저작물을 이용해도 좋다'는 의사를 통일된 아이콘으로 저작물에 표시해 두는 것이며, 이처럼 저작물 이용에 관한 권리자의 의사를 사전에 객관화함으로써 타인이 저작권 침해의 우려에서 벗어나 저작물을 보다 자유롭게 활용할 수 있게 하자는 것이다. 사용되는 주요 표지는 다음과 같으며, 각 표지는 단독으로는 물론 복수로 조합하여 사용될 수도 있다.

: 원저작자 표시    : 비영리 사용

: 동일성 유지    : 동일조건 허락

[조합의 예]

: 저작자 표시, 변경금지

: 저작자 표시, 비영리, 동일조건 허락

# 상 표 법

지/적/재/산/권/법

# 상 표 법

## I. 서  론

### 1. 상표법의 위상

상표법은 상품이나 서비스의 출처를 표시하는 표지(標識)로서의 상표나 서비스표를 둘러싼 권리관계를 규율하는 법이다. 상표법은 전통적으로 지적재산권법의 하나로 분류되어 왔고, 지식재산기본법 제3조 제1호 역시 '지식재산'의 한 유형으로 '영업이나 물건의 표시'를 거시하여 상표나 서비스표를 지적재산(Intellectual Property)의 영역으로 포섭하고 있다. 그런데 상품이나 서비스의 표지는 그것을 창작하는 과정에서 인간의 지적 노력이 발휘된다는 점은 부인할 수 없지만 그 핵심이 시장에서 특정 상품과 서비스의 자타(自他) 식별기능 보장과 그를 통한 공정한 경쟁질서의 유지에 있다는 점을 고려하면 상표법은 특허법·디자인보호법·저작권법에 비하여 경쟁법으로서의 성격이 매우 강하다고 할 수 있다.

한편, 상표법과 더불어 영업주체의 표지 보호를 통해 시장에서 공정한 경쟁질서의 확보를 도모하는 대표적인 법률로 부정경쟁방지 및 영업비밀보호에 관한 법률(이하 '부정경쟁방지법'이라고만 한다)이 있다. 부정경쟁방지법 제15조는 '상표법에 다른 규정이 있는 경우 상표법이 우선한다'고 하여 일정한 경우 상표법을 부정경쟁방지법의 특별법으로 취급하고 있거니와, 부정경쟁방지법과 상표법의 관계는 다음과 같은 그림으로 표현될 수 있다.

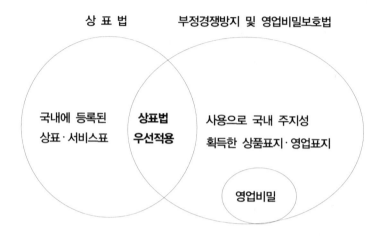

## 2. 상표권의 성립: 등록주의

상표권을 획득하려는 자는, 그 상표를 사용하려는 지정상품을 특정하여 특허청에 출원해야 한다(상표법[1] 제36조). 상표출원이 있으면 특허청 심사관은 출원상표가 등록요건을 충족하였는지를 심사하게 된다. 등록요건 가운데 가장 대표적인 것은 아래 Ⅲ., Ⅳ.에서 보는 것처럼 출원상표가 충분한 식별력을 갖추었는 지와 상표법 제34조가 정하고 있는 부등록 사유에 해당하지 않는지 등이다. 서로 다른 사람이 동일·유사한 상표를 동일·유사한 지정상품에 관하여 각각 출원하였다면 후출원을 배척하게 된다(선출원주의: 제35조). 심사를 통과한 상표는 등록을 거쳐 당해 지정상품에 관하여 상표권을 획득한다(제68조, 제82조 제1항). 이처럼 우리 상표법은 등록에 의해 비로소 상표권이 성립하는 '등록주의'를 취하고 있다. 이는 예컨대 미국처럼 원칙상 거래계에서 일정한 정도로 상표가 사용되어야 비로소 상표권을 인정하는 '사용주의'와 대조되고, 부정경쟁방지법상 상품표지나 영업표지가 국내에서 주지상태에 이르면 등록 여부와 관계없이 보호의 대상이 되는 것과 구별된다. 이상의 설명은 서비스표에 대하여도 마찬가지이다(제2조 제1항 제1호).

---

1) 상표법은 2016. 2. 29. 법률 제14033호로 전부개정되었다. 이하에서 그냥 '상표법' 또는 '개정 상표법'이라고 부르는 것은 특단의 사정이 없는 한 이를 뜻한다. 2017. 3. 21. 개정되어 2017. 9. 22.부터 시행되는 상표법(법률 제14689호) 역시 상표침해죄의 몇 가지 벌금 법정형을 조정한 것 외에는 위 2016년 상표법과 동일한 내용이다.

# Ⅱ. 상표의 개념

## 1. 상표(제 2 조 제 1 항 제 1 호)

### 가. 상품의 출처표지

상표란, 자기의 상품과 타인의 상품(지리적 표시가 사용되는 경우를 제외하고는 서비스 또는 서비스의 제공에 관련된 물건을 포함한다. 이하 같다)을 식별하기 위하여 사용하는 표장(標章)을 말한다. 여기서 표장이란, 기호, 문자, 도형, 소리, 냄새, 입체적 형상, 홀로그램·동작 또는 색채 등으로서 그 구성이나 표현방식에 상관없이 상품의 출처(出處)를 나타내기 위하여 사용하는 모든 표시를 의미한다.

### 나. 전형상표와 비 전형상표

상표의 정의를 만족하는 표지들 가운데 기호·문자·도형 등 전통적인 상표의 유형을 '전형상표', 소리·냄새·입체적 형상·홀로그램·동작·색채·위치 등 비교적 새로운 유형을 '비 전형상표'라고 부르기도 한다. 비 전형상표와 관련된 문제로는 다음과 같은 것들이 있다.

① 입체상표: 3차원의 입체적 형상 자체 또는 거기에 기호·문자 등 다른 요소가 결합된 것을 말한다. 입체상표는 ⅰ) 지정상품의 형상과 관계없이 순수하게 상품의 출처표지로 사용되는 것과[2] ⅱ) 지정상품이나 그 포장의 형상이 동시에 출처표지로 사용되는 것[3]으로 나눌 수 있다. ⅰ)의 상표적격성은 일반 상표와 같이 다루면 되지만 ⅱ)의 경우, 지정상품이나 포장의 형상 자체를 보통으로 사용하는 방법으로 표시한 데 불과하다면 상표로서 식별력이 없다(상표법 제33조 제 1 항 제 3 호).[4] 지정상품이나 포장 자체의 형상인 이상, 그 형상을 특이하게 하였다는 사정만으로 곧바로 식별력이 인정되는 것은 아니

---

2) 예컨대, KFC 치킨의 상징인 노신사의 입상(立像).

3) 실제로 문제되는 입체상표의 대부분은 이런 형태이며, 우리나라의 특허청 심사기준은 이런 유형을 전제로 서술되어 있다(특허청, 상표심사기준(2021 추록), 제 8 부 제 1 장 1.2).

4) 예컨대, 알약의 일반적 형상 중 하나라고 할 수 있는 마름모꼴에 일정한 두께가 있는 입체적 형상을 제약에 상표로 출원한 경우(대법원 2015. 10. 15. 선고 2013다84568 판결 참조). 다만, 그런 일반적 형상에 문자나 도형 등 고유의 식별표지가 결합되어 있다면 이미 '보통으로 사용하는 방법'이 아니므로 전체로서 식별력을 인정받을 수 있다.

다. 이는 기본적으로 수요자에게 출처표지라기보다 상품의 디자인으로 받아들여지기 때문이다.[5] 따라서 ⅱ)의 경우에는 사용에 의해 출처표지로서의 식별력을 취득해야 등록될 수 있음이 원칙이다.[6] 또한, 지정상품의 입체적 형상이 상품의 기능을 확보하는 데 불가결하다면, 가령 사용에 의해 출처표지로 식별력을 획득했다 하더라도 등록받을 수 없고, 등록되더라도 상표권의 효력이 미치지 않는다.[7]

② 색채상표: 넓은 의미로는 색채가 결합된 모든 상표를 의미하나, 좁은 의미로는 색채 또는 색채의 조합만으로 된 상표를 의미한다. 색채만으로 이루어진 상표는 기본적으로 수요자에게 출처표지라기보다 상품의 디자인으로 받아들여지기 쉬우므로 사용에 의한 식별력을 취득해야 등록될 수 있다.[8]

③ 소리상표, 냄새상표: 소리나 냄새를 상표로 출원하는 경우, 이를 시각적으로 표현하여 출원서에 적어야 한다.[9] 소리나 냄새는 수요자 사이에서 상품출처 대신 특정한 소리나 냄새 그 자체로 인식되거나, 지정상품 자체의 속성을 직접적으로 묘사하는 것으로 인식되는 등[10] 식별력이 없는 수도 많다. 이 경우 사용에 의해 출처표지로서의 식별력을 취득해야 등록될 수 있다.[11]

---

5) 특허법원 2005. 6. 24. 선고 2005허2571 판결 참조.

6) 대법원 2015. 10. 15. 선고 2013다84568 판결; 특허청, 상표심사기준, 제 8 부 제 1 장 3.

7) 상표법 제34조 제 1 항 제15호; 제90조 제 1 항 제 5 호.

8) 특허청, 상표심사기준, 제 8 부 제 2 장 1.4.

9) 소리·냄새상표 출원 시 기호, 문자, 도형 등 시각적 방법으로 상표를 묘사하고, 그에 부합하는 파일 또는 견본을 함께 제출하여야 한다. 소리상표 중 멜로디에 대한 시각적 표현으로는 악보가 대표적일 것이다. 그 밖의 소리상표에 대한 시각적 표현의 예로 "이 소리상표는 첨부된 파일과 같이 숫사자 울음소리로 구성되는데 숫사자가 크게 울부짖는 큰 울음소리가 2초간 들린 후 잠시 후 다시 작은 울음소리가 2초간 들리는 소리로 구성된다. 여기에서 숫사자의 울음소리는 "ROAR"을 발음하는 것과 같은 소리로 "RO" 부분이 길고 "AR" 부분이 짧게 발음되는 형식으로 "이루어진다"를 들 수 있다. 냄새상표에 대한 시각적 표현의 예로 "이 냄새상표는 첨부된 샘플과 같이 갓 깎은 풀냄새로 구성되는데, 여기서 말하는 풀은 골프장에서 주로 사용되는 크리핑 벤트그래스 잔디를 말하며, 갓 깎은 풀냄새란 잔디를 잔디깎는 기계 또는 낫으로 깎자마자 발산되는 냄새로 깎은 지 1시간이 지나지 않은 냄새를 말한다"를 들 수 있다(특허청, 상표심사기준, 제 8 부 제 6 장 2 내지 3, 제 7 장 2. 내지 3).

10) 예컨대, 지정상품 맥주에 대해 맥주 따르는 소리를 소리상표로 하는 경우, 지정상품 커피에 관하여 갓 볶은 커피향을 냄새상표로 하는 경우.

11) 특허청, 상표심사기준, 제 8 부 제 6 장 4, 제 7 장 4.

④ 위치상표: 기호·문자·도형 각각 또는 그 결합이 일정한 형상이나 모양을 이루고 이러한 일정한 형상이나 모양이 지정상품의 특정 위치에 부착되는 것에 의해 식별표지 역할을 하는 표장을 말한다.[12] 식별력 없는 기호 등이 상품의 특정 위치에 부착되어 있다면 수요자는 이를 단순한 상품의 디자인으로 받아들이기 쉽다. 따라서 그것이 위치상표로 인정받기 위해서는 사용에 의해 그 부착 위치 자체가 출처표지로서 식별력을 획득해야 한다.[13]

◈ 대법원 2012. 12. 20. 선고 2010후2339 전원합의체 판결

위치상표의 적법성: ⅰ) 상표의 정의 규정에 따르면, '기호·문자·도형 각각 또는 그 결합이 일정한 형상이나 모양을 이루고, 이러한 일정한 형상이나 모양이 지정상품의 특정 위치에 부착되는 것에 의하여 자타상품을 식별하게 되는 표장(위치상표)'도 상표의 한 가지로서 인정될 수 있다. ⅱ) 위치상표는 비록 일정한 형상이나 모양 등이 그 자체로는 식별력을 가지지 아니하더라도 지정상품의 특정 위치에 부착되어 사용됨으로써 당해 상품에 대한 거래자 및 수요자 대다수에게 특정인의 상품을 표시하는 것으로 인식되기에 이르렀다면, 사용에 의한 식별력을 취득한 것으로 인정받아 상표로서 등록될 수 있다.

ⅲ) 🁢로 구성된 상표출원의 모든 경위를 종합하면 출원상표는 위 세 개의 굵은 선이 지정상품의 옆구리에서 허리까지의 위치에 부착되는 것에 의하여 자타상품을 식별하게 되는 위치상표이고, 상의의 윤곽을 이루는 일점쇄선 부분은 이 사건 출원상표의 표장 자체의 외형을 이루는 도형이 아니다.

◈ 대법원 2005. 6. 10. 선고 2005도1637 판결

공산품인 상품의 내부에 조립되어 기능하는 부품에 표시된 표장으로서 그 상품의 유통이나 통상적인 사용 혹은 유지행위에 있어서는 그 존재조차 알 수 없고, 오로지 그 상품을 분해하여야만 거래자나 일반 수요자들이 인식할 수 있는 표장은 그 상품에 있어서 상표로서의 기능을 다할 수 없을 것이므로 이를 가리켜 상표법에서 말하는 상표라고 할 수 없다.

---

12) 위치상표에 관한 외국의 예로서, 프라다(Prada)의 운동화처럼 신발 밑창과 뒤꿈치에 걸쳐 중앙에 일정한 길이의 빨간 선이 배치된 것(🖼)을 들 수 있다(특허청, 상표심사기준, 제8부 제5장 1.2).
13) 특허청, 상표심사기준, 제8부 제5장 3.1.

↔ 대법원 2004. 5. 28. 선고 2002후123 판결

상표법 적용의 전제가 되는 '상품'은 그 자체가 교환가치를 가지고 독립된 상거래의 목적물이 되는 물품을 의미한다. 이 사건 등록상표는 지정상품인 '보리, 수수, 옥수수' 등을 곡물마다 별도로 담은 조그만 유리병들에 표시되어 있는데 그것은 판매되는 즉석 건조 건강식품의 원재료가 무엇인지 일반 수요자들에게 보여 주기 위한 '견본'에 불과할 뿐이고, 실제로 판매된 것은 그와 달리 여러 곡물 또는 야채 등의 분말을 일정한 비율로 혼합한 이른바 '즉석 건조 건강식품' 이었다면, 이처럼 등록상표가 지정 '상품'에 사용되었다고 볼 수는 없다.

## 2. 서비스표

판례14)는 서비스업의 개념을, '독립하여 상거래의 대상이 되는 서비스를 타인의 이익을 위하여 제공함을 업으로 영위하는 것'이라고 한다. 상표법은 서비스를 상품의 일종이라고 하는 한편, 서비스표를 별도로 정의하지 않고 상표의 일종으로 파악하고 있다(상표법 제 2 조 제 1 항 제 1 호). 이하에서도 상표라 함은 서비스표를 포함하는 개념으로 다루기로 한다.

## 3. 기타 표장

상표법은 상표 이외에도 단체표장, 지리적 표시 단체표장, 업무표장 및 증명표장의 개념을 인정하고 있다. 그 개념과 대표적인 예를 표로 나타내면 다음과 같다.

| 종 류 | 핵심 내용 | 예 |
|---|---|---|
| 단체표장15) | 동종업자 설립법인, 공동사용 | It'Sound 한국전자공업협동조합 |

---

14) 대법원 2013. 7. 12. 선고 2012후3077 판결.

15) 상품을 생산·제조·가공·판매하거나 서비스를 제공하는 자가 공동으로 설립한 법인이 직접 사용하거나 그 소속 단체원에게 사용하게 하기 위한 표장(제 2 조 제 1 항 제 3 호).

| 지리적 표시 단체표장16) | 동일 지리적 표시사용 동종업자 설립법인, 공동사용 | |
|---|---|---|
| 업무표장17) | 비영리업무 표상 | |
| 증명표장18) | 상품의 특성 인증 | |

## 4. 상표와 지정상품

상표는 특정한 카테고리의 상품들을 지정상품으로 하여 출원하고 등록된다. 출원인은 상표법 시행규칙 제28조에 따른 상품류 구분 및 '상품 및 서비스업의 명칭과 류 구분에 관한 고시'에 따라 그 상표를 사용할 상품을 1개류 이상 지정해야 하며, 상표법 시행규칙 별표에는 제1류부터 제34류까지 34개류의 상품구분과 제35류부터 제45류까지 11개류의 서비스업류 구분이 명시되어 있다. 한국은 1998. 3. 1.부터 니스협정에 의한 국제상품분류를 채택·사용하고 있다. 상표의 식별력, 타인의 상표와의 출처혼동 여부, 상표권자가 상표를 적법하게 사용하였는지 여부 등은 언제나 지정상품과의 관계에서 상대적으로 판단되는 것이므로 지정상품은 상표와 불가분의 관계에 있다.

## 5. 상표와 기타표장의 관계

단체표장·증명표장·업무표장에 관하여는 특별한 규정이 없으면 상표에

---

16) 지리적 표시를 사용할 수 있는 상품을 생산·제조 또는 가공하는 자가 공동으로 설립한 법인이 직접 사용하거나 그 소속 단체원에게 사용하게 하기 위한 표장(제 2 조 제 1 항 제 6 호).
17) 영리를 목적으로 하지 아니하는 업무를 하는 자가 그 업무를 나타내기 위하여 사용하는 표장(제 2 조 제 1 항 제 9 호).
18) 상품의 품질, 원산지, 생산방법 또는 그 밖의 특성을 증명하고 관리하는 것을 업(業)으로 하는 자가 타인의 상품에 대하여 그 상품이 품질, 원산지, 생산방법 또는 그 밖의 특성을 충족한다는 것을 증명하는 데 사용하는 표장(제 2 조 제 1 항 제 7 호).

관한 규정을 적용한다(제 2 조 제 3 항). 또한, 판례[19]는 어느 상품에 사용되는 표장과 동일 또는 유사한 표장을 그 상품과 밀접한 관련 있는 서비스에 사용할 경우 일반 수요자가 그 서비스의 제공자를 상품의 제조판매자와 동일인인 것처럼 서비스의 출처에 대하여 혼동을 일으킬 우려가 있으므로, 그러한 서비스표는 등록이 거절되거나 등록되었더라도 무효로 되어야 한다고 한다. 이는 타인의 서비스표와 그러한 관계에 있는 상표의 등록 적격성에 대하여도 마찬가지로 보아야 할 것이다.[20]

이 책의 설명 역시 '상표'를 대상으로 하며, 상표에 대한 그러한 법리와 설명은 특별한 사정이 없는 한 '서비스표'에도 마찬가지로 적용된다.


# Ⅲ. 상표 등록요건으로서의 식별력

## 1. 식별력(제33조)

상품의 출처표시를 본질로 하는 상표제도의 본질에 비추어 상표는 자타상품의 식별력을 가져야 하며, 식별력이 없는 상표는 등록거절(제54조 제 3 호) 및 등록무효(제117조 제 1 항 제 1 호)의 사유가 된다. 출원상표가 상표법 제33조 제 1 항 각 호의 식별력 요건을 갖추고 있는지 여부에 관한 판단의 기준 시점은 원칙적으로 상표에 대하여 등록 여부를 결정하는 결정 시이고, 거절결정에 대한 불복 심판에 의하여 등록 허부가 결정되는 경우에는 그 심결 시이다.[21]

### 가. 식별력 없는 상표(제 33 조 제 1 항 각호)

ⅰ) 그 상품의 보통명칭을 보통으로 사용하는 방법으로 표시한 표장만으로 된 상표, ⅱ) 그 상품에 대하여 관용하는 상표, ⅲ) 그 상품의 산지·품질·원재료·효능·용도·수량·형상·가격·생산방법·가공방법·사용방법 또는 시기를 보통으로 사용하는 방법으로 표시한 표장만으로 된 상표, ⅳ) 현저한 지리

---

19) 대법원 1999. 7. 9. 선고 98후2887 판결 등 다수.

20) 대법원 1987. 3. 24. 선고 85후127 판결(상표 "힐튼제과"의 지정상품이 저명한 서비스표 "힐튼호텔"의 제조상품으로 오인될 수 있다는 이유로 상표등록을 거절한 예).

21) 대법원 2015. 1. 29. 선고 2014후2283 판결.

적 명칭·그 약어 또는 지도만으로 된 상표, ⅴ) 흔히 있는 성 또는 명칭을 보통으로 사용하는 방법으로 표시한 표장만으로 된 상표, ⅵ) 간단하고 흔히 있는 표장만으로 된 상표 및 ⅶ) 그 밖에 수요자가 누구의 업무에 관련된 상품을 표시하는 것인가를 식별할 수 없는 상표는 식별력이 없어 등록될 수 없다.

식별력 없는 표장 "만으로" 된 것이 거절사유이므로 기타 식별력 있는 문자, 도형, 기호 등이 결합되면 이에 해당하지 않는다. 식별력 없는 상표의 각 유형을 구체적으로 살펴보면 다음과 같다.

### (1) 상품의 보통명칭을 보통으로 사용하는 방법으로 쓴 것(제1호)

예: 바세린,22)  (요구르트)23)

⇨ 대법원 2004. 9. 24. 선고 2003후1314 판결

> 종자산업법에 의하여 품종의 명칭으로 등록된 표장은 그 품종을 대상으로 하는 상품에 대하여 상표법 제6조 제1항 제1호의 보통명칭에 해당하므로, 종자산업법에 의하여 사과품종의 명칭으로 등록된 "화랑"이라는 표장은 그 지정상품인 '사과, 사과묘목'의 보통명칭이다.

### (2) 그 상품에 관용하는 상표(제2호)

그 지정상품을 취급하는 동종업자 사이에서 널리 쓰이는 상표를 말한다.24) 상표법상 명문은 없으나 관용상표 역시 보통으로 사용하는 방법으로 사

---

22) 국내 일반 수요자나 거래자들은 바세린을 일명 와세린이라고 호칭하며 손등이 트거나 피부가 건조하여 거칠어질 때 바르는 크림, 또는 그러한 화장품이나 약품의 원료로 널리 인식하여 왔으므로 이 사건 상표 "VASELINE"을 그 지정상품 중 콜드 크림, 클린싱 크림, 베니싱 크림, 약용 크림 등에 사용할 경우에는 이는 그 지정상품의 보통명칭이나 원재료를 표시한 표장만으로 된 상표 또는 관용상표에 해당한다(대법원 1996. 5. 14. 선고 95후1463 판결).

23) 도형부분 및 "I Can't Believe It's" 부분은 단순한 도형 및 선전적인 구호표장으로서 식별력이 없어 그 요부는 "Yogurt" 부분인바, 이는 우유로 만든 유산균 발효유를 지칭하는 것으로서 결국 출원상표는 보통명칭을 보통으로 사용하는 방법으로 표시한 표장만으로 된 것이다(대법원 1993. 4. 23. 선고 92후1943 판결).

24) 상표법 제6조 제1항 제1호가 규정하는 상품의 보통명칭은 그 동업자들만이 아니라 실제 거래상 일반 소비자들까지도 지정상품의 보통명칭으로서 그와 같은 명칭을 보통으로 사

용된 경우만 식별력이 없는 것으로 본다.

　　예: NAPOLEON(꼬냑),25)　오복채(장아찌),26)　조방낙지27)

## (3) 기술적(記述的: Descriptive) 표장28)을 보통으로 사용하는 방법으로 표시한 것(제 3 호)

　　상품의 성질을 나타내는 표장은 누구라도 쓸 수 있도록 함이 마땅하고, 그 자체로서 식별력도 떨어지기 때문이다. 그러나 "암시적" 표현에 불과한 상표는 기술적 표장으로 보지 아니한다.

　　ⅰ) 산지표시의 예: 일동(약주),29)　보이차,30)　초당두부31)

　　ⅱ) 품질·효능표시의 예: FINE ART (항공운송업),32)　데코시트(장식재),33)

　　(수성도료판매업),34)　PNEUMO SHIELD(백신),35)　SPRINTER(자동차),36)

---

　　사용하고 있는 것을 말하고, 같은 법 제6조 제1항 제2호가 규정하는 관용상표는 동업자들 사이에 자유롭고 관용적으로 사용하게 된 상표를 말한다(대법원 2006. 4. 14. 선고 2004후2246 판결).

25) 대법원 1985. 1. 22. 선고 83후14 판결.
26) 원심이 원고를 포함한 장아찌 종류를 생산·판매하는 자들 사이에서 '오복채'를 장아찌의 한 종류를 가리키는 제품명으로 일반적으로 자유롭게 사용하여 온 사실을 인정하고 나서 이 사건 등록상표가 위 법조항 소정의 이른바 관용상표에 해당한다고 판단한 것은 정당하다(대법원 2003. 12. 26. 선고 2003후243 판결).
27) 특허법원 2005. 5. 19. 선고 2004허8541 판결.
28) 그 상품의 산지·품질·원재료·효능·용도·수량·형상(포장의 형상을 포함한다)·가격·생산방법·가공방법·사용방법 또는 시기를 표시.
29) 대법원 2003. 7. 11. 선고 2002후2464 판결. 아울러 "일동"은 막걸리의 산지로 유명하여 현저한 지리적 명칭에도 해당한다.
30) '보이차'란 중국 운남성 보이현에서 생산·가공된 차를 말하는데… '보이차'와 '普洱茶'가 상하로 병기되어 구성된 이 사건 등록상표 2는 그 등록사정 당시인 1992. 12. 23. 경을 기준으로 '보이(普洱)'가 그 지정상품의 산지표시로 직감되는 만큼 상표법 제6조 제1항 제3호에 의하여 등록이 무효이다(대법원 2004. 8. 16. 선고 2002후1140 판결).
31) 특허법원 1999. 8. 12. 선고 99허3603 판결(확정).
32) 대법원 1991. 1. 25. 선고 90후465 판결.
33) 대법원 1999. 11. 12. 선고 99후154 판결.
34) 대법원 2007. 3. 15. 선고 2005후452 판결.
35) 'PNEUMOSHIELD'와 같이 구성되고 지정상품을 '인체용 백신, 백신, 인체용 폐렴구균 공역백신'으로 하는 출원상표는 'PNEUMO'와 'SHIELD'를 간격없이 연속적으로 표기하여 구성한 표장으로서, 우리나라에서 흔히 사용하는 영한사전에 'PNEUMO'는 '폐, 호흡, 폐렴'의 뜻을 가진 결합사로, 'SHIELD'는 '방패, 보호물' 등의 뜻을 가진 단어로 해설되고

PC DIRECT(PC 하드웨어 수리 서비스)37)

iii) 원재료표시의 예: KERATIN(샴푸),38)   오뎅사께(일본음식점 경영업)39)

iv) 용도표시의 예: FAMILYCARD(신용카드),40)  합격(엿),41)  파출박사(가사서비스업), 42)

　　예술의 전당(공연장 대관업),43)   WATERLINE(가정·사무실용 물 분배기)44)

**ChargeNow**(전기에너지 공급계약 알선업)45)

v) 형상표시의 예: 七字餠茶,46)  L-8347)   (블록쌓기 장난감 도매업)48)

---

있고, 출원상표의 지정상품들은 생물학제제로서 그 성질상 약사법 제 2 조 제13항 소정의
전문의료약품에 속한다고 볼 수 있어서 그 주 거래자는 의사, 약사 등 특별히 자격을 갖춘
전문가라고 할 수 있으므로, 그들의 영어교육 수준에 비추어 보면 출원상표가 위와 같은
뜻을 가진 'PNEUMO'와 'SHIELD'의 두 단어가 결합됨으로써 그 지정상품과 관련하여
'폐렴예방백신' 등의 의미를 직감할 수 있게 된다고 할 것이어서, 출원상표는 그 지정상
품의 효능·용도 등을 직접으로 표시하는 표장만으로 된 상표에 해당하여 상표법 제 6 조
제 1 항 제 3 호에 의하여 등록될 수 없다(대법원 2000. 12. 8. 선고 2000후2170 판결).

36) 대법원 2011. 4. 28. 선고 2011후33 판결.

37) 대법원 2001. 3. 23. 선고 2000후1436 판결.

38) 출원상표인 'KERATIN'이 국제 화장품 원료집에 모발 및 피부조절기능이 있는 화장품 원
료(Hair Conditioning Agent, Skin Conditioning Agent)로 포함되어 있고, 식품의약품안전청
도 이를 화장품 원료로 사용 가능한 물질로 인정하고 있는 점 등을 종합하여 보면, 위 지
정상품의 거래자들이 'KERATIN'을 위 지정상품들의 원재료로 인식하고 있다고 보기 충
분하다(대법원 2003. 5. 13. 선고 2002후192 판결).

39) 특허법원 2007. 3. 28. 선고 2006허10012 판결.

40) 대법원 1996. 9. 24. 선고 96후78 판결.

41) 대법원 1999. 5. 28. 선고 98후683 판결.

42) 대법원 2007. 9. 20. 선고 2007후1824 판결.

43) 대법원 2008. 11. 13. 선고 2006후3397, 3403, 3410, 3427 판결.

44) 대법원 2007. 11. 29. 선고 2007후3042 판결.

45) 대법원 2019. 7. 10. 선고 2016후526 판결.

46) '칠자병차'로 표기된 이 사건 등록상표 1을 보고 일반 수요자나 거래자들은 그 지정상품인
'녹차, 오룡차' 등이 '떡 모양'의 형태로 7개 단위로 포장된 것임을 쉽게 인식할 수 있다
고 할 것이므로, 이 사건 등록상표 1은 전체적으로 그 지정상품의 형상을 보통으로 나타
내는 기술적 표장에 해당한다고 할 것이다(대법원 2004. 8. 16. 선고 2002후1140 판결).

47) 이 사건 상표는 지정상품인 비디오 테이프의 길이(Length)가 어느 정도(830피트)라고 직
감케 할 개연성이 농후하므로 지정상품의 형상을 보통으로 표시한 표장만으로 된 상표이
다(대법원 1982. 12. 28. 선고 81후55 판결).

48) 대법원 2014. 10. 15. 선고 2012후3800 판결.

vi) 생산방법·가공방법만으로 된 표시라고 본 예: GOLD BLEND(커피),[49] 無洗米(쌀)[50]

vii) 시기표시라고 본 예: 주간만화(잡지),[51] AUGUST(잡지)[52]

viii) 소리·냄새 등이 성질표시에 해당하는 예[53]: 체인 톱소리(벌목서비스업),

바람소리(방한복), 고무 향(타이어), 커피 향(커피 판매업)

단, 상표가 '산지(産地)'이거나 '현저한 지리적 명칭'에 해당하더라도 그
것이 특정한 상표에 대한 지리적 표시(상품의 특정 품질·명성 또는 그 밖의 특성이
본질적으로 특정 지역에서 비롯된 경우에 그 지역에서 생산·제조 또는 가공된 상품임을
나타내는 표시: 상표법 제2조 제1항 4호)인 경우에는 그 지리적 표시를 사용한
상품을 지정상품으로 하여 지리적 표시 단체표장은 등록받을 수 있다(상표법
제33조 제3항).

### (4) 현저한 지리적 명칭(제4호)

ⅰ) 현저한 지리적 명칭이라고 한 예: JAVA,[54] GEORGIA(커피 등),[55]

INNSBRUCK,[56] 종로학원[57]

---

49) 'GOLD(골드)'는 '금, 황금, 돈, 금처럼 귀중한' 등의 사전적 의미가 있으나 실제 거래사
회에서 일반인들은 '훌륭한, 뛰어난, 최고급의' 등의 의미로 받아들이고, 'BLEND(블렌
드)'는 '혼합하다, 섞다, 혼합'의 의미로 일반인들이 인식하게 되어, 결국 이 사건 등록상
표는 그 지정상품인 커피류와 관련하여 일반 수요자들이 직감적으로 '맛과 향기가 뛰어나
도록 배합한 최고급 커피'로 인식하게 되므로 이는 지정상품의 품질, 가공방법 등을 직접
적으로 표시한 기술적 상표에 해당한다(대법원 1997. 5. 30. 선고 96다56382 판결).
50) 우리나라의 거래자나 일반 소비자들은 '無洗米'를 보고 '물로 씻지 않고 조리할 수 있는
쌀'이라는 관념을 직감할 것이라고 봄이 상당하므로 이는 지정상품인 '쌀'의 가공방법을
표시하는 표장에 해당하여 식별력이 없다(대법원 2003. 5. 30. 선고 2003다16269 판결).
51) 대법원 1992. 11. 27. 선고 92후384 판결.
52) 잡지는 편집 및 간행의 시기가 상품의 중요한 특성 중 하나이다. AUGUST라는 표장은 '8
월에만 나오는 잡지', '8월호 잡지'로 직감될 수 있어 상품의 시기와 관련된 기술적 표장
이다(특허법원 2008. 9. 4. 선고 2008허6475 판결).
53) 특허청, 상표심사기준, 제8부 제6장 4.2; 제7장 4.2.
54) 대법원 2000. 6. 13. 선고 98후1273 판결.
55) 대법원 1986. 2. 25. 선고 85후105, 85후106 판결; 대법원 2012. 12. 13. 선고 2011후958 판결.
56) 'INNSBRUCK'은 오스트리아 서부 티롤 주의 주도(州都)로서 연중 관광객의 발길이 끊이
지 않으며, 1964년, 1976년 동계올림픽이 개최된 곳으로서 방송 등 언론매체를 통하여 우
리나라를 비롯한 여러 나라 국민들에게 그 도시의 역사와 풍물 등이 소개되어 널리 알려

ⅱ) 현저한 지리적 명칭이 아니라고 한 예: 강남약국,[58] PIZZA TO GO[59]

## (5) 흔히 있는 성 또는 명칭을 보통으로 사용하는 방법만으로 된 것(제5호)

흔히 있는 자연인의 성(姓) 또는 법인, 단체, 상호임을 표시하는 명칭 등

예: "리",[60] 윤씨농방[61]

## (6) 간단하고 흔한 표장(제6호)

예: ◇◇◇,[62] V2,[63] E PRINT,[64] K-Y[65]

## (7) 기타 식별력 없는 표장(제7호)

제1호 내지 제6호 외에 수요자가 누구의 업무에 관련된 상품을 표시하는 것인가를 식별할 수 없는 상표를 말한다. 법문상 제1호 내지 제6호에 대한 보충적 규정이며, 위 각호 어디에도 해당하지 않지만 식별력을 인정할 수 없는 상표의 등록을 거절하기 위한 조항으로 이해된다.[66] 한편, 판례 중에는 상표에 제1호 내지 제6호의 식별력 없는 구성이 복합된 경우 "전체적으로 제7호에 해당한다"고 본 예도 있다.[67]

---

지고 있으므로, 상표 "INNSBRUCK+인스브룩"의 'INNSBRUCK' 부분은 적어도 그 등록 사정시인 1997. 10. 31. 경에는 우리나라 거래사회의 수요자 사이에서 볼 때 현저한 지리적 명칭만으로 된 표장에 해당한다(대법원 2001. 7. 27. 선고 99후2723 판결).

57) 대법원 2001. 2. 9. 선고 98후379 판결.

58) "강남약국" 중 "강남"이 1975. 10. 1. 서울특별시 성동구로부터 분리된 강남구의 명칭과 동일하기는 하나 "강남"은 강의 남부지역, 강의 남방을 이르던 말로 남쪽의 먼 곳이라는 뜻으로 사용되고 있으므로 위 등록상표는 상표법 제8조 제4호 소정의 현저한 지리적 명칭으로 된 상표로 볼 수 없다(대법원 1990. 1. 23. 선고 88후1397 판결).

59) 대법원 1997. 8. 22. 선고 96후1682 판결.

60) 대법원 1989. 12. 22. 선고 89후582 판결.

61) 특허법원 2000. 11. 23. 선고 2000허2392 판결. 이 사건 등록상표의 구성 중 "윤씨"는 우리나라에서 흔히 있는 성이고, 농방은 이 사건 등록상표의 지정상품 중 하나인 "장"을 의미하는 "농"을 파는 가게를 뜻하는 것으로서 결합에 의하여 새로운 식별력이 생기는 것이 아니므로 상표법 제6조 제1항에 해당하여 식별력이 없다.

62) 대법원 2007. 3. 16. 선고 2006후3632 판결.

63) 대법원 2001. 7. 24. 선고 2000후3906 판결.

64) 대법원 1997. 6. 24. 선고 96후1866 판결.

65) 대법원 1999. 8. 24. 선고 99후1461 판결.

66) 대법원 1993. 12. 28. 선고 93후992 판결.

67) 'SUPER' 부분은 '최고급의, 특등품의' 등의 뜻을 가진 영어 단어로서 기술적 표장에 해

예: 인류를 아름답게, 사회를 아름답게(스커트),68) BELIEVE IT OR NOT(박물관 경영업),69) 우리은행,70) SUPER 8(모텔업), HAIR SPA(모발 염색제),71) 몬테소리(목제완구),72) **evezary** 여보자리 (침구류 판매대행업)73)

한편, 상표심사기준은 원칙적으로 색채 또는 색채의 조합만으로 된 상표는 간단하고 흔한 표장 또는 기타 식별력이 없는 표장이고, 냄새 상표 역시 수요자들에게 상품의 출처표지보다는 냄새 자체로 인식되므로 기타 식별력 없는 표장에 해당한다고 본다. 따라서 이러한 상표들은 아래 2.에서 보는 바와 같이 사용에 의한 식별력을 획득한 예외적인 경우에 한하여 등록 적격을 취득한다. 74)

## 나. 식별력 없는 표장의 특수문제: 제호(題號)

### (1) 저작권에 의한 보호 여부

통설·판례75)는, 서적이나 영화 등의 제호는 독립된 저작권의 대상이 아니라고 한다. 보통 제호는 너무 짧아 저작물로 보호될 창작성이 부족하다는

---

당하여 식별력이 없고, '8' 부분은 간단하고 흔히 있는 표장으로서 식별력이 없다. 결국 이 사건 출원서비스표는 전체적으로 지정서비스업과의 관계에서 상표법 제6조 제1항 제7호의 사유가 있다(대법원 2011. 3. 10. 선고 2010후3226 판결).

68) 대법원 1987. 1. 20. 선고 86후85 판결.

69) 대법원 1994. 11. 18. 선고 94후173 판결.

70) '우리'는 '말하는 이가 자기와 듣는 이, 또는 자기와 듣는 이를 포함한 여러 사람을 가리키는 일인칭 대명사', '말하는 이가 자기보다 높지 아니한 사람을 상대하여 자기를 포함한 여러 사람을 가리키는 일인칭 대명사', '말하는 이가 자기보다 높지 아니한 사람을 상대하여 어떤 대상이 자기와 친밀한 관계임을 나타낼 때 쓰는 말' 등으로 누구나 흔히 사용하는 말이어서 표장으로서의 식별력을 인정하기 어렵고, '은행'은 그 지정서비스업의 표시이어서 식별력이 없으며, 그 결합에 의하여 '우리'와 '은행'이 결합한 것 이상의 새로운 관념을 도출하거나 새로운 식별력을 형성하는 것도 아니므로, 이 사건 등록서비스표는 상표법 제6조 제1항 제7호의 수요자가 누구의 업무에 관련된 서비스업을 표시하는 것인가를 식별할 수 없는 서비스표에 해당한다(대법원 2009. 5. 28. 선고 2007후3301 판결).

71) 대법원 2014. 9. 4. 선고 2014후1020 판결.

72) 대법원 2015. 6. 11. 선고 2013다15029 판결.

73) 대법원 2014. 2. 27. 선고 2013후2330 판결.

74) 특허청, 상표심사기준, 제8부 제2장 3.1; 제7장 4.1.

75) 대법원 1996. 8. 23. 선고 96다273 판결 등.

것이다. 생각건대, 서적, 영화, 음반 등의 제목에는 별도의 창작성을 인정하기 어려운 것도 있지만 실제로 대상 저작물의 특징을 암시·대변하는 독창적인 제목들 또한 많다. 따라서 일반론으로 그 창작성을 부인하기보다는 이를 개별적으로 평가·판단함이 상당할 것이다.

### (2) 상표권에 의한 보호 여부

그런데, 서적 등의 제호를 상표로 등록·보호할 수 있는지가 문제되고, 실제로 서적 등의 제호를 상표출원 하는 경우도 적지 않은 것이 현실이다. 이 문제에 대한 실무의 취급은 등록단계와 등록 후가 다르므로 구분하여 살펴볼 필요가 있다.

#### (개) 등 록 전

##### 1) 식별력이 부인되는 경우

예컨대 '민법총칙', '경제학 원론', '그리스 철학'처럼 서적 등의 제호가 누가 보아도 지정상품인 서적의 구체적 내용과 밀접히 관련되는 경우라면 식별력을 부인하는 것이 보통이다.[76] 그처럼 서적의 내용을 함축하는 제호는 같은 내용의 서적을 출판하려고 하는 제3자 누구라도 자유롭게 사용할 수 있어야 하기 때문이다.

##### 2) 식별력이 인정되는 경우

예컨대 '삼화' 영한사전[77]처럼 서적 내용의 함축과 무관한 제호라면 이는 지정상품인 서적과의 관계에서 상표로서 식별력을 부인하기 어렵다. 또한, 정기간행물의 제호[78]는 간행물의 성질이나 내용을 기술적(記述的)으로 표시하더라도 특정 출판사나 편집자의 상품임을 표시하는 출처표시의 기능이 강하면, 원칙상 식별력을 부인하지 않는다.

#### (내) 등 록 후

서적 등의 제호가 상표등록 된 이후에는 아래에서 보는 기준에 따라 그

---

76) 판례는 서적의 제목으로 '상가록(대법원 1993. 3. 9. 선고 92다13134 판결)', '생활정보 (대법원 1987. 8. 18. 선고 86후190 판결)', '역대 왕비열전(대법원 1986. 10. 28. 선고 85 후75 판결)', '영어실력기초(대법원 1990. 11. 27. 선고 90후410판결)', '관족법(觀足法: 대법원 2001. 4. 24. 선고 2000후2149 판결) 등에 대해 식별력이 없다고 보았다.

77) 이상의 예시는 특허청, 상표심사기준, 제4부 제3장 4. 5. 2.

78) 예컨대, '월간 중앙', '스포츠 서울' 등.

보호 여부를 차별화하는 것이 판례와 실무이다. 이처럼 일정한 경우 제호에
상표등록을 허용하면서도 권리행사 단계에서 다시 그 제한가능성을 두는 이유
는, 상표심사 단계에서는 출원상표가 실제 서적의 제목인지 여부를 알기 어려
운 수도 많고, 이러한 점을 이용하여 제3자가 타인의 저작물 제호를 상표로
선등록 한 뒤 정작 저작권자 등이 제호를 사용하는 것에 대하여 상표권 침해
를 주장할 수도 있기 때문이다.

### 1) 원    칙

단행본의 제호가 상표로 등록될 수 있다는 것과, 그 보호범위를 설정하는
것을 별개의 문제로 취급한다. 따라서 이미 등록된 상표가 단행본 저작물의
제호인 경우, 비상표권자가 이를 저작물의 제호로 사용하더라도 당해 저작물
에 대한 적법한 사용권에 근거한 것이라면 상표권은 미치지 않는다. 판례는,
당해 제호가 그 저작물에 대한 보통명칭 내지 관용표장에 불과하기 때문이라
고 한다.[79)

⇨ 대법원 1995. 9. 26. 선고 95다3381 판결

> 서적의 제호는 그것이 보통 일반적으로 사용되는 것이 아니고, 그 저작물의 내
> 용을 직접 표시하는 것이 아닌 한, 서적이나 필름 등의 상표로서 사용되는 경우
> 에는 다른 상품과 식별하는 능력이 있고 출처표시로서의 기능도 있다고 할 것이
> 나, 이들 문자도 서적류의 제호로서 사용되는 경우에는 그것은 당연히 해당 저
> 작물의 창작물로서의 명칭 내지 그 내용을 나타내는 것이며, 그러한 창작물을
> 출판하고 제조, 판매하고자 하는 자는 저작권법에 저촉되지 않는 한, 누구든지
> 사용할 수 있는 것으로서 품질을 나타내는 보통명칭 또는 관용상표와 같은 성격
> 을 가지는 것이므로, 제호로서의 사용에 대하여는 상표법 제51조의 규정에 의하
> 여 상표권의 효력이 미치지 않는다.

위 판례가 '해당 저작물의 보통명칭·관용표장'이라는 부적절한 표현을 사

---

79) 리눅스(Linux)라는 컴퓨터 운영체제 프로그램의 사용방법 등을 설명하는 내용의 책을 출
판하면서 그 책에 사용한 'Linux'라는 표장은 그 책의 제목으로만 사용되었고 그 책의 출
처를 표시하거나 그 책을 다른 출판사의 책과 식별되도록 하기 위한 표장으로서 사용되지
아니하였으므로, 등록상표인 'Linux'의 상표권의 효력은 '리눅스 내가 최고'라는 책의 제
목으로 사용된 위 표장에 미치지 아니한다(대법원 2002. 12. 10. 선고 2000후3395 판결).

용한 점은 문제이나, 이를 상표법적 시각에서 선해하면, 상품의 판매자가 타인의 등록상표를 '단지 상품의 내용이나 용도를 안내하는 목적으로 사용한 경우'에 해당하여 표장의 '상표적 사용'이 아니기 때문에 상표권의 효력이 미치지 않는 것[80]이라는 의미로 파악할 수 있다.

2) 예　　외

반면, 상표등록된 제호가 시리즈물의 제목으로 반복 사용되는 경우에는 그러한 제호는 단순히 그 서적의 보통명칭에 그치지 않고 당해 시리즈물의 '출처표시' 기능을 하게 되므로 등록상표권의 효력이 미칠 수 있다. 이 경우 제호는 서적의 특정 콘텐츠와의 결합력이 약해지고 그 자체가 추상적으로 시리즈물의 표지로서의 기능을 수행하게 되기 때문이다.

◇ 대법원 2005. 8. 25. 선고 2005다22770 판결

B가 저자 A와의 계약 아래 '영어공부 절대로 하지마라'는 제목의 서적을 출판하여 시중에서 '영절하'로 지칭되면서 크게 인기를 얻자, 저자 A가 그 뒤 '영어공부 절대로 하지마라!'를 정기간행물 등을 지정상품으로 하여 상표등록 하였는데, B가 A의 허락 없이 '영절하! 중학입문', '영절하! 중학입문 Listening Script & Test Answers', '영절하! 중학실력', '영절하! 중학실력 Listening Script & Test Answers' 등의 시리즈물을 제작·판매한 사안에서, 이처럼 '영절하'를 제호 일부로 하는 시리즈물에 대하여는 A의 상표권이 미칠 수 있다고 판시.

(3) 부정경쟁방지법에 의한 보호 여부

앞서 본 대로 단행본 서적의 제호는 개별 저작물의 이름으로 기능할 뿐, 그 지정상품인 '서적'의 '출처표지'로 기능하지는 않는 것이 보통이다. 따라서 제호는 부정경쟁방지법에서의 상품표지성이나 영업표지성도 없는 것이 원칙이지만, 시리즈물이나 정기간행물은 연속하여 출간되는 특성상 지정상품인 '서적'으로서의 일반성이 한층 부각되고 반복 사용으로 그 제호가 널리 인식되어 출처표시로서 식별력을 갖게 되면 상품표지나 영업표지로 인정되어 부정경쟁방지법이 적용된다.

---

80) 대법원 2011. 1. 13. 선고 2010도5994 판결 참조.

◇ 대법원 2007. 1. 25. 선고 2005다67223 판결

기존의 수많은 국내 가요들 중에서 일부를 선곡, 수록한 후, 그 음반 전면 상단
에 █████라는 제명을 사용하고, 그 바로 밑에 위 제 1 집부터 제 5 집에 이르
기까지 순차로 '…그리고, 첫사랑', '…그리고, 슬픈 인연', '…그리고, 슬픈
고백', '…그리고, 기다림'이라는 부제를 달아 진한커피 시리즈 편집음반을 출
시하였다면, 이는 특정 저작자의 창작물이라기보다는 그 음반제작·판매자의 기
획상품이라는 성격이 짙고, 위 각 편집음반의 전면 상단에 일정한 도형과 색채
를 가미하고 영문자를 부기하여 동일한 형태로 계속 사용된 '진한커피'라는 제
명 역시, 위 각 편집음반의 내용 등을 직접적으로 표시하는 것이 아니며, 나아
가 … 사정들을 아울러 고려하여 보면, 진한커피 시리즈 편집음반에 사용된 '진
한커피'라는 제명은, 이미 '편집음반' 상품과 관련하여서는 단순히 창작물의 내
용을 표시하는 명칭에 머무르지 않고 거래자나 일반 수요자 사이에 특정인의 상
품을 표시하는 식별표지로서 인식되기에 이르렀고, 그 '진한커피' 제명에는 위
편집음반을 제작한 자의 신용과 고객흡인력이 화체되어 있다고 봄이 상당하다.

◇ 대법원 2015. 1. 29. 선고 2012다13507 판결

동일한 제목으로 동일한 각본·악곡·가사·안무·무대미술 등이 이용된 뮤지컬
공연이 회를 거듭하여 계속적으로 이루어지거나 동일한 제목이 이용된 후속 시
리즈 뮤지컬이 제작·공연된 경우에는, 그 공연 기간과 횟수, 관람객의 규모, 광
고·홍보의 정도 등 구체적·개별적 사정에 비추어 뮤지컬의 제목이 거래자 또는
수요자에게 해당 뮤지컬의 공연이 갖는 차별적 특징을 표상함으로써 구체적으로
누구인지는 알 수 없다고 하더라도 특정인의 뮤지컬 제작·공연 등의 영업임을
연상시킬 정도로 현저하게 개별화되기에 이르렀다고 보인다면, 그 뮤지컬의 제
목은 단순히 창작물의 내용을 표시하는 명칭에 머무르지 않고 부정경쟁방지 및
영업비밀보호에 관한 법률(이하 '부정경쟁방지법'이라고 한다) 제 2 조 제 1 호 (나)
목에서 정하는 '타인의 영업임을 표시한 표지'에 해당한다고 할 것이다. … '뮤
지컬 CATS'는 적어도 2003년부터는 그 저작권자 및 그로부터 정당하게 공연허
락을 받은 원고에 의해서만 국내에서 영어 또는 국어로 제작·공연되어 왔고, 또
그 각본·악곡·가사·안무·무대미술 등에 대한 저작권자의 엄격한 통제 아래 일
정한 내용과 수준으로 회를 거듭하여 계속적으로 공연이 이루어졌다. … 이러한
사정을 앞서 본 법리에 비추어 살펴보면, 'CATS'의 영문 또는 그 한글 음역으
로 된 원심 판시 이 사건 표지는 적어도 이 사건 원심 변론종결일 무렵에는 단순
히 그 뮤지컬의 내용을 표시하는 명칭에 머무르지 않고, 거래자 또는 수요자에
게 뮤지컬 CATS의 공연이 갖는 차별적 특징을 표상함으로써 특정인의 뮤지컬

제작·공연임을 연상시킬 정도로 현저하게 개별화되기에 이르렀다고 할 것이므로, 부정경쟁방지법 제 2 조 제 1 호 (나)목에서 정한 '타인의 영업임을 표시한 표지'에 해당한다.

## 2. 사용에 의한 식별력(제33조 제 2 항)

일정한 유형의 식별력 없는 상표는 반복 사용의 결과 수요자 사이에서 식별력을 획득하면 등록적격을 가지게 된다. 식별력의 내용과 관련하여, 종래에는 '수요자 간에 누구의 업무에 관련된 상품을 표시하는 것인가가 현저하게 인식되어 있을 것'이 필요하였으나, 2014. 6. 11. 개정된 상표법(법률 제12751호)부터는 이를 '수요자 간에 특정인의 상품에 관한 출처를 표시하는 것으로 식별할 수 있게 된 경우'로 완화하였다. 그 결과 특정 상표가 수요자들 사이에서 '구체적으로 누구인지는 알지 못하더라도 이미 누군가의 상표로 동일하고 일관되게 사용되어 오고 있다'는 정도의 인식[81]만 형성되어 있다면 사용에 의한 식별력 획득을 주장할 수 있게 되었다.[82]

### 가. 규정의 적용범위

#### (1) 적용대상이 되는 표장

ⅰ) 기술적(記述的: Descriptive) 표장(제 3 호), ⅱ) 현저한 지리적 명칭(제 4 호), ⅲ) 흔히 있는 성 또는 명칭(제 5 호), ⅳ) 간단하고 흔한 표장(제 6 호) 및 ⅴ) 기타 식별력 없는 표장(제 7 호)이 사용에 의한 식별력 획득의 대상이 된다. 상표법 제33조 제 2 항은 제 3 호 내지 제 6 호만을 열거하고 있으나, 판례[83]는 기타 식별력 없는 표장(제 7 호)의 경우에도 사용에 의한 식별력 획득

---

81) 판례는, '수요자 간에 특정인의 상표나 상품에 관한 출처를 표시하는 것으로 인식되는 경우'란 이러한 의미라고 한다(대법원 2007. 6. 28. 선고 2006후3113 판결; 대법원 2014. 2. 13. 선고 2013후2675 판결).

82) 한편, 특허청 상표심사기준은 이 식별력을 법 제34조 제 1 항 제13호의 '특정인의 상품을 표시하는 것이라고 인식되어 있는 상표'의 인식도보다는 높되, 법 제34조 제 1 항 제 9 호의 '타인의 상품을 표시하는 것이라고 수요자 간에 현저하게 인식되어 있는 상표' 즉, 주지상표의 인식도보다는 낮은 단계를 의미한다고 하고 있다(특허청, 상표심사기준, 제 4 부 제 9 장 2. 2. 2). 그러나 실질적으로 동일한 법문의 해석에 이처럼 서로 다른 기준을 적용할 납득할 만한 근거가 있는지 의문이다.

을 인정한다.

⟶ 대법원 2003. 7. 11. 선고 2001후2863 판결

> 이 사건 출원상표는 모양이 간단하고 그 무늬가 연속적으로 구성되어 있어 하나
> 의 완성된 독립적 도형으로 인식되기보다 장식적 무늬의 한 부분을 표현한 것으
> 로 인식되며, 그 무늬가 보리이삭을 도형화한 것이라 할지라도 일반 수요자들에
> 게 어떤 관념이나 호칭을 생기게 하는 모양이라고 할 수 없고, 또한 이 사건 출
> 원상표의 외관은 그 지정상품인 핸드백, 트렁크, 서류가방들의 외부표면의 무늬
> 형태를 나타내는 것으로 인식될 수 있는 점을 종합하면, 일반 수요자들이나 거
> 래자들이 이 사건 출원상표에 의하여 그 지정상품의 출처를 인식하고 자타상품
> 을 구별하기는 어려우므로 이 사건 출원상표는 상표법 제6조 제1항 제7호 소
> 정의 수요자가 누구의 업무에 관련된 상품을 표시하는 것인가를 식별할 수 없는
> 상표에 해당한다. …(중략) 그런데 상표법 제6조 제1항 제7호는 같은 조 제1항
> 제1호 내지 제6호에 해당하지 아니하는 상표라도 자기의 상품과 타인의 상품
> 사이의 출처를 식별할 수 없는, 즉 특별현저성이 없는 상표는 등록을 받을 수
> 없다는 것을 의미할 뿐이므로, 어떤 표장이 그 사용상태를 고려하지 않고 그 자
> 체의 관념이나 지정상품과의 관계 등만을 객관적으로 살펴볼 때에는 특별현저성
> 이 없는 것으로 보이더라도, 출원인이 그 표장을 사용한 결과 수요자나 거래자
> 사이에 그 표장이 누구의 업무에 관련된 상품을 표시하는 것으로 현저하게 인식
> 되기에 이른 경우에는 특별한 사정이 없는 한 그 표장은 상표법 제6조 제1항
> 제7호의 특별현저성이 없는 상표에 해당하지 않게 되고, 그 결과 상표등록을
> 받는 데 아무런 지장이 없으며(대법원 2001. 4. 10. 선고 2001후58 판결 참조), 상표
> 법 제6조 제2항에 상표법 제6조 제1항 제7호가 포함되어 있지 않다는 사
> 정만으로 이를 달리 볼 것은 아니다.

### (2) 식별력 획득이 인정되는 범위

#### (가) 동일한 상표·상품

사용에 의한 식별력 획득은 실제 사용된 상표와 동일한 상표에 대하여만
인정되며, 그와 '유사한' 상표까지 등록적격이 확대되는 것은 아니다.[84] 아울

---

83) 대법원 2006. 5. 12. 선고 2005후339 판결; 대법원 2003. 7. 11. 선고 2001후2863 판결.

84) 대법원 2008. 9. 25. 선고 2006후2288 판결(다만, 해당 상표와 완전히 동일하지는 않더라
도 그와 동일성이 인정되는 범위에 있는 상표의 장기간의 사용은 위 식별력 취득에 도움
이 되는 요소는 된다고 한다).

러, 사용에 의한 식별력은 부등록 사유에 대한 예외 규정이기 때문에 식별력이 취득되는 상품 역시 당해 상표가 실제로 사용된 상품과 실질적으로 동일한 상품에 한하고 동일 상품류 구분 내의 다른 상품이나 유사상품에 까지 등록적격이 확대되는 것은 아니다. 85) 상표법 제33조 제2항은 "… 그 상표를 사용한 상품에 한정하여 상표등록을 받을 수 있다"고 하여 이 점을 보다 분명히 하고 있다. 86)

### (내) 지역적 범위

상표가 사용에 의한 식별력을 취득한 지역적 범위에 관해서 판례는, 등록된 상표는 우리나라 전역에 효력을 가진다는 이유로 식별력 또한 우리나라 전역의 수요자들 사이에서 획득되어야 한다고 한다. 87) 이는 판례가 부정경쟁방지법 적용의 대상이 되는 상품이나 영업의 주지성 판단과 관련해서는 국내의 일부 지역에서만 널리 알려져 있어도 족하다고 하는 것88)과 대비된다. 89)

◈ 대법원 2008. 5. 15. 선고 2005후2977 판결

> "알파" 등의 식별력 없는 상표로 지정상품 '그림물감'에 관하여 사용에 의한 식별력을 취득한 사실이 있다 하여 목탄연필, 색연필 등 이와 유사한 지정상품에 까지 사용에 의한 식별력이 인정되는 것은 아니다.

◈ 대법원 2006. 5. 12. 선고 2005후339 판결

> 식별력 없는 등록서비스표 "SPEED 011"이 그 지정서비스업 중 '전화통신업, 무선통신업'과의 관계에서 사용에 의한 식별력 취득이 인정된다고 하여 '무선호출서비스업, 전보통신업' 등 유사한 서비스업에도 식별력 취득이 인정된다고 볼 수 없다.

---

85) 대법원 2008. 5. 15. 선고 2005후2977 판결; 대법원 2006. 5. 12. 선고 2005후339 판결.
86) 실무상, 이는 대학의 명칭이 표장인 경우에는 달리 취급되는데, 아래에서 별도로 살펴본다.
87) 대법원 1994. 5. 24. 선고 92후2274 전원합의체 판결. 반면, 특허청의 심사기준은 지정상품의 특성에 따라서는 특정 지역에서만 수요자 인식이 획득된 경우에도 사용에 의한 식별력 획득을 인정할 수 있다고 한다(특허청, 상표심사기준 제4부 제9장 2.2.2. 및 4.3).
88) 대법원 2012. 5. 9. 선고 2010도6187 판결 등.
89) 다만, 최근 판례는(대법원 2020. 9. 3. 선고 2019후11688 판결) 상표법 제34조 제1항 제12호 관련하여 '국내에서 특정인의 상표나 상품이라고 알려진 것'이 반드시 우리나라 전역에서 수요자의 인식을 획득한 경우만을 의미하는 것은 아니고, 경우에 따라 특정 지역에서만의 인식만으로도 요건이 충족될 수 있다는 취지로 판시하였는바, 주목할 만하다.

432 상 표 법

㈐ 특수 문제: 대학의 명칭 등

판례는 '현저한 지리적 명칭 + 대학교'의 구성으로 이루어진 표장에 대해서는 다소 특수한 법리를 제시하고 있다. 즉, ⅰ) 특정 지역의 이름이 포함된 대학교의 명칭은 '현저한 지리적 명칭'이라는 식별력 없는 부분과 '대학교'라는 식별력 없는 부분의 결합이어서 전체로서 식별력이 없으므로 등록될 수 없지만(상표법 제33조 제1항 제4호, 제7호), 해당 명칭이 수요자들에게 널리 알려져 전체로서 새로운 관념과 식별력을 취득했다면 등록 적격을 가진다고 본다.[90] 나아가 ⅱ) 수요자가 'ㅇㅇ 대학교'라는 명칭을 'ㅇㅇ 지역에 있는 대학교'가 아니라 특정한 대학의 이름으로 인식하는 정도라면 아예 상표법 제33조 제1항 제4호, 제7호의 식별력 없는 상표에 해당하지 않으므로 제33조 제2항에 따라 실사용 상품·서비스에 구애됨 없이 해당 대학의 명칭을 예컨대 교육업 외에 다른 상품·서비스에도 등록받을 수 있다고 한다.[91]

한편, 이에 대해서는 반론도 제기되고 있는 바, 이런 법리를 설시한 대법원 2018. 6. 21. 선고 2015후1454 전원합의체 판결의 별개의견들이 그 예이다. 제1별개의견은, 현실적으로 '현저한 지리적 명칭 + 대학교'의 표장은 처음부터 '특정한 대학의 이름'으로서 '본질적 식별력'을 가지며 상표등록을 허용하더라도 공익상 폐해가 발생한다고 보기 어려우므로, 사용을 통해 수요자의 인식이 확보되었는지를 따질 필요 없이 처음부터 상표법 제33조 제1항 제1호, 제4호, 제2항의 적용 여지가 없다고 한다. 제2별개의견은, 제1별개의견과 출발을 같이 하면서도 해당 대학 명칭을 대학교수업·교육업 등에는 허용할 수 있지만, 그 밖의 지정상품에까지 제한 없이 사용하는 것은 현저

---

90) 대법원 2018. 6. 21. 선고 2015후1454 전원합의체 판결(미국의 대학교 명칭인 "AMERICAN UNIVERSITY"가 대학교육업 등을 지정서비스로 하여 국내에 상표등록을 하려 한 사안이다. 결과적으로 등록적격이 인정되었다).

91) 대법원 2015. 1. 29. 선고 2014후2283 판결은, "서울대학교"의 경우, 현저한 지리적 명칭인 '서울'과 흔히 있는 명칭인 '대학교'가 불가분적으로 결합된 것이기는 하나 오랜 사용으로 인해 단순히 '서울에 있는 대학교'라는 의미가 아니라 '서울특별시 관악구 등에 소재하고 있는 국립종합대학교'라는 새로운 관념이 일반 수요자나 거래자 사이에 형성되어 충분한 식별력을 가지게 되었으므로 아예 상표법 제6조 제1항 제4호, 제7호에 해당하지 않는다고 보았다. 그 결과 모든 지정상품에 대한 상표등록이 허용되어야 하며, 상표법 제6조 제2항에 의하여 각 지정상품에 개별적으로 사용에 의한 식별력을 취득하였는지 여부 또한 별도로 따질 필요도 없다고 한다(사안에서는 교수업이 아닌 농산물이유식 등이 지정상품). 위 전원합의체 판결은 본문에서 위 판례를 다시 인용하고 있다.

한 지리적 명칭의 상표사용이 금지되는 제3자들과 형평에 어긋나므로 등록이
허용되어서는 안 된다고 한다.

## 나. 식별력 취득의 판단시점

사용에 의한 식별력 취득을 판단하는 시점을 두고 서로 다른 견해가 존재
한다. 그 내용과 논거는 다음과 같다.

### (1) 출원 시 설

ⅰ) 상표법 제33조 제2항이 '출원 전부터 상표를 사용한 결과'라고 규정
하고 있고, ⅱ) 사용에 의한 식별력 취득 여부를 등록결정시로 보게 되면 애
초에 식별력 없는 상표를 출원한 자가 등록결정을 지연하면서 식별력을 획득
하려 하는 폐단을 막을 수 없기 때문이라고 한다.[92]

### (2) 등록 여부 결정 시 설

등록결정 시 사용에 의한 식별력을 취득한 상표를 출원 시 아직 식별력이
없었다는 이유로 등록거절 하더라도, 거절당한 출원인이 그 이후 동일 상표를
다시 출원하게 되면 이제는 출원 시에 식별력이 있는 상표의 출원이 되므로
결국 무용한 절차를 반복시키는 것에 지나지 않아 부당하다고 한다.

판례[93]는 이 입장을 취한다. 여기서 '등록 여부 결정 시'는, 심사단계에서
는 심사관에 의해 등록 여부가 결정되는 시점을 말하고,[94] 심사관의 결정에
불복심판이 제기되고 심결을 통해 등록 여부가 결정되는 경우에는 그 심결 시
가 등록 여부 결정 시가 된다.[95] 나아가 심판에 대한 불복소송이 제기된 경우
에는 다시 특허법원에서의 (사실심) 변론종결일이 등록 여부 결정 시가 될 여
지가 있다는 입장도 있으나,[96] 주류적 견해는 아니다.[97] 한편, 출원인이 실제

---

92) 송영식, 지적소유권법 제2판(하), 육법사(2013), 132~133면. 위 견해는, 판례가 식별력
   인정의 기준시점을 등록결정시로 보고 있는 취지는, 식별력을 갖춘 채로 출원하여 그 식
   별력이 등록 시까지 유지되고 있어야 한다는 의미라고 설명한다.
93) 대법원 2003. 5. 16. 선고 2002후1768 판결; 대법원 2008. 11. 13. 선고 2006후3397, 3403,
   3410, 3427 판결; 대법원 2009. 5. 28. 선고 2007후3318 판결.
94) 대법원 1999. 9. 17. 선고 99후1645 판결; 대법원 2009. 5. 28. 선고 2007후3318 판결.
95) 대법원 2014. 10. 15. 선고 2012후3800 판결.
96) 송영식, 앞의 책, 133면.
97) '결정계 사건'에서 판단의 기준시점이므로 제한설에 따라 심결 시로 보아야 한다는 입장으

사용자로부터 그 상표에 관한 권리를 양수하여 출원한 때에는 출원인 스스로의 사용실적 이외에 종전 사용자의 사용실적도 고려하여 식별력을 구비하였는지를 판단하게 된다. 98)

## 다. 관련문제

### (1) 사용에 의한 식별력 상실

사용에 의한 식별력 취득과 반대로, 당초 식별력이 있었으나 당해 상표가 광범위하게 반복 사용되어 식별력을 잃고 보통명칭이나 관용표장으로 되는 수도 있다. 판례에 나타난 그러한 예로는 아스피린, 99) Jeep, 100) 은단101) 등이 있다. 또 판례는, 102) 원고의 "매직블럭"이라는 상표가 2004년 등록된바 있지만 그 뒤 거래계에서 청소용 스펀지를 매직블럭이라고 널리 부른 결과, 원고의 권리범위확인 심판의 심결시인 2012년 경 "매직블럭"이 이미 청소용 스펀지를 지칭하는 관용표장이 되기에 이르렀다면 상표법 제90조 제 1 항 제 4 호(구 상표법 제50조 제 1 항 제 3 호)에 따라 상표권의 효력이 미치지 않는다고 하였다. 한편, 상표법은 상표등록 후 제33조 제 1 항 각호의 어느 하나에 해당하게 된 경우를 후발적·장래적 무효사유로 규정하고 있다(제117조 제 1 항 제 6 호). 103) 특히 그 중에서도 보통명칭, 관용표장 또는 기타 식별력 없는 표장으로 된 경우가 주로 여기에 해당할 것이다.

### (2) 수요자 인식이나 시장변화에 따라 식별력이 달라진 예

상표의 식별력은 당연히 수요자 인식이나 시장상황의 변화에 따라 달라진다. 이를 잘 보여주는 대표적인 사례로는, ⅰ) 간단하고 흔한 표장이어서 상표등록 되지 아니한 "K2"를 20년 이상 등산화 등에 사용한 결과, 2004년 경에는 위 상표가 등산화, 안전화 및 기타 등산용품에 사용에 의한 식별력을 취

---

로는, 정상조 대표편집, 상표법주해Ⅰ, 박영사(2018), 527~528면(이해완 집필부분).
98) 대법원 2012. 12. 27. 선고 2012후2951 판결.
99) 대법원 1977. 5. 10. 선고 76다1721 판결.
100) 대법원 1992. 11. 10. 선고 92후414 판결.
101) 대법원 1987. 2. 10. 선고 85후94 판결.
102) 대법원 2013. 12. 12. 선고 2013후2446 판결
103) 단, 사용에 의한 식별력을 가지는 경우(제33조 제 2 항)는 제외된다(제117조 제 1 항 제 6 호 괄호부분).

득하였다고 인정한 예,104) ⅱ) "카페라떼"라는 상표에 관하여, 1999년 당시에는 보통명칭으로 인식되지 아니한다는 이유로 식별력을 인정하였다가105) 2002년 이후에는 이미 수요자나 거래자 사이에 보통명칭이 되었다고 보아 식별력을 부정한 예106) 등이 있다.

(3) 식별력이 없는 일부분만이 따로 사용에 의한 식별력을 취득할 수 있는가

과거 이를 부정하는 판례와107) 긍정하는 판례108)가 있었으나, 대법원 2014. 3. 20. 선고 2011후3698 전원합의체 판결을 통해 이를 긍정하는 것으로 입장이 정리되었다.

이 사건에서 원고는 를 상표로 출원하여(지정상품: 운동화 등) 등록받았는데(등록결정일: 1984. 9. 15), 피고가 운동화에 사용한 상표가 원고 등록상표의 권리범위에 속하는지가 심판의 대상이 되었다. 원고의 등록상표 가운데 운동화 모양부분은 지정상품의 형상에 불과하여 본디 식별력이 없고, 패치부분은 간단하고 흔한 표장이어서 식별력이 미약하며, 등록결정 시인 1984. 9. 까지 사용에 의한 식별력을 취득한 바도 없었다. 그러나 원고는 등록상표의 일부인 표장을 부착한 운동화를 장기간 제조·판매하여 2009년 경부터는 수요자 사이에 그 자체로 출처식별력을 가지게 되었다. 대법원은, ⅰ) 수요자가 느끼는 등록상표의 식별력은 상표의 유사여부 판단에 중요한 기준이

---

104) 대법원 2008. 9. 25. 선고 2006후2288 판결.

105) 특허법원 1999. 9. 16. 선고 99허1287 판결.

106) 특허법원 2002. 1. 24. 선고 2001허4746 판결 등.

107) 대법원 2007. 12. 13. 선고 2005후728 판결: ⅰ) 등록상표 가운데 "A6" 부분은 간단하고 흔한 표장으로서 그 자체로는 식별력이 없으며, 그 부분이 등록상표의 등록결정 이후에 사용에 의한 식별력을 취득하였더라도 그것만으로 다른 상표와 대비할 수는 없고, 여전히 상표 전체로만 대비되어야 한다. ⅱ) 대비대상 상표 는 등록상표의 "A6" 부분과 유사하나 위와 같은 이유로 이는 독립하여 대비의 대상이 될 수 없고, 양 상표를 전체 대 전체로 대비하면 대비대상 상표는 등록상표의 색채를 가지고 있지 않으며 도형의 모양에도 많은 차이가 있어서 이 사건 등록상표와 전체적으로 유사하지 않다.

108) 대법원 2013. 3. 28. 선고 2011후835 판결: 의 "*Coffee Bean,*" 부분이 당초에는 지정서비스업인 커피판매업 등에 관한 성질표시로서 식별력이 없었지만, 그 뒤 사용에 의한 식별력을 취득하였으므로 *Coffee Bean* 부분만으로도 등록상표인 coffee bean cantabile 와 대비가 가능하며, 그 결과 coffee bean cantabile는 중요부분인 coffee bean 이 *Coffee Bean* 과 유사하여 결국 등록상표에는 상표법 제 7 조 제 1 항 제11호의 등록무효사유가 있다.

되기 때문에 권리범위확인심판 사건에서 표장의 유사 여부와 식별력은 심결 시에 함께 판단되어야 한다. ⅱ) 위 심결 시(2011년)에는 등록상표의 일부인 ᘉ이 사용에 의한 식별력을 획득하여 중요부분이 되었으므로 이를 사용상표 인 ᘈ과 대비할 수 있으며, 양자는 호칭·관념이 유사하다. ⅲ) 따라서 사용 상표는 등록상표의 권리범위에 속한다고 판시하였다.

위 전원합의체 판결은, ⅰ) 전체 상표의 일부분이더라도 사용에 의한 식 별력을 취득하였다면 유사대비의 중요부분이 될 수 있음을 명확히 하였다는 점, ⅱ) 등록 당시 식별력이 없던 상표더라도 권리범위확인심판의 심결 시까 지 사용에 의한 식별력을 획득하였다면 권리범위를 가짐을 명백히 하였다는 점에 의미가 있다. 그러나 ⅱ)와 관련해서는, ㉠ 상표의 등록적격을 결정하는 출원상표의 식별력은 늦어도 등록결정 시까지는 갖추어져 있어야 하기 때문 에109) 이 요건을 갖추지 못한 상표는 등록되더라도 무효심판의 대상이 될 것 이며,110) ㉡ 무효사유가 명백한 상표를 근거로 권리행사를 하는 경우, 아직 당해 상표가 무효로 되지 않았더라도 상대방이 권리남용의 항변을 할 수 있음 (대법원 2012. 10. 18. 선고 2010다103000 전원합의체 판결)에 비추어 보면, 식별력 이 없어 무효로 될 등록상표에 관하여 굳이 식별력 판단 시점을 권리범위확인 심판의 심결 시까지로 늦추어 가면서까지 권리범위를 인정하는 것은 권리범위 확인심판 제도의 독자성을 필요 이상 강조하여 상표를 둘러싼 분쟁의 1회적 해결을 도외시 한 것이라는 비판이 가능하다.

---

109) 상표법 제33조 제2항; 대법원 1999. 9. 17. 선고 99후1645 판결; 대법원 2009. 5. 28. 선고 2007후3318 판결 등.

110) 등록상표에 대하여 권리범위확인심판이 제기된 것이 아니라 무효심판이 제기되었다면 식 별력 판단의 기준 시는 당해 등록상표에 대한 등록결정 시(혹은 거절결정 불복심판의 결 정 시)라고 보아야 할 것이다. 물론 이와 관련하여, 등록무효 심판의 심결 시까지 식별력 이 갖추어지면 무효사유가 치유된다는 입론도 가능은 하겠지만, 이는 법문에 반하고, 위 전원합의체 판결 또한 무효심판의 경우에도 사용에 의한 식별력 판단의 시점을 그와 같이 늦출 수 있다는 내용을 담고 있지는 않으므로, 그렇게 보는 것은 무리이다. 식별력 부재 자체를 이유로 한 무효심판에는 권리범위확인심판과 달리 상표 간 유사판단이 개재될 여 지가 없어 식별력 판단의 기준시점을 그처럼 늦출 근거도 없다.

## Ⅳ. 상표와 상품의 동일·유사

### 1. 상표와 상품의 동일·유사가 문제되는 경우

상표와 상품의 동일·유사는 상표등록의 적격 여부(상표법 제34조 제1항 제1호, 제3호, 제5호, 제7 내지 제10호, 제13, 제14호, 제17 내지 제21호 등), 선출원 저촉 여부(제35조), 상표의 등록무효나 등록 취소사유(상표법 제117조, 제119조), 상표권 침해의 성립(상표법 제89조, 제108조) 등의 판단에 핵심적 기준이 된다. 한편, 판례와 학설은 상표법 각 조문의 입법취지에 따라 상표나 상품의 동일 또는 유사의 개념을 조금씩 다르게 받아들이고 있다. 111)

### 2. 동일·유사의 판단 기준

#### 가. 상표의 동일·유사

두 개 이상의 상표가 서로 동일 또는 유사한지 여부는 그 상표의 외관·호칭·관념을 전체적, 이격적으로 관찰하여 지정상품의 일반적인 수요자나 거래자가 상표에 대하여 느끼는 직관적 인식을 기준으로 상품의 출처에 오인, 혼동을 일으킬 우려가 있는지에 따라 판단한다는 것이 판례이다. 112) 즉, ⅰ) 상표의 외관·호칭·관념 중 하나라도 동일·유사하다면 일단 양 상표의 유사성이 인정될 수 있지만, ⅱ) 그 유사한 부분이 상표에서 차지하는 비중 등을 전체적으로 고려할 때 수요자나 거래자가 직관적으로 출처를 혼동하지 않을 정도라면 유사한 상표로 보지 않는다. 113) ⅲ) 아울러 동일·유사 판단을 위해 상표를 비교할 때에는 상표에서 중요부분이 어디인지를 감안해야 하고(일명, 요부관찰), 114) 여러 개의 문자나 도형 등이 결합된 상표인 경우에는 그 중 일부 만에 의하여

---

111) 그 구체적인 내용은 이 책 해당 부분의 설명을 참조.
112) 대법원 1990. 12. 11. 선고 90후717 판결; 대법원 1994. 8. 12. 선고 93후1919 판결; 대법원 1998. 4. 24. 선고 97후1146 판결, 대법원 2009. 4. 9. 선고 2008후4783 판결; 대법원 2011. 12. 27. 선고 2010다20778 판결 등 다수.
113) 예컨대, 대법원 1997. 6. 24. 선고 96후2258 판결.
114) 예컨대, 대법원 2006. 11. 9. 선고 2006후1964 판결.

간략하게 호칭·관념될 가능성도 염두에 두어야 하며(일명, 분리관찰), 115) 수요자
들이 상표를 동시에 비교하는 경우뿐 아니라 시차를 두고 비교하는 경우도 전
제로 혼동가능성을 가늠해야 한다(일명, 이격적 관찰). 116)

### 나. 상품의 동일·유사

상품의 동일·유사 역시 상표법 각 조문의 입법취지에 따라 그 실체가 조
금씩 다름은 앞서 언급한 바와 같다. 상표법 시행규칙의 상품류 구분은 기본
적으로 등록사무의 편의를 위한 것이기 때문에 상품의 동일·유사를 판단함에
있어 절대적 기준이 될 수 없다. 상품의 동일·유사 판단 기준에 관하여 판
례117)는, "지정상품의 유사 여부는 대비되는 상품에 동일 또는 유사한 상표를
사용할 경우 동일 업체에 의하여 제조 또는 판매되는 상품으로 오인될 우려가
있는가 여부를 기준으로 하여 판단하되, 상품 자체의 속성인 품질, 형상, 용도
와 생산 부문, 판매 부문, 수요자의 범위 등 거래의 실정을 종합적으로 고려하
여 일반 거래의 통념에 따라 판단하여야 한다"고 한다. 118)

## V. 상표의 부등록 사유(제 34 조)

상표법 제34조 제 1 항 각호는 상표의 부등록 사유를 열거하고 있다. 이는
상표의 등록거절 사유이고(제54조 제 3 호), 등록되었더라도 무효사유에 해당한
다(제117조 제 1 항 제 1 호). 현실에서는 동일한 상표에 관하여 여러 부등록 사유
가 중첩적으로 주장되거나 판단되는 예도 흔하다.

---

115) 예컨대, 대법원 2013. 3. 28. 선고 2010다58261 판결.
116) 예컨대, 대법원 2013. 3. 14. 선고 2010도15512 판결.
117) 대법원 2006. 6. 16. 선고 2004후3225 판결; 대법원 2008. 11. 27. 선고 2006도2650 판
　　　결; 2010. 12. 9. 선고 2010후2773 판결 등 다수.
118) 지정서비스업의 유사는 제공되는 서비스의 내용, 제공수단, 제공장소, 서비스업의 제공자
　　　및 수요자의 범위 등 거래의 실정을 고려하여 일반거래의 통념에 따라 판단한다(예컨대,
　　　대법원 2005. 5. 12. 선고 2003후1192 판결).

## 1. 부등록 사유의 구체적 내용

### 가. 제34조 제1항 제1호

#### (1) 규  정

다음에 열거된 국내·국제의 공적(公的) 표장들과 동일·유사한 상표가 여기에 해당한다. 공적 표장이 표상하는 권위와 신용 등이 사적으로 이용되는 것을 막기 위함이다.

  가. 대한민국의 국기, 국장, 군기, 훈장, 포장, 기장, 대한민국 또는 공공기관의 감독용이나 증명용 인장 또는 기호

  나. 동맹국 등의 국기

  다. 저명한 국제기관의 명칭 등

  라. 동맹국 등의 문장 등

  마. 동맹국 등의 증명용 인장 등

#### (2) 판  례

KS-CLF(전기케이블 등): "KS 한국산업규격"과 유사[119]

등록상표 ⚓ : 해군의 기장인 와 비유사[120]

#### (3) 판단기준 시

등록 여부 결정 시이다.

### 나. 제34조 제1항 제2호

#### (1) 규  정

국가·인종·민족·공공단체·종교 또는 저명한 고인과의 관계를 거짓으로 표시하거나 이들을 비방 또는 모욕하거나 이들에 대한 평판을 나쁘게 할 우려가 있는 상표.

---

119) 특허법원 2008. 6. 12. 선고 2008허1661 판결.
120) 대법원 2010. 7. 29. 선고 2008후4721 판결.

### (2) 판     례

ⅰ) 인정한 예: DARKIE(흑인종을 경멸하는 구어로 사용되는 DARKY와 동일한 발음)[121]

ⅱ) 부정한 예: 인디안 밥,[122] JAMES DEAN[123]

### (3) 판단기준 시

등록 여부 결정 시이다. 예컨대, 고인의 저명성은 이때를 기준으로 판단한다.

## 다. 제34조 제1항 제3호

### (1) 규     정

국가·공공단체 또는 이들의 기관과 공익법인의 비영리 업무나 공익사업을 표시하는 표장으로서 저명한 것과 동일·유사한 상표. 다만, 그 국가 등이 자기의 표장을 상표등록 출원한 경우에는 상표등록을 받을 수 있다.

### (2) 판     례

ⅰ)

ⅱ) 이화(학교법인 이화학당) vs. EWHA[125]

ⅲ) Berkeley[126]

ⅳ) Harvard[127]

---

121) 대법원 1987. 3. 24. 선고 86후163 판결.

122) 상품구분 제3류를 지정상품으로 하는 본건 등록상표인 '인디안'이라는 표장은 인도사람 또는 아메리카 인디안 종족의 약칭을 통상적인 방법으로 호칭하는 것으로 보여지고, 위와 같은 기준에서 관찰할 때 그것이 위 종족과의 관계를 허위로 표시하거나 이를 비방, 모욕 또는 악평을 받게할 염려가 있는 상표라고 볼 사정은 엿보이지 아니한다(대법원 1989. 7. 11. 선고 89후346 판결).

123) "JAMES DEAN"은 단순히 저명한 고인의 성명 자체를 상표로 사용한 것에 불과할 뿐 고인과의 관련성에 대한 아무런 표시가 없어 '고인과의 관계를 허위로 표시한 상표'에 해당하지는 않는다(대법원 1997. 7. 11. 선고 96후2173 판결).

124) 대법원 1998. 4. 24. 선고 97후1320 판결.

125) 특허법원 2005. 3. 17. 선고 2004허7425 판결.

126) 특허법원 2000. 5. 18. 선고 99허7452 판결.

127) 특허법원 2001. 4. 27. 선고 2001허225 판결.

※ ii), iii), iv)는 저명한 (생존) 타인의 성명을 포함하는 상표(제6호)와도 중복
된다.

### (3) 판단기준 시

등록 여부 결정 시이다. 예컨대 공익법인의 저명성은 이때를 기준으로 판
단한다.

## 라. 제34조 제1항 제4호

### (1) 규    정

상표 그 자체 또는 상표가 상품에 사용되는 경우 수요자에게 주는 의미와
내용 등이 일반인의 통상적인 도덕관념인 선량한 풍속에 어긋나는 등 공공의
질서를 해칠 우려가 있는 상표. 2007년 개정되기 전 상표법(이하 '구 상표법'이
라고 한다) 제7조 제1항 제4호는 '공공의 질서 또는 선량한 풍속을 문란하
게 할 염려가 있는 상표'로만 되어 있었으나, 규정이 지나치게 포괄적이고 실
무상 다른 부등록 사유와 중복 적용되기도 하는 등 부적절함에 대한 지적이
많았기 때문에 2007년 법 개정을 통해 그 적용범위를 한정적·구체적으로 명
문화 하였으며 그 내용은 현행법 제34조 제1항 제4호도 마찬가지이다. 그러
나 2007년 개정법 제7조 제1항 제4호는 그 시행일(개정법 부칙 제1조에 따
라 2007. 7. 1.) 이후 출원된 상표부터 적용되므로[128] 그 이전에 출원·등록된
상표에 관하여는 구 상표법이 적용될 여지가 여전히 남아 있다.

### (2) 구체적 내용

### ㈎ 2007년 법 개정 이전 출원상표

### 1) 상표의 구성 자체가 공공질서 등에 반하는 경우

상표의 구성 자체나, 그 상표가 지정상품에 사용되면 일반 수요자에게 주
는 의미나 내용이 사회 공공의 질서나 선량한 풍속에 반하는 경우를 말한
다.[129] 욕설이나 인종차별 또는 소수자 비하의 표현 등이 그 예이다.

---

128) 판례는 2007년 개정법 시행일 이전에 출원·등록된 상표에 대하여는 구 상표법 제7조
제1항 제4호가 적용된다고 한다(대법원 2010. 7. 22. 선고 2010후456 판결).
129) 부적 그 자체가 공공의 질서 또는 선량한 풍속에 반한다고 할 수는 없을 것이나, 이 사건
출원에서와 같이 국민들의 의, 식, 주 생활의 일부를 이루는 지정상품인 신사복, 아동복,

2) 상표의 등록·사용이 공공질서 등에 반하는 경우

그 상표를 등록하여 사용하는 행위가 공정한 상품 유통질서나 국제적 신의와 상도덕 등 선량한 풍속에 위배되는 경우를 말한다. 판례는 우리은행이라는 일반적 표현을 서비스표로 독점하는 것,[130] 저명한 화가인 피카소의 서명을 허락 없이 상표로 사용하는 것,[131] 저명한 비디오 예술가인 백남준의 이름을 딴 '백남준 미술관'을 본인이나 그 유족 등의 허락 없이 서비스표로 사용하는 것[132] 등을 이 사유에 해당한다고 보았다.

---

속내의, 양말, 모자, 혁대, 버클, 수건 등의 상표로 사용되어 판매되는 경우 그 부적의 소지만으로 악귀나 잡신을 물리치고 재앙을 막을 수 있다는 비과학적이고 비합리적인 사고를 장려하거나 조장하는 행위가 될 것이니 과학적이고 합리적인 사고의 추구 및 근면성실이라는 사회윤리를 저해하게 되어 공공의 질서 또는 선량한 풍속에 반한다(대법원 1992. 4. 24. 선고 91후1878 판결).

130) 대법원 2009. 5. 28. 선고 2007후3301 판결(사안에 구 상표법이 적용되었다).

131) 서명이 세계적으로 주지·저명한 화가의 것으로서 그의 미술저작물에 주로 사용해 왔던 관계로 널리 알려진 경우라면, 그 서명과 동일·유사한 상표를 무단으로 출원등록하여 사용하는 행위는 저명한 화가로서의 명성을 떨어뜨려 그 화가의 저작물들에 대한 평가는 물론 그 화가의 명예를 훼손하는 것으로서, 그 유족의 고인에 대한 추모경애의 마음을 손상하는 행위에 해당하여 사회 일반의 도덕관념인 선량한 풍속에 반할 뿐만 아니라, 이러한 상표는 저명한 고인의 명성에 편승하여 수요자의 구매를 불공정하게 흡인하고자 하는 것으로서 공정하고 신용있는 상품의 유통질서를 침해할 염려가 있다 할 것이므로 이러한 상표는 상표법 제 7 조 제 1 항 제 4 호에 해당한다고 봄이 상당하다(대법원 2000. 4. 21. 선고 97후860, 877, 884 판결).

132) 피고는 1999. 4. 경 대구 지역에서 '백남준 미술관'을 건립한다는 명분으로 '백남준 미술관 건립 추진위원회'를 조직하여 1999. 9. 경부터 그 기금을 마련하기 위한 전시회를 준비하는 과정에서, 백남준의 처인 구보타 시게코가 피고가 자금을 모집하여 '백남준 미술관'을 건립하는 것을 반대하고 현대갤러리 등도 피고와 별도로 '백남준 미술관'의 건립을 고려하자, 백남준 성명의 명성에 편승하여 자신만이 백남준 성명이 포함된 상표나 서비스표를 독점적으로 사용할 의도로, 1999. 12. 10. 지정상품·서비스업을 '미술관경영업' 등으로 하는 이 사건 등록상표서비스표인 'Paik Nam Jun Art Museum '을 무단으로 출원하여 등록받았음을 알 수 있고, 한편 이 사건 등록상표서비스표의 등록결정일인 2000. 11. 29. 당시 백남준은 우리나라 일반 수요자들에게 저명한 비디오 아트 예술가의 성명으로 알려져 있었다. 이러한 이 사건 등록상표서비스표의 출원 경위 및 백남준 성명의 저명성 등에 비추어 보면, 피고가 고의로 저명한 백남준 성명의 명성에 편승하기 위하여 무단으로 이 사건 등록상표서비스표를 출원·등록하여 사용하는 행위는 저명한 비디오 아트 예술가로서의 백남준의 명성을 떨어뜨려 그의 명예를 훼손시킬 우려가 있어 사회 일반인의 도덕관념인 선량한 풍속에 반할 뿐만 아니라, 저명한 백남준 성명의 명성에 편승하여 수요자의 구매를 불공정하게 흡인하고자 하는 것으로서 공정한 상품유통질서나 상도덕 등 선량한 풍속을 문란하게 할 염려가 있으므로, 이 사건 등록상표서비스표는 구 상표법 제 7 조 제 1 항 제 4 호에 해당하

◇ 대법원 2009. 5. 28. 선고 2007후3301 판결

이 사건 등록서비스표인 '우리은행'(이하 '서비스표 은행'이라 한다)은 자신과 관련이 있는 은행을 나타내는 일상적인 용어인 '우리은행'(이하 '일상용어 은행'이라 한다)과 외관이 거의 동일하여 그 자체만으로는 구별이 어렵고 그 용법 또한 유사한 상황에서 사용되는 경우가 많아, 위 두 용어가 혼용될 경우 그 언급되고 있는 용어가 서비스표 은행과 일상용어 은행 중 어느 쪽을 의미하는 것인지에 관한 혼란을 피할 수 없고, 그러한 혼란을 주지 않으려면 별도의 부가적인 설명을 덧붙이거나 '우리'라는 용어를 대체할 수 있는 적절한 단어를 찾아 사용하는 번거로움을 겪어야 할 것이며, 특히 동일한 업종에 종사하는 사람에게는 그러한 불편과 제약이 가중되어 그 업무수행에도 상당한 지장을 받게 될 것으로 보인다. 이러한 결과는 '우리'라는 단어에 대한 일반인의 자유로운 사용을 방해하는 것이어서 위에서 본 사회 일반의 공익을 해하여 공공의 질서를 위반하는 것이라 하겠고, 나아가 위 서비스표 은행의 등록을 허용한다면 지정된 업종에 관련된 사람이 모두 누려야 할 '우리'라는 용어에 대한 이익을 그 등록권자에게 독점시키거나 특별한 혜택을 줌으로써 공정한 서비스업의 유통질서에도 반하는 것으로 판단된다. 따라서 이 사건 등록서비스표는 구 상표법 제7조 제1항 제4호에 해당하는 것으로서 등록을 받을 수 없는 서비스표에 해당한다고 보아야 할 것이다.

## 3) 저명상표에 대한 모방상표인 경우

판례133)는 구 상표법 제7조 제1항 제4호와 관련하여, 고의로 국내에서 저명한134) 타인의 상표 등의 명성에 편승하기 위하여 무단으로 타인의 표장을 모방한 상표를 등록·사용하는 것도 공정한 상품유통질서나 국제적 신의와 상도덕 등 선량한 풍속에 위배되는 행위로 보아 왔다. 그 경우 모방의 대상이 되는 상표는 국내에서 저명할 것이 필요하다.135) 이는 저명상표와 혼동을 일으킬 수 있는 상표에 대한 부등록 사유인 제7조 제1항 제10호와 중복되

---

여 그 등록이 무효라고 봄이 상당하다(대법원 2010. 7. 22. 선고 2010후456 판결).

133) 대법원 2005. 10. 28. 선고 2004후271 판결; 대법원 1999. 12. 24. 선고 97후3623 판결; 대법원 2004. 5. 14. 선고 2002후1362 판결 등.

134) 비교적 오래된 판례들 가운데는 이 요건을 "주지·저명"으로 적시하고 있는 예도 있다(대법원 1999. 12. 24. 선고 97후3623 판결; 대법원 2002. 8. 23. 선고 99후1669 판결 등).

135) 대법원 2004. 5. 14. 선고 2002후1362 판결; 대법원 2004. 7. 9. 선고 2002후2563 판결(피 모방상표가 "저명하지 않아" 제7조 제1항 제4호의 적용을 부정한 예). 대법원 2002. 8. 23. 선고 99후1669 판결(피 모방상표가 "국내에서" 저명하지 않아 제7조 제1항 제4호의 적용을 부정한 예).

기도 하나, 그와 달리 상표 사이의 '혼동'을 요구하지 않지 않는다는 차이점이 있다.[136)

◈ 대법원 2005. 10. 28. 선고 2004후271 판결

> 상표법 제7조 제1항 제4호에서 규정한 '공공의 질서 또는 선량한 풍속을 문란하게 할 염려가 있는' 상표라 함은 상표의 구성 자체 또는 그 상표가 지정상품에 사용되는 경우 일반 수요자에게 주는 의미나 내용이 사회공공의 질서에 위반하거나 사회 일반인의 통상적인 도덕관념인 선량한 풍속에 반하는 경우 또는 고의로 저명한 타인의 상표 또는 서비스표나 상호 등의 명성에 편승하기 위하여 무단으로 타인의 표장을 모방한 상표를 등록 사용하는 것처럼 그 상표를 등록하여 사용하는 행위가 일반적으로 공정한 상품유통질서나 국제적 신의와 상도덕 등 선량한 풍속에 위배되는 경우를 말한다.

### (나) 2007년 법 개정 이후 출원상표

개정 이후 제7조 제1항 제4호(현행법 제34조 제1항 제4호)는 위 (가) 1)처럼 '상표의 구성 자체가 공공질서 등에 반하는 경우'에 적용됨은 분명하고, 2)처럼 '상표의 등록·사용이 공공질서 등에 반하는 경우'에는 사안에 따라 적용이 가능할 것이나, 3)처럼 '저명상표에 대한 모방상표인 경우'에는 더 이상 적용되기 어려울 것이다. 나아가 근래의 판례[137)는 상표를 등록하여 사용하는 행위가 공정한 상품유통질서나 국제적 신의와 상도덕 등 선량한 풍속에 위배되는 경우에 대하여, "상표법 제7조 제1항의 다른 호에 개별적으로 부등록 사유가 규정되어 있으므로 그에 의함이 원칙이고 상표법 제7조 제1항 제4호는 상표의 구성 자체가 선량한 풍속 또는 공공의 질서에 반하는 경우에 한한다"는 취지로 설시하여 그 적용범위를 한층 더 축소한 바 있다.

### (다) 그 밖에 제34조 제1항 제4호의 적용 여부가 문제되는 경우

#### 1) 상표의 출원이나 등록이 계약이나 신의칙에 반하는 경우

상표를 등록, 사용하는 행위가 당사자 간 계약위반이거나 특정인에 대한

---

136) 구 상표법 제7조 제1항 제4호의 이러한 해석론이 저명상표의 '희석화 방지' 기능을 담당하기도 했으나, 저명상표의 희석화 방지조항인 상표법 제7조 제1항 제12호가 도입되면서 그러한 의미는 거의 사라지게 되었다.

137) 대법원 2012. 6. 28. 선고 2011후1722 판결.

관계에서 신의칙 위반이라는 것만으로 제34조 제1항 제4호를 적용할 수는 없다. 그러나 계약이나 신의칙에 위반한 등록상표권의 '행사'가 상대방과의 관계에서 '권리남용'에 해당할 여지는 있다.[138] 또한 2014. 6. 11. 개정 상표법부터는 "동업·고용 등 계약관계나 업무상 거래관계 또는 그 밖의 관계를 통하여 타인이 사용하거나 사용을 준비 중인 상표임을 알면서 그 상표와 동일·유사한 상표를 동일·유사한 상품에 등록출원한 상표"를 별개의 부등록 사유로 하고 있으므로(상표법 제34조 제1항 제20호) 이 규정으로 규율하면 된다. 상세는 해당 부분에 설명한다.

⇨ 대법원 2006. 2. 24. 선고 2004후1267 판결

> 외국기업인 A로부터 A의 상표가 부착된 주류 등을 국내에 수입하여 판매하던 B가 2000. 6.경 C에게 A 상품의 국내 수입권과 독점권 및 자신이 운영하던 주식회사의 영업일체를 유상으로 양도하였음에도 2002. 1. 14. A 상표와 유사한 상표를 출원하여 2003. 3. 26. 등록받은 후 A에게 A 상품이 자신의 상표권을 침해하니 그 수출을 중지하라는 경고장을 보내고, 세관에 상표권 침해우려물품 수입사실통보서를 제출함과 아울러 C에게 양도한 회사에 대하여는 A 상표의 사용중지를 구하는 가처분을 신청하였는바, B의 이 사건 등록상표의 출원, 등록과 그 상표권의 행사가 A나 C에 대한 관계에서는 상도덕이나 신의칙에 위반되었다고 할 수는 있지만, B가 이 사건 등록상표를 출원, 등록한 행위가 위 특정 당사자 이외의 자에 대한 관계에서도 일반적으로 상도덕이나 신의칙에 위반되었다고 할 수는 없으므로, 이 사건 등록상표가 그 자체로 상표법 제7조 제1항 제4호 소정의 '공공의 질서 또는 선량한 풍속을 문란하게 할 염려가 있는' 상표에 해당한다고 할 수 없다.

## 2) 타인의 저작물을 모방한 상표

저명한 저작물 등 특수한 경우를 제외하면 심사단계에서 출원상표가 타인의 저작권의 대상인지 여부를 판단하는 것은 현실적으로 어렵기 때문에 일단 그러한 출원상표라도 등록은 가능한 것으로 본다.[139] 상표법도 '타인의 저작

---

138) 대법원 2006. 2. 24. 자 2004마101 결정 등.
139) 특허법원, 지적재산소송실무, 박영사(2014), 566면; 특허청의 상표심사기준 역시 타인의 '저명한' 저작권을 침해한 상표를 공서양속에 반하는 상표로 보았다(특허청, 상표심사기준(2016), 제5부 제4장 2.3.2.).

권과 저촉하는 등록상표는 저작권자의 동의가 있어야만 사용할 수 있다'고 규정하여(제92조) 그 등록가능성 자체는 전제로 하고 있다.140)

### 3) 일정한 자격을 필요로 하는 서비스인 경우

판례141)는, 일정한 자격을 필요로 하는 서비스업에 대하여 그러한 자격을 갖추지 못한 자가 서비스표를 출원, 등록하더라도 그 자체로 상표법 제34조 제 1 항 제 4 호에 해당하는 것은 아니라고 한다.

### (3) 판단기준 시

등록 여부 결정 시이다.142) 따라서 거래실정이나 도덕관념의 변화에 따라 공서양속이나 사회질서 등의 개념은 상대적으로 결정될 수 있다.

## 마. 제34조 제 1 항 제 5 호

정부가 개최하거나 정부의 승인을 받아 개최하는 박람회 또는 외국정부가 개최하거나 외국정부의 승인을 받아 개최하는 박람회의 상패·상장 또는 포장과 동일·유사한 표장이 있는 상표. 다만, 그 박람회에서 수상한 자가 그 수상한 상품에 관하여 상표의 일부로서 그 표장을 사용하는 경우에는 상표등록을 받을 수 있다.

## 바. 제34조 제 1 항 제 6 호

### (1) 규    정

저명한 타인의 성명·명칭 또는 상호·초상·서명·인장·아호(雅號)·예명(藝

---

140) 다만, 타인의 선행 저작물을 무단으로 상표로 출원하는 행위는 별도의 거절 및 등록무효 사유로 입법화 할 필요가 있고, 그 등록상표권 행사가 상표권 남용으로 구성될 여지도 있다. 상세는 뒤에서 별도로 설명한다.

141) 상표법 제 7 조 제 1 항 제 4 호에서… 그 서비스표를 등록하여 사용하는 행위가 공정한 상품유통질서나 국제적 신의와 상도덕 등 선량한 풍속에 위배되는 경우를 말하므로, 원고가 '변호사업, 공인노무사업, 행정사업, 법무사업'에 필요한 자격을 취득하는 것이 금지되어 있는 것도 아니고, 제 3 자에게 전용사용권이나 통상사용권을 설정하는 방식으로만 이 사건 등록서비스표를 사용하기 위해서 이 사건 등록서비스를 출원, 등록받았다고 볼 만한 자료도 없는 점을 종합하면, 변리사 자격만 가진 원고가 이 사건 등록서비스표("나홀로")를 출원, 등록하는 것이 공공의 질서 또는 선량한 풍속을 문란하게 할 염려가 있는 경우에 해당한다고 할 수는 없다(대법원 2005. 10. 28. 선고 2004후271 판결).

142) 대법원 2004. 5. 14. 선고 2002후1362 판결.

名)·필명(筆名) 또는 이들의 약칭을 포함하는 상표. 다만, 그 타인의 승낙을 받은 경우에는 상표등록을 받을 수 있다. 이 규정의 취지는 상품이나 서비스의 출처의 오인, 혼동을 방지하기 위한 것보다는 저명한 타인의 인격권을 보호하기 위한 것이다. 여기서의 저명한 타인은 "생존자"를 의미하며[143] 자연인 (내·외국인), 법인 등을 불문한다.

### (2) 판　　례

i )　(등록상표)는 저명한 타인(법인)인 "쌍용그룹" 소속회사들의 약칭을 포함하는 상표임.[144]

ii ) 거산(巨山)은 김영삼 전 대통령의 아호로서 저명.[145]

iii ) "SHARP 샤프"는 '샤프 가부시키가이샤'의 상호 약칭으로 저명.[146]

iv ) "HARVARD"는 제7조 제1항 제3호에 해당하는 동시에 제6호에도 해당.[147]

v ) "2NE1"은 출원 당시 국내에서 저명한 타인(여성 그룹)의 예명이므로 제3자가 이를 화장품 등을 지정상품으로 상표등록 받으려 하는 것은 허용될 수 없다고 한 원심을 지지.[148]

### (3) 판단기준 시

등록여부 결정 시이다. 타인성 판단 역시 마찬가지이므로 예컨대 당해 상표의 대상이 된 저명한 타인이 상표등록 시까지 상표출원인의 지위를 양수하면 부등록 사유는 소멸된다.

---

143) 출원상표 는 검은 색 바탕에 흰 오선을 긋고 그 위에 단순히 MOZART라는 고인의 성명 자체를 기재하여 상표로 사용한 것에 지나지 아니할 뿐, 고인과의 관련성에 관한 아무런 표시가 없어 이를 가리켜 상표법 제7조 제1항 제2호 소정의 고인과의 관계를 허위로 표시한 상표에 해당한다고 볼 수 없고, 또한 출원상표 자체의 의미에서 선량한 도덕관념이나 국제신의에 반하는 내용이 도출될 수는 없으며, 상표법 제7조 제1항 제6호 소정의 타인이라 함은 생존자를 의미하고…(대법원 1998. 2. 13. 선고 97후938 판결).
144) 대법원 1996. 9. 24. 선고 95후2046 판결.
145) 특허법원 1999. 12. 9. 선고 99허7148 판결.
146) 특허법원 1999. 12. 10. 선고 99허4682 판결.
147) 특허법원 2001. 4. 27. 선고 2001허225 판결(확정).
148) 대법원 2013. 10. 31. 선고 2012후1033 판결.

(4) 제척기간: 5년

제34조 제1항 제6호를 사유를 이유로 하는 상표등록의 무효심판은 상표등록일로부터 5년이 경과한 후에는 청구할 수 없다(제122조 제1항). 상표법상 제척기간이 존재하는 부등록 사유 규정들은 사익적(私益的) 규정으로 이해된다.

## 사. 제34조 제1항 제7호

### (1) 규    정

선출원(先出願)에 의한 타인의 등록상표(등록된 지리적 표시 단체표장은 제외한다)와 동일·유사한 상표로서 그 지정상품과 동일·유사한 상품에 사용하는 상표. 이는 우리 상표법의 기본원칙인 선출원주의와 등록주의를 잘 보여주는 규정이다.

### (2) 내    용

#### ㈎ 비교대상 상표는 '선출원' + '선등록'일 것

제34조 제1항 제7호는 "선출원에 의한 타인의 등록상표"라고 하므로 비교대상 상표의 선출원은 물론 등록도 필요하다. 다만, 이는 해당 출원상표의 등록 시를 기준으로 판단하기 때문에(상표법 제34조 제2항), 비교대상상표가 선출원인 이상 해당 상표의 출원 시 아직 미등록 상태라도 해당 상표가 등록되기 전까지만 등록이 완료되면 상표법 제34조 제1항 제7호가 적용된다. 149)

만약 해당 상표가 등록될 때까지도 선출원 비교대상상표가 아직 미등록 상태라면 상표법 제34조 제1항 제7호가 아니라 상표법 제35조(선출원 조항)이 적용된다. 150) 선출원·선등록된 상표라 하더라도 그 뒤 등록무효심판이 확정되면 선출원 상표로서의 지위를 상실하여 제34조 제1항 제7호의 적용도 없다. 151) 선출원·선등록 상표는 '타인의' 등록상표여야 하므로 선출원·선등록

---

149) 小野昌延·三山峻司, 新·注解 商標法[上], 靑林書院(2016), 354면. 한편, 개정 전 상표법 제7조 제2항은 상표법 제7조 제1항 제7호의 판단 기준시를 출원 시로 하고 있었기 때문에 비교대상상표는 해당상표의 출원 시에 '선출원+선등록' 요건을 모두 갖추고 있어야 하는 것으로 해석되었다.

150) 특허청, 상표심사기준, 제5부 제7장 3.2.; 小野昌延·三山峻司, 위의 책, 354면; 대법원 2000. 5. 16. 선고 98후2023 판결도 참조.

상표가 출원인 자신의 상표인 경우에는, 그와 동일한 상표를 동일한 지정상품에 출원한 경우에 한하여 '1상표 1출원주의(제38조)' 저촉으로 출원이 거절될 뿐,[152] 제34조 제1항 제7호 저촉의 여지는 없다.

### (나) '동일·유사한 표장' + '동일·유사한 지정상품'일 것

상표의 유사 여부는 그 외관·호칭·관념을 객관적·전체적·이격적으로 관찰하여 그 지정상품의 거래에서 일반 수요자나 거래자가 상표에 대하여 느끼는 직관적 인식을 기준으로 그 상품의 출처에 오인·혼동을 일으키게 할 우려가 있는지 여부에 따라 판단한다.[153] 지정상품의 유사 여부는 대비되는 상품에 동일 또는 유사한 상표를 사용할 경우 동일 업체에 의하여 제조 또는 판매되는 상품으로 오인될 우려가 있는가의 여부를 기준으로 하여 판단하되, 상품 자체의 속성인 품질, 형상, 용도와 생산부문, 판매부문, 수요자의 범위 등 거래의 실정 등을 종합적으로 고려하여 일반 거래의 통념에 따라 판단한다.[154]

### (3) 판단기준 시: 등록 시

등록여부 결정 시이다. 타인성 판단 역시 마찬가지이므로 예컨대 후출원자가 상표등록 시까지 선출원 등록상표를 양수하면 부등록 사유는 소멸된다.

### (4) 제척기간: 5년

⇨ 대법원 2012. 2. 23. 선고 2011후2275 판결

> 상표법 제76조 제1항은 등록상표권을 둘러싼 법률관계를 조속히 확정시킴으로써 안정을 도모하기 위한 것이다. 제척기간 경과 전에 특정한 선등록 상표에 근거하여 등록무효심판을 청구한 경우라도 제척기간 경과 후에 그 심판 및 심결취소소송 절차에서 새로운 선등록 상표에 근거하여 등록무효 주장을 하는 것은, 동일한 무효사유에 대한 새로운 증거에 해당한다고 하더라도 실질적으로는 제척기간 경과 후에 새로운 등록무효심판청구를 하는 것과 마찬가지이므로 허용되지 아니한다.

---

151) 대법원 2001. 11. 30. 선고 97후3579 판결.
152) 특허청, 상표심사기준, 제5부 제23장 2.1.1.
153) 대법원 2012. 4. 12. 선고 2012후351 판결 등.
154) 대법원 2004. 7. 22. 선고 2003후144 판결 등.

## 아. 제34조 제1항 제8호

### (1) 규　　정

선출원에 의한 타인의 등록된 지리적 표시 단체표장과 동일·유사한 상표로서 그 지정상품과 동일하다고 인식되어 있는 상품에 사용하는 상표.

### (2) 내　　용

이는 비교대상 지리적표시 단체표장과 '동일·유사한 표장'을 '동일하다고 인식되어 있는 상품'에 사용하는 경우에만 적용이 있다. 지리적 표시 단체표장은 '특정한' 상품과만 밀접한 관계를 가지므로 타인이라도 '유사한 상품'에 대해서는 등록이 가능하다.

### (3) 판단기준 시

등록여부 결정시 이다. 타인성 판단 역시 마찬가지이다.

### (4) 제척기간: 5년

## 자. 제34조 제1항 제9호

### (1) 규　　정

타인의 상품을 표시하는 것이라고 수요자 간에 현저하게 인식되어 있는 상표(지리적 표시를 제외한다)와 동일 또는 유사한 상표로서 그 타인의 상품과 동일 또는 유사한 상품에 사용하는 상표.

### (2) 내　　용

#### ㈎ 주지성의 판단기준

타인의 상품을 표시하는 것이라고 수요자 간에 현저하게 인식되어 있는 상표는 '주지상표'를 의미한다. 미등록의 주지상표와 혼동을 일으킬 우려가 있는 상표를 부등록 사유로 정하고 있는 것이다.[155) 비교대상 상표가 주지 상태인가의 여부는 그 사용, 공급, 영업활동의 기간, 방법, 태양, 사용량, 거래범위

---

155) 한편, 실무상 주지이면서 미등록인 상표는 흔하지 않기 때문에 제9호가 적용되는 경우는 흔치 않다. 주지상표가 선출원, 선등록까지 되어 있다면 제34조 제1항 제7호가 적용될 것이다.

등과 거래실정이나 사회통념상 객관적으로 널리 알려졌느냐의 여부가 일응의 기준이 되며, 수요자란 당해 상품의 소비자나 거래자 등 거래관계자 일체를 말한다. 156) 뒤에서 보는 대로 비교대상 상표의 주지성 획득이나 타인성은 등록 시를 기준으로 판단하지만, 비교대상 상표는 출원상표의 출원시에 이미 사용되고 있는 것이어야 할 것이다. 157)

⇒ 특허법원 2006. 11. 3. 선고 2006허6815판결(확정)

> "大韓佛敎元曉宗"은 불교단체의 업무에 종사하는 자들 사이에서 대한불교원효종이라는 불교종단의 업무를 표시하는 것으로 현저하게 인식되어 있음에도, 종단의 업무를 담당할 권한이 없는 A가 위 종단으로부터 떨어져 나온 뒤 '대한불교원효종'이라는 업무표장을 등록받은 것은 구 상표법 제7조 제1항 제9호에 해당하는 무효사유가 있다.

### (나) 관련 문제

만화의 주인공 등 널리 알려진 특정 캐릭터가 저작권의 보호대상이 됨은 별론으로 하고, 그것이 상표법이나 부정경쟁방지법으로 보호되기 위해서는 그 캐릭터가 상품, 서비스나 영업의 출처표지로도 널리 인식되어야 하는 바, 캐릭터 자체가 널리 알려져 있다는 사정만으로 곧바로 일반 수요자나 거래자들 사이에 '상표로서도' 널리 알려져 있다고 단정할 수는 없다. 158)

### (3) 판단기준 시

등록여부 결정 시이다. 타인성 판단도 마찬가지이므로 출원인이 등록 시까지 비교대상 상표인 주지상표를 양수하면 부등록 사유는 소멸한다.

---

156) 심판청구인은 1977년부터 1979년까지 사이에 집중적으로 인용상표를 부착한 상품을 생산 및 판매하였고 일반 소비자에 대한 광고는 1977년경에만 하였을 뿐 아니라 그 후에는 판매량도 점점 줄어들었으며 일반 소비자를 대상으로 한 광고는 한 바 없이 그 업계의 전문 잡지 등에 해당 상품을 소개 및 광고해 왔을 뿐임이 인정되므로 위에서 든 증거들만으로는 심판청구인의 인용상표가 이 사건 등록상표의 출원당시인 1984년경에 국내의 수요자 또는 거래자 간에 널리 인식되어 있었다고 인정하기 어렵다(대법원 1994. 1. 25. 선고 93후268 판결).

157) 개정 전 상표법 제7조 제1항 제9호가 판단 기준시를 '출원시'로 하고 있었던 점도 이를 뒷받침한다.

158) 대법원 2005. 4. 29. 선고 2005도70 판결(탑블레이드 사건).

(4) 제척기간: 5년

## 차. 제34조 제1항 제10호

특정 지역의 상품을 표시하는 것이라고 수요자들에게 널리 인식되어 있는 타인의 지리적 표시와 동일·유사한 상표로서 그 지리적 표시를 사용하는 상품과 동일하다고 인정되어 있는 상품에 사용하는 상표. 미등록 주지상태의 지리적 표시표장을 보호하기 위함이다. 판단 시는 등록여부 결정 시이며, 제척기간 5년이다.

## 카. 제34조 제1항 제11호

### (1) 규     정

수요자들에게 현저하게 인식되어 있는 타인의 상품이나 영업과 혼동을 일으키게 하거나 그 식별력 또는 명성을 손상시킬 염려가 있는 상표.

### (2) 내     용

#### ㈎ 저명상표

상표가 수요자에게 널리 알려져 있을 뿐 아니라 그 상표품이 갖는 품질의 우수성 때문에 상표의 수요자뿐 아니라 일반 대중에게까지 양질감을 획득하여 상품의 출처는 물론 영업주체를 표시하는 힘까지 갖게 된 상표를 말한다. 비교대상상표가 여기에 해당하면 그 출원이나 등록 여부는 묻지 않는다. 이 규정은 부정경쟁방지를 직접 목적으로 하는 공익적 규정이라고 봄이 통설이다.

#### ㈏ 적용요건

##### 1) 혼동유발 상표

양 상표가 표장 자체로서는 서로 유사하다고 할 수 없더라도, 구성이나 관념 등을 비교할 때 출원상표에서 타인의 저명상표나 상품 등이 용이하게 연상되거나 타인의 상품 등과 밀접한 관련성이 있는 것으로 인정되어 상품의 출처에 오인·혼동을 일으키는 경우에는 여기에 해당한다. 159)

---

159) 대법원 2004. 4. 27. 선고 2002후1850 판결.

**가) 표장의 유사 여부**

표장의 유사 여부는 다소 완화하여 판단하며, 표장이 유사하지 않더라도 구성이나 모티브 등에서 연관성이 있으면 요건을 충족한다는 것이 판례이다.[160)]

인정한 예: 저명상표 "Mickey Mouse", "Minnie Mouse" vs. Mickey & Minnie

저명상표 "TOEFL" vs. 토플러스[161)]

저명상표 **MCM** vs. **M˙CM˙C** [162)]

**나) 지정상품의 유사 여부**

이 역시 완화하여 판단한다. 양 상표 간 지정상품이 유사하지 않더라도 상품의 출처나 영업의 오인·혼동을 유래하는 정도이거나, 제휴 혹은 원조관계가 있거나 상표사용의 허락이 있었다고 오인할 가능성이 있을 정도로 경제적 견련성이 있으면 만족한다.

인정한 예: 저명상표 "CHANEL(화장품, 잡화)" vs. *Channel* 샤넬...성형외과 (성형외과업,

피부과업)[163)]

저명상표 "월마트(할인점업)" vs. 월마트(안경수선업)[164)]

**2) 식별력 손상상표**

저명상표의 식별력이나 명성을 손상할 염려가 있는 상표는 등록거절된다. 이 규정은 부정경쟁방지 및 영업비밀보호법 제 2 조 제 1 호 다. 목이 국내에 널리 인식된 타인의 표지의 식별력이나 명성을 해하는 것을 부정경쟁행위로 파악하고 있는 태도를 상표법에 반영한 것이며, 저명상표와 이종(異種) 상품이나 영업이라 하더라도 적용에 지장이 없다. 여기서의 식별력이라 함은 저명한 상

---

160) 대법원 1995. 10. 12. 선고 95후576 판결 등 참조.

161) 대법원 2010. 5. 27. 선고 2008후2510 판결.

162) 대법원 2020. 4. 29. 선고 2019후12179 판결: 피고의 등록 상표 **M˙CM˙C** MICMAC LAB (가방, 스포츠용 가방, 지갑, 핸드백, 파우치백, 가죽, 트렁크 및 여행가방 등)은 2015년 12. 10. 현재 국내 수요자 사이에 저명한 상표인(트렁크 및 여행용 가방, 서류가방, 핸드백 등) "**MCM**"과 영업이나 상품의 혼동을 일으킬 염려가 있다고 판시.

163) 대법원 2007. 12. 27. 선고 2006후664 판결.

164) 대법원 2005. 3. 11. 선고 2004후1151 판결.

표가 거래계에서 가지는 일관된 이미지 내지 그 상표 자체의 재산적 가치를 의미한다. 식별력을 손상시키는 예로는 저명상표 "KODAK"을 임의로 "피아 노"라는 상품에 사용하는 것, 명성을 손상시키는 예로는 저명상표 "CHANEL" 을 "음란물"에 사용하는 것 등을 들 수 있다.165)

### (3) 판단기준 시

출원 시이다(상표법 제34조 제2항 단서).

## 타. 제34조 제1항 제12호

### (1) 규 정

상품의 품질을 오인하게 하거나 수요자를 기만할 염려가 있는 상표. 이 규정의 취지는 기존의 상표를 보호하기 위한 것이 아니라 이미 특정인의 상표 라고 인식된 상표를 사용하는 상품의 출처 등에 관한 일반 수요자의 오인·혼 동을 방지하여 이에 대한 신뢰를 보호하고자 하는 데 있다.166)

### (2) 적용요건

### (가) 품질오인

상표의 구성 자체가 지정상품이 본래 가지고 있는 성질과 다른 성질을 가 지는 것으로 수요자를 오인하게 할 염려가 있는 상표를 말한다.

인정된 예:

i) 큰글성경: 지정상품들이 성경과 무관한 내용의 것인 경우에는 일반 수요자나 거래자들로 하여금 성경에 관한 내용을 담은 것으로 그 지정상품들의 품질 을 오인하게 할 염려가 있는 상표에 해당한다(성경에 사용될 경우 성질표시이 기도 함).167)

ii) Jeans+de CHRISTIAN LACROIX: 지정상품들이 '올이 가늘고 질긴 능직무명 또는 진으로 만든 바지' 이외인 경우 품질오인 우려가 있다.168)

iii) 일동: 포천군 일동면 이외의 지역에서 생산되는 약주에 사용될 경우 품질오 인 우려가 있다(포천에서 생산되는 경우 지리적 표시에 해당).169)

---

165) 특허청, 상표심사기준, 제5부 제11장, 1.3.3.
166) 대법원 2007. 6. 28. 선고 2006후3113 판결 등 다수.
167) 대법원 2004. 5. 13. 선고 2002후2006 판결.
168) 대법원 2000. 10. 13. 선고 99후628 판결.
169) 대법원 2003. 7. 11. 선고 2002후2464 판결.

### (나) 수요자 기만

'수요자 기만의 우려'라는 것은 매우 폭넓은 개념이며, 출원 시에는 그러한 우려가 없었더라도 등록 여부 판단시점에 존재하고 있으면 이 조항의 부등록 사유를 만족하기 때문에 제34조 제 1 항 제12호는 실무에서 출원(등록) 상표에 대한 가장 흔한 공격수단으로 활용되고 있는 것이 현실이다. 수요자 기만의 우려는 다음의 경우에 인정된다.

#### 1) 상표의 동일 · 유사

출원상표와 비교대상 상표가 동일 · 유사해야 한다. 여기서 비교대상 상표는 적어도 '국내 수요자나 거래자에게 그 상표나 상품이라고 하면 곧 특정인의 상표나 상품이라고 인식될 수 있을 정도로 알려진' 타인의[170] 상표를 말한다.[171] '특정인의 상표나 상품이라고 인식된다'고 하는 것은 기존의 상표에 관한 권리자의 명칭이 구체적으로 알려져야 하는 것은 아니며, 누구인지 알 수 없다고 하더라도 동일하고 일관된 출처로 인식될 수 있으면 충분하다.[172] 이 때 비교대상 상표가 수요자나 거래자에게 알려진 정도는 '주지상표(제 34 조 제 1 항 제 9 호)'나 '저명상표(제 34 조 제 1 항 제11호)'보다 낮아도 좋은 것으로 이해되고 있다. 상표가 수요자 사이에 알려진 정도를 낮은 것에서 높은 것 순으로 열거하면 '수요자 사이에서 특정인의 상표나 상품이라고 인식된 상표(제12호)' → '수요자 사이에 현저히 인식된 상표(주지상표: 제 9 호)' → '저명상표(제11호)'로 정리할 수 있다.

선사용상표가 반드시 국내 전역에 걸쳐 수요자나 거래자에게 알려져야만 하는 것은 아니고, 특정인의 상표 등으로 인식되었는지 여부는 그 상표의 사용기간, 방법, 태양 및 이용범위 등과 거래실정 등에 비추어 볼 때 사회통념상 객관적으로 상당한 정도로 알려져 있으면 족하다.[173]

---

170) 따라서 선사용 상표와 출원상표의 실질적 귀속주체가 동일한 경우에는 동 조항이 적용될 여지가 없다는 판례로는, 대법원 2013. 3. 14. 선고 2011후1159 판결.

171) 대법원 2010. 1. 28. 선고 2009후3268 판결.

172) 대법원 2007. 6. 28. 선고 2006후3113 판결; 대법원 2014. 2. 13. 선고 2013후2675 판결.

173) 대법원 2020. 9. 3. 선고 2019후11688 판결(해당 사안은 선사용 서비스표가 주로 대구 · 경북지방을 중심으로 수요자 사이에 특정인의 표지로 알려져 있었던 경우이다).

## 2) 지정상품 간의 유사 여부

### 가) 비교대상 상표가 저명하지는 않은 경우

비교대상 상표가 저명하지는 않되, 앞서 본 대로 '특정인의 상표라고 인식될 수 있는' 정도로 알려져 있다면 ⅰ) 출원상표의 지정상품이 비교대상 상표의 상품과 동일·유사하거나, ⅱ) 그렇지 않더라도 양 상표의 상품 간 경제적 견연성 등에 비추어 출원상표가 비교대상 상표의 권리자에 의해 사용되고 있다고 오인될 만한 특별한 사정이 있으면 수요자 기만 상표로 인정된다.174)

### 나) 비교대상 상표가 저명한 경우

만약, 비교대상 상표가 일반공중의 대부분에까지 널리 알려지는 등 저명성을 획득한 상태라면 상품 간의 견연성 요구는 한층 완화된다. 즉, 비교대상 상표를 널리 알린 상품 또는 그와 유사한 상품뿐만 아니라 그와 다른 종류의 상품이라고 할지라도 상품의 용도 및 판매거래의 상황 등에 따라 비교대상 상표권자나 그와 특수한 관계에 있는 자에 의하여 생산 또는 판매되는 것으로 인식될 수 있는 경우에는, 비록 출원 상표의 지정상품이 그와 다르더라도 출원상표는 출처의 오인·혼동을 야기할 수 있는 수요자 기만 상표에 해당한다.175)

⇨ 대법원 2010. 1. 28. 선고 2009후3275 판결

| | 표장 | 상품 |
|---|---|---|
| 선사용 상표 | A\|S\|K, **ask** | 재킷과 청바지, 티셔츠 등 |
| | **ASK JEANS** | 의류 |
| 등록상표 | ASK | 각종 시계… '팔목시계' … |

증거에 의하면 선사용 상표는 등록상표의 등록결정일에는 국내의 수요자나 거래자에게 최소한 특정인의 상표로 인식될 수 있을 정도로 알려져 있었다. 선사용 상표와 등록상표는 유사한 표장이다. 등록상표의 지정상품 중 '팔목시계'는 선

---

174) 대법원 2004. 3. 11. 선고 2001후3187 판결; 대법원 2006. 4. 14. 선고 2004후592 판결 등.
175) 대법원 2000. 2. 8. 선고 99후2594 판결; 대법원 2010. 1. 28. 선고 2009후3268 판결; 대법원 2015. 10. 15. 선고 2013후1207 판결.

사용 상표들의 사용상품인 의류와 상품류 구분이 다르기는 하나 그 수요자가 공통될 뿐만 아니라, 이 사건 등록상표의 등록결정일 당시 이미 거래사회에서는 기업이 특정 브랜드를 전문화시키고 이 브랜드를 적극 사용하여 의류, 팔목시계, 기타 잡화류 등을 생산하거나 이들 제품을 한 점포에서 함께 진열, 판매하는 이른바 토털패션의 경향이 일반화되어 있어, 이 사건 등록상표가 '팔목시계' 상품에 사용된다면 의류와 유사한 상품에 사용된 경우에 못지않을 정도로 그것이 선사용 상표권자에 의하여 사용되는 것이라고 오인될 소지가 있으므로, 이 사건 등록상표는 선사용 상표들과 출처의 오인·혼동을 불러 일으켜 수요자를 기만할 염려가 있다.

⇨ 대법원 2017. 1. 12. 선고 2014후1921 판결

|  | 표장 | 상품 |
|---|---|---|
| 선사용 상표 | Butterfly | 탁구용품 |
| 출원상표 |  | 가방, 지갑 |

선사용상표들의 주된 사용상품인 탁구용품은 등록상표의 지정상품인 가방류나 지갑류와 경제적 견련관계조차 미약하고, 스포츠용 가방과 관련하여서는 선사용상표들이 국내 수요자에게 그다지 알려져 있었다고 보기 어려우며, 등록상표와 선사용상표들이 유사한 정도 또한 높다고 할 수 없는 사정에 비추어 보면, 등록상표가 지정상품인 가방류나 지갑류에 사용될 경우 탁구용품과 동일·유사한 상품에 사용된 경우에 못지않을 정도로 선사용상표들의 권리자에 의하여 사용되고 있다고 오인될 만한 특별한 사정이 있다고 하기는 어려우므로, 등록상표는 구 상표법 제 7 조 제 1 항 제11호의 수요자 기만 상표에 해당하지 않는다.

(3) 판단기준 시

등록 여부 결정 시이다.[176)]

---

176) 대법원 2003. 4. 8. 선고 2001후1884, 1891 판결; 대법원 2006. 7. 28. 선고 2004후1304 판결; 대법원 2020. 9. 3. 선고 2019후11688 판결 등.

◇ 대법원 2013. 3. 28. 선고 2011후835 판결

이 사건 상표 coffee bean cantabile (지정상품: 커피 등)은 2009. 9. 1. 등록된 상표인바, 비교대상 서비스표(커피 판매업 등)인 ⟨The Coffee Bean⟩와 ⟨⟩은 이 사건 상표의 등록결정 시인 2009. 1. 경에는 이미 수요자들 사이에 출처인식력을 획득한 상태였다. 비교대상 서비스표 중 성질표시에 해당하는 "Coffee Bean" 부분은 1999년 비교대상 서비스표의 출원 당시에는 식별력이 없는 것으로 판단되었지만 이 사건 상표의 등록결정 시인 2009년 경에는 식별력을 획득하여 이 사건 상표와 비교할 수 있는 중요부분이 되었다. 결국 이 사건 상표는 비교대상 서비스표와 "coffee bean" 부분이 유사하고 지정상품에 경제적 견연성도 인정되므로 제7조 제1항 제11호 소정의 등록무효사유가 인정된다.

## 파. 제34조 제1항 제13호

### (1) 규    정

국내 또는 외국의 수요자들에게 특정인의 상품을 표시하는 것이라고 인식되어 있는 상표(지리적 표시는 제외한다)와 동일·유사한 상표로서 부당한 이익을 얻으려 하거나 그 특정인에게 손해를 입히려고 하는 등 부정한 목적으로 사용하는 상표.

### (2) 내    용

#### ㈎ 비교대상 상표에 관한 요건

ⅰ) 비교대상 상표는 '특정인의 상품을 표시하는 것이라고' 인식되어 있어야 한다. '인식되어 있는 것'으로 족하고 '현저하게 인식'되어 있을 필요까지는 없다.[177] 반드시 권리자의 명칭이 구체적으로 알려지지 않더라도 동일하고 일관된 출처로 인식될 수 있으면 족하다. 따라서 사용기간 중에 상표에 관한 권리의 귀속 주체가 변경되었더라도 위 규정이 적용될 수 있고 변경 전의 사용실적이 함께 고려될 수도 있다.[178] ⅱ) 국내 또는 외국의 수요자 사이에 알려져 있는 것을 말하며, 비교대상 상표가 국외에서만 알려진 경우에도 무방

---

177) 종래에는 "현저하게 인식되어"로 규정되어 있던 것을 2007. 1. 3. 상표법 개정을 통해 "인식되어"로 변경하였다.

178) 대법원 2021. 12. 30. 선고 2020후11431 판결.

하다는 점이 특징이다. iii) 등록상표의 출원일 당시에 비교대상 상표가 실제 상표로 사용되고 있지 아니하거나 비교대상 상표의 권리자가 이를 상표로 계속 사용하려고 하는 의사가 명백하지 아니한 경우에도, 비교대상 상표가 과거의 사용실적 등으로 인하여 여전히 국내 또는 외국의 수요자 사이에 특정인의 상표로 인식되어 있는 이상 이 규정을 적용할 수 있다. 179)

### ㈏ 동일·유사

ⅰ) 표장의 동일·유사는 요구되나, 상품의 동일·유사는 원칙상 요구되지 않는다. 다만, 상품까지 유사하다면 이는 부정한 목적판단 시 불리한 근거가 된다. ⅱ) 오인·혼동의 염려를 묻지 않는다. 그로 인해 이 규정은 상표의 희석화나 단순무임승차를 방지하는 역할도 한다. 180) iii) 이 규정은 특히, 외국에서 널리 알려졌으나, 아직 국내에 등록되지 아니한 상표를 미리 선점하여 둔 뒤, 정작 그 외국의 상표권자가 국내에 상표등록을 하려 할 때 선등록 상표권을 주장하여 상표권의 양도대금이나 사용료로 부당한 이득을 얻거나 상대방에게 손해를 주는 행위를 규제하는 데 효과적이다.

### ㈐ 주관적 요건

비교대상 상표에 축적된 양질의 이미지나 고객흡인력에 편승하여 부당한 이익을 얻으려 하거나 특정인에게 손해를 가하려 하는 등 부정한 목적이 필요하다. 이러한 주관적 요건은, 특정인의 상표의 인지도 또는 창작성의 정도, 특정인의 상표와 출원인의 상표의 동일·유사성의 정도, 출원인과 특정인 사이의 상표를 둘러싼 교섭의 유무와 그 내용, 기타 양 당사자의 관계, 출원인이 등록상표를 이용한 사업을 구체적으로 준비하였는지 여부, 상품의 동일·유사성 내지는 경제적 견련관계 유무, 거래실정 등을 종합적으로 고려하여 등록상표의 출원 당시를 기준으로 판단하여야 한다. 181)

⇨ 인정된 판례·하급심 판결례

ⅰ) STARCRAFT(비교대상 상표) vs. 오리온 스타크래프트(등록상표): 비교대상

---

179) 대법원 2013. 5. 9. 선고 2011후3896 판결.
180) 특허법원, 지적재산소송실무(제3판), 박영사(2014), 603면.
181) 대법원 2014. 8. 20. 선고 2013후1108 판결.

상표는 이 사건 등록상표의 출원일인 1999. 2. 25.경 이미 컴퓨터게임 소프트웨어의 거래자나 일반 소비자들 사이에서 현저하게 알려진 저명상표라고 봄이 상당하고, 이 사건 등록상표와 원고의 상표는 전체적, 객관적, 이격적으로 관찰할 때 서로 유사한 상표에 해당하며, 한편 원고의 상표의 각 구성요소인 'STAR'와 'CRAFT'는 사전상의 단어로서 빈번하게 쓰이는 용어이기는 하나 그 조합으로서의 'STARCRAFT'는 하나의 조어로서 거래계에서 그 사용례를 쉽게 찾아볼 수 없으므로, 이 사건 등록상표의 표장은 원고의 상표를 모방한 것으로 추정되며, 원고의 상표와 유사한 이 사건 등록상표를 지정상품 중 어느 것에 사용하더라도 이는 저명상표로서의 원고의 상표가 가지는 양질감 등의 가치를 희석화하는 것이므로, 피고는 결국 저명상표인 원고의 상표를 모방하여 원고의 상표가 가지는 양질의 이미지나 고객흡인력에 편승하여 부당한 이익을 얻거나 원고의 상표의 가치를 희석화하여 그 상표권자인 원고에게 손해를 가할 목적으로 이 사건 등록상표를 출원·등록하여 사용하는 것이라고 보아야 할 것이어서, 이 사건 등록상표에 상표법 제7조 제1항 제12호가 정한 등록무효사유가 있다(대법원 2005. 6. 9. 선고 2003후649 판결).

ⅱ) VOGUE(비교대상 상표: 잡지) vs. VOGUE(등록상표: 가정용 고무풍)182)

ⅲ) W Hotel(비교대상 서비스표: 미국에서 주지의 호텔업 서비스표) vs. W hotel(잡지출판업 등)183)

ⅳ) **Butterfly TAMASU TOKYO**(비교대상 상표: 탁구라켓 등) vs. **BUTTERFLY 버터플라이**(등록상표: 단화, 반바지 등)184)

ⅴ) **LV**(여행가방, 핸드백) vs. **LV**(소시지제조용 창자, 개목걸이 등)185)

## (3) 판단기준 시

출원 시이다(상표법 제34조 제2항 단서). 판례의 일관된 입장186)이 상표법

---

182) 특허법원 2007. 3. 28. 선고 2006허11220 판결(확정).
183) 특허법원 2008. 5. 30. 선고 2007허12213 판결(확정).
184) 양 상표의 유사 정도, 위 선사용 상표들의 주지 정도, 등록상표의 지정상품들과 선사용 상표들의 사용상품들 사이의 경제적 견련관계, 상표분쟁의 경과 등을 종합적으로 고려하여 보면, 위 등록상표의 출원인은 선사용 상표들을 모방하여 선사용 상표들에 축적된 양질의 이미지나 선사용 상표들이 갖는 고객흡인력에 편승하여 부당한 이익을 얻으려 하거나 선사용 상표들의 사용자에게 손해를 가하려고 하는 등 부정한 목적을 가지고 사용하기 위하여 위 등록상표를 출원하였다고 판단된다(대법원 2010. 7. 15. 선고 2010후807 판결).
185) 대법원 2014. 2. 27. 선고 2013후2484 판결.
186) 대법원 2004. 5. 14. 선고 2002후1362판결; 대법원 2012. 6. 28. 선고 2012후672 판결; 대법원 2013. 5. 9. 선고 2011후3896 판결 등.

에 반영·개정된 것이다.

## 하. 제34조 제1항 제14호

국내 또는 외국의 수요자들에게 특정 지역의 상품을 표시하는 것이라고 인식되어 있는 지리적 표시와 동일·유사한 상표로서 부당한 이익을 얻으려 하거나 그 지리적 표시의 정당한 사용자에게 손해를 입히려고 하는 등 부정한 목적으로 사용하는 상표. 판단기준 시는 출원 시이다(상표법 제34조 제2항 단서).

## 거. 제34조 제1항 제15호

상표등록을 받으려는 상품 또는 그 상품의 포장의 기능을 확보하는 데 꼭 필요한(서비스의 경우에는 그 이용과 목적에 꼭 필요한 경우를 말한다) 입체적 형상,[187] 색채,[188] 색채의 조합, 소리 또는 냄새만으로 된 상표. 상품이나 그 포장의 '기능'과 불가결하게 연관된 표장을 상표로 독점시키게 되면 결과적으로 해당 상품 자체에 대하여 독점권을 인정하는 것이 되어 부당하기 때문이다. 유사한 법리는 디자인보호법(제34조 제4호)[189]과 저작권법(제2조 제15호)[190] 등에서도 발견할 수 있다.

상품 또는 그 상품의 포장의 기능을 확보하는 데 꼭 필요한 입체적 형상이나 색채, 색채의 조합, 소리, 냄새만으로 된 상표는 비록 식별력이 있거나 사용에 의한 식별력이 인정되더라도 본호에 해당하여 등록을 받을 수 없는 것으로 본다.[191] 아울러 그런 상표는 등록되더라도 타인의 사용에 상표권의 효력이 미치지 아니한다(상표법 제90조 제1항 제5호). 판단기준 시는 등록여부 결정 시이다.

---

187) 와 같은 면도기 헤드, 와 같은 레고블럭의 형상 등이 그 예이다.
188) 소화기에 쓰이는 빨간색, 안전표지판의 노란색 등이 그 예이다.
189) 물품의 기능을 확보하는데 불가결한 형상을 디자인보호에서 제외.
190) 응용미술저작물로 보호받기 위해서 물품의 형상에서 독립적으로 감지되는 심미성을 요구.
191) 특허청, 상표심사기준, 제5부 제15장, 2.5.

## 너. 제34조 제1항 제16호

세계무역기구 회원국 내의 포도주 또는 증류주의 산지에 관한 지리적 표시로서 구성되거나 그 지리적 표시를 포함하는 상표로서 포도주 또는 증류주에 사용하려는 상표(다만, 지리적 표시의 정당한 사용자가 해당 상품을 지정상품으로 하여 제36조 제5항에 따른 지리적 표시 단체표장등록출원을 한 경우에는 상표등록을 받을 수 있다).

TRIPs 협정 제23조는 "원산지를 달리하는 포도주와 증류주에 대하여 오인, 혼동의 여부와 관계 없이 보호를 거절할 것"을 규정하고 있으며, 위 조항은 이를 반영한 것이다. 대표적 예로는 '보르도(Bordeaux)', '샴페인(Champagne)', '코냑(Cognac)' 등이 있으며, 위 원산지가 아닌 포도주나 증류주를 판매하는 업자는 자신의 상품에 위와 같은 표시를 할 수 없다. 판단기준 시는 등록여부 결정 시이며, 제척기간은 5년이다.

## 더. 제34조 제1항 제17호 내지 제19호: 해당 조문 참조

## 러. 제34조 제1항 제20호

동업·고용 등 계약관계나 업무상 거래관계 또는 그 밖의 관계를 통하여 타인이 사용하거나 사용을 준비 중인 상표임을 알면서 그 상표와 동일·유사한 상표를 동일·유사한 상품에 등록출원한 상표. 이는 신의칙에 반하는 상표등록출원을 제한하기 위한 규정이다. 타인이 미등록인 채로 사용하거나 사용 준비 중인 상표를 악의로 가로채 선출원하는 행위를 통제하기 위해 마련된 규정이다. 상표등록을 받을 수 있는 권리자가 아닌 사람이 타인에 대한 관계에서 신의성실의 원칙에 위반하여 선사용상표와 동일·유사한 상표를 동일·유사한 상품에 등록출원한 경우 그 상표등록을 허용하지 않는다는 것이며, 타인과 출원인 중 누가 선사용상표에 관하여 상표등록을 받을 수 있는 권리자인지는 타인과 출원인의 내부 관계, 선사용상표의 개발·선정·사용 경위, 선사용상표가 사용 중인 경우 그 사용을 통제하거나 선사용상표를 사용하는 상품의 성질 또는 품질을 관리하여 온 사람이 누구인지 등을 종합적으로 고려하여 판단해야 한다. 상품의 제조·판매만을 위탁받아 위탁자의 상호가 표기된 상표품을 제조

·판매하던 가공업자가 임의로 해당 상표를 자신의 이름으로 출원하거나,[192] 브랜드 공모전의 당선작을 심사위원이 상표출원하는 경우 등이 대표적 예이다. 타인에게 손해를 끼칠 부당한 목적이나 신용편승의 목적 없이도 적용될 수 있고, 상표 자체의 구성이 공서양속에 반하거나 상표를 등록·사용하는 것이 공서양속에 반할 것을 요구하는 상표법 제34조 제 1 항 제 4 호와 달리 출원과정에서 신의칙에 반하는 사정만 인정되면 적용될 수 있다.[193] 판단기준 시는 출원 시이다(상표법 제34조 제 2 항 단서).

◇ 대법원 2020. 11. 5. 선고 2020후10827 판결

'청문각출판사' 라는 상호로 교재출판업 등을 영위하면서 선사용서비스표 "청문각"을 출처 표시로 사용하는 甲이 청문각출판사의 재고도서와 출판권 등의 자산을 乙에게 양도하였고, 그 후 丙이 이를 포괄적으로 양수하여 '청문각출판' 이라는 상호로 청문각출판사에서 출판하던 도서들을 출판, 판매하고 있는데, 甲이 서비스표인 "청문각" 을 출원하여 등록을 받았다. … 위 양도계약은 甲의 재고도서와 출판권 및 기존 출판영업을 계속적으로 유지하기 위한 주요 직원과 거래처를 乙에게 이전하는 것을 내용으로 하고 있고, 甲과 乙은 위 양도계약을 통하여 '청문각' 이라는 표장의 사용 권원을 乙에게 귀속시키기로 합의하였으며, 이후 위 표장의 사용 권원은 최종적으로 乙로부터 丙에게 이전되었다고 볼 수 있는 점 등에 비추어, 甲이 '청문각' 이라는 표장과 동일·유사한 서비스표를 동일·유사한 서비스에 출원하여 등록서비스표로 등록받은 것은 乙 또는 丙에 대한 관계에서 신의성실의 원칙에 위반되므로, 甲의 위 등록서비스표는 구 상표법 제7조 제1항 제18호에 해당되어 그 등록이 무효로 되어야 한다.

## 머. 제34조 제 1 항 제21호

조약당사국에 등록된 상표와 동일·유사한 상표로서 그 등록된 상표에 관한 권리를 가진 자와의 동업·고용 등 계약관계나 업무상 거래관계 또는 그 밖의 관계에 있거나 있었던 자가 그 상표에 관한 권리를 가진 자의 동의를 받지 아니하고 그 상표의 지정상품과 동일·유사한 상품을 지정상품으로 하여 등록출원한 상표. 공업소유권보호를 위한 파리협약 제 6 조의 7 취지를 상표법에

---

192) 대법원 2020. 9. 3. 선고 2019후10739 판결.
193) 특허청, 상표심사기준, 제 5 부 제20장 3. 1.

반영한 것으로서, 외국 상표권자의 국내 대리점이나 총판 등 대리인·대표자 등이 동일·유사한 상표를 국내에서 무단으로 등록하는 것을 방지하기 위한 규정이다. 194) 판단기준 시는 출원 시이다(상표법 제34조 제2항 단서).

### 버. 제34조 제3항

등록상표가 부정사용(제119조 제1항 제1호, 제2호), 불사용(제119조 제1항 제3호) 등의 사유로195) 등록 취소심판이 청구되고 그 이후에 ① 상표권이 존속기간 만료로 소멸하거나, ② 상표권자가 상표권 또는 지정상품의 일부를 포기하거나, ③ 등록취소의 심결이 확정되면 그 상표권자나 상표 사용자는 그 때로부터 3년간은 동일·유사한 상표를 동일·유사한 상품에 출원·등록받을 수 없다.

상표의 부정사용이나 불사용으로 인한 취소제도의 실효성을 확보하고 해당 상표를 적절히 관리하지 아니한 상표권자나 사용자에게 일정부분 법적 불이익을 부여한다는 의미를 가진다.

## 2. 상표법 제34조 제1항 각호의 주요 내용·판단기준 시·무효심판 제척기간 요약

상표법 제7조 제1항 각호 부등록 사유의 주요 내용, 판단기준 시점 및 무효심판 제척기간을 도표로 요약하면 다음과 같다.

| 규 정 | 판단기준 시 | | 제척 기간 |
|---|---|---|---|
| | 출원 시 | 등록 여부 결정 시 | |
| 1호(국기, 국제기구의 표장 등과 동일·유사) | | ○ | |
| 2호(국가, 인종 모욕 등 내용) | | ○ | |
| 3호(국가·공공단체·저명한 공익표장과 동일·유사) | | ○ | |

---

194) 개정 상표법 전까지 같은 내용은 상표등록거절 사유로 규정되어 있었고 권리자의 이의신청 및 등록취소심판 사유였을 뿐 등록무효 사유는 아니었으나 개정 상표법부터는 상표의 부등록사유로 격상되어 거절 및 등록무효의 근거가 된다.

195) 그 밖에, 제119조 제5 내지 제9호의 등록취소 사유도 포함된다.

| | | | |
|---|---|---|---|
| 4호(공서양속 위반) | | ○ | |
| 5호(정부승인개최 박람회의 상패·상장과 동일·유사) | | ○ | |
| 6호(저명한 타인의 성명 등) | | ○ | ○ |
| 7호, 8호(선출원에 의한 등록 상표 등과 동일·유사) | | ○ | ○ |
| 9호, 10호(미등록 주지상표 등과 동일·유사) | | ○ | ○ |
| 11호(저명상표와 동일·유사) | ○ | | |
| 12호(품질오인·수요자 기만) | | ○ | |
| 13호, 14호(국내·외에서 수요자 사이에 알려진 상표를 동일·유사한 상표를 부정목적으로 출원) | ○ | | |
| 15호(상품·포장의 입체적 형상 색채만으로 된 상표) | | ○ | |
| 16호(포도주·증류주의 지리적 표시) | | ○ | ○ |
| 17호(식물의 품종명칭과 동일·유사) | | ○ | |
| 18호(농수산물 품질관리법에 따른 타인의 지리적 표시 등과 동일·유사) | | ○ | |
| 19호(FTA에 따른 타인의 지리적 표시 등과 동일·유사) | | ○ | |
| 20호(신의칙에 반하는 상표출원) | ○ | | |
| 21호(외국 상표권자의 대리인 등에 의한 상표출원) | ○ | | |

# Ⅵ. 출원절차와 관련된 주요 사항

## 1. 선출원주의

ⅰ) 동일·유사한 상품에 사용할 동일·유사한 상표에 대하여 다른 날에 둘 이상의 상표등록출원이 있는 경우에는 먼저 출원한 자만이 그 상표를 등록받을 수 있다(선출원주의: 제35조 제 1 항).

ⅱ) 만약 같은 날에 그러한 출원이 이루어진 때에는 출원인들이 협의하여 등록받을 한 사람을 정해야 하고, 협의가 성립하지 아니하거나 협의를 할 수 없는 때에는 특허청장이 행하는 추첨에 의하여 결정된 하나의 출원인만이 상표등록을 받을 수 있다(제35조 제 2 항).

ⅲ) 동일인에 의하여 ⅰ)과 같은 중복 출원이 이루어진 경우에는, '동일한 상표를 동일한 상품에 중복 출원한 경우'에 한하여 '1상표 1출원주의' 위반이 문제될 뿐, 선출원주의 적용은 없다. 196)

ⅳ) 선출원주의에 위반한 출원은 등록거절사유이고(제54조 제 1 항 제 3 호), 등록되었더라도 등록무효사유에 해당한다(제117조 제 1 항 제 1 호).

## 2. 1상표 1출원주의

상표등록출원을 하려는 자는 상품류의 구분에 따라 1류 이상의 상품을 지정하여 1상표마다 1출원을 하여야 한다(제38조 제 1 항).

동일인이 동일한 상표에 지정상품 중 일부 또는 전부를 동일하게 기재하여 중복출원한 때에는 후출원은 1상표 1출원주의 위반을 이유로 등록거절된다. 197) 1상표 1출원주의 위반은 등록무효 사유로는 규정되어 있지 아니하다(제117조 제 1 항 제 1 호 참조).

## 3. 출원공고 및 이의신청 제도

상표는 출원과 심사를 거쳐 등록적격이 인정되면 등록에 이르지만, 상표

---

196) 특허청, 상표심사기준, 제 5 부 제23장 1. 2.
197) 상표법 제54조 제 3 호; 특허청, 상표심사기준, 제 2 부 제 5 장 1. 1. 1.

법은 등록 이전에 당해 상표의 등록적격을 다툴 기회를 주기 위해 출원공고 및 이의신청 제도를 두고 있다. 심사관은 상표등록출원에 대하여 거절이유를 발견할 수 없는 경우에는 출원공고결정을 하여야 한다(상표법 제57조 제1항). 출원공고는 특허청장이 상표공보에 게재하는 방법으로 이루어지며(같은 조 제2 항), 공고일부터 2개월간 상표등록출원 서류 및 그 부속서류는 일반인의 열람에 제공된다(같은 조 제3항).

출원공고가 있는 때에는 출원공고일부터 2개월 이내에 누구든지 그 출원에 거절사유(제54조)나 추가등록 거절사유(제87조 제1항)가 있음을 들어 특허청장에게 상표등록 이의신청을 할 수 있다(상표법 제60조 제1항). 적법한 이의신청이 있으면 심사관은 출원인에게 답변의 기회를 주고, 이유를 붙인 서면으로 그 당부를 판단하여야 한다(상표법 제66조 제1, 2, 4항). 이의신청이 이유 있으면 상표등록거절 결정을, 이유 없으면 상표등록결정을 하게 된다. 위 거절에 대하여 출원인은 거절결정불복심판(상표법 제116조) 청구를, 등록에 대하여 이의신청인은 등록무효심판(상표법 제117조) 청구를 할 수 있다(상표법 제66조 제6항).

한편, 심사관은 출원공고 후 스스로 거절이유를 발견한 경우에는 직권으로 상표등록 거절결정을 할 수도 있으며(상표법 제67조 제1항), 이때는 이의신청이 있더라도 그 이의신청에 대해 별도의 결정을 하지 아니한다(같은 조 제2항).

아울러 심사관은 상표등록결정을 한 경우라도 명백한 거절이유를 발견하면 상표권 등록이 이루어지기 전까지는 상표등록결정을 취소하고 직권으로 재심사할 수도 있다.198)

출원인은 출원공고가 있은 후 해당 상표등록출원에 관한 지정상품과 동일·유사한 상품에 대하여 해당 상표등록출원에 관한 상표와 동일·유사한 상표를 사용하는 자에게 서면으로 경고할 수 있고(상표법 제58조 제1항), 그 후 상표권을 설정등록할 때까지의 기간에 발생한 해당 상표의 사용에 관한 업무상 손실에 상당하는 보상금의 지급을 청구할 수 있다(같은 조 제2항). 단, 이 청구권은 해당 상표등록출원에 대한 상표권의 설정등록 전에는 행사할 수 없다 (같은 조 제3항).

---

198) 다만, 거절 사유가 1상표 1출원주의(제38조 제1항)에 반하거나, 상표권이 설정등록되었거나, 출원이 취하 또는 포기된 경우는 제외(같은 항 단서 각호).

### 4. 부분거절과 재심사

상표법은 2022. 2. 3. 개정을 통해 상표등록출원에 대한 거절이유가 일부 지정상품에만 있는 경우 거절이유가 없는 나머지 지정상품에 대해서는 상표등록을 받을 수 있도록 하는 부분거절제도를 도입하였다(제54조·제57조·제68조 등). 종래에는 상표출원에서 일부 지정상품에 관련하여 거절이유가 있는 경우 보정을 통해 삭제하는 등 거절사유가 해소되지 않는 한 출원 전체를 일체로 보고 출원 전부를 거절해 왔다. 이는 실무와 판례에 의해 확고한 기준으로 유지되어 왔고, 특허출원에서 일부 청구항에 거절이유가 있는 경우에도 마찬가지 법리가 유지되고 있다(대법원 2011. 10. 13. 선고 2009후4322 판결, 대법원 2003. 3. 25. 선고 2001후1044 판결 등 다수).[199] 그러나 개정법은 상표에 대해서는 명시적으로 출원일체의 원칙을 배제하고 거절 사유가 없는 지정상품에 해서는 등록을, 거절사유가 해소되지 않은 지정상품에 대해서는 거절결정을 하도록 함으로써 출원인의 입장을 배려하고 있다.

이와 아울러, 개정법은 심사관의 상표등록거절결정 이후 출원인이 거절결정불복심판을 청구하는 대신 3개월 이내에 지정상품이나 상표를 보정하여 심사관에게 재심사를 청구할 수 있도록 하여(제55조의2 신설) 등록거절에 대한 대응의 선택지를 넓혀 놓았다.

## Ⅶ. 상표권의 내용

상표권자는 지정상품에 관하여 그 등록상표를 사용할 권리를 독점한다(상표법 제89조). 상표를 사용할 권리는 배타권과 전용권, 그리고 다른 사람에게

---

199) 출원일체 원칙에 대한 이론상 근거로는, ⅰ) 무효심판의 경우, 청구항이나 지정상품별로 무효심판을 청구할 수 있는 것과 달리(특허법 제133조, 상표법 제117조), 거절결정은 청구항이나 지정상품별 거절을 가능하게 하는 규정이 없고, 단지 '출원에 대해 등록을 거절한다'라고 하여 출원 자체를 일체로 취급하는 문언으로 되어 있기 때문이라는 점, ⅱ) 심사과정에서 일부 청구항이나 지정상품에 거절이유가 있는 경우, 출원인은 어차피 보정이나 분할출원 등을 통해 거절을 회피할 절차상 기회가 보장되므로 불의의 피해가 발생하지 않기 때문이라는 점 등이 거론되어 왔다.

상표의 사용권을 설정할 수 있는 권리 등으로 이루어져 있는바, 배타권과 전용권의 구체적인 내용은 편의상 침해 부분에서 설명한다.

## 1. 상표권의 발생·양도

상표권은 설정등록에 의해 발생하고(상표법 제82조 제1항), 그 보호범위는 출원서에 적은 상표와 지정상품에 의해 정하여진다(상표법 제91조). 한편, 일단 등록되거나 출원된 상표에 대하여도 상표권자 또는 출원인은 등록상표 또는 상표등록출원의 지정상품을 추가하는 지정상품의 추가등록을 받을 수 있다(상표법 제86조).

상표권은 이전가능하며 이전은 등록을 해야 효력이 발생한다(상표법 제96조 제1항 제1호). 상표권은 그 지정상품마다 분할하여 이전할 수 있지만, 유사한 지정상품은 함께 이전하여야 한다(상표법 제93조 제1항).

상표권이 공유인 경우에는 각 공유자는 다른 공유자 모두의 동의를 얻어야만 그 지분을 양도하거나 그 지분을 목적으로 하는 질권을 설정할 수 있다(상표법 제93조 제2항). 업무표장권, 단체표장권, 증명표장권은 양도·이전할 수 없는 것이 원칙이다(같은 조 제4항, 제6항, 제7항).[200)]

## 2. 사용권의 설정

상표권자는 자신의 상표에 대하여 타인에게 전용사용권이나 통상사용권을 설정할 수 있다.[201)] 전용사용권은 당해 상표에 대한 물권적 권리로서 전용사용권자는 그 설정행위로 정한 범위 안에서 지정상품에 관하여 등록상표를 사용할 권리를 독점한다(상표법 제95조 제3항). 그 결과 전용사용권자는 자신의 이름으로 상표권 침해자를 상대로 구제를 청구할 수 있다(상표법 제107조 이하

---

200) 다만, 업무표장권은 업무와 함께 양도하는 경우에는 양도될 수 있고(같은 조 제4항 단서), 단체표장권은 법인의 합병의 경우에 특허청장의 허가를 받아 이전할 수 있으며(같은 조 제6항 단서), 증명표장은 해당 증명표장에 대하여 제3조 제3항에 따라 등록받을 수 있는 자에게 그 업무와 함께 이전할 경우에는 특허청장의 허가를 받아 이전할 수 있다(같은 조 제7항 단서).

201) 업무표장권·단체표장권 또는 증명표장권에 관하여는 전용사용권이나 통상사용권을 설정할 수 없다(상표법 제95조 제2항, 제97조 제5항).

참조). 통상사용권은 당해 상표에 대한 채권적 권리로서 통상사용권자는 그 설정행위로 정한 범위 안에서 지정상품에 관하여 등록상표를 사용할 권리를 가진다(상표법 제97조 제2항). 통상사용권자는 원칙상 자신의 이름으로 상표권 침해자를 상대로 구제를 청구할 수는 없으며, 예외적인 경우에 한하여 상표권자의 금지청구권 등을 대위행사할 여지가 있을 뿐이다.

전용사용권이나 통상사용권의 설정은 별도의 등록 없이도 효력이 발생하지만, 그 권리와 양립할 수 없는 권리를 취득한 제3자에게 '대항'하기 위해서는 등록이 필요하다(상표법 제100조).

## 3. 상표권의 존속기간 및 그 갱신

상표권의 존속기간은 상표권의 설정등록이 있는 날부터 10년이며(상표법 제83조 제1항), 위 존속기간은 존속기간갱신등록 신청을 통해 10년씩 갱신할 수 있다(같은 조 제2항).

# Ⅷ. 상표권의 침해와 구제

## 1. 상표권의 침해

### 가. 등록상표의 배타권(排他權)과 전용권(專用權)

#### (1) 배타권과 침해

상표권자는 지정상품에 관하여 그 등록상표를 사용할 권리를 독점한다(제89조). 따라서 타인이 정당한 권원 없이 그 지정상품에 관하여 그 등록상표를 사용하는 경우 상표권의 침해를 구성한다. 한편, 상표법은 그 밖에도 ⅰ) 등록상표와 동일한 상표를 그 지정상품과 유사한 상품에 사용하는 경우, ⅱ) 등록상표와 유사한 상표를 그 지정상품과 동일한 상품에 사용하는 경우 및 ⅲ) 등록상표와 유사한 상표를 그 지정상품과 유사한 상품에 사용하는 경우까지 모두 침해로 본다(제108조 제1항 제1호). 이처럼 타인으로 하여금 허락 없이 등록상표와 동일·유사한 상표를 동일·유사한 상품에 사용하지 못하도록 하는 권리를 등록상표의 배타권(排他權)이라고 하며, 상표권의 침해는 결국 등록상표의 배타권에 대한 침해를 의미한다.

## (2) 전용권(專用權)

한편, '상표권자는 지정상품에 관하여 그 등록상표를 사용할 권리를 독점한다'는 상표법 제89조는 동시에 상표권자가 등록상표를 사용할 수 있는 범위(이른바 專用權)를 정한 규정으로도 이해된다. 즉, 등록상표권자가 적법하게 상표를 사용할 수 있는 범위는 등록상표와 동일한 상표·동일한 지정상품에 한정된다는 것이다. 보다 구체적으로 이는, ⅰ) 동일한 상표와 지정상품에 관하여 서로 다른 주체에게 중복으로 상표등록이 이루어져 '저촉관계'가 성립하더라도 상표권자가 자신의 등록상표를 동일성 범주에서 사용하는 이상, 다른 상표권자로부터 이를 저지당하지 않는다는 것과,202) ⅱ) 전용권(專用權)을 넘어 상표를 동일성 범주 이외의 영역에서 사용함으로써 수요자 혼동을 초래하는 경우에는 상표의 부정사용으로 등록이 취소될 수 있다는 것(상표법 제119조 제1항 제1호), ⅲ) 상표권자가 등록상표를 그 표장과 지정상품의 동일영역에서 사용하는 대신 유사영역에서 사용하였을 때에는 등록상표는 '불사용 상태'로 평가되어 일정한 요건 아래 취소심판(제119조 제1항 제3호)의 대상이 된다는 것 등으로 나타난다.

이처럼 상표의 전용권과 배타권은 그 개념과 적용영역이 서로 다르다. 그러나 현실적으로 양자의 구분이 반드시 명확한 것만은 아니다.203) 이하에서는

---

202) 자신이 사용하는 등록상표가 타인의 등록상표와 유사한 경우에도 마찬가지이다. 그러나 자신의 등록상표를 동일성 범주에서 사용하는 대신 유사범주에서 사용한 결과 타인 등록상표의 동일·유사범주에 들어가게 되면 침해를 구성함은 물론이다.

203) 예컨대, 甲이 A의 등록상표권자라면, A와 유사한 A'에 그 전용권(專用權)이 미치지 않음은 물론이지만 甲이 시장에서 A가 아닌 A'를 사용하는 일도 현실에서는 흔히 일어난다. 만약 그때 제3자가 A'에 甲의 전용권(專用權)이 없음을 이유로 A'를 사용하려 하더라도 甲은 배타권을 발동하여 제3자를 저지하고 독점적으로 A'를 사용할 수 있어 사실상 A'에 대하여 전용권(專用權)이 보장되는 것과 다름없게 된다(물론, 이러한 甲의 행위가 상표법 제119조 제1항 제1호의 부정사용요건을 충족하면 등록취소를 감수하게 될 것이다). 이는 甲이 제3자에게 사용권을 설정하는 장면에서도 마찬가지로 일어난다. 본디 A'에 대한 전용권(專用權)이 없는 甲으로서는 제3자에게 A'에 대한 사용권을 설정할 여지도 없지만, 사실상 제3자는 甲으로부터 사용권을 설정 받아야만 A'를 사용할 수 있고 甲은 사용권자를 위해 타인이 A'를 사용하는 행위를 금지시켜 줄 채무를 부담하게 된다(독

상표의 배타권과 침해에 관하여만 설명하고, 전용권(專用權)은 상표의 부정사용·불사용 취소 등과 관련하여 해당되는 부분에서 언급하기로 한다.

## 나. 상표의 사용

### (1) 상표의 사용개념

상표법 제2조 제1항 제11호에 따르면 상표의 사용은 ① 상품 또는 상품의 포장에 상표를 표시하는 행위(가. 목), ② 상품 또는 상품의 포장에 상표를 표시한 것을 양도·인도하거나 전기통신회선을 통하여 제공하는 행위 또는 이를 목적으로 전시하거나 수출·수입하는 행위(나. 목: 2022. 2. 3. 개정), ③ 상품에 관한 광고·정가표(定價表)·거래서류, 그 밖의 수단에 상표를 표시하고 전시하거나 널리 알리는 행위(다. 목)를 말한다. 여기에서 "상표를 표시하는 행위"에는 ⅰ) 표장의 형상이나 소리 또는 냄새로 상표를 표시하는 행위와 ⅱ) 전기통신회선을 통하여 제공되는 정보에 전자적 방법으로 표시하는 행위가 포함된다(상표법 제2조 제2항).

### (2) 법 개정의 경위[204]

2016년 개정 전 상표법에 규정되어 있던 상표의 사용개념은 1973년에 도입된 낡은 것들이었다. 그러나 시대에 따라 상표의 사용 모습은 다양하게 변하였고, 특히 인터넷 환경에서 상표를 사용하는 행위들 가운데는 종래의 상표 사용 개념으로 도저히 포섭하기 어려운 것들이 많았다. 또, 서비스표[205]의 사용 모습 역시 '상품이나 상품의 포장에 상표를 표시하는 것'과는 거리가 멀수밖에 없었음에도 그에 합당한 사용개념이 따로 없었다.[206] 2016년 개정 상

---

점적 사용권을 설정받은 제3자는 甲을 대위하여 금지청구권을 행사할 수도 있다). 이러한 점을 감안하여 입법론으로 상표권의 동일범위에 미치는 전용권(專用權)과 유사범위에까지 미치는 배타권을 '상표권의 효력'이라는 하나의 조문으로 통합하는 것이 바람직하다는 견해도 있다(網野 誠, 「商標[第6版]」, 有斐閣, 2002, 739면).

204) 법 개정의 필요성을 제안한 문헌으로는, 조영선, "상표의 사용개념에 대한 입법론적 고찰," 저스티스 통권 제105호(2008. 8.), 141면 이하 참조.

205) 2016년 개정법부터는 서비스표의 개념을 별도로 인정하지 않고 상표로 부르나, 설명과 이해의 편의상 여기에서는 이 개념을 사용하기로 한다.

206) 구체적으로 서비스표의 사용행위는 ⅰ) 서비스를 제공받을 자가 이용하도록 제공되는 물건에 표장을 표시하는 행위 및 그러한 물품을 실제로 이용에 제공하는 행위 ⅱ) 서비스 제공에 사용되는 물건에 표장을 표시한 채로 서비스 제공을 위하여 전시하는 행위 ⅲ) 서

표법은 이런 점들을 반영하여 상표의 사용개념을 현실에 맞게 정비하였다. 특히 제 2 조 제 1 항 제11호 다. 목이 "… 그 밖의 수단에 상표를 표시하고 전시하거나 널리 알리는 행위"를 상표 사용으로 봄으로써 다양한 서비스표의 사용행위들을 상표 사용으로 포섭할 수 있게 되었고, 제 2 조 제 2 항이 "전기통신회선을 통하여 제공되는 정보에 전자적 방법으로 표시하는 행위를 상표의 표시행위로 봄"으로써 인터넷 회선을 통해 사용자의 인터페이스에 상표가 '전송' 내지 '제공'되는 행위 역시 무리 없이 상표의 사용으로 다룰 수 있게 되었다. 나아가 2022. 2. 3. 개정을 통해서는 나. 목에 '상표를 표시한 것을 전기통신회선을 통해 제공하는 행위'를 상표의 사용으로 명시함으로써 온라인상 상표 표시나 디지털 상표품의 온라인 유통행위를 포섭하고 있다.

## 다. 상표적 사용이 아닌 경우

상표권의 침해를 구성하기 위해서는 타인의 등록상표를 허락 없이 '상표적으로 사용'하였어야 하며, 이는 결국 상표를 상품의 출처표지로써 사용하는 것을 말한다. 그러한 요건을 충족하지 못하는 상표의 사용행위는 침해를 구성하지 아니한다. 이를 판례를 중심으로 유형화하면 다음과 같다.

### (1) 디자인 용도로만 사용되는 경우

특정한 표장이 상품의 출처표지로 기능하기보다는 주로 상품에 관한 디자인으로 수요자 사이에 인식되는 경우에는 상표적 사용에 해당하지 않는다. 한편, 디자인과 상표는 배타적·선택적 관계에 있지 아니하므로, 디자인이 될 수 있는 형상이나 모양이라고 하더라도 그것이 상표의 본질적 기능인 자타상품의 출처표시로서도 기능하는 경우에는 상표로서 사용된 것으로 본다.

◇ 대법원 2013. 1. 24. 선고 2011다18802 판결

A가 등록상표 "(지정상품 귀금속제 목걸이 등)"의 상표권자이고, B가 와 같은 목걸이용 펜던트를 판매한 사안에서 B의 제품의 형상은 디자인으로만 사용

---

비스 제공에서 당해 서비스의 제공에 관계되는 물건에 표장을 표시하는 행위 iv) 전자(電磁)적 방법에 의한 영상화면을 매개로 서비스가 제공되는 경우에 그 영상화면에 표장을 나타낸 채로 서비스를 제공하는 행위 등으로 나타난다.

된 것일 뿐 상품의 식별표지로 사용된 것이라고는 볼 수 없다고 한 사례.207)

◇ 대법원 2013. 2. 14. 선고 2011도13441 판결

> A가 독특한 격자무늬를 특징으로 하는 '버버리'의 상표권자인데 B가 그러한 격자무늬의 원단으로 제조된 셔츠를 중국에서 수입한 사안에서, B셔츠의 격자무늬는 단순히 셔츠의 디자인으로만 기능하는 것이 아니고 버버리의 상품 출처표지로서도 기능하므로 이는 A의 상표권 침해를 구성한다고 한 사례.

## (2) 상품의 내용이나 용도를 안내하는 목적으로 사용된 경우

◇ 대법원 2011. 1. 13. 선고 2010도5994 판결

> 甲이 한국교육개발원의 등록상표 "EBS(지정상품: 서적, 학습지 등)"를 임의로 자신이 발행한 논술학원 교재표지에 부착하여 약 150부를 수강생들에게 배포하였으나, 그 출처를 甲이 운영하는 학원으로 명확히 표시한 점, 교재 첫 페이지에 이는 甲 자신이 EBS에서 방송강의를 하면서 제작·사용한 것임을 명시하고 있는 점, 甲 자신이 운영하는 학원 수강생들에게만 배포할 의도로 제작된 교재인 점 등에 비추어 이는 EBS 방송강의의 교재로 사용되었다는 교재의 내용 또는 용도를 안내·설명하기 위한 것일 뿐 그 출처를 표시하는 상표로 사용된 것이라고 할 수 없어 침해를 구성하지 않는다.208)

◇ 대법원 2005. 6. 10. 선고 2005도1637 판결

> 피고인이 판매한 원격조정기(리모콘)의 내부회로기판 위에 표기된 "SONY" 표장을 상표로서 사용된 상표라고 할 수 없고, 나아가 피고인이 위 원격조정기의 표면에 "만능eZ 소니전용"이라는 표장을 표기한 것은 '여러 가지 기기에 손쉽게 사용될 수 있는 원격조정기로서 소니에서 나온 기기에 사용하기에 적합한 것'이라는 정도의 의미로 받아들여질 수 있어 위 원격조정기의 용도를 표시하는 것으로 보일 수

---

207) 다만, 이 사건에서는 원고의 상표출원 전부터 피고가 '강아지 모양의 목걸이' 시리즈를 제조하여 별도의 피고 상표 아래 매장에서 판매해 오고 있었던 사정, 거래계에서 이미 강아지를 모티브로 한 펜던트가 흔히 유통되고 있었던 사정 등도 고려되었다.

208) 아울러, 타인의 등록상표인 "Windows"를 제품의 사용설명서, 고객등록카드, 참고서 등에 표시한 경우, 이는 컴퓨터 소프트웨어 프로그램의 명칭을 표시한 것으로 그 사용설명서, 고객등록카드, 참고서에 기술되어 있는 내용을 안내·설명하기 위한 것일 뿐 상품의 출처 표시로 사용된 것이라고 볼 수 없다고 한 예도 있다(대법원 2003. 10. 10. 선고 2002다 63640 판결).

상 표 법 475

있을 뿐, 등록상표 "SONY"와 동일한 상표를 사용한 것으로 볼 수는 없다.

### (3) 비교광고, 소비자 운동, 패러디 등에 사용되는 경우

타인의 상품에 대한 자기상품의 비교우위를 광고하는 과정에서 타인의 상표를 인용하는 경우, 상품의 불매운동이나 품질개선 요구 등 소비자 운동의 과정에서 타인의 상표를 광고 등에 인용하는 경우, 타인의 상표를 패러디하여 새로운 창작물을 작성하는 과정에서 상표가 사용되는 경우에는 상표가 자타상품의 식별표지로 사용된 것이 아니고, 정당한 경쟁행위나 표현의 자유 등을 보호할 필요도 있으므로 이를 상표적 사용으로 보지 아니한다.

## 라. 상표적 사용 여부가 문제되는 경우

### (1) 도메인이름, 검색키워드

근래 인터넷 환경에서 도메인이름, 검색키워드 등에 임의로 타인의 등록상표를 이용하는 행위가 상표권 침해를 구성하는지가 자주 문제된다. 즉, 제3자가 타인의 상표를 포함하는 도메인이름을 선점한 뒤 도메인이름을 통해 상품이나 서비스를 검색하는 수요자[209]들을 자신의 사이트로 끌어들여 자신의 상품·서비스에 대한 정보를 제공하거나 판매하는 행위, 제3자가 인터넷 검색서비스 제공업체로부터 타인의 등록상표와 동일한 단어를 사들인 뒤, 위 단어를 검색어로 사용한 결과 화면에 자신의 사이트를 스폰서링크 혹은 프리미엄링크 등의 명목으로 나타나게 하여 검색자들을 자신의 사이트로 끌어들인 뒤 자신의 상품·서비스에 대한 정보를 제공하거나 판매하는 행위가 각 상표권 침해를 구성하는지가 문제되는 것이다.

판례는 위와 같은 행위를 ⅰ) 타인의 등록상표를 자신의 상품이나 영업을 수요자들에게 노출시키는 '수단'으로만 활용할 뿐 자신의 상품이나 서비스의 출처를 표시하는 '표지'로 사용하지는 않는 유형과 ⅱ) 결과적으로 타인의 등록상표를 자신의 상품이나 서비스에 대한 출처표지로 이용하고 있는 유형으로 나누어, ⅰ)의 경우에는 상표적 사용이 없다는 이유로 상표침해를 인정

---

209) 특히, 한글 도메인이름처럼 주소창에 검색하고자 하는 도메인과 관련된 한글을 입력하면 해당 사이트로 연결이 이루어지는 경우가 많이 문제된다.

100

하지 아니하고, ⅱ)의 경우에는 상표적 사용을 인정하는 전제에서 후속 판단으로 나아가는 태도를 보인다. 이를 보여주는 대표적인 판례를 들면 다음과 같다.

### ㈎ 상표적 사용이 인정되지 않은 예

⇨ 대법원 2004. 5. 14. 선고 2002다13782 판결

피고들이 'viagra. co. kr'이라는 도메인 이름 아래 생칡즙, 재첩국, 건강보조식품의 판매 영업을 하기는 하였지만, 도메인 이름은 원래 인터넷상에 서로 연결되어 존재하는 컴퓨터 및 통신장비가 인식하도록 만들어진 인터넷 프로토콜 주소(IP 주소)를 사람들이 인식·기억하기 쉽도록 숫자·문자·기호 또는 이들을 결합하여 만든 것으로, 상품이나 영업의 표지로서 사용할 목적으로 한 것이 아니었으므로, 특정한 도메인 이름으로 웹사이트를 개설하여 제품을 판매하는 영업을 하면서 그 웹사이트에서 취급하는 제품에 독자적인 상표를 부착·사용하고 있는 경우에는 특단의 사정이 없는 한 그 도메인 이름이 일반인들을 그 도메인 이름으로 운영하는 웹사이트로 유인하는 역할을 한다고 하더라도, 도메인 이름 자체가 곧바로 상품의 출처표시로서 기능한다고 할 수는 없는 것인데, 피고들이 이 사건 도메인 이름으로 개설한 웹사이트에서 판매하고 있는 제품에는 별도의 상품표지가 부착되어 있고, 그 제품을 판매하는 웹페이지의 내용에서는 이 사건 도메인 이름이 별도의 상품표지로서 사용되고 있지 않으며, 달리 이 사건 도메인 이름이 피고들이 판매하는 상품의 출처표시로 인식된다고 볼 만한 사정도 없으므로, 이 사건 도메인 이름이 피고들이 취급하는 상품의 출처표시로서 기능한다고 할 수도 없다.

⇨ 대법원 2011. 8. 25. 선고 2010도7088 판결

甲이 "마하", "마하몰 MAHAMALL"을 서비스표권 등록한(지정서비스업: 불교용품 판매대행업 등) 상태에서 乙이 'www. mahamall. com', 'www. mahamall. net', '마하몰. kr', '마하몰. com'이라는 도메인이름과 '마하몰'이라는 한글 인터넷 도메인이름을 등록하고, 인터넷 사용자가 웹브라우저의 주소창에 이를 입력하면 乙의 불교정보 포털사이트인 '사찰넷'으로 연결되도록 하는 한편, 위 '사찰넷'에는 乙의 불교용품 판매사이트인 '사찰몰'로 링크(link)를 해 놓았는데, 이 사건 각 도메인이름은 '사찰넷' 웹사이트에 접속하는 단계에서 웹브라우저의 주소창에 입력하는 순간에만 잠시 나타나 있다가 '사찰넷' 웹사이트로 연결되는 과정에서 사라져버리고, 나아가 '사찰몰' 웹사이트에 접속하기 위해서는 '사찰넷' 홈페

이지의 링크부분을 다시 클릭해야 하며, 이에 따라 '사찰넷'과 '사찰몰' 웹사이트의 주소창에는 각각의 도메인이름인 'www.sachal.net'과 'www.sachalmall.com'이 표시될 뿐 이 사건 각 도메인이름은 나타나지 아니하는 반면, 각 웹사이트의 화면 좌측 상단에는 乙 고유의 표장이 별도로 표시되어 乙의 불교용품 판매업 등 서비스업의 출처를 표시하는 기능을 하고 있으므로 이 사건 각 도메인이름이 서비스업의 출처표시로 기능하고 있다고 보기 어렵고, 따라서 이 사건 각 도메인이름은 상표법상 서비스표로 사용되었다고 할 수 없어 甲의 서비스표권을 침해하였다고 할 수 없다.

## (나) 상표적 사용이 인정된 예

⇨ 대법원 2008. 9. 25. 선고 2006다51577 판결

甲이 표장을 "장수온돌", 지정상품을 "돌침대 등"으로 하는 등록상표권자인 상태에서, 乙이 한글 인터넷주소 서비스를 제공하는 주식회사 넷피아닷컴에 "장수온돌"을 등록하고, 인터넷 사용자가 웹브라우저의 주소창에 "장수온돌"을 입력하여 연결되는 乙 개설의 웹사이트(www.jangsuondol.com)에서 돌침대 등 상품에 관한 정보를 제공하고 판매하는 행위는 상표의 사용에 해당하며 乙의 한글 인터넷주소인 "장수온돌"과 甲의 상표등록 표장이 동일하고 상품 역시 동일·유사한 이상, 乙의 위 한글 인터넷주소의 등록·사용은 상표법 제66조 제1항 제1호 소정의 상표권 침해행위에 해당한다.

⇨ 대법원 2012. 5. 24. 선고 2010후3073 판결

甲이 "VSP"의 등록상표권자(지정상품: 전압 급승압 방지기, 전압안정장치, 차단기 등)인 상태에서, 乙이 인터넷 포털업체로부터 "VSP"라는 키워드를 구입하여, 사용자가 "VSP"를 입력하면 乙의 "VSP 엔티씨"가 검색결과 화면에 스폰서링크로 표시되고 그 밑줄에 甲의 등록상표의 지정상품과 유사한 상품들이 나열되었다면, 위 인터넷키워드 검색결과 화면은 "VSP 엔티씨"라는 표장을 붙여 상품에 관한 정보를 일반 소비자에게 시각적으로 알림으로써 광고하는 상표사용행위이지 이를 단지 사용자를 자신의 사이트로 끌어들이기 위한 기능적 수단에 불과한 것으로 볼 수는 없으며, 정작 그 스폰서링크를 따라 유도된 홈페이지 화면에서는 등록상표와 동일한 상표가 사용되지 않았더라도 결과는 달라지지 않는다.[210]

---

210) 이처럼 乙의 위와 같은 행위를 상표의 사용행위로 보았으나, 대비 결과 乙의 "VSP 엔티씨"가 甲의 등록상표 "VSP"의 권리범위에는 속하지 않는다고 판단되었다.

한편, 타인의 상표를 포함하는 도메인이름을 선점한 뒤 양도대가를 추구하거나 상표권자의 도메인이름 사용을 방해하는 등의 이른바 사이버 스쿼팅 (Cyber Squatting) 행위는 그것이 국내에 널리 인식된 타인의 상표 등을 포함하는 경우에는 부정경쟁방지법 제 2 조 제 1 호 아. 목의 부정경쟁행위에 해당한다. 211)

### (2) 판촉물 등

종래 불사용취소 사건을 중심으로, 상표가 표시된 물품이 거래의 대상이 아니라 단지 판촉물 등에 사용된 경우에는 해당 상표의 상표적 사용이 아니라고 한 판례들이 존재한다. 212) 그러나 이는 상표권자가 자신의 상표를 취소를 면할 수 있게 상표적으로 사용하였는지가 문제될 때의 일이고, 타인의 등록상표를 임의로 사용한 경우에도 언제나 그대로 적용될 법리는 아니라고 해야 한다. 판례213) 역시 타인의 상표를 무단으로 사용한 제품의 일부가 사은품 또는 판촉물로 무상으로 제공되었더라도 그 부분만을 분리하여 상품성을 부정할 것은 아니므로, 상품에 상표를 표시하거나 상표가 표시된 상품을 양도하는 행위는 상표법상 '상표의 사용'에 해당한다고 하여 침해를 인정한다.

### 마. 메타버스에서의 상표권 침해 문제

메타버스 공간에서 타인의 상표가 표시된 물품을 판매하는 행위가 그 자체로 상표권침해를 구성할 수 있는지가 문제된다. 214) 그러나 현행 상표법의 체계 아래서는 동일·유사한 표장을 동일·유사한 상품에 사용하는 경우에 한

---

211) 아울러 2013. 4. 부터는 인터넷진흥원에 이른바 "상표저장소"를 두어 도메인이름과 상표의 충돌을 사전에 방지·정리하는 제도적 시도도 이루어지고 있다.

212) 대법원 1999. 6. 25. 선고 98후58 판결, 대법원 2013. 12. 26. 선고 2012후1415 판결 등: "상표법상 상표의 사용이란 상품 또는 상품의 포장에 상표를 표시하는 행위, 상품 또는 상품의 포장에 상표를 표시한 것을 양도 또는 인도하거나 그 목적으로 전시·수출 또는 수입하는 행위 등을 의미하고, 여기에서 말하는 상품은 그 자체가 교환가치를 가지고 독립된 상거래의 목적물이 되는 물품을 의미한다."

213) 대법원 2022. 3. 17. 선고 2021도2180 판결.

214) 실제로, 명품 가방의 상표권자인 Hermes가 자신의 가방에 모피를 입힌 이미지의 가방을 가상공간에서 판매한 피고를 상대로 상표권 침해를 주장하며 미국 법원에 제소하는 일이 일어났다(Hermes International et al v. Rothschild, No. 1:2022cv00384 - Document 61 (S. D. N. Y. 2022)).

해 침해가 성립하는바, 등록상표가 사용된 상품은 어디까지나 가상공간에서의 디지털 이미지일 뿐, 등록상표의 상품분류에 해당하는 현실의 물건이 아니어서 상표법으로는 규율하기 어려운 한계가 존재한다.[215)]

    오히려 이는 부정경쟁방지법 상 영업표지의 오인·혼동(부정경쟁방지법 제2조 제1호 나. 목), 저명상표의 희석화(제2조 제1호 다. 목), 타인의 성과도용행위(제2조 제1호 파. 목) 등으로 규율하는 것이 더 자연스러울 때가 많을 것이다. ① 가상공간에서 주지·저명한 타인의 상표를 부착한 디지털 이미지의 상품이 거래되는 경우, 그것이 현실 상표권자와 모종의 제휴관계에 있는 것으로 오인될 수 있고, ② 저명 현실상표의 식별력이나 명성을 가상공간을 통해 희석화하는 결과가 야기될 수도 있으며, ③ 상당한 투자나 노력으로 만들어진 주지·저명상표의 이미지나 신용을 공정한 상거래 관행이나 경쟁질서에 반해 무단으로 사용함으로써 타인의 경제적 이익을 침해하는 행위일 수 있기 때문이다.

## 2. 상표권 침해의 유형

### 가. 본래적 침해·간주침해

    앞서의 설명을 포함하여, 상표법이 인정하는 상표권 침해의 유형을 도표로 정리하면 다음과 같다.

| 종류 | 근거규정 | 상표 | 지정상품 |
|---|---|---|---|
| 본래적 침해 | 89조 | 동일 | 동일 |
| 간주침해 Ⅰ | 108조 1항 1호 | 동일 | 유사 |
| | | 유사 | 동일 |
| | | 유사 | 유사 |
| 간주침해 Ⅱ | 108조 1항 2호 | 타인의 등록상표와 동일 또는 유사한 상표를 그 지정상품과 동일 또는 유사한 상품에 사용하거나 사용하게 할 목적으로 교부·판매·위조·모조 또는 소지. | |

---

215) 실무에서는 이에 대비하여, 상표 등록시 지정상품을 '온라인 상에서 사용하는 가방을 내용으로 하는 다운로드 가능한 컴퓨터프로그램'으로 하거나, 지정서비스를 '가상공간에서 사용되는 가상의 가방에 대한 영상제공'으로 해 두는 방법도 제안되고 있는 실정이다.

| | | |
|---|---|---|
| 108조 1항 3호 | 타인의 등록상표를 위조 또는 모조하거나 위조 또는 모조하게 할 목적으로 그 용구를 제작·교부·판매 또는 소지. |
| 108조 1항 4호 | 타인의 등록상표 또는 이와 유사한 상표가 표시된 지정상품과 동일 또는 유사한 상품을 양도 또는 인도하기 위하여 소지. |

상표의 유사 여부는 그 외관·호칭·관념을 객관적·전체적·이격적으로 관찰하여 지정상품의 거래에서 일반 수요자나 거래자가 상표에 대하여 느끼는 직관적 인식을 기준으로 그 상품의 출처에 관하여 오인·혼동을 일으키게 할 우려가 있는지 여부에 따라 판단하여야 한다. 따라서 대비되는 상표 사이에 객관적으로 유사한 부분이 있다고 하더라도 당해 상품을 둘러싼 거래실정을 고려할 때 수요자들이 구체적·개별적으로는 상품의 품질이나 출처에 관하여 오인·혼동할 염려가 없다면 유사상표가 아니어서 침해를 구성하지 않는다. 216) 오인·혼동 가능성은 손해배상에 관하여는 침해시를 기준으로, 금지청구에 관하여는 사실심 변론종결 당시를 기준으로 판단한다. 217)

또한, 판례218)에 의하면 권한 없는 자가 제3자에게 상표권의 통상사용권을 설정하여 주는 행위는 상표사용행위 유형에 규정되어 있지 않고 앞서 본 침해내지 간주침해의 어느 유형에도 속하지 않으므로 침해를 구성하지 않는다.

타인의 등록상표권을 침해하였다는 행위가 그 등록을 무효로 한다는 심결이 확정되기 이전에 이루어졌다고 하더라도, 그 후 상표등록을 무효로 한다는 심결이 확정되었다면 침해되었다는 상표권은 처음부터 존재하지 아니하였던

---

216) 대법원 2011. 12. 27. 선고 2010다20778 판결; 대법원 2013. 6. 27. 선고 2011다97065 판결 등.

217) 판례는 부정경쟁방지법상 상품주체나 영업주체 혼동행위의 경우, 금지청구권은 사실심 변론종결시를 기준으로, 손해배상청구권은 침해시를 기준으로 판단한다(대법원 2008. 2. 29. 선고 2006다22043 판결; 대법원 2009. 6. 25. 선고 2009다22037 판결; 대법원 2013. 6. 27. 선고 2011다97065 판결 등). 상표권에 대하여도 달리 볼 이유는 없을 것이다. 상표권 침해에 기한 금지청구권의 판단 기준시점을 사실심 변론종결시라고 명시한 판례로는 대법원 2008. 11. 13. 선고 2006다22722 판결; 대법원 2013. 6. 27. 선고 2011다97065 판결이 있다.

218) 대법원 2006. 12. 8. 선고 2006다54064 판결.

것이 되므로 상표권 침해는 성립하지 아니한다.219)

## 나. 상표권의 간접침해

　　상표법 제108조 제1항 제2호 내지 제4호는 침해에 사용할 목적으로 등록상표를 위조하는 등의 행위(제2호), 상표위조 용구의 제작 등 행위(제3호), 위조상표가 표시된 상품의 소지행위(제4호)처럼 상표권 침해의 예비적 행위 가운데 일정유형을 침해로 간주한다. 그런데 그 밖에도 상표권 침해자에게 일정한 편의를 제공하여 결과적으로 상표권 침해를 용이하게 하는 방조행위에 관해서도 침해책임을 물어야 하는 수가 있다. 특히 인터넷 환경에서 오픈마켓을 통한 상표권 침해가 빈번해지면서, 침해품의 거래기회를 제공하는 오픈마켓 운영자에 대하여 방조책임을 묻자는 논의가 활발해지고 있으며 이를 저작권법상 ISP 등의 간접침해 책임에 빗대어 흔히 '상표권의 간접침해'라고 부른다. 상표권의 간접침해는 저명상표권자들이 eBay 등 온라인 마켓 운영자를 간접침해자로 지목하여 세계 여러 나라에서 소송을 벌임으로써 상표법적 이슈로 떠오르게 되었고, 우리나라에서도 결과적으로 책임이 부정되기는 하였지만 오픈마켓 운영자에 의한 상표권 간접침해가 가능함을 전제로 그 성립요건을 밝힌 대법원 판례220)가 나오기도 하였다. 상표권의 간접침해는 상표권 공동침해 행위의 한 유형으로 파악할 수 있다.

◈ 대법원 2012. 12. 4.자 2010마817 결정

이른바 오픈마켓(Open Market)에서는, 운영자가 제공한 인터넷 게시공간에 타인의 상표권을 침해하는 상품판매정보가 게시되고 그 전자거래 시스템을 통하여 판매자와 구매자 사이에 이러한 상품에 대한 거래가 이루어진다 하더라도, 그러한 사정만으로 곧바로 운영자에게 상표권 침해 게시물에 대한 불법행위 책임을 지울 수는 없다. 다만, ⅰ) 오픈마켓 운영자가 제공하는 인터넷 게시공간에 게시된 상표권 침해 게시물의 불법성이 명백하고, ⅱ) 오픈마켓 운영자가 위와 같은 게시물로 인하여 상표권을 침해당한 피해자로부터 구체적·개별적인 게시물의 삭제 및 차단요구를 받거나, 피해자로부터 직접적인 요구를 받지 않았다 하더라도 그 게시물이 게시된 사정을 구체적으로 인식하였거나 그 게시물의 존재

219) 대법원 1996. 5. 16. 선고 93도839 전원합의체 판결.
220) 대법원 2012. 12. 4.자 2010마817 결정.

를 인식할 수 있었음이 외관상 명백히 드러나고, iii) 나아가 기술적, 경제적으로 그 게시물에 대한 관리·통제가 가능한 경우에는 오픈마켓 운영자에게 그 게시물을 삭제하고 향후 해당 판매자가 위 인터넷 게시공간에서 해당 상품을 판매할 수 없도록 하는 등의 적절한 조치를 취할 것이 요구되며, 오픈마켓 운영자가 이를 게을리 하여 게시자의 상표권 침해를 용이하게 하였을 때에는 위 게시물을 직접 게시한 자의 행위에 대하여 부작위에 의한 방조자로서 공동불법행위 책임을 진다.221)

## 다. 상표침해는 아니나 불법행위 책임을 지는 경우

앞서 본 것처럼, 타인의 상표를 무단 이용하더라도 그것이 상품의 출처표지로써 기능하지 않는 이상 상표권 침해는 성립하지 않는다. 그러나 타인이 상당한 노력과 투자에 의하여 구축한 성과물을 상도덕이나 공정한 경쟁질서에 반하여 자신의 영업을 위하여 무단으로 이용함으로써 경쟁자의 노력과 투자에 편승하여 부당하게 이익을 얻고 타인의 법률상 보호할 가치가 있는 이익을 침해하는 행위는 부정한 경쟁행위로서 민법상 불법행위에 해당하는 수가 있다.

다만, 이는 현행법 하에서는 대개 부정경쟁방지법 제2조 제1호 파.목 (타인 성과 도용행위)에 해당할 것이다.

⇨ 대법원 2012. 3. 29. 선고 2010다20044 판결

ⅰ) "Hello Kitty" 캐릭터의 상품화권자 甲이 "HELLO KITTY" 캐릭터가 부착된 상품이름 앞에 "대장금", "장금", "주몽"이라는 乙의 등록상표를 표시하였더라도 이는 전체적으로 자신의 "HELLO KITTY" 캐릭터가 '대장금', '주몽'을 형상화한 것임을 안내·설명하기 위한 것일 뿐 乙 상품의 식별표지로서 사용되었다고는 볼 수 없으므로, "대장금" 등 표장이 상표로서 사용되었다고는 볼 수 없다. ⅱ) 드라마 '대장금'과 '주몽'은 乙 등이 상당한 노력과 투자에 의하여 구축한 성과물로서, 그 상품화권 등은 법률상 보호할 가치가 있는 이익에 해당한다. 드라마 관련 상품화 사업을 추진하기 위해서는 그에 관한 권리자로부터 허락을 받는 것이 거래사회에서 일반적인 관행인 점 등을 고려할 때, 甲의 위와 같은 행위는 상도덕이나 공정한 경쟁질서에 반하는 것이다. 그리고 이러한 행위는 드

---

221) 대법원은 당해 사건에서 오픈마켓 운영자인 채무자가 그러한 의무를 위반한 사실이 인정되지 않는다는 이유로 침해책임을 부정한 원심결정을 유지하였다.

라마를 이용한 상품화 사업분야에서 서로 경쟁자의 관계에 있는 乙의 상당한 노력과 투자에 편승하여 이 사건 각 드라마의 명성과 고객흡인력을 자신의 영업을 위하여 무단으로 이용하여, 법률상 보호할 가치가 있는 乙의 각 해당 드라마에 관한 상품화 사업을 통한 영업상의 이익을 침해하는 것이기도 하므로 甲의 행위는 부정한 경쟁행위로서 민법상 불법행위를 구성한다.

## 3. 상표권의 제한

### 가. 상표권의 효력이 미치지 아니하는 경우(제90조 제1항)

상표법은 일정한 경우에는 상표사용에 해당하더라도 등록상표권이 미치지 않는 것으로 하고 있다. 상표법 제90조 제1항은 마치 특허법상 '자유기술의 항변'이 상표법에 구현된 것과 비견할 수 있다. 즉, 침해의 성립 여부를 고려함 없이 확인대상 상표의 입장에서 판단하여 상표권의 효력을 배제하는 것이며, 일정한 경우 상표의 등록무효222)를 거치지 않고 그 권리범위를 부인하는 결과가 된다.

아울러, 표장이 둘 이상의 문자·도형 등의 조합으로 이루어진 결합표장인 경우, 그 전체뿐 아니라 그 중 분리인식될 수 있는 일부만이 상표법 제90조 제1항 각호에 해당하더라도 거기에 상표권의 효력은 미치지 않고, 그 부분을 제외한 나머지 부분에 의하여 등록상표와의 사이에 상품출처의 오인·혼동 염려를 판단해야 한다. 223)

### (1) 제90조 제1항 각호의 내용

### (가) 자기의 성명·상호 등을 상거래 관행에 따라 사용하는 행위(제1호)

자기의 성명·명칭 또는 상호·초상·서명·인장 또는 저명한 아호·예명·필명과 이들의 저명한 약칭을 상거래 관행에 따라 사용하는 것이 타인의 등록상표와 동일·유사하더라도 거기에는 상표권이 미치지 아니한다. 단 위 성명이나 상호 등이 상표권 설정등록이 있은 후에 부정경쟁의 목적으로 사용되는 경우

---

222) ① 제90조 제1항 제2호는 상표법 제33조 제1항 제1, 3호에, ② 제4호의 '관용표장'은 제33조 제1항 제2호에, '현저한 지리적 명칭'은 제33조 제1항 제4호에, ③ 제5호는 제34조 제1항 제15호에 해당하는 무효사유를 각 구성한다.

223) 대법원 2013. 12. 12. 선고 2013후2446 판결.

에는 상표권이 미친다(제90조 제3항). 이 규정은 자신의 이름이나 상호 등이라면 비록 그것이 다른 사람에 의해 상표등록 되더라도 사용할 수 있게 하는 근거가 된다.[224]

제90조 제2 내지 제5호는 상표의 '구성'에 따라 상표권의 효력이 제한되는 경우인 데 비하여, 제1호는 상표의 '사용 모습'에 따라 상표권의 효력이 제한되는 경우이다. 2016년 개정 전 상표법은 제1호와 관련해서 자기의 성명이나 상호 등을 "보통으로 사용하는 방법"으로 표시해야만 상표권의 제한을 인정하였으며, 여기서 '보통으로 사용하는 방법'이라 함은 상호를 독특한 글씨체나 색채, 도안화된 문자 등 특수한 태양으로 표시하는 등으로 특별한 식별력을 갖도록 함이 없이 표시하는 것을 의미한다.[225] 그러나 실제 거래계에서 상호를 간판이나 광고 등에 사용할 때 어느 정도 도안을 가미하는 등 상표와 유사한 형태를 띠는 경우도 많다. 개정 상표법은 이런 실정을 감안하여 성명이나 상호 등이 "상거래 관행에 따라" 사용된 것이기만 하면 등록상표권의 효력이 미치지 않도록 하여 그 적용기준을 좀 더 완화하였다.

⇨ 대법원 2011. 1. 27. 선고 2010도7352 판결

'상호를 보통으로 사용하는 방법으로 표시한다'는 것은 상호를 독특한 글씨체나 색채, 도안화된 문자 등 특수한 태양으로 표시하는 등으로 특별한 식별력을 갖도록 함이 없이 표시하는 것을 의미할 뿐만 아니라, 일반 수요자가 그 표장을 보고 상호임을 인식할 수 있도록 표시하는 것을 전제로 한다. 그러므로 표장 자체가 특별한 식별력을 갖도록 표시되었는지 외에도 사용된 표장의 위치, 배열, 크기, 다른 문구와의 연결관계, 도형과 결합되어 사용되었는지 여부 등 실제 사용태양을 종합하여 거래통념상 자기의 상호를 보통으로 사용하는 방법으로 표시한 경우에 해당하는지 여부를 판단하여야 한다.

甲이 의 등록상표권자인 상태에서, 乙이 라는 표장을 사용한 예에서, 乙이 자신은 상호인 "노블레스"를 보통으로 사용하는 방법으로 사용한 것일 뿐이라는 주장을 배척하고, 이는 '상표로' 사용된 것이라는 전제에

224) 한편, 특정인의 이름이나 상호가 이미 저명한 상태였다면 다른 사람이 그를 상표로 출원·등록하는 행위 자체가 상표법 제34조 제1항 제6호에 해당하여 거절 및 등록무효를 면할 수 없다.
225) 대법원 2011. 1. 27. 선고 2010도7352 판결.

서 양 표장을 비교하여 유사·침해 성립을 인정.

## (나) 상품의 보통명칭이나 성질 등을 보통의 방법으로 표시하는 행위(제2호)

⇨ 대법원 2010. 5. 13. 선고 2008후4585 판결

이 등록상표인 상태에서 타인이 "핫 골드윙"이라는 표장을 매운맛 소스가 가미된 닭 날개 튀김에 사용하는 경우, "핫 골드윙"은 수요자에게 '우수한 품질의 매운 닭 날개 튀김'으로 직감되어 상품의 품질, 원재료 등을 보통으로 사용하는 방법으로 표시하는 상표에 해당하므로 상표권이 미치지 아니한다고 판시.

⇨ 대법원 2010. 6. 10. 선고 2010도2536 판결

甲이 "족쌈"을 상표등록(지정상품 및 서비스업: 김치, 돼지고기, 간이식당업 등) 한 상태에서, 乙이 '족발을 김치와 함께 쌈으로 싸서 먹는 음식'을 찍은 사진 주위의 여백에 보통의 글씨체로 '족쌈'이라고 표시한 포스터와 메뉴판을 제작·게시한 사안에서, '족쌈'은 사전에 등재되어 있지 아니한 조어이기는 하지만, 수요자에게 '족발을 김치와 함께 쌈으로 싸서 먹는 음식' 또는 '족발을 보쌈김치와 함께 먹는 음식' 등의 뜻으로 직감될 수 있어 사용상품의 품질·원재료 등을 보통으로 사용하는 방법으로 표시하는 표장이라고 한 예.

⇨ 대법원 2014. 9. 25. 선고 2013후3289 판결

확인대상 표장은 사용상품을 '홍삼정(홍삼을 원료로 하여 용매로써 추출하여 제조한 제품)'으로 하며 검은색 바탕의 사각형 도형 안에 흰색의 문자가 기재된 형태로 되어 있는 표장으로서, 구체적으로 보면 '홍삼정 G'라는 문자가 붓글씨체로 세로 방향으로 기재되어 있고, 맨 아래쪽에 그에 비하여 현저히 작은 크기로 '프리미엄'이라는 문자와 알파벳 G의 한글음역에 대괄호를 씌운 '[지]'라는 문자가 위 'G' 문자의 왼쪽과 오른쪽에 각각 기재되어 있는 표장이다.

그런데 '홍삼정'은 사용상품의 보통명칭에 해당하고, '프리미엄'은 기술적 표장에 해당하며, 여기에 알파벳 한 글자에 불과한 간단하고 흔한 표장으로서 별다른 식별력이 없는 'G'와 그 한글음역으로 인식되는 '[지]'를 부가한 것만으로는 새로운 식별력이 생기지 아니하고, 나아가 확인대상표장의 전체적인 구성이나 문자의 서체 등도 일반인의 특별한 주의를 끌어 문자 부분의 관념을 상쇄, 흡수하는 등으로 새로운 식별력을 가질 정도로 도안화되었다고 할 수가 없다. 따라

서 확인대상표장은 상표법 제51조 제1항 제2호에 규정된 상표에 해당하여, 지정상품을 '홍삼을 주원료로 하는 건강기능식품, 홍삼, 가공된 홍삼, 홍삼가공식품' 등으로 하는 이 사건 등록상표 "홍삼정 G. class"와의 동일·유사 여부를 대비할 필요도 없이 그 권리범위에 속하지 아니한다.

### ㈐ 식별력 없는 입체상표(제3호)

등록된 입체상표가 지정상품이나 포장의 형상 자체에 해당하는 등 식별력이 없는 경우 그 상표와 동일·유사한 입체상표를 그 지정상품과 동일·유사한 상품에 사용하더라도 상표권의 효력이 미치지 않는다.

### ㈑ 관용표장 혹은 현저한 지리적 명칭의 표시(제4호)

관용표장이라 함은 특정 종류의 상품을 취급하는 거래사회에서 그 상품의 명칭 등으로 일반적으로 사용한 결과 누구의 업무에 관련된 상품을 표시하는 것이 아니라 그 상품 자체를 가리키는 것으로 인식되는 표장을 말한다. 상표권의 권리범위가 문제된 사건에서 특정 표장이 관용표장인지 여부는 심결시를 기준으로 판단한다.226)

◇ 대법원 1989. 2. 14. 선고 86후26 판결

"Lady Manhattan(등록상표)", manhattan(제3자 사용상표)인 사안에서, manhattan이 현저한 지리적 명칭에 불과하여 등록상표의 효력이 미치지 않는다.

◇ 대법원 2006. 7. 28. 선고 2004도4420 판결

피고인이 판매한 이 사건 단감은 전남 담양군 대덕면 금산리 2구에 있는 '시목'이란 마을에서 재배된 것으로서, 피고인이 한글로 '담양시목단감'이라고 표기한 이상 이는 단감의 산지인 시목마을을 보통으로 사용하는 방법으로 표시한 상표로서 등록상표 "시목"의 효력이 미치지 않아 상표권 침해를 구성하지 않는다.

◇ 대법원 1994. 9. 27. 선고 94다2213 판결

도형과 문자로 결합된 등록서비스표의 문자부분인 "서울가든" 중 "서울"은 대한민국 수도의 명칭으로서 현저한 지리적 명칭이고 "가든"은 현재 일반적, 관용적

---

226) 대법원 2013. 12. 12. 선고 2013후2446 판결.

으로 음식점 특히 갈비집, 불고기집 등에 사용되고 있는 표장이므로, 이는 타인이 사용하는 "석촌서울가든"이라는 문자로 된 서비스표에 대하여는 그 효력이 미치지 아니한다. 227)

⇨ 대법원 2013. 12. 12. 선고 2013후2446 판결

확인대상표장 매직블럭 매직품 중 "매직블럭" 부분은 이 사건 심결 당시 그 사용상품인 '세척용 스펀지'에 관하여 상표법 제51조 제1항 제3호에 규정된 관용표장에 해당하게 되었다고 할 것이므로, 이 부분에는 '기름때를 제거하는 연마 스펀지' 등을 지정상품으로 하고 "매직블럭"으로 구성된 이 사건 등록상표에 관한 상표권의 효력이 미치지 아니하고, 따라서 확인대상표장은 이 사건 등록상표의 권리범위에 속하지 아니한다.

### ㈕ 상품이나 포장의 기능 확보에 불가피한 형상 등의 사용(제5호)

상표법은 상품이나 그 포장의 기능을 확보하는 데 꼭 필요한 입체적 형상, 색채, 색채의 조합, 소리 또는 냄새로 된 상표는 부등록 사유로 하여(상표법 제34조 제1항 제15호) 상표권을 통해 물품의 기능에 독점권을 획득하는 일을 막고 있다. 제5호는 같은 맥락에서, 만약 그러한 상표가 등록되었더라도 제3자가 그처럼 기능성과 불가분의 관계에 있는 형상이나 색채, 소리, 냄새 등을 사용하는 행위에는 상표권의 효력이 미치지 않음을 명시하고 있다.

### (2) 사용에 의한 식별력 취득(제33조 제2항)과 제90조의 관계

상품의 성질표장이나 입체적 형상, 현저한 지리적 명칭에 해당하는 표장은 사용에 의해 식별력을 취득하면 상표등록될 수 있다(제33조 제2항). 예컨대 甲이 그러한 경위로 상품의 성질표장이나 입체적 형상, 현저한 지리적 명칭 표장 A에 대한 등록상표권자가 된 상태에서, 乙이 A와 동일·유사한 표장을 사용한다면 乙의 위와 같은 행위는 甲 상표 A의 침해를 구성하는가, 아니

---

227) 위 판례는 아울러, 어느 서비스표가 상표법 제51조 제3호 소정의 관용표장, 현저한 지리적 명칭으로 이루어진 경우에는 비록 그 서비스표가 한편으로 제51조 제1호 본문 소정의 자기의 상호를 보통으로 사용하는 방법으로 표시하는 서비스표에 해당하더라도 부정경쟁의 목적으로 사용하는지 여부에 관계없이 등록 서비스표권의 효력이 이에 미칠 수 없다는 점도 판시하고 있다.

면 乙은 여전히 자신이 A와 동일·유사한 상표를 사용하는 행위는 제90조 제
1 항 제 2 호(성질표장 등의 사용) 또는 제 4 호(현저한 지리적 명칭의 사용)에 해당
한다고 주장하여 침해책임을 면할 수 있는가가 문제된다. 이는 결국 사용에
의한 식별력을 취득하여 등록된 상표에 대하여는 제90조 제 1 항 각 호 가운데
식별력 부재 사유를 들어 권리범위를 부정하는 것이 불가능한가와 관계된다.

### (가) 제90조 우선설

이 견해는 상표법에 달리 정한 바가 없는 이상, 사용에 의한 식별력을 얻
어 등록된 상표라고 해서 일반 등록상표와 달리 상표법 제90조의 적용을 배제
할 수는 없다고 한다. 즉, 제 33 조 제 2 항은 원래 식별력이 없어 등록될 수
없는 상표를 등록해 주기 위한 구제규정일 뿐이고, 제90조는 제 3 자의 입장에
서 상표사용의 자유가 보장되는 유형을 정한 것이어서 양자는 별개라고 본다.
그 때문에 상표가 제 33 조 제 2 항에 따라 등록되었다고 하더라도 상표 사용자
가 제90조를 들어 그 상표권의 효력이 미치지 않는다고 주장하는 것은 허용되
며, 애초에 식별력 없는 표장을 상표로 택한 당사자는 그런 불리함을 감수해야
한다고 주장한다. 228)

### (나) 제33조 제 2 항 우선설

식별력 없는 표장이라도 상표법 제33조 제 2 항의 요건을 만족하여 등록이
되었다면 그러한 등록상표는 '특별현저성'을 갖추게 된 것이어서 상표권자는
그 등록상표를 배타적으로 사용할 수 있는 권리를 가지며, 그와 동일·유사한
상표를 사용하는 행위에 관하여 상표법 제90조 제 2 호(성질표장 등) 또는 제 4
호(현저한 지리적 명칭)에 해당한다는 이유로 등록상표의 효력을 부인할 수는
없다고 한다. 이렇게 보지 않으면 상표법 제33조 제 2 항은 실질적으로 유명무
실해질 것이기 때문이라는 것이다. 229) 판례는 이 태도를 취한다. 230)

---

228) 강동세, "사용에 의한 식별력을 취득한 상표의 효력", 법조 제609호(2007. 6), 127~129
면. 다만, 위 견해는 타인이 사용에 의한 식별력을 취득하기 전부터 부정경쟁의 의사 없이
동일·유사한 상표를 사용해 온 선의자에게는 제90조가 우선적용 되지만, 이미 타인이 사
용에 의한 식별력을 취득한 뒤 비로소 그와 동일한 상표를 사용하기 시작한 자에게는 상
표권의 효력이 미친다고 한다.
229) 網野 誠, 商標[第6版], 有斐閣, 190면; 문삼섭, 상표법, 세창출판사(2004), 310면 등.
230) 대법원 1996. 5. 13. 자 96마217 결정; 1997. 5. 30. 선고 96다56382 판결; 대법원 1992.

⇨ 대법원 2012. 11. 29. 선고 2011후774 판결

상표의 구성 중 식별력이 없거나 미약한 부분과 동일한 표장이 거래사회에서 오랜 기간 사용된 결과 상표의 등록 또는 지정상품 추가등록 전부터 수요자 간에 누구의 업무에 관련된 상품을 표시하는 것인가 현저하게 인식되어 있는 경우에는 그 부분은 사용된 상품에 관하여 식별력 있는 요부로 보아 상표의 유사 여부를 판단할 수 있고, 그러한 부분은 상표법 제51조 제1항 제2호에 의한 상표권 효력의 제한을 받지 않는다. … (중략) … 등록상표 [SGF] 의 구성 중 문자부분인 「SUPERIOR」는 (성질표시에 해당하지만) 이미 '골프화'에 관해서 국내 수요자나 거래자에게 누구의 업무에 관련된 상품을 표시하는 것으로 '현저하게' 인식되어 있어 지정상품으로 추가등록된 '골프화'에 관해서는 '독립하여 자타상품의 식별 기능을 하는 부분', 즉 요부가 될 수 있고, 이 경우 위 문자부분은 상표법 제51조 제1항 제2호에 의한 상표권 효력의 제한을 받지 않으므로, '골프화'와 동일·유사한 상품에 SUPERIOR와 동일·유사한 표장을 사용하는 것은 등록상표의 권리범위에 속한다.

나아가 판례는 심지어 등록 이후 비로소 사용에 의한 식별력을 획득한 경우까지도 권리범위를 인정한다.[231] 특히 대법원 2014. 3. 20. 선고 2011후3698 전원합의체 판결은, 수요자가 느끼는 등록상표의 식별력은 상표의 유사 여부 판단에 중요한 기준이 되기 때문에 권리범위확인심판 사건에서 표장의 유사 여부와 식별력은 심결시에 함께 판단되어야 한다고 하면서, 등록 당시 식별력이 없던 상표더라도 권리범위확인심판의 심결시까지 사용에 의한 식별력

---

5. 12. 선고 88후974, 88후981, 88후998 판결("새우깡"이 기술적 표장이나 사용에 의한 식별력을 취득한 이상, 확인대상 상표인 '삼양 새우깡'은 비록 출처표시기능을 하는 '삼양'이 부가되어 있다고 하더라도 식별력 있는 또 다른 요부인 '새우깡'이 동일하여 오인·혼동의 우려가 있으므로 "새우깡"의 권리범위에 속한다) 등.

231) 甲이 "재능교육" 등 다수의 상표를 1988. 12.부터 1993. 8. 사이에 상표등록하고, 상표등록 이전과 이후 그 상표를 이용하여 학습지 관련 영업을 계속함으로써 乙이 "꿈을 키우는 재능교육"이라는 월간지를 발행·판매하기 시작한 1994년경에는 이미 甲의 상표가 특별현저성을 취득한 사안에서, 본디 甲의 "재능교육"은 학습지 관련 상품이나 서비스에 관하여는 식별력 없는 상표지만, 사용에 의한 식별력 취득을 통해 등록상표를 배타적으로 사용할 수 있는 권리를 가지게 되었다고 볼 것이며 이는 기술적 상표가 등록이 된 이후에 사용에 의하여 상표법 제6조 제2항에서 규정한 특별현저성을 취득한 경우에도 마찬가지라고 봄이 상당하다(대법원 1996. 5. 13.자 96마217 결정); 대법원 2014. 3. 20. 선고 2011후3698 전원합의체 판결.

을 획득하였다면 권리범위를 가진다고 한다. 이는 좁게는 사용에 의한 식별력 획득의 기준 시점을 언제로 볼 것이냐의 문제이지만, 다른 면에서 보면 상표의 식별력 부재 등 무효사유가 명백한 권리에 기한 권리범위확인심판이 적법한지와도 직결되어 있다. 대법원은 일련의 전원합의체 판결232)을 통해 이를 적법한 것으로 선언하면서 권리범위확인심판의 독립성을 강조하고 있다. 즉, 비록 무효사유가 있는 상표권이나 특허권이라고 하더라도 당해 권리가 심판을 통해 무효확성되기 전까지는 권리범위를 가지며, 권리범위확인심판에서 그러한 무효사유233)를 내세워 권리범위를 부인함은 허용되지 않는다는 것이다. 그러나 이러한 태도에 대하여는 최근 대법원이 또 다른 일련의 전원합의체 판결234)을 통해 상표권 침해소송이나 특허권 침해소송에서 무효사유가 명백한 상표권이나 특허권의 행사에 권리남용 항변을 인정하고 있는 것과 조화된다고 보기 어렵고, 권리범위확인심판 제도의 독자성을 필요 이상으로 옹호함으로써 동일한 권리를 둘러싸고 중복된 사법절차를 강요하거나 상반되는 결론이 도출될 가능성을 열어 두었다는 비판이 가능하다. 또한 이 사건에서는, 식별력 없는 상표의 등록무효심판 청구에는 제척기간(상표법 제122조)의 적용이 없는 등 상표의 식별력 규정은 공익적 성격을 가짐에도 이를 간과한 채 지나치게 등록상표권자의 사익(私益) 보호에 기울었다는 지적 또한 피하기 어려울 것이다.

## 나. 상표권의 남용

판례는 ⅰ) 상표권의 취득이나 행사가 공정한 거래질서를 해치는 경우를 중심으로 상표권 남용에 관하여 고유의 법리를 구축해 오고 있으며, ⅱ) 최근에는 특허에서와 마찬가지로 무효사유가 명백한 상표권의 행사를 권리남용으로 통제하는 태도를 도입하였다. 그 밖에 ⅲ) 독점규제 및 공정거래에 관한 법률 제59조는 "이 법의 규정은 상표권의 정당한 행사라고 인정되는 행위에 대하여는 적용하지 아니한다"고 규정하고 있기 때문에 '상표권의 부당한 행

---

232) 대법원 2014. 3. 20. 선고 2012후4162 전원합의체 판결; 대법원 2014. 3. 20. 선고 2011 후3698 전원합의체 판결.
233) 상표에서는 이 사건과 같이 식별력 부재가 문제되었고, 특허에서는 진보성 부재가 문제되었다.
234) 대법원 2012. 10. 18. 선고 2010다103000 전원합의체 판결; 대법원 2012. 1. 19. 선고 2010 다95390 전원합의체 판결.

사'에 대하여는 독점규제법이 적용되고 그러한 독점규제법 위반을 구성하는
위법한 행위는 상표권 남용으로 통제될 여지가 있다. 또한, ⅳ) 상표권도 사
적 재산권의 성질을 가지는 이상, 그 행사가 민법상 권리남용 요건을 충족한다
면 그러한 항변이 가능함은 물론이다.235) 아래에서는 상표권과 관련하여 주로
문제되는 ⅰ), ⅱ)에 관하여 설명한다.

### (1) 공정한 거래질서를 해치는 상표권의 남용

판례는 등록상표권의 행사라도 그것이 공정한 거래질서나 경쟁질서를 해
치는 경우에는 상표권의 남용으로 다루어 권리의 행사에 협조하지 아니한다.
아울러, 상표권의 행사를 제한하는 위와 같은 근거에 비추어 볼 때 상표권 행
사의 목적이 오직 상대방에게 고통을 주고 손해를 입히려는 데 있을 뿐 이를
행사하는 사람에게는 아무런 이익이 없어야 한다는 주관적 요건을 반드시 필
요로 하는 것은 아니라고도 한다.236) 이러한 상표권의 남용은 다시 두 유형으
로 분류할 수 있다.

### ㈎ 신용편승형(제34조 제1항 제4, 9, 11호 유사형)

#### 1) 판례의 태도

상표권자가 상표의 출원·등록이나 행사를 통해 국내에 널리 인식된 타인
의 영업상 신용이나 이미지에 무임승차를 시도하는 경우가 여기에 해당한다.
이 유형에 속하는 판례들237)은 대체로 "상표의 등록이 자기의 상품을 타인의
상품과 식별시킬 목적으로 한 것이 아니고 국내에서 널리 인식되어 사용되고
있는 피해자의 상표와 동일 또는 유사한 상표를 사용하여 수요자로 하여금 피
해자의 상품과 혼동을 하게 하여 피해자의 상표의 이미지와 고객흡인력에 무
상으로 편승하여 이익을 얻을 목적으로 하는 것으로서, 설사 권리행사의 외형

---

235) 민법상 권리남용의 성립에는 권리자와 상대방 및 사회일반 사이의 '이익형량' 또는 '권리
본래의 사회적 목적' 등 객관적 요건과, 권리행사를 통한 '가해목적' 혹은 '부당한 이익을
취득할 목적'이라는 주관적 요건이 문제된다. 학설은 객관적 요건을 중심으로 권리남용을
인정하는 입장(다수설)과, 주관적 요건도 갖추어야 한다는 입장 등으로 나뉘나, 판례는
기본적으로 객관적 요건 외에 주관적 요건을 아울러 요구하는 태도이다.

236) 대법원 2007. 1. 25. 선고 2005다67223 판결; 대법원 2008. 7. 24. 선고 2006다40461, 40478
판결.

237) 대법원 2008. 9. 11. 자 2007마1569 결정; 대법원 2007. 1. 25. 선고 2005다67223 판결;
대법원 2000. 5. 12. 선고 98다49142 판결 등.

을 갖추었다 하더라도 이는 공정한 거래질서를 해치는 것으로서 상표법을 악용하거나 남용한 것이 되어 상표법에 의한 적법한 권리의 행사라고 인정할 수 없다"고 설시한다.

⇨ 대법원 2007. 1. 25. 선고 2005다67223 판결

> 피신청인의 진한커피 시리즈 편집음반에 사용된 '진한커피'라는 제명은, 신청인의 이 사건 등록상표의 출원·등록 당시 이미 편집음반 상품과 관련하여서는 단순히 창작물의 내용을 표시하는 명칭에 머무르지 않고 거래자나 일반 수요자 사이에 특정인의 상품을 표시하는 식별표지로서 인식되기에 이르렀고, 그 '진한커피' 제명에는 피신청인의 신용과 고객흡인력이 화체되어 있다고 봄이 상당하다. 그런데 신청인은 피신청인의 진한커피 제 1, 2, 3 집의 제작과정에 상당 정도 관여한 자로서 자타상품의 식별표지로서 기능하는 '진한커피' 제명의 선사용자가 누구인지 및 그 '진한커피' 제명에 화체된 신용과 고객흡인력이 어느 정도 가치가 있는지 등에 관하여 잘 알고 있음에도 불구하고, 피신청인의 동의나 허락 없이 이 사건 등록상표를 출원·등록한 다음 그 상표권에 기하여 피신청인이 '진한커피' 제명을 사용하여 출시한 '진한커피 제 4 집' 및 '진한커피 제 5 집' 음반의 제작·판매금지 등을 구하고 있는바, 이는 신청인이 피신청인의 자본과 노력 등에 의하여 획득되어 '진한커피' 제명에 화체된 신용 등에 편승하여 이익을 얻을 목적으로 이 사건 등록상표를 출원·등록한 것을 기화로 오히려 그 신용 등의 정당한 귀속 주체인 피신청인으로부터 그 신용 등을 빼앗아 자신의 독점 하에 두려는 행위에 다름 아니어서, 신청인의 이러한 상표권의 행사는 상표제도의 목적이나 기능을 일탈하고 법적으로 보호받을 만한 가치가 없다고 인정되므로, 비록 상표권의 행사라는 외형을 갖추었다 하더라도 이 사건 등록상표에 관한 권리를 남용하는 것으로서 허용될 수 없다.

⇨ 대법원 2008. 9. 11.자 2007마1569 결정

> 신청인 회사는 "K2"와 동일성이 인정되는 상표들을 장기간에 걸쳐 사용하였을 뿐만 아니라 2002년경부터 이를 계속적·중점적으로 사용함으로써 2004. 4. 30. 경 무렵 이미 등산화, 안전화 및 등산용품 등에 관하여 대다수의 수요자에게 **K2** 상표가 신청인 회사의 상품표지로 인식되기에 이르렀다. 피신청인들은 이와 외관, 호칭, 관념이 극히 유사한 'K-2' 부분이 포함된 *K-2 ⅓*(제 1 상표)를 2004. 4. 30. 에, (제 2 상표)를 2004. 7. 23. 에 각 출원하여 그 무렵 등록받았다. 위 각 출원상표를 등산화, 등산의류 등의 등산용품에 사용할 경우에는 일반

상 표 법 493

수요자들로 하여금 그 상품의 출처에 관하여 신청인의 **K2**와 혼동을 일으키게 할 염려가 있으므로 제1, 2 상표를 등록출원하는 행위는 자기의 상품을 다른 업자의 상품과 식별시킬 목적으로 한 것이 아니라 일반 수요자로 하여금 타인의 상품과 혼동을 일으키게 하여 부정한 이익을 얻을 것을 목적으로 형식상 상표권을 취득하는 것이라고 할 것이어서 설령 권리행사의 외형을 갖추었다 하더라도 이는 상표법을 악용하거나 남용한 것이 되어 상표법에 의한 적법한 권리의 행사라고 인정할 수 없으며 그 자체로 부정경쟁행위를 구성한다.

### 2) 부정경쟁방지법 제15조와의 관계

부정경쟁방지법 제15조는 상표법과 부정경쟁방지법 사이에서 전자가 후자에 우선적용 된다고 한다. 그에 따르면 일단 상표법에 따라 적법하게 등록된 상표와 그 행사에 관하여는 부정경쟁행위가 성립될 수 없다고 볼 여지도 생긴다. 판례는 이에 대하여, 부당한 신용편승행위로 인해 상표의 출원·등록 자체가 부정경쟁행위 요건을 충족하거나,[238] 등록상표권의 행사가 부정경쟁행위 요건을 충족한다면,[239] 이미 "적법한" 상표권의 취득이나 행사가 아니므로 부정경쟁방지법 제15조에 불구하고 동법이 여전히 적용될 수 있다고 한다.

### (나) 대가요구형(제34조 제1항 제13호 유사형)

이는 상표권자가 상표의 선점을 통해 상대방에 대하여 부당한 대가를 요구하거나 상대방에게 손해를 가하려는 의도로 상표권을 등록·행사하는 경우에 이를 상표권 남용으로 취급하는 유형이다.

⇨ 대법원 2008. 7. 24. 선고 2006다40461,40478 판결

원고들이 이 사건 등록상표와 동일한 표장을 오피스 소프트웨어에 사용하리라는 것을 피고(상표권자)가 이 사건 등록상표의 출원 전에 알고 있었던 것으로 보이는 점, 피고가 이 사건 등록상표를 사용한 영업을 한 바 없고 그와 같은 영업을 할 것으로 보이지도 않는 점, 피고가 원고들이 이 사건 등록상표와 동일한 표장을 계속 사용하여 왔음에도 곧바로 이를 문제로 삼지 않고 있다가 이 사건 등록상표와 동일한 표장을 사용한 원고들의 영업활동이 활발해진 시점에서 이를 문

---
238) 대법원 2000. 5. 12. 선고 98다49142 판결; 대법원 2008. 9. 11. 자 2007마1569 결정.
239) 대법원 2007. 6. 14. 선고 2006도8958 판결; 대법원 1993. 1. 19. 선고 92도2054 판결; 대법원 2001. 4. 10. 선고 2000다4487 판결 등.

제로 삼고, 상당한 돈을 양도대가로 요구한 점 등에 비추어 보면, 피고의 원고들에 대한 이 사건 등록상표권의 행사는 상표사용자의 업무상의 신용유지와 수요자의 이익보호를 목적으로 하는 상표제도의 목적이나 기능을 일탈하여 공정한 경쟁질서와 상거래질서를 어지럽히는 것이어서 비록 권리행사의 외형을 갖추었다 하더라도 등록상표에 관한 권리를 남용하는 것으로서 허용될 수 없다.

◇ 대법원 2006. 2. 24.자 2004마101 결정

이 사건 등록상표의 출원이 그 상표를 이용한 제품을 판매·생산함으로써 자신의 상품과 다른 업자의 상품의 식별력을 가지게 하기 위한 것이 아니라 KGB 제품의 독점적 수입판매권을 부여받는 내용의 계약을 강제하거나 그러한 계약을 맺는 과정에서 유리한 입지를 확보하여 부당한 이익을 얻기 위한 부정한 의도 하에 출원한 것으로 보이고, 또한 신청외 1로서는 신청외 2에게 채무자 사용상표가 붙은 KGB 제품에 관한 독점수입판매권과 함께 영업을 양도하였으므로 적어도 신청외 회사와 맺은 계약기간 동안에는 위 제품에 대한 독점적인 수입판매권이 유지·보장될 수 있도록 협력하고 이를 방해하여서는 아니되며, 채무자에 대하여 영업양도인으로서 일정한 기간 동안 동종영업에 관한 경업금지의무를 부담한다고 할 것인데, 위와 같은 의도로 채무자 사용상표와 동일·유사한 이 사건 등록상표를 출원·등록하는 것은 비록 그것이 부정경쟁방지 및 영업비밀보호에 관한 법률상의 부정경쟁행위에는 해당하지 않는다고 하더라도 신의칙 내지 사회질서에 반하는 것으로서, 그러한 상표권의 행사는 채무자에게 손해를 가하거나 고통을 주기 위한 권리의 행사에 해당하고, 채권자도 신청외 1의 위와 같은 부정한 의도에 공동으로 가담한 것으로 보이므로, 채권자의 채무자에 대한 이 사건 가처분 신청은 사회질서에 반하는 것으로서 상표권을 남용한 권리의 행사로서 허용될 수 없다.

◇ 대법원 2007. 2. 22. 선고 2005다39099 판결

원고는 위 ACM사의 국내 총판대리점관계에 있던 회사로서 위 ACM사가 국내에 상표등록을 하고 있지 않음을 기화로 이 사건 등록상표들을 출원·등록해 놓았다가, 위 ACM사와의 총판대리점관계가 종료된 후, 이 사건 등록상표들을 실제 상품에 사용하지도 아니하면서 위 ACM사의 국내 출자법인인 피고를 상대로 이 사건 등록상표권을 행사하여 그동안 피고가 정당하게 사용해 오던 'ACM'이나 이를 포함한 표장을 피고의 인터넷 도메인이름 또는 전자우편주소로 사용하거나 피고의 인터넷 홈페이지에서 사용하는 것을 금지해달라고 청구하는 것임을 알

수 있는바, 이는 상표사용자의 업무상의 신용유지와 수요자의 이익보호를 목적
으로 하는 상표제도의 목적이나 기능을 일탈하여 공정한 경쟁질서와 상거래 질
서를 어지럽히고 상대방에 대한 관계에서 신의성실의 원칙에 위배되는 행위이어
서 법적으로 보호받을 만한 가치가 없다고 인정되므로, 비록 원고의 이 사건 상
표권 행사가 권리행사라는 외형을 갖추었다 하더라도 이 사건 등록상표권을 남
용하는 것으로서 허용될 수 없다.

### (2) 무효사유가 명백한 상표권 행사와 권리남용240)

종래 판례는 무효사유가 명백한 상표라도 등록무효심결이 확정되지 않은
이상 그 상표권의 행사를 권리남용이라 할 수 없다고 해 왔으나,241) 최근 전
원합의체 판결242)을 통해 입장을 변경한 바 있다. 이로써 상표권에 등록무효
사유가 명백하다면 그러한 상표권 행사는 그 자체로 권리남용에 해당하며, 상
대방은 이를 항변사유로 주장할 수 있다.

⇨ 대법원 2012. 10. 18. 선고 2010다103000 전원합의체 판결

상표등록에 관한 상표법의 제반 규정을 만족하지 못하여 등록을 받을 수 없는
상표에 대해 잘못하여 상표등록이 이루어져 있거나 상표등록이 된 후에 상표법
이 규정하고 있는 등록무효사유가 발생하였으나 상표등록만은 형식적으로 유지
되고 있을 뿐임에도 그에 관한 상표권을 별다른 제한 없이 독점·배타적으로 행
사할 수 있도록 하는 것은 상표의 사용과 관련된 공공의 이익을 부당하게 훼손
할 뿐만 아니라 상표를 보호함으로써 상표사용자의 업무상 신용유지를 도모하여
산업발전에 이바지함과 아울러 수요자의 이익을 보호하고자 하는 상표법의 목적
에도 배치되는 것이다. 또한 상표권도 사적 재산권의 하나인 이상 그 실질적 가
치에 부응하여 정의와 공평의 이념에 맞게 행사되어야 할 것인데, 상표등록이
무효로 될 것임이 명백하여 법적으로 보호받을 만한 가치가 없음에도 형식적으
로 상표등록이 되어 있음을 기화로 그 상표를 사용하는 자를 상대로 침해금지
또는 손해배상 등을 청구할 수 있도록 용인하는 것은 상표권자에게 부당한 이익
을 주고 그 상표를 사용하는 자에게는 불합리한 고통이나 손해를 줄 뿐이므로

---

240) 이 점에 대한 상세한 논의는, 조영선, "상표 침해소송에서의 무효 및 불사용 취소항변",
    저스티스 통권 125호(2011), 54면 이하 참조.
241) 대법원 1991. 4. 30.자 90마851 결정; 대법원 1995. 5. 9. 선고 94도3052 판결; 대법원
    1995. 7. 28. 선고 95도702 판결.
242) 대법원 2012. 10. 18. 선고 2010다103000 전원합의체 판결.

실질적 정의와 당사자들 사이의 형평에도 어긋난다. 이러한 점들에 비추어 보면, 등록상표에 대한 등록무효심결이 확정되기 전이라고 하더라도 상표등록이 무효심판에 의하여 무효로 될 것임이 명백한 경우에는 상표권에 기초한 침해금지 또는 손해배상 등의 청구는 특별한 사정이 없는 한 권리남용에 해당하여 허용되지 아니한다고 보아야 하고, 상표권 침해소송을 담당하는 법원으로서도 상표권자의 그러한 청구가 권리남용에 해당한다는 항변이 있는 경우 그 당부를 살피기 위한 전제로서 상표등록의 무효 여부에 대하여 심리·판단할 수 있다고 할 것이며, 이러한 법리는 서비스표권의 경우에도 마찬가지로 적용된다. "HI WOOD", "HI WOOD", 하이우드 와 같이 구성된 등록상표 또는 등록서비스표의 상표권자인 甲 주식회사가 乙 주식회사를 상대로 상표권 등 침해금지 및 손해배상 등을 구한 사안에서, 위 상표 또는 서비스표는 상표법 제6조 제1항 제3호의 기술적 표장(고급목재, 좋은 목재) 또는 상표법 제7조 제1항 제11호 전단의 품질오인표장에 해당하여 등록이 무효로 될 것임이 명백하므로, 위 상표권 등에 기초한 甲 회사의 침해금지, 침해제품의 폐기 및 손해배상청구는 권리남용에 해당하여 허용되지 않는다고 판시.

　　나아가, 사견으로는 상표가 이미 상당기간 정당하게 사용되지 않아 불사용 취소의 사유가 명백한 경우라면, 침해소송에서 이를 권리남용의 항변 근거로 삼을 수 있다고 본다.[243] 등록상표에 불사용으로 인한 취소사유가 있다면 이는 마치 무효사유가 있는 특허발명처럼 자유사용에 제공되어야 할 정당성이 강하기 때문에, 필요로 하는 자에게 그 상표의 사용을 허여함이 마땅하며 이를 통해 방어표장의 지나친 출원·등록을 막고 잠자는 상표를 정리할 수 있는 장점도 있다.[244] 이때 상표권자는 재항변으로 상표의 사용사실 및 상표의 불사용에 정당한 이유가 있는 점을 주장, 증명하여 이러한 항변을 무력화 할 수 있음은 물론이다.

### (3) 기타 상표권 남용 여부가 문제되는 경우: 역혼동

　　예컨대, 甲이 상표권을 선출원·선등록 한 상태에서 乙이 그와 동일·유사

---

243) 상세는 조영선, 앞의 논문, 71면 이하 참조.

244) 세계 여러 나라는 상표 불사용에 대한 대응책의 하나로 상표권 침해소송에서 불사용 상표의 항변을 폭넓게 인정하고 있으며, 상표 침해소송에서 개별적 등록무효의 항변을 허용하지 않으면서도 상표의 불사용으로 인한 취소사유의 항변은 인정하는 입법례도 있다(위 논문 72~73면).

한 상표를 실제 거래계에서 널리 사용하여 주지성을 획득하였다면, 甲이 乙을 상대로 금지청구 등 상표권을 행사하는 것이 권리남용으로 저지될 수 있는지가 문제된다. 이에 대하여 이른 바 '역혼동(Reverse Confusion)'이라는 이름으로 국내외에서 논의가 있다. 일반적으로 상표법상 혼동은 선행 상표가 획득한 명성·신용에 후행 상표가 편승함으로써 선행상표권자의 이익을 잠식하는 형태로 문제된다. 그러나 위 예에서 만약 乙이 후발 상표를 사용하여 주지·저명성을 획득하고 정작 상표권자인 甲은 시장에서 인식이 미미한 상태였다면 乙이 형성한 상표의 주지·저명성 때문에 수요자들이 甲, 乙의 상품출처에 혼동을 일으킨 결과 오히려 甲의 매출이 늘어나는 등 반사적 이익을 보는 일이 생길 수 있고, 그 경우 甲이 乙에 대하여 상표권 침해를 주장하는 것에 일정한 제한을 가할 여지가 있다는 논리이다. 이 문제에 대하여 판례[245]는, "…(후행 상표권자가) 사용상표와 관련하여 얻은 신용과 고객흡인력은 (선행) 등록상표의 상표권을 침해하는 행위에 의한 것으로서 보호받을 만한 가치가 없고 그러한 상표의 사용을 용인한다면 우리 상표법이 취하고 있는 등록주의 원칙의 근간을 훼손하게 되므로, 위와 같은 상표 사용으로 시장에서 형성된 일반 수요자들의 인식만을 근거로 하여 상표 사용자를 상대로 한 등록상표의 상표권에 기초한 침해금지 또는 손해배상 등의 청구가 권리남용에 해당한다고 볼 수는 없다"고 하여 부정적 입장을 분명히 하고 있다.

⇒ 대법원 2014. 8. 20. 선고 2012다6059 판결

원고가 1998. 11. 17. 대하여 골프채 등을 지정상품으로 상표등록을 마치고 상표를 사용하고 있는 상태에서 피고가 2000. 5. 이후부터 **KATANA GOLF** **KATANA**나 상표가 부착된 골프채 등을 일본에서 수입·판매하기 시작함. 그로 인해 국내의 수요자 사이에 피고의 상표가 널리 알려지게 되었고, 원, 피고 간 상표분쟁이 계속되는 와중에 원고가 위 원고의 등록상표를 근거로 상표권침해 소송을 제기함. 피고는 "원고가 이 사건 등록상표를 사용하지 않고 있다가 피고 표장이 주지성을 취득하자 그 신용에 편승하기 위해서 그 무렵부터 비로소 이 사건 등록상표를 부착한 골프채를 국내에 본격적으로 수입·판매하고 그것이 피고의 골프채인 것처럼 허위의 제조원표시 하는 등 피고 표장들에 화체된 업무

245) 대법원 2014. 8. 20. 선고 2012다6059 판결.

상 신용을 훼손하고 수요자들에게 혼동을 초래하고 있으므로, 원고의 이 사건 등록상표권 행사는 부정경쟁행위이거나 신의칙 내지 사회질서에 반하는 행위이고 원고가 이 사건 등록상표권에 기하여 사용금지를 구하는 것은 권리남용에 해당한다"고 주장함. 이에 대하여 대법원은, "어떤 상표가 정당하게 출원·등록된 이후에 그 등록상표와 동일·유사한 상표를 그 지정상품과 동일·유사한 상품에 정당한 이유 없이 사용한 결과 그 사용상표가 국내의 일반 수요자들에게 알려지게 되었다고 하더라도, 그 사용상표와 관련하여 얻은 신용과 고객흡인력은 그 등록상표의 상표권을 침해하는 행위에 의한 것으로서 보호받을 만한 가치가 없고 그러한 상표의 사용을 용인한다면 우리 상표법이 취하고 있는 등록주의 원칙의 근간을 훼손하게 되므로, 위와 같은 상표 사용으로 인하여 시장에서 형성된 일반 수요자들의 인식만을 근거로 하여 그 상표 사용자를 상대로 한 등록상표의 상표권에 기초한 침해금지 또는 손해배상 등의 청구가 권리남용에 해당한다고 볼 수는 없다"고 판시.

## 다. 선사용권(제99조)

외형상 등록상표권의 침해를 구성하는 상표의 사용이 있다고 하더라도 그 사용자가 등록상표의 출원 전부터 동일·유사한 상표를 사용해 오고 있었던 경우라면 일정한 요건 하에 계속 사용할 권리를 보장함으로써 선의의 사용자를 보호해 줄 필요가 있으며, 이를 위해 마련된 것이 선사용권 제도이다. 침해자는 선사용권 성립의 요건을 충족하면 이를 항변사유로 주장할 수 있다.

### (1) 일반적 선사용권(제99조 제 1 항)

성립요건은, i ) 타인의 등록상표와 동일하거나 유사한 상표를 그 지정상품과 동일하거나 유사한 상품에 사용할 것, ii ) 부정경쟁의 목적 없이 타인의 등록상표의 출원 전부터 국내에서 계속 사용하고 있을 것, iii ) 등록상표출원 시에 국내 수요자 간에 그 선사용 상표가 특정인의 상품을 표시하는 것이라고 인식되어 있을 것이다.

### (2) 성명·상호 등과 선사용권(제99조 제 2 항)

상표등록에 관한 법적 인식이 없는 소상인(小商人)들이 표장을 상호 등으로 선사용하고 있음에도 이른바 '상표 브로커'가 그와 동일·유사한 상표나 서비스표를 사후에 등록한 뒤 침해를 주장하여 배상금을 요구하는 등 부당한 행위를 하는 경우에 대비하여 신설된 내용이다. 성립요건은 다음과 같다.

ⅰ) 자기의 성명·상호 등 인격의 동일성을 표시하는 수단을 상거래 관행에 따라 상표로 사용할 것: '상거래 관행에 따라 사용'하면 족하다.

ⅱ) 부정경쟁의 목적 없이 등록상표의 출원 전부터 국내에서 계속 사용하고 있을 것: 사용을 통해 '특정인의 상품을 표시하는 것으로 인식'된 정도에 이르지 않더라도 선사용권이 성립한다는 점이 특징이다.

한편, 상표법 제90조 제1항 제1호가 자기의 성명·상호를 상거래관행에 따라 사용하는 경우에는 타인의 상표권의 효력이 미치지 않되, 상표등록 후 부정경쟁의 목적으로 사용하는 경우에는 예외로 하는 내용으로 개정됨으로 인해, 성명·상호 등의 선사용권자는 위 규정에 의해서도 중첩 보호될 여지가 많아졌다.

### (3) 선사용권의 효과

선사용권자는 선사용 상표와 '동일한 상표'를 '선사용 상품에 한하여' 계속 사용할 권리를 가진다(제99조 제1항). 선사용권 제도의 취지에 비추어 허용되는 사용의 영역을 유사범위까지 확대할 이유가 없음은 당연하다. 한편, 해당 상표의 상표권자 등은 수요자에게 상품의 출처가 상표권자가 아닌 선사용권자라는 점을 분명히 할 이익이 있으므로, 선사용권자를 상대로 혼동방지에 필요한 표시 등 적절한 조치를 청구할 수 있다(제99조 제3항).

## 라. 중용권

상표권에 질권이 설정되었다가 경매 등이 진행되어 상표권이 제3자에게 이전된 경우, 질권 설정 전에 해당 상표를 사용하고 있던 상표권자는 사용 중이던 지정상품에 대해 상표권 이전 후에도 통상사용권을 가진다. 다만 상표권을 취득한 자에게 상당한 대가를 지급해야 한다. 같은 법리는 상표권이 공유이었다가 분할청구로 인해 제3자에게 이전된 경우에도 적용된다(2021. 10. 19. 개정 상표법 제104조의2). 상표권에 대한 공유물 분할은 현물분할의 형태로는 불가능하고 경매 등으로 제3자에게 매각 후 대금분할을 하는 것이 보통이기 때문이다. 중용권 성립을 위해서는 공유자가 분할 청구 이전에 해당 상표를 사용하고 있어야 하며, 분할청구를 한 공유자 스스로는 중용권을 취득하지 못한다(제104조의 2 괄호 부분).

## 마. 타인의 저작권, 디자인권 등과의 관계

### (1) 규 정

등록상표가 그 출원 전에 출원된 타인의 특허·실용신안권이나 디자인권 또는 그 출원 전에 발생한 타인의 저작권과 저촉되는 경우 그러한 타 권리자의 동의가 없으면 저촉되는 지정상품에 관하여 상표를 사용할 수 없다(제92조 제1항). 그 결과 등록상표권자는 그 상표와 저촉관계에 있는 저작권자 등 타 권리자에 대하여는 상표권을 행사할 수 없음은 물론, 해당 상표를 사용하는 행위는 저작권 침해를 구성하게 된다.246). 타인의 저작물을 상표로 이용하는 행위는 주로 도형, 도안이나 멜로디(소리), 입체적 형상 등에서 발생할 것이다.

### (2) 적용범위

이는 어디까지나 등록상표와 저촉관계에 있는 타 권리자에 대하여 상표권을 주장 못한다는 취지이므로, 그 밖의 타인이 상표를 무단 사용하는 행위에 대하여는 상표권을 행사하는데 지장이 없다.247) 나아가 제3자가 이러한 상표권 제한사유를 자신을 위해 원용할 수도 없는 것으로 해석된다. 또한, 타인의 저작권을 침해하는 등록상표의 사용도 상표의 사용에는 해당하므로 상표의 불사용 취소가 문제되는 경우 상표권자가 저작권자에게 손해배상의무 등을 부담

---

246) 대법원 2014. 12. 11. 선고 2012다76829 판결:

원고가 이미 등의 도안을 작성하여 물품에 부착해 판매하거나 카탈로그나 인터넷 홈페이지에서 도안 자체만의 형태를 게재하는 방법으로 이용해 왔는데, 이후 피고가 우리나라에서 이와 유사한 표장을 자신의 상표로 사용한 사건에서, 위 도안은 자연계에 존재하는 일반적인 여우의 머리와 구별되는 독특한 여우 머리로 도안화되었거나 그와 같이 도안화된 여우 머리 형상을 포함하고 있어 저작물의 요건으로서 창작성을 구비하였고, 도안이 원고의 상품 출처표시를 위해 사용된 적이 있다는 사정은 도안을 저작권법으로 보호하는 데 장애가 되지 않는다고 하면서, 피고가 이와 현저히 유사한 표장들을 자신의 등록상표로 사용하는 행위는 저작권 침해에 해당한다고 판시.

247) 상표법 제53조(현재의 제92조)에서 등록상표가 그 등록출원 전에 발생한 저작권과 저촉되는 경우에 저작권자의 동의 없이 그 등록상표를 사용할 수 없다고 한 것은 저작권자에 대한 관계에서 등록상표의 사용이 제한됨을 의미하는 것이므로, 저작권자와 관계없는 제3자가 등록상표를 무단으로 사용하는 경우에는 상표권자는 그 사용금지를 청구할 수 있다(대법원 2006. 9. 11. 자 2006마232 결정).

하게 됨은 별론으로 하고, 상표의 사용으로는 취급된다.[248]

### (3) 문제점과 대안[249]

그러나 이처럼 타인의 선행 저작권과 저촉되는 상표에 등록적격성을 인정하고 다만 그 행사과정에서 저작권자의 동의를 얻도록 하는 것에는 문제가 있다. 우선, 타인의 저작물을 허락 없이 상표출원 하여 상표권을 선점하거나 이용하는 행위는 그 자체로 저작권 침해임에도[250] 상표등록을 허용하는 것은 적절하다고 하기 어렵다. 임의로 타인의 저작물을 모티프로 한 상표라고 하여 공서양속 위반(상표법 제34조 제 1 항 제 4 호)으로 무효인 것은 아니고, 오히려 앞서 본대로 상표권자는 저작권자를 제외한 제 3 자에게 법적으로 완전한 지위를 가지고 권리를 행사할 수 있다고 하므로 제 3 자는 동일한 상표의 사용을 위해 저작권자와 상표권자 모두로부터 허락을 받아야 하고, 임의 사용 시 양자로부터 권리 주장을 당하게 되어 이중 위험에 노출된다.[251]

이를 근본적으로 해결하기 위해서 타인의 선행 저작권에 저촉되는 상표출원을 등록거절 및 무효사유로 규정할 필요가 있다 할 것이며, 실제로 그런 입법례를 취하는 나라도 많다.[252] 한편, 그런 내용으로 법 개정이 이루어지기 전까지는 해석을 통해 유사한 결과를 도모해야 할 것인데, 타인의 저작물을 무단히 상표등록 받아 이용하는 행위는 타인의 투자나 노력으로 만든 성과를 자신의 영업을 위해 무단 사용하는 행위로서 부정경쟁방지 및 영업비밀보호법 제 2 조 제 1 호 파. 목의 부정경쟁행위[253]를 구성할 수 있다. 판례는 상표의 출

---

248) 대법원 2001. 11. 27. 선고 98후2962 판결.

249) 이에 대한 상세한 논의는, 조영선, "저작권과 상표권의 저촉·중복보호 등에 관한 법률문제", 저스티스 통권 제153호(2016. 4), 57면 이하 참조.

250) 출원 과정에서 복제권을 침해하고, 그 밖에 전송권, 전시권, 배포권 등의 침해도 성립할 수 있다.

251) 반면, 만약에 등록 상표가 선행 저작권에 저촉하는 것을 등록무효 사유로 규정하면 상표권자로부터 침해 주장을 당한 제 3 자는 그처럼 무효사유가 명백한 상표권의 행사를 권리남용으로 다툴 수 있으므로(대법원 2012. 10. 18. 선고 2010다103000 전원합의체 판결), 저작권자와의 관계에서만 권리관계를 정리하면 된다.

252) EU, 영국, 독일, 프랑스, 중국 등이 이를 등록거절이나 무효사유로 삼고 있다.

253) "그 밖에 타인의 상당한 투자나 노력으로 만들어진 성과 등을 공정한 상거래 관행이나 경쟁질서에 반하는 방법으로 자신의 영업을 위하여 무단으로 사용함으로써 타인의 경제적 이익을 침해하는 행위."

원·등록 자체가 부정경쟁행위 요건을 충족하거나 등록상표권의 행사가 부정
경쟁행위 요건을 충족한다면 상표권 남용이라 하므로,254) 경우에 따라 상표권
침해소송에서 피고는 이를 원용할 수 있을 것이다.255) 또한, 타인의 투자나
노력으로 만든 성과를 자신의 영업을 위해 무단 사용한 상표는 등록되더라도
취소 대상이므로(상표법 제119조 제 1 항 제 6 호), 취소사유가 명백한 상표권의 행
사 역시 권리남용으로 파악하는 입장에 의하면 이 또한 상표권 행사를 저지하
는 근거가 될 수 있다.

## 바. 신의칙에 반하는 상표권 행사의 제한

상표권자나 사용권자가 등록상표를 사용하는 행위라도, 그것이 타인이 상
당한 투자나 노력으로 만든 성과를 공정한 상거래 관행이나 경쟁질서에 반하는
방법으로 자신의 영업을 위해 무단으로 사용하는 일에 해당하고 그로써 타인의
경제적 이익을 침해하는 경우256)에는 그 타인의 동의를 받아야 한다(상표법 제
92조 제 2 항). 등록상표권의 행사라는 명목으로 타인의 영업적 성과에 무단편승
하는 부정경쟁행위를 차단하고 그러한 상표권 행사에 대하여 적절한 항변권을
부여하기 위해 2014. 6. 상표법 개정으로 도입되었으며, 등록상표권이 같은 조
제 1 항이 정한 특허권·실용신안권·디자인권·저작권 이외의 권리와 저촉되는
경우를 아우르기 위한 보충적 규정이다. 아울러 이런 내용으로 부당하게 상표
권을 행사하는 것이 상표등록 취소사유라는 점은 앞서 언급한 바와 같다.

## 사. 권리소진

### (1) 권리소진의 의의

상표법상 권리소진은 상표가 표시된 상품이 한 번 정상적으로 판매되었다
면 그 이후 그 상품의 사용이나 유통과정에서 상표의 사용행위가 수반되더라

---

254) 대법원 2000. 5. 12. 선고 98다49142 판결; 대법원 2008. 9. 11. 자 2007마1569 결정; 대
　　법원 2007. 6. 14. 선고 2006도8958 판결; 대법원 2001. 4. 10. 선고 2000다4487 판결 등.
255) 아래에서 보는 대로 상표법 제92조 제 2 항은 등록상표의 사용이 부정경쟁방지법 제 2 조
　　제 1 호 파. 목에 해당하는 경우 그 '타인'의 동의를 얻도록 하고 있지만, 법문 상 그 규정
　　을 원용할 수 있는 주체는 무단이용된 성과물의 생산자인 '타인' 뿐이므로, 제 3 자를 위한
　　이와 같은 법리 구성은 고유의 의미가 있다.
256) 부정경쟁방지 및 영업비밀보호에 관한 법률 제 2 조 제 1 호 파. 목.

도 상표권자가 거듭 상표권을 주장할 수 없다는 원칙을 말한다. 권리소진은
특허, 디자인, 저작권법에서와 마찬가지로 명문의 규정은 없으나 지적재산권
에 관하여 이론과 판례상 받아들여지는 법리이다.

### (2) 상표 권리소진의 적용범위

상표에 관한 권리소진 역시 국내적 권리소진과 국제적 권리소진으로 나누
어 검토되어야 한다.

#### ㈎ 국내적 권리소진

이는 등록상표가 부착되어 국내에서 판매된 상품을 '생산'으로 평가될 정
도로 수리·가공하여 재판매하는 행위의 효력과 관련하여 문제된다. 예컨대 상
표 A가 지정상품 X에 표시·판매됨으로써 적법한 권리소진이 일어났다면 그
뒤 X가 그대로 재판매되는 경우는 물론이고, 다소간의 수리·가공을 거쳐 중
고품으로 판매되더라도 최초 판매로 인한 권리소진의 효력은 거기에도 미쳐
상표권자는 거듭 상표권을 주장할 수 없다고 해야 한다. 상표권자는 상품의
최초 판매를 통해 법적으로 그에 상응하는 이윤을 이미 회수하였기 때문이다.
그러나 만약 그러한 수리·가공이 상품 X의 동일성을 해칠 정도에 이르러 사
실상 별도의 중고상품인 X'를 '생산'한 정도로 평가되고 X'가 시장에서 출처
표시가 필요한 상품으로서 거래된다면 이는 마치 새로운 상품에 원 상표권자
의 상표를 부착하여 판매하는 것과 마찬가지여서 더 이상 권리소진이 적용될
수 없다고 해야 한다. 이는 대부분 상표권자가 최초 판매를 통해 용인한 범주
를 넘는 것인 데다가 그러한 상품의 판매를 통해 상표권자의 신용이나 이익을
해치는 수가 많기 때문이다. 동일성을 해할 정도의 가공이나 수선으로서 생산
행위에 해당하는가의 여부는 당해 상품의 객관적인 성질, 이용형태 및 상표법
의 규정취지와 상표의 기능 등을 종합하여 판단되어야 한다.

⇨ 대법원 2003. 4. 11. 선고 2002도3445 판결

> 후지필름이 제조한 1회용 카메라는 1회 사용을 전제로 하여 촬영이 끝난 후 현
> 상소에 맡겨져 카메라의 봉인을 뜯고 이미 사용한 필름을 제거하여 이를 현상함
> 으로써 그 수명을 다하게 되며, 이에 따라 그 카메라 포장지에도 현상 후 그 몸
> 체는 반환되지 아니한다고 기재되어 있는 사실, 피고인이 이미 수명이 다하여

> 더 이상 상품으로서 아무런 가치가 남아 있지 아니한 카메라 몸체를 이용하여 1
> 회용 카메라의 성능이나 품질면에서 중요하고도 본질적인 부분인 새로운 필름
> (후지필름이 아닌 타회사 제품) 등을 갈아 끼우고 새로운 포장을 한 사실을 인정할
> 수 있는바, 피고인의 이러한 행위는 단순한 가공이나 수리의 범위를 넘어 상품
> 의 동일성을 해할 정도로 본래의 품질이나 형상에 변경을 가한 경우에 해당된다
> 할 것이고 이는 실질적으로 새로운 생산행위에 해당한다고 할 것이므로, 이 사
> 건 등록상표의 상표권자인 후지필름은 여전히 상표권을 행사할 수 있다고 보아
> 야 할 것이다.

한편, 상표권자가 통상사용권을 설정하고 해당 통상사용권에 기한 상품판
매가 이루어진 경우에도 권리소진이 발생하는 것은 당연하나, 통상사용권자가
사용계약의 범위를 넘어 상품을 판매한 경우에는 상표권자의 정당한 이익이
침해되는 한도에서는 권리소진을 인정할 수 없다. 다만, 판례는[257] 통상사용
권자가 계약상 부수적인 조건을 위반하여 상품을 양도한 경우까지 일률적으로
상표권자의 동의를 받지 않은 양도행위로서 권리소진의 원칙이 배제된다고 볼
수는 없고, 계약의 구체적인 내용, 상표의 주된 기능인 상표의 상품출처표시
및 품질보증 기능의 훼손 여부, 상표권자가 상품 판매로 보상을 받았음에도 추
가적인 유통을 금지할 이익과 상품을 구입한 수요자 보호의 필요성 등을 종합
하여 상표권의 소진 여부 및 상표권이 침해되었는지 여부를 판단하여야 한다
고 한다.

---

257) 대법원 2020. 1. 30. 선고 2018도14446 판결: 해당 사건은, 상표권자(甲)이 乙에게 통상
    사용권을 설정하면서 합의된 매장에서만 상표품을 판매하기로 약정하였음에도, 피고인이
    乙로부터 상표품(시계)을 납품받은 뒤 위와 같이 합의된 매장이 아닌 온라인몰이나 오픈
    마켓에서 이를 판매함으로써 甲의 상표권을 침해하였다는 내용이었다. 대법원은, 피고인
    이 판매한 시계는 진정상품으로서, 판매장소 제한 약정을 위반하여 피고인의 인터넷 쇼핑
    몰에서 상품을 유통시킨 것만으로는 상표의 출처표시 기능이나 품질보증 기능이 침해되
    었다고 보기 어려운 점, 상표권 사용계약 상 乙 회사에 시계 상품에 대한 제조·판매 권한
    이 부여되어 있고, 인터넷 쇼핑몰에서의 판매는 상표권자의 동의가 있다면 가능하여 유통
    이 '원천적으로' 금지되지는 않은 점, 인터넷 쇼핑몰에서 판매된다는 것만으로 바로 甲 회
    사 상표의 명성이나 그동안 甲 회사가 구축한 상표권에 대한 이미지가 손상된다고 보기도
    어려운 점, 해당 상품의 판매로 인해 결과적으로 상표권자에게 금전적 보상이 이루어졌고
    상표권자가 추가적인 유통을 금지할 이익이 크다고 보기 어려운 반면 거래를 통해 상품을
    구입한 수요자 보호의 필요성은 인정되는 점을 종합하면, 해당 상표품에 대해 권리소진을
    인정함이 상당하다고 판시하였다.

(나) **국제적 권리소진**(진정상품의 병행수입)

1) 입장의 대립

상표권의 국제적 권리소진은 필연적으로 진정상품 병행수입의 적법성 여부와 관계된다. 진정상품 병행수입이란 국외에서 적법하게 판매된 상표품을 국내에 수입하는 행위를 말하는데, 이때 상표권자가 국내의 상표등록을 근거로 재차 상표권을 주장하여 그러한 수입이나 판매를 저지할 수 있는가, 또는 국외에서 상품이 일단 판매되었으므로 권리소진이 일어났다고 보아야 하는가가 문제된다.

이에 관하여, ⅰ) 권리소진은 상표품의 국내 판매에 관하여만 인정되고 국외에서 이루어진 판매를 근거로 국내에서도 권리소진을 주장할 수는 없으며, 이를 통해 상표권자의 국제적 가격차별정책 등 합리적 이익을 보장할 수 있다는 입장(국내적 권리소진설)과, ⅱ) 권리소진은 국내·국제를 불문하고 인정되어야 하므로 일단 국외에서 상표품이 정당하게 판매된 이상 그 상품을 국내에 수입하더라도 국내의 등록상표권을 근거로 재차 권리주장을 할 수 없고 이를 허용하면 상표권자가 동일한 상품에 관하여 부당하게 이중이익을 취하는 것이 된다는 입장(국제적 권리소진설)이 존재한다.

2) 판례의 태도

판례는, 상표에 관하여 "병행수입 그 자체는 위법성이 없는 정당한 행위로서 상표권 침해 등을 구성하지 아니하므로 병행수입업자가 상표권자의 상표가 부착된 상태에서 상품을 판매하는 행위는 당연히 허용된다"고 하여 국제적 권리소진의 입장을 보이는 한편,[258] 병행수입의 적법성 인정을 위해 비교적 엄격한 요건을 요구하고 있다.[259] 판례가 요구하는 적법한 병행수입의 요건은, ⅰ) 외국의 상표권자 내지 정당한 사용권자가 그 수입된 상품에 상표를 부착하였을 것, ⅱ) 외국의 상표권자가 그 상표를 국내에 등록하고 스스로 혹은 사용권자를 통해 당해 상품에 관하여 고유의 출처로 기능하고 있을 것,[260]

---

258) 대법원 2002. 9. 24. 선고 99다42322 판결.
259) 대법원 2005. 6. 9. 선고 2002다61965 판결; 대법원 2006. 10. 13. 선고 2006다40423 판결; 대법원 2010. 5. 27. 선고 2010도790 판결.
260) 판례는 이를 "그 외국 상표권자와 우리나라의 등록상표권자가 법적 또는 경제적으로 밀접한 관계에 있거나 그 밖의 사정에 의하여 수입상품에 부착된 상표가 우리나라의 등록상표와 동일한 출처를 표시하는 것으로 볼 수 있을 것"이라고 설시한다. 따라서 만약 A(상

iii) 수입된 상품과 우리나라의 상표 사용권자가 등록상표를 부착한 상품 사이에 품질에 실질적인 차이가 없을 것 등이다.261) ii), iii)을 진정상품 병행수입의 적법요건으로 하는 이유는, 외국의 유명상표가 존재하는 경우, 세계 각국에서 값싼 노동력을 이용하여 OEM 방식으로 당해 상표가 부착된 상품이 다양하게 생산되는 것이 보통이고, 그로 인해 같은 상표가 부착된 상품이라도 품질이 서로 다른 경우가 많기 때문에, 외국에서 상표권자의 허락을 받아 상표가 부착된 상품이라고 하여 부조건 진정상품으로 병행수입이 허용된다고 하면, 국내에서 그 상표에 관하여 권리를 가지고 제품생산 등을 통해 고유의 품질수준을 유지하고 있는 전용사용권자 등의 이익을 해칠 수 있기 때문이다.262)

위와 같은 조건이 만족되는 이상, 외국의 상표권자 내지 정당한 사용권자가 상표를 부착한 이후 거래 당사자 사이의 판매지 제한 약정에 위반하여 다른 지역으로 그 상품이 판매 내지 수출되었더라도 그러한 사정만으로 그 상품의 출처가 변하는 것은 아니라고 할 것이어서 그러한 약정 위반만으로 외국상표권자가 정당하게 부착한 상표가 위법한 것으로 되는 것은 아니다.263)

### 3) 진정상품 병행수입과 부정경쟁행위

진정상품의 병행수입행위가 상표법상 적법하다고 하더라도, 이후의 국내판매 등의 과정에서 영업주체 혼동행위가 수반되는 경우 부정경쟁방지법 제2조 제1호 나.목에 해당할 여지가 있음은 별개의 문제이다.

표권자인 외국의 회사), B(전용실시권자인 국내 기업)의 관계에서, B가 A가 생산한 물품을 수입·판매하는 형식을 넘어 A의 허락 하에 B 스스로 디자인을 개발한 뒤 자신의 이름으로 광고하면서 A 상표를 붙여 국내에 판매하는 형태를 취하고 있다면, C가 해외에서 생산된 A의 진정상품을 수입, 국내에 판매하는 행위를 병행수입이라고 하여 적법하다고 취급할 수 없고, 이는 B의 국내 전용사용권을 침해하는 행위로 다루어야 한다고 한다. 병행수입과 관련하여 위 ii) 요건을 충족하지 않는 것으로 보고, 오히려 A의 상품과 B의 상품을 국내에서 (비록 같은 A 상표를 사용하지만) 독립된 출처로 파악한 예로는 대법원 2010. 5. 27. 선고 2010도790 판결 참조.

또, A가 K 상표에 관하여 외국에 상표등록하고 국내에 미등록인 상태에서 B가 그와 동일 혹은 유사한 K·K' 상표를 국내에 등록하였다면, 비록 C가 외국에서 진정상품인 K 상품을 구매하여 국내에 수입하더라도 국내에서는 B의 상표권 침해일 뿐 진정상품의 병행수입이 될 수 없다고 한 판례도 있다(대법원 2008. 11. 27. 선고 2006도2650 판결).

261) 상품의 품질에 차이가 있는 경우 적법한 병행수입이 아닌 것으로 취급하여 상표권자의 신용을 보호하기 위함이다.
262) 대법원 1997. 10. 10. 선고 96도2191 판결 참조.
263) 대법원 2005. 6. 9. 선고 2002다61965 판결.

⟹ 대법원 2002. 9. 24. 선고 99다42322 판결

> 적법한 병행수입의 요건을 갖춘 이상 병행수입업자가 적극적으로 상표권자의 상
> 표를 사용하여 광고·선전행위를 한 것이 실질적으로 상표권 침해의 위법성이 있
> 다고 볼 수 없어 상표권 침해가 성립하지 아니한다. 그러나 상표의 사용이 거기
> 서 나아가 '영업표지'로서의 기능을 하는 경우에는 일반 수요자들로 하여금 병
> 행수입업자가 외국 본사의 국내 공인 대리점 등으로 오인하게 할 우려가 있으므
> 로, 이러한 사용행위는 부정경쟁방지법상 영업주체혼동행위에 해당되어 허용될
> 수 없다. 등록상표품 'Burberry'의 병행수입업자가 매장 내부 간판, 포장지 및
> 쇼핑백, 선전광고물에 위 상표를 쓴 것은 위법성이 없는 한도의 상표사용으로서
> 허용되는 반면, 사무소, 영업소, 매장의 외부 간판 및 명함에 위 상표를 쓴 것은
> 등록상표를 권한 없는 자가 '영업표지'로 사용한 것이어서 허용되지 않는다고
> 보아야 한다.

## 아. 호칭으로서의 사용

예컨대 상표권자 甲의 "A" 상품의 중고품을 판매하는 乙이 자신의 사이트
에서 A 중고품을 광고한다면, 그 과정에서 A 상표에 대한 사용이 일어나게
된다. 그러나 한편, 乙로서는 자신이 적법하게 판매하는 상품을 호칭하기 위
해서 상표 A를 사용하지 않을 수 없으므로, 이를 상표권 침해라고 하는 것은
부당하다. 이 경우 당해 상품에 이미 상표권의 소진이 일어났으므로 이후 중
고상품에 대한 상표 사용은 별도로 침해를 구성하지 않는다고 이론구성 할 수
도 있겠지만, 이를 상표의 '호칭적 사용(Nominative Use)'이라고 하여 상표에
대한 공정사용(Fair Use)의 한 유형으로 취급하기도 한다. 미국의 판례는 호칭
으로서의 상표권 공정사용이 성립하기 위해서는, ⅰ) 당해 상표품을 지칭하기
위해 그 상표를 사용하는 외에 다른 적절한 방법이 없고, ⅱ) 해당 상표의 도
형 등 다른 특징까지 필요 이상으로 사용하지 말아야 하며, ⅲ) 그러한 사용
으로 인해 수요자 사이에서 상표 사용자가 원 상표권자와 동일주체로 인식되
거나 후원관계에 있는 것으로 오인되지 않을 것을 요구한다. [264]

---

264) New Kids on the Block v. News America Publishing Inc. 971 F. 2d 302(9th Cir.
1992); Playboy Enterprises, Inc. v. Welles, 279 F. 3d 796(9th Cir. 2002) 등.

## 4. 상표권 침해에 대한 구제

### 가. 금지청구(제107조)

앞서 본 본래적 침해와 간주침해 모두가 상표권 침해행위이다. 상표권자 또는 전용사용권자(이하에서는 '상표권자 등'이라고 한다)는 상표권을 침해한 자 또는 침해할 우려가 있는 자에 대하여 그 침해의 금지 또는 예방을 청구할 수 있고(제1항), 그와 아울러 침해행위를 조성한 물건의 폐기, 침해행위에 제공된 설비의 제거나 그 밖에 필요한 조치를 청구할 수 있다(제2항). 판례265)는, '침해의 예방에 필요한 조치'에 상표권을 침해하는 도메인이름의 사용금지 또는 말소등록 등의 범위를 넘어서 도메인이름의 이전등록까지 포함된다고 볼 수 없다고 한다. 한편, 인터넷주소자원에 관한 법률 제12조 제2항에 따르면, 정당한 권원이 있는 자는 부정한 목적으로 도메인이름을 등록·보유·사용한 자를 상대로 법원에 그 말소는 물론 등록의 이전도 청구할 수 있다.

금지청구권의 성립에는 침해자의 고의·과실 등 주관적 요건은 필요치 않다. 상표권 침해로 인한 금지청구권 성립의 판단 기준시점은 사실심 변론종결시이다. 266)

### 나. 손해배상

#### (1) 일반적 손해배상책임

상표권자 또는 전용사용권자는 자기의 상표권 또는 전용사용권을 고의 또는 과실로 침해한 자에 대하여 그 침해에 의하여 자기가 받은 손해의 배상을 청구할 수 있다(상표법 제109조). 이는 성질상 민법상 불법행위에 해당하므로 청구권자는 ⅰ) 침해행위 ⅱ) 손해 ⅲ) 인과관계 ⅳ) 행위자의 고의·과실을 모두 주장·증명해야 하는 것이 원칙이다. 상표권 침해로 인한 손해배상청구권의 판단 기준시점은 침해시이다. 267)

---

265) 대법원 2008. 9. 25. 선고 2006다51577 판결.

266) 대법원 2008. 11. 13. 선고 2006다22722 판결; 대법원 2013. 6. 27. 선고 2011다97065 판결 등.

267) 부정경쟁방지법상 상품주체나 영업주체 혼동행위에 기한 금지청구권은 사실심 변론종결시를 기준으로, 손해배상청구권은 침해시를 기준으로 판단한다는 판례로 대법원 2008. 2. 29. 선고 2006다22043 판결; 대법원 2009. 6. 25. 선고 2009다22037 판결; 대법원

## (2) 손해배상의 특칙(제110조)

상표법 제110조는 상표권 침해로 인한 손해배상과 관련하여 권리자의 증명부담을 덜고 손해액 산정을 용이하게 하기 위한 특칙을 마련하고 있다. [268]

### (가) 침해자의 상품 양도수량 × 권리자의 단위당 이익 = 손해액(제 1 항)

상표권 침해로 영업상 이익을 침해당한 상표권자나 전용사용권자(권리자)는 침해물건의 양도수량에 침해가 없었다면 스스로 판매할 수 있었던 물건의 단위수량당 이익액을 곱한 금액을 손해액으로 할 수 있다. 단, 이는 권리자가 생산할 수 있었던 상품의 수량에서 실제 판매한 수량을 뺀 수량에 단위수량당 이익액을 곱한 금액을 한도로 한다(제 1 호). 침해행위에도 불구하고 권리자가 여전히 판매한 수량은 손해배상의 대상에서 배제됨이 당연하고, 애초에 스스로의 생산능력을 초과하는 부분에 대하여는 일실이익이 발생할 여지가 없기 때문이다.

한편, 침해자는 침해행위가 없었더라도 권리자가 어차피 그 수량만큼 판매할 수 없었다는 사정을 주장·증명하여 그에 상응하는 금액을 배상액에서 감경 받을 수 있으며(제 1 호 괄호 부분 참조), 그러한 사정에 대한 증명책임은 침해자에게 있다. 여기서 말하는 특별한 사정으로는 예컨대 기존의 시장점유율, 침해자의 시장개발 노력, 광고·선전, 침해품의 품질의 우수성이나 가격경쟁력 등을 생각할 수 있다. [269] 그러나 상표권 침해는 상표권자의 상표품 자체와 혼동을 일으켜 그 수요를 잠식하는 형태로 이루어지는 것이 전형적이므로 특허권 침해에 비하여 '침해품의 양도'가 권리자의 판매 감소와 직결되는 면이 뚜

---

2013. 6. 27. 선고 2011다97065 판결 등이 있는 바, 상표권 침해로 인한 손해배상청구권의 판단시점 또한 그렇게 보면 될 것이다.

268) 아래는 2020. 12. 22. 법률 제17728호로 개정되어 2021. 6. 23.부터 시행예정인 해당 조항의 내용을 대상으로 한다.

269) 대법원 2006. 10. 13. 선고 2005다36830 판결은, "구 의장법 제64조 제 1 항의 손해배상액 산정에 있어, 의장권자 또는 전용실시권자가 침해행위 외의 사유로 판매할 수 없었던 사정이 있는 때에는 당해 침해행위 외의 사유로 판매할 수 없었던 수량에 따른 금액을 빼야 한다고 규정한 단서의 사유는 침해자의 시장개발 노력, 판매망, 침해자의 상표, 광고·선전, 침해제품의 품질의 우수성 등으로 인하여 의장권의 침해와 무관한 판매수량이 있는 경우를 말하는 것으로서, 의장권을 침해하지 않으면서 의장권자의 제품과 시장에서 경쟁하는 경합제품이 있다는 사정이나 침해제품에 실용신안권이 실시되고 있다는 사정 등이 그러한 사유에 포함될 수 있다"고 한다.

렷하고, 위와 같은 항변이 주효할 여지 또한 특허권 침해에 비해 작을 것이다.

**(나) 침해자의 이익을 권리자의 손해로 추정**(제3항)

상표권 침해로 손해배상을 청구하는 경우 침해자가 침해행위에 의하여 받은 이익액을 권리자의 손해액으로 추정한다. 즉, 권리자가 손해의 발생 사실과 침해행위에 의한 침해자의 이익액을 주장·증명하면 침해자가 위 추정을 번복할 수 있는 사유를 주장·증명하지 않는 한 침해자의 이익액이 곧 권리자의 손해액으로 인정되는 것이다. 판례는 상표권자가 침해자와 동종의 영업을 하고 있는 것을 증명한 경우라면 특별한 사정이 없는 한 손해의 발생이 사실상 추정된다고 한다.270) 그러나 한편, 권리자가 스스로 등록상표를 사용하고 있지 않은 경우에는 상표권 침해로 인한 영업상 손해 또한 발생할 여지가 없으므로 제3항의 적용은 없다.271) 판례272)는 한걸음 나아가, "상표권자에게는 등록상표와 동일한 표장을 동일한 지정상품에 사용할 수 있는 권리만이 인정되므로, 상표법 제67조 제2항(현재의 제110조 제3항)에 따라 침해자의 이익을 상표권자의 손해로 추정하기 위해서는 상표권자가 등록상표와 '동일한' 표장을 지정상품과 '동일한' 상품에 실제로 사용해야만 침해와 인과관계 있는 손해가 있다"고도 한다.273)

**(다) 합리적 사용료에 의한 손해액의 산정**(제4항)

권리자는 침해의 대상이 된 등록상표의 사용에 대하여 합리적으로 받을 수 있는 금액에 상당하는 금액을 손해액으로 하여 배상을 청구할 수 있다. 침해자가 권리자에게 아무런 대가를 지급하지 않은 채 등록상표를 임의로 사용한다면, 권리자는 적어도 침해자에게서 그 사용료 상당액을 지급받지 못한 손해를 입었음이 분명하기 때문이다. 상표법은 이러한 점을 고려하여 합리적 사용료를 법이 보장하는 기본 최소의 손해액으로 규정하는 한편, 이를 넘는 금액에 대하여도 손해배상을 청구할 수 있음을 분명히 하고 있다. 이처럼 합리적 사용료 상당액은 기본으로 보장되는 배상액이기 때문에 같은 조 제1, 3항

---

270) 대법원 1997. 9. 12. 선고 96다43119 판결.
271) 대법원 2004. 7. 22. 선고 2003다62910 판결.
272) 대법원 2009. 10. 29. 선고 2007다22514, 22521 판결.
273) 이러한 판례의 태도에 대한 비판으로는, 조영선, "불사용 상표에 대한 침해와 손해배상", 인권과 정의 제437호(2013), 18면 이하 참조.

에 의한 손해배상 시 고의나 중대한 과실이 없으면 배상액을 감액할 수 있는 반면, 제 4 항에 의한 손해배상 시에는 그러한 감액이 불가능하다(법 제110조 제 5 항).

그런데, 판례는[274] 사용료 상당의 손해배상을 청구하는 경우 상표권자는 권리침해의 사실과 통상 받을 수 있는 사용료를 주장·증명하면 되고 손해의 발생 사실을 구체적으로 주장·증명할 필요는 없지만, 만약 침해소송의 피고가 어차피 해당 상표가 상표권자에 의해 사용되지 않고 있어 상표권자에게 발생할 손해도 없다는 사정을 증명하면 결국 배상책임은 성립하지 않는다고 한다. 상표법 제110조 제 4 항이 특허법 제128조 제 5 항, 디자인보호법 제115조 제 4 항, 저작권법 제125조 제 2 항의 '침해로 인한 사용료 상당 손해배상' 규정들과 동일한 형태로 되어 있고, 위 각 규정의 적용에는 권리자의 직접 실시·이용 여부가 문제되지 않는 것에 비하여, 상표권 침해에 관해서는 달리 보고 있는 셈이다. 이 판례는 상표의 실질적 가치는 사용을 통해 비로소 구체화된다는 점을 강조한다. 그러나 만연히 그런 입장을 취하는 경우 자칫 '등록 후 미 사용 중인 상표'는 타인의 것이라도 임의로 사용할 수 있다는 그릇된 판단을 야기할 우려도 있어 문제이다.[275]

⇨ 대법원 2016. 9. 30. 선고 2014다59712, 59729 판결

구 상표법(2014. 6. 11. 법률 제12751호로 개정되기 전의 것) 제67조에 의하면, '상표권자는 자기의 상표권을 고의 또는 과실로 침해한 자에 대하여 통상 받을 수 있는 상표권 사용료 상당액을 손해액으로 주장하여 배상을 청구할 수 있다. 이 규정은 손해에 관한 피해자의 주장·증명책임을 경감해 주고자 하는 것이므로, 상표권자는 권리침해 사실과 통상 받을 수 있는 사용료를 주장·증명하면 되고 손해의 발생 사실을 구체적으로 주장·증명할 필요는 없다. 그러나 위 규정이 상표권의 침해 사실만으로 손해의 발생에 대한 법률상의 추정을 하거나 손해의 발생이 없는 것이 분명한 경우까지 손해배상의무를 인정하려는 취지는 아니므로, 침해자는 상표권자에게 손해의 발생이 있을 수 없다는 점을 주장·증명하여 손해배상책임을 면할 수 있다. 한편 상표권은 특허권 등과 달리 등록되어 있는 상표를

---

274) 대법원 2016. 9. 30. 선고 2014다59712, 59729 판결.
275) 판례의 태도에 대한 비판의 상세는, 조영선, "불사용 상표에 대한 침해와 손해배상", 인권과 정의 제437호(2013), 12면 이하 참조.

타인이 사용하였다는 것만으로 당연히 통상 받을 수 있는 상표권 사용료 상당액이 손해로 인정되는 것은 아니고, 상표권자가 상표를 영업 등에 실제 사용하고 있었음에도 상표권 침해행위가 있었다는 등 구체적 피해 발생이 전제되어야 인정될 수 있다. 따라서 상표권자가 상표를 등록만 해 두고 실제 사용하지는 않았다는 등 손해 발생을 부정할 수 있는 사정을 침해자가 증명한 경우에는 손해배상책임을 인정할 수 없고, 이러한 법리는 서비스표의 경우에도 동일하게 적용된다.

### ㈘ 합리적 사용료의 보충적 배상(제 1 항 제 1 호, 제 3 항의 손해 관련)

2020. 12. 22. 개정 상표법은 제110조 제 1 항 제 2 호를 통해, 제 1 항 제 1 호에 의한 손해액 산정 과정에서 권리자의 생산능력을 넘는 수량이나 침해가 없었더라도 판매할 수 없던 수량에 해당하여 공제되는 부분이 생긴 때에는 그에 대해 합리적 사용료에 해당하는 금액을 배상받을 수 있다고 규정하였다. 다만, 애초에 권리자가 사용권의 허락을 할 수 없었던 수량은 복합산정 대상에서 제외된다.276) 명문의 규정은 없으나 제 3 항에 따라 손해액을 산정하는 과정에서 '침해자의 이익 = 권리자의 손해'라는 추정을 뒤집는 사유가 인정되어 배상액에서 공제된 금액 부분에 대해서도 마찬가지로 해석해야 할 것이다. 위와 같은 보충적 배상규정은, 침해자의 사용분이 권리자의 생산능력을 넘거나 침해로 인한 이익이 권리자의 실제 손해액을 웃돌기 때문에 권리자가 상표 사용이익의 감소를 전제로 한 배상을 받을 수는 없을지라도, 무단 사용자인 침해자에게서 적어도 그 부분에 대한 사용료 상당액을 배상받지 못한 일실이익은 존재함을 고려한 입법이다.

### ㈙ 상당한 손해액의 인정(제 6 항)

법원은 손해가 발생한 것은 인정되나, 그 손해액을 증명하는 것이 해당 사실의 성질상 극히 곤란한 경우에는 제 1 항 내지 제 5 항의 규정에도 불구하고 변론 전체의 취지와 증거조사의 결과에 기초하여 상당한 손해액을 인정할 수 있다. 이는 상표권 침해로 인하여 발생하는 손해는 침해자의 경제행위를

---

276) 이는 권리자가 통상사용권을 설정할 수 있는 법적 지위에 있지 않아서 '사용권 설정 기회의 상실'이라는 일실이익이 존재할 수 없는 경우를 말한다. 상표권자가 이미 제 3 자에게 전용사용권을 설정해 주었거나, 전용사용권자가 제 3 자에 대한 통상사용권 설정에 상표권자의 동의를 얻지 못한 경우 등을 생각할 수 있을 것이다.

통하여 발생하는 것이어서 그 구체적 범위를 확정하는 것이 어려운데다가 대부분의 증명 자료 또한 침해자의 영역에 있어 확보가 곤란하다는 점을 고려한 보충적 규정이다.

### ㈐ 고의적 침해에 대한 징벌적 배상(제7, 8항)

법원은 고의적으로 상표권자 또는 전용사용권자의 등록상표와 동일·유사한 상표를 그 지정상품과 동일·유사한 상품에 사용하여 상표권 또는 전용사용권을 침해한 자에 대하여 제109조에도 불구하고 제1항부터 제6항까지의 규정에 따라 손해로 인정된 금액의 3배를 넘지 아니하는 범위에서 배상액을 정할 수 있다(제7항). 이에 따른 배상액을 판단할 때에는, ⅰ) 침해행위를 한 자의 우월적 지위 여부, ⅱ) 고의 또는 손해 발생의 우려를 인식한 정도, ⅲ) 침해행위로 인하여 상표권자 및 전용사용권자가 입은 피해규모, ⅳ) 침해행위로 인하여 침해한 자가 얻은 경제적 이익, ⅴ) 침해행위의 기간·횟수, ⅵ) 침해행위에 따른 벌금, ⅶ) 침해행위를 한 자의 재산상태, ⅷ) 침해행위를 한 자의 피해구제 노력의 정도 등을 고려해야 한다(제8항).

### ㈑ 법정손해배상(제111조)

침해자가 고의·과실로 등록상표와 실질적으로 동일한 표장을 그 지정상품과 실질적으로 동일한 상품에 사용한 경우, 상표권자 등은 제110조에 따른 손해액 대신 1억원(고의 침해의 경우에는 3억원) 이하의 금액을 손해배상으로 청구할 수 있으며, 법원은 합리적 재량으로 그 범위 내에서 손해배상액을 결정할 수 있다.

### (3) 고의의 추정

상표권자·전용사용권자 또는 통상사용권자는 등록상표를 사용할 때에 해당 상표가 등록상표임을 표시할 수 있고(제222조), 위와 같이 등록상표임을 표시한 타인의 상표권 등을 침해한 자는 그 침해행위에 대하여 그 상표가 이미 등록된 사실을 알았던 것으로 추정한다(제112조). 이처럼 상표가 등록되고, 그 등록사실이 표시될 것을 전제로 제3자가 '등록된 사실을 알았던 점'만을 추정하는 상표법의 태도는 특허권·디자인권·저작권이 등록된 경우 그 침해행위 자체에 과실이 있는 것으로 추정하는 것과[277] 구별된다. 한편, 그럼에도 판례는278) 타인의 상표권을 침해한 자는 침해행위에 과실이 있는 것으로 추정된다고 한다.

### 다. 부당이득반환청구

민법상 부당이득이 성립하기 위해서는 ① 타인의 재산이나 노무로부터 이익을 얻었을 것, ② 그 이득으로 말미암아 그 타인에게 손해를 주었을 것, ③ 이득과 손해 사이에 인과관계가 있을 것, ④ 그 이득에 법률상 원인이 없을 것이라는 요건이 충족되어야 한다. 상표권 침해행위로 인하여 위와 같은 요건이 만족되는 이상 부당이득반환청구권이 성립함은 물론이다. 권리자로서는 부당이득반환청구권을 행사함에 있어서는 침해자의 고의·과실을 증명할 필요가 없고 부당이득반환청구권이 민법 제162조에 따라 10년의 소멸시효에 걸린다는 점에서 불법행위에 기한 손해배상청구에 비하여 유리한 한편, 상표법 제110조와 같은 추정 규정이 없어 침해자의 이익액, 권리자의 손실액, 양자 사이의 인과관계를 증명하는 것이 매우 어렵다. 부당이득반환청구권과 불법행위에 기한 손해배상청구권은 경합관계에 있으므로 손해배상청구에서 과실이 인정되지 않는 경우에 대비하여 예비적으로 부당이득반환청구를 할 수도 있다.

### 라. 신용회복조치(제113조)

법원은 고의 또는 과실에 의하여 상표권을 침해함으로써 상표권자 등의 업무상의 신용을 떨어뜨린 자에 대하여는 권리자의 청구에 의하여 손해배상에 갈음하거나 손해배상과 함께 업무상 신용회복을 위하여 필요한 조치를 명할 수 있다. 상표침해로 인하여 패소판결을 받은 바 있다는 사실과 내용을 광고로 게재하는 것이 대표적 예이다.

## 5. 형사상 구제

제230조 이하 해당 조문의 내용 참조.

---

277) 특허법 제130조; 디자인보호법 제116조 제 1 항; 저작권법 제125조 제 4 항.
278) 대법원 2013. 7. 25. 선고 2013다21666 판결.

# IX. 상표와 관련된 심판

상표와 관련된 심판 가운데, X.항에서 설명하는 등록취소심판을 제외하고 대표적인 것들은 다음과 같다.

## 1. 거절결정 불복심판(상표법 제116조)

상표등록거절결정, 지정상품의 추가등록거절결정, 상품분류전환등록거절결정의 어느 하나에 해당하는 결정을 받은 자는 거절결정등본을 송달받은 날부터 3개월 이내에 불복심판을 청구할 수 있다(2021. 10. 19. 개정).

## 2. 등록무효심판(상표법 제117조)

### 가. 청구권자

이해관계인 또는 심사관이 청구인 적격을 가진다.

### 나. 주요 사유

상표등록 무효심판청구의 사유 가운데 중요한 것들로는 상표등록을 받을 수 없는 자에 의해 등록된 경우(제117조 제1항 제1호, 제3조), 권리능력 없는 외국인에 의해 등록된 경우(제117조 제1항 제1호, 제27조), 식별력 없는 상표가 등록된 경우(제117조 제1항 제1호, 제33조), 부등록사유에 해당하는 상표가 등록된 경우(제117조 제1항 제1호, 제34조), 선출원주의 위반(제117조 제1항 제1호, 제35조), 출원상표를 지정상품별로 분할이전하면서 유사한 지정상품을 함께 이전하지 않은 경우(제117조 제1항 제1호, 제48조 제2항 후단), 공유자 전원의 동의 없는 출원지분의 양도(제117조 제1항 제1호, 제48조 제4항), 예외규정에 해당하지 않는 업무표장, 단체표장, 증명표장 출원의 이전(제117조 제1항 제1호, 제48조 제6, 7, 8항), 상표법 제2조 소정의 표장 개념에 부합하지 않는 표장이 상표로 등록된 경우(제117조 제1항 제1호, 제54조 제1호), 업무표장, 단체표장, 증명표장을 받을 수 없는 자에게 등록된 경우(제117조 제1항 제1호, 제54조 제4호), 등록된 상표가 식별력을 잃게 된 경우(상표법 제117조 제1항 제6호:

단, 사용에 의한 식별력이 취득된 경우는 제외) 등이 있다.

한편, 등록상표의 지정상품이 2 이상 있는 경우에는 지정상품마다 무효심판을 청구할 수 있고(상표법 제117조 제1항), 상표권이 소멸된 후에도 무효심판을 청구할 수 있다(상표법 제117조 제2항).

### 다. 무효심결의 효력

확정된 무효심결은 원칙상 소급효를 가지며 그 상표권은 처음부터 없었던 것으로 본다(제117조 제3항).

### 3. 권리범위확인심판(상표법 제121조)

상표권자·전용사용권자 또는 이해관계인은 등록상표의 권리범위를 확인하기 위하여 상표권의 권리범위확인심판을 청구할 수 있다. 권리범위확인심판은 상표권자 등이 청구의 주체가 되어 특정 상표가 자신의 상표권의 권리범위에 속함의 확인을 구하는 적극적 권리범위확인심판과, 제3자가 청구의 주체가 되어 자신이 사용하는 상표가 타인의 등록상표의 권리범위에 속하지 않음의 확인을 구하는 소극적 권리범위확인심판이 있다.

판례[279]는 권리범위확인심판의 성질은 등록상표와 확인대상표장을 대비하여 상품 출처의 오인·혼동을 초래할 만한 동일·유사성이 있는지 여부 또는, 상표법 제90조 제1항 각 호의 상표권의 효력 제한 사유의 유무 등을 심리하여 확인대상표장이 등록상표의 상표권의 효력이 미치는 객관적인 범위에 속하는지 여부를 확인해 주는 절차[280]일 뿐이고, 나아가 그 등록상표가 유효한지 여부 또는 상표권의 침해를 둘러싼 분쟁 당사자 사이의 권리관계를 확정하는 의미를 가지는 것은 아니라고 한다.

---

279) 대법원 2014. 3. 20. 선고 2011후3698 전원합의체 판결.
280) 그렇기 때문에 권리범위확인심판청구의 상대방이 자신에게 상표법 제57조의3(현재의 제99조)이 정한 선사용권이 있다는 주장을 하더라도 이는 대인적인 상표권 행사의 제한사유에 불과할 뿐 상표권의 효력이 미치는 객관적 범위의 확정과 무관한 것이어서 권리범위확인심판에서 이를 판단하는 것은 허용되지 않는다고 한다(대법원 2012. 3. 15. 선고 2011후3872 판결; 대법원 2013. 2. 14. 선고 2012후1101 판결).

# X. 상표의 등록취소심판

## 1. 취소사유

상표법은 제119조에 상표등록 취소심판에 관한 규정을 두고 제1항에 다양한 내용의 취소사유를 규정하고 있다. 상표의 등록취소는 등록의 원시적 하자로 인해 등록의 효과가 소급적으로 소멸하는 무효심판제도와 달리, 취소심결의 확정 이후 장래적으로 상표권을 소멸시키는 것이다(다만, 불사용으로 인한 취소의 경우에는 심판청구일로 소급하여 소멸한다: 제119조 제6항 단서).

상표법 제119조 제1항에 규정된 상표등록취소심판 사유는, 상표권자에 의한 부정사용(제1호), 전용·통상사용권자에 의한 부정사용(제2호), 3년 이상의 불사용(제3호), 상표권 분할이전 시 유사한 지정상품을 함께 이전하지 않은 경우(제4호, 제93조 제1항 후단), 공유 상표권에 관해 공유자 전원의 동의 없는 지분의 양도나 질권설정(제4호, 제93조 제2항), 예외규정에 해당하지 않는 업무표장, 단체표장, 증명표장권의 이전(제4호, 제93조 제4 내지 7항), 유사한 등록상표가 각기 다른 사람에게 이전되고, 그 중 하나가 이전받은 상표를 부정경쟁의 목적으로 부정사용한 경우(제5호), 타인의 투자나 노력의 결과물을 무단 이용한 상표(제6호), 단체표장·지리적 표시 단체표장·증명표장의 부정사용 등(제7 내지 제9호)이다.

## 2. 심판청구

누구든지 청구할 수 있다. 다만, 제4호, 제6호를 이유로 한 취소심판은 이해관계인만이 청구할 수 있다(제119조 제5항).

일단 심판청구가 이루어진 뒤 그 사유에 해당하는 사실이 없어지더라도 취소에 영향이 없다. 취소심판은 상당부분 공익을 위한 제재적 성격을 가지고 있기 때문이다. 다만, 제4호 및 제6호를 이유로 하는 경우에는 그렇지 않다(제119조 제4항).

## 3. 주요 등록취소사유

### 가. 상표권자의 부정사용으로 인한 등록취소(제119조 제1항 제1호)

#### (1) 규    정

상표권자가 고의로 지정상품에 등록상표와 유사한 상표를 사용하거나 지정상품과 유사한 상품에 등록상표 또는 이와 유사한 상표를 사용함으로써 수요자에게 상품의 품질을 오인하게 하거나 타인의 업무와 관련된 상품과 혼동을 불러일으키게 한 경우.

#### (2) 제도의 의의

등록상표의 변칙사용으로 수요자 혼동을 야기하거나 타인의 업무와 관련된 상품과 혼란을 일으키는 행위에 대한 제재로서의 성질을 가진다. 따라서 위 규정을 적용함에 있어서는 상표권자가 법이 보장하는 전용권(專用權)의 영역 내에서 적법하게 상표를 사용하였는가, 아니면 이를 넘어 상표를 사용함으로써 다른 사람의 상표와 혼동을 일으켰는가를 살피면 된다. 전용권(專用權)으로서의 상표권은 등록상표와 동일한 표장을 그와 동일한 상품에 사용하는데만 미치기 때문에(상표법 제89조), 대비의 대상이 되는 다른 사람의 상표가 미등록, 혹은 등록상표 보다 후등록이라거나 등록상표의 권리범위(상표법 제108조 제1항 제1호의 금지권이 미치는 범위: 등록상표·상품과 동일·유사의 범주) 내에 있다는 사정은 상표의 부정사용을 인정하는데 장애가 되지 아니한다. 281)

⇨ 대법원 2005. 6. 16. 선고 2002후1225 전원합의체 판결

> 상표법 제73조 제1항 제2호는 상표권자가 상표제도의 본래의 목적에 반하여 자신의 등록상표를 그 사용권의 범위를 넘어 부정하게 사용하지 못하도록 규제함으로써 상품거래의 안전을 도모하고, 타인의 상표의 신용이나 명성에 편승하려는 행위를 방지하여 거래자와 수요자의 이익보호는 물론 다른 상표를 사용하는 사람의 영업상의 신용과 권익도 아울러 보호하려는 데 그 취지가 있는 공익적 규정이다. 위 규정 소정의 실사용 상표와 타인의 상표 사이의 혼동 유무는

---

281) 대법원 1990. 9. 11. 선고 89후2304 판결; 대법원 2005. 6. 16. 선고 2002후1225 전원합의체 판결.

당해 실사용 상표의 사용으로 인하여 수요자로 하여금 그 타인의 상표의 상품과의 사이에 상품출처의 혼동을 생기게 할 우려가 객관적으로 존재하는가의 여부에 따라 결정하면 충분하므로, 그 타인의 상표가 당해 등록상표의 권리범위에 속하거나 상표법상의 등록상표가 아니라고 하더라도 그 혼동의 대상이 되는 상표로 삼을 수 있다. "ROOTS"가 국내에서 상표등록을 받지 아니한 상표로서 등록상표 ""의 권리범위에 속한다고 볼 여지가 있다고 하더라도 상표법 제73조 제1항 제2호 규정을 적용함에 있어서 이를 등록상표의 부정사용 취소를 판단하는 대상상표로 삼을 수 있다. 상표권자가 등록상표 와 동일성 범주에 있다고 보기 어려운 실사용상표 를 사용하여 대상상표 "ROOTS"와 혼동을 야기하였다면 등록상표에 상표법 제73조 제1항 제2호의 등록취소 사유가 있다.

## (3) 성립요건

① 상표권자가 ② 고의로, ③ 등록상표·상품과 ⅰ) 동일한 상표를 유사한 상품에 사용하거나, ⅱ) 유사한 상표를 동일한 상품에 사용하거나, ⅲ) 유사한 상표를 유사한 상품에 사용하여 ④ 수요자로 하여금 품질오인 내지 타인의 업무와 관련된 상품과 혼동을 생기게 할 것을 요한다. 여기서의 혼동은 구체적 출처표시에 혼동을 일으키는 경우는 물론, 실사용 상표와 대상상표 사이에 후원관계 등이 있다고 오신케 하는 경우도 포함된다. 아울러 판례는 대상상표의 주지·저명성이 강할수록 상품의 동일·유사 요건을 유연하게 보아, 양 상품 사이에 '경제적 관련성'만으로도 혼동가능성을 인정하는 추세이다.[282]

## (4) 인정된 예

| 등록상표 | 실제 사용상표 | 타인의 상표 |
|---|---|---|
| [283] | | ROOTS |
| L G E<br>엘지이[284] | LGE | Lee |
| NUK<br>누 크[285] | NUK | NUk |

---

282) 대법원 2015. 10. 15. 선고 2013후1214 판결.

(5) 효    과

부정사용으로 인한 취소심결이 확정되면 상표권은 그 때부터 소멸하며(제
119조 제 6 항), 취소를 당한 상표권자는 3년이 지나기 전에 동일·유사상표를
동일·유사한 상품에 출원하면 등록받을 수 없다(제 34 조 제 3 항).

(6) 제척기간

취소사유가 없어진 날부터 3년이다(제122조 제 2 항).

## 나. 사용권자의 부정사용으로 인한 등록취소(제119조 제 1 항 제 2 호)

(1) 규 ' 정

전용사용권자 또는 통상사용권자가 지정상품 또는 이와 유사한 상품에 등
록상표 또는 이와 유사한 상표를 사용함으로써 수요자에게 상품의 품질을 오
인하게 하거나 타인의 업무와 관련된 상품과의 혼동을 불러일으키게 한 경우.
다만, 상표권자가 상당한 주의를 한 경우에는 그러하지 아니하다. 등록상표에
사용권이 설정되어 사용주체가 늘어날수록 수요자나 거래자는 상표권자와 사
용권자, 사용권자 상호간, 사용권자와 제 3 자 사이에서 상품 출처의 혼동에
빠질 위험이 한층 커진다. 상표법은 이러한 경우에 대비하여 사용권을 설정한
상표권자에게 일종의 감독의무를 부과하는 것이다. 288)

283) 대법원 2005. 6. 16. 선고 2002후1225 전원합의체 판결.
284) 대법원 1990. 2. 13. 선고 89후308 판결.
285) 대법원 2005. 8. 19. 선고 2003후2713 판결.
286) 대법원 2000. 4. 25. 선고 98후1877 판결.
287) 대법원 2016. 8. 18. 선고 2016후663 판결.
288) 대법원 2020. 2. 13. 선고 2017후2178 판결.

◈ 대법원 2018. 4. 12. 선고 2017후3058, 3065 판결

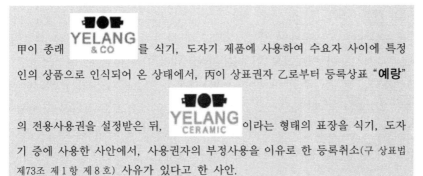

甲이 종래 를 식기, 도자기 제품에 사용하여 수요자 사이에 특정인의 상품으로 인식되어 온 상태에서, 丙이 상표권자 乙로부터 등록상표 **"예랑"**의 전용사용권을 설정받은 뒤, 이라는 형태의 표장을 식기, 도자기 증에 사용한 사안에서, 사용권자의 부정사용을 이유로 한 등록취소(구 상표법 제73조 제1항 제8호) 사유가 있다고 한 사안.

## (2) 특    징

ⅰ) '등록상표'를 '지정상품'에 사용하더라도 수요자로 하여금 상품의 품질의 오인 또는 타인의 업무에 관련된 상품과의 혼동이 생기게 하면 취소심판 사유가 된다. '품질의 오인'을 취소사유로 한 것은 당해 상표품이 일정한 품질을 유지하도록 하여 당해 상표품의 질(質)을 신뢰한 거래자에게 피해가 돌아가지 않게 사용권자를 관리하라는 의미도 포함되어 있다.

◈ 하급심 판결례 특허법원 2006. 6. 29. 선고 2006허3113 판결

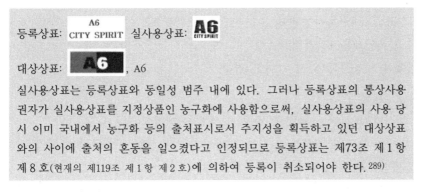

실사용상표는 등록상표와 동일성 범주 내에 있다. 그러나 등록상표의 통상사용 권자가 실사용상표를 지정상품인 농구화에 사용함으로써, 실사용상표의 사용 당시 이미 국내에서 농구화 등의 출처표시로서 주지성을 획득하고 있던 대상상표 와의 사이에 출처의 혼동을 일으켰다고 인정되므로 등록상표는 제73조 제1항 제8호(현재의 제119조 제1항 제2호)에 의하여 등록이 취소되어야 한다. [289]

ⅱ) 상표를 부정사용한 사용권자를 상대로 사용권 자체의 취소청구도 가

---

[289] 이처럼 등록상표와 동일성 범주에서 상표와 상품을 사용한 때에도 이 규정을 적용하기 위해서는 타인의 상표가 이미 사용되고 있는 경우로 해석함이 상당하다. 그렇지 않다면 상표권자나 사용권자에게 지나치게 가혹하기 때문이다.

능하다(제120조 제1항).

### (3) 예    외

상표권자가 사용권자의 상표사용행위에 관하여 상당한 주의를 기울인 경우에는 부정사용이 있더라도 취소를 면할 수 있다(제119조 제1항 제2호 단서). 상표권자의 '상당한 주의'라 함은 오인·혼동을 일으키지 말라는 주의나 경고를 한 정도로는 부족하고 사용실태를 실질적·정기적으로 감독하고 있었다든지 보고를 받고 있었다든지 하는 방법으로 사용권자를 실질적으로 그 지배 아래 두고 있는 것과 같은 관계가 유지되고 있다는 것이 인정되어야 한다. 290)

### (4) 효    과

취소심결이 확정되면 등록상표는 그 때부터 소멸하며(제119조 제6항), 취소를 당한 상표권자가 3년이 지나기 전에 동일·유사상표를 동일·유사한 상품에 출원하면 등록받을 수 없다(제34조 제3항).

### (5) 제척기간

취소사유가 없어진 날부터 3년이다(제122조 제2항).

## 다. 불사용으로 인한 등록취소(제119조 제1항 제3호)

### (1) 규    정

상표권자·전용사용권자 또는 통상사용권자 중 어느 누구도 정당한 이유 없이 등록상표를 그 지정상품에 대하여 취소심판청구일 전 계속하여 3년 이상 국내에서 사용하고 있지 아니한 경우.

### (2) 제도의 의의

일정한 요건만 구비하면 사용 여부에 관계없이 상표를 등록받을 수 있도록 한 등록주의의 폐해를 시정하고 타인의 상표선택 기회를 확대하기 위하여 상표권자 또는 사용권자에게 등록상표의 사용의무를 부과하고, 일정기간 상표를 사용하지 아니한 경우 그에 대한 제재로서 상표등록을 취소할 수 있도록 규정하고 있다. 291)

---

290) 특허법원 2006. 6. 29. 선고 2006허3113 판결.
291) 대법원 2011. 6. 30. 선고 2011후354 판결 참조.

(3) 성립요건

㈎ **상표권자, 전용사용권자, 통상사용권자 중 누구도 사용하지 않을 것**

그 외의 사람이 상표를 사용했어도 등록취소를 면할 수 없으며, 통상사용권자로부터 상표사용 허락을 받은 자가 사용했더라도 상표권자의 허락이 없는 이상 사용요건을 충족하지 못한다. 한편, 2011. 12. 2. 법률 제11113호로 개정되기 전 상표법까지는 전용사용권의 설정 시 등록은 효력요건이었으므로 등록 없는 전용사용권자는 통상사용권자에 불과하고, 상표권자의 허락 없이 그로부터 통상사용권을 설정받은 자는 적법한 통상사용권자가 아니었으나,[292] 위 법 개정 이후 전용사용권의 설정 시 등록은 효력요건이 아니라 '대항요건'에 불과해졌으므로 이를 달리 보아야 한다.

㈏ **상표의 사용에 관련된 문제들**

1) 상표사용의 의미

불사용 취소를 면하기 위한 상표 사용의 태양은 제2조 제1항 제11호가 정하는 것과 동일하다. 즉, ⅰ) 상품 또는 상품의 포장에 상표를 표시하거나, ⅱ) 상품 또는 상품의 포장에 상표를 표시한 것을 양도 또는 인도하거나 양도 또는 인도할 목적으로 전시·수출 또는 수입하거나, ⅲ) 상품에 관한 광고·정가표(定價表)·거래서류, 그 밖의 수단에 상표를 표시하고 전시하거나 널리 알리는 행위를 하였으면 된다. 여기서의 표시행위에는 표장의 형상이나 소리 또는 냄새로 상표를 표시하는 것이나 전기통신회선을 통하여 제공되는 정보에 전자적 방법으로 표시하는 것이 포함된다(제2조 제2항 제1, 2호).

상표의 사용이 타인의 권리와 저촉된다는 이유만으로 사용이 부정되지는 않는다. 따라서 등록상표의 사용이 타인의 저작권을 침해하는 것이라 해도 당

---

292) 대법원 2006. 5. 12. 선고 2004후2529 판결은, "상표법 제56조 제1항에 의하면 전용사용권의 설정은 이를 등록하지 아니하면 그 효력이 발생하지 아니하는 것이어서, 설령 상표권자와 사이에 전용사용권 설정계약을 체결한 자라고 하더라도 그 설정등록을 하지 않았다면 상표법상의 전용사용권을 취득할 수 없는 것이고, 상표법 제57조 제1항 및 제55조 제6항에 의하면 통상사용권은 상표권자 혹은 상표권자의 동의를 얻은 전용사용권자만이 설정하여 줄 수 있는 것이므로, 설령 상표권자와 사이에 전용사용권 설정계약을 체결하고 나아가 상표권자로부터 통상사용권 설정에 관한 사전 동의를 얻은 자라고 하더라도 전용사용권 설정등록을 마치지 아니하였다면 등록상표의 전용사용권자로서 다른 사람에게 통상사용권을 설정하여 줄 수 없다"고 하고 있다.

해 상표의 불사용 취소를 판단함에 있어서는 상표로서 유효한 사용이 있었던 것으로 본다.[293] iii)과 관련하여 유의할 점은 상표에 대한 광고행위는 '지정 상품에 관련하여' 행하여져야 하고, 지정상품이 국내에서 현실적으로 유통되고 있거나 적어도 유통을 예정, 준비하고 있는 상태에서 행하여진 것이어야 하며,[294] 오로지 등록취소를 면하기 위한 목적의 사용은 상표의 사용요건을 충족하지 못한다는 점이다.

> ➯ 대법원 2011. 6. 30. 선고 2011후354 판결

> 상표권자가 상표등록 취소심판청구일 전 주 1회씩 총 5회에 걸쳐 서울 및 경기도 지역 일대에 배포되는 생활정보지 광고란에 등록상표를 그 지정상품인 탁구대, 야구용 배트와 관련하여 광고를 하였는데, 당시 지정상품이 국내에서 정상적으로 유통되었거나 유통될 것이 예정되어 있지 않아 위 광고행위는 단순히 등록상표 불사용 취소를 면하기 위하여 명목상으로 이루어진 것이어서, 등록상표를 취소심판청구일 전 3년 이내에 국내에서 정당하게 사용하였다고 볼 수 없다고 한 사례.

### 2) 사용개념의 상대성

상표사용의 개념은 구체적 사안에 따라 상대성을 보이는 수도 있다. 예컨대 상표권자 甲이 상표 등록상표 A를 상품의 출처표시를 위한 의도로 사용하였으나, 상표 A에 본디 디자인적 요소가 강하여 일반 수요자는 주로 A를 출처표지가 아닌 디자인으로 인식하는 경우가 있다. 그렇더라도 불사용으로 인한 상표등록 취소심판제도는 등록상표의 사용을 촉진하는 한편 그 불사용에 대한 제재를 가하려는 데에 그 목적이 있는 만큼, 상표권자가 자타상품의 식별표지로서 사용하려는 의사로 등록상표를 사용한 것으로 보인다면 불사용 취소를 면할 수 있다. 반면, 乙이 등록상표 A와 동일한 상표를 상품에 사용하였으나 A의 디자인적 요소로 인해 일반 수요자나 거래자가 이를 상품의 출처표시

---

293) 대법원 2001. 11. 27. 선고 98후2962 판결.
294) 대법원 1992. 8. 18. 선고 92후209 판결; 대법원 2013. 4. 25. 선고 2012후3718 판결(등록상표 HS HI-BOX를 카탈로그의 뒤표지 중간 HWASIN HSBOX Hi-Box HS Hi-box Hi-Power Liltol 에 와 같은 형태로 다른 표장들과 함께 나열하였을 뿐, 달리 지정상품의 출처표지로서 상표를 표시한 것으로 보이지 않으므로 불사용 취소를 면할 수 있는 상표의 사용이 아니라고 한 예).

라기보다 디자인으로 인식한다면, 침해소송이나 권리범위확인심판에서는 乙이 A를 '상표로써 사용하지 않은 것'으로 인정되어 甲이 패소할 여지가 있다.295)

### 3) 상표의 사용이 아니라고 하는 예

#### 가) 소송 등을 통하여 상표권을 행사한 것

상표사용의 유형에 좇아 상표를 현실적으로 사용하는 대신 소송을 통해 상표권을 행사하는 것만으로는 상표의 사용이라 할 수 없다.296)

#### 나) 제3자에게 통상사용권을 설정하는 것

판례297)는 상표권자가 제3자에게 통상사용권을 설정하는 행위 자체만으로는 상표를 사용한 것이 아니라고 한다.

#### 다) 판촉물에 상표를 사용하는 것

판례298)는, '상표의 사용'은 상품에 사용하는 것을 말하고 '상품'은 그 자체가 교환가치를 가지고 독립된 상거래의 목적물이 되는 물품을 의미하므로, 판촉 등의 목적으로 고객에게 무상으로 배부되어 거래시장에서 유통될 가능성이 없는 이른바 '광고매체가 되는 물품'은 비록 그 물품에 상표가 표시되어 있다고 하더라도 특별한 사정이 없는 한 불사용 취소를 면할 수 있는 상표의 사용이 아니라고 한다.

생각건대, 상표가 상거래의 대상이 아닌 물품에 사용되었다는 이유만으로 상표의 사용을 일률적으로 부인할 일은 아니며, 이는 사안에 따라 개별적으로 판단됨이 상당하다. 예컨대, 상표권자가 자신의 상표가 부착된 지정상품을 특정 고객을 위한 사은품 혹은 종업원들을 위한 내부 공급용 등 "비매품"으로 배부하였다면 이는 상표의 사용으로 보기 어려울 것이다.299) 그러나 예컨대 상

---

295) 대법원 2013. 2. 28. 선고 2012후3206 판결.
296) 대법원 2001. 4. 24. 선고 2001후188 판결.
297) 대법원 1999. 8. 20. 선고 98후119 판결.
298) "WINK"라는 상표(지정상품: 서적 등)의 상표권자가 위 "WINK"를 서적의 표지에 사용하기는 하였으나, 위 서적은 독립된 거래의 대상이 된 것이 아니라 상표권자 자신이 발행하는 "ROADSHOW"라는 다른 연예월간지의 판매용 부록으로 제작된 사진첩이며, 위 "ROADSHOW"의 판매촉진 물건에 불과할 뿐이라는 이유로 거기에 "WINK"를 표시한 것은 상품에 상표를 사용한 것이 아니라고 한 예(대법원 1999. 6. 25. 선고 98후58 판결).
299) 한편, 판례(대법원 2013. 12. 26. 선고 2012후1415 판결)는, ① 핸드백 판매업자인 A가 자신의 우수고객들에 대한 증정용으로 향수 500개를 1개당 10,000원에 주문·제작하면서 향수의 용기 및 포장 박스에 등록상표를 표시한 점, ② A가 위 향수 중 80개를 자신의 대

표 A(지정상품 자동차)의 상표권자 甲이 자신이 판매하는 자동차를 광고하기 위해 A 표장과 자동차 사진이 인쇄된 탁상용 달력을 판촉물로 배포하였다면, 비록 그러한 달력은 독립하여 거래의 대상이 되지 않는 판촉물이지만 상표권자 甲은 그 지정상품에 대한 '광고'에 상표 A를 사용한 것으로 볼 수 있을 것이다. 300) 또한, 甲이 가방을 지정상품으로 한 A 상표의 상표권자인 상태에서 乙이 자신의 영업매출을 신장하기 위하여 위하여 甲의 허락 없이 A 상표가 부차된 가방을 "사은품"으로 고객에게 배포하였다면 그 가방은 독립하여 상거래의 목적이 되지 아니하지만, 가방에 새겨진 A 상표는 고객들에게 출처표지 내지 품질보증의 수단으로도 기능한다. 따라서 그것이 상표적 사용이 아니고 상표권 침해도 구성하지 않는다고 하는 것은 부당하다. 301) 요컨대, 판례는 상표가 물리적으로 표시되는 물건 자체의 상품성 여부를 지나치게 중시함으로써 상표가 표시된 물건이 광고의 매개체로 활용되는 경우를 대부분 상표의 사용이 아니라고 하는 문제점을 드러내고 있다.

### ㈐ 지정상품에 사용할 것

상표의 사용 여부는 등록상표의 각 지정상품과의 관계에서 개별적으로 결정된다. 따라서 복수의 지정상품에 대하여 (병합하여) 불사용 취소심판을 청구할 수도 있다. 상표권자는 심판청구된 복수의 지정상품 가운데 하나라도 사용한 사실을 증명하면 청구된 나머지 모두의 지정상품에 대하여 불사용 취소를 면하게 된다(제119조 제3항). 302)

---

리점들에게 1개당 10,000원 내지 12,800원을 받고 판매한 점, ③ A 및 A의 대리점들은 주로 위 향수를 우수고객들에게 마일리지 차감방식으로 제공하였는데, 일부 고객들에게는 1개당 20,000원에 판매하기도 한 점, ④ 위 향수는 일반 거래시장에서 유통되는 향수 제품과 규격, 용기, 포장 박스 등이 유사한 점, ⑤ 핸드백 등을 생산·판매하는 회사가 향수 제품을 함께 생산하거나 판매하기도 하는 점 등을 근거로, 판촉용 물품을 통해서이지만 등록상표는 적법하게 사용된 것이어서 불사용취소의 대상이 아니라고 하였다.

300) 오히려 판촉물은 대부분 이러한 형태로 배부되는 수가 많다.

301) 서울중앙지방법원 2009. 11. 25. 선고 2009가합73580 판결 참조.

302) 상표법 제119조 제1항 제3호, 제2항, 제3항의 규정으로 미루어 볼 때, 동시에 수개의 지정상품에 대하여 상표등록 취소심판청구를 한 경우 심판청구 대상인 지정상품을 불가분일체로 보고 전체를 하나의 청구로 간주하여 지정상품 중 하나라도 사용이 증명된 경우에는 그 심판청구는 전체로서 인용될 수 없고, 사용이 증명된 지정상품에 대한 심판청구만 기각하고 나머지에 관한 청구를 인용할 것은 아니다(대법원 1993. 12. 28. 선고 93후718,725(병합),732(병합),749(병합) 판결; 대법원 2012. 1. 27. 선고 2011후2916 판결).

㈘ 등록상표와 "동일한 상표"를 "동일한 지정상품"에 사용할 것

유사영역에서의 사용으로는 취소를 면할 수 없다.303) 여기서의 '동일한 상표'에는 등록상표 그 자체뿐만 아니라 거래통념상 등록상표와 동일하게 볼 수 있는 형태의 상표도 포함된다.304) 판례는 여기서의 "동일성"을 비교적 엄격하게 보아 오고 있다. 한편, 판례는 영문과 그 한글 음역(音譯)이 병기된 등록상표 중 일부를 생략한 사용형태는 등록상표를 동일하게 사용한 것이 아니라고 해 왔으나, 근래 전원합의체 판결305)은 이 점에 관한 태도를 바꾸어 "영문자와 이를 단순히 음역한 한글이 결합된 등록상표에서, 그 영문 단어 자체의 의미로부터 인식되는 관념 외에 그 결합으로 인하여 새로운 관념이 생겨나지 않고, 영문자 부분과 한글 음역 부분 중 어느 한 부분이 생략된 채 사용된다고 하더라도 일반 수요자나 거래자에게 통상적으로 등록상표 그 자체와 동일하게 호칭될 것으로 보이는 한, 그 등록상표 중에서 영문자 부분 또는 한글 음역 부분만으로 구성된 상표를 사용하는 것은 동일성 범주 내에서의 사용이다"라고 하여 다소 완화된 입장을 보이고 있다.

⇨ 대법원 2011. 6. 30. 선고 2011후354 판결

> 영문자와 이를 단순히 음역한 한글이 결합된 등록상표에서, 그 영문 단어 자체의 의미로부터 인식되는 관념 외에 그 결합으로 인하여 새로운 관념이 생겨나지 않고, 영문자 부분과 한글 음역 부분 중 어느 한 부분이 생략된 채 사용된다고 하더라도 일반 수요자나 거래자에게 통상적으로 등록상표 그 자체와 동일하게 호칭될 것으로 보이는 한, 그 등록상표 중에서 영문자 부분 또는 한글 음역 부분만으로 구성된 상표를 사용하는 것은 거래통념상 등록상표와 동일하게 볼 수 있는 형태의 상표를 사용하는 것에 해당하며, 이를 두고 등록상표 취소사유인 등록상표를 사용하지 아니한 것이라고 볼 수 없다 …(중략)… 등록상표가 'CONTINENTAL'과 한글 '콘티넨탈'이 이단으로 병기되어 있는 형태로 이루어져 있는 상태에서 'CONTINENTAL' 부분만으로 된 상표를 사용한 경우에도 등록상표와 동일하게 볼 수 있는 형태의 상표사용이다.

판례가 불사용 취소와 관련하여 사용상표(상품)이 등록상표(상품)과 동일하다고 본 예와 그렇지 않다고 한 예를 살펴보면 다음과 같다.

---

303) 대법원 2001. 1. 19. 선고 2000후3166 판결.
304) 대법원 1995. 4. 25. 선고 93후1834 전원합의체 판결; 대법원 2009. 5. 14. 선고 2009후665 판결 등.
305) 대법원 2013. 9. 26. 선고 2012후2463 판결.

### ① 상표의 동일 여부

| | 동일 | | 부동일 | |
|---|---|---|---|---|
| | 등록상표 | 사용상표 | 등록상표 | 사용상표 |
| 구성중 일부삭제 | SCABAL TEX306) | MADE BY J. MOBANG SCABAL | GUESS BY MAURICE MARCIANO307) | GUESS BY MARCIANO |
| | | | 308) | |
| 구성배치변경 | 빅토리아즈 시크릿309) | | | |
| 새로운구성추가 | 310) | | STORM311) | 292513STORM |
| | | | 명가312) | |

---

306) "TEX"는 양복지에 사용되는 관용명칭이므로 생략되더라도 상표의 동일성 범위 내라고 판시(대법원 2000. 10. 24. 선고 99후345 판결).

307) 대법원 2005. 7. 15. 선고 2004후1588 판결.

308) 대법원 2000. 5. 30. 선고 98후2955 판결.

309) 대법원 2012. 1. 27. 선고 2011후3025 판결.

310) "SYSTEM"은 지정상품(정수기)에 사용될 경우 '장치'라는 의미의 기술적 표장이고, 하단에 부기된 제조원은 상호로서, 등록표장 부분과 뚜렷이 분리관찰될 수 있어 양자는 동일한 표장으로 볼 수 있다(대법원 2004. 5. 28. 선고 2002후970 판결).

311) 대법원 2006. 6. 15. 선고 2004후2703 판결.

312) 대법원 1993. 5. 25. 선고 92후1950 판결.

② 지정상품의 동일 여부

| 동일 | | 부동일 | |
|---|---|---|---|
| 포장용지313) | 방청지(防鏽紙): 금속을 감싸 녹을 막는 포장지 | | |
| | | 진주, 산호314) | 진주반지, 산호반지 |
| | | 즉석건조 건강식품315) | 보리, 수수, 옥수수 |
| | | 와이셔츠316) | 와이셔츠 원단 |
| | | 화장품 원료317) | 화장품 완제품 |

㈐ **취소심판청구일 전 계속하여 3년 이상 사용하지 아니하였을 것**

① 상표권자가 취소심판일 이전 3년 이내에 국내에서 정당하게 사용한 사실이 있음을 증명해야 불사용 취소를 면할 수 있다(제119조 제3항).

② 3년간 계속 불사용은 심판청구일을 기준으로 역산하여 판단한다.

따라서,

ⅰ) 심판청구일 이전에 3년간의 불사용 기간이 이미 완성되었더라도 심판청구일로부터 역산하여 3년 이내에 상표가 사용된 사실이 있으면 불사용취소 대상이 아니다.

ⅱ) 심판청구 시에는 불사용 기간 3년을 충족 못하였으나 심판종결 시 3년이 완성된 경우나, 심판청구 시에는 등록상표를 사용하고 있었으나 심판청구 후에 사용하지 아니하여 심리종결 전에 불사용 기간이 완성되는 경우 모두 불사용 취소의 대상이 아니다.318)

③ 불사용 기간 동안 상표권이 양도되었더라도 불사용 기간은 통산한다.319) 상표의 불사용 취소는 특정한 등록상표가 장기간 계속하여 사용되지

---

313) 특허법원 2008. 8. 28. 선고 2008허3360 판결.
314) 대법원 2008. 5. 29. 선고 2006후2967 판결.
315) 대법원 2004. 5. 28. 선고 2002후123 판결.
316) 특허법원 1998. 9. 18. 선고 98허1501 판결.
317) 대법원 2020. 4. 29. 선고 2019후12100 판결.
318) 대법원 1999. 9. 3. 선고 98후881, 898, 904, 911 판결.
319) 대법원 2000. 4. 25. 선고 97후3920 판결.

않고 있는 상태에 주목하는 것이고, 한편으로 등록상표나 등록서비스표의 이전이 있는 경우 그 상표나 서비스표의 양수인은 그 양수 당시 당해 상표나 서비스표의 사용상황 등을 조사하여 예컨대, 불사용의 상태가 상당기간 계속된 경우에는 그 등록이 장차 취소될 가능성이 있다는 점을 예상하고 양수하는 것으로 보기 때문이다.

④ 심판청구 시에 불사용으로 인한 취소사유가 존재한 이상, 그 뒤에 그러한 사유가 소멸하더라도 취소사유에 영향을 미치지 아니한다(제119조 제4항).

#### ㈐ 불사용에 정당한 이유가 없을 것

질병, 천재지변·법률에 의한 규제, 판매금지, 수입제한 등 상표권자의 귀책사유에 의하지 않은 것이 정당한 이유를 구성한다는 것이 판례이다.[320)

#### (4) 효 과

취소심결이 확정되면 등록상표는 심판청구일에 소멸한 것으로 보며(제119조 제6항 단서), 취소를 당한 상표권자가 3년이 지나기 전에 동일·유사상표를 동일·유사한 상품에 출원하면 등록받을 수 없다(제34조 제3항).

### 라. 양수인의 부정사용으로 인한 취소심판(제119조 제1항 제5호)

#### (1) 규 정

상표권의 이전으로 유사한 등록상표가 각각 다른 상표권자에게 속하게 되고 그 중 1인이 자기의 등록상표의 지정상품과 동일·유사한 상품에 부정경쟁을 목적으로 자기의 등록상표를 사용함으로써 수요자에게 상품의 품질을 오인하게 하거나 타인의 업무와 관련된 상품과 혼동을 불러일으키게 한 경우.

#### (2) 취 지

예컨대 甲이 상표 A 및 그와 유사한 A′를 보유하고 있다가 그 중 A′를 乙에게 양도하는 수가 있다. 이때 乙이 甲의 A와 유사한 상표 A′를 보유하게 됨을 기화로 甲의 신용에 편승하는 등 부정경쟁의 목적으로 A′를 그 지정상품이나 유사한 지정상품에 사용하고, 그 결과 수요자가 상품의 품질을 오인하거나 甲의 업무에 관련된 상품과 혼동을 일으키면 그 제재로서 乙의 A′에 대한 상

---

320) 대법원 2001. 4. 24. 선고 2001후188 판결.

표등록이 취소대상이 된다는 것이다. 동일인에게 속한 유사상표가 무분별하게 다른 사람에게 양도되고 부정한 목적으로 사용되어 수요자 혼동을 야기하는 것을 막기 위한 규정이다.

### (3) 효  과

취소심결이 확정되면 상표권은 그 때부터 소멸한다(제119조 제6항). 취소를 당한 상표권자가 3년이 지나기 전에 동일·유사상표를 동일·유사한 상품에 출원하면 등록받을 수 없다(제34조 제3항).

### (4) 제척기간

취소사유가 없어진 날부터 3년이다(제122조 제2항).

## 마. 부정경쟁방지법 제2조 제1호 차.목에 해당하는 상표(제119조 제1항 제6호, 제92조 제2항)

### (1) 규  정

해당 상표의 등록·사용이 부정경쟁방지법 제2조 제1호 차.목에 해당하는 상표는 등록되더라도 취소의 대상이 된다(법 개정 경위를 감안하면, 오히려 현행 부정경쟁방지법 같은 호 카.목을 지칭하는 것으로 볼 여지가 많다. 그러나 해석으로 그처럼 다루는 데 한계가 있으므로 조문의 재정리가 필요해 보인다). 다만, 취소심판을 청구한 이후 청구사유가 소멸된 경우에는 그렇지 아니하다(제119조 제4항). 피청구인이 상대방에게 정당한 대가를 지불한 경우가 대표적 예일 것이다.

### (2) 청구인과 청구기간

취소심판은 그 상표에 관한 권리를 가진 자[321]가 청구할 수 있고, 상표등록일부터 5년 내에 청구해야 한다.

### (3) 효  과

취소심결이 확정되면 상표권은 그 때부터 소멸한다(제119조 제6항). 취소를 당한 상표권자가 3년이 지나기 전에 동일·유사상표를 동일·유사한 상품에

---

321) 제119조 제5항 단서는 제1항 제6호의 심판은 이해관계인만이 청구할 수 있다고 하나, 제1항 제6호와의 관계상 여기서의 '이해관계인'은 곧 '그 상표에 관한 권리를 가진 자'를 의미하는 것으로 해석된다.

출원하면 등록받을 수 없다(제 34 조 제 3 항).

# 부정경쟁방지 및
# 영업비밀보호법

지/적/재/산/권/법

# 부정경쟁방지 및 영업비밀보호법

## Ⅰ. 서

　　부정경쟁방지 및 영업비밀보호 등에 관한 법률(이하 "부정경쟁방지법"이라고 줄여 부르기로 한다)은 국내에 널리 인식된 타인의 상품표지나 영업표지 등에 부당 편승하는 행위를 규율하는 규정(제 2 조 제 1 호, 제 3 조 내지 제 9 조 등)과 타인의 영업비밀을 부정하게 취득, 공개, 사용하는 등의 행위를 규율하는 규정(제 2 조 제 2 호, 제 3 호, 제10조 내지 제14조 등)이 중심을 이루고 있다. 위 규정들을 일견 서로 이질적인 내용으로 보이기도 하나, 모두 경쟁시장에서 거래의 질서를 해치는 행위들이라는 공통점이 있고 법률 또한 이러한 행위의 규제를 통해 건전한 거래질서를 유지하는 데 목적이 있음을 밝히고 있다(제 1 조). 아래에서 이를 부정경쟁행위 규제와 영업비밀보호로 나누어 설명한다.

## Ⅱ. 부정경쟁행위에 대한 규제

### 1. 부정경쟁행위의 유형

　　부정경쟁방지법이 규정하고 있는 부정경쟁행위는 다시 몇 가지 유형으로 세분될 수 있으며, 그 중요한 것들은 다음과 같다.

## 가. 상품표지 혼동행위(제 2 조 제 1 호 가.목)

### (1) 정 의

국내에 널리 인식된 타인의 성명, 상호, 상표, 상품의 용기·포장, 그 밖에 타인의 상품임을 표시한 표지(標識)와 동일하거나 유사한 것을 사용하거나 이러한 것을 사용한 상품을 판매·반포(頒布) 또는 수입·수출하여 타인의 상품과 혼동하게 하는 행위를 말한다.

### (2) 성립요건

#### ⑺ 상품표지

'상품임을 표시한 표지(標識)'가 상위개념이고, 성명, 상호, 상표, 상품의 용기·포장은 그 예시에 불과하다. 따라서 여기서의 성명이나 상호는 그것이 상품에 반복 사용되어 특정 상품의 출처표시기능을 갖게 된 성명이나 상호를 의미하며, 상품의 용기·포장 역시 마찬가지로 상품의 출처표시기능을 하는 것을 말한다.[1] 아울러 상표법 제 6 조 제 1 항 제 3 호의 기술적 표장과 같이 일반적으로 식별력이 없는 표지라도 그것이 오랫동안 사용됨으로써 거래자나 일반 수요자들이 어떤 특정인의 상품임을 표시하는 것으로 널리 알려져 인식하게 된 경우에는 부정경쟁방지법 제 2 조 제 1 호 가. 목에서 정한 "타인의 상품임을 표시한 표지"에 해당한다.[2]

⇨ 대법원 2012. 2. 9. 선고 2010도8383 판결

> 상품의 형태는 디자인권이나 특허권 등에 의하여 보호되지 않는 한 원칙적으로 이를 모방하여 제작하는 것이 허용되며, 다만 예외적으로 어떤 상품의 형태가 2차적으로 상품출처표시기능을 획득하고 나아가 주지성까지 획득하는 경우에는 부정경쟁방지 및 영업비밀보호에 관한 법률 제 2 조 제 1 호 가. 목 소정의 "기타 타인의 상품임을 표시한 표지"에 해당하여 같은 법에 의한 보호를 받을 수 있다. 그리고 이때 상품의 형태가 출처표시기능을 가지고 아울러 주지성을 획득하기 위해서는, 상품의 형태가 다른 유사상품과 비교하여, 수요자의 감각에 강하게 호소하는 독특한 디자인적 특징을 가지고 있어야 하고, 일반 수요자가 일견

---

[1] 부정경쟁방지법이 출처표지기능을 가지는 상품의 용기나 포장을 보호하는 것은 미국 상표법의 "Trade Dress"에 대한 보호와 상응한다.

[2] 대법원 2012. 5. 9. 선고 2010도6187 판결.

하여 특정의 영업주체의 상품이라는 것을 인식할 수 있는 정도의 식별력을 갖추고 있어야 하며, 나아가 당해 상품의 형태가 장기간에 걸쳐 특정의 영업주체의 상품으로 계속적·독점적·배타적으로 사용되거나, 또는 단기간이라도 강력한 선전·광고가 이루어짐으로써 그 상품형태가 갖는 차별적 특징이 거래자 또는 일반 수요자에게 특정 출처의 상품임을 연상시킬 정도로 현저하게 개별화된 정도에 이르러야 한다.

### (나) 국내 주지(周知)

타인의 상품표지가 국내의 수요자나 거래자 사이에 널리 인식되었어야 한다.[3] 국내 일부 지역에서만 주지상태라고 하더라도 '국내 주지'의 요건은 충족된다.[4] 다만, 일부 지역에서만 주지상태라면 그 지역 내에서만 부정경쟁방지법에 의한 보호가 부여되고, 다른 지역에서는 보호가 이루어지지 않는 수가 있다. 국내 주지성은 금지명령의 발동과 관련해서는 사실심 변론종결시를 기준으로,[5] 손해배상, 신용회복조치 및 형사처벌과 관련해서는 침해행위시를 기준으로 판단[6]하는 것이 판례이다.

### (다) 사용행위와 혼동의 유발

위와 같이 국내에 널리 인식된 타인의 상품표지와 동일하거나 유사한 상품표지를 ⅰ) 사용하거나, ⅱ) 이러한 것을 사용한 상품을 판매·반포(頒布) 또는 수입·수출하여 ⅲ) 타인의 상품과 혼동하게 하는 행위를 하여야 한다.

부정경쟁방지법은 상표법 제2조 제1항 제7호와 달리 '사용'의 개념을 한정하고 있지 않으므로 사용의 방법이나 형태에 특별한 제한이 없음이 원칙이다. 다만, 그러한 상품표지의 사용으로 인해 '상품출처의 혼동을 유발'하여야 하므로 결과적으로 표지의 사용행위는 출처표시적 사용행위의 범주로 한정되게 된다.

타인의 상품표지를 사용하는 행위뿐 아니라, 일단 상품표지가 사용된 상

---

3) 수요자나 거래자 사이에 널리 알려진 정도(주지)를 넘어 일반 대중에게 현저하게 알려진 정도인 "저명(著名)"과는 구별되며, 부정경쟁행위에 해당하기 위해 해당 표장이 저명할 필요는 없다(대법원 2012. 4. 26. 선고 2011도10469 판결).

4) 대법원 2012. 5. 9. 선고 2010도6187 판결.

5) 대법원 2012. 7. 12. 선고 2010다60622 판결 등.

6) 대법원 2008. 2. 29. 선고 2006다22043 판결; 대법원 2008. 9. 11. 선고 2007도10562 판결.

품을 판매, 반포, 수입, 수출함으로써 상품출처의 혼동을 유발하는 행위 역시 부정경쟁행위를 구성한다. 이처럼 국내·외를 불문하고 대상물품을 유통과정에 두는 일체의 행위가 부정경쟁행위에 포섭되는 것이다.

또한, 상품의 품질과 가격, 판매장소, 판매방법이나 광고 등 판매 당시의 구체적 사정 때문에 그 당시 구매자는 상품의 출처를 혼동하지 아니하였더라도, 향후 구매자로부터 상품을 양수하거나 구매자가 지니고 있는 상품을 본 제3자기 상품에 부착된 상품표지 때문에 상품의 출처를 혼동할 우려가 있는 등 일반 수요자의 관점에서 상품의 출처에 관한 혼동의 우려가 있다면 그러한 상품표지를 사용하거나 상품표지를 사용한 상품을 판매하는 등의 행위는 그 자체로 부정경쟁방지 및 영업비밀보호에 관한 '타인의 상품과 혼동하게 하는 행위'에 해당한다.[7]

### (3) 표지의 유사와 혼동가능성의 관계

상표법에도 '혼동'이라는 용어가 사용되는 예가 있으나[8] 상표법은 서로 '유사'한 상표 사이에는 추상적 혼동가능성이 존재하는 것으로 전제하며, 상표의 등록의 적격 여부를 판단함에 있어서는 사용에 따른 구체적 혼동가능성보다 상표와 상표 사이의 객관적 유사성 및 그에 의해 추단되는 추상적 혼동가능성이 문제되는 수가 많다.[9] 한편, 부정경쟁방지법은 표지 사이의 구체적 혼동가능성을 중심으로 작동하며, 동법 상 표지 사이의 유사성은 그러한 구체적 혼동가능성을 판단하는 하나의 인자일 뿐이다. 부정경쟁방지법 상 혼동가능성 판단은 훨씬 개별적·탄력적이라 할 수 있으며, 표지의 유사 정도 외에도 상품표지의 주지성과 식별력의 정도, 사용태양, 상품의 유사 및 고객층의 중

---

7) 대법원 2012. 12. 13. 선고 2011도6797 판결. 이는 우리 판례가 이른바 '판매 후 혼동(Post Sale Confusion)'의 개념을 인정한 최초의 예라고 할 수 있다.

8) 상표법 제34조 제1항 제11호(저명상표와 혼동가능성이 있는 상표의 부등록), 제119조 제1항 제1호(등록상표의 부정사용) 등.

9) 반면, 상표법에서도 상표가 실제로 사용됨으로써 침해 여부가 문제되는 국면에서는, 표장 사이의 객관적 유사 외에도 시장의 성질, 수요자의 재력이나 지식, 주의의 정도, 전문가인지 여부, 연령, 성별, 당해 상품의 속성과 거래방법, 거래장소, 사후관리 여부, 상표의 현존 및 사용상황, 상표의 주지 정도 및 당해 상품과의 관계, 수요자의 일상 언어생활 등을 종합적·전체적으로 고려하여 구체적 혼동가능성을 판단하게 된다(대법원 2011. 12. 27. 선고 2010다20778 판결 등 참조).

복 등으로 인한 경업·경합관계의 존부, 그리고 모방자의 악의(사용의도) 유무 등을 종합하여 판단하는 것이다.10) 동법이 부정경쟁행위로서 "유사한 것을 사용하여 … 혼동하게 하는 행위"를 함께 언급하고 있는 것도 그러한 연유로 이해된다. 이는 아래에서 설명하는 영업표지에 관하여도 마찬가지이다.

또한, "타인의 상품과 혼동을 하게 하는"이라는 의미는 상품의 출처가 동일하다고 오인하게 하는 경우뿐만 아니라 국내에 널리 인식된 타인의 상품표지와 동일 또는 유사한 표지를 사용함으로써 일반 수요자나 거래자로 하여금 '당해 상품표지의 주체와 사용자 간에 자본, 조직 등에 밀접한 관계가 있지 않을까' 라고 오신하게 하는 경우도 포함한다.11)

## 나. 영업표지 혼동행위(제2조 제1호 나.목)

### (1) 정  의

국내에 널리 인식된 타인의 성명,12) 상호, 표장(標章), 그 밖에 타인의 영업임을 표시하는 표지(상품 판매·서비스 제공방법 또는 간판·외관·실내장식 등 영업제공 장소의 전체적인 외관을 포함)와 동일하거나 유사한 것을 사용하여 타인의 영업상의 시설 또는 활동과 혼동하게 하는 행위를 말한다.

### (2) 성립요건

#### (가) 영업표지

성명, 상호가 타인의 영업활동과 관련하여 반복 사용됨으로써 타인의 영업의 표지로 인식된 경우는 물론이고, 그 밖에 타인의 영업임을 표시하는 표지(標識) 일체가 보호의 대상이 된다. '영업표지'에서 '영업'의 개념은 반드시 '영리목적사업'에 한정되지 않고, 경제적 수지계산 위에서 행하는 사업 일반을 가리키는 것으로 이해된다. 예컨대 공익법인의 비영리사업이라도 공정한

---

10) 대법원 2007. 4. 27. 선고 2006도8459 판결; 대법원 2001. 4. 10. 선고 98도2250 판결.
11) 그러한 이유로, 피고인이 각종 "캐주얼의류 및 스포츠의류" 등에 관하여 국내에 널리 인식된 피해자 회사의 상품표지인 "BANG BANG, 뱅뱅"과 동일·유사한 "BAENG, BAENG, 뱅뱅", "BANG BANG, 뱅뱅" 등의 표장을 부착한 악력기, 스텝퍼, 줄넘기, 훌라후프 등을 제조하여 판매한 행위는 타인의 상품과 혼동을 하게 하는 부정경쟁행위에 해당한다(대법원 2007. 4. 27. 선고 2006도8459 판결).
12) 서울고등법원 2008. 6. 19. 선고 2008노108 판결(가수 박상민 사건).

거래질서를 통해 보호받아야 할 필요가 있는 경우에는 여기에 해당한다.[13]

아울러, 부정경쟁방지법은 '상품 판매·서비스 제공방법 또는 간판·외관·실내장식 등 영업제공 장소의 전체적인 외관' 또한 보호의 대상인 영업표지에 포함됨을 명시하고 있다.

### (나) 국내 주지(周知)

타인의 영업표지가 국내의 수요자나 거래자 사이에 널리 인식되었어야 한다는 점, 국내 일부 지역에서만 주지상태라고 하더라도 '국내 주지'의 요건은 충족된다는 점, 주지성의 판단시기 등은 상품표지에서의 설명과 같다.

### (다) 사용행위와 혼동의 유발

위와 같이 국내에 널리 인식된 타인의 영업을 표시하는 표지와 동일하거나 유사한 것을 사용하여 타인의 영업상의 시설 또는 활동과 혼동하게 하는 행위를 하여야 한다. 표지 사용의 태양에 특별한 제한이 없음은 물론이며, 여기서의 혼동은 타인의 영업 자체와 혼동을 일으키는 경우는 물론, 널리 타인과 자본 혹은 조직상 밀접한 관계가 있다거나 기타 후원관계에 있는 것으로 오인할 수 있는 경우도 포함된다.[14]

➔ 대법원 2012. 5. 24. 선고 2011도13783 판결

> 피고인들이 '다국어검색지원서비스'라는 프로그램이 설치되어 있는 컴퓨터 화면상에 그들이 제공하는 광고를 국내에 널리 인식된 甲 회사의 영업표지가 표시되어 있는 네이버 화면의 일부로 끼워 넣어 그 화면에 흡착되고 일체화된 형태로 나타나도록 하거나, 네이버 초기화면에 접속과 동시에 출처 표시가 없는 이른바 레이어 팝업(Layer Pop-up) 형태로 나타나도록 함으로써, 네이버 화면에 있는 甲 회사 영업표지의 식별력에 기대어 피고인들 광고의 출처를 표시하는 영업표지로 사용하였고, 이로써 피고인들의 광고가 마치 甲 회사에 의해 제공된 것처럼 오인하게 하여 甲 회사의 광고영업 활동과 혼동하게 하였다면, 이는 부정경쟁방지법 제2항 제1호 나. 목에 해당하는 행위이다.

아울러 판례는 저작물의 제목은 원칙상 창작물의 내용을 함축적으로 표현

---

13) 사법연수원, 부정경쟁방지법(2012), 38면.
14) 대법원 2009. 4. 23. 선고 2007다4899 판결.

하는 것일 뿐 그 자체로 상품이나 영업의 출처를 표시하는 것은 아니지만, 해당 창작물의 시리즈에 반복 사용되거나 장기간 일관된 사용을 통해 수요자 사이에서 특정인의 상품이나 영업의 출처표지로 인식되기에 이르면 부정경쟁방지법상 보호되는 상품표지 또는 영업표지가 될 수 있다고 한다.15)

⇨ 대법원 2015. 1. 29. 선고 2012다13507 판결

> 뮤지컬의 제목은 특별한 사정이 없는 한 해당 뮤지컬의 창작물로서의 명칭 또는 내용을 함축적으로 나타내는 것에 그치고 그 자체가 바로 상품이나 영업의 출처를 표시하는 기능을 가진다고 보기는 어렵다. 그러나 동일한 제목으로 동일한 각본·악곡·가사·안무·무대미술 등이 이용된 뮤지컬 공연이 회를 거듭하여 계속적으로 이루어지거나 동일한 제목이 이용된 후속 시리즈 뮤지컬이 제작·공연된 경우에는, 그 공연 기간과 횟수, 관람객의 규모, 광고·홍보의 정도 등 구체적·개별적 사정에 비추어 뮤지컬의 제목이 거래자 또는 수요자에게 해당 뮤지컬의 공연이 갖는 차별적 특징을 표상함으로써 구체적으로 누구인지는 알 수 없다고 하더라도 특정인의 뮤지컬 제작·공연 등의 영업임을 연상시킬 정도로 현저하게 개별화되기에 이르렀다고 보인다면, 그 뮤지컬의 제목은 단순히 창작물의 내용을 표시하는 명칭에 머무르지 않고 부정경쟁방지 및 영업비밀보호에 관한 법률 제2조 제1호 (나)목에서 정하는 '타인의 영업임을 표시한 표지'에 해당한다.

## 다. 저명표지의 식별력·명성 손상행위(제2조 제1호 다.목)

### (1) 정    의

가. 목 또는 나. 목의 혼동하게 하는 행위 외에 비상업적 사용 등 대통령령으로 정하는 정당한 사유 없이 국내에 널리 인식된 타인의 성명, 상호, 상표, 상품의 용기·포장, 그 밖에 타인의 상품 또는 영업임을 표시한 표지(타인의 영업임을 표시하는 표지에 관하여는 상품 판매·서비스 제공방법 또는 간판·외관·실내장식 등 영업제공 장소의 전체적인 외관을 포함)와 동일하거나 유사한 것을 사용하거나 이러한 것을 사용한 상품을 판매·반포 또는 수입·수출하여 타인의 표지의 식

---

15) 대법원 2007. 1. 25. 선고 2005다67223 판결; 대법원 2013. 4. 25. 선고 2012다41410 판결; 대법원 2015. 1. 29. 선고 2012다13507 판결.

별력이나 명성을 손상하는 행위를 말한다.

## (2) 성 질

이 규정은, 타인의 표지와 유사한 표지를 사용함으로써 수요자나 거래자에게 혼동을 유발하는 행위를 규제하는 것이 아니라, 저명표지의 식별력이나 명성을 손상시키는 행위를 금지한다는 점에서 수요자 보호의 면보다는 저명표지 보유자의 재산적 신용이나 이익을 보호하는 면이 강하다. 미국·일본·영국·독일 등 선진 외국이 유사한 제도를 운영하고 있고 세계지적재산권기구(WIPO) 역시 동맹국에 그 이행을 권고하는 사정을 받아들여 2001. 2. 3. 법 개성을 통해 도입된 것이다. 다른 나라들은 저명상표의 식별력이나 명성을 손상(Tarnishment)시키는 경우뿐만 아니라 희석 또는 약화(Blurring)시키는 경우까지 보호대상으로 하는 예도 있으나 우리 법은 남용가능성을 고려하여 저명상표를 손상시키는 경우에만 적용되도록 제한하고 있다.[16] 그러나 그 구분이 반드시 명확한 것은 아니다.

## (3) 성립요건
### (가) 국내에 저명한 타인의 표지

법 제 2 조 제 1 호 가. 목 내지 다. 목은 모두 "국내에 널리 인식된"이라는 용어를 사용하고 있으나, 가, 나. 목이 국내 주지(周知)만으로도 적용되는 것과는 달리, 다. 목이 적용되기 위해서는 국내에서 저명(著名)한 것이어야 한다. 입법이유도 그와 같이 언급하고 있거니와,[17] 판례 또한 이 점을 분명히 하고 있다.[18] "저명(著名)"이란 수요자나 거래자 사이에 널리 알려진 정도(주지)를 넘어 일반 대중에게 현저하게 알려진 정도를 의미한다.

### (나) 사용행위와 식별력이나 명성의 손상

국내에 저명한 타인의 상품표지나 영업표지와 동일·유사한 것을 사용하거나, 그것이 사용된 상품을 판매·반포·수입·수출함으로써 타인의 표지의 식별력이나 명성을 손상하여야 한다. 식별력이나 명성의 손상이 있는 이상, 수요

---

[16] 국회 의안정보 http://likms. assembly. go. kr/bill/jsp/BillDetail. jsp?bill_id=016452(개정 법률안에 대한 검토·심사보고서).

[17] 위 의안정보.

[18] 대법원 2004. 5. 14. 선고 2002다13782 판결; 대법원 2017. 11. 9. 선고 2014다49180 판결.

자의 혼동 여부는 문제되지 아니한다. 식별력을 손상하는 행위로는 예컨대 'KODAK'이라는 저명한 상품표지를 임의로 의류에 사용함으로써 저명한 필름 메이커로서의 'KODAK'이 가지는 표지의 이미지·통일성·고객흡인력 등을 분산 내지 약화시키는 것을 들 수 있다. 명성을 손상하는 행위의 예로는 고급 향수나 패션용품의 상품표지로 저명한 "샤넬(Chanel)"을 음란물에 사용하는 경우를 들 수 있다. 저명한 상품표지를 영업표지로 사용하거나 저명한 영업표지를 상품표지로 사용하는 경우에도 이 규정이 적용될 수 있다.[19]

### ㈐ 대통령령이 정하는 예외사유가 없을 것

법시행령 제1조의2는 ⅰ) 비상업적으로 사용하는 경우, ⅱ) 뉴스보도 및 뉴스논평에 사용하는 경우, ⅲ) 타인의 성명, 상호, 상표, 상품의 용기·포장, 그 밖에 타인의 상품 또는 영업임을 표시한 표지가 국내에 널리 인식되기 전에 그 표지와 동일하거나 유사한 표지를 사용해온 자가 이를 부정한 목적 없이 사용하는 경우, ⅳ) 그 밖에 해당 표지의 사용이 공정한 상거래 관행에 어긋나지 아니한다고 인정되는 경우를 예외사유로 열거하고 있다.

### 라. 원산지 허위표시(제2조 제1호 라.목)

상품이나 그 광고에 의하여 또는 공중이 알 수 있는 방법으로 거래상의 서류 또는 통신에 거짓의 원산지의 표지를 하거나 이러한 표지를 한 상품을 판매·반포 또는 수입·수출하여 원산지를 오인(誤認)하게 하는 행위를 말한다.

### 마. 생산·가공지 등 오인 야기(제2조 제1호 마.목)

상품이나 그 광고에 의하여 또는 공중이 알 수 있는 방법으로 거래상의 서류 또는 통신에 그 상품이 생산·제조 또는 가공된 지역 외의 곳에서 생산 또는 가공된 듯이 오인하게 하는 표지를 하거나 이러한 표지를 한 상품을 판매·반포 또는 수입·수출하는 행위를 말한다. 라.목이 적극적으로 원산지를 '허위표시한 때'에 적용되는 것과 달리, 마.목은 상품의 단순히 생산·제조 또는 는 가공지를 '오인하게 하는' 표시를 한 것만으로도 적용이 가능하다.

---

19) 앞의 판결 참조.

### 바. 품질 등 오인 야기(제 2 조 제 1 호 바.목)

타인의 상품을 사칭(詐稱)하거나 상품 또는 그 광고에 상품의 품질, 내용, 제조방법, 용도 또는 수량을 오인하게 하는 선전 또는 표지를 하거나 이러한 방법이나 표지로써 상품을 판매·반포 또는 수입·수출하는 행위를 말한다. 상품의 속성과 성분 등의 품질, 급부의 내용, 제조 및 가공방법, 효능과 사용방법 등의 용도 또는 상품의 개수, 용적 및 중량 등의 수량에 관하여 일반 소비자로 하여금 오인하게 하는 허위나 과장된 내용의 표지를 하거나 그러한 표지를 한 상품을 판매하는 등의 행위가 여기에 속한다.[20]

### 사. 대리인에 의한 부당한 상표 사용(제 2 조 제 1 호 사.목)

공업소유권 보호를 위한 파리협약의 당사국, WTO 회원국, 상표법조약의 체약국 중 어느 하나에 등록된 상표 혹은 이와 유사한 상표에 관하여, 권리자의 대리인이나 대표자(대리권·대표권 소멸일로부터 1년이 지나지 않은 자를 포함한다)가 정당한 사유 없이 ⅰ) 위 상표를 그 지정상품과 동일·유사한 상품에 사용하거나 ⅱ) 위 상표를 사용한 상품을 판매·반포 또는 수입·수출하는 행위를 말한다.

### 아. 도메인이름의 부정등록 등(제 2 조 제 1 호 아.목)

(1) 정      의

정당한 권원이 없는 자가 ⅰ) 상표 등 표지에 대하여 정당한 권원이 있는 자 또는 제 3 자에게 판매하거나 대여할 목적 또는, ⅱ) 정당한 권원이 있는 자의 도메인이름의 등록 및 사용을 방해할 목적 또는, ⅲ) 그 밖에 상업적 이익을 얻을 목적으로 국내에 널리 인식된 타인의 성명, 상호, 상표, 그 밖의 표지와 동일하거나 유사한 도메인이름을 등록·보유·이전 또는 사용하는 행위를 말한다.

(2) 성립요건

㈎ 국내 주지의 타인의 표장과 동일·유사

문제가 된 도메인이름이 국내에 주지상태인 타인의 상품표지 혹은 영업표

---

20) 대법원 2012. 6. 28. 선고 2010도14789 판결.

지와 동일하거나 유사해야 한다. 반드시 도메인이름이 그 자체로 타인의 표지와 혼동을 일으킬 필요는 없고, 도메인이름에 주지의 상품표지나 영업표지와 동일하거나 유사한 문자·숫자·기호가 포함된 것만으로 족하다 할 것이다.

### (나) 부당한 목적에 기한 취득과 활용

이 규정은 본디 인터넷 도메인이름을 그 본래의 목적을 벗어나 부당한 이득을 얻는 수단으로 악용하는 사이버 스쿼팅(Cyber Squatting)을 규제하기 위해 도입된 것이다. 따라서 주지의 영업표지 등과 동일·유사한 도메인이름을 선점한 뒤 이를 거래의 대상으로 할 목적, 타인이 자신의 영업표지 등이 포함된 도메인이름을 등록하거나 사용하지 못하도록 방해할 목적, 기타 도메인이름을 영업적 이익을 획득하는 수단으로 활용할 목적을 필요로 한다. 위와 같은 목적 하에서라면 해당 도메인이름을 등록·보유·이전·사용하는 행위 어느 것이라도 부정경쟁행위를 구성한다. 만약 국내 주지인 타인의 상품·영업표장과 동일·유사한 도메인이름을 사용하여 스스로 영업을 하고, 그로 인해 타인의 상품이나 영업 등과 혼동을 야기한다면 제 2 조 제 1 호 가. 목 또는 나. 목에도 해당할 수 있다.

### (3) 효 과

도메인이름의 부정등록 등으로 인한 부정경쟁행위가 성립하는 경우 정당한 권원을 가진 타인은 그로 인한 손해배상을 청구할 수 있음은 물론(법 제 5 조), 금지청구의 일환으로 당해 도메인이름의 등록말소를 청구할 수도 있다(법 제 4 조 제 2 항 제 3 호). 판례는 상표권 침해에 대한 금지청구에 관한 것이기는 하나, '침해의 예방에 필요한 조치'에 도메인이름의 사용금지 또는 말소등록 등의 범위를 넘어서 도메인이름의 이전등록까지 포함된다고 볼 수는 없다고 한다.[21] 그러나 인터넷주소자원에 관한 법률 제12조 제 1, 2 항에 따르면 정당한 권원이 있는 자의 도메인이름 등의 등록을 방해하거나 정당한 권원이 있는 자로부터 부당한 이득을 얻는 등 부정한 목적으로 도메인이름 등을 등록·보유 또는 사용하는 자에 대하여 그 도메인이름의 말소 외에 이전등록도 청구할 수 있다.

---

21) 대법원 2008. 9. 25. 선고 2006다51577 판결.

도메인이름의 부정한 등록이나 행사 등은 형사벌의 대상은 되지 아니한다 (부정경쟁방지법 제18조 제3항 제1호).

## 자. 상품의 형태 모방행위(제2조 제1호 자.목)

### (1) 정    의

타인이 제작한 상품의 형태[22])를 모방한 상품을 양도·대여 또는 이를 위한 전시를 하거나 수입·수출하는 행위를 말한다.

### (2) 규정의 배경

상품표지가 국내에서 주지성을 획득한 경우에 한하여 부정경쟁방지법으로 보호하게 되면 아직 주지성을 획득하지 못한 상품의 형태는 부정경쟁방지법의 보호영역 밖에 놓이게 되고, 자금과 노력을 동원하여 상품디자인을 창작하더라도 별도로 디자인 등록 등을 하지 않는 이상 이를 제3자가 모방하더라도 대책이 없게 된다. 그런데 시장에는 상품의 생애주기가 짧고 유행에 민감하여 디자인의 출원·등록이 적절치 않거나 동일한 상품형태가 주지성을 획득할 정도로 오랜 기간 사용되지 않는 것들도 허다하다. 이처럼 종래의 부정경쟁방지법과 디자인보호법의 사각지대에 놓인 상품디자인의 보호를 위해 2004년 법 개정으로 도입된 제도이다. 이 규정이 적용되기 위해서는 수요자가 상품의 외관 자체로 특정 상품임을 인식할 수 있는 형태적 특이성이 있을 뿐 아니라 정형화된 것이어야 한다. 사회통념으로 볼 때 상품들 사이에 일관된 정형성이 없다면 비록 상품의 형태를 구성하는 아이디어나 착상 또는 특징적 모양이나 기능 등의 동일성이 있더라도 이를 '상품의 형태'를 모방한 부정경쟁행위의 보호대상에 해당한다고 할 수 없다.[23])

⇨ 대법원 2016. 10. 27. 선고 2015다240454 판결

투명한 컵 또는 콘에 담긴 소프트 아이스크림 위에 벌집채꿀(벌집 그대로의 상태인 꿀)을 올린 모습을 한 갑 주식회사의 제품이 부정경쟁방지 및 영업비밀보호에

---

22) 형상·모양·색채·광택 또는 이들을 결합한 것을 말하며, 시제품 또는 상품소개서상의 형태를 포함한다.
23) 대법원 2016. 10. 27. 선고 2015다240454 판결.

관한 법률 제 2 조 제 1 호 (자)목에 의한 보호대상인지 문제 된 사안에서, 매장 직원이 고객에게서 주문을 받고 즉석에서 만들어 판매하는 제조·판매방식의 특성상 갑 회사의 제품은 개별 제품마다 상품형태가 달라져서 일정한 상품형태를 항상 가지고 있다고 보기 어렵고, '휘감아 올린 소프트 아이스크림 위에 입체 또는 직육면체 모양의 벌집에 꿀을 얹은 형태'는 상품의 형태 그 자체가 아니라 개별 제품들의 추상적 특징에 불과하거나 소프트 아이스크림과 토핑으로서의 벌집채꿀을 조합하는 제품의 결합방식 또는 판매방식에 관한 아이디어가 공통된 것에 불과할 뿐이므로, 갑 회사의 제품이 부정경쟁방지법 제 2 조 제 1 호 (자)목에 의한 보호대상이 될 수 없다.

### (3) 보호의 내용

시제품 제작 등 상품의 형태가 갖추어진 날부터 기산하여 3년이 지나지 않은 것만이 보호의 대상이 된다. 그러한 상품의 형태를 모방한 상품을 양도·대여 또는 이를 위한 전시를 하거나 수입·수출하는 행위는 부정경쟁행위를 구성한다. 다만, 해당 상품 또는 동종의 상품이 '통상적으로 가지는 형태'를 모방하는 행위는 문제되지 아니한다. 이는 누구나 자유로이 이용할 수 있는 영역에 두어야 하며 부정경쟁행위로 규제해서는 안 되기 때문이다. 부정경쟁방지법은 상품형태 모방행위를 형사처벌 대상에 포함시키고 있다(법 제18조 제 3 항 제 1 호).

## 차. 거래과정에서의 아이디어 탈취행위(제 2 조 제 1 호 차.목)

### (1) 정    의

사업제안, 입찰, 공모 등 거래교섭 또는 거래과정에서 경제적 가치를 가지는 타인의 기술적 또는 영업상의 아이디어가 포함된 정보를 그 제공목적에 위반하여 자신 또는 제 3 자의 영업상 이익을 위하여 부정하게 사용하거나 타인에게 제공하여 사용하게 하는 행위를 말한다.

### (2) 보호의 내용

각종 거래의 상담, 입찰, 공모 등의 과정에서 경제적 가치가 있는 상대방의 아이디어를 제공받은 당사자가 그 아이디어를 본래의 제공목적과 달리 자기나 제 3 자를 위해 사용하거나 제 3 자에게 제공하여 사용하게 함으로써 결과적으로 상대방의 아이디어를 가로채는 행위를 규제하기 위해 도입된 제도이다.[24] 그렇기 때문에 아이디어를 제공받은 자가 제공 당시 이미 그 아이디어를 알고 있었거나 그 아이디어가 제공 당시 동종 업계에서 널리 알려진 것이라면 위 규정의 적용은 없다(같은 목 단서). 아이디어 정보의 제공이 위 (차)목의 시행일 전에 이루어졌어도 위 (차)목의 부정경쟁행위에 해당하는 행위가 그 시행일 이후에 계속되고 있다면 위 (차)목이 적용될 수 있다.[25]

> ⇨ 대법원 2020. 7. 23. 선고 2020다220607 판결

피고는 원고와의 이 사건 계약을 통해 원고로부터 피고의 신제품 명칭 및 광고에 사용할 이 사건 광고용역 결과물을 제공받았다. 이 사건 광고용역 결과물 중 '(브랜드명 생략)'라는 네이밍과 이 사건 콘티의 구성방식·구체적 설정 등은 부정경쟁방지 및 영업비밀보호에 관한 법률(이하 '부정경쟁방지법'이라 한다) 제2조 제1호 (차)목의 경제적 가치를 가지는 원고의 아이디어가 포함된 정보이고, 같은 호 (카)목의 원고의 상당한 투자나 노력으로 만들어진 성과이다. 이 사건 계약에 따르면 피고는 원고에게 이 사건 광고용역 결과물의 제작비 전액을 지급하여야 이에 대한 제반 권리를 취득한다. 그런데 피고는 원고에게 제작비를 지급하지 않은 채 원고의 이의제기에도 불구하고 이 사건 광고용역 결과물 중 위 정보나 성과를 피고의 영업상 이익을 위하여 신제품 명칭과 이 사건 광고에 무단으로 사용하였고, 그 사용 행위가 원심 변론종결일에도 계속되고 있다. 이러한 피고의 행위는 부정경쟁방지법 제2조 제1호 (차)목의 부정경쟁행위로서 거래과정에서 취득한 경제적 가치를 가지는 원고의 아이디어가 포함된 정보를 그 제공목적에 위반하여 피고의 영업상 이익을 위하여 부정하게 사용한 행위에 해당하거나, 같은 호 (파)목의 부정경쟁행위로서 원고의 상당한 투자나 노력으로 만들어진 성과를 공정한 상거래 관행이나 경쟁질서에 반하는 방법으로 피고의 영업을 위하여 무단으로 사용함으로써 원고의 경제적 이익을 침해하는 행위에 해당한다. 따라서 피고는 이 사건 광고에 관한 전송 등을 금지하고 이 사건 광고를 폐기할 의무와 '(브랜드명 생략)'라는 네이밍이 포함된 표장의 표시·사용을 금지하고 그 표장이 표시된 물건을 폐기할 의무가 있으며, 피고의 부정경쟁행위로 원고가 입은 손해를 배상할 책임이 있다.

---

24) 거래목적 등을 위해 제공한 아이디어가 영업비밀의 요건을 갖추고, 제공받은 당사자에게 계약상 또는 신의칙상 비밀준수 의무가 인정된다면 이를 부당하게 사용하거나 누설하는 행위는 영업비밀 침해도 구성할 것이다.

25) 대법원 2020. 7. 23. 선고 2020다220607 판결.

## 카. 데이터의 부정사용행위(제2조 제1호 카.목)

### (1) 데 이 터

데이터 산업진흥 및 이용촉진에 관한 기본법 제2조 제1호에 따른 데이터[26] 중, 업(業)으로서 특정인 또는 특정 다수에게 제공되는 것으로, 전자적 방법으로 상당량 축적·관리되고 있으며, 비밀로서 관리되고 있지 아니한 기술상 또는 영업상의 정보를 말한다. 비밀로 관리되는 데이터는 영업비밀보호의 대상이 되기 때문에 제외된다.

### (2) 부정사용행위

ⅰ) 접근권한이 없는 자가 절취·기망·부정접속 또는 그 밖의 부정한 수단으로 데이터를 취득하거나 그 취득한 데이터를 사용·공개하거나, ⅱ) 데이터 보유자와의 계약관계 등에 따라 데이터에 접근권한이 있는 자가 부정한 이익을 얻거나 데이터 보유자에게 손해를 입힐 목적으로 그 데이터를 사용·공개하거나 제3자에게 제공하거나, ⅲ) ⅰ) 또는 ⅱ)가 개입된 사실을 알고 데이터를 취득하거나 그 취득한 데이터를 사용·공개하거나, ⅳ) 정당한 권한 없이 데이터의 보호를 위하여 적용한 기술적 보호조치를 회피·제거 또는 변경(이하 "무력화"라 한다)하는 것을 주된 목적으로 하는 기술·서비스·장치 또는 그 장치의 부품을 제공·수입·수출·제조·양도·대여 또는 전송하거나 이를 양도·대여하기 위하여 전시하는 행위(다만, 기술적 보호조치의 연구·개발을 위하여 기술적 보호조치를 무력화하는 장치 또는 그 부품을 제조하는 경우는 제외)가 여기에 해당한다.

입법 기술상 데이터의 부정사용행위 규정에 「영업비밀침해 행위 모델 + 저작권법상 기술적보호조치 무력화 모델」을 차용하였음을 알 수 있다. 제3자에 의해 축적·관리된 전자적 정보나 자료는 상당한 투자와 노력의 성과로서 경제적 가치를 가지는 것이기 때문에 이를 임의로 이용하는 행위는 일반조항인 아래 파.목의 기타 부정경쟁행위에 해당한다고 볼 여지가 있고 실제로 실무상 그렇게 다루어지기도 했는바,[27] 2021. 12. 7. 개정된 부정경쟁방지법은

---

26) 다양한 부가가치 창출을 위하여 관찰, 실험, 조사, 수집 등으로 취득하거나 정보시스템 및 「소프트웨어 진흥법」 제2조제1호에 따른 소프트웨어 등을 통하여 생성된 것으로서 광(光) 또는 전자적 방식으로 처리될 수 있는 자료 또는 정보를 말한다.

27) 서울중앙지법 2021. 8. 19. 선고 2018가합508729 판결 참조.

카. 목에서 이를 아예 독립된 부정경쟁행위로 규정하였다.

## 타. 퍼블리시티의 무단사용행위(제 2 조 제 1 호 타.목)

국내에 널리 인식되고 경제적 가치를 가지는 타인의 성명, 초상, 음성, 서명 등 그 타인을 식별할 수 있는 표지를 공정한 상거래 관행이나 경쟁질서에 반하는 방법으로 자신의 영업을 위하여 무단으로 사용함으로써 타인의 경제적 이익을 침해하는 행위가 여기에 해당한다. 이는 종래 주로 퍼블리시티권 침해로 언급되어 오고 있는 것들이다. 최근 판례[28]는 퍼블리티시권 침해를 일반조항인 아래 파.목의 기타 부정경쟁행위로 접근하면서, '연예인의 경우, 인기를 모으는 개성이나 이미지의 구축을 위해 많은 비용과 노력이 투입되는 수가 많기 때문에, 제 3 자가 그 결과물을 임의로 상업적으로 사용하는 경우 타인의 상당한 투자나 노력으로 만들어진 성과 등을 공정한 상거래 관행이나 경쟁질서에 반하는 방법으로 자신의 영업을 위하여 무단으로 사용함으로써 타인의 경제적 이익을 침해하는 행위를 구성할 수 있다'고 하였는바, 2021. 12. 7. 개정된 부정경쟁방지법은 타. 목에서 이를 반영하여 아예 독립된 부정경쟁행위로 규정하였다.

## 파. 기타 부정경쟁행위(제 2 조 제 1 호 파.목)

### (1) 정　의

위 가. 목 내지 차.목 이외에 타인의 상당한 투자나 노력으로 만들어진 성과 등을 공정한 상거래 관행이나 경쟁질서에 반하는 방법으로 자신의 영업을

---

28) 대법원 2020. 3. 26. 자 2019마6525 결정: 채무자가 유명 아이돌그룹 BTS의 사진을 자신의 잡지에 특별부록으로 포함시켜 판매한 행위에 대해, '채권자는 BTS의 구성원들을 선발하여 전속계약을 체결한 후 훈련을 통해 구성원들의 능력을 향상시켰고, 전속계약에 따라 그들의 음악, 공연, 방송, 출연 등을 기획하고, 음원, 영상 등의 콘텐츠를 제작·유통시키는 등 위 아이돌 그룹의 활동에 상당한 투자와 노력을 하였으며, 그로 인해 위 아이돌 그룹과 관련하여 쌓인 명성·신용·고객흡인력이 상당한 수준에 이르렀는데, 이는 '상당한 투자나 노력으로 만들어진 성과 등'으로 평가할 수 있고, 누구나 자유롭게 이용할 수 있는 공공영역에 속한다고 볼 수 없으므로, 타인이 무단으로 위의 표지를 사용하면 채권자의 경제적 이익을 침해하게 된다… 위 특별 부록을 제작·판매하는 행위는 공정한 상거래 관행이나 경쟁질서에 반하는 방법으로 자신의 영업을 위하여 을 회사의 성과 등을 무단으로 사용하는 행위로서 개정 전 (카)목의 부정경쟁행위에 해당한다'고 판시.

위하여 무단으로 사용함으로써 타인의 경제적 이익을 침해하는 행위를 말한다.

### (2) 규정의 배경과 적용 예

기술의 변화 등으로 나타나는 새롭고 다양한 유형의 부정경쟁행위에 적절하게 대응하기 위하여 2013년 법 개정을 통해 신설한 보충적 일반 조항이다.

종래 판례는 저작권법, 상표법, 부정경쟁방지법상 침해의 구성요건을 충족하지 못하는 행위라도 경쟁자가 상당한 노력과 투자에 의하여 구축한 성과물을 상도덕이나 공정한 경쟁질서에 반하여 자신의 영업을 위하여 무단으로 이용함으로써 경쟁자의 노력과 투자에 편승하여 부당하게 이익을 얻고 경쟁자의 법률상 보호할 가치가 있는 이익을 침해하는 행위는 부정한 경쟁행위로서 민법상 불법행위에 해당한다고 판시해 오고 있었는바,[29] 위 규정은 이러한 판례의 태도를 입법화한 것으로도 볼 수 있다.

판례[30]는, 한국방송공사와 지상파방송사업자인 甲 방송사 및 乙 방송사가 공동으로 실시한 '전국동시지방선거 개표방송을 위한 당선자 예측조사 결과'를 종합편성 방송채널사용사업자인 丙 방송사가 사전 동의 없이 무단으로 방송한 사안에서, 이 유형의 부정경쟁행위를 인정한 바 있다.

또 다른 판례는[31] 피고가 원고의 명품 가방 형상에 '눈알 모양'의 익살스러운 장식을 더한 제품을 제조·판매한 사건에서[32] 'ⅰ) 피고들이 원고들과 동일한 종류의 상품인 피고들 제품을 국내에서 계속 생산·판매하게 되면 원고들 제품의 수요 일부를 잠식하거나 원고들 제품의 희소성 및 가치 저하로 잠재적 수요자들이 원고들 제품에 대한 구매를 포기할 가능성이 높아진다는 점에서 원고들의 경제적 이익을 침해하여 공정한 경쟁질서에 부합하는 행위로 볼 수 없을뿐더러, ⅱ) 핸드백을 비롯한 패션잡화 분야에서 수요자들에게 널리 알려진 타인의 상품표지를 사용하기 위해서는 계약 등을 통해 제휴나 협업

---

29) 대법원 2010. 8. 25. 자 2008마1541 결정; 대법원 2012. 3. 29. 선고 2010다20044 판결 등.
30) 대법원 2017. 6. 15. 선고 2017다200139 판결.
31) 대법원 2020. 7. 9. 선고 2017다217847 판결.

32)   (왼쪽: 원고 제품 / 오른쪽: 피고 제품)

을 하는 것이 공정한 상거래 관행에 부합한다'는 이유로 임의로 국내에 널리 알려진 원고의 가방 형상을 자신의 제품에 이용한 것은 이 규정의 부정경쟁행위에 해당한다고 판시하였다. 원심은,[33] 일반 조항인 부정경쟁방지법 제2조 제1호 파. 목은 신중한 운용이 필요하고 다른 지적재산권법의 적용이 없는 경우에 한해 보충적으로 적용되어야 한다고 하면서, 피고가 명품 가방에 눈에 띄는 익살스러운 눈알 모양을 크게 덧붙인 것은 '값비싼 물건에 현혹되지 말고 합리적인 소비를 하자'는 창작적 메시지이거나 일종의 '팝아트' 성격을 가진다는 이유 등을 들어 이 규정의 적용을 부정하였었다. 대법원은 이런 입장을 배척하면서, '성과도용으로 침해당한 경제적 이익이 누구나 자유롭게 이용할 수 있는 공공영역(public domain)에 있지 않고, 그 성과도용의 결과가 공정한 상거래 관행이나 경쟁질서에 반하는 한, 이 규정은 적용이 가능하다'고 한 것이다.

　한편 판례[34]는, 비록 피고 영상물이 원고 영상물의 기본적인 모티브나 일부 구성을 차용하여 제작하였더라도 원고 영상물과 프로그램의 성격, 등장인물, 구체적인 사건의 진행과 내용 및 그 구성 등에서 표현상의 상당한 차이가 있는 별개의 창작물[35]로 인정된다면 공정한 거래관행에 반하는 타인의 성과도용에 해당하지 않아 이 규정의 적용이 없다고 판시한 바 있다.

---

33) 서울고등법원 2017. 2. 16. 선고 2016나2035091 판결.

34) 대법원 2017. 11. 9. 선고 2014다49180 판결.

35) ① 피고 영상물은 애정촌에 모인 남녀가 자기소개나 게임 등을 통해 짝을 찾는다는 원고 영상물의 기본적인 모티브나 일부 구성을 차용하여 제작된 것이기는 하지만, 전문 연기자가 출연하여 구체적인 대본에 따라 재소자나 환자 등을 연기하는 성인 대상 코미디물이라는 점에서 프로그램의 성격이 원고 영상물과는 다르고, ② 성인 대상 코미디물이라는 프로그램의 성격에 따라 현실에서 좀처럼 발생하기 어려운 과장된 상황과 사건들이 극 전개의 중심을 이루어 구성됨으로써 전체적으로 가볍고 유머러스한 분위기가 느껴지도록 표현된 것을 특징으로 하는 등 ③ 비록 원고 영상물의 기본적인 모티브나 일부 구성을 차용하여 피고 영상물을 제작하였지만 피고 자신의 독자적인 아이디어를 바탕으로 비용과 노력을 들여 원고 영상물에 존재하지 아니하는 다양한 창작적 요소를 담아 영상물을 제작한 별개의 창작물이라고 판단.

## 2. 부정경쟁행위에 대한 구제

### 가. 금지·예방청구권(제4조)

#### (1) 청구권의 내용

부정경쟁행위로 자신의 영업상의 이익이 침해되거나 침해될 우려가 있는 자는 부정경쟁행위를 하거나 하려는 자에 대하여 법원에 그 행위의 금지 또는 예방을 청구할 수 있다. 이와 아울러, ⅰ) 부정경쟁행위를 조성한 물건의 폐기, ⅱ) 부정경쟁행위에 제공된 설비의 제거, ⅲ) 부정경쟁행위의 대상이 된 도메인이름의 등록말소(제2항 제1호 아.목의 경우), ⅳ) 그 밖에 부정경쟁행위의 금지 또는 예방을 위하여 필요한 조치를 청구할 수 있다. 상품표지나 영업표지 혼동 등 부정경쟁행위로 인한 금지권은 사실심 변론종결시를 기준으로 판단한다. 36)

#### (2) 당사자와 행사요건

부정경쟁행위로 인하여 영업상 이익이 침해되거나 그 우려가 있는 자가 청구권자인 바, 여기서 영업상 이익의 주체는 비교적 넓게 해석하여 상인 등 영리행위자뿐 아니라 '계속적 경제활동을 하는 주체'이면 충분하다고 보는 것이 통설이다. 37) 금지청구권 성립에 있어 부정한 목적이나 고의·과실 등 주관적 요소는 요건이 아니다. 이익침해의 가능성은 객관적으로 존재하여야 하며, 판례는 부정경쟁의 의도로 혼동을 초래하는 상표를 출원·등록한 경우에는 영업이익을 침해할 우려가 있는 것으로 본다. 38)

### 나. 손해배상청구권(제5조)

#### (1) 손해배상책임

고의 또는 과실에 의한 부정경쟁행위로 타인의 영업상 이익을 침해하여 손해를 입힌 자는 그 손해를 배상할 책임을 진다. 39) 이는 성질상 민법상 불법

---

36) 대법원 2008. 2. 29. 선고 2006다22043 판결; 대법원 2009. 6. 25. 선고 2009다22037 판결; 대법원 2013. 6. 27. 선고 2011다97065 판결 등.

37) 송영식, 지적소유권법(하), 육법사(2013), 421면.

38) 대법원 2000. 5. 12. 선고 98다49142 판결; 대법원 2007. 6. 14. 선고 2006도8958 판결 등.

39) 저명표지의 식별력·명성 손상행위(법 제2조 제1호 다.목)는 고의인 경우에 손해배상책

행위에 해당하므로 청구권자는 ⅰ) 부정경쟁행위 ⅱ) 손해 ⅲ) 인과관계 ⅳ) 행위자의 고의·과실을 모두 주장·증명해야 하는 것이 원칙이다. 상품표지나 영업표지 혼동 등 부정경쟁행위로 인한 손해배상청구권은 침해시를 기준으로 판단한다. 40)

### (2) 손해배상의 특칙(제14조의 2)

부정경쟁방지법 제14조의 2는 부정경쟁행위, 제3조의 2 제 1 항이나 제 2 항 위반행위 및 영업비밀 침해행위41)로 인한 손해배상과 관련하여 권리자의 증명부담을 덜고 손해액 산정을 용이하게 하기 위한 특칙을 마련하고 있다. 42)

### ㈎ 물건의 양도수량 × 권리자의 단위당 이익 = 손해액(제1항 제1호)

부정경쟁행위로 영업상 이익을 침해당한 권리자는 부정경쟁행위를 하게 한 물건의 양도수량에 스스로 판매할 수 있었던 물건의 단위수량당 이익액을 곱한 금액을 손해액으로 할 수 있다. 단, 이는 권리자가 생산할 수 있었던 물건의 수량에서 실제 판매한 물건의 수량을 뺀 수량에 단위수량당 이익액을 곱한 금액을 한도로 한다. 부정경쟁행위에도 불구하고 권리자가 여전히 판매한 수량은 손해배상의 대상에서 배제됨이 당연하고, 애초에 스스로의 생산능력을 초과하는 부분에 대하여는 일실이익이 발생할 여지가 없기 때문이다.

한편, 침해자는 자신의 부정경쟁행위 등이 없었더라도 권리자가 어차피 판매 불가능했던 수량을 주장·증명하여 그에 상응하는 금액을 배상액에서 감경 받을 수 있으며, 그러한 사정에 대한 증명책임은 침해자에게 있다. 43) 여기서 말하는 특별한 사정으로는 예컨대 기존의 시장점유율, 침해자의 시장개발 노력, 광고·선전, 침해품의 품질의 우수성이나 가격경쟁력 등을 생각할 수 있다.

---

임이 있다.

40) 대법원 2008. 2. 29. 선고 2006다22043 판결; 대법원 2009. 6. 25. 선고 2009다22037 판결 등.

41) 법 14조의 2 제 1 항은 이를 합쳐 '부정경쟁행위 등 침해행위'로 칭하고 있다(이하 이 책에서는 편의상 '부정경쟁행위 등'이라고 한다).

42) 아래는 2020. 12. 22. 법률 제17727호로 개정되어 2021. 6. 23.부터 시행예정인 부정경쟁방지 및 영업비밀보호에 관한 법률 해당 조항의 내용을 대상으로 한다.

43) 대법원 2006. 10. 13. 선고 2005다36830 판결 참조.

### ㈐ 부정경쟁행위자의 이익을 권리자의 손해로 추정(제 2 항)

부정경쟁행위로 영업상의 이익을 침해당한 자가 손해배상을 청구하는 경우 침해자가 침해행위에 의하여 받은 이익을 권리자의 손해액으로 추정한다. 즉, 권리자가 손해의 발생 사실과 침해행위에 의한 침해자의 이익액을 주장·증명하면 침해자가 위 추정을 번복할 수 있는 사유를 주장·증명하지 않는 한 침해자의 이익액이 곧 권리자의 손해액으로 인정되는 것이다. 제 1 항과 같은 명문의 규정은 없으나, 권리자가 스스로 제품의 제조·판매를 하고 있지 않은 경우에는 제조·판매행위에 의하여 얻을 수 있었을 이익의 상실이라는 손해 또한 발생할 여지가 없으므로 제14조의 2 제 2 항의 적용은 없다. 44) 침해자의 이익은 반드시 침해품의 판매를 통해 얻은 이익에만 한정되지 않으며, 예컨대 타인의 성과 등을 무단으로 사용하여 완제품을 제조함으로써 타인의 성과 등을 적법하게 사용한 경우에 비해 완제품 제조비용을 절감한 경우에는 비용 절감으로 인한 이익을 침해자의 이익으로 볼 수도 있다. 45)

### ㈑ 상당사용료에 의한 손해액의 산정(제 3 항)

권리자는 부정경쟁행위의 대상이 된 표지 등의 사용에 대하여 통상 받을 수 있는 금액에 상당하는 금액을 손해액으로 하여 배상을 청구할 수 있다. 침해자가 권리자에게 아무런 대가를 지급하지 않은 채 보호적격이 있는 권리자의 표지 등을 임의로 사용한다면, 권리자는 적어도 침해자에게서 그 사용료 상당액을 지급받지 못한 손해를 입었음이 분명하기 때문이다. 부정경쟁방지법은 이러한 점을 고려하여 상당사용료를 법이 보장하는 기본 최소의 손해액으로 규정하는 한편, 이를 넘는 금액에 대하여도 손해배상을 청구할 수 있음을 분명히 하고 있다. 이처럼 사용료 상당액은 기본으로 보장되는 배상액이기 때문에 같은 조 제 1, 2 항에 의한 손해배상 시 고의나 중대한 과실이 없으면 배상액을 감액할 수 있는 반면, 제 3 항에 의한 손해배상 시에는 그러한 감액이 불가능하다(법 제14조의 2 제 4 항). 권리자의 표지 등이 부정경쟁방지법에 의한 보호적격을 갖춘 이상, 제 3 항에 기한 손해배상을 받기 위해 반드시 스스로 제품의 제조·판매 등을 하고 있을 필요는 없다.

---

44) 대법원 2008. 11. 13. 선고 2006다22722 판결.
45) 대법원 2022. 4. 28. 선고 2021다310873 판결.

⒣ **합리적 사용료의 보충적 배상**(복합산정: 제1항 제1호, 제2항의 손해 관련)

2020. 12. 22. 개정법은 제14조의2 제1항 제2호를 통해, 제1항 제1호에 의한 손해액 산정 과정에서 권리자의 생산능력을 넘는 수량이나, 침해가 없었더라도 판매할 수 없던 수량에 해당하여 공제되는 부분이 생긴 때에는 그에 대해 부정경쟁행위 등이 없었다면 합리적으로 받을 수 있는 금액을 배상받을 수 있다고 규정하였다. 명문의 규정은 없으나 제2항에 따라 손해액을 산정하는 과정에서 '침해자의 이익 = 권리자의 손해'라는 추정을 뒤집는 사유가 인정되어 배상액에서 공제된 금액 부분에 대해서도 마찬가지로 해석해야 할 것이다. 위와 같은 보충적 배상규정은, 부정경쟁행위 등을 하게 한 수량이 권리자의 생산능력을 넘거나 침해로 인한 이익이 권리자의 실제 손해액을 웃돌기 때문에 권리자가 그 부분에 대해 일실 영업이익을 전제로 한 배상을 받을 수는 없을지라도, 그에 대해 침해자에게서 적어도 사용료 상당액을 배상받지 못한 일실이익은 존재함을 고려한 입법이다.

⒨ **상당한 손해액의 인정**(제5항)

법원은 침해가 발생한 사실은 인정되나, 그 손해액을 증명하는 것이 해당 사실의 성질상 극히 곤란한 경우에는 제1항 내지 4항의 규정에도 불구하고 변론 전체의 취지와 증거조사의 결과에 기초하여 상당한 손해액을 인정할 수 있다. 이는 부정경쟁행위로 인하여 발생하는 손해는 침해자의 경제행위를 통하여 발생하는 것이어서 그 구체적 범위를 확정하는 것이 어려운데다가 대부분의 증명자료 또한 침해자의 영역에 있어 확보가 곤란하다는 점을 고려한 보충적 규정이다.

⒝ **제2조 제1호 차.목 위반의 부정경쟁행위에 대한 징벌적 배상**

부정경쟁행위 가운데 거래과정에서의 아이디어 탈취행위(제2조 제1호 차.목)에 대해서는 법원은 제14조의2 제1 내지 제5항에 따라 손해로 인정된 금액의 3배를 넘지 아니하는 범위에서 배상액을 정할 수 있다(제14조의2 제6항).[46]

---

46) 2019년 법 개정으로 징벌적 배상이 도입될 때는 영업비밀 침해행위만이 대상이었으나, 2020. 10. 20. 제17529호로 개정된 법률(2021. 4. 21.부터 시행)은 부정경쟁행위 가운데 '거래과정에서의 아이디어 탈취행위' 또한 대상으로 추가하였다. 차.목의 행위는 거래상 우월적 지위를 이용하여 상대방의 이익을 가로채는 착취적 행위여서 비난가능성이 특히 높거니와, 거래계에서 해당 유형의 부정경쟁행위가 점점 더 다양해지고 있는 실정을 감안

이때는 침해자의 우월적 지위 여부, 손해 발생에 대한 인식정도, 침해행위로 인한 피해규모와 침해자가 얻은 경제적 이익, 침해행위의 기간·횟수, 침해자에게 부과된 벌금의 액수 및 재산상태, 피해회복을 위한 노력 등을 고려해야 한다(제14조의 2 제 6 항 및 제 7 항).

## 다. 부당이득반환청구

민법상 부당이득이 성립하기 위해서는 ① 타인의 재산이나 노무로부터 이익을 얻었을 것, ② 그 이득으로 말미암아 그 타인에게 손해를 주었을 것, ③ 이득과 손해 사이에 인과관계가 있을 것, ④ 그 이득에 법률상 원인이 없을 것이라는 요건이 충족되어야 한다. 부정경쟁행위로 인하여 위와 같은 요건이 만족되는 이상 부당이득반환청구권이 성립함은 물론이다. 권리자로서는 부당이득반환청구권을 행사함에 있어서는 침해자의 고의·과실을 증명할 필요가 없고 부당이득반환청구권이 민법 제162조에 따라 10년의 소멸시효에 걸린다는 점에서 불법행위에 기한 손해배상청구에 비하여 유리한 한편, 부정경쟁방지법 제14조의 2와 같은 추정규정이 없어 침해자의 이익액, 권리자의 손실액, 양자 사이의 인과관계를 증명하는 것이 매우 어렵다. 부당이득반환청구권과 불법행위에 기한 손해배상청구권은 경합관계에 있으므로 손해배상청구에서 과실이 인정되지 않는 경우에 대비하여 예비적으로 부당이득반환청구를 할 수도 있다.

## 라. 신용회복조치(제 6 조)

법원은 고의 또는 과실에 의한 부정경쟁행위로 타인의 영업상의 신용을 실추시킨 자에게는 손해배상을 갈음하거나 손해배상과 함께 영업상의 신용을 회복하는 데에 필요한 조치를 명할 수 있다. 저명표지의 식별력·명성 손상행위(법 제 2 조 제 1 호 다.목)는 고의로 행해진 경우에 한하여 신용회복조치의 대상이 된다. 부정경쟁행위로 인하여 패소판결을 받은 바 있다는 사실과 내용을 광고로 게재하는 것이 그 예에 속한다.

---

하여 일반예방의 효과도 도모하려는 의도로 보인다.

### 마. 형사상 구제

부정경쟁행위 가운데, 상품표지 혼동행위(제 2 조 제 1 호 가. 목), 영업표지 혼동행위(제 2 조 제 1 호 나. 목), 저명표지의 식별력·명성 손상행위(제 2 조 제 1 호 다. 목), 원산지 허위표시행위(제 2 조 제 1 호 라. 목), 생산·가공지 등 오인 야기 행위(제 2 조 제 1 호 마. 목), 품질 등 오인 야기행위(제 2 조 제 1 호 바. 목), 대리인 에 의한 부당한 상표 사용행위(제 2 조 제 1 호 사. 목), 상품형태 모방행위(제 2 조 세 1 호 자. 목), 데이터 관련 기술적보호조치 무력화 행위(제 2 조 제 1 호 카. 목 4)) 등은 형사처벌의 대상이 된다(법 제18조 제 3 항 제 1 호).47)

## Ⅲ. 영업비밀 침해행위

### 1. 영업비밀의 의의

영업비밀이란 공공연히 알려져 있지 아니하고 독립된 경제적 가치를 가지 는 것으로서, 비밀로 유지된 생산방법, 판매방법, 그 밖에 영업활동에 유용한 기술상 또는 경영상의 정보를 말한다(법 제 2 조 제 2 호). 종래 비밀유지성에 관 하여는 "합리적 노력"이 요구되었으나, 2019. 1. 8. 개정된 부정경쟁방지법 (2019. 7. 9. 시행)은 이 조건을 삭제하여 생산방법, 판매방법, 그 밖에 영업활동 에 유용한 기술상 또는 경영상의 정보가 비밀로 관리되기만 하였으면 영업비 밀로 취급한다.

### 가. 비공지성(非公知性)

그 정보가 불특정 다수인에게 알려져 있지 않기 때문에 보유자를 통하지 아니하고는 그 정보를 통상 입수할 수 없는 것을 말한다.48) 보유자 이외의 타 인이 해당 정보를 알고 있더라도 비밀준수의무가 부과되어 있는 이상 여전히 비공지성을 띤다. 그러나 그러한 비밀유지의무를 어기고 일단 영업비밀이 공

---

47) 그 밖에 법 제 3 조(국기·국장 등의 사용금지)에 위반하는 행위도 형사처벌의 대상이다(법 제18조 제 3 항 제 2 호).

48) 대법원 2009. 4. 9. 선고 2006도9022 판결 등.

개되었다면 그 이후에는 비공지성은 상실된다.

## 나. 경제적 가치

공지되지 않은 정보가 '독립된 경제적 가치를 가진다'는 것은 그 정보의 보유자가 그 정보의 사용을 통해 경쟁자에 대하여 경쟁상의 이익을 얻을 수 있거나, 그 정보의 취득이나 개발을 위해 상당한 비용이나 노력이 필요하다는 것을 말한다.[49] 즉, 해당 정보가 적극적으로 이익을 보장하는 경우는 물론, 그러한 정보를 알지 못한 경쟁자가 상당한 비용이나 노력을 감수하게 하는 반사적 이익 또한 이에 해당한다. 스스로 실패하였던 실험의 데이터 등 '소극적 정보'가 그 대표적인 예이다. 그러나 부정경쟁방지법의 목적에 비추어, 예컨대 탈세방법, 공해물질을 단속에 걸리지 않고 배출하는 방법 등 반사회적인 정보는 보호의 대상이 되는 영업비밀이 될 수 없다.

## 다. 비밀유지성

'영업비밀로 관리된다는 것'은 그 정보가 비밀이라고 인식될 수 있는 표시나 고지를 하고, 그 정보에 접근할 수 있는 대상자나 접근방법을 제한하거나 그 정보에 접근한 자에게 비밀준수의무를 부과하는 등 객관적으로 그 정보가 비밀로 유지·관리되고 있다는 사실이 인식 가능한 상태인 것을 말한다.[50] 즉, 주관적으로 특정한 정보를 영업비밀로 하려는 의사를 가진 것만으로는 부족하고 ⅰ) 제3자가 그 비밀성을 객관적으로 인식할 수 있어야 하고, ⅱ) 실제로도 일정한 수준 이상으로 그 정보가 비밀로 관리되어야 한다. 그것이 비밀임을 제3자가 알 수 있는 표지가 없거나, 있더라도 비밀로 취급된다고 보기 어려운 정도로 정보가 느슨하게 관리되고 있다면 제3자의 입장에서 이를 영업

---

49) 앞의 판례 등.

50) 대법원 2008. 7. 10. 선고 2008도3435 판결 등. 앞서 본 바와 같이, 2019. 1. 8. 개정법이 '합리적인 노력에 의해' 영업비밀로 유지될 것이라는 요건을 '영업비밀로 관리된'으로 변경하였으나, 영업비밀의 요건에서 '비밀관리의 노력 및 정도'를 보지 않고 영업비밀로 보호하는 것은 비교법적으로 이례에 속하는 점, 어차피 종래 법원이 '합리적인 노력'에 관하여 영업비밀 보유자의 능력이나 규모 등을 고려하여 탄력적 판단을 해 온 점을 감안하면 법 개정에도 불구하고 이에 대한 법원의 판단기준이 크게 바뀔 것으로는 예상되지 않는다.

비밀이 아닌 것으로 신뢰할 가능성이 높아지기 때문이다. 또한 그러한 정도의 정보는 영업비밀로 보호할 객관적 가치가 낮은 경우가 많기 때문이기도 하다.[51)

비밀유지 노력으로 인정될 수 있는 유형으로는 영업비밀이 저장되어 있는 매체에 물리적인 접근을 막는 조치를 취해두거나 보관 시스템을 구축하는 행위, 업무상 영업비밀에 접근 가능한 종업원에게 근로계약 등을 통해 비밀유지의무를 부과하고 관리·감독하는 행위, 거래 상대방 등에게 계약을 통해 비밀유지의무를 부과하는 행위 등을 들 수 있다.

### 라. 영업활동에 유용한 기술상 또는 경영상의 정보

'영업활동에 유용한'이라 함은 '영업상 활용될 수 있는 경제적 가치를 가지는 것'을 의미한다. 여기서의 '영업'의 개념은 반드시 '영리목적사업'에 한정되지 않고, 경제적 수지계산 위에서 행하는 사업 일반을 가리키는 것으로 이해된다. 기술상의 정보는 기계의 설계도, 제품의 제조방법 등 공업기술에 사용되는 일체의 지식을 말하며, 경영상의 정보는 영업으로서의 경제활동에 사용되는 지식으로서, 고객리스트, 사업조직의 개편계획서, 투자계획서, 설비현황 정보 등이 모두 여기에 속한다. 기술상의 정보를 제외한 정보 일체가 경영상 정보라고 보는 견해도 있다.[52)

---

51) 증거에 의하면, 이 사건 자료는 피해회사의 직원인 공소외인이 사용하는 컴퓨터에 저장되어 있었는데, 위 컴퓨터는 비밀번호도 설정되어 있지 않고 별도의 잠금장치도 없어 누구든지 위 컴퓨터를 켜고 이 사건 자료를 열람하거나 복사할 수 있었던 사실, 또한 위 컴퓨터와 네트워크를 통해 연결된 피해회사 내의 다른 컴퓨터를 통해서도 별도의 비밀번호나 아이디를 입력할 필요 없이 누구든지 쉽게 공소외인의 컴퓨터에 접속하여 이 사건 자료를 열람·복사할 수 있었던 사실, 공소외인은 이 사건 자료를 정기적으로 CD에 백업하여 사무실 내 서랍에 보관해 두었는데, 공소외인이 그 서랍을 잠그지 않고 항상 열어두었기 때문에 누구든지 마음만 먹으면 그 백업CD를 이용할 수 있었던 사실을 알 수 있는바, 이러한 사정들과 앞서 본 법리에 비추어 보면, 피해회사가 피고인으로부터 위와 같이 일반적인 회사기밀유지각서를 제출받은 사실만으로는, 피해회사가 소규모 회사라는 점을 고려하더라도, 이 사건 자료가 상당한 노력에 의하여 비밀로 유지되었다고 보기는 어렵다(대법원 2009. 9. 10. 선고 2008도3436 판결).
52) 竹田 稔, 知的財産権侵害要論 不正競業編[第3版], 発明協会(2009), 164면.

## 2. 영업비밀 침해행위의 유형

부정경쟁방지법 제 2 조 제 3 호 가. 목 내지 바. 목은 6가지의 영업비밀 침해행위를 열거하고 있는바, 이는 ⅰ) 타인의 영업비밀을 부정하게 취득하는 행위 및 그에 터 잡아 이루어지는 후속행위들과 ⅱ) 영업비밀을 취급하는 지위에 있는 자가 임무에 위배하여 영업비밀을 누설하는 행위 및 그에 터 잡아 이루어지는 후속행위들로 나눌 수 있다.

### 가. 부정취득 계열(산업스파이형)

#### (1) 영업비밀의 부정 취득·사용·공개(제 2 조 제 3 호 가.목)

ⅰ) 절취(竊取), 기망(欺罔), 협박, 그 밖의 부정한 수단으로 영업비밀을 취득하는 행위53)는 물론 ⅱ) 그와 같이 취득한 영업비밀을 사용하거나, ⅲ) 그와 같이 취득한 영업비밀을 공개하는 행위가 모두 여기에 해당한다. '사용' 은 영업비밀 본래의 사용 목적에 따라 상품의 생산·판매 등의 영업활동에 이용하거나 연구·개발사업 등에 활용하는 등으로 기업활동에 직접 또는 간접적으로 활용하는 행위로서 구체적으로 특정이 가능한 행위를 가리킨다. 아울러, 타인의 영업비밀을 참조하여 시행착오를 줄이거나 필요한 실험을 생략하는 경우 등과 같이 제품 개발에 소요되는 시간과 비용을 절약하는 경우 또한 여기에 해당한다.54) 부정경쟁방지법은 영업비밀 '공개'의 개념을 사전적(辭典的) 의미와는 달리 파악하여, 비밀을 유지하면서 특정인에게 알리는 것도 '공개' 로 본다. 부정한 수단이라 함은 절취·기망·협박 등 형법상 범죄를 구성하는 행위뿐만 아니라 비밀유지의무 위반 또는 그 위반의 유인 등 건전한 거래질서의 유지 내지 공정한 경쟁의 이념에 비추어 위에 열거된 행위에 준하는 선량한 풍속 기타 사회질서에 반하는 일체의 행위나 수단을 말한다.55) 한편, 정상적으로 취득한 물품의 역설계(Reverse Engineering)를 통해 그 제조방법이나 구

---

53) 기업의 직원으로서 영업비밀을 인지하여 이를 사용할 수 있는 사람은 이미 당해 영업비밀을 취득하였다고 보아야 하므로 그러한 사람이 당해 영업비밀을 단순히 기업의 외부로 무단 반출한 행위는, 업무상배임죄에 해당할 수 있음은 별론으로 하고, 위 조항 소정의 '영업비밀의 취득'에는 해당하지 않는다(대법원 2009. 10. 15. 선고 2008도9433 판결).

54) 대법원 2019. 9. 10. 선고 2017다34981 판결.

55) 대법원 2011. 7. 14. 선고 2009다12528 판결.

성을 알아내는 것은 영업비밀을 알아내는 '정당한' 수단의 예이다. 영업비밀을 부정취득한 자는 취득한 영업비밀을 실제 사용하였는지에 관계없이 부정취득행위 그 자체만으로 영업비밀의 경제적 가치를 손상시킴으로써 영업비밀보유자의 영업상 이익을 침해하여 손해를 입힌 것으로 본다.[56]

(2) 부정취득된 영업비밀의 재취득·사용·공개(제 2 조 제 3 호 나.목)

부정취득행위가 개입된 사실을 알거나 중대한 과실로 알지 못하고 그 영업비밀을 취득하는 행위 또는 그 취득한 영업비밀을 사용하거나 공개하는 행위를 말한다. 직접 스파이 행위 등을 통해 타인의 영업비밀을 취득하는 행위는 물론, 그러한 사정을 알면서(혹은 중대한 과실로) 그 영업비밀에 관하여 이후 부당한 거래를 하거나 이를 사용 또는 공개하는 행위를 그에 준하는 위법한 행위로 규율하는 것이다.

(3) 선의취득 후 사용·공개(제 2 조 제 3 호 다.목)

영업비밀을 취득한 후에[57] 그 영업비밀에 대하여 부정취득행위가 개입된 사실을 알거나 중대한 과실로 알지 못하고 그 영업비밀을 사용하거나 공개하는 행위를 말한다. 영업활동에 유용한 기술상·경영상의 정보가 타인의 영업비밀을 침해하여 취득된 것이라는 사정을 모른 채 취득하였더라도 그 뒤 그것이 타인의 영업비밀을 침해하여 취득된 것이라는 점을 알게 되었거나 약간의 주의만 기울였더라도 그런 사정을 알 수 있었다면, 그 이후 당해 정보를 사용하거나 공개하는 행위 역시 허용되어서는 안 된다고 보는 것이다.

## 나. 부정공개 계열(비밀유지의무 위반형)

(1) 영업비밀의 부정 사용·공개(제 2 조 제 3 호 라.목)

ⅰ) 예컨대 종업원이나 기술에 대한 실시권자처럼, 영업비밀을 비밀로 유지해야 할 근로계약이나 거래계약, 경우에 따라서는 신의칙상 상 의무를 부담하는 자가 그러한 의무에 반하여 ⅱ) 부정한 이익을 얻거나 영업비밀보유자에

---

56) 앞의 판례 등.
57) 영업비밀 취득 시 그것이 부정취득이 개입된 영업비밀이라는 점을 몰랐고, 그것이 경과실을 넘지 않는 경우만을 의미한다고 보아야 한다. 그러한 사정을 알았거나 중대한 과실로 알지 못했다면 이미 그 취득행위가 제 2 조 제 3 호 나.목을 구성하기 때문이다.

게 손해를 입힐 목적으로 ⅲ) 영업비밀을 스스로 사용하거나 타인에게 공개하는 행위를 말한다. 부정취득행위와는 달리, 당초 적법하게 취득한 영업비밀을 보유자와의 신뢰관계에 반하여 부정하게 이용하는 행위를 규제하는 규정이며, 업무상 영업비밀을 알게 된 종업원이 경쟁기업에 스카웃 된 뒤 그 경쟁기업을 위해 영업비밀을 사용하거나 공개하는 행위가 그 대표적인 예이다.

한편, 사용자와 종업원 사이에서 직무발명이 완성되는 경우 비밀을 유지하기로 하는 약정이 있음에도 종업원이 이를 어기고 직무발명에 관한 권리를 제3자에게 이중양도하는 등의 방법으로 발명의 내용을 제3자에게 공개하는 경우가 문제 된다. 판례[58]는 이와 관련하여 '종업원이 특허받을 권리의 귀속주체인 한, 그에 대한 영업비밀의 보유자이기도 하므로 종업원이 비밀유지 약정을 어기고 비밀을 누설하더라도 사용자가 직무발명 승계 전이라면 영업비밀 침해가 아니라고 한다(부정경쟁방지법 제2조 제3호 라.목 적용을 배제). 대신 종업원의 이런 행위는 업무상 배임을 구성하고 발명진흥법상 비밀유지의무(발명진흥법 제19조, 제58조)나 직무발명에 포함된 사용자의 개개 영업비밀에 대한 침해책임을 물을 수 있다고 한다. [59]

---

58) 대법원 2012. 11. 15. 선고 2012도6676 판결.

59) 그러나 직무발명에 대해 특허를 받을 수 있는 권리가 누구에게 귀속되는지와 그 직무발명의 내용을 영업비밀로 유지하고 공개와 사용을 거부할 수 있는 주체가 누구인지는 법리상 별개의 문제이며, 직무발명에 관한 권리를 사용자가 승계하지 않더라도 사용자로서는 종업원과의 사이에서 그 내용을 비밀로 유지하기로 약정할 수 있고, 그런 계약은 공서양속에 반하지 않는 이상 효력을 부정할 이유가 없으며 사용자는 독자적인 영업비밀의 귀속주체가 될 수 있다. 그 밖에도, ⅰ) 판례처럼 업무상 배임으로 이 문제를 해결하는 것은 '임무의 위배'나 '사무의 타인성'을 둘러싼 이론적 의문을 초래하고 부정경쟁방지법이 제2조 제3호 라.목 위반 영업비밀침해죄의 법정형을 형법상 업무상 배임보다 높여 놓은 취지를 몰각하며, 부정경쟁방지법이 영업비밀 침해의 대응책으로 마련한 여러 제도적 장치들을 이용할 수 없게 한다는 점, ⅱ) 발명진흥법상 비밀유지의무는 본디 사용자가 특허출원 하기 전에 종업원이 그 내용을 공개함으로써 신규성 상실 등을 초래하여 사용자의 권리승계를 무의미하게 만드는 것을 방지하기 위한 것으로서 위반시 법적 제재의 수준 등에 비추어 부정경쟁방지법 제2조 제3호 라.목을 대체하기 부족하다는 점, ⅲ) 직무발명에 내재된 사용자의 영업비밀을 언제나 개별적으로 특정하여 침해로 다룰 수 있다는 인식은 현실성이 떨어진다는 점 등을 감안하면 판례의 태도는 타당하다고 보기 어렵다. 결국, 비밀유지의무가 부과된 종업원의 직무발명은 사용자의 영업비밀이고, 종업원이 이를 사용자의 의사에 반해 공개하는 것은 영업비밀 침해를 구성한다고 보아야 할 것이다.

### (2) 부정공개된 영업비밀의 취득·사용·공개(제2조 제3호 마.목)

그 영업비밀이 부정공개된 사실 또는 영업비밀에 부정공개가 개입된 사실을 알거나 중대한 과실로 알지 못하고 이를 취득하거나, 사용하거나, 공개하는 행위를 말한다. '영업비밀이 부정공개된 사실을 아는 자'는 부정공개의 직접 상대방을, '영업비밀에 부정공개가 개입된 사실을 아는 자'는 영업비밀의 전득자(轉得者)를 의미하는 것으로 해석된다.[60] 직접 의무에 반하는 공개(누설) 행위를 하는 행위는 물론, 그러한 사정을 알면서(혹은 중대한 과실로) 그러한 영업비밀을 취득하거나 사용 또는 공개하는 행위를 그에 준하는 위법한 행위로 규율하는 것이다. 이를 통해 경쟁사의 영업비밀 취급 종업원을 부정하게 스카웃하는 행위를 규제할 수 있다.

### (3) 선의취득 후 사용·공개(제2조 제3호 바.목)

영업비밀을 취득한 후에[61] 그 영업비밀이 부정공개된 사실 또는 영업비밀에 부정공개행위가 개입된 사실을 알거나 중대한 과실로 알지 못하고 그 영업비밀을 사용하거나 공개하는 행위를 말한다. 영업활동에 유용한 기술상·경영상의 정보가 비밀준수의무를 위배하여 공개된 것이라는 사정을 모른 채 취득하였더라도 그 뒤 그런 사정을 알게 되었거나 약간의 주의만 기울였더라도 그런 사정을 알 수 있었다면, 그 이후 당해 정보를 사용하거나 공개하는 행위 역시 허용되어서는 안 된다고 보는 것이다. 다만, 이에 대하여는 일정한 경우에 '선의자 특례'의 적용이 있는바, 이 점에 대하여는 뒤에서 따로 살펴본다.

## 3. 영업비밀 침해에 대한 구제

### 가. 금지·예방청구권(제10조)

#### (1) 청구권의 내용

영업비밀 침해행위로 자신의 영업상의 이익이 침해되거나 침해될 우려가 있는 자는 영업비밀 침해행위를 하거나 하려는 자에 대하여 법원에 그 행위의

---

60) 竹田 稔, 앞의 책, 185면.
61) 영업비밀 취득 시 그것이 부정공개되거나 부정공개가 개입된 영업비밀이라는 점을 몰랐고, 그것이 경과실을 넘지 않는 경우만을 의미한다고 보아야 한다. 그러한 사정을 알았거나 중대한 과실로 알지 못했다면 이미 그 취득행위가 제2조 제3호 마.목을 구성하기 때문이다.

금지 또는 예방을 청구할 수 있다. 이와 아울러, ⅰ) 영업비밀 침해행위를 조성한 물건의 폐기, ⅱ) 영업비밀 침해행위에 제공된 설비의 제거, ⅲ) 그 밖에 영업비밀 침해행위의 금지 또는 예방을 위하여 필요한 조치를 청구할 수 있다.

### (2) 금지의 범위와 관련된 문제

영업비밀보유자가 할 수 있는 협의의 금지청구의 내용은 영업비밀의 부정취득행위, 부정사용행위 및 부정공개행위에 대한 부작위이다. 그러한 청구에 상응하여, 특히 부정사용행위의 금지청구에 대하여 법원은 일정한 시간적 제한을 둔 부작위명령을 할 수 있는바, 이는 공정한 경쟁자가 역설계 등 정당한 방법으로 동일한 영업비밀을 취득하였다면 소요되었을 기간을 넘지 않는 것이 합리적이다. 금지명령으로 보호받을 적격이 있는 영업비밀 관련 이익은 본디 경쟁자가 영업비밀을 모름으로써 경쟁참여가 지연되는 기간만큼의 것이어야 하기 때문이다.[62] 영업비밀 침해행위를 금지시키는 목적은 침해행위자가 그러한 침해행위에 의하여 공정한 경쟁자보다 우월한 위치에서 부당하게 이익을 취하지 못하도록 하고 영업비밀 보유자로 하여금 그러한 침해가 없었더라면 원래 있었을 위치로 되돌아갈 수 있게 하는 데에 있다. 영업비밀 침해행위의 금지는 이러한 목적을 달성하기 위하여 영업비밀 보호기간의 범위 내에서 이루어져야 한다. 영업비밀 보호기간은 영업비밀인 기술정보의 내용과 난이도, 침해행위자나 다른 공정한 경쟁자가 독자적인 개발이나 역설계와 같은 합법적인 방법으로 영업비밀을 취득할 수 있었는지 여부, 영업비밀 보유자의 기술정보 취득에 걸린 시간, 관련 기술의 발전 속도, 침해행위자의 인적·물적 시설, 종업원이었던 자의 직업선택의 자유와 영업활동의 자유 등을 종합적으로 고려하여 정해야 한다.[63]

### (3) 경업금지 내지 전직금지(轉職禁止)

그 밖에 영업비밀 침해행위의 금지 또는 예방을 위하여 필요한 조치의 하나로서, 영업비밀보유자의 종업원이나 임직원이었던 자가 퇴직 후 경업(競業)을 하거나 경쟁기업에로 전직(轉職)하는 것을 금지하는 것이 문제된다. 이는

---

62) 대법원 2009. 3. 16. 자 2008마1087 결정.
63) 대법원 2019. 3. 14. 자 2018마7100 결정; 대법원 2019. 9. 10. 선고 2017다34981 판결.

종업원의 직업선택의 자유와 사용자의 재산권으로서의 영업비밀보호라는 가치가 충돌하는 국면에 해당하며 구체적으로는 ⅰ) 사용자와 종업원 사이에 전업(경업)금지의 약정이 있는 경우와 ⅱ) 그와 같은 약정이 없는 경우로 나눌 수 있다. ⅰ)과 관련하여 판례[64]는 "경업금지약정은 직업선택의 자유와 근로자의 권리 등을 제한하는 의미가 있으므로, 근로자가 사용자와의 약정에 의하여 경업금지기간을 정한 경우에도, 보호할 가치 있는 사용자의 이익, 근로자의 퇴직 전 지위, 퇴직 경위, 근로자에 대한 대상(代償) 제공 여부 등 제반 사정을 고려하여 약정한 경업금지기간이 과도하게 장기라고 인정될 때에는 적당한 범위로 경업금지기간을 제한할 수 있다"고 하여 전직금지 약정이 일정한 요건과 범위 내에서 유효함을 분명히 하고 있다. ⅱ)와 관련하여 판례[65]는 "전직금지의 명시적 약정이 없는 경우에도 전직(경업)금지 이외에는 회사의 영업비밀을 보호할 수 없다고 인정되는 경우에는 부정경쟁방지법 소정의 영업비밀 침해행위의 금지 또는 예방을 위해 필요한 조치의 일환으로 전직(경업)금지청구를 할 수 있다"고 한다. 이때에도 앞서 든 '보호할 가치 있는 사용자의 이익, 근로자의 퇴직 전 지위, 퇴직 경위, 근로자에 대한 대상(代償) 제공 여부 등 제반 사정'이 고려되어야 함은 당연하다.

### (4) 시효(제14조)

영업비밀 침해행위의 금지 또는 예방을 청구할 수 있는 권리는 영업비밀 침해행위가 계속되는 경우에 영업비밀보유자가 그 침해행위에 의하여 영업상의 이익이 침해되거나 침해될 우려가 있다는 사실 및 침해행위자를 안 날부터 3년간 행사하지 아니하면 시효(時效)로 소멸한다. 그 침해행위가 시작된 날부터 10년이 지난 때에도 또한 같다.

## 나. 손해배상청구권

### (1) 일반적인 경우

고의 또는 과실에 의한 영업비밀 침해행위로 영업비밀보유자의 영업상 이익을 침해하여 손해를 입힌 자는 그 손해를 배상할 책임을 지며(제11조), 손해

---

64) 대법원 2007. 3. 29. 자 2006마1303 결정.
65) 대법원 2003. 7. 16. 자 2002마4380 결정.

배상의 특칙인 부정경쟁방지법 제14조의2는 부정경쟁행위에서와 마찬가지로 영업비밀 침해행위로 인한 손해배상에도 적용된다. 그 구체적 내용은 부정경쟁행위 부분을 참조할 것. 다만 예컨대, 기업의 인적·물적 조직이나 투자계획 등 경영상의 정보에 관하여 사용계약을 체결한다거나 사용료 상당 손해배상을 명하는 것을 생각키 어려운 것처럼 개별 영업비밀의 내용에 따라 적용하기 적절치 않은 규정이 있을 수 있다.

한편, 판례[66]는, 영업비밀을 부정취득한 자는 그 취득한 영업비밀을 실제 사용하였는지 여부와 관계없이 부정취득행위 자체만으로 영업비밀의 경제적 가치를 손상시킴으로써 영업비밀 보유자의 영업상 이익을 침해하여 손해를 입힌 것이라고 한다. 영업비밀의 재산가치는, 영업비밀을 가지고 경쟁사 등 다른 업체에서 제품을 만들 경우 그로 인해 기술개발에 소요되는 비용이 감소되는 액, 영업비밀을 제품생산에 연결시킬 경우 제품판매이익 중 영업비밀이 제공되지 않았을 경우의 차액 등을 감안하여 시장경제원리에 따라 형성될 시장교환가격이라고 한다.

### (2) 고의적 침해에 대한 징벌적 배상

2019. 1. 8. 개정된 부정경쟁방지법에 의하면, 영업비밀 침해행위가 고의인 것으로 인정되는 경우 법원은 제14조의 2 제1 내지 제5 항에 따라 손해로 인정된 금액의 3배를 넘지 아니하는 범위에서 배상액을 정할 수 있다(제14조의2 제6항). 영업비밀의 침해행위가 고의적인지 여부를 판단할 때는 침해자의 우월적 지위 여부, 손해 발생에 대한 인식정도, 침해행위로 인한 피해규모와 침해자가 얻은 경제적 이익, 침해행위의 기간·횟수, 침해자에게 부과된 벌금의 액수 및 재산상태, 피해회복을 위한 노력 등을 고려해야 한다(제14조의2 제6항 및 제7항).

### 다. 부당이득반환청구

타인의 영업비밀을 침해하여 법률상 원인 없는 이득을 얻고, 이로 인하여 영업비밀보유자에게 손해를 가한 경우에는 민법상 부당이득이 성립함은 물론이다. 그 구체적 성립요건, 손해배상의 특칙 적용과 대비한 장·단점 등은 앞

---

66) 대법원 2017. 9. 26. 선고 2014다27425 판결.

서 부정경쟁행위에 대한 설명부분을 참조할 것.

### 라. 신용회복조치(제12조)

법원은 고의 또는 과실에 의한 영업비밀 침해행위로 영업비밀보유자의 영업상의 신용을 실추시킨 자에게는 영업비밀보유자의 청구에 의하여 손해배상을 갈음하거나 손해배상과 함께 영업상의 신용을 회복하는 데에 필요한 조치를 명할 수 있다.

### 마. 선의자에 관한 특례(제13조)

거래에 의해 영업비밀을 취득할 때, 그것이 부정하게 공개되거나 부정취득 내지 부정공개행위가 개입된 영업비밀이라는 점을 몰랐고, 그 모른 점이 경과실을 넘지 않는 경우에는 영업비밀을 취득한 자는 그 취득 시 허용된 범위에서 영업비밀을 사용하거나 공개하더라도 침해책임(금지청구, 손해배상, 신용회복조치)을 부담하지 아니한다. 이는 제2조 제3호 다, 바. 목(선의취득 후 사용·공개)을 제한 없이 적용할 경우, 선의로 영업비밀을 취득한 자의 보호에 어려움이 있고 그로 인해 거래안전을 저해할 수 있기 때문에 마련된 특칙이다. 그러므로 위와 같은 취득요건을 갖춘 이상, 후에 영업비밀보유자로부터 경고장 등을 받아 악의가 되더라도 거래행위로 허용된 범위 안에서는 그 영업비밀을 사용하거나 공개할 수 있다.[67] 다만, 위 선의자 특칙이 적용되는 사용·공개는 "거래에 의하여 허용된 범위 내"에 한한다. 따라서 영업비밀 취득 시 정해진 기간·목적·대상·방법 등의 범주 내에서만 사용·공개가 가능하고, 이를 넘는 경우에는 제2조 제3호 다, 바. 목의 침해행위를 구성하게 된다.

### 바. 형사상 구제

영업비밀 침해행위 가운데, 부정한 이익을 얻거나 영업비밀보유자에게 손해를 입힐 목적으로 그 영업비밀을 취득·사용하거나 제3자에게 누설하는 행위는 형사처벌의 대상이 되며(제18조 제2항), 그러한 목적으로 그 영업비밀을 외국에서 사용하거나 외국에서 사용될 것임을 알면서 취득·사용 또는 제3자에게 누설한 자는 가중처벌된다(제18조 제1항). 위와 같은 영업비밀 침해죄의

---

67) 사법연수원, 부정경쟁방지법(2012), 127면.

미수범 역시 처벌대상이며(제18조의 2), 예비·음모도 처벌된다(제18조의 3). 68)

<hr/>

68) 2019. 1. 8. 개정된 부정경쟁방지 및 영업비밀보호에 관한 법률 제18조 제1항 및 제2항
　　은, 다음과 같이 영업비밀 침해죄에 대한 구성요건을 추가하고 처벌을 대폭 강화하는 내
　　용을 담고 있다, 즉, ① 영업비밀을 외국에서 사용하거나 외국에서 사용될 것임을 알면서
　　도 다음 각 호의 어느 하나에 해당하는 행위를 한 자는 15년 이하의 징역 또는 15억원 이
　　하의 벌금에 처한다. 다만, 벌금형에 처하는 경우 위반행위로 인한 재산상 이득액의 10배
　　에 해당하는 금액이 15억원을 초과하면 그 재산상 이득액의 2배 이상 10배 이하의 벌금에
　　처한다.
　　　1. 부정한 이익을 얻거나 영업비밀 보유자에 손해를 입힐 목적으로 한 다음 각 목의 어
　　　　느 하나에 해당하는 행위
　　　가. 영업비밀을 취득·사용하거나 제3자에게 누설하는 행위
　　　나. 영업비밀을 지정된 장소 밖으로 무단으로 유출하는 행위
　　　다. 영업비밀 보유자로부터 영업비밀을 삭제하거나 반환할 것을 요구받고도 이를 계
　　속 보유하는 행위
　　　2. 절취·기망·협박, 그 밖의 부정한 수단으로 영업비밀을 취득하는 행위
　　　3. 제1호 또는 제2호에 해당하는 행위가 개입된 사실을 알면서도 그 영업비밀을 취득
　　　　하거나 사용(제13조 제1항에 따라 허용된 범위에서의 사용은 제외한다)하는 행위
　　② 제1항 각 호의 어느 하나에 해당하는 행위를 한 자는 10년 이하의 징역 또는 5억원 이
　　하의 벌금에 처한다. 다만, 벌금형에 처하는 경우 위반행위로 인한 재산상 이득액의 10배
　　에 해당하는 금액이 5억원을 초과하면 그 재산상 이득액의 2배 이상 10배 이하의 벌금에
　　처한다.

# 색 인

## 특 허 법

# 디자인보호법

# 저작권법

# 상 표 법

# 부정경쟁방지 및 영업비밀보호법

**저자약력**

고려대학교 법학과 졸업
사법연수원 21기 수료
특허법원 등 판사
University of North Carolina(V.S.)
現  고려대학교 법학전문대학원 교수

**저  서**

특허법 3.1, 박영사
특허판례연구(공저), 박영사
지적재산소송실무(공저), 박영사
Intellectual Property Law in South Korea(Wolters Kluwer)

**주요논문**

특허쟁송과 당업자의 기술수준 ― 두 가지의 새로운 제안
특허의 무효를 둘러싼 민사상의 법률관계
상표의 사용개념에 대한 입법론적 고찰
복수주체에 의한 특허침해의 법률문제
특허실시권자의 손해배상 및 금지청구권
공동저작자의 저작재산권 ― 저작권법 제48조의 해석론
특허권 공유의 법률관계 ― 특허법 제99조의 해석론과 입법론
상표침해소송에서의 무효 및 불사용 취소 항변
저작권 침해로 인한 법정손해배상 ― 개정 저작권법 제125조의 2에 대한 검토
명세서 기재요건으로서의 발명의 효과
특허권 남용 법리의 재구성
불사용 상표에 대한 침해와 손해배상
선의의 저작권 침해에 관한 법률문제
특허권 간접침해로 인한 손해배상
영업비밀 침해로 인한 국제소송에 관한 검토 ― 준거법문제를 중심으로 ― 외 다수

제 6 판
**지적재산권법**

| | |
|---|---|
| **초판발행** | 2014년 2월 17일 |
| **제2판발행** | 2016년 1월 15일 |
| **제3판발행** | 2017년 8월 30일 |
| **제4판발행** | 2019년 2월 28일 |
| **제5판발행** | 2021년 3월 15일 |
| **제6판발행** | 2023년 3월 3일 |

| | |
|---|---|
| **지은이** | 조영선 |
| **펴낸이** | 안종만·안상준 |

| | |
|---|---|
| **편집** | 장유나 |
| **기획/마케팅** | 김한유 |
| **표지디자인** | 이수빈 |
| **제 작** | 고철민·조영환 |

| | |
|---|---|
| **펴낸곳** | ㈜ **박영사** |
| | 서울특별시 금천구 가산디지털2로 53, 210호(가산동, 한라시그마밸 |
| | 등록 1959. 3. 11. 제300-1959-1호(倫) |
| **전 화** | 02)733-6771 |
| **f a x** | 02)736-4818 |
| **e-mail** | pys@pybook.co.kr |
| **homepage** | www.pybook.co.kr |
| **ISBN** | 979-11-303-4422-5  93360 |

\* 파본은 구입하신 곳에서 교환해 드립니다. 본서의 무단복제행위를 금합니다.

정 가    38,000원